【第五卷】（1992—2002）

中华人民共和国通史

中宣部 2019 年主题出版重点出版物

郑谦 庞松 主编

陈 述 著

SPM 南方传媒 广东人民出版社
·广州·

图书在版编目（CIP）数据

中华人民共和国通史. 第五卷, 1992—2002 / 郑谦，庞松主编；陈述著. —广州：广东人民出版社，2020.1（2024.10 重印）
ISBN 978-7-218-14151-0

Ⅰ. ①中… Ⅱ. ①郑… ②庞…③陈… Ⅲ. ①中国历史—现代史—1992—2002 Ⅳ. ①K27

中国版本图书馆 CIP 数据核字（2019）第 292424 号

中华人民共和国通史·第五卷（1992—2002）
郑谦、庞松主编 陈述著

出 版 人：肖风华

出版策划：钟永宁
责任编辑：卢雪华 曾玉寒 廖智聪 伍茗欣 李宜励
责任校对：王立东 梁敏岚 胡艺超 林 俏 吴丽平
装帧设计：书窗设计工作室
责任技编：吴彦斌

出版发行：广东人民出版社
地　　址：广州市越秀区大沙头四马路 10 号（邮政编码：510199）
电　　话：（020）85716809（总编室）
传　　真：（020）83289585
网　　址：http://www.gdpph.com
印　　刷：广州市豪威彩色印务有限公司
开　　本：787mm×1092mm　1/16
印　　张：301.25　字　数：3900 千
版　　次：2020 年 1 月第 1 版
印　　次：2024 年 10 月第 4 次印刷
定　　价：1380.00 元（全七卷）

如发现印装质量问题，影响阅读，请与出版社（020-85716849）联系调换。
售书热线：020-87716172

总　序

一

在中华人民共和国成立 70 周年之际，我们组织撰写了这部《中华人民共和国通史》。

本书所叙史事，始于 1949 年中华人民共和国成立，截止于 2019 年书稿完成。全书共分七卷，前后贯通共和国 70 年发展中政治、经济、文化、国防、外交等各领域，其中包括国体与政体、中央与地方、中国与世界相互关系的历史演变和不同时期人民生活的变化，以及经济变革、政治发展、社会变迁带来的人口、环境、教育、城镇化、社会分层、利益结构等相当丰富又复杂交织的历史内容，依时间顺序，分卷次予以叙述。

1949 年 9 月 30 日，中国人民政治协商会议第一届全体会议向世界庄严宣告中华人民共和国成立，中国人民从此站起来了。这一伟大事件，彻底改变了近代以来 100 多年中国积贫积弱、受人欺凌的悲惨命运，中华民族从此走上了实现伟大复兴的道路。

以中华人民共和国成立为起点，在中国共产党的坚强领导下，在第二次世界大战后并不宽松的国际环境中，依靠社会主义制度，依靠全国各族人民的团结奋斗，中国从一个近代史上不断走向衰败、贫穷落后的东方大国，发展成为独立自主、巍然屹立于国际社会、以坚定的步伐走向社会主义现代化的国家。这无论如何是一个奇迹。综观中华人民共和国70年历史发展，"我国相继实现了从半殖民地半封建社会到民族独立、人民当家作主新社会的历史性转变，从新民主主义革命到社会主义革命和建设的历史性转变，从高度集中的计划经济体制到充满活力的社会主义市场经济体制、从封闭半封闭到全方位开放的历史性转变"。这是执政的中国共产党站在时代的高度，对中华人民共和国历史发展主线的科学概括。

中国的成功有哪些独特的背景、内容、原因和经验？中国的崛起面临哪些问题和挑战？又是如何渐次解决的？中国的崛起向世界贡献了哪些独特经验？中国的复兴还会经历哪些考验，还需要进行哪些探索？这些问题对于中外有识之士始终具有特殊的魅力。

二

中国改革开放40多年来，共和国史研究出现空前活跃的局面，从官方到民间，从科研院所到高等学校，从资料发掘到专题研究，从宏观叙事到微观考察，从译介国外学术动态到向国外介绍国内研究成果，都有许多值得重视的新观点、新成果、新方法。经过多年的积累和提升，学界对共和国史的认识已经今非昔比。

历史学的发展，一是要靠史料的发掘和积累，一是要靠认识方法、分析方法的提高、更新。历史事实是既定的，一旦发生了就不可更改，历史研究必须忠实于史实。但是，认识历史的理论、方法、分析框架却是在不断发展、更新的。在不同的历史时期，人们对历史可以有不同的认识，不同的理论高度和深度。在理性的、专业的研究和写作中，应该注意学习、借鉴国外一些科学的历史研究方法和成果。但我们觉得，迄今为止，开放的、不断发展的马克思主义的历史唯物主义，仍被证明是观察和解释历史、经济、政治、文化及国际事务的科学、有效的分析工具，这是我们写作这部通史的理论遵循。中国特色社会主义理论作为马克思主义在当代中国的最新形态，不断开阔我们的研究视野，提升我们的认识高度，给我们与时俱进的勇气与追求。用它来审视当代中国史，会有许多新的视角，产生一些新结论、新认识。

国家的发展、规律性的揭示和对未来的正确把握，需要深刻的历史经验和历史智慧的支撑。谁在这方面做得好，谁就掌握了话语权和主动权，就能顺应历史潮流引领时代发展，就能真正让历史智慧之光照进现实。一个对历史浮光掠影、浅尝辄止、一知半解或采取虚无主义、实用主义态度的民族，无法企及"历史的高度"，无缘于历史的自觉。

三

这部通史为七卷本，按照历史的发展顺序及其内在逻辑，在总体结构上将中华人民共和国史分为三个大的阶段：

第一阶段——社会主义革命和建设时期（1949—1976），包括：第一卷（1949—1956）；第二卷（1956—1966）；第三卷（1966—1976）。

第二阶段——改革开放和加快现代化建设时期（1976—2012），包括：第四卷（1976—1992）；第五卷（1992—2002）；第六卷（2002—2012）。

第三阶段——建设中国特色社会主义新时代，以第七卷

（2012—2019）作为进入新时代及其后续篇章的开卷。

我们认为，通史采用这种历史分期法，既能较好地展现三个阶段各自的历史特点，又能贯通新中国成立70年发展脉络的内在联系，特别是反映建设中国特色社会主义新时代的由来及历史方位。当然，我们也注意到共和国史研究中其他一些有见地的分期方法及其所体现的治史理念。例如，在社会主义革命和建设时期，本书是按目前较通行的分期法，把新中国成立的头七年作为一个整体来叙述的。但我们注意到这七年中前三年和后四年明显的阶段性区分，即"新中国的成立和新民主主义建国纲领在全国的实施"（1949—1952）和"社会主义基本制度在中国的确立"（1953—1956）两个阶段。把头三年的"新民主主义建设"作为一个阶段，本是历来的分期法，是当时中央领导人的共识，党中央的文件也是这样表述的。过去中共党史、共和国史及经济史著作曾把这三年概括为"国民经济恢复时期"，但现在看来，这并不能充分反映这个时期的历史本质。按照历史的原貌，那时中国共产党就是以新民主主义的《共同纲领》来号召人民的，其实质内容是对新民主主义建国方略的稳健实施。本书虽然在形式上未将这头三年单独分期，但吸取了它的精华要义，即：突出而不是刻意淡化新民主主义建国论、新民主主义改革论及新民主主义建设论；强调新中国成立初期经历了一个由半殖民地半封建社会向新民主主义社会的转变过程，通过发展新民主主义经济、政治，为向社会主义过渡准备基本条件。由于1949—1952年坚持贯彻《共同纲领》进行新民主主义建设，新中国发生了翻天覆地的变化，政治昌明，经济迅速恢复，社会面貌焕然一新。正是在从半殖民地半封建社会到民族独立、人民当家作主新社会的历史性转变所创造的现实基础上，1953年中国共产党提出党在过渡时期的总路线，团结全国各族人民为实现向社会主义转变的总任务而奋斗，反映了历史必然性。

又如，中华人民共和国历史发展的新时期应该从何时算起？历史学家胡绳先生在20世纪90年代提出并体现在《中国共产党历史》第二卷中的分期法，是以中共十一届三中全会为标志，把新中国的历史划分为两大时期，即"社会主义革命和建设时期"和"改革开放新时期"。胡绳强调这不仅是一个编写历史划分篇章的形式问题，其"实质意义是在把党的十一届三中全会的历史地位突出出来"，说明不是以1976年粉碎"四人帮"、结束"文化大革命"作为新时期的开始，而是以1978年中共十一届三中全会作为共和国发展史上具有开辟新时期、新道路，开创新理论意义的历史标志。这在编写中国共产党历史的分期上，当然是一种卓见。

但是在编写共和国史的时候，我们考虑到不妨有另一种叙史的角度，即如本书第三卷就写到1976年粉碎"四人帮"，这在客观历史上也标志着十年"文化大革命"时期的结束。第四卷书写开辟改革开放的新时期，首先是1976—1978年中共十一届三中全会之前徘徊前进的两年。这两年的历史进程非常重要，面对"文化大革命"十年内乱造成的重大损失，国家建设百业待兴，党内外强烈要求纠正"文化大革命"的错误，使党和国家从危难中重新奋起。随着党和国家正常政治生活的逐步恢复，国民经济的复苏，平反冤假错案的开始，关于真理标准问题的讨论在全党全国引发思想解放的大潮，批判因袭着历史重负的"两个凡是"错误方针，推动了党和国家工作重点转移思想的酝酿和提出。这两年安定社会政治秩序、恢复国民经济的举措和指导理论上的正本清源，都为1978年中共十一届三中全会实现伟大历史转折做了充分和必要的准备，这是促进理性回归、达成社会和解、逐步实现伟大转折不可或缺的客观历史进程，是开辟新时期、新道路，开创新理论的前奏。通观中华人民共和国史，这些内容不宜放到第三卷的末尾捎带来写，而应放在第四卷的开头作为实现伟大转折的历史背景来写。如同历史发展中存在多种选择一样，对历史的叙述也可以有不同的考虑，以上两种分期法各有侧重，各有所长，为新中国史的进一步研究提供了选择的多样性，体现了唯物史观在治史的切入点和叙述角度上亦当有所不同。

再如，关于建设中国特色社会主义新时代，2017年10月，中共十九大报告对我国发展新的历史方位作了科学的判断，指出："经过长期努力，中国特色社会主义进入了新时代，这是我国发展新的历史方位。"这是基于我国社会主要矛盾发生新变化的新特点，与分两步走全面建设社会主义现代化国家的新目标有机结合起来而作出的重大政治论断。"进入新时代"最关键的理论和实践基础是，我国社会主要矛盾已经从"人民日益增长的物质文化需要同落后的社会生产之间的矛盾"，转化为"人民日益增长的美好生活需要和不平衡不充分的发展之间的矛盾"。这表明，人民美好生活的需要已经不再局限于物质文化层面，还包括民主法治、公平正义、公共服务、社会福利、生态环境等更多层面。同时，经济社会发展中还存在着城乡之间、地区之间、群体之间、行业之间及社会福利、公共服务等方面的不平衡，并且已成为经济社会发展新的制约因素。

社会主要矛盾发生新变化，针对发展不平衡不充分状况提出解决新矛盾的总任务，是中国特色社会主义进入新时代的重要标志，也是新时代的重要特征。这意味着中国特色社会主义站到更高层级的历史方位上，要求全面提升物质文明、政治文明、精神文明、社会文明和生态文明，实现国家治理体系和治理能力现代化，使中国成为综合国力和国际影响力领先的国家，中国人民基本实现共同富裕、享有更加幸福安康的生活，中华民族以更加自信、昂扬的姿态屹立于世界民族之林。历史起点和逻辑前提在这里结合起来得到统一。

第七卷（2012—2019）主要记述中共十八大以来，以习近平同志为核心的中央领导集体提出一系列新理念、新思想、新战略，出台一系列重大方针政策，推出一系列重大举措，推进一系列重大工作，推动党和国家事业取得全方位、开创性成就的历史进程。当然，第七卷所书写的内容，还仅仅是一个开端，必须随着人民共和国的新征程新发展而续写新篇章。

四

我们从哪里来，到哪里去？我们为什么会选择这样的发展道路和战略而不是别样的发展道路和战略？本书希望从对历史的学习、研究中，发掘历史的深层规律和意义，进一步接近历史演进的肌理和纹路。例如，对新中国成立初期选择重工业优先的发展战略，我们在书中强调了它并不只是简单地学习苏联模式，而是当时国际冷战环境和国内经济结构性矛盾演化的必然结果。朝鲜战争的爆发和美国为首西方国家的封锁禁运，使得中国领导人不得不把国家安全放在首位来考虑，不能不更多地强调国家工业化要以重工业（国防工业）为中心。优先发展重工业不是一种照搬外国经验的外源性战略，不取决于人们的主观意志，而是当时特定历史条件下中国政治、经济现实状况内生的需要，是历史背景决定的。如果新中国在成立之初不采取重工业优先的国策，而是像西方发达国家早期现代化那样采取农业—轻工业—重工业的发展路径，显然是一条不适合中国亟需改变落后面貌、迎头赶上的发展道路。历史上的选择从来不会只是在"全优"或"全劣"中进行的，有的只能是在反复权衡利弊后的次优选择。工业化道路如此，其他各方面的选择又何尝不是如此。

进一步的研究使我们发现，正所谓"牵一发而动全身"，当年工业化道路这个重大的战略选择又引起了经济基础和上层建筑领域一系列深刻的变化。而对这些变化，有些我们至今认识得还比较肤浅。例如，为保证重工业优先，必须加快经济的计划化，限制"看不见的手"的作用；强调运用行政权力来引导和推动经济发展；强调领导体制的高度集中；强调意识形态领域的集中统一领导，如此等等。所以，如同优先发展重工业是内生型的一样，社会其他方面的变革也是具有内生性的，是前者的派生物。当然，还有历史、人文等其他方面的各种因素的影响。半个多世纪过去了，当年中国工业化起步时起过重要历史作用的那些体制、机制，如今很多已成为改革的对象。如同恩格斯所论述："一切依次更替的历史状态都只是人类社会由低级到高级的无穷发展进程中的暂时阶段。每一个阶段都是必然的，因此，对它发生的那个时代和那些条件说来，都有它存在的理由；但是对它自己内部逐渐发展起来的新的、更高的条件来说，它就变成过时的和没有存在的理由了；它不得不让位于更高的阶段。"

本书还注重考察国际环境因素的变化对中国发展的影响，在各个发展阶段抓住中美关系、中苏（俄）关系、中日关系的折冲和演变的基本线索，包括中国与发展中国家、周边民族独立国家以及西欧发达国家之间关系的发展变化等，把中国的事情放在国际形势和全球环境背景下加以全面考量，以证中国不断融入国际社会和经济全球化的必然趋势，以及倡导构建人类命运共同体的历史逻辑。

许多中外学者在面对改革开放以来中国的巨变时，都会不约而同地发问：这种巨变从何而来？其原因何在？人们可以列出的原因很多，几乎所有人都注意到 1978 年中共十一届三中全会前后的思想解放运动对当代中国的影响。但是，迄今为止，对这场思想解放运动的深层原因、意义、影响的发掘似乎还欠"火候"。当代社会主义各国的改革从上世纪 50 年代就已开始，而且多是以不同形式、不同程度的思想解放为先导，并一度都取得一些成就，但这些改革又多以"改旗易帜"而告终。同样都有思想解放，为什么结果却如此不同？这就不能不考虑到中国的思想解放运动对"左"倾教条主义冲击的广度、深度和力度。如果再进一步思考，为什么这种思想解放只能产生于70年代末至80年代初？中国的改革开放的进程与之前的历史尤其是"文化大革命"刻骨铭心的教训有着怎样的深层关联？

中华人民共和国的主要缔造者毛泽东说过："人类的历史，就是一个不断地从必然王国向自由王国发展的历史。这个历史永远不会完结。""因此，人类总得不断地总结经验，有所发现，有所发明，有所创造，有所前进。停止的论点，悲观的论点，无所作为和骄傲自满的论点，都是错误的。"中国道路的成功，正在于以毛泽东为主要代表的中国共产党人，把马克思列宁主义基本原理同中国革命具体实践结合起来，团结带领全党全国各族人民，经过长期浴血奋斗，完成了新民主主义革命，建立了中华人民共和国，确立了社会主义基本制度，成功实现了中国历史上最深刻最伟大的社会变革，为当代中国一切发展进步奠定了根本政治前提和制度基础。在探索过程中，虽然经历了严重曲折，但党在社会主义革命和建设中取得的独创性理论成果和巨大成就，为在新的历史时期开创中国特色社会主义提供了宝贵经验、理论准备、物质基础。中共十一届三中全会以后，以邓小平为主要代表的中国共产党人，团结带领全党全国各族人民，深刻总结我国社会主义建设正反两方面经验，借鉴世界社会主义历史经验，顺应经济社会发展的规律和需要，成功开创了中国特色社会主义道路。

中华人民共和国成立70年特别是经过40多年的改革开放，极大改变了中国的面貌、中华民族的面貌、中国人民的面貌、中国共产党的面貌。中华民族迎来了从站起来、富起来到强起来的伟大飞跃！中国特色社会主义迎来了从创立、发展到完善的伟大飞跃！中国人民迎来了从温饱不足到小康富裕的伟大飞跃！中华民族正以崭新姿态屹立于世界的东方！

"为什么我的眼里常含泪水？因为我对这土地爱得深沉"。主编这部《中华人民共和国通史》的我们，同为共和国的同龄人，这是我们永远的骄傲。"中国应当对于人类有较大的贡献"——毛泽东的这句话，我们在中学时代就铭记于心。50 多年过去了，它一直在我们这一代人的灵魂深处闪耀，成为我们精神世界的一部分，给我们以勇气、胸怀和力量。如今，青年时代的憧憬、梦想已成为现实，这是我们的荣耀与幸福。我们毫不怀疑，祖国的明天会更加美好。我们庆幸能生活在这样一个充满奋斗、巨变与希望的新时代。

与人民共和国同龄、同行，共同经历了风风雨雨、沧桑巨变，目睹了中国道路的曲折与辉煌。这种亲身的经历及长期的理性思考，使我们加深了一个认识，70 年中，不论是巨大的成就还是发展中的曲折，都是中国人民在中国共产党的领导下，探索中国自己的建设社会主义道路过程中获得和发生的。正确地总结这些历史经验是非常必要的，因为它们无论是正面的还是反面的，都是中国人民的宝贵财富，都是中华民族贡献给世界文明的智慧结晶。

郑谦　庞松

2019 年 10 月

于北京·中关村西区

目　录 | Contents

第一章　改革开放和现代化建设进入新阶段

　　以邓小平 1992 年南方谈话和中共十四大为标志，中国改革开放和社会主义现代化建设进入了新的发展阶段。中国共产党带领全国各族人民坚持中国特色社会主义的基本理论，坚持改革开放、与时俱进，在国内外政治风波、经济风险等严峻考验面前，捍卫中国特色社会主义，创建社会主义市场经济新体制，开创全面开放新局面，确定依法治国方略，实施可持续发展战略和科教兴国等新的国家战略，从容应对亚洲金融危机，继续扩大对外开放，加强国防和军队现代化建设，推进祖国统一进程，坚持从严治党，推进党的建设新的伟大工程，创立"三个代表"重要思想，社会生产力得到显著发展，国家综合实力得到显著提升，人民生活得到显著改善。

一、改革开放新的宣言书

　　20 世纪 80 年代末、90 年代初，中国改革开放和社会主义现代化建设事业经受着国际国内的严峻考验。国内是经济波动和政治风波的考验，国际是苏联解体及发达国家对中国进行"制裁"的严峻考验。在这个重大历史关头，社会主义中国向何处去？是执政党必须明确回答的问题。邓小平在 1992 年初发表的南方谈话，精辟地分析了当时国际国内形势，科学地总结了中共十一届三中全会以来中国共产党领导全国人民进行改革开放和社会主义现代化建设 14 年的基本经验，明确地回答了多年来经常困扰和束缚人们思想的许多重大认识问题，号召全党和全国各族人民抓住机遇，加快发展，沿着建设有中国特色的社会主义道路前进。这次具有重大历史意义的谈话，正如江泽民同志所说："一九九二年邓小平南方谈话，是在国际国内政治风波严峻考验的重大历史关头，坚持十一届三中全会以来的理论和路线，深刻回答长期束缚人们思想的许多重大认识问题，把改革开放和现代化建设推进到新阶段的又一个解放思想、实事求是的宣言书。"① 以这次谈话和中共十四大为标志，中国改革开放和社会主义现代化建设进入了新阶段。

（一）重大历史关头的机遇与挑战

从中共十一届三中全会到 1992 年初邓小平发表南方谈话前，中国的改革开放和社会主义现代化建设取得了巨大成就，国家的整个面貌发生了巨大的改变。可以说，这一时期是新中国成立以来国家经济实力增长最快，人民得到实惠最多的时期之一。1987 年召开的中共十三大是一次以推进改革为主题的大会。大会以后，中国共产党继续领导全国各族人民按照党在社会主义初级阶段的基本路线，进行全方位的现代化建设，推进经济、政治等方面的体制改革，扩大开放，取得了一定的成就。但是，由于改革开放和现代化建设事业是极其艰巨而又伟大的事业，所以在这个进程中必然要遇到众多新问题，引起一系列新老矛盾的出现；又

---

① 《高举邓小平理论伟大旗帜，把建设有中国特色社会主义事业全面推向二十一世纪——在中国共产党第十五次全国代表大会上的报告》（1997 年 9 月 12 日），《人民日报》1997 年 9 月 22 日。

由于当时国际上的冷战格局仍然存在，国际局势也发生着激烈复杂的变化。共产党领导的中国面临着来自国内和国际两个方面的严峻考验。

1. 经济领域的严峻考验

在这个重大的历史关头，中国共产党和全国人民首先面临着经济领域的严峻考验。在国内，中共十一届三中全会以来，党和国家把工作重心转到现代化建设上来，社会生产力得到了快速发展。特别是 1984 年至 1988 年，中国经济经历了一个加速发展的时期，国家社会生产力的发展上了一个大台阶，综合国力上了一个大台阶，人民生活水平也上了一个大台阶。但是，由于长期实行计划经济体制，忽视价值规律，存在价格体系不合理的现象，严重地影响着中国经济发展的矛盾开始凸显。

第一，部署价格改革。

从良好的愿望出发，部署价格改革。为贯彻中共十三大部署，加快改革开放继续推进现代化建设，1988 年 5 月，中共中央政治局第九次全体会议认为：对价格和工资制度改革需要有通盘的考虑和系统的方案。会后，中央责成专门机构组织有关部门研究此后五年特别是 1989 年的价格、工资改革和配套措施问题并提出方案。8 月，中共中央政治局第十次全体会议在北戴河召开，原则通过《关于价格、工资改革的初步方案》，决定全面推进价格改革，并相应出台一些调价措施。但由于当时的领导人缺少经验，没有严格控制通货发行，造成流通领域的混乱，以及没有估计到在 1984 年至 1988 年经济加速发展过程中出现的经济过热、通货膨胀和经济秩序紊乱等问题的滞后影响，没有认识到人们对价格改革的担忧，心理承受能力的不足。随后出现的情况又加重了人们对价格改革的担忧，如 8 月 16 日，赵紫阳在会见日本客人时说：正在召开的中共中央政治局第十次全体会议将讨论国务院的改革方案。今后 5 年，将是中国从旧的经济体制转为新的经济体制的一个极为重要的历史时期。① 8 月 18 日《人民日报》报道了这次会见的情况。

8 月 19 日，《人民日报》比较详细地报道了在北戴河召开的中共中央政治局第十次全体会议的情况和价格改革方案的基本内容。《人民日报》报道说："这次政治局全体会议讨论的方案的主要内容是：价格、工资改革的必要性；改革需要遵循的主要原则；1989—1993 年改革的轮廓设想；1989 年改革的初步方案；改革中可能遇到的主要风险和基本对策；必须采取的配套改革措施。"关于价格改革的总方向是："少数重要商品和劳务价格由国家管理，绝大多数商品价格放开，由市场调节，以转换价格形成机制，逐步实现'国家调控市场，市场引导企业'的要求。根据各方面的条件和现实的可能，今后五年左右的时间，价格改革的目标是初步理顺价格关系，即解决对经济发展和市场发育有严重影响、突出不合理的价格问题。"关于工资改革总的要求是："在价格改革过程中，通过提高和调整工资、适当增加补贴，保证大多数职工实际生活水平不降低，并能随着生产的发展而有所改善，同时进一步贯彻按劳分配原则，解决工资分配中一些突出不合理的问题。"② 会议强调指出："价格、工资改革是整个经济体制改革的关键；价格、工资改革的成功要依靠整个经济体制改革的深入。最重要的是要转换企业机制，加强市场的组织与建设，改进和完善宏观调控机制，从而显著提高企业经济效益和整个经济运行效率。为了保证价格、工资改革的顺利进行，必须同时搞好政治体制改革，特别是继续做好政企分开和精简机构的工作。

---

① 《我国已进入全面改革攻坚阶段》，《人民日报》1988 年 8 月 18 日。

② 《中央政治局召开第十次全体会议　原则通过价格工资改革初步方案》，《人民日报》1988 年 8 月 19 日。

总之，价格、工资改革实际上是改革的全面深化。搞好这一改革，对于我国确立社会主义商品经济新秩序，加快社会主义现代化建设，具有极为重大的意义。"① 这等于把有关推进价格改革的消息公之于众。

第二，"价格闯关"受挫与实行治理整顿。

1988 年，在物价涨幅连月居高不下的情况下（7 月份已达 19.3%），中央政治局通过价格改革方案的消息一经传开，各阶层群众猜测新的一轮前所未有的大幅度涨价即将开始。随之，继 4 月、5 月的抢购风潮之后，在各大中小城市又立即掀起一股更为凶猛的抢购风潮，甚至出现挤兑未到期的定期存款抢购商品的新情况。8 月，社会商品零售总额达到 636.2 亿元，比上年同期增加 38.6%，去年零售物价总指数和居民消费价格总指数同比增长分别达到 18.5% 和 20.7%，是 1950 年以来物价上涨最大的一年。② 物价上涨超出了群众的承受能力，"价格闯关"搁浅。通货膨胀加剧，经济秩序进一步紊乱。

面对这一严峻现实，8 月 30 日，国务院召开第二十次常务会议，讨论市场和物价形势，并一致通过了关于做好当前物价工作和稳定市场的若干重要决定。会议申明：价格、工资改革方案中提到的"少数重要商品和劳务价格由国家管理，绝大多数商品价格放开，由市场调节"，指的是经过五年或更长一些时间的努力才能达到的长远目标。明年作为实现 5 年改革方案的第一年，价格改革的步子是不大的，国务院将采取有力措施，确保 1989 年

① 《中央政治局召开第十次全体会议　原则通过价格工资改革初步方案》，《人民日报》1988 年 8 月 19 日。

② 国家发展改革委经济体制综合改革司、国家发展改革委经济体制与管理研究所：《改革开放三十年：从历史走向未来——中国经济体制改革若干历史经验研究》，人民出版社 2008 年版，第 27 页。

的社会商品零售物价上涨幅度明显低于 1988 年；为了稳定市场、稳定金融和保护人民群众的利益，责成中国人民银行开办保值储蓄，使 3 年以上的存款利息不低于以至略高于物价上涨幅度。具体办法由中国人民银行近期内制定公布。① 同日，根据会议精神，国务院发出《关于做好当前物价工作和稳定市场的紧急通知》。1988 年 9 月，中共中央召开了十三届三中全会，确定实施"治理经济环境、整顿经济秩序、全面深化改革"的方针。

由于 1989 年春夏之交的政治风波，以及随后而来的以美国为首的七国集团（美国、英国、法国、联邦德国、意大利、日本、加拿大），及其他西方发达国家对中国实行的所谓"经济制裁"，进一步加剧了经济发展和运行中的困难。1989 年 11 月，中共十三届五中全会审议通过了《中共中央关于进一步治理整顿和深化改革的决定》。治理整顿是根据实际情况而采取的措施。治理整顿的前一阶段主要目标是通过压缩社会需求来抑制通货膨胀，整顿经济秩序，特别是流通领域的混乱现象，取得一定成效。但是到 1990 年又出现了市场疲软、工业生产速度回落过猛和难以解决的三角债困扰着大中型国有企业等新的情况和困难。1989 年国内生产总值为 16909.2 亿元，仅比上年增长 4.1%，1990 年国内生产总值为 18547.9 亿元，仅比上年增长 3.8%，这两年的经济增长速度不但是改革开放以来经济增长最低的年份，也是新中国成立以来少有的情况。

2. 国内政治风波的考验

在国内外各种因素的作用和影响下，1989 年春夏之交的中国，发生了一场新中国成立以来从未有过的政治风波，这场惊心动魄的政治风波从北京波及全国各大中城市，来势凶猛，把社会

① 《国务院常务会分析当前形势　决定做好物价工作稳定市场》，《人民日报》1988 年 8 月 31 日。

主义的中国再次推向紧要关口。

1989 年 4 月 15 日，胡耀邦在北京逝世。胡耀邦是久经考验的忠诚的共产主义战士，伟大的无产阶级革命家、政治家，军队杰出的政治工作者，长期担任党的重要领导职务的卓越领导人。他的逝世，引起了人们的深切怀念。4 月 22 日，胡耀邦追悼大会在北京人民大会堂隆重举行。国家主席杨尚昆主持追悼会，中共中央总书记赵紫阳致悼词，邓小平等党和国家领导人和各界人士4000 多人参加了追悼会。在追悼胡耀邦的过程中，北京部分大学校园里出现了大小字报，有些青年学生到天安门广场请愿、静坐，甚至发生了冲击中南海的情况。极少数唯恐国家不乱的人也在加紧活动，向中国共产党和政府提出若干要求。胡耀邦追悼会结束后，事态仍在恶化。

4 月 24 日，中共北京市委、北京市人民政府向中共中央提出对当时出现的事态明确表态的建议。当日晚，中共中央政治局常委召开会议讨论当时的事态。政治局常委会认为："一场有计划、有组织的反党、反社会主义的政治动乱已经摆在面前。"常委会决定："成立中央制止动乱小组，由《人民日报》发表社论向全党和全国人民指出这场斗争的性质。"① 4 月 25 日，邓小平对中央政治局常委碰头会的决定表示完全赞成和支持。② 4 月 26 日，《人民日报》发表《必须旗帜鲜明地反对动乱》的社论，社论指出：在悼念胡耀邦同志的活动中，出现了一些不正常的情况。"极少数人不是在进行悼念胡耀邦同志的活动，不是为了在中国推进社会主义民主政治的进程，也不是有些不满发发牢骚。他们

---

① 中共中央党史研究室：《中国共产党新时期历史大事记》(1978.12—2002.5)，中共党史出版社 2002 年版，第 276—277 页。

② 中共中央文献研究室编：《邓小平年谱（1975—1997）》（下），中央文献出版社 2004 年版，第 1272 页。

打着民主的旗号破坏民主法制，其目的是要搞散人心，搞乱全国，破坏安定团结的政治局面。这是一场有计划的阴谋，是一次动乱，其实质是要从根本上否定中国共产党的领导，否定社会主义制度。这是摆在全党和全国各族人民面前的一场严重的政治斗争。"① 社论发表后，经过各方面的工作，国内的局势有所缓和，北京部分高校的学生开始上课。

5月4日，中共中央总书记赵紫阳会见在北京召开的亚洲开发银行理事会第22届年会的亚行成员代表团团长和亚行高级官员。赵紫阳在讲话中谈到中国国内形势，这个讲话与《人民日报》4月26日发表的《必须旗帜鲜明地反对动乱》的社论有比较明显的不同，暴露了中央高层的意见分歧。国内局势出现复杂的新变化。

由于中央高层在解决这一事件上有意见分歧，又由于缺少处理这类复杂事件的经验，虽然在事件发展的过程中，中共中央、国务院的领导，各部门的负责人曾多次与北京高校的学生和各界人士进行座谈和对话，但没有达到预期效果。5月13日，北京高校数百名学生开始到天安门广场进行绝食。从15日开始连续几天，全国各大中城市出现了较大规模的声援学生绝食请愿的群众游行。由于北京处于全国政治中心，情况更为严重，已出现无政府状态。5月16日，中共中央政治局常委会召开紧急会议，常委会中多数同志认为，面对险恶的形势，绝对不能退让，只能更加坚决地反对动乱，制止动乱。赵紫阳不听常委多数同志的意见，坚持退让。17日，中央政治局常委会开会决定在北京部分地区实行戒严。赵紫阳代表中央政治局常委会发表书面谈话，呼吁学生们停止绝食。18日，国务院总理李鹏和有关方面负责人在人民大会堂与绝食的学生代表谈话，呼吁学生们尽快结束绝食，尽快到

---

① 《必须旗帜鲜明地反对动乱》，《人民日报》1989年4月26日。

医院去接受治疗。5 月 19 日凌晨，赵紫阳、李鹏等领导人到北京天安门广场看望绝食学生。19 日晚，中共中央、国务院召开中央和北京地区党政军干部大会。李鹏代表中共中央和国务院发表讲话，国家主席杨尚昆也发表讲话。20 日，国务院总理李鹏依据国家宪法赋予的权力，签署中华人民共和国国务院关于在北京部分地区实行戒严的命令。宣布自 1989 年 5 月 20 日 10 时起在北京市部分地区实行戒严。21 日，中国人民解放军戒严部队发布告北京市市民书。但整个事态仍在发展。

6 月 3 日，部分解放军戒严部队奉命进驻北京城内的一些重点保卫目标。受到各种阻拦，发生严重的冲突，局势更为恶化。晚间，戒严部队奉命强行开进。为了避免伤害民众，北京市人民政府、戒严部队指挥部通过电台、电视台连续发出紧急通告，要求全体市民不要上街，不要到天安门广场去。6 月 4 日凌晨 4 时半，戒严部队开始对天安门广场实行清场。约 5 时左右，广场上的学生开始撤离，戒严部队同时进驻天安门广场。至 5 时半，整个清场过程结束。5 日，中共中央、国务院发表《告全体共产党员和全国人民书》。北京的局势很快平稳下来，全国其他各大城市也很快恢复了正常秩序。

1989 年发生的这场政治风波，是新中国成立后最严重的动乱。在关系到党和国家前途、命运，关系到人民根本利益的关键时候，党和政府被迫采取措施予以平息。但风波造成的影响却是巨大的，人们对其严重性的认识，以及如何处理也有不同的看法。在风波平息后的历史反思中，有人根据国内外敌对势力的表现，对党的十一届三中全会以来提出的路线、方针、政策表现了某种动摇。在这历史的关头，中国将如何继续前进和发展，确实是一次严峻的考验。

3. 东欧剧变和苏联解体的考验

在中国发生严重政治风波之后，由于多种因素的作用和影响，从 1989 年下半年开始，东欧各社会主义国家的政局也出现严重动荡。可以说东欧八国形势剧变，程度之激烈，速度之急剧，不但出乎中国人的意料，也出乎整个西方集团的意料。1989 年 9 月，波兰团结工会在大选中获胜，组建了东欧原社会主义八国中第一个非共产党（工人党）政府，波兰原来执政的波兰统一工人党失去执政地位。10 月，匈牙利社会主义工人党分裂，改建为匈牙利社会党，建立议会民主和多党制。1989 年 10 月，"柏林墙"倒塌，民主德国政府不断改组，共产党总书记昂纳克被迫出走他国，11 月 17 日组成联合政府，1990 年 10 月 3 日，民主德国加入联邦德国，两个德国宣布正式统一。1989 年 11 月，保加利亚共产党领导人日夫科夫辞职，随后，保共同意讨论组织联合政府。11 月，捷克斯洛伐克共产党领导层分裂，随后组建了"民族谅解政府"，由"公民论坛"主要领导人出任总统。12 月，罗马尼亚国内发生武装冲突，罗马尼亚共产党总书记、总统齐奥塞斯库及夫人经过"一次简短的审判"后，被冲锋枪打死，政府被推翻，救国阵线上台实行多党制。1990 年，东欧形势依然动荡，阿尔巴尼亚开始实行多党制。南斯拉夫联邦原执政的共产主义者同盟，在斯洛文尼亚、克罗地亚、波黑、马其顿四个共和国失去执政地位，各共和国之间矛盾日益尖锐，斯洛文尼亚和克罗地亚两个共和国要求独立。短短的一年多时间，东欧八个共产党执政的社会主义国家改变了政治制度。

进入 20 世纪 90 年代，"十月革命"的故乡，世界上第一个社会主义国家苏联已经很难摆脱其经济与社会危机。1990 年，苏联国民生产总值在战后首次出现负增长，财政状况继续恶化，市场供应匮乏，人民生活水平下降。随之政治动荡加剧，1991 年 3 月，苏联全民公决保留联盟。4 月 14 日，改国名为"苏维埃主权共和国联盟"。在复杂的背景下，苏联发生了"8·19"事变，但是这次以维护苏联为目的的夺权很快就失败了。其结果是苏共领导人戈尔巴乔夫于 8 月 24 日宣布辞去苏共中央总书记职务，并宣布苏共中央委员会自行解散。苏联原来的 15 个加盟共和国除波罗的海三国已先分离出去外，其他 12 国也相继宣告独立。12 月 8 日，三个斯拉夫共和国——俄罗斯、乌克兰、白俄罗斯签署明斯克协议，宣布成立"独立国家联合体"。12 月 21 日，另 8 个共和国同明斯克协议的 3 国在阿拉木图签署了《关于建立独立国家联合体协议的议定书》和《阿拉木图宣言》，作为"共同创始国"加入"独联体"。25 日，苏联总统戈尔巴乔夫在克里姆林宫宣布辞职，苏联解体。克里姆林宫上空红色的苏联国旗落下。翌日，苏联停止存在。

东欧剧变和苏联解体，使这些国家的共产党纷纷下台，政权更迭，制度改变。国际共产主义运动遭到第二次世界大战结束以来的空前挫折，中国社会主义事业也遭到来自国际共运内部的空前冲击。世界的政治格局发生倾斜。当时的西方政客们和理论家兴高采烈，认为"社会主义失败了"，"社会主义终结了"。

西方的政治势力继续利用这一局势，以其强大的经济、科技、军事实力作后盾，利用其政治、经济、文化、外交等手段，加大对社会主义国家实施"和平演变"的力度，妄图达到"不战而胜"的目的。如何顶住西方的政治、军事、外交、经济、文化的压力，对中国共产党和中国人民又是一个严峻的考验。

4. 从容应对西方国家的"制裁"

中国面对的严峻考验还来自美国等西方发达资本主义国家的经济"制裁"。

第一，美国带头"制裁"中国。

当时的美国在西方世界有着巨大的影响力。1989 年北京发生政治风波后，美国带头对中国实施所谓"制裁"。中国被迫采取措施平息政治风波的第二天，即 1989 年 6 月 5 日，时任美国总统布什就宣布五项对中国实施制裁的行动。澳大利亚政府于 6 月 4

日；丹麦政府、瑞典政府等分别于6月5日；法国政府、英国政府、西班牙政府、新西兰政府等分别于6月6日；加拿大政府于6月12日；联邦德国有关部门于6月14日以及还有一些国家公开宣布对中国进行各类形式的"制裁"。日本政府从6月6日开始也宣布了一些措施，对中国实行制裁。6月26日，世界银行在一项声明中宣布推迟考虑对中国的几项贷款。欧洲经济共同体12国政府领导人6月27日在第41届欧共体首脑会议上发表声明，宣布已决定的一系列对中国实行制裁的措施。7月6日，关贸总协定发言人说：该组织已无限期推迟有关中国申请加入的讨论。7月14日至16日，法国、美国、英国、联邦德国、日本、意大利、加拿大等七国首脑和欧洲共同体委员会主席在法国巴黎召开会议，宣称要采取中止对华高层接触及延缓世界银行的贷款等措施制裁中国。以这次巴黎西方七国首脑会议为标志，西方对中国的"制裁"达到高潮。参与这次"制裁"中国的国家有美国、加拿大、欧共体12国、澳大利亚、新西兰、日本等几乎所有的西方发达国家。它们企图中止高层接触以在政治上和外交上孤立中国；延缓贷款、撤走技术人员、恶化经济贸易试图在经济上加重中国的困难；中止高技术和军事方面的合作以在军事上威胁中国，达到它们"以压促变"的目的。总之，西方国家的政府不顾事实，不顾公认的国际关系准则，对纯属中国内政的事情横加指责，并对中国进行"制裁"，多方施加压力，企图"以压促变"，严重破坏了双方的关系。

第二，从容应对打破"制裁"。

面对以美国为首的西方国家的无理"制裁"，中国政府从维护国家主权和民族尊严出发，理所当然地坚决予以抵制。为打破"制裁"，中国政府提出并实行了"坚持原则，利用矛盾，广交朋友，多做工作，打破制裁，避免孤立"的方针政策，在千方百计努力做好自己工作的同时，坚持原则，以极大的勇气面对巨大的压力，同时又通过艰难的努力，积极地做好各方面的工作。对参与制裁中国的国家，中国采取有理有利有节的策略方针打破其"制裁"。在这个过程中，中国政府既坚持原则的坚定性，又坚持策略的灵活性，通过大量的工作，先是日本、德国、西班牙等从各自国家的利益出发，逐渐解除了对中国的制裁。随后中国政府又经过艰苦的工作，促使其他国家也逐渐解除了对中国的制裁。

面对西方发达国家的"制裁"，中国政府在确定坚持改革开放、坚持社会主义现代化建设不动摇的同时，展开全方位的外交工作。其间党和国家领导人江泽民、杨尚昆、李鹏、万里等出访几十个国家，主要是发展中国家和新兴工业国家，加深与这些国家的友好关系。同时中国政府接待了到中国访问的几十个国家的元首和政府首脑，加强与世界上广大发展中国家的传统友好合作关系，特别是加强同中国周边国家的友好关系。这期间，中国同新加坡、韩国、沙特阿拉伯等国家建立了外交关系，同印度尼西亚恢复了外交关系，同越南、印度等国的关系得到了改善。对从原苏联独立出来的各国，中国也与其迅速建立了外交关系。

掀起这次"制裁"恶浪的主要国家是美国，美国既想制裁中国，采取"以压促变"的方针，但看到中国不但没垮，而且在平息政治风波之后又站稳了。鉴于中国在世界上的地位和影响力，美国从自己的国家战略利益和经济利益着想，又想与中国保持关系。在这种背景下，美国政府开始调整对华政策，确立了新的对华战略，作出了与中国继续全面接触、提高对话级别、开展广泛交流的决策，意在阻止中美关系不断下滑的趋势。1993 年 11 月 18 日至 21 日，应美国总统克林顿的邀请，国家主席江泽民于 18 日到美国西雅图，出席于 20 日在该市举行的亚太经济合作组织领导人非正式会议。19 日，江泽民与克林顿在西雅图的雷尼尔俱乐部举行了一个半小时的正式会晤。中美两国元首在西雅图的会晤，标志着美国对中国实行制裁的政策基本被打破。

在打破西方制裁过程中，有许多值得总结的经验。主要有：第一，一定要首先把自己的事情办好，增强国力，这是解决国内国际问题的基础；第二，一定要坚持原则，不能示弱，正如邓小平所说，示弱并不能解决问题，反而被人家看不起；第三，要制定正确的战略方针，广交朋友，充分利用各种机遇；第四，在坚持原则的前提下，也要坚持有理、有利、有节的策略，充分利用矛盾；第五，要抓住重点，既抓主要矛盾，也要抓次要矛盾，对制裁中国的主要对手形成一种孤立的态势，促进主要矛盾的解决。

（二）坚持基本路线不动摇

在面临严峻考验的重大历史关头，作为执政党的中国共产党明确表态坚定不移地坚持十一届三中全会以来的路线方针政策，其核心是坚持中共十三大确定的"基本路线"。

1. 坚定不移全面执行基本路线

1989年6月9日，北京政治风波刚刚平息，邓小平在举世关注的公开场合强调指出：中共十三大确定的中国共产党在社会主义初级阶段"一个中心、两个基本点"的基本路线没有错，要坚持下去。确定的"三步走"基本实现现代化的战略目标没有错，也要继续坚持。在这重要场合邓小平还强调说："党的十一届三中全会以来制订的路线、方针、政策是正确的，一个中心、两个基本点，即坚持四项基本原则，又实行改革开放，都是对的，要坚定不移地干下去。基本的路线，基本的方针政策不变。"① 中国主要的媒体——中央电视台《新闻联播》当天给予播报，第二天全国主要报刊《人民日报》等给予报道。

随后不久的6月23日至24日，中共中央召开十三届四中全

① 《邓小平接见戒严部队军以上干部》，《人民日报》1989年6月10日。

会并通过全会公报，中央全会也有针对性的进一步强调："要继续坚决执行党的十一届三中全会以来的路线、方针和政策，继续坚决执行党的十三大确定的'一个中心、两个基本点'的基本路线。四项基本原则是立国之本，必须毫不动摇、始终一贯地加以坚持；改革开放是强国之路，必须坚定不移、一如既往地贯彻执行，绝不回到闭关锁国的老路上去。"①

受命于危难之际、新当选的中共中央总书记江泽民，在这次全会上更是旗帜鲜明地强调："党的十一届三中全会以来的路线和基本政策没有变，必须继续贯彻执行。在这个最基本的问题上，我要十分明确地讲两句话：一句是坚定不移，毫不动摇；一句是全面执行，一以贯之。"②

这一系列的讲话，表明了新老中央领导核心明确的态度。但在当时的中国有人要重提以阶级斗争为纲或以反对"和平演变"为中心，而且是在执政党高层的研究班上。尽管邓小平同志和江泽民同志多次强调经济建设为中心的基本路线不能动摇，但有人还是不能正确认识"坚持经济建设为中心"与反对"和平演变"的关系。1991 年 7 月 31 日，在中共中央举办的党建研究班上的一次江泽民和李瑞环参加的座谈会上，针对"有的同志主张一方面抓经济建设，一方面反和平演变"，江泽民明确表示，"中心只能有一个，就是以经济建设为中心，不能搞'多中心论'。坚持党的'一个中心、两个基本点'的基本路线，其中坚持四项基本原则已包括反和平演变的要求。要正确处理经济建设与反和平演变的关系。在国际上不要四面出击，到处树敌。"他还说："关键

---

① 新华社：《中国共产党第十三届中央委员会第四次全体会议公报》（1989 年 6 月 24 日通过），《人民日报》1989 年 6 月 25 日。

② 中共中央文献研究室编：《十三大以来重要文献选编》（中），人民出版社 1993 年版，第 547 页。

要坚持以经济建设为中心，把我们的经济搞上去，把国内各项工作搞好。反和平演变的工作必须抓紧，但不能搞运动。"① 但仍然有人主张以反"和平演变"为中心。

也有人认为中国国内政治风波的产生，主要是资产阶级自由化造成的。强调资产阶级自由化的主要危险来自经济领域，国内媒体一度出现了批判"市场经济"的局面。由此在当时的理论界掀起一轮市场经济姓"资"姓"社"的争论。针对这种情况，邓小平于 1990 年 12 月同江泽民、李鹏、杨尚昆进行了谈话，邓小平指出："我们必须从理论上搞懂，资本主义与社会主义的区分不在于是计划还是市场这样的问题。社会主义也有市场经济，资本主义也有计划控制。资本主义就没有控制，就那么自由？最惠国待遇也是控制嘛！不要以为搞点市场经济就是资本主义道路，没有那么回事。计划和市场都得要。不搞市场，连世界上的信息都不知道，是自甘落后。"② 从这里可以知道邓小平同志对市场经济的鲜明态度，并从他反复强调"市场经济"中看出当时争论的激烈程度。

还有人认为多一个"三资"（中外合资企业、中外合作企业和外商独资企业）企业就多一份资本主义。1991 年 2 月，邓小平在上海大众汽车公司考察。当时任上海市委书记的朱镕基说到还有不少人认为合资企业不是民族工业，害怕它的发展时，邓小平明确表态："说'三资'企业不是民族经济，害怕它的发展，这不好嘛。发展经济，不开放是很难搞起来的。世界各国的经济发

---

①　《江泽民文选》第 2 卷，人民出版社 2006 年版，第 526 页。

②　中共中央文献研究室编：《邓小平年谱（1975—1997）》（下），中央文献出版社 2004 年版，第 1322 页。

展都要搞开放，西方国家在资金和技术上就是互相融合、交流的。"① 可见，已经退出领导岗位的邓小平，仍然在排除思想干扰，以其巨大的影响力，为改革开放鼓劲。

但是，各种理论观点在媒体上仍然进行着激烈的争论，这种争论现在看来并没有什么太大意义，但在当时因为上纲上线到所谓姓"资"姓"社"的原则高度，造成人们思想上的困惑，影响着改革开放迈开新的步伐。作为执政党，有必要在理论上给予明确回答。

在这个紧要的历史关头，中共中央带领全党认真科学地总结改革开放、进行社会主义现代化建设的历史经验，全面坚持党在社会主义初级阶段的基本路线，继续抓住经济建设这个中心不动摇。努力纠正"一手比较硬，一手比较软"的现象，加强思想政治工作和党的建设工作。在国际局势剧变的情况下，按照冷静观察、沉着应付的方针，坚持把注意力集中在办好中国自己的事情上。这期间，1989 年 8 月，中共中央政治局举行全体会议，讨论并通过《中共中央关于加强党的建设的通知》。11 月，中共十三届五中全会作出关于进一步治理整顿、深化改革的决定，1990 年 3 月，中共十三届六中全会作出关于加强党同人民群众联系的决定，4 月，中共中央、国务院作出关于开发开放上海浦东的决策，12 月，中共中央向全国人民代表大会提出国民经济和社会发展十年规划和"八五"计划（1991—1995 年）的建议，这期间，中共中央和国务院还作出关于搞好国营大中型企业的决定，关于进一步加强农业和农村工作的决定。同时坚决顶住国际上的种种压力，经过艰苦工作和有理有利有节的斗争，妥善处理国际问题，打破孤立、制裁中国的图谋和行动。这些努力捍卫了中国特色社

---

① 中共中央文献研究室编：《邓小平年谱（1975—1997）》（下），中央文献出版社 2004 年版，第 1326 页。

会主义的伟大事业，为继续推进改革开放和社会主义现代化建设创造了前提。

2. 确定 1992 年中共中央政治局常委会工作要点

在 1991 年 12 月出现苏联解体后西方发达国家加大对中国施压的严重局势时，以江泽民同志为核心的中央领导集体审时度势，于 1992 年 1 月确定了中共中央政治局常委会 1992 年工作要点，并以 1992 年中共中央 1 号文件下发。这个 1 月 13 日下发的 1 号文件强调："邓小平同志建设有中国特色的社会主义理论和党的'一个中心、两个基本点'的基本路线，是指引我们进行社会主义现代化建设的强大思想武器，必须以此来武装全党，进一步统一思想，坚定信心，增强团结，振奋精神。"① 这个工作要点还作出三年治理整顿的任务已经基本完成的重要判断，强调 1992 年要加快改革开放的步伐等。

1991 年底，国内经过三年的治理整顿取得预期效果后，国务院也作出治理整顿的任务基本完成的判断，提出 1992 年要加快改革开放的步伐。1992 年 1 月 6 日至 10 日，中共中央和国务院在北京召开全国经济体制改革工作会议。国务院总理李鹏在会上指出："治理整顿的任务基本完成。通过治理整顿，为改革创造了一个比较宽松的环境，并且使改革有所前进。在这种形势下，要加快改革的步伐，适当加大改革的份量。""改革的方向是建立社会主义有计划的商品经济新体制和计划经济与市场调节相结合的运行机制。希望今年在如何结合得更好方面有进一步发展，总结出更多更好的经验。"为落实中共中央 1992 年的工作要点，坚持"一个中心、两个基本点"的基本路线，加快改革开放的步伐，1 月 15 日至 18 日，中共中央总书记江泽民到上海考察工作。

---

① 中共中央文献研究室编：《十三大以来重要文献选编》（下），人民出版社 1992 年版，第 1894—1895 页。

他重点考察了浦东新区、闵行经济技术开发区和漕河泾高技术开发区；实地察看了南浦大桥和杨浦大桥、地铁、合流污水治理工程工地等重大基础设施，以及宝钢、上钢三厂、马桥乡旗忠村等，还考察了上海证券交易所。在考察中江泽民希望上海各级党政领导同志坚定不移地继续贯彻执行中共十一届三中全会以来的路线、方针、政策，牢牢把握党的"一个中心、两个基本点"的基本路线，带领全市人民努力奋斗，在深化改革、扩大开放、推进"两个文明"建设方面迈出新步伐。他强调："全党要始终不渝地全面贯彻党的基本路线，进一步解放思想，加快改革开放的步伐，转变作风，狠抓落实，一心一意把经济建设搞上去。"①

"他要求各级党政领导机关一定要精兵简政，精简会议，提高工作效率。他说：中央的大政方针已定，关键在于狠抓落实。各级干部要切实转变思想作风和工作作风，深入实际，多办实事，不求形式，务求实效。"江泽民还与金融、财政等部门的部分工作人员进行了座谈讨论。"强调进一步发挥金融、财政、税收、保险等经济手段的宏观调控作用，是我国经济稳定发展中必须解决好的一个重要问题。随着改革的深入、经济的发展，需要不断地总结经验，探索和建立一整套具有中国特色的宏观经济调控体系。这个问题应当引起各级领导的高度重视。"②

以江泽民同志为核心的中央领导集体这一系列行动和举措的目的非常明确，就是按照 1992 年中共中央政治局常委工作要点

---

① 《李鹏在经济体制改革工作会上谈今年改革　重点是转换国营企业经营机制　使企业逐步自主经营自负盈亏面向市场》，《人民日报》1992 年 1 月 12 日。

② 《江泽民考察上海时强调全党要始终不渝全面贯彻党的基本路线　进一步解放思想加快改革开放步伐　转变作风，狠抓落实，一心一意把经济建设搞上去》，《人民日报》1992 年 1 月 20 日。

（1992 年中共中央 1 号文件）部署工作——坚定不移地坚持中国共产党在社会主义初级阶段"一个中心、两个基本点"的基本路线，在治理整顿的任务已经基本完成的基础上，抓住时机，加快改革开放的步伐，全面推进社会主义现代化建设。但是在推进各方面的工作中，特别是加快改革开放的步伐，仍存在着不小的阻力需要排除。

（三）邓小平发表南方谈话

为了能明确回答在东欧剧变，特别是苏联解体，世界格局发生新变化后，社会主义的前途命运如何，建设有中国特色的社会主义事业怎样才能坚持下去并保持旺盛的生命力；为了在20 世纪 90 年代以至 21 世纪中国经济面临良好机遇和严峻挑战的情况下，能抓住机遇，加速发展，继续实行"三步走"的经济发展战略，实现中华民族的振兴，并向更宏伟的目标前进；为了能加快治理整顿的步伐，进一步解决中国经济生活中面临的深层次的问题和矛盾，深化改革、扩大开放、加快发展；为了表示对新一代中央领导集体的支持，为即将召开的关系到党和国家前途和命运的中共十四大作思想上、政治上、组织上的全面准备。邓小平在这个重大的历史关头，以 88 岁的高龄踏上了南方视察之路。

1. 邓小平到南方视察时发表重要谈话

1992 年 1 月 17 日下午，邓小平乘专列离开北京，前往深圳、珠海、上海等地视察。一个推进改革开放、推动中国进步和发展，对中国共产党历史、中华人民共和国历史产生重大影响的行动开始了。

1 月 18 日上午，邓小平乘专列抵达华中重镇武昌。时任湖北省委书记关广富、省长郭树言到车站迎送，邓小平对他们说：

"经济发展要快，不要慢，只要是稳定协调发展，就不怕。"① 从这一天、从这里开始，邓小平发表了一系列重要谈话。18 日下午 4 时，邓小平的专列到达南方名城长沙。专列在长沙站停留十分钟。时任湖南省委书记熊清泉等上车迎接。邓小平与他们一一握手，熊清泉邀请邓小平下车散步，观光车站。邓小平高兴地答应。在漫步中，熊清泉向邓小平汇报了湖南的工作。他对前来迎送的湖南省主要领导讲：要抓住机会，现在就是好机会。改革开放的胆子要大一些，经济发展要快一点，总要力争隔几年上一个台阶。②

19 日上午 9 时许，邓小平来到深圳这个迅速崛起的经济特区。广东省和深圳市的领导谢非、李灏等在车站等候迎接邓小平。在深圳迎宾馆桂园小憩后，邓小平随即开始了考察巡视深圳的行程。在深圳，邓小平围绕着坚持建设有中国特色的社会主义理论，着重强调："要坚持党的十一届三中全会以来的路线、方针、政策，关键是坚持'一个中心，两个基本点'，不坚持社会主义，不发展经济，不改善人民生活，只能是死路一条。基本路线要管一百年，动摇不得。"③ "社会主义的本质，是解放生产力，发展生产力，消灭剥削，消除两极分化，最终达到共同富裕。"④ "走社会主义道路，就要逐步实现共同富裕。共同富裕的构想是这样提出来的：一部分地区有条件先发展起来，一部分地

---

① 《市场与调控——李鹏经济日记》（中），新华出版社、中国电力出版社 2007 年版，第 905 页。

② 中共中央党史研究室科研局编：《再造中华辉煌——邓小平纪事》，中共党史出版社 1994 年版，第 34 页。

③ 中共中央党史研究室科研局编：《再造中华辉煌——邓小平纪事》，中共党史出报社 1994 年版，第 338 页。

④ 中共中央党史研究室科研局编：《再造中华辉煌——邓小平纪事》，中共党史出报社 1994 年版，第 342 页。

区发展慢点，先发展起来的地区带动后发展的地区，最终达到共同富裕。如果富的愈来愈富，穷的愈来愈穷，两极分化就会产生，而社会主义制度就应该而且能够避免两极分化。"①

23 日，邓小平乘船来到珠海经济特区。在珠海，邓小平再次强调："要争取时间，抓住机遇，大胆地试，大胆地闯。""实践是检验真理的唯一标准，我们相信毛主席讲的实事求是，过去我们打仗靠这个，现在搞建设，搞改革也靠这个，我们讲了一辈子马克思主义，其实马克思主义并不玄奥，马克思主义是很朴实的东西，很朴实的道理。"②

30 日下午 3 时 40 分，邓小平从广东乘车到江西鹰潭。在火车站，他与江西省委书记毛致用和省长吴官正等领导进行了亲切的谈话。邓小平谈道："稳定发展我赞成，但是，只要能快一点还是争取快一点，胆子要更大一点，放得更开一点。不能胆子没有了，雄心壮志也没有了。有机遇能跳还是要跳。"③

1 月 31 到 2 月 19 日，邓小平在上海。2 月 8 日，邓小平对上海市主要负责人吴邦国、黄菊说：21 世纪是年轻人的。干部要年轻化，用人也要解放思想，胆子要大一点。人无完人，年轻人有这样那样的缺点，老同志就没缺点？老同志也是这样走过来的。年轻化要从基层搞起来，现在的基层比过去更大，宝钢也算是一个基层。要提拔一批年轻人，这样才能后继有人。2 月 12 日，邓小平在谈话时指出：到本世纪末，上海浦东和深圳要回答一个问

---

① 陈锡添：《东方风来满眼春——邓小平同志在深圳纪实》，《人民日报》1992 年 3 月 31 日。

② 中共中央党史研究室科研局编：《再造中华辉煌——邓小平纪事》，中共党史出报社 1994 年版，第 346 页。

③ 中共中央党史研究室科研局编：《再造中华辉煌——邓小平纪事》，中共党史出报社 1994 年版，第 354 页。

题，姓"社"不姓"资"，两个地方都要做标兵。要回答改革开放有利于社会主义，不利于资本主义。这是个大原则。要用实践来回答。农村改革是一大创举。家庭联产承包责任制的问题是用实践来回答的，城市改革的问题也要用实践来回答。实践这个标准最硬，它不会做假。要用上百上千的事实来回答改革开放姓"社"不姓"资"，有利于社会主义，不利于资本主义。上海要回答这个问题，要靠大家努力。2月17日，邓小平又说："浦东开发晚了，但可以借鉴广东的经验，可以搞得好一点，搞得现代化一点，起点可以高一点。起点高，关键是思想起点要高。后来居上，我相信这一点。"①

邓小平强调：改革开放要有新思路，中共十一届三中全会的路线要管一百年。他开诚布公地说："回过头看，我的一个大失误就是搞四个经济特区时没有加上上海。要不然，现在长江三角洲，整个长江流域，乃至全国改革开放的局面，都会不一样。"②邓小平再次强调了他长期以来主张的观点，他指出："计划多一点还是市场多一点，不是社会主义与资本主义的本质区别。""计划和市场都是经济手段。社会主义的本质，是解放生产力，发展生产力，消灭剥削，消除两极分化，最终达到共同富裕。就是要对大家讲这个道理。"

2月20日，邓小平乘专列离开上海。途经南京、蚌埠时作短暂停留。在南京火车站对江苏省委、省政府负责人沈达人、陈焕友说：要抓住时机，把经济搞上去，步子可以快一点。我现在就怕丧失时机。当听到江苏经济1991年的增长幅度高于全国平均

---

① 中共中央文献研究室编：《邓小平年谱（1975—1997）》（下），中央文献出版社2004年版，第1340页。

② 《邓小平文选》第3卷，人民出版社1993年版，第376页。

数时，他又说：江苏应该比全国平均速度快一点。① 2 月 21 日，邓小平回到北京，结束了这次具有历史意义的南方之行。

邓小平南方之行结束了，但对中国乃至世界的巨大影响却开始了，中国改革开放和社会主义现代化建设也翻开了新的篇章。

2. 南方谈话的主要精神

邓小平在国际国内政治风波严峻考验的重大历史关头发表的南方谈话，深刻回答了长期束缚人们思想的许多重大认识问题，把改革开放和现代化建设推进到新阶段。这次南方谈话的主要内容有：

第一，重申解放思想实事求是，发展生产力，强调社会主义本质和"三个有利于"标准。在南方谈话中，邓小平反复重申解放思想，实事求是的思想路线。并带头解放思想，为全党做出榜样。在这次南方谈话中，邓小平创造性地提出了"革命是解放生产力，改革也是解放生产力"。社会主义本质论和"三个有利于"的标准。邓小平说："改革开放迈不开步子，不敢闯，说来说去就是怕资本主义的东西多了，走了资本主义道路。要害是姓'资'还是姓'社'的问题。"② 为了解决这个严重束缚人们思想的重大认识问题，邓小平郑重指出："社会主义的本质，是解放生产力，发展生产力，消灭剥削，消除两极分化，最终达到共同富裕。"③ 邓小平有针对性地指出："改革开放迈不开步子，不敢闯，说来说去就是怕资本主义的东西多了，走了资本主义道路。要害是姓'资'还是姓'社'的问题。"为此，邓小平旗帜鲜明地提出著名的"三个有利于"的标准，即："判断的标准，应该

---

① 中共中央文献研究室编：《邓小平年谱（1975—1997）》（下），中央文献出版社 2004 年版，第 1340—1341 页。

② 《邓小平文选》第 3 卷，人民出版社 1993 年版，第 373 页。

③ 《邓小平文选》第 3 卷，人民出版社 1993 年版，第 373 页。

主要看是否有利于发展社会主义社会的生产力，是否有利于增强社会主义国家的综合国力，是否有利于提高人民的生活水平。"① 社会主义本质论和"三个有利于"标准的提出，极大地解放了人们的思想，解决了一个非常重大的理论问题和实践问题。

第二，毫不动摇地坚持中国共产党在社会主义初级阶段的基本路线。邓小平郑重地指出：我们说党的基本路线要管一百年，要长治久安，就要靠这一条。真正关系到大局的是这个事。这是眼前的一个问题，并不是已经解决了，希望解决得好。邓小平有针对性地说，要坚持党的十一届三中全会以来的路线、方针、政策，关键是坚持"一个中心、两个基本点"。不坚持社会主义，不改革开放，不发展经济，不改善人民生活，只能是死路一条。坚持党的基本路线，关键在人。在坚持基本路线这个问题上，邓小平在深圳讲了很重的话，他说："谁要改变三中全会以来的路线、方针、政策，老百姓不答应，谁就会被打倒。这一点，我讲过几次。"② 邓小平关于坚持"一个中心、两个基本点"的基本路线的讲话，特别是他斩钉截铁地强调坚持一百年不动摇的决心和意志，可以说与以江泽民同志为核心的中央领导集体一直强调的在基本路线问题上"坚定不移，毫不动摇；全面执行，一以贯之"等认识和行动一起，结束了从 1989 年政治风波以来，中国共产党内关于"党的中心工作"的争论，保证了中国共产党继续坚定不移地贯彻执行在社会主义初级阶段的基本路线。

第三，抓住机遇，加快发展，发展是硬道理，要坚持两手抓，两手都要硬。这是邓小平在南方谈话中特别强调和谈得最多的一部分内容。邓小平认为：中国的经济正面临着严峻的挑战和发展的机遇。20 世纪 80 年代中国经济发展的第一步战略目标已

① 《邓小平文选》第 3 卷，人民出版社 1993 年版，第 372 页。
② 《邓小平文选》第 3 卷，人民出版社 1993 年版，第 371 页。

经实现，90 年代要实现第二步战略目标，任务还是很艰巨的。而
90 年代对实现第三步战略目标又是一个关键时期。面对周边国家
和地区一个时期以来经济发展比中国大陆快、西方一些国家对中
国实行"制裁"政策、东欧剧变和苏联解体的严峻国际局势，他
说：中国如果不发展，或者发展得太慢，老百姓一比较就有问题
了。同时，在和平与发展的国际大趋势中，亚太地区相对稳定，
中国与周边国家都建立了友好合作关系；而一些发达国家经济却
先后出现衰退，为摆脱这种状况，发达国家不能忽视中国这个大
市场，特别是一个潜在的巨大市场。这对中国的改革开放和社会
主义现代化建设，又是一个难得的机遇。在挑战和机遇并存的形
势下，中国只有抓住机遇，加快发展经济，提高综合国力，才能
增强国际地位，才能巩固社会主义。他说，改革开放胆子要大一
些，敢于试验，看准了的，就大胆地试，大胆地闯。能发展就不
要阻挡，有条件的地方要尽可能搞快点。围绕发展这个主题，邓
小平从以下几个方面作了精辟的论述。一是强调经济发展快一
点，必须依靠科技和教育。邓小平指出：科学技术是第一生产
力。近一二十年来，世界科学技术发展多快啊！高科技领域的一
个突破，带动一批产业的发展。① 要提倡科学，靠科学才有希望。
他殷切希望，每一行都要树立一个明确的目标，一定要打赢。高
科技领域，中国也要在世界占有一席之地。二是抓住时机，加大
改革开放的力度。邓小平以博大的胸怀一再对自己在设置深圳、
珠海、厦门、汕头四个经济特区时没有加上上海作自我批评，认
为是一个失误。他认为上海在人才、技术和管理方面有明显的优
势，并且辐射面宽。他表示支持上海开发开放浦东的决策，上海
加快加大改革开放的步伐，将带动长江三角洲，带动整个长江流
域，乃至全中国的改革开放。他一再鼓励上海的领导和人民思想

① 《邓小平文选》第 3 卷，人民出版社 1993 年版，第 377 页。

更解放一点，胆子更大一点，步子更快一点。三是社会主义要赢得与资本主义相比较的优势，就必须大胆地吸收和借鉴人类生活创造的一切文明成果，吸收和借鉴当今世界各国包括资本主义发达国家的一切反映现代社会化生产规律的先进经营方式、管理方法。四是要坚持两手抓，一手抓改革开放，一手抓打击各种犯罪活动。并强调这两只手都要硬。

第四，明确强调社会主义可以搞市场经济。面对改革开放受到计划与市场关系方面的理论束缚，邓小平强调，计划多一点还是市场多一点不是社会主义与资本主义的本质区别。邓小平在谈话中突破计划经济和市场经济的僵化观念，再次强调计划多一点还是市场多一点，不是社会主义与资本主义的本质区别。他说，计划经济不等于社会主义，资本主义也有计划，市场经济不等于资本主义，社会主义也有市场。计划和市场都是经济手段。话不多，但如醍醐灌顶，解决了长期困扰中国理论界的大问题，极大地解放了人们的思想。

第五，正确的政治路线要靠正确的组织路线来保证，关键是中国共产党内部要搞好、关键在人。总结国际国内的经验，邓小平强调：中国要出问题，还是出在共产党内部。对这个问题要清醒，要坚持住十一届三中全会的路线，要正确选拔和培养干部，要按照"革命化、年轻化、知识化、专业化"的标准，选拔德才兼备的人进班子。要选人民公认是坚持改革开放路线并有政绩的人，大胆地放在新的领导机构里，使人民感到中国共产党真心诚意搞改革开放，使人民看到还是社会主义好，还是改革开放好，共产党的事业就会万古长青。邓小平强调，要把中国共产党搞好，一是要在整个改革开放过程中都要反对腐败，反复强调两手抓，两手都要硬，要靠法制来反对腐败。对于干部和共产党人来说，廉政建设要作为大事来抓。二是在中国要警惕右，但主要防止"左"。邓小平强调：现在有右的东西影响我们，也有"左"

的东西影响我们，但根深蒂固的还是"左"的东西。"左"的东西在我们党的历史上可怕呀！一个好好的东西，一下子被他搞掉了。右可以葬送社会主义，"左"也可以葬送社会主义。三是邓小平还从总体上高度赞扬了以江泽民同志为核心的中央领导集体。他说："现在中央的班子干得不错嘛！"四是强调关键在人，他说："中国的事情能不能办好，社会主义和改革开放能不能坚持，经济能不能快一点发展起来，国家能不能长治久安，从一定意义上说，关键在人。""现在还要继续选人，选更年轻的同志，帮助培养。"①

但也对有些现象提出了批评。邓小平说："现在有一个问题，就是形式主义多。电视一打开，尽是会议。会议多，文章太长，讲话也太长，而且内容重复，新的语言并不很多。重复的话要讲，但要精简。形式主义也是官僚主义。"②

第六，坚定社会主义信念，沿着建设有中国特色的社会主义道路前进。面对东欧剧变苏联解体形成的世界社会主义运动的低潮，面对世界舆论对社会主义的攻击，在这次谈话中，邓小平明确表示："我坚信，世界上赞成马克思主义的人会多起来的，因为马克思主义是科学。它运用历史唯物主义揭示了人类社会发展的规律。封建社会代替奴隶社会，资本主义代替封建主义，社会主义经历一个长过程发展后必然代替资本主义。这是社会历史发展不可逆转的总趋势，但道路是曲折的。"③ 他强调说："资本主义代替封建主义的几百年间，发生过多少次王朝复辟？所以，从一定意义上说，某种暂时复辟也是难以完全避免的规律性现象。一些国家出现严重曲折，社会主义好像被削弱了，但人民经受锻

① 《邓小平文选》第 3 卷，人民出版社 1993 年版，第 380—381 页。
② 《邓小平文选》第 3 卷，人民出版社 1993 年版，第 381 页。
③ 《邓小平文选》第 3 卷，人民出版社 1993 年版，第 382—383 页。

炼，从中吸收教训，将促使社会主义向着更加健康的方向发展。因此，不要惊慌失措，不要认为马克思主义就消失了，没用了，失败了。哪有这回事！"① 他指出："我们要在建设有中国特色的社会主义道路上继续前进。""如果从建国起，用一百年时间把我国建设成中等水平的发达国家，那就很了不起！从现在起到下世纪中叶，将是很要紧的时期，我们要埋头苦干。我们肩膀上的担子重，责任大啊！"② 邓小平的这些话，表达了中国改革开放和社会主义现代化建设总设计师的殷切希望，表现了一个老共产党员的博大胸怀、一个马克思主义理论家和一个伟大战略家的坚定信念。2001 年 8 月 31 日，江泽民同志在国防大学军队干部理论研讨班上说："小平同志晚年提出了许多十分重要的思想，特别是他一九九二年的南方谈话，澄清了当时困扰着人们思想的一些十分重大的问题，为我们这一代人创造了很好的条件。很多话，小平同志当时不说，我们这些人是很难说的。"江泽民同志这段话，客观地评价邓小平同志这次南方谈话对解放思想的重要意义和创新意义。

历史已经证明，邓小平 1992 年的南方谈话，精辟地分析了国际国内形势，科学地总结了中共十一届三中全会以来党领导改革开放和社会主义现代化建设的基本经验，明确地回答了一个时期以来经常困扰着人们思想的许多重大认识问题，使建设有中国特色的社会主义理论更加系统，标志着邓小平理论的发展进入了新的境界，形成了科学体系。这个谈话已经成为《邓小平文选》第三卷的封篇之作，成为他对中国共产党和中国人民的政治交代。谈话中那些闪光的思想，将长久地指导中国的社会主义事业不断地走向成功。仅就思想解放这个层面的深远意义，就如江泽

① 《邓小平文选》第 3 卷，人民出版社 1993 年版，第 383 页。
② 《邓小平文选》第 3 卷，人民出版社 1993 年版，第 383 页。

民在中共十五大报告中所说："一九七八年邓小平《解放思想，实事求是，团结一致向前看》这篇讲话，是在'文化大革命'结束以后，中国面临向何处去的重大历史关头，冲破'两个凡是'的禁锢，开辟新时期新道路、开创建设有中国特色社会主义新理论的宣言书。一九九二年邓小平南方谈话，是在国际国内政治风波严峻考验的重大历史关头，坚持十一届三中全会以来的理论和路线，深刻回答长期束缚人们思想的许多重大认识问题，把改革开放和现代化建设推进到新阶段的又一个解放思想、实事求是的宣言书。"① "东方风来满眼春"，邓小平的南方之行和重要谈话，对中国的历史产生了重大影响，新一轮思想解放和改革开放的高潮再次涌起。

二、抓住机遇加快改革发展

受命于危难之际的以江泽民同志为核心的中央领导集体，在关系到党和国家前途命运的历史关头，带领全党作出了如下抉择：全面坚持党的基本路线，继续抓住经济建设这个中心，集中精力推动经济的发展；努力纠正"一手比较硬，一手比较软"的现象，加强思想政治工作，特别是党的建设工作。在国际局势发生着剧烈变化的情况下，按照冷静观察、沉着应付的方针，坚持把注意力集中在办好中国自己的事情上，相继作出关于加强廉政建设的决定，关于进一步治理整顿、深化改革的决定，关于加强党同人民群众联系的决定，关于上海浦东开发开放的决策，关于

---

① 江泽民：《高举邓小平理论伟大旗帜，把建设有中国特色社会主义事业全面推向二十一世纪——在中国共产党第十五次全国代表大会上的报告》（1997年9月12日），《人民日报》1997年9月22日。

国民经济和社会发展十年规划和"八五"计划的建议，关于搞好国营大中型企业的决定，关于进一步加强农业和农村工作的决定。这些重大举措，延续了改革开放和现代化建设成果，捍卫了中国共产党的领导和中国特色社会主义事业。如果说这个特殊时期是在艰难前行，而邓小平发表南方谈话后，则给中国的改革发展创造了新的机遇。

（一）统一领导层思想

以江泽民同志为核心的中央领导集体统一思想抓住机遇，积极部署，落实邓小平南方谈话精神，着力推动改革开放和社会主义现代化建设快速持续健康发展。

1. 及时传达邓小平南方谈话精神

邓小平还在南方，中共中央高层就高度关注邓小平在南方的重要谈话，并召开中共中央政治局扩大会议及时传达和讨论。如当时的中共中央政治局常委、国务院总理李鹏在 1992 年 2 月 11 日的日记中写道："中央召开扩大会议，传达小平同志在深圳、武昌、鹰潭的讲话。在深圳是 1 月 19—21 日讲的，在鹰潭是 1 月 30 日讲的。"①

1992 年 2 月 21 日，也就是中共中央政治局扩大会议传达邓小平在深圳等地的讲话十天后，邓小平回到北京。中共中央立即组织专人整理邓小平南方谈话的要点。经邓小平审阅同意后，28 日中共中央发出《关于传达学习邓小平同志重要谈话的通知》的文件，即中共中央 1992 年 2 号文件，文件的内容就是邓小平南方谈话的要点。这个《通知》要求全国县团级党组织立即将邓小平同志重要谈话尽快地传达到全体党员、干部。《通知》还要求

① 《市场与调控——李鹏经济日记》（中），新华出版社、中国电力出版社 2007 年版，第 904 页。

全党尤其是党的各级领导干部，要认真学习邓小平同志的重要谈话，全面深刻领会谈话的实质，紧密结合实际，认真贯彻落实。从这里，可以看到中共中央 1992 年 2 号文件与 1992 年 1 月 13 日下发的中共中央 1992 年 1 号文件有着历史的逻辑联系。两个文件都强调坚持"一个中心、两个基本点"的基本路线不动摇，强调解放思想加快改革开放的步伐，强调治理整顿结束加快经济发展等。

3 月 2 日，中共中央党校在其大礼堂举行 1992 年春季开学典礼。中共中央政治局常委、中央党校校长乔石向来自全国各地、各部门的 2000 多名学员和中央党校教职工传达了邓小平同志南方谈话的要点。乔石校长喜悦的情绪感染了在场的全体学工人员，学工人员对乔石校长的传达报以热烈的掌声。开学典礼刚结束，学员们纷纷通过各种办法和渠道，立即把邓小平的南方谈话精神报告给自己的单位。当时通信手段比较落后，学员房间还没有电话，手机也没有。当时中央党校学员楼每层的电话亭立即排起队伍，学员们争相往自己的单位打电话通报邓小平这次重要的南方谈话。可以说把邓小平南方谈话传向全国，中共中央党校这个阵地、中共中央党校的学员和教员起到了特殊作用。

3 月 2 日，李鹏在国务院第十三次全体会议上也传达了邓小平南方谈话的要点和精神，强调抓住有利时机加快改革开放，集中精力把经济建设搞上去。他说："我们在改革开放中，要立足实际，积极探索，大胆试验，及时总结经验，成功的要积极推广。""我们应该有这样的雄心壮志，经过每隔几年的努力，就能使经济上一个新台阶。当然，一定要扎扎实实，讲求效益，注意稳定协调发展。""在进行经济体制改革的同时，政治体制改革也要配套进行。一个重要问题，就是进行政府机构改革，要进一步精简机构，核心是转变职能，政府的工作重点是要抓好宏观调控，把企业真正推向市场。"① 这可以说在国务院系统及时传达了邓小平南方谈话中关于加快改革开放和发展的主要精神，引起了与会人员的共鸣。国务院还按照邓小平南方谈话精神，修改即将提交七届全国人大五次会议审议的《政府工作报告》。

2. 中央政治局部署落实邓小平南方谈话精神

3月9日和10日，中共中央政治局召开全体会议，根据邓小平的南方谈话精神，讨论中国改革开放和发展的若干重大问题。总书记江泽民主持会议。政治局会议在几个重大问题上统一了认识。

一是表示完全赞同邓小平的南方谈话，中央政治局认为谈话不仅对中国当前的改革和建设，对开好中共十四大，都具有十分重要的指导作用，而且对中国整个社会主义现代化事业具有重大而深远的意义。

二是坚定不移地坚持党在社会主义初级阶段的基本路线。解放和发展生产力，是中国共产党领导人民建设社会主义的根本任务。为此，必须始终不渝地坚持以经济建设为中心，坚持四项基本原则，坚持改革开放。这是党的十一届三中全会以来，在邓小平同志建设有中国特色社会主义思想的指导下，党带领亿万人民在实践中得出的最为宝贵的经验，是社会主义中国这十几年间发生巨大变化的根本原因。牢牢把握党的"一个中心、两个基本点"的基本路线，一百年不动摇，国家就能长治久安，中国就大有希望。

三是强调改革开放胆子要大一些，勇于创新，敢于试验。必须进一步解放思想，坚持实事求是；强调不仅要在社会主义条件下发展生产力，而且要通过改革解放生产力；判断姓"社"姓

① 《李鹏在国务院第13次全体会议上强调　抓住有利时机加快改革开放　集中精力把经济建设搞上去》，《人民日报》1992年3月3日。

"资"，应该主要看是否有利于发展社会主义社会的生产力，是否有利于增强社会主义国家的综合国力，是否有利于提高人民的生活水平。

四是强调加快改革开放的步伐。看准了的，就大胆地试，大胆地闯；计划和市场，都是经济手段；要善于运用这些手段，加快发展社会主义商品经济；要大胆吸收和借鉴人类社会创造的一切文明成果，吸收和借鉴当今世界各国包括西方发达国家的先进经营方式和管理方式。

五是强调坚持党的基本路线，加快改革和建设步伐，关键在于狠抓各项工作的落实。当前要特别注意抓住改革和建设中牵动全局的重大问题，深入调查研究，确定今后一个时期的战略思想和政策主张，并认真组织实施。

按照会议关于加快改革开放和现代化建设的研究和部署，在中共中央的带领下，各级领导干部认真学习邓小平同志关于建设有中国特色社会主义的一系列重要论述，进一步提高全面贯彻执行党的基本路线的自觉性。在实际工作中贯彻邓小平提出的力戒形式主义和官僚主义的主张，腾出主要精力多办实事。要警惕右，但主要是防止"左"。坚持两手抓，加强社会主义精神文明建设和民主法制建设，巩固和发展安定团结的政治局面。以中共中央政治局为代表的中央领导层思想统一，促动了全国各级领导的行动。这为全面推进改革开放和现代化建设事业，为开好七届全国人大五次会议、迎接中共十四大的胜利召开创造了重要条件，营造了良好的氛围。

（二）加快改革发展为主题的七届全国人大五次会议

1992年3月召开的七届全国人大五次会议，成为了一个以邓小平南方谈话为指导，全面落实"一个中心、两个基本点"的基本路线，抓住机遇，加快改革开放步伐，加快发展为主旋律的大会。

国务院总理李鹏作《政府工作报告》。这个报告分为六个部分：（1）1991 年国内工作的回顾；（2）抓紧有利时机，加快经济发展；（3）加快改革步伐，扩大对外开放；（4）为经济建设和改革开放创造更好的社会政治环境；（5）积极推进祖国和平统一大业；（6）关于国际形势和外交工作。

李鹏在政府工作报告中正式宣布：中国的经济状况表明，中共十三届五中全会确定的治理整顿的主要任务已经完成，治理整顿作为经济发展的一个特定阶段可以如期结束。会议接受邓小平南方谈话的意见，通过了《政府工作报告》并作出决议认为：现在，中国国内条件具备，国际环境有利，再加上发挥社会主义制度能够集中力量办大事的优势，在今后现代化建设的长期过程中，出现若干个发展速度比较快、效益比较好的阶段，是必要的，也是能够办到的。机不可失，时不我待。我们要抓紧时机，集中力量，进一步加快国民经济的发展。政府工作报告还提出：要认真总结经验，进一步解放思想，大胆创新，把改革开放的步子迈得更大一些。① 会议确定，1992 年经济体制改革的重点是企业改革，所有国营大中型企业都要在转换和完善经营机制上下硬功夫。着重进行与企业改革相配套的改革，主要是物价和流通体制改革，财政金融和计划体制改革，以及住房和社会保障制度改革。要进一步扩大对外开放的范围，注重效益的提高，把对外开放提高到一个新的水平。上海浦东新区是今后十年开放开发的重点等。全国人民代表大会是中华人民共和国的最高权力机关，大会通过政府工作报告具有历史意义。

李鹏在政府工作报告中指出：三峡工程是一项具有防洪、发

---

① 李鹏：《政府工作报告——1992 年 3 月 20 日在第七届全国人民代表大会第五次会议上》，《人民日报》1992 年 4 月 5 日。

电、航运、供水等综合效益的巨大工程，论证工作已经进行多年，权衡利弊，认为兴建三峡工程是必要的，技术上是可行的，经济上是合理的，随着经济的发展，国力也是可以承担的。李鹏代表国务院向这次大会提出专门议案，建议将兴建三峡工程列入国民经济和社会发展十年规划，由国务院根据国民经济的实际情况，选择适当时机组织实施。

4月3日，七届全国人大五次会议以177票反对，664票弃权，25人未按表决器，1767票赞成，通过《关于兴建长江三峡工程的决议》，决定批准将兴建长江三峡工程列入国民经济和社会发展十年规划，由国务院根据国民经济发展的实际情况和国家财力、物力的可能，选择适当时机组织实施。

会议审议通过了关于1991年国民经济和社会发展计划执行情况与1992年国民经济和社会发展计划的决议、关于1991年国家预算执行情况和1992年国家预算的决议。会议还审议通过了三个重要法律，即《中华人民共和国工会法》《中华人民共和国妇女权益保障法》《中华人民共和国全国人民代表大会和地方各级人民代表大会代表法》，三部重要法律的审议通过是这次会议进一步完善中国法制建设取得的重大成果。

（三）加快改革开放的重大决策与部署

为进一步把邓小平南方谈话的精神落到实处，1992年3月、4月、5月，中共中央政治局常委会在江泽民总书记的主持下多次召开会议，在深入领会邓小平南方谈话的基础上，决定根据邓小平南方谈话中提出的一些重大问题，结合改革和建设的实际情况，分成若干专题，一个一个地研究贯彻落实的初步方案。当时确定的有关重大专题有：（1）关于加快改革，扩大开放，力争经济更好更快地上一个新台阶；（2）关于搞好社会秩序、社会风气，维护社会政治稳定；（3）关于加强思想教育和宣传工作，促进社会主义精神文明建设；（4）关于加强党的建设等专题等。中共中央政治局常委会的同志进行了分工，分头组织力量加紧研究，待各个初步方案出来后，再召开常委会议和政治局会议进一步讨论，确定一个，下发一个，并继续研究贯彻落实的具体措施和办法。中共中央政治局常委会设想，在这些贯彻落实邓小平同志谈话和中央政治局全体会议精神的初步方案下达以后，将不定期地采取多种形式，组织力量深入各省区市，了解贯彻落实的情况，并帮助研究解决遇到的一些问题，共同把贯彻落实的工作做好。目的就是上上下下同心同德地加快改革开放步伐，努力把经济建设搞上去。①

1. 部署加快改革开放工作、推动经济更好更快上台阶

围绕"关于加快改革，扩大开放，力争经济更好更快地上一个新台阶"这个专题，中共中央政治局常委会进行了深入的调查研究工作。1992 年 4 月 30 日，中共中央政治局常委会召开会议，提出党的十四大在计划与市场的关系上要前进一步，这是关系改革开放和现代化建设全局的一个重大问题。5 月 16 日，中共中央政治局会议通过《中共中央关于加快改革，扩大开放，力争经济更好更快地上一个新台阶的意见》。这是中共中央为贯彻落实邓小平重要谈话精神而制定的第一个专题方案，并作为中共中央1992 年 4 号文件下发。文件指出：抓紧有利时机，加快改革开放步伐，力争经济更好更快地上一个新台阶，是当前全党的战略任务。

关于加快改革的步伐。文件提出，为保证和促进企业经营机制的转换，必须加快配套改革的步伐：一是转变政府职能；二是培育和发展市场体系；三是深化经贸体制改革；四是加快金融体

---

① 中共中央文献研究室编：《十三大以来重要文献选编》（下），人民出版社 1993 年版，第 2088 页。

制改革；五是加快财政体制改革；六是加快科技和教育体制
改革。

关于进一步扩大对外开放。文件提出了一些具体措施，包括
以上海浦东开发开放为龙头，进一步开放长江沿岸城市；逐步开
放沿边城市，形成周边的对外开放格局；继续办好经济特区、沿
海开放城市和沿海经济开发区，加快内陆省区对外开放步伐，扩
大对外开放领域，拓宽利用外资形式等。

文件还提出了搞好政府机构改革、加强宏观调控能力的基本
思路。包括：加强国家计委宏观调控的职能，减少其具体事务；
成立国家经贸委，协调日常经济工作；成立国务院农业和农村工
作办公室，协调农口及有关部门的工作，等等。

5月22日，邓小平视察首都钢铁公司。参观炼钢厂四号高
炉、重型机加工车间、第二炼钢厂，听取首钢负责人汇报。邓小
平指出："主要是解放思想换脑筋。脑筋不换，怎么也推不动。
脑筋一活，想得就宽了，路子也就多了，干得也就更好。要真正
给企业权力。大中型企业不搞活，社会主义优势在哪里？改革开
放进行得好的、发展得快的企业，要用上交的利税、出口创的外
汇、技术水平这些活生生的事实来证明它的优越。"① 邓小平在
首钢的讲话，再一次推动了人们思想的解放。5月28日的中央政
治局常委会议正式决定，在党的十四大上要对计划与市场的关系
作出新的论述，并决定在中央党校召开干部会议。

2. 江泽民在中央党校发表讲话

1992年6月9日，中共中央总书记江泽民到中共中央党校发
表题为《深刻领会和全面落实邓小平同志的重要谈话精神，把经
济建设和改革开放搞得更快更好》的重要讲话。中央政治局常委

---

① 中共中央文献研究室编：《邓小平年谱（1975—1997）》（下），
中央文献出版社2004年版，第1346页。

兼中央党校校长乔石主持这次报告会。江泽民说："今天，我要讲的主题，是如何更深刻地领会和全面落实小平同志的重要谈话精神，把我们的经济建设和改革开放搞得更快更好。五月二十二日，小平同志视察首钢时，又讲了一些重要意见。这次谈话是他视察南方谈话的继续发挥和补充，其精神是一致的。小平同志的这些重要谈话，深思熟虑，高瞻远瞩，既分析了当前的国际国内形势，又总结了十多年来建设和改革的基本经验，内容十分丰富。我觉得，这些重要谈话贯穿了一个鲜明的中心思想，这就是：必须坚定不移地全面贯彻执行党的'一个中心、两个基本点'的基本路线，解放思想，实事求是，放开手脚，大胆试验，排除各种干扰，抓住有利时机，加快改革开放步伐，集中精力把经济建设搞上去，不断地把有中国特色的社会主义事业全面推向前进。对于这个中心思想，我们在认识上和工作中，一定要牢牢把握住。这也是十一届三中全会以来小平同志的一贯思想。"①

江泽民在这次重要讲话中谈了九个重大问题。第一，关于抓住当前有利时机，加快改革开放和经济建设的发展；第二，关于改革也是革命也是解放生产力；第三，关于大胆向资本主义国家学习和借鉴有用的东西；第四，关于加快经济体制改革；第五，关于推进政治体制改革；第六，关于坚持"两手抓"的方针；第七，关于解放思想、实事求是和要警惕右但主要是防止"左"；第八，关于加强党的建设和提高党的领导水平；第九，关于全面落实邓小平重要谈话精神的初步部署和要求。

这个讲话，强调要进一步落实邓小平的南方谈话及一系列讲话精神，其中经济体制问题，即关于"社会主义市场经济体制"的提法，引起党内外的高度关注。可以说这个讲话为中共十四大

① 中共中央文献研究室编：《十三大以来重要文献选编》（下），人民出版社 1993 年版，第 2055—2056 页。

的召开做了充分的思想和理论准备。

3. 部署加强政法工作，为改革开放和经济建设提供坚强保障

1992 年 7 月 22 日，中共中央政治局会议通过《中共中央关于加强政法工作，更好地为改革开放和经济建设服务的意见》。这个《意见》讲了加强政法工作的 12 个问题。《意见》提出，今后一个较长时期政法工作的指导思想是：坚定不移地贯彻党的"一个中心、两个基本点"的基本路线，坚持"两手抓、两手硬"，强化人民民主专政职能，狠抓社会治安综合治理，努力搞好法律服务，切实维护社会稳定，保障与促进改革开放和经济建设的顺利进行。《意见》强调要从两个方面加强政法工作："一是充分发挥政法部门在调节经济关系，改善改革开放的法制环境，保护投资者和敢于改革试验的人的合法权益等方面的职能作用，运用法律手段和行政手段，大力促进经济建设和改革开放；二是强化专政手段，保卫国家安全，严厉打击各种犯罪活动，惩治腐败，扫除丑恶现象，推动社会治安综合治理和廉政建设，维护社会持续稳定，不仅现在，而且将来都要保证我国的社会秩序、社会风气好于资本主义国家和地区，为经济建设和改革开放创造良好的社会环境。"[①]《意见》提出，政法工作要增强五个意识：服务意识、改革意识、防"左"意识、社会主义民主和法制意识、群众路线意识等等。意见还提出要抓紧立法，抓紧制定"人民警察法""检察官条例""法官条例""国家安全法""惩治贪污贿赂法""监管改造法""律师法""人民法庭组织条例"等。

4. 部署宣传思想工作，为加快改革开放提供舆论支持

宣传思想工作至关重要，改革开放更需要舆论支持。邓小平南方谈话也强调了宣传思想工作的重要。1992 年 9 月 3 日，中共

---

① 中共中央文献研究室编：《十三大以来重要文献选编》（下），人民出版社 1993 年版，第 2128 页。

中央政治局会议通过《中共中央关于加强和改进宣传思想工作，更好地为经济建设和改革开放服务的意见》。这是中共中央为贯彻落实邓小平重要讲话精神而制定的又一专门文件。这个《意见》分为十二个部分：（1）继续深入学习邓小平同志的重要谈话，用建设有中国特色的社会主义的理论和路线统一全党的思想。（2）宣传思想工作要以经济建设为中心，服从、服务于这个中心。（3）加强改革开放的宣传，推动改革开放事业的健康发展。（4）坚持两手抓的方针，促进社会主义精神文明建设。（5）面向实际，加强社会科学理论研究。（6）繁荣文艺，活跃群众文化生活。（7）改进新闻、出版工作。（8）加强对外宣传，努力创造良好的国际舆论环境。（9）有计划、有领导地进行宣传思想战线的体制改革。（10）努力建设一支适应经济建设和改革开放要求的宣传思想工作队伍。（11）适当增加对宣传文化事业的投入。（12）加强党对宣传思想工作的领导。《意见》提出：当前宣传思想战线面临的主要任务，就是要认真学习、深入贯彻邓小平重要谈话和中央政治局全体会议精神，解放思想，统一认识，振奋精神，全面宣传"一个中心、两个基本点"的基本路线，更好地为经济建设和改革开放服务。《意见》强调："宣传思想工作要以经济建设为中心，服从、服务于这个中心。坚持以经济建设为中心，是对'以阶级斗争为纲'的拨乱反正，是发展事业、稳定社会、巩固政权的根本保证，是广大人民群众的最高利益和共同愿望。在党和国家的全部工作中，只有经济建设这一个中心，不能偏离这个中心，不能搞多中心。经济部门要坚持这个中心，其他部门也必须围绕和服务于这个中心。在正常情况下，我们要坚持这个中心，在非常情况下，除了发生大规模外敌入侵，也要紧紧抓住这个中心。宣传思想工作各部门要扭住这个中心不放，运用多种宣传手段，采取多种宣传形式，为经济建设帮忙鼓劲，把一心一意搞经济建设的空气搞得浓浓的，把全党、全国人民的注意力引导到集中精力进行社会主义现代化建设上来。"① 《意见》要求：深刻认识"要警惕右，但主要是防止'左'"的论断的正确性。从理论根源、思想根源和历史根源上认识右可以葬送社会主义，"左"也可以葬送社会主义，"左"是根深蒂固的，纠正"左"比右好的思想，从根本上克服"左"的影响。要防止对马克思主义某些原则、某些本本的教条式的理解，纠正对社会主义的一些不科学的甚至完全扭曲了的认识，从那些超越社会主义初级阶段的不正确的思想观念和政策中解放出来，不被"姓资还是姓社"的抽象争论所束缚。

5. 部署加强党的建设，为改革开放和经济发展提供组织保障

中国的事情关键在党，关键在人。邓小平南方谈话着重强调，要全面推进有中国特色的社会主义事业，关键是把党搞好，切实加强和改善党的领导，努力提高党的战斗力。1992 年 9 月 3 日，中共中央政治局会议通过了《中共中央关于加强党的建设，提高党在改革和建设中的战斗力的意见》。该《意见》指出："邓小平同志今年初视察南方的重要谈话，对推进我国的改革开放和现代化建设，具有重大而深远的指导意义，对在新的历史条件下从政治上、思想上、组织上、作风上全面加强党的建设，同样具有重大而深远的指导意义，极大地鼓舞了全党加快改革和建设步伐、进一步做好党建工作的积极性。""党建工作要认真贯彻邓小平同志重要谈话和中央政治局全体会议精神，毫不动摇地坚持党的基本路线，牢固树立以经济建设为中心的思想，从严治党，搞好党的自身建设，密切党同人民群众的联系，使党的各级组织和广大共产党员始终站在改革和建设的前列，充分发挥党在

---

① 中共中央文献研究室编：《十三大以来重要文献选编》（下），人民出版社 1993 年版，第 2174—2175 页。

建设有中国特色社会主义伟大事业中的领导核心作用。"① 《意见》强调要从八个方面抓好党建工作：（1）用建设有中国特色社会主义的理论武装全党，提高执行党的基本路线的自觉性和坚定性。（2）加强领导班子建设，大胆选拔优秀年轻干部。（3）适应经济建设和改革开放的要求，进一步搞好各级地方党委的建设。（4）发扬党内民主，坚持和健全民主集中制。（5）强化干部培训，全面提高干部素质。（6）结合经济体制和政治体制改革，加快干部人事制度改革的步伐。（7）加强基层党组织建设，充分发挥党组织的战斗堡垒作用和共产党员的先锋模范作用。（8）认真发扬党的优良传统，切实改进领导作风。

以上这些措施，有效地落实了邓小平 1992 年初南方谈话精神，为解放思想、抓住机遇，加快改革开放和社会主义现代化建设的步伐，召开中共十四大创造了良好条件。

（四）中共十四大作出加快改革开放和发展等重大决策

1992 年 10 月 12 日至 18 日，中国共产党第十四次全国代表大会在北京召开。参加这次代表大会的应到代表 1989 人，特邀代表 46 人。大会 12 日在人民大会堂开幕。开幕大会由李鹏主持，江泽民代表中国共产党第十三届中央委员会作报告。报告的题目是《加快改革开放和现代化建设步伐，夺取有中国特色社会主义事业的更大胜利》。江泽民在报告中指出："这次代表大会的任务是：以邓小平同志建设有中国特色社会主义的理论为指导，认真总结十一届三中全会以来十四年的实践经验，确定今后一个时期的战略部署，动员全党同志和全国各族人民，进一步解放思想，把握有利时机，加快改革开放和现代化建设步伐，夺取有中

---

① 中共中央文献研究室编：《十三大以来重要文献选编》（下），人民出版社 1993 年版，第 2185 页。

国特色社会主义事业的更大胜利。"① 报告内容共分四个部分：
（1）十四年伟大实践的基本总结；（2）90 年代改革和建设的主
要任务；（3）国际形势和我们的对外政策；（4）加强党的建设
和改善党的领导。

江泽民作的报告全面贯彻了邓小平南方谈话的精神。他首先
回顾改革开放十四年来中国共产党领导人民进行的伟大实践，把
取得改革开放十四年胜利的根本原因，归结为建设有中国特色社
会主义的理论的指导。这个理论，坚持把马克思主义基本原理同
中国具体实际相结合，第一次比较系统地初步回答了中国这样的
经济文化比较落后的国家如何建设社会主义、如何巩固和发展社
会主义的一系列基本问题，用新的思想、观点，继承和发展了马
克思主义。江泽民指出："十四年来，社会主义在中国的新局面
和新成就，更使我们从历史的比较和国际的观察中认识到，我们
党建设有中国特色社会主义的理论是正确的，是符合最广大人民
的利益和要求的。"②

报告把建设有中国特色社会主义理论的主要内容概括为九个
方面：（1）在社会主义的发展道路问题上，强调走自己的路。
（2）在社会主义的发展阶段问题上，作出中国还处在社会主义初
级阶段的科学论断。（3）在社会主义的根本任务问题上，指出社
会主义的本质是解放生产力，发展生产力，消灭剥削，消除两极
分化，最终达到共同富裕。（4）在社会主义的发展动力问题上，
强调改革也是一场革命，也是解放生产力。（5）在社会主义建设
的外部条件问题上，指出和平与发展是当代世界两大主题，必须

---

① 《江泽民文选》第 1 卷，人民出版社 2006 年版，第 211 页。

② 江泽民：《加快改革开放和现代化建设步伐　夺取有中国特色社
会主义事业的更大胜利——在中国共产党第十四次全国代表大会上的报
告》（1992 年 10 月 12 日），《人民日报》1992 年 10 月 21 日。

坚持独立自主的和平外交政策，为中国现代化建设争取有利的国际环境。强调实行对外开放是改革和建设必不可少的，应当吸收和利用世界各国包括资本主义发达国家所创造的一切先进文明成果来发展社会主义，封闭只能导致落后。（6）在社会主义建设的政治保证问题上，强调坚持社会主义道路、坚持人民民主专政、坚持中国共产党的领导、坚持马克思列宁主义毛泽东思想。这四项基本原则是立国之本，是改革开放和现代化建设健康发展的保证，又从改革开放和现代化建设获得新的时代内容。（7）在社会主义建设的战略步骤问题上，提出基本实现现代化分三步走。在现代化建设的长期过程中要抓住时机，争取出现若干个发展速度比较快、效益又比较好的阶段，每隔几年上一个台阶。必须允许和鼓励一部分地区一部分人先富起来，以带动越来越多的地区和人们逐步达到共同富裕。（8）在社会主义的领导力量和依靠力量问题上，强调作为工人阶级先锋队的共产党是社会主义事业的领导核心，党必须依靠广大工人、农民、知识分子，必须依靠各民族人民的团结，必须依靠全体社会主义劳动者、拥护社会主义的爱国者和拥护祖国统一的爱国者的最广泛的统一战线。党领导的人民军队是社会主义祖国的保卫者和建设社会主义的重要力量。（9）在祖国统一问题上，提出"一国两制"的创造性构想。报告进一步指出，建设有中国特色社会主义的理论还有其他许多内容，还要在研究新情况、解决新问题的过程中，在实践检验中继续丰富、完善和发展。

报告为建设有中国特色社会主义理论下了一个科学的定义：建设有中国特色社会主义理论，是当代中国的马克思主义。它是马克思列宁主义基本原理与当代中国实际和时代特征相结合的产物，是毛泽东思想的继承和发展，是全党全国人民集体智慧的结晶，是中国共产党和中国人民最珍贵的精神财富。邓小平同志是中国社会主义改革开放和现代化建设的总设计师，对建设有中国特色社会主义理论的创立，作出了历史性的重大贡献。

为加速改革开放，推动经济发展和社会全面进步，江泽民在报告中提出必须努力完成十个方面关系全局的主要任务。即，第一，围绕社会主义市场经济体制的建立，加快经济体制改革步伐。第二，进一步扩大对外开放，更多更好地利用国外资金、资源、技术和管理经验。第三，调整和优化产业结构，高度重视农业，加快发展基础工业、基础设施和第三产业。第四，加速科技进步，大力发展教育，充分发挥知识分子的作用。第五，充分发挥各地优势，加快地区经济发展，促进全国经济布局合理化。第六，积极推进政治体制改革，使社会主义民主和法制建设有一个较大的发展。第七，下决心进行行政管理体制和机构改革，切实做到转变职能、理顺关系、精兵简政、提高效率。第八，坚持两手抓，两手都要硬，把社会主义精神文明建设提高到新水平。第九，不断改善人民生活，严格控制人口增长，加强环境保护。第十，加强军队建设，增强国防实力，保障改革开放和经济建设顺利进行。

概括起来，中共十四大主要作出三大重要决策：一是抓住机遇，加快发展，即坚持中国共产党在社会主义初级阶段的基本路线不动摇，抓住机遇，加快改革开放和现代化建设的步伐；二是确定经济体制改革的目标，即把建立社会主义市场经济体制确定为中国经济体制改革的目标；三是确定党的指导思想，即科学地概括和评价了邓小平建设有中国特色社会主义理论，确立了它在全党的指导地位。中共十四大对全党进一步解放思想，加快改革开放和社会主义现代化建设的进程起到了重要作用。

中共十四大选举了新的中央委员会。通过关于十三届中央委员会报告的决议、关于中央顾问委员会工作报告的决议、关于中央纪律检查委员会工作报告的决议。大会还通过关于《中国共产党章程》（修正案）的决议。修改后的党章写入了建设有中国特色社会主义理论和党在社会主义初级阶段的基本路线，明确规定：建设有中国特色社会主义理论，阐明了在中国建设社会主义、巩固和发展社会主义的基本问题，继承和发展了马克思主义，是引导中国社会主义事业不断前进的指针。中国共产党在社会主义初级阶段的基本路线是：领导和团结全国各族人民，以经济建设为中心，坚持四项基本原则，坚持改革开放，自力更生，艰苦创业，为把我国建设成为富强、民主、文明的社会主义现代化国家而奋斗。

大会同意中央顾问委员会提出的不再设立中央顾问委员会的建议。从中共十二大到中共十四大，中央顾问委员会协助中共中央，为维护党的团结和社会稳定，推进改革开放和社会主义现代化建设，做了大量工作，在新的历史时期为党、国家和人民建立了历史性功勋，出色完成自己的历史使命。

大会选举出中央委员会委员 189 人，中央委员会候补委员 130 人，中央纪律检查委员会委员 108 人。中共十四届一中全会选举产生了新的中央领导机构。中央政治局委员（按姓氏笔画排名）为：丁关根、田纪云、朱镕基、乔石、刘华清、江泽民、李鹏、李岚清、李铁映、李瑞环、杨白冰、吴邦国、邹家华、陈希同、胡锦涛、姜春云、钱其琛、尉健行、谢非、谭绍文；中央政治局候补委员温家宝、王汉斌。选举江泽民为中共中央总书记，选举江泽民、李鹏、乔石、李瑞环、朱镕基、刘华清、胡锦涛为中央政治局常委。根据政治局常委会的提名，通过胡锦涛、丁关根、尉健行、温家宝、任建新为中央书记处书记；决定江泽民为中共中央军委主席，刘华清、张震为副主席；批准尉健行为中央纪律检查委员会书记，侯宗宾等人为副书记。①

---

①　新华社：《党的十四届一中全会产生中央领导机构　江泽民任中共中央总书记中央军委主席》，《人民日报》1992 年 10 月 20 日。

邓小平的南方谈话和中共十四大，标志着中国的改革开放和社会主义现代化建设进入了新的发展阶段。在这个新的发展阶段，中国开始加快由计划经济向社会主义市场经济转变的进程，开始加快社会主义民主政治制度建设、社会主义文化建设的进程。

三、社会主义市场经济体制目标的确立

把建立社会主义市场经济体制确定为中国经济体制改革的目标，是中共十四大标志性的决策。确立这种新的经济体制，既对中华人民共和国的发展产生了深远影响，也对世界经济发展和国际社会主义运动产生了重大影响。确定社会主义市场经济体制为中国经济体制改革的目标，实际上也是中国共产党经过长期探索后，为中国经济发展寻找的一种充满生机和活力的发展体制和机制，为中华民族迅速实现经济振兴寻找的符合经济发展规律的正确道路。

（一）新中国成立后党对经济体制的探索

资本主义国家一般都实行市场经济体制。社会主义社会应该实行什么样的经济体制，尤其是社会主义可不可以搞市场经济？这是当时社会主义建设过程中难以突破的重大理论和实践问题。

中国共产党对社会主义实行什么样的经济体制曾进行了长期的探索、研究和实践。1949年9月，在中国人民政治协商会议第一届全体会议上，以毛泽东同志为代表的中国共产党人同参加会议的民主党派及各界人士共同协商建立中华人民共和国，在他们共同制定和通过的《中国人民政治协商会议共同纲领》中规定，要在新中国实行计划经济体制，到1953年开始实施国民经济发

展第一个五年计划时，中国已经基本上确定了计划经济体制。

　　1956年社会主义经济制度在中国基本建立后，以毛泽东同志为代表的中国共产党人发现，实行完全的高度集中的计划经济体制在运行中存在着一些问题。针对这些问题，特别是经过研究苏联长期实行计划经济体制中暴露出来的问题时，毛泽东等人曾提出要重视中央与地方的关系，不要把地方和企业卡得很死，要重视价值规律的作用、发展商品生产和商品交换等思想。1956年9月召开的中共八大是一次充分发扬党内民主的大会，当时在国务院主管国家经济工作的副总理陈云在大会作了《关于资本主义工商业改造高潮以后的新问题》的重要发言，提出了改进计划体制的意见。提出了"三个主体，三个补充"的主张，即"我们的社会主义经济的情况将是这样：在工商业生产经营方面，国家经营和集体经营是工商业的主体，但是附有一定数量的个体经营。这种个体经营是国家经营和集体经营的补充。在生产的计划性方面，全国工农业产品的主要部分是按照计划生产的，但是同时有一部分产品是按照市场变化而在国家计划许可范围内自由生产的，计划生产是工农业生产的主体，按照市场变化而在国家计划许可范围内的自由生产是计划生产的补充。因此，这种社会主义经济的市场，决不是资本主义的自由市场，而是社会主义的统一市场。在社会主义的统一市场里，国家市场是它的主体，但是附有一定范围内国家领导的自由市场。这种自由市场，是在国家领导之下，作为国家市场的补充，因此它是社会主义统一市场的组成部分"①。随后陈云据此精神，为国务院起草了《关于改进工业管理体制的规定》《关于改进商业管理体制的规定》《关于改进财政管理体制的规定》三个文件。经国务院全体会议第六十一

---

　　① 《关于资本主义工商业改造高潮以后的新问题》，《人民日报》1956年9月21日。

次会议通过，1957 年 11 月，一届全国人大常委会第八十四次会议原则批准了这三个规定，并自 1958 年起实施。

这期间，经济学家孙冶方在《经济研究》1956 年第 6 期提出过诸如"把计划和统计放在价值规律的基础上"，让市场价格的自发涨落调节生产的观点和主张等。[1] 还有一位经济学家顾准也在《经济研究》1957 年第 2 期发表的《试论社会主义制度下的商品生产和价值规律》中强调，"社会主义必须自觉的运用价值规律"[2] 等。

这些理论观点和实践中的探索可以看成是对传统观点的突破。但是对社会主义到底实行什么样的经济体制进行真正的理论研究和创新，是以中共十一届三中全会前后为起点的。从那时开始到中共十四大，人们的认识大致经历了三次大的演进，改革的目标也随之发生三次大的变动，并最终在中共十四大把建立社会主义市场经济体制确定为中国经济体制改革的目标。

（二）经济体制探索的"三部曲"

从开展实践是检验真理的唯一标准的大讨论到中共十一届三中全会正式确定改革开放的伟大抉择前后，中国共产党高层及经济理论界的思想非常活跃，特别是对中国经济体制改革到底采取什么样的体制，人们进行了深入的研究。可以说在 1978 年前后就有"关于计划与市场相结合、以计划经济体制为主"的观点；有"关于社会主义商品经济"的观点；还有"关于社会主义也可以搞市场经济"的观点。但当时主张计划经济与市场经济相结合，以计划经济为主的观点首先被公认。

---

[1] 孙冶方：《社会主义经济的若干理论问题》，人民出版社 1979 年版，第 1 页。

[2] 顾准：《顾准文集》，贵州人民出版社 1994 年版，第 45 页。

1. 确认"计划经济为主，市场经济为辅"的公式

1978 年 7 月至 9 月，国务院召开关于如何加快现代化建设的务虚会。在这次务虚会上，无论是实际工作者还是理论工作者都认识到高度计划经济体制的弊端。他们提出应更多地发挥价值规律的作用。9 月 9 日，李先念副总理在会议总结中提出了"计划经济与市场经济相结合"①的观点。随后在 1978 年 11 月召开的中央工作会议上，就经济体制问题进行了热烈讨论，随后于 12 月召开的中共十一届三中全会作出了把党和国家的工作重心转移到社会主义现代化建设上来，进行经济体制改革的伟大决策。

中共十一届三中全会不久，中国共产党内长期主抓经济建设的领导人陈云在 1979 年 3 月 8 日曾写过一个提纲，题为《计划与市场问题》。在这个提纲中，陈云提出"整个社会主义时期必须有两种经济：（1）计划经济部分（有计划按比例的部分）；（2）市场调节部分（即不作计划，只根据市场供求的变化进行生产，即带有盲目性调节的部分）"。② 3 月 27 日，中共中央决定，在国务院下设立财政经济委员会，作为研究制定财经方针政策和决定财经工作中的大事的决策机关。陈云任主任，李先念任副主任。作为研究制定财经工作的方针政策和决定财经工作中的大事的决策机关的负责人，陈云这期间在中国的经济决策中起到重要作用，他的主张和思想观点也被人们所接受。

中共十一届六中全会通过的《关于建国以来党的若干历史问题的决议》中确认："必须在公有制基础上实行计划经济，同时

---

① 《李先念传》编写组编：《李先念传（1949—1992）》（下），中央文献出版社 2009 年版，第 1069 页。

② 《陈云文选》第 3 卷，人民出版社 1995 年版，第 245 页。

发挥市场调节的辅助作用。"① 这段时间内，中共中央副主席陈云、国务院副总理李先念就"计划经济为主，市场调节为辅"的问题多次在不同场合发表谈话或讲话进行阐述。其中影响重大的一次是 1982 年的春节（1 月 25 日），陈云邀请姚依林、宋平等国家计委的负责人到他家中座谈，在这次座谈中，陈云正式提出"计划经济为主，市场调节为辅"这一公式。② 1 月 29 日，著名经济学家孙冶方约请经济理论界刘国光、桂世镛、吴敬琏、王珏、徐雪寒、李人俊等同志座谈陈云春节期间关于坚持"计划经济为主，市场调节为辅"问题的重要讲话，大家表示赞成。③ 后来陈云受到黄克诚（中央纪律检查委员会常务书记）与他谈话的启发，把"计划与市场"的关系比喻为"鸟"与"笼子"的关系。陈云说："搞活经济是在计划指导下搞活，不是离开计划的指导搞活。这就像鸟和笼子的关系一样，鸟不能捏在手里，捏在手里会死，要让它飞，但只能让它在笼子里飞。没有笼子，它就飞跑了。"④ 就是说，搞活经济、市场调节，这些只能在计划许可的范围以内发挥作用，不能脱离开计划的指导。

1982 年 9 月召开的中共十二大，在大会报告中确认要贯彻"计划经济为主、市场调节为辅"⑤ 原则，随后又把"国家在社

① 《关于建国以来党的若干历史问题的决议》，《人民日报》1981 年 7 月 1 日。

② 中共中央文献研究室编：《陈云年谱（1905—1995）》下卷，中央文献出版社 2000 年版，第 289 页。

③ 《坚持计划经济为主，市场调节为辅》，《人民日报》1982 年 2 月 22 日。

④ 《陈云文选》第 3 卷，人民出版社 1995 年版，第 320 页。

⑤ 胡耀邦：《全面开创社会主义现代化建设的新局面——在中国共产党第十二次全国代表大会上的报告》（1982 年 9 月 1 日），《人民日报》1982 年 9 月 8 日。

会主义公有制基础上实行计划经济。国家通过经济计划的综合平衡和市场调节的辅助作用，保证国民经济按比例地协调发展"①写进1982年新修改的《中华人民共和国宪法》。这标志着"计划经济为主，市场调节为辅"的公式不但被中共十二大报告所确认，也被中华人民共和国宪法确认，这就成为当时中国进行经济体制改革的指导原则。可以说这个公式的提出，起到了一定的进步作用，相对于那种完全排斥市场作用的僵化的高度集中的计划经济观点，确认市场调节，在理论认识和实践探索上是一个进步。但也应指出这不是当时党内认识的最高水平。

2. 确认中国社会主义经济是"公有制基础上的有计划的商品经济"

1978年以来中国经济体制的初步改革依据的是"计划经济为主，市场经济为辅"的理论。但随着改革开放实践的推进对理论的需要，"计划经济为主，市场经济为辅"作为经济体制改革的指导原则的情况在1984年中共十二届三中全会前后发生了重大改变。这个变化是在重新解释计划经济，突破长期以来把计划经济同商品经济对立起来的观念的过程中开始的，到中共十二届三中全会决定，正式确认中国社会主义经济是"公有制基础上的有计划的商品经济"。

1980年初夏，经济学家薛暮桥等人起草了《关于经济体制改革的初步意见》，在这个《意见》中已经明确提出"中国现阶段的社会主义经济，是生产资料公有制占优势，多种经济成分并存的商品经济"②等观点。值得注意的是当时薛暮桥的这个观点受到了批评。但由于改革实践的需求，这主要是农村改革的突

---

① 《中华人民共和国宪法》（1982年12月4日中华人民共和国第五届全国人民代表大会第五次会议通过），《人民日报》1982年12月5日。

② 薛暮桥著：《薛暮桥回忆录》，天津人民出版社1996年版，第356页。

破，解放了广大农村的生产力，乡镇企业异军突起；城市改革试点中多种经济成分开始出现，整个中国非国有的经济规模也在迅速扩大；中国大陆上"三资"企业的发展，民营和个体经济的快速发展，已经开始对中国经济理论提出新的要求。国内经济理论界和实际工作者也在努力探索，力图实现理论上的突破。邓小平、胡耀邦等领导人的积极推动，更重要的是现代化建设的发展规律的作用，促使人们的认识逐步发生变化。为全面推动改革开放，中共中央决定十二届三中全会专门研究经济体制改革问题，1984 年 6 月开始起草《中共中央关于经济体制改革的决定》。

1984 年 10 月，中共十二届三中全会审议通过《中共中央关于经济体制改革的决定》。这个《决定》划时代的贡献，是突破了把计划经济同商品经济对立起来的传统观念，确认中国社会主义经济是"公有制基础上的有计划的商品经济"。指出社会主义计划经济必须自觉依据和运用价值规律。商品经济的充分发展是社会经济发展不可逾越的阶段，是实现中国经济现代化的必要条件。只有充分发展商品经济，才能把经济真正搞活，促使各个企业提高效率，灵活经营，灵敏地适应复杂多变的社会需要，而这是单纯依靠行政手段和指令性计划所不能做到的。《决定》提出：进一步贯彻执行对内搞活经济，对外实行开放的方针，加快以城市为重点的整个经济体制改革的步伐，是当前中国形势发展的迫切需要。改革的基本任务是建立具有中国特色的、充满生机和活力的社会主义经济体制，促进社会生产力的发展。① 此后，可以说社会主义商品经济论在改革开放过程中占据主导地位。

确认社会主义有计划的商品经济的理论，使人们的认识前进

---

① 《中共中央关于经济体制改革的决定》（中国共产党第十二届中央委员会第三次全体会议 1984 年 10 月 20 日通过），《人民日报》1984 年 10 月 21 日。

了一大步，也在实践中推动了中国经济体制的改革，实际上也就是向社会主义市场经济前进了一大步。

3. 邓小平强调社会主义可以搞市场经济

邓小平一直关注经济体制改革的理论问题。早在 1979 年 11 月 26 日，在一次接见外宾的谈话中，邓小平第一次对市场经济从理论上作了阐述。他说："说市场经济只存在于资本主义社会，只有资本主义的市场经济，这肯定是不正确的。社会主义为什么不可以搞市场经济，这个不能说是资本主义。"① 1979 年中国社科院在无锡召开的经济理论讨论会上，也有人提出"有商品经济就有市场经济，社会主义的市场经济"等等。这可以看成是从 1978 年开始的思想解放过程中，理论工作者对经济体制的探讨。在国内外的理论界长期盛行把计划经济与社会主义、市场经济与资本主义画等号的背景下，这些观点无疑是一次重要的突破。

此后，邓小平等人又多次谈到社会主义可以搞市场经济。1985 年 10 月，邓小平进一步提出："社会主义和市场经济不存在根本矛盾。"② 1987 年 2 月 6 日，邓小平有针对性地同几位中共中央负责的同志说：为什么一谈市场就说是资本主义，只有计划才是社会主义呢？计划和市场都是方法嘛。他又说：我们以前是学苏联的，搞计划经济。后来又讲计划经济为主，现在不要再讲这个了。③

此后，邓小平继续阐述市场经济问题。1990 年底到 1991 年初，针对社会上有人批判经济体制改革的"市场取向"，邓小平在上海说："我们必须从理论上搞懂，资本主义与社会主义的区

---

① 《邓小平文选》第 2 卷，人民出版社 1994 年版，第 236 页。

② 《邓小平文选》第 3 卷，人民出版社 1993 年版，第 148 页。

③ 中共中央文献研究室编：《邓小平年谱（1975—1997）》（下），中央文献出版社 2004 年版，第 1168 页。

分不在于是计划还是市场这样的问题。""不要以为搞点市场经济就是资本主义道路，没有那么回事。计划和市场都得要。不搞市场，连世界上的信息都不知道，是自甘落后。"①

在 1992 年的南方谈话中，邓小平就"市场经济"是不是必然姓"资"，以及与此相联系的社会主义可不可以搞市场经济的问题，作了一个清楚明白、透彻精辟的总回答。邓小平再次强调："计划多一点还是市场多一点，不是社会主义与资本主义的本质区别。计划经济不等于社会主义，资本主义也有计划；市场经济不等于资本主义，社会主义也有市场。计划和市场都是经济手段。"② 这就为中共十四大确立社会主义市场经济的目标，奠定了理论基础，扫除了思想障碍。

以上反映了中国共产党关于社会主义市场经济认识的发展历程，既说明人们的认识是有发展规律的，也说明只有与时俱进，社会主义经济理论才能对实践起到指导作用。

（三）社会主义市场经济体制目标的确定

中国共产党第十四次全国代表大会是中共历史上非常重要的会议。这次会议对全党进一步解放思想，加快改革开放和社会主义现代化建设的进程起到了重要作用。会议的一个重大的标志性贡献是确定中国经济体制改革的目标是建立社会主义市场经济体制。

1. 社会主义市场经济体制的提出

1989 年 6 月中共十三届四中全会后，以江泽民同志为核心的中央领导集体也认为应对改革的方向等重大问题进行研究。1990年 8 月受命出任国家体改委主任的陈锦华忆述说：他布置体改委

---

① 《邓小平文选》第 3 卷，人民出版社 1993 年版，第 364 页。
② 《邓小平文选》第 3 卷，人民出版社 1993 年版，第 373 页。

的同志整理两个材料，一个是国内关于计划与市场关系的争论资料，一个是国外关于计划与市场的综合资料。陈锦华说他立即把这个材料报送中央领导同志参阅。江泽民看了以后特地给我来电话说：材料很好，我看了两遍，并批示印发中央领导同志参阅。李鹏还批示党的十三届七中全会文件起草小组参考。①

1991 年 9 月，江泽民会见到中国访问的英国前首相撒切尔夫人。江泽民在同撒切尔夫人就国际形势和共同关注的问题广泛、友好、坦率地交换意见的同时，双方也谈到了社会主义与市场经济的关系问题，"撒切尔夫人认为，社会主义和市场经济不可能兼容，社会主义不可能搞市场经济，要搞市场经济就必须实行资本主义制度，必须私有化"②。撒切尔夫人执政期间是以推行私有化著称的，她的观点可以说代表了当时西方政治家及经济理论界的主流思想。江泽民不同意撒切尔夫人的观点，并同她进行了讨论。从这可以了解到要实现社会主义与市场经济相结合，还要突破西方经济学的条框。

从 1991 年 10 月 17 日到 12 月 14 日，江泽民主持了 11 次未作公开报道的影响深远的系列座谈会，这次系列座谈会用了 11 个半天。参加座谈会的专家名单由江泽民亲自审定。他们是：中国社科院的刘国光、张卓元、蒋一苇、陈东琪、李琮；国务院发展研究中心的吴敬琏、林毅夫、王慧炯；国家体改委的江春泽、杨启先、傅丰祥；中国银行的周小川；国家计委的郭树清；以及熟悉国际经济和国别情况的李景贤、倪立羽、蒋本良、沈晋福、甄炳禧、宦国英、金德湘、崔琦等。系列座谈会按顺序讨论 3 个题目：10 月 17 日、18 日上午各召开一次，讨论战后西方资本主义国家发展的现状，为什么资本主义"垂而不死"；12 月 6 日、

① 陈锦华著：《国事忆述》，中共党史出版社 2005 年版，第 215 页。
② 陈锦华著：《国事忆述》，中共党史出版社 2005 年版，第 247 页。

9 日召开了两天座谈会，讨论东欧剧变及其教训；12 月 10 日、12 日、13 日下午以及 14 日全天分别讨论如何搞好有中国特色的社会主义经济。在这次系列座谈会上，实际上酝酿对社会主义市场经济的论证和解释。① 这次系列座谈会，实际上是一次重要的集体学习和讨论。

邓小平发表南方谈话后的 1992 年 4 月 1 日晚上 11 点，江泽民总书记打电话找时任国家经济体制改革委员会主任的陈锦华，江泽民在电话中说："现在改革开放正处在一个非常重要的时刻，下一步该怎么办，大家都在等待，也有点着急，体改委好好研究下，向中央提出建议。"4 月 15 日，国家体改委主任陈锦华邀请广东、江苏、山东、辽宁、四川 5 个经济大省的体改委主任，到北京用 3 个半天专门座谈下一步改革的设想，主要议题是计划与市场的关系。上面 5 个省的体改委主任明确提出："建立和发展社会主义市场经济。"会后，陈锦华写了一份报告直接交江泽民和李鹏。②

1992 年 4 月 30 日，中共中央政治局常委会召开会议，提出中共十四大在计划与市场的关系上要前进一步，这是关系改革开放和现代化建设全局的一个重大问题。5 月 28 日的政治局常委会会议正式决定，在中共十四大上要对计划与市场的关系作出新的论述，并决定在中共中央党校召开干部会议，由江泽民发表讲话。③ 这期间，江泽民在 6 月 9 日到中共中央党校讲话前找刘国光谈了一次话。他对刘国光说他个人倾向于使用"社会主义市场经济"的提法，问刘国光的意见。刘说赞成，但同时又提了个意

① 陈君、洪南编：《江泽民与社会主义市场经济的提出》，中央文献出版社 2012 年版，第 55 页。

② 陈锦华著：《国事忆述》，中共党史出版社 2005 年版，第 208 页。

③ 《江泽民文选》第 2 卷，人民出版社 2006 年版，第 528 页。

见说，不提"有计划"，这方面容易被人忽略，而"有计划"对于社会主义经济是非常重要的。江泽民总书记说："有计划的商品经济也就是有计划的市场经济。社会主义经济从一开始就是有计划的，这在人们头脑里和认识上一直是很清楚的，不会因为提法上不出现'有计划'三个字，就发生了是不是取消了计划性的疑问。"①

1992年6月9日，江泽民在中共中央党校省部级干部进修班上作《深刻领会和全面落实邓小平同志的重要谈话精神，把经济建设和改革开放搞得更快更好》的讲话。在这个讲话中，对建立新经济体制的讨论中提出的"建立计划与市场相结合的社会主义商品经济体制""建立社会主义有计划的市场经济体制"和"社会主义市场经济体制"等意见，江泽民表示："我个人的看法，比较倾向于使用'社会主义市场经济体制'这个提法。"② 但是，江泽民没有把这个意见确定下来，而是说先征求大家的意见。

6月12日，江泽民去看邓小平。在谈话中邓小平表示赞成使用"社会主义市场经济体制"这个提法。邓小平说："实际上我们是在这样做，深圳就是社会主义市场经济。不搞市场经济，没有竞争没有比较，连科学技术都发展不起来。产品总是落后，也影响消费，影响到对外贸易和出口。"还说："在党校的讲话可以先发内部文件，反映好的话，就可以讲。这样十四大也就有了一个主题了。"③ 随后中共中央征求30个省市区（不包括港澳台）的意见，大家都同意"社会主义市场经济"这个提法。

---

① 《改革开放三十年见证与回顾》，中国言实出版社2008年版，第74页。

② 《江泽民文选》第1卷，人民出版社2006年版，第202页。

③ 中共中央文献研究室编：《邓小平年谱（1975—1997）》（下），中央文献出版社2004年版，第994页。

2. 中共十四大确定经济体制改革的目标

经过精心准备，中国共产党第十四次全国代表大会于 1992 年 10 月在北京召开。江泽民总书记代表第十三届中央委员会向大会作题为《加快改革开放和现代化建设步伐 夺取有中国特色社会主义事业的更大胜利》的报告。报告指出："邓小平同志今年初重要谈话进一步指出，计划经济不等于社会主义，资本主义也有计划；市场经济不等于资本主义，社会主义也有市场。计划和市场都是经济手段。计划多一点还是市场多一点，不是社会主义与资本主义的本质区别。这个精辟论断，从根本上解除了把计划经济和市场经济看作属于社会基本制度范畴的思想束缚，使我们在计划与市场关系问题上的认识有了新的重大突破。"① 江泽民在报告中强调："实践的发展和认识的深化，要求我们明确提出，我国经济体制改革的目标是建立社会主义市场经济体制，以利于进一步解放和发展生产力。"② 这标志着以江泽民同志为代表的中国共产党人正式提出中国经济体制改革的目标是建立社会主义市场经济体制。

江泽民又进一步阐述中国要建立的社会主义市场经济的基本要求。他说："我们要建立的社会主义市场经济体制，就是要使市场在社会主义国家宏观调控下对资源配置起基础性作用，使经济活动遵循价值规律的要求，适应供求关系的变化；通过价格杠杆和竞争机制的功能，把资源配置到效益较好的环节中去，并给

---

① 江泽民：《加快改革开放和现代化建设步伐 夺取有中国特色社会主义事业的更大胜利——在中国共产党第十四次全国代表大会上的报告》（1992 年 10 月 12 日），《人民日报》1992 年 10 月 21 日。

② 江泽民：《加快改革开放和现代化建设步伐 夺取有中国特色社会主义事业的更大胜利——在中国共产党第十四次全国代表大会上的报告》（1992 年 10 月 12 日），《人民日报》1992 年 10 月 21 日。

企业以压力和动力，实现优胜劣汰；运用市场对各种经济信号反应比较灵敏的优点，促进生产和需求的及时协调。同时也要看到市场有其自身的弱点和消极方面，必须加强和改善国家对经济的宏观调控。我们要大力发展全国的统一市场，进一步扩大市场的作用，并依据客观规律的要求，运用好经济政策、经济法规、计划指导和必要的行政管理，引导市场健康发展。"① 经过几十年的探索，总结其中的正反两个方面的经验教训，参加中共十四大的代表郑重地审议通过了中央委员会的报告，这标志着中国共产党首先在世界上把社会主义基本制度与市场经济相结合，走出了一条发展和繁荣经济的独特道路。

1993 年在全国人大八届一次会议上，"社会主义市场经济体制"被写进《中华人民共和国宪法》修正案的第七条中，这标志着在中国实行社会主义市场经济被以国家根本大法的形式确定下来。

3. 制定和通过《关于建立社会主义市场经济体制若干问题的决定》

依据《中华人民共和国宪法》和中共十四大精神，中央政治局 1993 年 5 月决定，下半年召开中共十四届三中全会，讨论建立社会主义市场经济体制问题，并做出相应决定。"经中央政治局常委会批准，5 月底组成 25 人的文件起草组，在中央政治局常委会领导下进行工作。起草组组长是温家宝同志（中央政治局候补委员、中央书记处书记、中央财经领导小组秘书长），副组长是曾培炎同志（中央财经领导小组副秘书长兼办公室主任）和王维澄同志（中央政策研究室主任）。起草组成员有：何椿霖（国

---

① 江泽民：《加快改革开放和现代化建设步伐　夺取有中国特色社会主义事业的更大胜利——在中国共产党第十四次全国代表大会上的报告》（1992 年 10 月 12 日），《人民日报》1992 年 10 月 21 日。

务院副秘书长）、郑必坚（中宣部副部长）、项怀诚（财政部副部长）、王仕元（国家体改委副主任）、张彦宁（全国人大财经委委员）、高尚全（全国政协经济委员会委员）、孙琬钟（全国人大法工委委员）、徐匡迪（上海市副市长）、桂世镛（国家计委副主任）、刘国光（中国社会科学院副院长）、王梦奎（国务院研究室副主任）、陆百甫（国务院发展研究中心宏观经济研究部部长）、傅芝邨（财政部部长助理）、罗元明（国有资产管理局副局长）、傅丰祥（证监会副主席）、李剑阁（国家经贸委政策法规司副司长）、周小川（中国银行副行长）、曾国祥（国家体改委综合规划司副司长）、赵海宽（中国人民银行金融研究所名誉所长）、段应碧（农业部农研中心主任）、张卓元（中国社会科学院财贸所所长）、郑新立（国家计委研究室副主任）。"①经过五个多月的辛勤调研、起草文稿、讨论修改、征求意见，中央财经领导小组审议，中央政治局常委会、中央政治局讨论，征求中央各部门、各省市区、各大军区的意见。11 月 6 日，中共中央政治局开会决定，原则同意并决定修改后将决定稿提交中共十四届三中全会讨论。

1993 年 11 月召开的中共十四届三中全会，经审议通过《中共中央关于建立社会主义市场经济体制若干问题的决定》，这个《决定》把中共十四大提出、全国人大八届一次会议通过的《宪法》修正案中规定的经济体制改革的目标和基本原则加以具体化，构成了社会主义市场经济体制的基本框架，制定了建立社会主义市场经济体制的总体规划。

关于社会主义市场经济的框架，这个《决定》规定："社会主义市场经济体制是同社会主义基本制度结合在一起的。建立社

---

① 王梦奎：《社会主义市场经济体制的第一个总体设计——参加起草十四届三中全会〈决定〉的回忆》，《百年潮》2008 年第 7 期。

会主义市场经济体制，就是要使市场在国家宏观调控下对资源配置起基础性作用。为实现这个目标，必须坚持以公有制为主体、多种经济成份共同发展的方针，进一步转换国有企业经营机制，建立适应市场经济要求，产权清晰、权责明确、政企分开、管理科学的现代企业制度；建立全国统一开放的市场体系，实现城乡市场紧密结合，国内市场与国际市场相互衔接，促进资源的优化配置；转变政府管理经济的职能，建立以间接手段为主的完善的宏观调控体系，保证国民经济的健康运行；建立以按劳分配为主体，效率优先、兼顾公平的收入分配制度，鼓励一部分地区一部分人先富起来，走共同富裕的道路；建立多层次的社会保障制度，为城乡居民提供同我国国情相适应的社会保障，促进经济发展和社会稳定。这些主要环节是相互联系和相互制约的有机整体，构成社会主义市场经济体制的基本框架。"① 这些主要环节的规定表明，建立社会主义市场经济的目标已经具体化。这就是说，在 20 世纪末初步建立起新的经济体制，已经成为全党和全国各族人民在新时期的伟大历史任务。

---

① 《中共中央关于建立社会主义市场经济体制若干问题的决定》（中国共产党第十四届中央委员会第三次全体会议 1993 年 11 月 14 日通过），《人民日报》1993 年 11 月 17 日。

第二章　推进市场化改革和现代化建设

中共十四大落实 1992 年春邓小平发表的南方谈话精神，确定"抓住机遇、加快发展"的战略决策，对改革开放和社会主义现代化建设进行了全面部署，特别是确定中国经济体制改革的目标是建立社会主义市场经济体制，调动了人民群众的积极性和创造性，推动着中国的经济体制改革和经济发展进入了快车道，民主政治建设和改革，社会发展也呈现了新的局面。由于改革开放和现代化建设快速、持续、健康发展，中国的综合国力大幅度增强，在这期间国家展开部分特大工程和基础设施的建设，人民生活也在发生着比较显著的变化。

一、推进市场化改革与经济高速发展

中共十四大确定中国经济体制改革的目标是建立社会主义市场经济，特别是中共十四届三中全会通过《中共中央关于建立社会主义市场经济体制若干问题的决定》，实际上确定了中国 20 世纪 90 年代经济体制改革的行动纲领。按照这个行动纲领的要求，中国要在 20 世纪末初步建立社会主义市场经济体制的基本框架，并在 21 世纪实现经济运行机制的转换。为此，中共中央、国务院开始部署一系列重大措施推进经济体制的全面改革，建立社会主义市场经济体制。

（一）重大经济改革措施的出台及实施

邓小平发表 1992 年南方谈话后，中国加快了改革开放的步伐。市场化改革以前所未有的力度向前推进。1992 年 9 月 28 日，中共中央、国务院下发《全民所有制工业企业转换经营机制条例》；1993 年 12 月 15 日，国务院作出《关于实行分税制财政管理体制的决定》，25 日，国务院作出《关于金融体制改革的决定》；1994 年 1 月 11 日，国务院作出《关于进一步深化对外贸易体制改革的决定》，7 月 18 日，国务院作出《关于深化城镇住房制度改革的决定》；等等。这些条例和决定的出台与实施，表明中国经济体制改革已经进入到整体推进，重点突破的阶段，已经深入到建立现代企业制度，深入进行财政、税收、金融、外贸、外汇、计划、投资、价格、流通、住房和社会保障等领域实质性改革的新阶段。

1. 建立现代企业制度

中国国有大中型企业改革在这期间经历了由转换经营机制到建立现代企业制度的变化。经过几年的改革，初步建立了现代企业制度。

1992 年邓小平在南方谈话中针对人们的思想困惑，明确指出："证券、股市，这些东西究竟好不好，有没有危险，是不是资本主义独有的东西，社会主义能不能用？允许看，但要坚决地试。看对了，搞一两年对了，放开；错了，纠正，关了就是了。关，也可以快关，也可以慢关，也可以留一点尾巴。怕什么，坚持这种态度就不要紧，就不会犯大错误。总之，社会主义要赢得与资本主义相比较的优势，就必须大胆吸收和借鉴人类社会创造的一切文明成果，吸收和借鉴当今世界各国包括资本主义发达国家的一切反映现代社会化生产规律的先进经营方式、管理方法。"① 4 月 28 日，国务院发出通知，批转国家体改委、国务院生产办公室《关于股份制企业试点工作座谈会情况的报告》，《报告》指出股份制企业试点工作是一项政策性强、涉及面广的重要改革，因此必须加强领导，既要大胆试验，又要稳步推进，严格按照规范化的要求进行。这个《报告》提出的进行股份制试点的指导思想是：坚决试，不求多，务求好，不能乱。严格按照基本规范进行试点，试出效果来。《报告》提出：向社会公开发行股票、股票上市交易的股份制企业的试点，规定当时仅限于上海、深圳两市；向社会公开发行股票、股票不上市交易的股份制企业的试点，当时限定在广东、福建、海南三省；其他地方主要进行法人持股的股份制企业和企业内部职工持股的股份制企业的试点。1992 年邓小平发表南方谈话后，全国人大常委会开始组织起草《中华人民共和国证券法》，万里委员长提议由经济学家厉以宁担任起草组的组长。厉以宁回忆说："《邓小平文选》第 3 卷出版以后不久，有一天下午，江泽民同志专门找我、中国社会科学院的王家福同志、国务院发展研究中心副主任陆百甫同志三人到他的办公室，一起讨论股份制问题。我从经济学角度谈了在中国推行大型国有企业股份制改革的必要性和可行性，王家福同志从法律角度谈了企业股份制推行过程中所涉及的问题，陆百甫同志从改革研究角度谈了如何推行企业股份制的问题。江泽民同志最后说，我在上海市工作的时候就赞成实行股份制，现在也一样，可是现在只是一些中小企业在搞股份制，要搞就搞大的。目前有些领导同志对国有大型企业如何实行股份制还有些疑虑，所

---

① 《邓小平文选》第 3 卷，人民出版社 1993 年版，第 373 页。

以要统一思想认识。"[①] "到 1993 年 11 月 20 日，我国上市股份制公司已达 150 家，比 1992 年底的 55 家增加了 95 家。"[②] 1993 年上市公司规模大、质量高。这项改革取得一定成效。截至 1997 年，中国大陆上市的股份公司已达 708 家，上市股票值 16400 亿元。但由于是试点，缺少经验也存在一些问题："一是股份制企业组建和试点的有关法规跟不上；二是相当一批股份制企业不规范，没有按股份制的基本规则办事；三是有些试点企业资产评估过低或未予评估；四是社会上出现股票过度投机和炒股票过热现象；五是股份制知识缺乏，人才严重短缺，工作经验不足等。[③]

中共十四届三中全会通过的《中共中央关于建立社会主义市场经济体制若干问题的决定》。这个《决定》明确提出中国国有企业改革的目标是建立现代企业制度，并把现代企业制度概括为是适应市场经济和社会化大生产要求的、产权清晰、权责明确、政企分开、管理科学的企业制度。要求通过建立现代企业制度，使企业成为自主经营、自负盈亏、自我发展、自我约束的法人实体和市场竞争主体。为落实《决定》精神，"建立现代企业制度主要从三个大的方面进行。一是解决企业现实问题，为建立现代企业制度做好基础工作。这包括合理处理国有企业的历史债务问题，解决企业富余人员的分流问题，解决企业办社会、企业养老和医疗费用过重的历史负担、企业建造职工住房等问题。二是建立现代企业制度的基本框架。这包括完善企业法人制度，确定企

---

① 韦礼群主编：《改革开放三十年见证与回顾》，中国言实出版社 2008 年版，第 235 页。

② 《洪虎谈明年股份制试点首要工作是建立现代企业制度》，《人民日报》1993 年 11 月 29 日。

③ 《国务院批准有关报告提出企业股份制试点指导思想　坚决试不求多　务求好　不能乱》，《人民日报》1992 年 5 月 21 日。

业资产投资主体，确立企业的财产组织形式，建立科学、规范的公司内部组织管理机构，改革企业劳动人事工资制度，健全企业财务会计制度，发挥党组织的政治核心作用，完善工会工作和职工民主管理。三是建立现代企业制度的配套改革措施。包括加快政府职能转变和机构改革步伐，建立起有效的经济管理和国有产权管理制度；加快市场体系建设步伐；加快建立社会保障制度"。①

1994年国家经贸委组织实施了"万千百十、转机建制"规划。所谓"万"，就是在10000户国有大中型企业中不折不扣地落实国务院于1992年公布的《全民所有制工业企业转换经营机制条例》所赋的14项经营自主权，为企业转换机制，进入市场打好基础；所谓"千"，即国家将通过委派监事会的形式，分期分批地对1000户关系国计民生的重点骨干国有企业实行监管；所谓"百"，即选择100户不同类型的国有大中型企业，结合贯彻《全民所有制工业企业转换经营机制条例》，进行建立现代企业制度的试点；所谓"十"，即在10个城市或地区进行减轻企业不合理负担和提高企业自有流动资金比重试点，进行配套改革。1995年还提出并着手贯彻"抓住管好大的，放开搞活小的"（即抓大放小）方针来搞活国有企业。

1995年5月11日至23日和6月16日至27日，江泽民总书记先后考察江苏、浙江、上海以及辽宁、黑龙江、吉林等省市，就如何进一步推进国有企业特别是国有大中型企业的改革和发展问题进行调查研究。考察期间，江泽民分别于5月22日在上海、6月26日在长春主持召开企业座谈会。江泽民强调：在建立社会主义市场经济体制的过程中，国有经济和整个公有制经济只能搞

---

① 《李铁映在现代企业制度高级国际研讨会上说　建立现代企业制度从三方面进行》，《人民日报》1994年7月19日。

好，只能加强，而决不能削弱；只能使它们形成新的优势，而决不能使它们失去优势。我们要下定这个决心，不能有丝毫动摇。要抓住本世纪（20世纪）的最后五年这个十分关键的时期，通过不断地探索，走出搞好国有企业的路子。江泽民指出：对于现代企业制度基本特征的四句概括的话（产权清晰、权责明确、政企分开、管理科学），是相互联系的统一整体，缺一不可，不能只强调某一方面而忽略其他方面，必须全面准确地领会和贯彻。建立现代企业制度，是十几年来经济体制改革特别是企业改革经验的总结和理论的发展，我们一定要坚持这个改革方向，认真组织好试点工作。按照统一部署，国务院集中精力抓好四项试点：一是抓好百户企业建立现代企业制度的试点工作；二是积极做好18个城市"优化资本结构"的试点工作，这项试点后来增加到58个城市，1997年又扩大到111个城市；三是抓好56家企业集团和3户国家控股公司的试点工作，1997年企业集团试点扩大到120户；四是在重点抓好试点的同时，积极推动配套改革。

在实行计划经济体制向社会主义市场经济体制转变背景下的中国国有企业的改革是一个十分复杂的系统工程，这段时间（1992年至1997年）围绕着建立社会主义市场经济的国有企业改革虽然有所推进，但效果并不十分理想。但是，这为今后的企业改革积累了宝贵经验，创造了条件。

2. 建立以分税制为核心的财政新体制与以增值税为主体的新税制

邓小平发表南方谈话后，中国的财政改革加快了步伐。从国家的长治久安着眼，1992年6月，财政部出台了《关于实行"分税制"财政体制试点办法》。1992—1993年先后在辽宁、天津、新疆等省（区、市）进行了分税制财政体制试点。在总结和吸取中共十一届三中全会以来到中共十四大这一阶段财政改革经验的基础上，以中共十四大提出建立社会主义市场经济为标志，中国的财政改革从放权让利转向制度创新、转换机制的新路。根据中共十四届三中全会的决定，为了进一步理顺中央与地方的财政分配关系，更好地发挥国家财政的职能作用，增强中央的宏观调控能力，促进社会主义市场经济体制的建立和国民经济持续、快速、健康发展，1993 年 12 月国务院作出《关于实行分税制财政管理体制的决定》，规定从 1994 年 1 月 1 日起改革当时实行的地方财政包干体制，对各省、自治区、直辖市以及计划单列市实行分税制财政管理体制。

从 1994 年开始进行的分税制改革的主要原则和内容是："按照中央与地方政府的事权划分，合理确定各级财政的支出范围；根据事权与财权相结合原则，将税种统一划分为中央税、地方税和中央地方共享税，并建立中央税收和地方税收体系，分设中央与地方两套税务机构分别征管；科学核定地方收支数额，逐步实行比较规范的中央财政对地方的税收返还和转移支付制度；建立和健全分级预算制度，硬化各级预算约束。"① 这次按照社会主义市场经济体制要求推出的重大改革主要有三大配套改革举措：

第一是在中央与地方财政体制改革上，一举突破了以包干为核心的传统体制模式，走上分税制改革创新之路，将体制推上了科学、规范、透明的轨道。财政税收体制改革是一项系统工程，它包括互相联系、互相制约的政府间财政体制（分税制）改革、国家与国有企业财政关系改革、税收制度改革、预算制度改革、国有资产管理体制改革、补贴制度改革、国债制度改革等。

第二是全面调整了税制和改革了征管体制，更加贴近社会主义市场经济的需要，有利于中国税制进一步与国际市场经济体制国家的税制接轨。为适应社会主义市场经济的要求，改变税收征

---

① 中共中央文献研究室编：《十四大以来重要文献选编》（上），人民出版社 1996 年版，第 586 页。

管制度不严密、征管手段落后的局面，从根本上提高税收征管水平，建立科学、严密的税收征管体系，以保证税法的贯彻实施，建立正常的税收秩序。中国在 1994 年进行工商税制改革的同时，对推进税收征管制度的改革作了总体规划。包括如下内容：一是普遍建立纳税申报制度，纳税申报制度建立以后，对不按期申报的、不据实申报的均视为偷税行为，要依法严惩；二是积极推行税务代理制，实行会计师事务所、律师事务所等社会中介机构代理办税的制度，使其逐步成为税收征管体系中一个不可缺少的环节；三是加速推进税收征管计算机化的进程，逐步形成全国性的、纵横贯通的税收征管计算机网络；四是建立严格的税务稽查制度；五是适应实行分税制的需要，组建中央和地方两套税务机构；六是确立社会主义市场经济需要的税收基本规范；七是中央税和全国统一实行的地方税立法权集中在中央；八是加强税收法制建设，加快完成税收法律、法规的立法程序，逐步建立税收立法、司法和执法相互独立、相互制约的机制。这些措施实施后，中国税收行政管理正在形成法规、征收、稽查、复议诉讼四条线并重，相互协调制约的新格局。

第三是全面展开了转换财政职能，优化支出结构的改革。其重点在四个方面：一是按照政企职责分开的要求，把财政的社会管理职能和国有资产所有者职能加以科学划分。二是要逐步从微观管理事务中解脱出来，强化财政的宏观管理职能。三是对经济活动要逐步确立财税监督、社会监督和审计监督三者并立的格局。四是要研究建立国家政策性投融资体系，保证国家基础产业和基础设施建设有比较稳定的资金来源。在优化财政支出结构方面，着力强化代表社会共同利益和长远利益的社会公共性开支，集中财力支持基础设施、基础产业和高新技术产业发展，以充分发挥财政的结构调整作用。

1994 年开始在中国进行的税制改革是新中国历史上一次整体

性、结构性的改革。国家分别设置了两个税务局：一个是国家税务局，一个是地方税务局。国税局实行垂直领导，地方税务局实行双重领导，以地方为主。为适应计划经济向市场经济的转变，这次改革的力度、广度和深度都是空前的。从总体上看，这次税制改革的进展比预计的要顺利，新旧税制基本实现了平稳过渡。新税制的各项主要政策逐渐到位并正常运行，特别是增值税的改革向着规范化的方向迈进了一大步。实行新税制后5年间（1994年至1998年），全国工商税收收入分别达到4553亿元、5383亿元、6434亿元、7548亿元和8552亿元，年平均增加税收991亿元。①

3. 进行金融体制改革

从中共十一届三中全会到中共十五大，改革开放近20年中国金融体制改革的历程可以划分为三个大的阶段：1979—1988年的展开阶段，1989—1993年的巩固提高阶段，1993年底以后的深入发展阶段。在前两个阶段，中国金融体制改革就已建立起一个比较完整的金融系统，即由中国人民银行一家，初步建成了一个在中央银行的调控和监管下，政策性金融与商业性金融相分离，国家银行为主体，多种金融机构分工合作的金融系统。随后初步建立起了现代信贷资金管理制度；开放和发展金融市场，即在资本市场方面先后由部分银行和企业，发行了金融债券、企业债券和股票等有价证券，开放了证券交易的二级市场，上海证券交易所和深圳证券交易所也分别在1990年11月26日和1991年7月3日成立。

1993年12月25日，国务院作出《关于金融体制改革的决定》，提出金融体制改革的目标是：建立在国务院领导下，独立执行货币政策的中央银行宏观调控体系；建立政策性金融与商业

① 《六万多亿元从何而来》，《人民日报》1999年4月5日。

性金融分离，以国有商业银行为主体、多种金融机构并存的金融组织体系；建立统一开放、有序竞争、严格管理的金融市场体系。随后，国家先后颁布施行有关金融方面的法律。如，1995年3月《中华人民共和国中国人民银行法》颁布实施之后，《中华人民共和国银行法》《中华人民共和国票据法》《中华人民共和国保险法》也陆续开始实施。以此为标志，中国金融体制改革进入上面所提的第三个阶段。这个阶段提出金融体制改革的目标是："建立在国务院领导下，独立执行货币政策的中央银行宏观调控体系；建立政策性金融与商业性金融分离，以国有商业银行为主体、多种金融机构并存的金融组织体系；建立统一开放、有序竞争、严格管理的金融市场体系。"① 按照金融体制改革的决定，国务院继续推进金融体制改革，逐渐健全商业银行体系，并对国有商业银行的经营管理和经营范围进行调整。这个体系包括国有商业银行，即中国工商银行、中国农业银行、中国银行、中国建设银行、交通银行以及中信实业银行、光大银行、华夏银行、招商银行、福建兴业银行、广东发展银行、深圳发展银行、上海浦东发展银行和农村合作银行、城市合作银行等。1994年4月，国务院又组建了国家开发银行、中国进出口银行，实行政策性金融与商业性金融的分离。中国人民银行继1997年决定逐步撤销省级分行、建立跨省的大区分行，以加强央行监管。全国性国有金融机构以资产负债比例管理代替贷款规模控制，逐步精简管理层次和分支机构，遵循审慎会计原则，提高运作效率和决策水平。根据国务院的决定，国家财政部发行特别国债，专门用于补充四家国有银行的资本金，为国有银行进行股份制改造和上市做准备。继续组建城市商业银行，并按合作制规范城市信用社。

---

① 中共中央文献研究室编：《十四大以来重要文献选编》（上），人民出版社1996年版，第593页。

开始实行对银行、证券和保险的分业管理，中国人民银行已将证券机构的监管职能全部移交给证监会，并决定建立中国保险监管机构。一个多层次、多类型的现代金融机构体系基本成型。各项改革也初见效果。截至1997年，中国财政和企业已累计发行债券1.2万多亿元。中国大陆上市的股份公司已达708家，上市股票值16400亿元；在货币市场方面，金融机构的同业拆借发展很快，票据贴现和买卖可转让大额定期存单等业务也先后在全国推开。

4. 逐步推进汇率改革

外汇管理是中央银行实施货币政策的重要组成部分。根据中共十四届三中全会通过的《中共中央关于建立社会主义市场经济体制若干问题的决定》和国务院作出的《关于金融体制改革的决定》中关于"改革外汇管理体制，协调外汇政策与货币政策"的规定，中国外汇管理体制改革的长期目标是实现人民币可兑换。从1994年1月1日起，国务院以实行浮动汇率为核心，对外汇管理体制进行了比较大的改革。根据中国的实际情况，并参照国际上的成功经验，当时实施的改革措施是："（一）一九九四年实现汇率并轨，建立以市场汇率为基础的、单一的、有管理的人民币浮动汇率制度。（二）取消外汇留成，实行结汇和售汇制。（三）实现经常项目下人民币有条件可兑换。（四）严格管理和审批资本项下的外汇流出和流入。（五）建立全国统一的外汇交易市场，外汇指定银行为市场的交易主体。中国人民银行根据宏观经济调控的要求，适时吞吐外汇，平抑汇价。（六）停止发行并逐步收回外汇兑换券。严格禁止外币标价、结算和流通。（七）中国人民银行集中管理国家外汇储备，根据外汇储备的安全性、流动性和盈利性的原则，完善外汇储备的经营机制。"①

---

① 中共中央文献研究室编：《十四大以来重要文献选编》（上），人民出版社1996年版，第602—603页。

从 1996 年 12 月 1 日起，中国"接受国际货币基金组织协定第八条第二款、第三款、第四款的义务，实行人民币经常项目下的可兑换。"① 这是中国金融体制改革的又一项突破性措施。在此基础上，国家加强了宏观经济的调控，中国人民银行参与宏观经济调控的主要任务，是争取实现总供给与总需求的平衡和币值、物价的稳定。调控的主要对象为市场流通的现金和转账货币量。金融体制改革为发展国民经济、扩大对外开放、提高人民币的信誉，进一步拓宽国际市场提供了良好环境。

5. 继续实施价格体系改革

中国价格体系的改革 1993 年以后也进入了新的阶段，即进入了全面建设社会主义市场价格机制和管理体制的新阶段。这一阶段的改革主要包括：一是继续放开具有竞争性的商品价格；二是建立健全价格宏观调控体制，提高价格管理水平；三是加强价格法制建设，探索价格管理的规范化和法制化，建立以《中华人民共和国价格法》为核心的，适应社会主义市场经济要求的一整套完整的价格法律体系，截止到 1997 年已经颁布实施了 30 多个法规；四是探索广义价格主要是要素价格的改革。价格改革迈出较大步伐，价格关系进一步理顺。绝大多数地方逐步放开了粮油购销价格，国家放开了大部分统配煤炭和钢材价格，提高了部分原油、铁路货运、电力价格。提高了粮食和棉花的收购价格，调整了粮食的销售价格。随着农产品的连年丰收和供应的日益充足，从 1993 年开始，绝大多数农产品包括粮食的价格和经营已开始放开，原来的粮食定量配给制开始向由市场供应转变。城市居民粮票粮本开始取消。到 1993 年，大部分生产资料价格由"双轨制"并轨为单一的市场价格，市场价格在社会商品零售总

---

① 《推动我国经济进一步融入国际经济主流　我实行人民币经常项目可兑换》，《人民日报》1996 年 11 月 29 日。

额中的比重已经上升到93.8%，市场价格在价格体系中的主体地位基本确立。这标志着中国已经平稳渡过被认为是最容易引起社会动荡的价格改革关。

6. 1993年国务院机构改革

为适应建立社会主义市场经济体制、加快经济发展和推进政治体制改革，解决当时突出的政企不分、关系不顺、机构臃肿、效率低下等问题，在1993年3月召开的八届全国人大一次会议通过了关于国务院机构改革方案。李鹏总理代表国务院提出要围绕建立社会主义市场经济体制、转变政府职能这个中心环节，用3年时间基本完成各级政府机构改革的任务。在谈到这次国务院的机构改革时，李鹏说，改革方案是本着转变职能、理顺关系、精兵简政、提高效率的原则制定的，重点是加强宏观调控和监督部门，强化社会管理职能部门。一部分专业经济部门转变为行业管理机构或经济实体。某些还不能取消的关系国计民生的基础行业部门要大力精简内设机构，减少人员，不再直接管理企业。

这次机构改革，要求建立健全各级政府机关和工作人员责任制，确定各级行政机构的职能、编制和定员。要求把精简机构同改善机关人员结构，提高人员素质结合起来，并要在精简中妥善安排政府机关工作人员。完成机构改革的地区和部门要实行国家公务员制度。事业单位要按照政事分开和社会化的原则进行改革。

通过改革，国务院组成部门设置41个，直属机构和办事机构为18个，共59个，比改革前的86个减少27个。非常设机构由85个减为26个。各级国家机关工作人员总数减少幅度在25%左右。省和省以下的机构，考虑到各地经济发展水平、所管辖的人口和面积有很大差异，在设置上进行了区别对待，规定给地方一定的自主权。国家规定机构设置和人员编制限额，区别必设机构和因地制宜设置的机构，后一类不要求上下对口设置。要求地区机构改革要同调整行政区划相结合。各级派出机构要大力精简。县级政府要按照"小机构，大服务"的方向，将大部分专业经济部门改为经济实体或服务实体。乡一级机构要结合加强基层政权建设和完善农村社会化服务体系进行精简，减少脱产人员。

此外，中国在流通体制、住房制度、社会保障制度等方面的改革也有明显进展。总的来说，新的宏观调控体系的框架初步建立；市场机制的调节作用显著增强；以建立现代企业制度为方向的国有企业改革稳步推进；以公有制为主体，多种经济成分共同向前发展。整个经济体制改革朝着建立社会主义市场经济体制这个目标迈出了坚定和重大的步伐。

回顾中国共产党和中国人民建立社会主义市场经济的实践，可以看到实际上这是中国共产党和中国人民以开放包容的心态重新学习的过程，这个过程实际上是把人类社会的有益的文明成果——市场经济学过来，加以创新和为我所用的过程，是中华民族伟大智慧和潜力被激发的过程。这里体现的开放包容精神、形成的宝贵经验，将随着中国经济发展的成功而更有价值。

（二）推动经济发展进入快车道

为贯彻落实邓小平南方谈话提出、中共十四大确定的"抓住机遇、加快发展"的重大决策，以江泽民同志为核心的中央领导集体带领全国各族人民积极推进改革开放和社会主义现代化建设。

1. 形成又一个经济发展高速增长期

邓小平南方谈话和中共十四大后，抓住机遇，加快改革开放和社会主义现代化建设已经成为全国各族人民的共识。广东提出要加快发展，20 年要赶上亚洲"四小龙"。[①] 上海则发誓赶超广

---

① 《广东力争二十年赶上亚洲"四小龙"》，《人民日报》1992 年 6 月 25 日。

东，上海市委、市政府迅速制定了改革开放的战略目标：以浦东开发为龙头，带动长江三角洲、长江沿岸地区经济发展，把上海建成远东地区的经济、金融和贸易中心。齐鲁儿女则豪迈地提出了"80 年代看广东，90 年代看浦东，2000 年看山东"的口号。北京、天津、河北、辽宁、江苏、浙江、福建、海南、广西等相对发达的沿海省区市，山西、内蒙古、黑龙江、吉林、江西、安徽、河南、湖北、湖南、四川、云南、贵州、西藏、陕西、甘肃、宁夏、青海、新疆等内地省区，也纷纷提出新的改革开放和经济社会发展战略。中国共产党和中国各族人民在邓小平南方谈话精神的鼓舞下，迅速掀起了改革开放的热潮。这期间中国进一步向世界敞开大门，形成沿海、沿江、沿边开放的大开放格局，中国进一步走向世界，世界进一步涌向中国，外资投入达到了空前规模。1992 年全国吸引外资达 110 亿美元，比 1991 年的 43 亿美元增加 1 倍还多，1993 年又增加到 275 亿美元。对外贸易也以每年百分之十几的速度增长，中国经济的快速发展引起全世界的瞩目。

从邓小平南方谈话和中共十四大召开的 1992 年起，中国经济发展进入了快车道。从南到北，从东到西，一切都在发生着新的变化。巨大的社会生产力，中华民族的巨大威力短时间内出人意料地呈现出来。1992 年国内生产总值为 26638.1 亿元，比上年增长 14.2%；1993 年国内生产总值为 34634.4 亿元，比上年增长 13.5%；1994 年国内生产总值为 46759.4 亿元，比上年增长 12.6%；1995 年国内生产总值为 58478.1 亿元，比上年增长 10.5%；1996 年国内生产总值为 67884.6 亿元，比上年增长 9.6%。五年年均增长 12% 以上。1997 年国内生产总值达到 74772 亿元，按可比价格计算，平均每年增长 11%。顺利完成了"八五"计划，提前实现了 20 世纪末国民生产总值比 1980 年翻两番的目标。① 经济社会发展的成就令世人赞叹，以经济建设为中心真正成为全社会的主旋律。

2. 继续推动经济特区新发展

1992 年初，邓小平南下视察深圳、珠海等地发表重要讲话，再次肯定经济特区建设所取得的巨大成就。邓小平在深圳强调："八年过去了，这次来看，深圳发展得这么快，我没有想到。"邓小平还明确说："深圳的建设成就，明确回答了那些有这样那样担心的人。特区姓'社'不姓'资'"②。据当时陪同邓小平视察的深圳市委书记李灏回忆说："1 月 23 日，小平同志就要离开深圳了。我想深圳下一步搞什么，还未汇报过，得抓紧时间向他请示。在乘车去蛇口码头的路上，我就向他汇报我们的初步设想和部署。"听完李灏的汇报，邓小平非常干脆，立即表态说："改革开放的步子要大一些，敢于试验，看准了，就大胆地试，大胆地闯，深圳的重要经验就是敢闯。""到了蛇口码头临别那一刻，他已走了几步，突然回过头对我们说：'你们要搞快一点！'"③1992 年 6 月 12 日，邓小平在住地同江泽民谈话。赞成使用"社会主义市场经济体制"这个提法。说："实际上我们是在这样做，深圳就是社会主义市场经济。"④ 这等于是再次对经济特区，特别是深圳经济特区进行的高度肯定。

第一，深圳的继续发展。

---

① 李鹏：《政府工作报告——1998 年 3 月 5 日在第九届全国人民代表大会第一次会议上》，《人民日报》1998 年 3 月 21 日。

② 《邓小平文选》第 3 卷，人民出版社 1993 年版，第 372 页。

③ 陈夕总主编：《中国共产党与经济特区》，中共党史出版社 2014年版，第 531 页。

④ 中共中央文献研究室编：《邓小平年谱（1975—1997）》（下），中央文献出版社 2004 年版，第 994 页。

中共中央、国务院、全国人大抓住机遇，进一步推动经济特区的发展。1992 年 7 月，全国人大常委会授予深圳市人民代表大会及其常委会、市政府制定地方法规的权力。中共中央、国务院也作出重大战略部署。特别是中共十四大作出建立社会主义市场经济体制的决策，全国人大也作出加快发展和改革开放的决策。随着社会主义市场经济体制这一改革目标的确立，全国各地在经济特区的示范效应下，大胆地改革开放，不仅主动地采取特区的成功做法，甚至在有些方面实行了比特区更加开放、灵活的措施。

任何事物的发展都不是一帆风顺的。深圳的改革和发展也如此。任何一项改革稍有不慎都有可能出事。1992 年 8 月，深圳出现的"8.10"股票事件引发一场股市风波。据时任深圳市委书记的李灏回忆说："是因为新股认购抽签发售引起的。为认购新股，全国各地 120 万人涌入深圳。由于舞弊现象严重，导致了广大排队购表股民的极度不满。8 月 9 日售表当天，一些发售网点的秩序就开始混乱。随着事态进一步发展，8 月 10 日那天晚上，少数人开始行使暴力，砸汽车、砸摩托、攻击执勤警察。事情到了千钧一发的紧急时刻。怎么办？大家束手无策。我说没什么别的办法了，提议把明年股票额度一部分提前到今年发售。"① 为防止出现流血冲突事件，分秒必争，深圳市委作出果断决定。"决定以后，连起草文字都来不及，草草写了几条，就拿到广播车去广播：你们游行示威，冲击机关是不对的，要保持秩序，我们一定惩治腐败。最关键是这几句：市里决定增发 500 万张抽签表，将明年的部分额度提前发行。明天还在原来地点买。结果游行群众

---

① 陈夕总主编：《中国共产党与经济特区》，中共党史出版社 2014 年版，第 529 页。

一听呼啦一下散去，都排队去了。"① 时任国务院总理李鹏对深圳市委临机处置突发事件给予支持。李灏后来说这是他平生最惊心动魄的事。这也说明改革开放，尤其是改革开放前沿地区的负责同志使命责任重大。深圳平息"8·10"股票事件的实践，体现了深圳特区领导处理突发事件的能力，也积累了处理突发事件的经验。

1994 年 3 月，又有一件影响全国的关于深圳特区的争论。有位北京大学的教授写了一份特区不能再"特"了的报告。这份报告以新华社内参的形式上报中央。6 月，该教授在中央党校讲授"中国地区差别问题"时，将这个观点公开。这种学术探讨由于迎合了社会上一些人的情绪，特别是其他地区一些负责人的情绪，特区发展再次引起波澜。1995 年，时任深圳市委书记厉有为正面回应，系统梳理深圳特区建立以来给国家的贡献，一场大争论随之展开。

也是在 1994 年 6 月，时任中共中央总书记、国家主席、中央军委主席的江泽民，于 15 日至 21 日在广东考察时，就经济特区的发展问题发表了重要意见。在谈到要坚定不移地把经济特区办得更好时，江泽民强调"三个不变"："中央对发展经济特区的决心不变；中央对经济特区的基本政策不变；经济特区在全国改革开放和现代化建设的地位和作用不变。"② 要把发展经济特区贯穿于社会主义现代化建设的整个过程。那种认为在全国形成全方位对外开放格局的新形势下，经济特区的地位和作用可以削弱甚至可以逐步消失的看法，是不对的。江泽民认为，经济特区的

---

① 陈夕总主编：《中国共产党与经济特区》，中共党史出版社 2014 年版，第 530 页。

② 《江泽民在广东考察要求经济特区　增创新优势　更上一层楼》，《人民日报》1994 年 6 月 23 日。

发展，已进入了一个提高整体素质、增创特区优势的新阶段。那么，在新的形势下，特区如何增创新优势，更上一层楼呢？就此他讲了五点重要意见。一是经济特区要为加快建立全国的社会主义市场经济体制，继续积极探索和创造更多的经验；二是经济特区要通过深化改革和扩大开放，保持经济又快又好地向前发展；三是经济特区要继续发展外引内联，为带动和促进全国其他地区的共同发展、共同繁荣作出新的贡献；四是经济特区尤其是深圳、珠海特区要继续为国家对香港、澳门恢复行使主权和保持香港、澳门的长期繁荣，作出更多的贡献；五是要大力加强经济特区的社会主义精神文明建设，加强和改善党对特区工作的领导。江泽民强调，随着全国改革开放的深入，社会主义市场经济体制的建立和现代化建设的发展，经济特区的特色也要相应地随之发展。原来特区实行的某些优惠政策和措施自然会有所变化。要通过增创和充分发挥特区的新优势来发展特区的新特色。特区还要"特"。江泽民鼓励特区以及广东全省广大干部、群众振奋精神，继续努力把各项工作做得更好。① 江泽民这次有针对性的讲话，有几个要点：其一就是"三个不变"，明确表明中共中央和国务院的鲜明态度；其二是经济特区进入了一个提高整体素质、增创特区优势的新阶段；其三特区还要"特"，但是原来特区实行的某些优惠政策和措施自然会有所变化。要通过增创和充分发挥特区的新优势来发展特区的新特色。以此为标志，中国的经济特区的发展与改革进入一个新的阶段。

1996 年 4 月 1 日至 3 日，国务院经济特区工作会议在珠海市召开。李鹏到会讲话，指出经济特区必须把自己的思想和工作重点从主要依靠优惠政策转到依靠两个根本性转变上来，以二次创

---

① 《江泽民在广东考察要求经济特区　增创新优势　更上一层楼》，《人民日报》1994 年 6 月 23 日。

业的精神，充分利用现有基础，增创新优势，更上一层楼；在抓紧物质文明建设的同时，要把精神文明建设提到更加突出的地位。李鹏代表党中央和国务院对经济特区 16 年来所取得的巨大成绩予以充分肯定，重申了江泽民提出的对特区工作"三个不变"的方针。

但随着建立社会主义市场经济体制进程的发展，这一阶段中央不断调整、逐步停止了经济特区享有的特殊政策。1995年，《中共中央关于制定国民经济和社会发展"九五"计划和二〇一〇年远景目标的建议》第四部分中提出："经济特区和上海浦东新区的基本政策不变，在发展社会主义市场经济的过程中，有些具体办法要有所调整和完善。经济特区、沿海开放城市和开放地带要培育新优势，积极参与高水平的国际经济合作和竞争，充分发挥示范、辐射和带动作用。"① 由于"九五"计划期间进一步推进社会主义市场经济体制的建立，也有为加入世界贸易组织对改革开放的新要求，中国政府对经济特区的优惠政策逐渐取消。深圳等地主要进入了在改革开放方面先行先试，依靠优势进行创新发展的新阶段。2001 年，时任国务院总理朱镕基在答记者问时指出："现在特区已经不'特'了，已经没有什么特别优惠的政策了，全中国都是一样的。"② 后来到 2008 年，随着国家内外资所得税法合并统一，特区享有的所有的优惠政策都没有了。

第二，深圳发展新阶段的举措。

这个新阶段，深圳等特区的改革和发展仍在深化继续。在改革方面，深圳率先一步形成社会主义市场经济体制。在发展

---

① 中共中央文献研究室编：《十四大以来重要文献选编》（中），人民出版社 1997 年版，第 1500 页。

② 《朱镕基答记者问》，人民出版社 2009 年版，第 397 页。

方面，深圳转变为主要提高素质，增创新优势。深圳在这期间提出和实施战略调整，着力实现"三个根本性转变"：一是经济体制从传统的计划经济体制向社会主义市场经济转变；二是经济增长方式从粗放式向集约式转变；三是特区发展从主要依靠特殊政策向提高整体素质、增创优势转变。具体措施有：第一，进一步进行体制改革，主要特点是体制创新、建立框架。深圳提出了在全国率先建立社会主义市场经济体制的目标，围绕这个目标，在建立现代企业制度、完善市场体系、转变政府职能、完善社会保障制度、建立适应市场经济的法规体系方面继续进行大胆探索，从而初步形成了社会主义市场经济体制的框架。一是1992年重点进行深化国有资产管理体制改革，建立三个层次的国有资产监管和运营体制；二是1994年重点进行深化国有企业改革，建立现代企业制度；三是完善所有制结构，促进民营经济发展；四是1994年重点进行深化商贸体制改革，创新金融业务和制度，建立外汇经纪中心，建立产权贸易市场，发展技术市场，培育创业投资市场，完善劳动力市场，不断完善现代市场体系；五是从1998年开始在加大政府职能转变的过程中减少或取消审批核准事项，推进财政体制改革，推进政府采购制度改革，加快投融资体制改革，加强信用体系建设，不断完善宏观调控体系；六是从1997年开始深化分配制度改革，推行企业经营者年薪制，推行按劳分配和按生产要素分配相结合的分配制度；七是进行社会保险制度综合配套改革，从1992年开始相继进行医疗保险、养老保险、住房公积金制度和工伤保险制度改革，进行社会统筹与个人账户相结合的医疗改革试点；八是全面推行依法治市，推行行政体制改革，包括深化机构改革，实施九个法定化，推进公职人员管理制度改革，全面实施国家公务员制度；九是从1993年开始有步骤地推进基层民主建设、司法体制改革和建设反腐保廉预防体系等。① 第二，进一步提高对外开放层次、水平，努力与国际惯例接轨。一是注重引进外资的质量和产品技术含量，优先引进高技术和知识密集型企业建设盐田港、开放盐田港口岸，开放深圳机场口岸，利用外资和技术建设大亚湾核电站；二是从 1996 年开始建设龙岗大工业区、建立外商投资服务中心和外商投诉中心（2001 年），率先对外商和外籍华人实行国民待遇，提高对外商的服务水平，不断提高利用外资水平；三是深化口岸体制改革；四是进一步扩大对外贸易，实施"走出去战略"拓展国际市场，提高对外贸易质量和水平，促进对外贸易持续增长；五是积极推进深港投资与贸易合作、基础设施和口岸合作、金融服务业合作、旅游合作等等。② 第三，推动产业升级。这一时期深圳经济实现跨越式发展，高新技术产业、现代物流业和现代金融业异军突起，成为三大支柱产业。

这期间，深圳城市功能不断完善，社会各项事业全面进步，人民生活水平大幅提高。深圳特区建立以来经济增长速度保持在 23.23%。地区生产总值 1996 年达到 1000 亿元，2000 年突破 2000 亿元，2003 年实现向 3000 亿元的跨越，综合经济实力跃居全国大中城市前列。③

深圳特区创造了举世瞩目的发展奇迹。这是改革开放解放人民思想进而解放社会生产力的生动展示，是发挥人民群众首创精

---

① 陈夕总主编：《中国共产党与经济特区》，中共党史出版社 2014 年版，第 47 页。

② 陈夕总主编：《中国共产党与经济特区》，中共党史出版社 2014 年版，第 48 页。

③ 陈夕总主编：《中国共产党与经济特区》，中共党史出版社 2014 年版，第 49 页。

神的结果，成百上千万人民，包括来自全国各地的建设者，是这一辉煌历史的创造者。但是我们不能不说，以邓小平同志为代表的中央领导集体，以习仲勋等为代表的一届又一届的广东省委、省政府的领导，一届又一届的深圳市委、市政府的负责人信念坚定、高度负责、忘我拼搏、勇于开拓的历史功绩，也应该让人们铭记，更应该载入共和国的历史。

3. 开拓新的经济增长极

由于1989年政治风波给中国的社会稳定、经济发展带来巨大影响，以美国为首的发达国家对中国进行各方面"制裁"，特别是经济"制裁"，造成当时中国国民经济的下行压力增大。中共中央、国务院采取了一系列重大举措，深化改革，推进对外开放，继续扩大开放沿海城市和内陆边境城市、沿江城市和省会城市，开发开放以上海浦东新区为龙头的长江流域经济带，形成了对外开放的新格局，有力地促进了国内经济和其他各项事业的发展。其中加快上海浦东新区的开发开放，建立天津滨海新区就是两个具有全局意义的举措。

第一，加快上海浦东新区的开发。

1990年4月，国务院总理李鹏在上海考察工作。19日，李鹏在上海大众汽车有限公司成立五周年大会上的讲话中郑重宣布：中共中央、国务院同意上海市加快浦东地区的开发，在浦东实行经济技术开发区和某些经济特区的政策。上海市准备开发的浦东新区，是指黄浦江以东、长江口西南、川扬河以北的紧靠市区的一块三角形地区，面积约350平方公里（后增加到556平方公里），有人口110万人。李鹏说，这是为深化改革、扩大开放作出的又一个重大部署。李鹏强调指出："开发浦东、开放浦东，对于上海和全国都是一件具有重要战略意义的事情。""上海有良好的工业基础，有众多的科学技术人才和经营管理人才，有几百万具有光荣革命传统的产业工人，有四通八达的交通网络，又有同国外广泛联系的渠道，依据这些综合优势和中央给予的政策，上海可以有计划有步骤地、扎扎实实地把浦东建设成为一个设施比较配套、齐全、现代化的和外向型的工业基地。"① 李鹏代表中共中央和国务院宣布中国决定开发开放上海浦东的消息，通过新华社、《人民日报》等中央媒体和上海的《解放日报》等媒体，立即传向世界。5月1日，上海市政府召开新闻发布会，宣布开发浦东十项政策。这表明了中国坚持对外开放的坚定决心。上海市市长朱镕基在新闻发布会上说："按照总体规划，这项宏大的跨世纪开发工程将分三步实施：第一步，'八五'期间为开发起步阶段；第二步，'九五'期间为重点开发阶段；第三步，二〇〇〇年后的二三十年或更长一些时间，为全面建设阶段。"②

1990年6月2日，中共中央、国务院发出《关于开发开放浦东问题的批复》。这个文件指出："开发开放浦东是一件关系全局的大事，一定要切实办好。"文件指出开发开放浦东的意义："有计划、有步骤、积极稳妥地开发开放浦东，必将对上海和全国的政治稳定与经济发展产生极其重要的影响。"文件要求上海市委、市政府"要抓紧组织力量，认真听取各方面的意见，进行充分的科学论证，从全局出发和长远考虑，把浦东开发和开放的规划搞好"。"在浦东开发和开放中走出一条高效率、高效益的路子来。"③ 文件指出：开发和开放浦东，主要是利用国外资金发展外向型经济。利用外资要按中国的法律和法规进行管理，要符合国家产业政策的要求，把引进的重点放在技术密集型产业上，并

---

① 《中共中央国务院同意　开发浦东　开放浦东》，《人民日报》1990年4月19日。

② 《上海宣布开发浦东十项政策》，《人民日报》1990年5月2日。

③ 陈夕总主编：《中国共产党与经济特区》，中共党史出版社2014年版，第293页。

且从一开始就要注意保护生态环境。①

1990 年 10 月，国务院有关部门和上海市政府在举行的新闻发布会上向中外记者宣布了开发、开放浦东新区的 9 项具体政策规定。这些政策规定具有权威性、综合性和可操作性，标志着浦东开发进入了一个实质性启动阶段。中国人民银行副行长陈元、财政部副部长项怀诚、中华人民共和国海关总署署长戴杰分别宣布了《上海外资金融机构、中外合资金融机构管理办法》《关于上海浦东新区鼓励外商投资减征、免征企业所得税和工商统一税的规定》和《中华人民共和国海关对进出上海外高桥保税区货物、运输工具和个人携带物品的管理办法》。上海市常务副市长黄菊宣布了《上海市鼓励外商投资浦东新区的若干规定》《关于上海浦东新区外商投资企业审批办法》《上海市浦东新区土地管理若干规定》《关于上海浦东新区产业导向和投资指南》《关于上海浦东新区规划建设管理暂行办法》《上海市外高桥保税区管理办法》6 个政策法规。② 为进一步支持浦东新区开发开放，1992 年初中央又给上海扩大 5 类项目的审批权和增加 5 个方面的资金筹措权。这次增加的优惠政策主要内容是：授权上海市自行审批在外高桥保税区内的中资和外资从事转口贸易的企业；授权上海市自行审批浦东新区内国营大中型企业产品进出口经营权；扩大上海市有关新区内非生产性项目的审批权；扩大上海市有关新区内生产性项目的审批权，总投资 2 亿元以下的项目，可以自行审批；授权上海市在中央额定的额度范围内自行发行股票和债券，允许全国各地发行的股票在上海上市交易。中央给予上海的 5 个方面的配套资金筹措权是：每年发行 5 亿元浦东建设债券；

---

① 陈夕总主编：《中国共产党与经济特区》，中共党史出版社 2014 年版，第 294 页。

② 《浦东开发进入启动阶段》，《人民日报》1990 年 9 月 11 日。

在原来每年中央给上海 1 亿美元借款的基础上，从 1992 年起每年增加 2 亿美元优惠利率借款；允许上海在原定额度以外，再发行 1 亿元人民币股票，用于浦东开发；允许上海每年发行 1 亿美元 B 种股票；在以前已拨款 2 亿元人民币的基础上，1992 年再增加 1 亿元拨款给上海。以上 5 项新增加的资金筹措权，在 1992—1995 年间有效，如果运用得好，每年可增加 40 亿元资金。①

在中共中央和国务院的领导下，在国家各部门及各省区的支持下，从 1990 年启动上海浦东新区的开发开放到 2002 年，这块位于黄浦江东岸、面积为 556 平方公里的土地，已变成高楼林立、大道通衢的现代化新城区。浦东新区实现了举世瞩目的发展。这主要体现在：一是综合经济的跨越式发展。1990 年，浦东新区 GDP 为 60 亿元，2002 年达 1251 亿元，平均每年增长 20% 左右。2002 年新区 GDP、工业总产值和外贸进出口分别占上海市的 1/4 左右。二是城市形态发生历史性飞跃。1990 年以来，浦东累计投资 2000 多亿元用于社会基础设施建设，城市化地区从原来的 44 平方公里扩大到 2003 年的 110 多平方公里。航空港、深水港、信息港"三港"建设顺利推进，初步形成沟通东西、连接国内、辐射海外的交通通信网络框架。三是对内对外开放实现大循环、大联动。至 2002 年底，已有 82 个国家和地区在浦东新区投资了近 8500 个项目，总投资约 435 亿美元。世界 500 强企业中有 170 多家进入浦东，合同投资约 60 亿美元。13 年来，国内各省市累计在浦东投资项目近 7000 个，注册资金 370 亿元。2002 年第一季度，浦东吸引外资项目达 390 个，合同利用外资 7.76 亿美元，同比增长 55.2%。四是现代城市功能日益凸显。陆家嘴金融贸易区 2003 年拥有中外金融机构 143 家，其中外资金融机构

①　《进一步支持浦东新区开发开放　中央扩大上海审批权筹资权》，《人民日报》1992 年 3 月 11 日。

63 家，上海证券交易所等 7 家国家级要素市场及数千家贸易投资类企业相继迁入。3 年来形成以中芯、宏力为龙头的集成电路产业链，以中外著名生物医药企业组成的生物医药产业群体，以张江为核心的浦东软件产业的发展新格局。金桥出口加工区产业不断升级，2002 年工业总产值达 780 亿元。外高桥港区集装箱吞吐量达 450 万标箱，占全市集装箱吞吐量的 50% 以上。①

总之，上海浦东新区建立以来，经济持续快速健康发展，城区面貌日新月异，社会事业全面进步，各项工作都取得了新的成绩，全面完成了中央提出，上海市委、市政府部署的各项任务。浦东新区已成为"中国改革开放的象征"，"上海现代化建设的缩影"。在开发和开放上海浦东方面，作为改革开放总设计师的邓小平、当时中共中央和国务院的主要负责人江泽民和李鹏、上海市的主要负责人朱镕基等都作出了突出的贡献。

第二，建设天津滨海新区。

建设天津滨海新区、确立新的经济增长极，是中共中央、国务院为加快改革开放和社会主义现代化采取的一个重大战略步骤。天津市委、市政府于 1994 年提出用 10 年左右的时间基本建成滨海新区的构想。时任中共中央政治局委员，天津市委书记张立昌表示："建设滨海新区，是天津发展的一大战略，是我们赢得竞争主动权的制胜一招。"② 天津滨海新区包括塘沽、汉沽、大港三个市辖区和津南的部分区域以及经济技术开发区、保税区、海洋高新技术园区、天津港在内，规划建设面积 350 平方公里、比邻中国北方最大的货运机场滨海国际机场。

1994 年初，天津确定了"三、五、八、十"的四个阶段性

---

① 《浦东初步建成国际大都市核心功能区》，《人民日报》2003 年 4 月 20 日。

② 《天津扎实苦干建设滨海新区》，《人民日报》2001 年 11 月 17 日。

发展目标。"三"，就是到 1997 年，提前 3 年实现地区生产总值翻两番。"五"就是在 5 到 7 年内把全市 2 公顷以上的成片危陋平房改造完。"八"，就是用 8 年把国有大中型企业嫁接、改造、调整一遍。"十"，就是用 10 年基本建成滨海新区的框架。①

从 1994 年到 2001 年的 7 年间，滨海新区人坚持思想、体制和技术创新，地区生产总值和外贸出口年均增长 18.8% 和 28.2%，既是国内经济最具活力的地区之一，也是国际资本集中投向的地区之一。截至 2001 年，全区"三资"企业已超过 6000 家，吸引外资达到 179 亿美元，世界 500 强企业有 40 多家落户新区。21 世纪的第一年，地区城市最大的互通式立交桥滨海立交桥通车，亚洲最大的独塔斜拉桥海河大桥主桥合龙，规划中的市区至新区的轻轨实验段启动，总投资 13.55 亿元的天津港南疆煤码头投产。滨海新区基础设施建设投入创历史新高，计划投资额 68 亿元，大部分工程相继动工，完成投资近 50 亿元。2001 年，天津第一个市场化宽带网覆盖了整个滨海新区，开始构筑"数字新区"的未来，信息港与海港、空港兴起"三港联动"之势。全区的科技进步迈向新的水平。以开发区为例，它已是天津市高新技术产业化两大基地之一，高新技术产品产值占全区比例达到 56%。电子信息作为第一支柱产业，2001 年的利润率达到 12% 左右。到 2001 年 11 月，天津港当年货物吞吐量冲刺亿吨的目标提前实现，一跃成为北方第一个亿吨深水大港。实施"十五"（2001—2005 年）计划第一年，以天津港、天津经济技术开发区、天津港保税区为骨架的天津滨海新区依托三北腹地，先导、辐射效应进一步强化，天津 10 年建成滨海新区的宏伟蓝图已凸

---

① 《天津，站在新跨越起点上》，《人民日报》2006 年 8 月 8 日。

现出基本的轮廓。① 2003 年，滨海新区实现地区生产总值为977.08 亿元，比上年增长 20.1%，按户籍人口计算，人均地区生产总值达到 1.1 万美元。世界 500 强跨国公司已有 135 家在新区投资兴业，2002 年"三资"企业工业总产值完成 1230 亿元。②滨海新区已成为天津市最大的"经济增长极"，成为国际化程度高、技术含量高、聚集效益高的现代化工业基地，成为具有自由港功能、与国际接轨的现代化国际港口大都市的标志区。

（三）长江三峡等特别重大工程上马

改革开放的深入，促进了经济的发展，经济的发展又增强了国家的实力。在 1992 年至 1997 年期间，中国集中力量建设若干重大工程，实现着中华民族百年的梦想。

1. 世界上最大水利枢纽三峡工程开工

中华民族的母亲河——长江，发源于青藏高原唐古拉山山脉的主峰格拉丹东雪山的西南侧。它的干流从青海出发，流经西藏、四川、云南、重庆、湖北、湖南、江西、安徽、江苏、上海一共 11 个省、自治区、直辖市，从西到东 6380 多公里，流淌在中国大地的中部，最后注入东海，已经奔腾呼啸了几千万年。整个长江流域的面积多达 180 万平方公里，占中国陆地面积的 1/5。长江的水能蕴藏量多达 2.6 亿千瓦，它占全国水能蕴藏量的40%；长江流域沃野千里，雨水充沛，气候适宜，矿藏物产丰富，交通运输方便，粮食产量又高。长江和黄河一起，共同养育着世世代代的中华儿女，共同孕育着中华民族的灿烂文化。长期

---

① 《天津扎实苦干建设滨海新区》，《人民日报》2001 年 11 月 17日。

② 《积极参与国际竞争——代表委员谈提高对外开放水平》，《人民日报》2004 年 3 月 9 日。

以来，中华民族的祖先在长江广袤而连绵的两岸休养生息、艰难创业，把长江流域变成了肥美富庶的鱼米之乡。但是，从汉初到清末的 2000 年中，共发生洪灾 200 多次。据史载，长江平均每隔五年就要发一次水灾。田地淹没，灾民丧生。变水患为水利，最理想的方案是把长江拦腰截断，筑坝建库，既防洪又发电，还使川江航运跃上一个新台阶。孙中山最早提出在长江三峡建坝，然而，旧中国经济凋敝，战乱频仍，这些都只能是难圆的梦。

新中国成立后，中国共产党和人民政府，特别是毛泽东、周恩来等领导人极为关注大江大河的治理。1954 年长江中游那场特大水灾，使两位伟人的目光移向长江，为搞三峡工程进行了深入调查研究。搞不搞三峡工程，两种完全对立的意见公开地持续争论了 30 多年。但是，围绕三峡工程进行的科学研究从未停顿，上万名科技工作者从 20 世纪 50 年代便开始了大量艰苦的勘测、科研、设计和试验……1970 年 12 月，周恩来亲自主持中央政治局会议，研究和讨论了长江三峡枢纽工程的组成部分——葛洲坝水利枢纽工程的有关问题，24 日报毛泽东主席。26 日，毛泽东批示"赞成兴建此坝。"[①] 1970 年 12 月 30 日，正式开始建设葛洲坝水利枢纽工程。1974 年 10 月主体工程正式施工。整个工程分为两期，第一期工程于 1981 年完工，实现了大江截流、蓄水、通航和二江电站第一台机组发电；第二期工程 1982 年开始，1988 年底整个葛洲坝水利枢纽工程建成。

1984 年 4 月，国务院原则批准了经 350 余位专家审查的三峡工程可行性报告，并决定进行施工准备。但是重庆市人民政府及有关部门和人士提出了若干意见。为使工程决策更为民主化、科学化，中共中央、国务院在 1986 年 6 月联合发出通知，要求原

---

① 中共中央文献研究室编：《毛泽东年谱（1949—1976）》第 6 卷，中央文献出版社 2013 年版，第 363 页。

水利电力部广泛组织各方面的专家，在深入研究论证的基础上，重新提出可行性报告。通知要求："要注意吸收有不同观点的专家参加，发扬技术民主，充分展开讨论。"这次重新论证历时近3年。其间，全国人大和全国政协也发挥了积极重要的作用。参加论证的412名专家中，有数十位人大代表、政协委员。在14个专家论证组，形成14个专题论证报告，有9个为专家组一致通过；另5个报告，通过时，只有9位专家没有签字。三峡工程的反复论证，从一个侧面反映了中国决策民主化、科学化的进程。1992年2月，江泽民主持中央政治局常委会第169次会议，讨论三峡工程问题，会议由李鹏首先汇报了有关情况，姚依林、乔石、李瑞环等发言，会议原则同意国务院关于三峡工程审查意见的汇报，并请国务院根据会议形成的意见，对建设三峡工程的有关问题作进一步研究后，再将兴建三峡工程议案提交七届全国人民代表大会五次会议审议。①

1992年4月3日下午，七届全国人大五次会议采用按表决器方式，通过关于兴建长江三峡工程的决议。出席会议的代表2633人。15时21分，大会工作人员宣布兴建长江三峡工程议案表决结果：1797票赞成，177票反对，664票弃权，25人未按表决器。赞成票占多数。②万里委员长宣布：议案通过。顿时，台上台下响起长时间的热烈掌声。

1993年，国务院三峡建设委员会成立，国务院总理李鹏兼任主任，副总理邹家华、国务委员陈俊生，郭淑艳、肖秧、李伯宁任副主任委员。委员会下设三个机构：办公室、移民开发局和中

---

① 陈夕总主编：《中国共产党与三峡工程》，中共党史出版社2014年版，第29页。

② 《七届全国人大五次会议在京圆满闭幕》，《人民日报》1992年4月4日。

国长江三峡工程开发总公司。1993 年 7 月 26 日，国务院三峡建设委员会第二次会议审查批准了长江三峡水利枢纽初步设计报告（枢纽工程），标志三峡工程建设进入正式施工准备阶段。1994 年 12 月 14 日，国务院总理李鹏在湖北省宜昌举行的长江三峡工程开工典礼大会上宣布，当今世界上最大的水利枢纽工程——长江三峡工程正式开工。1997 年 11 月 8 日实施大江截流。这标志着从 1992 年开始为期 5 年的一期工程胜利完成，三峡工程转入二期工程建设。

三峡工程是世界上建筑规模最大的水利工程。工程静态总投资 570 亿元（1990 年价格）。① 建成后大坝高程达到 185 米，正常运行水位定在 175 米，水库全部库容 393 亿立方米，长江中下游配合沿江堤坝加固，防洪能力将达到防御百年一遇洪水的标准，将为根治长江中下游水患起到关键作用。三峡电站建成后，26 台水力发电机组，每台发电能力 70 万千瓦，全部电站装机容量达到 1820 万千瓦，年发电量近 900 亿千瓦时。源源不断的、清洁的和价格合理的电力，将送到华中、华东和华南地区，促使全国形成统一的大电网，极大地增强供电的安全性和互补性。双线五级船闸每年通过能力达 5000 万吨，万吨船队将直达重庆。它创造了多项世界之最：三峡大坝坝轴线全长 2309.47 米，泄流坝段长 483 米，双线五级船闸，总库容 393 亿立方米，防洪库容 221.5 亿立方米，水库调洪可消减洪峰流量达每秒 2.7 万~3.3 万立方米，能有效控制长江上游洪水，保护长江中下游荆江地区 1500 万人口、2300 万亩土地。这项伟大的工程，其施工之浩繁、

---

① 《截至 2008 年 12 月底，三峡工程累计完成动态投资 1815 亿元，折合静态投资 1229 亿元，占国家批准概算的 91%》，《人民日报》2009 年 1 月 15 日。

复杂、艰巨，史无前例。①

2. 黄河小浪底水利枢纽工程建成

黄河也是中国人的母亲河。它以 5400 多公里的长度，4830米的落差，集 40 多条主要支流和千余条溪川，千回百折，横贯西东。流经 9 省区，流域内人口过亿，耕地 3 亿亩。但是旧中国的黄河却是一条害河，世界上再没有一条河如此桀骜不驯。河道任意摆动，宽窄差异几十里；河床层层掀起，悬于城市半空，洪水决口泛滥频繁。据史载，从先秦到国民党统治时期的 2500 多年内，黄河下游共决溢 1500 多次，大的改道 26 次，给两岸群众带来了深重的灾难。治理黄河，防止黄河水患，是中华民族千百年来不断探索并为之奋斗的一件大事。1952 年 10 月，新中国成立后毛泽东主席第一次出京巡视，便是考察黄河。他向陪同的治黄专家发问："黄河涨上天怎么办？"黄河水利委员会主任王化云回答道："不修大水库，光靠这些坝埽抵挡不住。"新中国的治黄专家们在实践中认识到，兴修大型水利工程，是治理黄河最有效的途径之一。于是，历史选择了位于黄河最后一道峡谷边上的小浪底。1990 年至 1991 年，党和国家领导人江泽民、李鹏、李瑞环等先后到小浪底考察，听取黄河小浪底水利枢纽工程情况汇报。②

1991 年 4 月 9 日，七届全国人大四次会议批准小浪底工程为国家"八五"期间开工兴建的重点建设项目。1991 年 9 月 1 日，小浪底枢纽前期工程拉开序幕。1994 年 9 月 12 日，李鹏总理到小浪底参加了工程开工典礼并宣布：小浪底水利枢纽主体工程正式开工。经小浪底建设者按国际惯例规范施工建设，1997 年 10

---

① 《十年铸就千秋业》，《人民日报》2003 年 6 月 1 日。

② 《治理黄河的壮举——小浪底水利枢纽工程建设侧记》，《人民日报》1996 年 2 月 2 日。

月 28 日实现黄河截流，1999 年 10 月 25 日下闸蓄水，2000 年 1 月 9 日第一台机组并网发电，2000 年 11 月 30 日，历时 6 年，比合同工期提前 13 个月，大坝主体全部完工，2001 年 12 月 27 日，第六台机组正式投产，标志着枢纽主体工程全部完工。

小浪底工程，是在改革开放逐步深入的时代背景下开工建设的，也是中国率先与国际接轨的重大水利枢纽工程。工程通过国际招标选择承包商，建设管理全面与国际工程管理惯例接轨，全面实行项目法人责任制、招标投标制、建设监理制，在中国利用外资、全面引进国际承包商进行施工的大型水利项目史上，小浪底工程开了先河。小浪底工程概算总投资 347.46 亿元人民币，其中利用世界银行贷款 10.09 亿美元，51 个国家的 700 多名外商和上万名中国建设者参加建设，该工程是名副其实的"国际练兵场"。① 在小浪底工程的建设过程中，小浪底的建设者发挥聪明才智，大胆运用新技术、新工艺、新材料，勇于创新，攻克了许多技术难题，创造出多项国际、国内第一，如小浪底拦河大坝，世界上最大、最复杂的进水塔群，小浪底水电站地下厂房，世界上最大的多级孔板消能泄洪洞，最大深度为 81.9 米的小浪底大坝混凝土防渗墙等，取得一批重要技术成果，积累了建设超大型水利枢纽的经验。另外，还妥善地安置了 20 万名移民。

小浪底工程的作用以防洪、防凌、减淤为主，兼顾供水、灌溉、发电。枢纽工程由拦河大坝、泄洪排沙建筑物、引水发电建筑物三大部分组成。小浪底工程让黄河安澜，下游防洪标准由 60 年一遇提高到千年一遇；工程可以充分调节非汛期水量，一般每年可增加 40 亿立方米的供水量，在满足下游沿河工业和生活用水外，还可使当时 1500 万亩灌区的用水保证率由 32% 提高到

---

① 张善臣主编：《一面爱国主义的旗帜》，黄河水利出版社 2008 年版，第 2 页。

75%；平均每年发电 51 亿千瓦时；还具有调水调沙功能，并取得了良好的生态效益，黄河三角洲得到恢复，促进了社会经济的可持续发展。

3. 建设大京九铁路

1992 年秋，中共中央、国务院从发展国民经济的全局出发，决定尽快打破铁路运输对国民经济的"瓶颈"制约。在充分考虑了综合国力等条件之后，果断地作出了"集中兵力打歼灭战，三年铺通京九铁路"的战略决策。① 京九铁路（北京—香港九龙）是继京广、京沪铁路之后第三条贯通中国南北的大动脉，位于京广、京沪两条南北大干线之间。修建京九铁路是中华民族的一个"世纪梦"。从当时情况来看，京九铁路是新中国成立以来兴建的规模最大、投资最多、径路最长的中央和地方合资建设的国家重点铁路项目。总投资达 400 亿元。全长 2397 公里，另加天津至霸州和麻城至武汉联络线，总长 2536 公里。京九铁路工程极其艰巨。全线路基土石方施工量超过兰新铁路、成昆铁路土石方量的总和，达 2.6 亿立方米；需要在长江、黄河、淮河、赣江和众多深谷大壑上新建特大桥、大中小桥 1110 座，计 207 公里；在崇山峻岭开凿隧道 150 座，共 56 公里，其中最长的五指山隧道 4445 米；正线铺轨 3427.5 单线公里，几乎比整个"七五"（1986—1990 年）铺轨量翻了一番。京九铁路工程自 1993 年初全面施工，计划在 1995 年底之前的 35 个多月内完成。这样大的工作量，铁路建设工期紧迫，任务艰巨，在中国铁路建设的历史上前所未有。20 万来自全国各地的筑路大军投入了京九铁路会战。据铁道部统计，京九铁路建设所创造的劳动生产率，较之 20 世纪 80

---

① 《集中力量办大事的新典范——热烈祝贺京九铁路提前铺通》，《人民日报》1995 年 11 月 16 日。

年代铁路施工提高了 5 倍。① 京九铁路在工程上做到了"一流速度""一流质量"和"一流效益",创造了在社会主义市场经济条件下"集中力量办大事"的新鲜经验。②

1996 年 9 月 1 日,京九铁路全线开通。至此,中共中央、国务院"奋战三年,铺通京九"的决策目标提前实现,也圆了中国人民的一个"世纪梦"。京九铁路,是社会主义制度"集中力量办大事"优越性的体现。京九铁路的兴建对于加快中国改革开放和经济发展步伐,促进沿线各地开发,对进一步沟通与中国香港的交通联系,具有重大战略意义。

4. 青藏铁路开工

2001 年 6 月 29 日,青藏铁路开工典礼在青海省格尔木市和西藏自治区首府拉萨市同时举行。国务院总理朱镕基、副总理吴邦国分别在格尔木和拉萨参加开工典礼。这标志着新中国几代领导人和铁路建设者的夙愿,西藏各族人民的殷切企盼开始变成现实。

西藏自治区面积 120 多万平方公里,平均海拔 4000 米以上。在青藏铁路修建前,西藏是中国唯一不通铁路的省级行政区。在新中国成立之前,西藏连公路都没有。新中国成立后,英雄的人民解放军以爱国奉献的精神,克服了难以想象的困难修建了进藏的川藏、青藏等公路,打开了进藏的通路,人民空军突破航空禁区,开辟了康藏高原的空中航线。新中国成立后,长期以来进出西藏主要依靠公路和航空运输。由于特殊自然环境的限制,已有的青藏、川藏、滇藏、新藏公路中只有青藏公路能保持常年畅

---

① 《第三条南北大动脉——写在京九铁路全线铺通前夕》,《人民日报》1995 年 9 月 21 日。

② 《集中力量办大事的新典范——热烈祝贺京九铁路提前铺通》,《人民日报》1995 年 11 月 16 日。

通，承担了进出藏客货运输的绝大部分。20 世纪 90 年代后，西藏步入快速发展的新阶段，交通运输设施的落后，制约了地区经济社会的发展。改善交通就成为西藏经济社会发展越来越迫切的需求。由于铁路在现代交通运输中起着特别重要的作用，修建进藏铁路被再次提上日程。

进藏铁路方案勘测设计工作早在 20 世纪 50 年代就已开始。中国铁道部会同有关部门多年来进行了大量研究论证工作，经过了从青藏、滇藏、甘藏、川藏四个方案，再到青藏、滇藏两个方案，最后集中到青藏铁路方案三个阶段。2001 年，中国铁道部宣布，经过 1700 多名铁路勘测设计人员的艰苦奋战，青藏铁路南山口至望昆、昆仑山隧道、羊八井隧道群等首批开工地段的施工设计图已经绘制完毕，青藏铁路全线可行性研究报告已于 4 月底完成，并通过了铁道部审查。

修建青藏铁路是中国实施西部大开发战略的标志性工程，是人类铁路建设史上前所未有的伟大壮举。青藏铁路是世界上海拔最高和线路最长的高原铁路，铁路穿越青藏高原腹地，沿线高寒缺氧，地质复杂，冻土广布，技术难度极大。青藏铁路西宁至拉萨全长 1956 公里，其中，西宁至格尔木段 814 公里已于 1979 年铺通，1984 年投入运营。新开工修建的青藏铁路，北起青海省格尔木市，经纳赤台、五道梁、沱沱河、雁石坪，翻越唐古拉山，再经西藏自治区安多、那曲、当雄、羊八井，南至西藏自治区首府拉萨，全长 1142 公里，其中新建线路 1110 公里。格拉段沿途经过海拔 4000 米以上的地段有 960 公里，翻越唐古拉山的铁路最高点海拔 5072 米。沿线地质条件复杂，经过多年连续冻土地段 550 公里。根据设计，青藏铁路施工总工期为六年，设计输送能力为客车 8 对，单向货流密度 500 万吨。预计总投资 262.1 亿元。

2001 年 3 月，九届全国人大四次会议审议通过《中华人民共和国国民经济和社会发展第十个五年计划纲要》，建设青藏铁路被纳入该《纲要》之中。2001 年 6 月 20 日，国务院第 105 次总理办公会讨论了青藏铁路建设方案，对该项目的运量、主要技术标准、设计原则、主要建设方案、环境保护、管理体制和经济评价等方面又进行了深入研究，同意该项目的开工报告。

2001 年 6 月 29 日，青藏铁路开工典礼在青海省格尔木市和西藏自治区首府拉萨市同时举行，出席两地青藏铁路开工典礼的有中共中央和国务院有关部门负责人、军队有关方面负责人、武警总部有关负责人、西藏自治区和青海省各有关方面负责人，参加青藏铁路建设设计、施工、监理单位的代表以及拉萨、格尔木各界群众等，共计 1.3 万余人。国家主席江泽民为青藏铁路开工发来贺信。国务院总理朱镕基亲临格尔木市出席开工典礼，朱镕基首先宣读了江泽民的贺信。江泽民在贺信中说，建设青藏铁路，是中央作出的一项重大决策，对加快西部地区特别是西藏的经济和社会发展，对造福西藏以及促进各民族的团结互助和共同繁荣，具有重要意义。随后，吴邦国副总理在拉萨会场宣读国务院关于青藏铁路格尔木至拉萨段开工报告的批复。朱镕基总理发表讲话说，"修建进藏铁路，是新中国老一辈领导人和几代铁路建设者的夙愿，也是西藏各族人民的殷切企盼。跨入新世纪，中央果断作出了兴建青藏铁路的重大决策。青藏铁路的修建，将在青藏高原上开辟一条经济、快速、大能力、全天候的运输大通道，这不仅对密切青海、西藏与内地经济、文化的联系，增强民族团结，保持社会稳定，加快两省区开放开发具有重大作用，而且对国家实施西部大开发战略，促进各地区协调发展也有极其重要的意义。这项宏大工程的建设，充分体现了中共中央和中国政府对少数民族和民族地区的深切关怀，必将极大地激励包括西藏、青海在内的全国各族人民更加奋发图强，万众一心地向新世纪的宏伟目标迈进。"① 朱镕基在结束讲话时宣布青藏铁路全线开工。朱镕基走到主席台前为青藏铁路开工剪彩。与此同时，吴邦国副总理在拉萨会场为青藏铁路开工剪彩。

青藏铁路的修建，将进一步改善青藏高原的交通条件和投资环境，促进西藏资源开发和经济的快速发展，对加强内地与西藏的联系，促进藏族与各民族的经济、文化交流，增进民族团结，造福沿线人民将发挥重要的作用。

以上几个有代表性的特大工程的竣工和发挥作用，集中体现了中国社会主义制度可以集中力量办大事的优越性，也为中国人民的生产生活带来重大的改变，更为中共中央和国务院治国理政积累了多方面的宝贵经验。

二、国家民主政治建设与行政区划调整

在改革开放和社会主义现代化建设的新阶段，中共中央继续领导和支持人民掌管国家权力，保证人民享有广泛的权利和自由，尊重和保障人权，民主与法制密切结合，提出依法治国，建设社会主义法治国家的目标。中国共产党和国家领导机关始终把发展社会主义民主、加强社会主义法制放在重要位置，全面推进社会主义民主法治建设这一保证国家长治久安的伟大工程。

（一）调整民主建设和政治改革的战略方向

1987 年 10 月，中共十三大确定中国政治体制改革的目标和原则后，中共中央开始逐步推进政治体制改革。但是，由于政治体制改革从根本的方面来讲，是为着创建新的社会主义民主形

---

① 《青藏铁路开工典礼隆重举行》，《人民日报》2001 年 6 月 30 日。

式，开通走向法治国家的道路，因而不可能不是一项非常复杂、艰巨的系统工程。从现实来讲，政治体制改革实质上是各级、各种权力的调整，它所涉及的范围很广，涉及的方面很宽，涉及的问题则更为复杂，特别是要触动方方面面的人事关系和利益关系，因此，在后来的政治体制改革的进程中不可能不遇到各种各样的困难和阻力。特别是 1989 年中国出现了一场严重的政治风波，随后又出现了东欧剧变和苏联解体的复杂局势，导致这些国家执政的共产党（工人党）丢掉政权，改变国家制度，以及由此给中国带来的严峻挑战，这不可能不引起中国共产党的慎重应对。

面对这样复杂严峻的国际国内局势，中国共产党开始科学及时地总结经验，适时地调整民主政治建设和政治体制改革的战略，妥善处理改革、发展与稳定的关系，规避风险，把政治建设重点转向坚持和完善中国特色社会主义基本政治制度方面，以捍卫中国特色社会主义和改革开放的伟大成果。1991 年 7 月 1 日，在庆祝中国共产党成立 70 周年大会上，总书记江泽民同志发表了重要讲话。在这个讲话中，江泽民强调："党的十三届七中全会在总结贯彻执行基本路线经验的基础上，又提出了建设有中国特色社会主义的十二条原则，标志着我们党对社会主义现代化建设规律的认识更加深刻了。党的基本路线和这十二条原则，总起来说，就是要通过社会主义制度的自我完善和发展，建设有中国特色社会主义的经济、政治、文化，以适应和促进社会生产力不断发展和社会全面进步，实现社会主义现代化。"[1] 在这次讲话中，江泽民还强调了有中国特色社会主义的政治。他指出："必须坚持工人阶级领导的、以工农联盟为基础的人民民主专政，不能削弱和放弃人民民主专政；必须坚持和完善人民代表大会制

---

[1] 《江泽民文选》第 1 卷，人民出版社 2006 年版，第 152—153 页。

度，不能搞西方那种议会制度；必须坚持和完善中国共产党领导的多党合作和政治协商制度，不能削弱和否定共产党的领导，不能搞西方那种多党制。我们应该牢牢把握有中国特色社会主义政治的这些基本要求，不断加强社会主义民主法制建设，发展安定团结、生动活泼的政治局面，保证人民当家作主和国家长治久安。"① 关于如何推进政治体制改革？江泽民指出："我们要进一步有领导有步骤地推进政治体制改革。努力建立健全一套民主的科学的决策制度和程序，充分走群众路线，广泛听取各方面的意见，做到集思广益。继续推进机构改革，实行精兵简政，提高各级领导机关和职能部门的工作效率，克服官僚主义。充分发挥工会、共青团、妇联等群众团体的作用。加强城乡基层单位的民主建设。进一步健全社会主义法制，加强对群众、特别是各级干部的法制教育，做到有法可依、有法必依、执法必严、违法必究，切实保障人民群众依法管理国家事务、经济和文化事业、社会事务的权利和其他民主权利，保证各项事业在社会主义法制的轨道上健康发展。"②

中共十四大报告明确，要积极推进政治体制改革，使社会主义民主和法制建设有一个较大的发展。中共十五大报告提出，要在中国共产党的领导下，在人民当家作主的基础上，依法治国，发展有中国特色社会主义民主政治，并对此提出了明确要求。中共十五大把依法治国提到党领导人民治理国家的基本方略的高度，提出建设社会主义法治国家，把坚持党的领导、发扬人民民主和严格依法办事统一起来，从制度和法律上保证党的基本路线和基本方针的贯彻实施，保证党始终发挥总揽全局、协调各方的领导核心作用。

---

① 《江泽民文选》第 1 卷，人民出版社 2006 年版，第 155—156 页。
② 《江泽民文选》第 1 卷，人民出版社 2006 年版，第 158 页。

（二）八届全国人大一次会议与推进人民代表大会制度建设

适时调整政治体制改革的战略方向，就是把政治体制改革转到加强以人民代表大会为重点的政治制度建设方面。1954 年 9 月第一届全国人民代表大会通过的《中华人民共和国宪法》规定了人民代表大会制度是中华人民共和国的根本政治制度。这一点在刘少奇作的《关于中华人民共和国宪法草案的报告》中给予论述。① 社会主义民主的本质是人民当家作主。国家的一切权力属于人民，这是中华人民共和国国家制度的核心内容和根本准则。在改革开放和社会主义现代化建设新时期，各级人民代表大会特别是全国人民代表大会及其常委会在立法工作、监督工作、常委会和代表工作、自身建设工作等方面都得到加强。

1. 召开八届全国人大一次会议

1993 年 3 月 15 日至 31 日，中华人民共和国第八届全国人民代表大会第一次会议在北京举行。这是一次贯彻邓小平同志 1992 年南方谈话和中共十四大精神，以抓住机遇加快改革开放建设步伐为主题的大会。

3 月 15 日大会开幕。这次大会的代表共 2997 名，2898 名代表出席开幕式。乔石委员长主持开幕式，李鹏总理代表国务院作《政府工作报告》。在 2 万多字的《报告》中，李鹏首先对过去五年改革开放和现代化建设取得伟大成就进行了全面总结。指出：在过去的五年中，中国经济蓬勃发展，社会不断进步，综合国力进一步增强，各方面都取得了举世瞩目的重大成就。大量事实充分证明，过去的五年，是中国各族人民在中国共产党领导下沿着建设有中国特色的社会主义道路继续前进的五年，是巩固和发展党的十一届三中全会以来改革开放和现代化建设伟大成果的

---

① 《刘少奇选集》下卷，人民出版社 1985 年版，第 156 页。

五年。在肯定成绩的同时，李鹏也强调政府工作中的问题和不足，他说："我们也清醒地看到，工作中还有缺点和失误，社会经济发展中还存在困难和问题。在生产、建设和流通领域，经济效益仍然不高。产业结构不合理的状况尚未改变，农业基础比较脆弱，基础设施、基础工业和第三产业发展滞后。分配关系还没有理顺，国家财政仍然比较困难。社会主义精神文明建设和法制建设还不适应改革开放和现代化建设的需要。政府机构中存在的官僚主义、形式主义和本位主义等脱离群众的不良作风，少数公职人员贪污受贿、徇私舞弊等腐败行为，损害了政府同人民群众的密切联系。我们一定要高度重视和认真解决这些问题。"①

《报告》第二部分强调今后五年是实现中国现代化建设第二步战略目标的关键性五年。经济建设方面的基本任务是：全面贯彻党的十四大精神，抓住机遇，加快改革开放和现代化建设步伐，依靠优化结构、技术进步和改善管理，提高经济效益，努力保持社会供求总量基本平衡，使国民经济再上一个新的台阶。《报告》第三部分强调中国经济体制改革的目标是建立社会主义市场经济体制，要求从 1993 年起要力争在转换国有企业经营机制、发展各类市场、价格改革、劳动工资制度改革、推进社会保障和城镇住房制度改革、改善和加强宏观经济管理等方面取得突破性的进展。大会强调：要把农业放在经济工作的首要地位，加强对农业的领导和指导。要调整农业生产结构，在保持产量稳定增长的基础上，积极发展高产优质高效农业；逐步增加农业投入，改善农业生产条件，加强农业基础设施建设；大力发展乡镇企业，特别要积极扶持中西部地区乡镇企业的发展；稳定农村经济政策，促进农村市场经济的发展。《报告》第四部分强调认真

① 李鹏：《政府工作报告——1993 年 3 月 15 日在第八届全国人民代表大会第一次会议上》，《人民日报》1993 年 4 月 2 日。

进行行政管理体制和政府机构改革。指出行政管理体制和机构改革，是建立社会主义市场经济体制和加快经济发展的重要条件，也是政治体制改革的紧迫任务。当前的突出问题，是政企不分，关系不顺，机构臃肿，效率低下。要围绕转变政府职能这个中心环节，用三年时间基本完成各级政府机构改革的任务。第五部分强调以经济建设为中心促进社会全面进步。在整个社会主义现代化建设进程中，政府工作要紧紧围绕经济建设这个中心，努力推进社会各项事业全面发展，实现社会全面进步。《报告》第六部分阐述积极推进祖国和平统一大业。强调实现祖国统一，是包括台湾同胞、港澳同胞和海外侨胞在内的全中国人民的共同心愿。中国政府要坚定不移地按照"和平统一、一国两制"的方针，争取早日实现祖国统一。《报告》第七部分阐述中国的外交政策和方针。强调中国政府坚定不移地奉行独立自主的和平外交政策，在和平共处五项原则的基础上建立和发展同世界各国的友好合作关系，是中国外交工作的基本方针。《报告》最后说："我们正处在加快改革开放和现代化建设的关键时期。今后五年，我们要在过去十四年改革开放和现代化建设取得伟大成就的基础上，迈出建立社会主义市场经济体制的重大步伐，进一步拓展对外开放的广度和深度，提前实现翻两番的目标，使国民经济再上一个新台阶。现在，我们的国家政通人和，百业兴旺，现代化建设的美好前景正展现在各族人民的面前。让我们在邓小平同志建设有中国特色社会主义理论和党的十四大精神指引下，更加紧密地团结在以江泽民同志为核心的中国共产党中央委员会周围，同心同德，振奋精神，开拓前进，为夺取社会主义现代化建设事业的新胜利而努力奋斗！"① 代表们围绕李鹏总理代表国务院作的《政府工

① 李鹏：《政府工作报告——1993 年 3 月 15 日在第八届全国人民代表大会第一次会议上》，《人民日报》1993 年 4 月 2 日。

作报告》等项议程进行了审议。会议认为，《报告》对过去五年工作的总结是符合实际的；提出的今后五年任务经过努力是可以完成的；对"八五"计划的主要指标进行调整，把国民经济增长速度由原定平均每年6%调高到8%~9%，是适当的。代表们对上届国务院的工作表示满意。

大会通过了关于政府工作报告的决议、关于1992年国民经济和社会发展情况与1993年计划的决议、关于1992年国家预算执行情况和1993年国家预算的决议。

这次大会还通过了《中华人民共和国宪法修正案》。宪法修正案有如下内容："我国正处于社会主义初级阶段。国家的根本任务是，根据建设有中国特色社会主义的理论，集中力量进行社会主义现代化建设。""国有经济，即社会主义全民所有制经济，是国民经济中的主导力量"；"农村中的家庭联产承包为主的责任制和生产、供销、信用、消费等各种形式的合作经济，是社会主义劳动群众集体所有制经济"；"国家实行社会主义市场经济。""国家加强经济立法，完善宏观调控。""国家依法禁止任何组织或者个人扰乱社会经济秩序。""国有企业在法律规定的范围内有权自主经营"；"集体经济组织在接受国家计划指导和遵守有关法律的前提下，有独立进行经济活动的自主权"① 等。

大会通过了《中华人民共和国澳门特别行政区基本法》，包括三个附件和区旗、区徽图案，关于设立澳门特别行政区的决定，关于《中华人民共和国澳门特别行政区基本法》的决定，关于澳门特别行政区第一届政府、立法会和司法机关产生办法的决定。《澳门特别行政区基本法》将于1999年12月20日起实施。大会还通过了关于国务院机构改革方案的决定。

---

① 《中华人民共和国宪法修正案》（1993年3月29日第八届全国人民代表大会第一次会议通过），《人民日报》1993年3月30日。

会议还表决通过了关于全国人大常委会工作报告的决议、关于最高人民法院工作报告的决议和关于最高人民检察院工作报告的决议。

大会选举江泽民为中华人民共和国主席，荣毅仁为副主席；乔石为全国人大常委会委员长，田纪云、王汉斌、倪志福、陈慕华、费孝通、孙起孟、雷洁琼、秦基伟、李锡铭、王丙乾、帕巴拉·格列朗杰、王光英、程思远、卢嘉锡、布赫、铁木尔·达瓦买提、甘苦、李沛瑶、吴阶平当选为八届全国人大常委会副委员长，曹志当选为八届全国人大常委会秘书长，134人当选为八届全国人大常委会委员；江泽民为中华人民共和国中央军事委员会主席；根据中华人民共和国主席江泽民的提名，大会决定李鹏为国务院总理，朱镕基、邹家华、钱其琛、李岚清为国务院副总理，并且表决通过了新一届国务院组成人员名单。

八届全国人大一次会议分别选举和决定中共中央总书记江泽民担任国家主席和国家军委主席、中央政治局常委李鹏担任国务院总理、中央政治局常委乔石担任人大常委会委员长，八届全国政协一次会议选举中央政治局常委李瑞环担任全国政协主席，这是改革开放以来中国政治体制的新变动。中共中央政治局常委担任国家和政协的最高领导人，这有利于加强中国共产党对国家事务的集中统一领导，有利于提高治国理政的效率。

2. 进一步加快立法工作

通过全国人民代表大会和人大常委会的长期艰苦工作，这期间全国人民代表大会及其常务委员会继续加大立法的力度，中国初步形成了以宪法为根本大法的中国特色社会主义法律体系。

第一，进一步完善宪法。

根据中共中央的建议，全国人民代表大会在1993年和1999年两次对《中华人民共和国宪法》的部分内容进行修改，"邓小平理论"，"我国将长期处于社会主义初级阶段"，"建设有中国特色社会主义道路""坚持改革开放""发展社会主义市场经济"，"中国共产党领导的多党合作和政治协商制度将长期存在和发展"，"中华人民共和国实行依法治国，建设社会主义法治国家"，"国家在社会主义初级阶段，坚持公有制为主体、多种所有制经济共同发展的基本经济制度，坚持按劳分配为主体、多种分配方式并存的分配制度"相继写入国家宪法。《中华人民共和国宪法》与时俱进地进行修改，为进一步推进建设中国特色社会主义提供了政治和法律保障。

第二，加强立法工作，提高立法质量。

全国人大及其常委会进一步加强立法工作，提高立法质量。1993年至1998年，在第八届全国人大及其常委会任期内，共审议法律和有关法律问题的决定草案129个；通过法律85个、有关法律问题的决定33个，共计118个；还批准双边或多边国际条约、公约和重要协定60个。立法不仅数量多，质量也有所提高，为形成具有中国特色社会主义法律体系奠定了基础。第八届全国人大及其常委会把加快经济立法作为第一位的任务，五年任期内围绕市场经济体制的主要环节，努力构筑社会主义市场经济法律体系框架。在规范市场主体方面，制定了公司法、合伙企业法、商业银行法等法律。这些法律是按照企业的责任形式而不是按所有制形式来规范市场主体的，有利于以公有制为主体的多种经济成分的共同发展，特别是公司法的制定使公司的设立和运作有法可依，对建立现代企业制度起了重要作用。在确立市场规则、维护市场秩序方面，制定了反不正当竞争法、消费者权益保护法、城市房地产管理法、广告法、拍卖法、担保法、票据法、保险法、仲裁法等法律，并对经济合同法等法律作了修改。这些法律体现了市场经济公平、公正、公开、效率的原则，有利于形成全国统一、开放的市场体系。在完善宏观调控方面，制定了预算法、审计法、中国人民银行法、价格法等法律，并对统计法、个人所得税法等法律进行了修改。这些法律巩固了国家在财政、金融等方面的改革成果，为进一步转变政府管理经济的职能、完善宏观调控、保证国民经济健康运行提供了法律依据。在建立社会保障制度方面，制定了劳动法等法律。在对外开放方面，制定了对外贸易法等法律。在振兴基础产业和支柱产业方面，制定了农业法、民用航空法、电力法、公路法、煤炭法、节约能源法、建筑法等法律，修改了矿产资源法等法律。八届全国人大及其常委会的任期内制定的有关市场经济方面的法律，连同以前制定的有关经济法律，初步构成了中国特色社会主义市场经济法律体系的框架，为社会主义市场经济的培育和发展提供了重要的法制条件。

3. 加强人民代表大会及其常委会的自身建设

为了保证全体人民更好地行使国家权力，这期间在人民代表大会的选举制度、组织体系和工作制度等方面进行了一系列改革和完善。这主要体现在 1992 年 4 月第七届全国人民代表大会第五次会议通过《中华人民共和国全国人民代表大会和地方各级人民代表大会代表法》；1995 年 2 月，第八届全国人大常委会第十二次会议通过《中华人民共和国全国人民代表大会和地方各级人民代表大会选举法》的决定，其中规定改革选举制度，实行差额选举，进一步完善人民代表大会制度。对全国人民代表大会会议的举行、议案的提出和审议、听取和审议工作报告、听取和审查国家计划和国家预算、国家机构组成人员和选举、罢免、任免和辞职、询问和质询、成立特定问题委员会、发言和表决等作出了系统的规范。为各级人大代表行使代表职权和履行代表义务，以及代表在人大会议闭会期间的活动，代表执行职务的保障、代表的监督等提供了法律依据。健全人大的组织体系，1995 年 2 月全国人大再次修改通过了《中华人民共和国地方各级人民代表大会和各级人民政府组织法》，地方人大组织体系得到了加强。加强人大的组织建设和工作制度建设，为了加强全国人大的工作，到1998 年九届全国人大期间已经设有民族、法律、内务司法、财政经济、教育科技文化卫生、外事、华侨、环境与资源保护、农业与农村九个委员会。这些委员会在全国人大及其常委会的领导下，研究、审议和拟定有关议案。根据宪法等法律，经过多年的实践和探索，地方各级人大也形成了一套行之有效的工作制度。

（三）全国政协八届一次会议与政治协商制度的发展

中国共产党领导的多党合作和政治协商制度是中华人民共和国的一项基本政治制度，是体现人民当家作主，建设社会主义民主政治的重要方面。这一基本制度不断完善和发展，更趋制度化和规范化。

1. 召开全国政协八届一次会议

1993 年 3 月 14 日至 27 日，全国政协八届一次会议在北京召开，参加会议的委员共有 2093 人。这次会议是在中共十四大后，国内政治稳定、经济迅速发展、改革开放进入新阶段的形势下召开的。这次会议的议程是听取政协第七届全国委员会常务委员会工作报告，选举政协第八届全国委员会主席、副主席、秘书长和常务委员；全体委员列席中华人民共和国第八届全国人民代表大会第一次会议，听取和讨论《政府工作报告》及其他报告。

全国政协八届一次会议主席团委托李瑞环主持开幕大会。开幕式当天出席会议的委员为 1911 人。政协第七届全国委员会副主席叶选平在大会上作了政协第七届全国委员会常务委员会工作报告。叶选平在报告中说，全国政协七届一次会议以来，在中国共产党领导下，人民政协团结各民主党派、人民团体、无党派民主人士和各族各界代表人士，始终不渝地贯彻执行"一个中心、两个基本点"的基本路线，认真落实《中共中央关于坚持和完善中国共产党领导的多党合作和政治协商制度的意见》，围绕国家的中心任务，以增进团结、发扬民主为主题，积极主动地履行政治协商、民主监督职能，使各项工作在五届、六届的基础上得到进一步发展，为维护国家的稳定，增进人民的团结，推动社会主义建设事业的发展，作出了积极的贡献。叶选平在报告中指出：政协第七届全国委员会胜利地完成了自己的任务，这是参加人民政协的各党派、各团体、无党派民主人士和各族各界代表人士肝胆相照、荣辱与共、团结合作、共同努力的结果。当前，中国经济迅速发展，综合国力显著增强，国内安定团结、长治久安的基础已经奠定。在新一届政协任期内，中国的国民经济和各项建设事业的发展将再上一个新台阶，香港将回归祖国。社会主义祖国繁荣昌盛和兴旺发达的前景，催人奋进。政协第七届全国委员会提案委员会向大会提交了5年提案工作情况的书面报告。

这次会议期间，2000多名委员听取并讨论了全国政协七届常委会的工作报告，列席了八届全国人大一次会议，听取并讨论了李鹏总理所作的《政府工作报告》。委员们对加快改革开放和现代化建设步伐，加强精神文明建设和民主法制建设，开创人民政协工作新局面等问题，提出了许多宝贵意见和建议，表现了对国家、对人民高度负责的精神，体现了中国共产党与各民主党派、无党派民主人士肝胆相照、荣辱与共的亲密关系。整个大会洋溢着民主、团结、继往开来的热烈气氛。这次会议通过了政协八届一次会议政治决议；政协八届一次会议关于修改《中国人民政治协商会议章程》第四章第四十一条的决议；政协八届一次会议提案委员会关于提案审查情况的报告。

会议期间召开五次全体大会，听取委员在大会发言。中共中央和国务院及各部委的负责同志列席会议。这次会议共收到提案1799件，经认真审查，已立案1727件，占全部提案的96%。这些提案将分别送请中共中央、国务院有关部委、直属机构等147个单位承办。提案中经济建设方面的610件；科技、教育、文化、医卫体方面的 573 件；政法、劳动人事方面的 353 件；统一战线、民族、宗教、台港澳、侨务方面的 191 件。对不符合立案条件的 72 件提案，在商得委员同意后，改作委员意见处理。提案委员会在会议期间组织现场办案 5 次，现场处理了 12 件提案，并根据急案急办原则，通过与有关单位联系，答复处理了 5 件提案。共有 1465 位委员提出提案。民建中央、民进中央以党派组织名义提出了提案。

会议于 3 月 27 日闭幕。新当选的全国政协主席李瑞环致闭幕词。他在闭幕词中强调："中国共产党和各民主党派、无党派民主人士共同开创的人民政协事业，是我们的传家宝，我们一定要百倍地珍惜，很好地继承和发展。政治协商和民主监督是人民政协的主要职能。""实践证明，这种协商和监督，有利于广开言路、集思广益，实现决策的科学化、民主化；有利于发现问题、纠正失误，及时有效地改进工作；有利于求得共识、协调步伐，推动各项事业的健康发展。我们要继承和发展优良传统，创造和总结新鲜经验，使政治协商和民主监督制度在新的历史条件下得到发展。"[1] 他要求新一届人民政协要高举大团结的旗帜，为调动一切积极因素，化消极因素为积极因素，团结一切可以团结的力量而尽心竭力。他说，如何促进和实现中华民族的大团结，人民政协积累了宝贵的经验。人民政协要通过卓有成效的工作，使全体社会主义劳动者、拥护社会主义的爱国者和拥护祖国统一的爱国者的最广泛的联盟不断巩固和发展。

会议选举李瑞环为政协第八届全国委员会主席；选举叶选平、吴学谦、杨汝岱、王兆国、阿沛·阿旺晋美、赛福鼎·艾则孜、洪学智、杨静仁、周培源、邓兆祥、赵朴初、巴金、刘靖基、钱学森、钱伟长、胡绳、钱正英、苏步青、侯镜如、丁光

---

① 《全国政协八届一次会议闭幕》，《人民日报》1993 年 3 月 28 日。

训、董寅初、孙孚凌、安子介、霍英东、马万祺25人为政协第八届全国委员会副主席，选举宋德敏为政协第八届全国委员会秘书长，选举丁石孙等288人为政协第八届全国委员会常务委员会委员。

全体政协委员不负全国各族人民的重托，认真履行参政议政的职责，群策群力，集思广益，通过了一系列重要的决议、决定，使会议开成了民主、团结、求实、奋进的大会，为加快改革开放和现代化建设作出了贡献。

2. 继续加强政治协商制度建设

1993年3月，八届全国人大一次会议通过宪法序言第十自然段增加："中国共产党领导的多党合作和政治协商制度将长期存在和发展。"这表明中国用国家根本大法——《宪法》为这一基本政治制度的巩固和发展提供依据和保障。这期间，全国政协坚持把推进履行职能的规范化制度化，作为加强自身建设的一个工作重点，进一步建立健全了各项规章制度。1994年修订了《中国人民政治协商会议章程》；1995年制定了《政协全国委员会关于政治协商、民主监督、参政议政的规定》，中共中央专门就此发出通知，要求中共各级党委结合实际认真贯彻执行这个《规定》。此外，还修订了《政协全国委员会常务委员会工作规则》《政协全国委员会提案工作条例》《政协全国委员会专门委员会通则》等规章制度。中国共产党和各民主党派之间的合作与协商不断加强。这些制度化规定的做法主要有：中共中央主要领导人邀请各民主党派领导人和无党派的代表人士举行民主协商会，就中共中央将要提出的大政方针问题进行协商；定期召开民主党派、无党派人士座谈会，通报或交流重要情况，传达重要文件，听取意见和建议；各民主党派和无党派人士依法当选人民代表及其常委会委员、专门委员会的组成人员，依法开展活动，行使职权；各民主党派和无党派人士在各级政府及司法机关里担任领导职务；积极履行参政党的职能，围绕国家工作的大局，深入调研，提出建议，参政议政，发挥作用。这标志着人民政协的各项制度的不断健全和完善。这期间，人民政协的各种会议制度，如全体委员会会议、常务委员会会议、主席会议、秘书长会议和各种专门委员会的会议已经走向制度化、经常化。

（四）坚持和完善民族区域自治制度

中国是统一的多民族国家。新中国成立以来，通过识别并由中央政府确认的民族有 56 个。中国各民族之间人口数量相差很大，其中汉族人口最多，其他 55 个民族人口相对较少，习惯上被称为"少数民族"。据 1990 年第四次全国人口普查，各少数民族人口为 91200314 人，占 8.04%。① 中国各族人民都为缔造统一的多民族国家，创造悠久灿烂的中华文明，推动中国历史的发展进步，作出了自己的重要贡献。民族区域自治制度是新中国的基本政治制度之一。全面贯彻国家的民族政策，坚持和完善民族区域自治制度，坚持平等、互助、团结、合作，以促进各民族的共同繁荣和各民族的大团结，是维护祖国统一、实现社会主义现代化和中华民族伟大复兴的重要保证。在改革开放和社会主义现代化建设的新阶段，中共中央和国务院继续坚持和完善民族区域自治这项基本政治制度，推进了少数民族地区经济社会事业的健康发展。

1. 进一步贯彻实施民族区域自治法

新中国全面推行民族区域自治制度。这种制度把国家的集中统一与少数民族聚居地区的区域自治有机结合起来，把政治因素与经济因素有机结合起来，是完全适合中国国情的解决民族问题

---

① 《关于 1990 年人口普查主要数据的公报》（第一号）（1990 年 10 月 30 日），《人民日报》1990 年 10 月 31 日。

的基本制度，是中国共产党和中国各族人民的一个伟大创举。

早在 1952 年，中国政府就发布《中华人民共和国民族区域自治实施纲要》，对民族自治地方的建立、自治机关的组成、自治机关的自治权利等重要问题作出明确规定。1984 年 5 月 31 日，在总结实施民族区域自治经验的基础上，第六届全国人民代表大会第二次会议通过了《中华人民共和国民族区域自治法》，并决定自同年 10 月 1 日起正式实施。这对于保障少数民族充分行使当家作主的权利，对于促进民族地区发展、边疆稳定和维护国家统一，发挥了重要作用。

1991 年 12 月 8 日，国务院发出《关于进一步贯彻实施〈中华人民共和国民族区域自治法〉若干问题的通知》。该《通知》指出："在我国，国家统一是实施民族区域自治的前提，民族区域自治是国家的一项重要政治制度。几十年来，党和国家根据民族地区的特殊情况，制定了一系列优惠政策，民族地区的经济文化迅速发展，民族团结进步事业取得了巨大的成就。在新的形势下，按照实现社会主义现代化建设的第二步战略目标的要求，民族地区要继续贯彻自力更生、艰苦奋斗、勤俭办一切事业的方针，发挥资源优势，增强自我发展能力。国家要大力支援、帮助民族地区加速发展经济文化事业，逐步改变其相对落后的状况，使之与全国的经济和社会发展相适应，促进各地区的协调发展和各民族的共同繁荣。"[①] 《通知》强调进一步从十一个方面实施《中华人民共和国民族区域自治法》：（1）国家要根据经济计划和资源开发的需要，适当增加对民族自治地方的投入，加快民族地区经济建设步伐，"八五"（1991—1995 年）计划期间全民所有制单位固定资产投资总额应高于"七五"（1986—1990 年）或

① 中共中央文献研究室编：《十三大以来重要文献选编》下，人民出版社 1993 年版，第 1786—1787 页。

"六五"（1981—1985 年）计划的实际水平。（2）国家对民族地区已实行的特殊措施和优惠政策，在"八五"计划期间均保持不变。（3）民族自治地方要根据法律规定的权限，制定优惠政策，吸引、支持发达地区到本地开发资源、兴办企业。（4）民族自治地方要坚持改革开放方针，积极发展对外贸易和经济技术合作。（5）国家各级各类银行确定对民族地区的固定资产和流动资金的信贷规模，要与民族自治地方的经济增长水平相适应，对民族自治地方固定资产投资项目贷款和符合国家产业政策的行业的流动资金贷款，可给予适当照顾；（6）尽快解决民族贫困地区群众温饱问题。争取"八五"计划期间基本解决，"九五"（1996—2000）计划期间根本解决民族贫困地区群众的温饱问题。（7）民族地区要注重科技进步，以科技振兴工业、农业、牧业和林业，推动社会经济发展，不断提高劳动生产率和经济效益。国家"科技三项经费"的安排，"丰收计划""星火计划""燎原计划"和"火炬计划"的实施，要继续对民族地区予以适当照顾。（8）各级地方人民政府和国家各有关部门，要加强对少数民族教育事业的领导和支持，要坚持社会主义的教育方向，加强民族团结和爱国主义的教育。要特别注意加强基础教育，大力发展职业技术教育和成人教育，着重培养初中级技术人才。（9）国家采取各项措施，支持民族地区发展文化、卫生、体育等事业。（10）民族自治地方在国家规定的编制内，根据精简、效能的原则设立工作机构，努力提高工作效率。（11）各级人民政府要经常、广泛地进行马克思主义民族观和爱国主义、社会主义教育。

1992 年以来，中国政府继续在少数民族聚居的地方依法全面推行民族区域自治。截至 2003 年底，中国共建立了 155 个民族自治地方，其中包括 5 个自治区、30 个自治州、120 个自治县（旗）。根据 2000 年第五次全国人口普查，在 55 个少数民族中，有 44 个建立了自治地方。① 鉴于中国的一些少数民族聚居地域较小、人口较少并且分散，不宜建立自治地方，《宪法》规定通过设立民族乡的办法，使这些少数民族也能行使当家作主、管理本民族内部事务的权利。1993 年，中国政府颁布《民族乡行政工作条例》，以保障民族乡制度的实施。截至 2003 年底，中国在相当于乡的少数民族聚居的地方共建立了 1173 个民族乡。11 个因人口较少且聚居区域较小而没有实行区域自治的少数民族中，有 9 个建有民族乡。② 2001 年，根据社会主义市场经济条件下进一步加快民族自治地方经济社会事业发展的需要，在充分尊重和体现民族自治地方各族人民意愿的基础上，全国人大常委会对《中华人民共和国民族区域自治法》进行了修改，使这一法律更加完善。

2. 巩固共同发展共同繁荣的民族关系

20 世纪 80 年代末 90 年代初，东欧剧变、苏联解体，两极格局终结。世界民族主义浪潮汹涌，国际敌对势力趁机对中国实施西化分化的图谋。国内改革开放和社会主义现代化建设全面展开，社会主义市场经济体制的探索和建立，给民族工作带来许多新的课题和挑战。如何从处于新的变化与挑战的实际出发，正确认识中国的民族问题，进一步做好民族工作，需要从理论和实践的结合上作出新的回答。

1992 年 1 月 14 日至 18 日，新中国成立以来第一次由中共中央、国务院共同主持的中央民族工作会议在北京召开。中共中央总书记江泽民在开幕式上作了题为《加强各民族大团结，为建设有中国特色的社会主义携手前进》的长篇重要讲话。江泽民指出："我们必须从振兴中华民族的高度，从巩固和发展我国社会

---

① 《中国的民族区域自治》，《人民日报》2005 年 3 月 1 日。
② 《中国的民族区域自治》，《人民日报》2005 年 3 月 1 日。

主义事业的高度，充分认识民族工作的长期性、复杂性、重要性。"他从理论上对民族问题进行了概括，指出："民族、阶级、国家都有自己产生、发展、消亡的客观规律。随着社会经济文化的发展，各民族互相学习、互相影响，共同因素会不断增多，但民族特点、民族差异将长久存在。只要有民族存在，就有民族问题存在。"他强调："民族问题既包括民族自身的发展，又包括民族之间，民族与阶级、国家之间等方面的关系。在社会历史发展的长河中，民族问题对过去、现在和未来社会，都具有重大影响。"他指出："社会主义时期是各民族发展繁荣的时期，社会主义条件下的民族关系基本上是劳动人民之间的关系，但民族问题依然复杂，民族工作的任务依然繁重。"①

江泽民代表中共中央在讲话中要求各级党委和政府必须密切联系少数民族和民族地区的实际，坚定不移地全面贯彻执行党的基本路线，巩固和发展社会主义的民族关系，坚持和完善民族区域自治制度，进一步加强各族人民的大团结，为实现现代化建设的第二步战略目标共同奋斗。江泽民在讲话中提出了20世纪90年代民族工作的主要任务。他说，"90年代是我国社会主义现代化建设的关键时期，这是促进各民族共同进步、共同繁荣的关键时期。应着重抓好五项工作：一、加快少数民族和民族地区经济发展，逐步与全国的发展相适应；二、大力发展少数民族和民族地区的社会事业，促进各民族的全面进步；三、坚持改革开放，不断增强少数民族和民族地区的自我发展活力；四、坚持与完善民族区域自治制度，全面贯彻落实《民族区域自治法》；五、进

---

① 《江泽民文选》第 1 卷，人民出版社 2006 年版，第 181 页。

一步加强各民族的大团结，坚决维护祖国的统一。"① 要求继续巩固和发展平等、团结、互助，共同发展、共同繁荣的社会主义民族关系，坚持和完善民族区域自治制度，加快少数民族和民族地区经济发展和社会进步。1996 年，中共中央和国务院决定实行沿海省市对口帮扶民族地区，取得了很好的成效。

3. 召开第三次西藏工作会议

1994 年 7 月 20 日至 23 日，中共中央、国务院在北京召开第三次西藏工作座谈会。这次会议确立了以经济建设为中心，紧紧抓住发展经济和稳定局势两件大事，确保西藏经济加快发展，确保社会全面进步和长治久安，确保人民生活水平不断提高的新时期西藏工作指导方针；作出了中央关心西藏、全国支援西藏的重大决策；制定了一系列加快西藏发展的特殊优惠政策和措施，形成了国家直接投资西藏建设项目、中央实行财政补贴、全国进行对口支援的全方位支援西藏现代化建设的格局。江泽民、李鹏、李瑞环在会上作重要讲话。江泽民在讲话中指出，加快西藏经济社会发展，关键是把中央的大政方针同西藏具体实际结合起来。无论经济社会发展，还是改革开放，都要从国家的大局和西藏的实际出发，实事求是。这是做好西藏工作的一条基本原则。他说："西藏的稳定，是保证西藏各项事业持续发展和人民生活水平逐步提高的前提。没有稳定，一切都谈不上。西藏的稳定，对于全国的改革、发展和稳定，也具有重大意义。""我们与达赖集团的分歧，不是信教与不信教，自治与不自治的问题，而是维护祖国统一和反对分裂的问题。对达赖喇嘛，我们的态度是，只要他放弃西藏独立的主张、停止分裂祖国的活动，随时欢迎他回

---

① 《江泽民在中央民族工作会议上发表重要讲话　进一步加强各族人民的大团结　携手建设中国特色的社会主义》，《人民日报》1992 年 1 月 15 日。

来。但搞独立不行，搞变相独立也不行。"① 李鹏在会上宣布，为了帮助西藏自治区解决改革和发展中遇到的困难和问题，国务院决定在财税、金融、投资、价格和外贸等方面，继续对西藏实行特殊政策和灵活措施。还要根据国家财力和西藏的实际情况，及时解决有关问题，帮助西藏发展。中央有关部门和各省、自治区、直辖市要长期支援西藏建设，这是加快西藏发展的大政策。"会议决定，全国对口帮助西藏建设六十二个项目，有力地促进了西藏经济社会发展。"② 1994 年以来，中央政府先后安排 60 个中央国家机关、全国 18 个省市和 17 户中央企业，从人力、财物、技术、管理等方面对口支援西藏，对口援藏范围覆盖到西藏所有地市和 73 个县（市、区）。特别是 1994 年确定的 62 项援藏工程全面完成，极大地改善了西藏的生产生活条件，为西藏经济社会发展注入了强劲的动力。在中央政府的大力扶持和全国各地支援下，西藏经济实现了历史性跨越。

中国共产党和中国政府坚决维护民族团结，坚决打击国内外敌对势力和分裂势力利用民族问题、宗教问题进行政治渗透和分裂中国的活动。中国政府对达赖集团分裂祖国的一系列活动进行了坚决斗争。1995 年围绕班禅转世灵童问题，同达赖集团进行了针锋相对的斗争。11 月 29 日，在西藏大昭寺释迦牟尼像前，按照藏传佛教仪轨举行十世班禅大师转世灵童的金瓶掣签仪式，圆满完成十世班禅转世灵童的寻访认定，批准认定坚赞诺布继任第十一世班禅额尔德尼。中国政府在藏传佛教寺庙开展爱国主义教育，加强对藏传佛教活佛转世的管理。

---

① 《中共中央国务院召开第三次西藏工作座谈会》，《人民日报》1994 年 7 月 27 日。

② 《江泽民文选》第 2 卷，人民出版社 2006 年版，第 539 页。

4. 民族工作取得的进展

在以江泽民同志为核心的中央领导集体和民族地区各级党政领导干部的带领下，在全国各少数民族的努力下，民族地区的经济社会发生了翻天覆地的变化，民族地区出现了社会政治稳定，社会主义民族关系不断地巩固和加强的局面。中共中央和国务院召开了西藏、新疆、内蒙古、云南、海南等少数民族地区的工作座谈会、中央民族工作会议、全国边防工作会议等一系列研究民族工作的重要会议；制定了民族工作的各项方针政策和措施；江泽民同志和其他中央领导同志多次到民族地区考察落实各项工作。各级党委和政府都把民族工作列入重要的议事日程，并建立了较为完善的工作机制。民族地区的经济保持了持续、快速、健康发展，少数民族群众的生活有了显著改善，文教、科技、卫生、体育等各项事业得到了较快的发展，与 1978 年相比，1997 年民族地区生产总值由 324 亿元增加到 7087 亿元，增长了 21 倍，年均递增 10.9%，比全国平均增长幅度高 1.1 个百分点；人均国内生产总值从 247 元增加到 4053 元，增长了 15 倍。1997 年民族地区农民人均纯收入由 1978 年 120 元提高到 1482 元，增长了 11 倍多；城镇居民可支配收入由 375 元提高到 4818 元，提高了近 12 倍。1978 年少数民族专任教师 43.3 万人，1997 年发展到 83.32 万人；各级各类学校少数民族在校学生由 1024.8 万人，增加到 1997 年 2900 多万人。55 个少数民族都有大学生，10 多个少数民族每万人有大学生数超过了全国平均水平，许多少数民族还有自己的硕士和博士。民族地区与全国一样，到处呈现出欣欣向荣的喜人景象。①

这期间国家在开展民族工作中积累了十分丰富的经验，基本

① 《十一届三中全会以来民族工作的成就和经验》，《人民日报》1998 年 12 月 30 日。

的有以下几条：第一，必须立足于社会主义初级阶段的基本国情，正确地观察和处理中国的民族问题。第二，必须坚持以经济建设为中心，加快少数民族和民族地区经济发展和社会进步。第三，必须坚持和完善民族区域自治制度，在国家的集中统一领导下，尊重和保障民族自治地方的自治权利。第四，必须高举各民族大团结的旗帜，维护民族团结和祖国统一，不断巩固和发展社会主义民族关系。第五，必须大力培养一支德才兼备的少数民族干部队伍，既要注意扩大数量，更要提高素质，改善结构。第六，必须加强党对民族工作的领导。①

5. 推进宗教工作的新举措

中共中央、国务院加强和改进宗教工作，妥善处理了在新的国际国内形势下出现的日益复杂的宗教问题，保持了宗教界的稳定。

第一，提出积极引导宗教与社会主义社会相适应。

1993 年，江泽民在全国统战工作会议上代表中共中央发表重要讲话，他指出："要全面、正确地贯彻执行党的宗教政策，依法加强对宗教事务的管理，积极引导宗教与社会主义社会相适应。"② 江泽民代表中共中央倡导的宗教应与社会主义社会相适应，包括两方面的含义：一是宗教界人士和信教群众要遵守国家的法律法规和方针政策；二是宗教活动要服从和服务于国家的最高利益和民族的整体利益，宗教界人士要努力挖掘和发扬宗教中的积极因素，为民族团结、社会发展和祖国统一多作贡献。他

---

① 《十一届三中全会以来民族工作的成就和经验》，《人民日报》1998 年 12 月 30 日。

② 《江泽民与全国统战工作会议代表座谈时强调　努力使统战工作形成新气势开创新局面　促进集中各方面力量把经济建设搞上去》，《人民日报》1993 年 11 月 8 日。

说："尊重和保护宗教信仰自由，是我们党和国家的一项基本政策。它包括保护人们信仰宗教的自由和不信仰宗教的自由两个方面。信教与不信教都是公民的权利，要坚决反对和纠正任何歧视信教群众和歧视不信教群众的行为。我们不能用行政力量去消灭宗教，也不能用行政力量去发展宗教。我们实行宗教信仰自由政策，就是要把信教和不信教的人，信这种教或那种教的人都团结起来，大家和睦相处，彼此尊重，把意志和力量集中到建设有中国特色的社会主义事业上来。决不允许在信教和不信教、信这种教和信那种教、信这一教派和信那一教派的人民之间制造纠纷。如果发现这样的事情，要进行教育、批评，坚决加以制止。宗教信仰自由政策不适用于共产党员，党员信仰宗教是党的纪律所不允许的。共产党员应该牢固树立马克思主义宗教观，不但自己不信教，还有义务宣传无神论，帮助群众提高觉悟。"① 江泽民要求："各级党的领导干部要树立马克思主义宗教观，充分认识做好宗教工作的重要性，学会在处理复杂的宗教事务中增长才干。对宗教界爱国人士，我们提出了政治上团结合作、信仰上互相尊重的原则，巩固和发展了与宗教界的爱国统一战线。"②

1993 年以来，中国的宗教界在宗教与社会主义社会相适应方面进行了积极的探索，做了不少有益的工作。藏传佛教界进行寺庙爱国主义教育，基督教界开展神学思想建设，天主教界坚持民主办教，等等。中国政府积极支持宗教界坚持独立自主自办教会的方针，坚决抵制境外利用宗教进行政治和思想渗透，坚决打击宗教极端势力；坚持政教分离的原则，坚决纠正宗教干涉行政、

---

① 《江泽民与全国统战工作会议代表座谈时强调努力使统战工作形成新气势开创新局面促进集中各方面力量把经济建设搞上去》，《人民日报》1993 年 11 月 8 日。

② 《江泽民文选》第 2 卷，人民出版社 2006 年版，第 539 页。

司法、教育的现象，防止宗教封建特权死灰复燃；支持爱国宗教团体加强自身建设，努力培养新一代爱国宗教人士，将宗教领导权真正掌握在爱国爱教人士手中；坚持中国共产党同宗教界人士政治上团结合作、信仰上互相尊重，努力把宗教界的力量凝聚到建设有中国特色社会主义事业上来。

第二，维护稳定反对宗教极端势力。

宗教问题具有长期性、复杂性、群众性、民族性、国际性等特点。2000 年 12 月，江泽民同志在中央军委扩大会议上指出："随着持续半个世纪的两极格局的瓦解，一些国家和地区的民族分裂势力和宗教极端势力获得了前所未有的活动空间，他们打着民族和宗教"复兴"的旗号走上政治舞台。南北贫富差距日益扩大，部分发展中国家的经济发展停滞、贫困化现象加剧，也给民族分裂势力和宗教极端势力滋长、膨胀提供了条件。一些西方国家，把民族问题、宗教问题作为推行霸权主义和强权政治、干涉他国内政的借口，不断插手和利用民族纠纷、宗教纠纷，纵容和支持民族分裂势力和宗教极端势力，更加剧了民族问题、宗教问题的复杂性。民族分裂势力和宗教极端势力的活动，已危及一些国家的政局稳定甚至主权和领土完整，严重妨碍这些国家的经济发展，并往往引起所在地区的动荡，对国际形势的缓和与稳定构成了威胁。"[1] 做好宗教工作，是维护改革发展稳定大局的需要。

为打击极端宗教势力，维护社会稳定，1996 年，中央政治局常委会专门研究了维护新疆稳定的问题，明确指出影响新疆稳定的主要危险是民族分裂主义势力和利用宗教进行的非法活动。中国共产党和中国政府在进一步巩固和发展同宗教界的爱国统一战线，全面贯彻执行党和国家的宗教政策，保障公民宗教信仰自由，依法管理宗教事务。

---

[1] 《江泽民文选》第 3 卷，人民出版社 2006 年版，第 161 页。

中国政府积极同中亚国家政府领导人进行沟通，与他们达成了共同反对宗教极端势力的共识，为维护中国民族地区稳定提供了有利条件。中国政府保持高度警觉，加强防范，及时打击暴力恐怖势力、民族分裂势力、宗教极端势力和邪教组织的分裂、破坏活动，特别是防范和打击"东突"恐怖主义势力。防止别有用心的人煽动闹事，切实维护社会稳定。

中国政府坚持正确处理宗教方面两类不同性质的矛盾，切实维护法律尊严和人民利益，团结爱国爱教的信教群众，孤立打击极少数利用宗教名义进行违法犯罪的分子，妥善处理了1992年5月至1993年8月，在宁夏回族自治区西吉县伊斯兰教哲合忍耶教派内部两方因宗教纠纷而发生的械斗事件，以及若干因出版物伤害信教群众感情等问题引发的突发事件。中国政府正确处理与梵蒂冈的关系，要求做好新形势下的天主教工作，坚持独立自主自办教会的原则。

（五）国家行政区划的调整与重庆直辖

这一时期中华人民共和国的行政区划基本稳定，只是进行了微调。一个是设立了若干个副省级城市，还有一个比较大的改变是四川省辖的重庆市改为中央直辖市。

1. 设立副省级城市

副省级市（副省级城市），其前身为国家的计划单列市，受省级行政区管辖。副省级市的市长与副省长行政级别相同。根据1994年2月25日中央机构编制委员会文件（中编〔1994〕号），经中央机构编制委员会第6次会议通过，并经中共中央、国务院领导人同意，原14个计划单列市：哈尔滨市、长春市、沈阳市、大连市、青岛市、南京市、宁波市、厦门市、武汉市、广州市、深圳市、成都市、重庆市、西安市和杭州、济南2市共十六个市被正式确定为副省级市，同时取消部分城市的计划单列体制。这标志着副省级市的形成。1995 年 2 月 19 日，中编委发出《关于副省级市若干问题的意见》。该《意见》说，关于副省级市的若干问题已经中央机构编制委员会办公室会商有关部门，并报党中央、国务院领导同意，将重庆、广州、武汉、哈尔滨、沈阳、成都、南京、西安、长春、济南、杭州、大连、青岛、深圳、厦门、宁波共 16 市行政级别定为副省级。这个《意见》说：中编〔1994〕号文件下发后，各地普遍认为，将这些城市定为副省级市，不仅有利于加快这些城市的经济与社会发展，而且有利于更好的发挥这些中心城市的辐射作用。16 市定为副省级后，仍为省辖市，由所在省的省委、省政府领导。这些市的机构改革方案仍由所在省审批，同时抄报中编委备案。16 市的经济管理权限按有关规定执行。市直工作部门为副厅级，内设机构为处级。市辖区及其工作部门的级别，可比照市直机关相对应的关系确定；市辖县和代管的县级市的级别仍为处级，其工作部门仍为科级。关于干部管理问题，按中央组织部《关于广州等 16 城市干部管理范围问题的通知》执行：（1）市委书记、市人大常委会主任、市长、市政协主席职务列入《中共中央管理的干部职务名称表》，其职务任免由省委报中共中央审批。（2）市委副书记、市委常委、市纪委书记、市人大常委会副主任、副市长、市政协副主席、市中级人民法院院长、市人民检察院检察长的职务任免报中央组织部备案。市委组织部部长的职务任免，须事先征得中央组织部同意。其他干部管理范围的确定，由省委根据本省实际情况研究决定。关于副省级市行政级别的施行日期，按照国务院有关规定，从中编〔1994〕1 号文件的签发日期 1994 年 2 月 25 日起施行。1997 年 6 月，重庆直辖市政府机构正式挂牌升格为中央直辖市，其副省级市地位自动取消。重庆副省级城市级别取消后，全国共有副省级城市 15 个。

将原来的计划单列市确定为副省级市，减少了省与计划单列市之间因权限划分不清引起的矛盾，加强了省级机构统筹规划和协调的地位和作用。

2. 设立重庆直辖市

重庆市是中国特大城市之一，具有 3000 多年的悠久历史，是西南地区和长江上游最大的经济中心城市和重要的交通枢纽。近代以来，重庆 1891 年辟为通商口岸，1929 年正式设市。新中国成立初期，曾是中共中央西南局和西南军政委员会所在地，为中央直辖市，1954 年改为省辖市。为更好地发挥重庆这一中心城市在改革开放和经济建设中的重要作用，1983 年 2 月，中共中央、国务院批准重庆作为全国第一批经济体制综合改革试点城市。并从 1984 年开始，对重庆实行第三次计划单列①，赋予重庆省级经济管理的权限并辟重庆为外贸口岸。由于新中国成立以来，四川省一直是中国的人口大省。到 1990 年第四次全国人口普查时，四川省的人口已经达到107218173 人，自然增长率超过10‰。② 中国改革开放和现代化建设的总设计师邓小平同志多次指出，要研究四川太大、人口太多、不便发展、不便管理的问题。1985 年 1 月，邓小平说："可以把四川分为两个省，一个以重庆为中心，一个以成都为中心。"③

20 世纪 90 年代中期，中共中央和国务院逐步把设立重庆直辖市的问题提上议事日程。从国家的区域发展战略着眼，1997 年

① 作者注：重庆改为四川省辖市后，1954—1958 年第一次计划单列；1964—1967 年第二次计划单列。1984 年重庆直辖前第三次计划单列，1994 年为副省级城市。

② 《关于 1990 年人口普查主要数据的公报》（第二号）（1990 年 11 月 6 日），《人民日报》1990 年 11 月 7 日。

③ 中共中央文献研究室编：《邓小平年谱（1975—1997）》（下），中央文献出版社 2004 年版，第 1026—1027 页。

初，国务院认为设立重庆直辖市的条件已经具备。国务院总理李鹏代表国务院向 2 月 19 日召开的八届全国人大常委会第二十四次会议提交议案，提请审议设立重庆直辖市。建议全国人民代表大会常务委员会审议并决定提请第八届全国人民代表大会第五次会议审议批准。针对提请设立重庆直辖市的议案，常委会组成人员认为，重庆是中国西南地区和长江上游流域最大的经济中心城市，设立重庆直辖市，有利于三峡工程的建设和库区移民的统一规划、安排、管理，充分发挥重庆市作为特大经济中心的作用，进一步推动川东地区以至西南地区和长江上游地区经济、社会的发展，也有利于解决四川省人口过多和所辖行政区域过大、不便管理的问题。

1997 年 3 月 6 日，国务院向八届全国人大五次会议提交议案，提请审议设立重庆直辖市。受国务院委托，国务委员李贵鲜就这一议案向大会作了说明。"设立重庆直辖市是国家为加快中西部地区经济和社会发展所采取的一项重要举措。这样做的考虑是：第一，有利于充分发挥重庆市作为特大经济中心城市的作用，带动川东地区以至西南地区和长江上游地区的经济、社会发展；第二，有利于加快四川省经济和社会发展的步伐；第三，有利于三峡工程的建设和库区移民的统一规划。""设立重庆直辖市的条件已经具备：第一，重庆市作为长江上游最大的经济中心城市和与海外经济往来的重要内河口岸，经济基础比较好。第二，重庆市是西南地区重要的水陆交通枢纽和科技、文化、教育事业的中心。第三，重庆市是计划单列市，各项经济、财务指标容易与四川省划开，不存在难以解决的矛盾。"[①] 根据国务院的议案，四川省的万县市、涪陵市、黔江地区所辖行政区划入重庆市，重庆直辖市总面积 8.2 万平方公里，总人口 3002 万人。

---

① 《八届人大五次会议举行全会》，《人民日报》1997 年 3 月 7 日。

1997 年 3 月 14 日，八届全国人大五次会议审议通过了关于设立重庆直辖市的议案，作出了《关于批准设立重庆直辖市的决定》。这标志着重庆正式成为中国的中央直辖市。重庆直辖是中西部发展战略、长江经济带开发开放战略和三峡库区百万移民三大历史机遇交织相撞的结果，对于强市富民是个千载难逢的机遇。这一决策有利于充分发挥重庆的区位优势和经济中心城市的作用，促进西南地区和长江上游地区的发展。有利于组织实施三峡库区开发性移民，保证三峡工程顺利进行，加快库区经济发展。有利于振兴重庆老工业基地，增强城市综合经济实力，探索大城市带动广大农村发展的路子。有利于加强重庆市的生态建设和环境保护。

1997 年 6 月 18 日，重庆直辖市领导机构挂牌。重庆人民大礼堂灯火辉煌，装饰一新。新建的 2 万多平方米的人民广场上，数万群众冒雨聚集在一起，一睹重庆直辖市领导机构挂牌揭幕的历史性画面。上午 10 时，重庆市市长蒲海清宣布大会正式开始，宽广的大礼堂内响起雄壮的国歌。在雷鸣般的掌声中，重庆市委书记张德邻、市人大常委会主任王云龙、市长蒲海清、市政协主席张文彬、市纪委书记赵海渔分别为市五大机构挂牌揭幕。正在重庆视察工作的中共中央政治局常委、国务院总理李鹏及国务院有关部委领导出席了仪式。李鹏总理发表即席讲话，他高兴地代表中共中央、国务院，代表江泽民总书记向重庆 3000 万各族人民表示热烈的祝贺。中国人民解放军第 13 集团军军长桂全智代表驻渝部队和武警官兵，市人大常委会副主任、民盟重庆市委主委冯克熙代表各民主党派、工商联，黔江地区行署专员叶欣代表重庆少数民族群众，团市委书记洪天云代表各界群众先后发言，表示要担当起历史赋予的重任，抓住机遇，同心同德，负重自强，为发展新重庆谱写崭新、壮丽的篇章。

从 1997 年到 2001 年，重庆直辖 5 年来的改革和发展取得了显著成绩，经济社会发生了深刻变化，国民经济整体迈上新台阶。"生产总值从 1996 年的 1179 亿元增加到 2001 年的 1750 亿元。城乡面貌发生很大改善，以交通工程为重点的基础设施建设取得重大突破。实施了以三峡库区为重点的'青山绿水工程'和以主城区为重点的'山水园林城市工程'，生态环境逐步得到改善。建立了较为规范的直辖市管理体制，干部群众思想观念也发生了深刻变化。中央交办的三峡移民、国有企业改革、生态环境建设、农村经济发展等 4 件大事取得阶段性成果。"[①] 重庆市成为中央直辖市的发展实践证明，中共中央和国务院决定设立直辖市的决策是正确的，确实加快了重庆市改革开放和经济社会发展的进程。

三、社会事业发展与民生的显著变化

改革开放和社会主义现代化建设的推进，同样从多方面改变和改善着人民的生活及其生活方式。1992—1997 年中国农村有 3000 多万人告别贫困，人民的衣食住行都在迅速地发生着变化，以粮票为代表的各种票证正式退出城镇人民的日常生活，这标志着中国人民告别了食品短缺的时代。

（一）国家人口和计划生育工作取得成效

中国是世界上人口最多的发展中国家。人口多，耕地少，底子薄，人均资源相对不足，是中国的基本国情。中国政府 20 世纪 70 年代以来开始实行控制人口增长、提高人口质量的人口政策。从 80 年代开始，全面推行计划生育基本国策。国家鼓励晚

---

① 《重庆直辖五年改革发展成果斐然》，《人民日报》2002 年 3 月 15 日。

婚晚育，提倡一对夫妻生育一个孩子，并依照法律法规合理安排生育第二个子女。对少数民族，国家也实行计划生育，各省、自治区、直辖市结合当地实际制定了具体政策规定。中国政府高度重视人口与发展问题，将人口与发展问题作为国民经济和社会发展总体规划的重要组成部分列入议事日程，始终强调人口增长要与经济社会发展相适应，与资源利用和环境保护相协调。

进入20世纪90年代以来，中国政府每年在全国人大和全国政协会议举行期间，都要召开一次关于人口与发展问题的座谈会，研究分析重大问题，制定重大决策和措施。国家组织、协调有关部门和群众团体共同实施人口与计划生育方案，将计划生育与发展经济、消除贫困、保护生态环境、合理利用资源、普及文化教育、发展卫生事业、完善社会保障、提高妇女地位等紧密结合起来，努力从根本上解决中国的人口与发展问题。

根据国务院的决定，中国大陆于1990年7月进行了第四次全国人口普查的登记工作。在各级政府的统一领导和全国各族人民的积极支持配合下，广泛动员社会力量，经过近700万普查工作人员艰苦努力和认真细致的调查工作，胜利地完成了新中国成立以来的第四次人口普查工作。国家统计局10月及随后公布的普查结果是：

总人口。全国人口为1160017381人。大陆30个省、自治区、直辖市（不包括福建省的金门、马祖等岛屿，下同）和现役军人的人口共1133682501人。这个数据是以1990年7月1日零时（北京时间）为标准时间，对具有中华人民共和国国籍并在中华人民共和国境内大陆上常住的人，采用直接调查登记方法取得的。大陆30个省、自治区、直辖市和现役军人的人口，同第三次全国人口普查的1982年7月1日零时1008175288人相比，八年间共增加了125507213人，增长12.45%，平均每年增加15688402人，年平均增长率为1.48%。

家庭户人口。大陆 30 个省、自治区、直辖市共有家庭户 276947962 户，人口为 1097781588 人，占总人口（不含现役军人）的 97.1%，平均每个家庭户的人口为 3.96 人。

性别构成。大陆 30 个省、自治区、直辖市和现役军人的人口中，男性为 584949922 人，占 51.6%；女性为 548732579 人，占 48.4%。性别比（以女性为 100，男性对女性的比例）为 106.6。民族构成。大陆 30 个省、自治区、直辖市和现役军人的人口中，汉族人口为 1042482187 人，占 91.96%；各少数民族人口为 91200314 人，占 8.04%。同 1982 年人口普查数据相比，八年间汉族人口增加了 101602066 人，增长 10.80%；各少数民族人口增加了 23905147 人，增长 35.52%。

各种文化程度人口。大陆 30 个省、自治区、直辖市和现役军人的人口中，具有大学（指大专以上）文化程度的 16124676 人，具有高中（含中专）文化程度的 91131539 人，具有初中文化程度的 264648676 人，具有小学文化程度的 420106604 人（以上各种文化程度的人分别包括各类学校的毕业生、肄业生和在校生）。与 1982 年人口普查数据相比，每 10 万人中拥有各种文化程度的人数有如下变化：具有大学文化程度的由 615 人上升为 1422 人，具有高中文化程度的由 6779 人上升为 8039 人，具有初中文化程度的由 17892 人上升为 23344 人，具有小学文化程度的由 35237 人上升为 37057 人。大陆 30 个省、自治区、直辖市和现役军人的人口中，文盲、半文盲人口（15 岁及 15 岁以上不识字或识字很少的人）为 180030060 人。同 1982 年人口普查数据比较，文盲、半文盲人口占总人口的比例由 22.81% 下降为 15.88%。

人口出生率和死亡率。大陆 30 个省、自治区、直辖市 1989 年 7 月 1 日至 1990 年 6 月 30 日，出生人口为 23543188 人，死亡人口为 7045470 人。出生率为 20.98‰，死亡率为 6.28‰，自然增长率为 14. 70‰。

市镇总人口。大陆 30 个省、自治区、直辖市中，居住在市、镇的总人口为 296512111 人，占全国总人口的 26. 23%。其中市的总人口为 211230050 人，占全国总人口的 18. 69%；镇的总人口为 85282061 人，占全国总人口的 7. 54%。[①] 这些数据表明，中国城镇人口呈比较快的上升势头，中国人的教育程度也快速提高。

特别是经过艰难的工作，中国的人口自然增长率显著下降。1982 年中国第三次全国人口普查时，1981 年人口出生率为 20. 91‰，死亡率为 6. 36‰。[②] 1990 年第四次全国人口普查时 1989 年 7 月 1 日至 1990 年 6 月 30 日，人口出生率为 20. 98‰，死亡率为 6. 28‰。[③] 中国人口和计划生育工作的显著成效，是中共中央和国务院坚强领导和广大人口和计划生育工作人员长期辛勤工作的结果。人类发展进入世纪之交，科学技术突飞猛进，世界经济发展发生急剧变化，人口与发展进一步成为国际社会广泛关注的重大问题。1994 年中国政府确定走人口与经济、社会、资源、环境互相协调的可持续发展道路，按照国家现代化建设战略目标的要求，从中国的实际出发，制定并实施了符合国情的人口政策，为稳定中国和世界人口，促进人类发展的进步，作出了巨大贡献。中国人口和计划生育工作的显著成效，为中国经济社会的可持续发展创造了条件。

---

① 《关于 1990 年人口普查主要数据的公报》（第一号）（一九九〇年十月三十日），《人民日报》1990 年 10 月 31 日。

② 《国家统计局公布今年全国人口普查主要数字》，《人民日报》1982 年 10 月 28 日。

③ 《中华人民共和国国家统计局　关于 1990 年人口普查主要数据的公报》（第一号）（1990 年 10 月 30 日），《人民日报》1990 年 10 月 31 日。

（二）人民生活水平和质量继续改善

1992 年至 1997 年，人民的生活发生着变化。城乡居民收入显著增加，生活水平进一步提高。1997 年，城镇居民人均可支配收入达到 5160 元，五年来年均实际增长 6%；农村居民人均纯收入达到 2090 元，年均实际增长 5.4%。市场商品丰富多彩，居民的衣、食、住、用、行条件明显改善。社会消费品零售总额年均实际增长 10.3%，城乡居民人均粮食、肉类、蛋类等消费量已达到世界平均水平。城乡居民拥有的家用电器有较大幅度的增加，家庭电视机普及率达到 85% 以上。城镇人均居住面积增加到 8.7 平方米，农村增加到 22 平方米。城乡居民储蓄大幅度增加，存款余额达到 46280 亿元。

五年来城镇新增就业 3555 万人。计划生育工作成绩显著，人口自然增长率下降到 10.06‰。妇女儿童工作进一步受到重视。城乡医疗卫生条件进一步改善，消灭了脊髓灰质炎，一些严重危害人民健康的疾病得到控制，人民群众的健康水平普遍提高，平均期望寿命达到 70.8 岁。加强了城市和重点区域环境污染的治理，淮河流域污染防治取得阶段性成果，部分地区环境质量有所改善。全国初步建立起统一的企业职工基本养老保险制度，失业保险逐步扩大，300 多个城市建立了居民最低生活保障制度。防灾、减灾、救灾工作对保障人民生命财产安全发挥了积极作用。[①]

城乡居民收入稳定增长，生活水平继续提高。1997 年全国城镇居民人均可支配收入 5160 元，扣除物价因素，比上年实际增长 3.4%；农村居民人均纯收入 2090 元，比上年实际增长 4.6%。城乡竣工住宅面积有所增加。1997 年，城镇竣工住宅面积 3.8 亿

---

① 李鹏：《政府工作报告——1998 年 3 月 5 日在第九届全国人民代表大会第一次会议上》，《人民日报》1998 年 3 月 21 日。

平方米，农村竣工住宅面积 7.6 亿平方米。社会保险事业发展迅速。1997 年末全国有 8770 万职工参加了基本养老保险，2450 多万离退休人员参加了离退休费社会统筹，1300 万职工参加了大病医疗费用社会统筹，103 万离退休人员参加了医疗费用统筹。在 1997 年中，各级劳动保险机构为 380 多万人提供了失业救济。全国已有 41.5% 的乡镇建立了农村社会保障网络，参加农村社会养老保险的达 7035 万人。社会福利事业继续发展。1997 年全国各类社会福利院床位达 103 万张，收养 79 万人。城镇社区服务网络持续快速发展，已建立起各种社区服务设施 15 万个，其中社区服务中心 5663 个。社会救济工作进一步加强，全国 330 多个城市已建立居民最低生活保障制度，共有 192 万人得到最低生活保障救济。城乡各种社会救济对象得到国家救济的已达 5532 万人次。优抚安置工作有所加强，国家抚恤、补助各类优抚对象 450 万人，妥善安置了退伍军人的生活和就业。①

（三）实施《国家八七扶贫攻坚计划》

贫困是旧中国带来的问题，新中国成立以来，特别是中国实行改革开放以来，中国加快了扶贫的进度，取得了举世瞩目的成就。1986 年，中国已在全国范围内开展了有计划、有组织、大规模的扶贫开发。到 1992 年底，全国农村没有解决温饱的贫困人口，由 1978 年的 2.5 亿人减少到 8000 万人。在这个基础上中国政府进一步推进扶贫工作，1994 年 2 月 28 日至 3 月 3 日，全国扶贫开发工作会议在北京召开。国务委员兼国务院扶贫开发工作领导小组组长陈俊生在会上宣布：国务院决定从 1994 年起实施《国家八七扶贫攻坚计划》，力争在 20 世纪最后的 7 年内，基本

①　中华人民共和国国家统计局：《关于 1997 年国民经济和社会发展的统计公报》（1998 年 3 月 4 日）

解决当时全国 8000 万贫困人口的温饱问题。《国家八七扶贫攻坚计划》是党中央、国务院在中国扶贫开发工作取得巨大成就的基础上作出的重大决策。"这一计划的实施，意味着我国以解决温饱为目标的扶贫开发工作已经进入了最后攻坚阶段，计划的如期实现，将标志着我国消灭绝对贫困历史任务的终结和从下世纪初进入解决相对贫困新阶段的开始。他说，这是我们中华民族历史上的一件大事，具有十分重大的政治、经济和社会意义。"① 这个计划是 20 世纪后 7 年全国扶贫开发工作的纲领，是国民经济和社会发展计划的重要组成部分，因为 8000 万人口的贫困难题用七年时间进行攻坚，所以简称为"八七扶贫攻坚计划"。当时确定的标准是："到本世纪（20 世纪）末，使绝大多数贫困户年人均纯收入按 1990 年不变价格计算达到 500 元以上，并形成稳定解决温饱、减少返贫的基础条件。"② 这个计划的实施，标志着中国政府带领人民打响了国家扶贫的攻坚战。

为了进一步解决农村贫困问题，缩小地区差距，《国家八七扶贫攻坚计划》规定，扶贫攻坚的奋斗目标：一是到 20 世纪末，绝大多数贫困户年人均纯收入有较大增长。二是扶持贫困户创造稳定解决温饱的基础条件：有条件的地方，人均建成半亩到一亩稳产高产的基本农田；户均一亩林果园，或一亩经济作物；户均向乡镇企业或发达地区转移一个劳动力；户均一项养殖业，或其他家庭副业。牧区户均一个围栏草场，或一个"草库仑"。与此同时，巩固和发展现有扶贫成果，减少返贫人口。三是基本解决人畜饮水困难。绝大多数贫困乡镇和有集贸市场、商品产地的地

---

① 《国务院召开全国扶贫开发工作会议》，《人民日报》1994 年 3 月 1 日。

② 《国务院召开全国扶贫开发工作会议》，《人民日报》1994 年 3 月 1 日。

方通公路。消灭无电县，绝大多数贫困乡用上电。四是改变教育文化卫生的落后状况。基本普及初等教育，积极扫除青壮年文盲。开展成人职业技术教育和技术培训，使大多数青壮年劳力掌握一到两门实用技术。改善医疗卫生条件，防治和减少地方病，预防残疾。严格实行计划生育，将人口自然增长率控制在国家规定的范围内。① 该计划提出了继续坚持开发式扶贫方针，并明确扶贫开发的基本途径和主要形式以及信贷、财税、经济开发方面的优惠政策，并对资金的管理使用、各部门的任务、社会动员、国际合作、组织与领导作出规定。计划还提出，20 世纪后 7 年里每年再增加 10 亿元以工代服资金、10 亿元扶贫专项贴息贷款等。农村扶贫开发工作取得很大成绩，从 1992 年到 1997 年，"五年中有 3000 万贫困人口解决了温饱问题"。②

1994 年 3 月中国政府公布的《国家八七扶贫攻坚计划》，是新中国历史上第一个有明确目标、明确对象、明确措施和明确期限的扶贫开发行动纲领。以这个计划的公布实施为标志，中国的扶贫开发进入了攻坚阶段。随着农村改革的深入发展和国家扶贫开发力度的不断加大，中国贫困人口逐年减少，贫困特征也随之发生较大变化，贫困人口分布呈现明显的地缘性特征。中国政府贫困发生率向中西部倾斜，贫困人口集中分布在西南大石山区（缺土）、西北黄土高原区（严重缺水）、秦巴贫困山区（土地落差大、耕地少、交通状况恶劣、水土流失严重）以及青藏高寒区（积温严重不足）等几类地区。

针对导致贫困的主要是自然条件恶劣、基础设施薄弱和社会发育落后等实际情况，中国政府依据《国家八七扶贫攻坚计划》，

① 《国家八七扶贫攻坚计划》（摘要），《人民日报》1994 年 5 月 19 日。

② 李鹏：《政府工作报告——1998 年 3 月 5 日在第九届全国人民代表大会第一次会议上》，《人民日报》1998 年 3 月 21 日。

集中人力、物力、财力，动员社会各界力量，在 1997 年至 1999 年这三年中，中国每年有 800 万贫困人口解决了温饱问题，是进入 20 世纪 90 年代以来中国解决农村贫困人口年度数量最高水平。到 2000 年底，国家"八七"扶贫攻坚目标基本实现。

国家重点扶持贫困县的贫困人口从 1994 年的 5858 万人减少到 2000 年的 1710 万人。这些人主要是生活在自然条件恶劣地区的特困人口、少数社会保障对象以及部分残疾人。到 2000 年底，贫困地区通电、通路、通邮、通电话的行政村分别达到 95.5%、89%、69% 和 67.7%。经济发展速度明显加快。"八七"扶贫攻坚计划执行期间，国家重点扶持贫困县农业增加值增长 54%，年均增长 7.5%；工业增加值增长 99.3%，年均增长 12.2%；地方财政收入增加近 1 倍，年均增长 12.9%；粮食产量增长 12.3%，年均增长 1.9%；农民人均纯收入从 648 元增加到 1337 元，年均增长 12.8%。① 各项社会事业发展较快。贫困地区人口过快增长的势头得到初步控制，人口自然增长率有所下降。办学条件得到改善，"两基"工作（即基本普及九年义务教育和基本扫除青壮年文盲）成绩显著，592 个国家重点扶持贫困县中有 318 个实现了"两基"目标。职业教育和成人教育发展迅速，有效地提高了劳动者素质。大多数贫困地区乡镇卫生院得到改造或重新建设，缺医少药的状况得到缓解。推广了一大批农业实用技术，农民科学种田的水平明显提高。贫困地区 95% 的行政村能够收听收看到广播电视节目，群众的文化生活得到改善，精神面貌发生了很大变化。解决了一些集中连片贫困地区的温饱问题。沂蒙山区、井冈山区、大别山区、闽西南地区等革命老区群众的温饱问题已经基本解决。一些偏远山区和少数民族地区，面貌也有了很大的改变。历史上"苦瘠甲天下"的甘肃定西地区和宁夏的西海固地

---

① 《中国的农村扶贫开发》，《人民日报》2001 年 10 月 16 日。

区，经过多年开发建设，基础设施和基本生产条件明显改善，贫困状况大为缓解。①

（四）实行周五工作制、停用票证与高校收费

从 20 世纪 70 年代开始，一些发达国家已逐步实行一周五天工作制。随着改革开放和社会主义现代化建设取得成效，中国也开始考虑在提高人民群众生活水平的基础上，进一步提高生活质量。实行缩短工作时间，城镇劳动者每周五天工作制。这有利于党政机关、企事业单位职工和其他城乡劳动者更好地安排工作和休息时间，调动他们的积极性。

1. 实行周五工作制

随着中国改革开放和社会主义现代化建设的推进，国家劳动、人事部门对劳动时间逐渐形成新的认识。周五工作制的实行是分两步实行的。

劳动部、人事部 1994 年 2 月 2 日发布了《国务院关于职工工作时间的规定》的实施办法。该决定从 1994 年 3 月 1 日起，在全国统一实行第一周的星期六和星期日为休息日，第二周的星期日为休息日，按此循环，不受月份、年份限制。

时隔一年，人们的认识和要求又有变化。人们认为："实行五天工作制，有利于提高职工的生活质量和工作效率。延长闲暇时间，使职工在做家务之外，有更多的时间学习，提高专业技能。实行五天工作制，要求用五天的时间完成六天的工作量，这将促进企业提高工时利用率，改变人浮于事的局面。实行五天工作制使职工有更多的时间进行文化、社会活动，对服务业、旅游业提出了新的需求，必将推动第三产业的发展。此外，实行五天工作制还可以增加工作岗位，吸收富余人员，缓解企业能源不足

---

① 《中国的农村扶贫开发》，《人民日报》2001 年 10 月 16 日。

及城市交通紧张状况。"①

1995 年 2 月，国务院第八次全体会议讨论并通过了关于工作制改革的问题，决定在全国实行每周五天 40 个小时的工作制。在 1995 年举行的八届全国人大三次会议上，一些人大代表又提出了关于实行五天工作制的建议。中共中央和国务院十分重视代表们的建议。李鹏总理表示要尽快落实这一建议。1995 年 3 月 25日，李鹏签署国务院第 174 号令。这个命令宣布："《国务院关于修改〈国务院关于职工工作时间的规定〉的决定》已经 1995 年2 月 17 日国务院第 8 次全体会议通过，现予发布，自 1995 年 5月 1 日起施行。"②

在全国实行每周五天 40 个小时的工作制，给人们工作和生活带来了重大变化。1995 年 5 月 1 日，成为中国城镇劳动者记住的日子。

2. 停用粮票等票证

20 世纪 90 年代初，中国改革开放和社会主义现代化建设给人民生活带来的重大变化还体现在中国城镇取消了票证，特别是开始停用已经使用了 30 多年的粮票。

在中国城镇，使用粮票是从 20 世纪 50 年代开始的。1953 年开始了大规模的经济建设后，中国城镇和工矿区从事各项产业的非农业人口不断增多，粮食供求不平衡的矛盾日益严峻。1953 年10 月，中央在北京召开全国粮食紧急会议，通过了《关于实行粮食计划收购与计划供应的决议》（即统购统销的决议），并在全国实施。1955 年 8 月 5 日，国务院又通过了关于《市镇粮食定量供应暂行办法》，并于 8 月 25 日由国务院公布实施。这个办法

---

① 《实行五天工作制的由来》，《人民日报》1995 年 3 月 25 日。

② 《李鹏签署国务院令　5 月起职工实行每周五天工作制》，《人民日报》1995 年 3 月 25 日。

内容主要是实行"四证三票"制度。"四证"即实行市镇居民粮食供应证、工商行业用粮供应证、市镇饲料供应证、市镇居民粮食供应转移证。"三票"即全国通用粮票、地方粮票、地方料票。①《暂行办法》还规定：全国通用粮票、地方粮票、地方料票一律禁止买卖；市镇居民粮食供应证、工商行业用粮供应证、市镇饲料供应证一律不许转让。为了保证粮食定量供应办法的顺利实施，国务院除了在《暂行办法》中规定了粮油票证制度外，又责成粮食部下达了《关于全国通用粮票暂行管理办法的通知》，各地粮食部门相继印制发行了本地区的地方粮票和地方料票，并相应建立了粮票管理制度。粮票诞生后，中国的城镇户籍人口开始进入了一个实行粮食计划供应的票证时代。粮票几乎成为"城镇人"的命根子，见证了中国的一段特殊岁月。

1993年2月10日《人民日报》报道，上海市副市长宣布，上海全面放开消费品市场，取消市场供应的票证，在放开粮、油价格的同时，取消粮票、油票。这标志着实行了将近40年的城镇居民粮食供应制度（即统销制度）在上海市被取消。1993年2月15日，国务院发出《关于加快粮食流通体制改革的通知》，指出要把握时机，在国家宏观调控下积极稳步地放开价格和经营，增强粮食企业的活力，减轻国家财政负担，进一步向粮食商品化、经营市场化方向推进。5月10日，北京市政府放开粮油购销价格，粮票在北京市也正式"退役"。1994年，全国各地基本取消了粮票。这标志着一度与中国城镇人口形影不离、有"第二货币"之称的粮票，退出了中国历史的舞台，开始进入历史博物馆。

---

① 《市镇粮食定量供应暂行办法》（1955年8月5日国务院全体会议第十七次会议通过，1955年8月25日国务院公布施行），《建国以来重要文献选编》第7册，中央文献出版社1993年版，第115—116页。

粮票的变迁，折射出新中国近 40 年经济的风雨；粮票的停用，标志着一个食品紧缺的票证时代的终结，中国改革开放和经济建设取得了重大进步，人民生活发生了重大变迁。

3. 实行高校收费

在中国实行计划经济体制时期，国家包揽了高校的教育经费。高校的学生不但不用交学费，而且还有生活补助。当时进入高等院校的学生，一切费用基本上由国家包下来。随着社会主义市场经济体制的建立，社会和公众对教育、特别是对高等教育需求的剧增，使得国家包揽教育全部费用的问题尤为突出。国家开始改革高等教育各方面的体制，实行高校收费，就是其影响重大的一项改革。

关于高等院校为什么收费，当时的国家教委主任朱开轩说："国家对接受义务教育的学生免收学费。教育费用支出是居民收入消费中的合理支出，并应占有一定的份额。从这个意义上讲，受教育者承担适当的教育费用也是属于居民正常的消费范畴。多年来，在单一的计划经济体制下，我国的教育，特别是高等教育实行了由国家包下来的办法，虽然在历史上起过积极的作用，但随着教育事业的发展，这一办法的弊病已日益明显，经费投入不足就是一个重要表现。我国人口多，教育规模大，长期以来教育经费紧缺问题制约着教育事业的发展，不仅不适应经济发展的需要，而且也不能满足社会各方面对教育的需求。因此，加快发展教育，除国家各级财政继续增加教育经费外，还需要向学生个人收取一定的费用，这是补充学校经费的一个重要措施。同时，高等学校收费也有利于学生珍惜学习机会，激励学生勤奋学习，努力掌握现代科学知识。实行教育收费制度，是国家经济体制改革和深化教育改革的必然趋势，它充分体现国家、社会、公民个人对教育的责任和义务的承担，必将有利于教育事业的进一步发展。"①

1994 年 6 月，国家教委通过新华社正式宣布全国有 37 所高等学校试行新的收费制度。试点院校招生时将不再分"公费生""委培生""自费生"，不再因招生形式的不同而划分不同的录取分数线。新生的收费标准，据高校学生平均实际培养成本的一定比例，同时参照该地居民的实际收入水平而定。这一决定意味着在国内推行近 10 年的高等教育"双轨制"转为并轨制。这也意味着中国的公办高等学校，从过去的不收费转变为收费，这既是宏观教育思想、教育观念的一次重大转变，也是高教领域一项极为复杂、敏感的重要改革，是 20 世纪 90 年代中国影响民生的一件大事。

1994 年的教育收费改革遵循了三条基本原则：一是义务教育阶段不收学费，但可适当收取一定的杂费。二是非义务教育阶段可按学校实际培养成本收取适当比例的学费。高等教育属于非义务教育，可以收取学费。三是整个收费改革，必须符合中国的具体国情，坚持积极、稳妥、审慎的指导思想。普通高等学校的学费标准根据年生均教育培养成本的一定比例确定。不同地区、不同学校、不同专业可以有不同的收费标准，但禁止同一学校、同一专业有不同的收费标准，即"双轨"收费。各地在制定学费标准时，要求充分考虑当地经济发展水平以及社会、学生家庭或个人的承受能力等情况。

由于高校收费直接关系到中国高等教育事业的发展和学校乃至社会的稳定。在高校实行收费制度之后，国家继续改革和完善大学生资助制度，力图解决好贫困家庭学生的生活和学习费用问题。但由于种种原因，在高校收费方面还存在一些问题，表现为部分地方和高校，在对收费的指导思想、政策原则及标准的把握

① 《学校为什么要收费？》，《人民日报》1993 年 4 月 24 日。

方面还不够全面、准确。社会普遍认为大学生收费过高，上大学成了高消费。特别是对于贫困家庭来说，这笔费用不堪重负。让更多的人上大学，让更多的人上得起大学，让已进入大学的青年人能上完大学，成为广大人民群众极为关注的一项切身利益。

由于高校收费制度改革问题关系到广大人民群众的切身利益，关系到中国教育的发展，是涉及民生、民心和民意的一件大事。从多年实行高校年收费 5000 元左右的情况看，大多数中国人还是感觉收费高，特别是中国中西部收入比较低的农民和普通工薪家庭，东北老工业基地当时月收入只有几百元的工人家庭等，供一个大学生上学的负担还是比较重。为解决这个问题，国家教育部、财政部等部委和各地方政府也积极探索，寻求建立起一种比较完善的资助高校贫困家庭学生的政策体系。这些政策和措施主要有：（1）建立了各种形式的奖学金制度；（2）积极推行学生贷款制度；（3）实施勤工助学制度；（4）开展特殊困难补助；（5）推广学费减免制度；（6）提倡"绿色通道"制度，即对被录取入学、经济困难的新生，一律先办理入学手续，然后再根据核实后的情况，分别采取不同办法予以资助；（7）高校从所收学费中提取一定比例用于资助困难学生。上述政策和措施在资助高校贫困家庭学生方面发挥了巨大作用，保证了绝大多数贫困家庭的学生能够完成学业。

（五）婚姻家庭结构、流行语和生活服饰的变化

1992 年以来，是中国确立并开始建立社会主义市场经济体制的时期，也是深化国内改革、扩大对外开放、加快经济社会发展的时期。这在给人们生活带来巨大变化的同时，也带来了人们思想意识和交往方式的一系列变化。这包括婚姻、家庭结构的变化；人们思维的外化表现形式——语言，特别是流行语言的变化；人们的生活服饰等也在发生显著的变化。这些变化体现着经

济发展与社会发展的互动和变迁，更休现着人的自由和发展。

1. 社会生活的变化与婚姻法的修订

以婚姻为基础的家庭是社会的细胞，是人们的基本生活单位，对婚姻家庭关系的法律调整，涉及男男女女、老老少少、家家户户的切身利益和社会公共利益。

第一，婚姻生活家庭结构的变化。

1992 年中国改革开放和现代化建设进入新阶段以来，中国的家庭、婚姻观念和生活继续发生着变化，"夫尊妻卑，父为子纲，漠视子女利益的传统意识逐渐为夫妻平权、亲子平等和亲情共享的民主意识所取代。在家庭生活中，那种压抑家庭成员个性，个体利益绝对服从家庭利益的'以家为本'的观念日益淡薄，而追求个人在家庭中的独立地位、自主选择和个性发展的'以人为本'的观念逐渐成为现代家庭观念的核心。人们的婚恋观、生育观等也随之发生了一系列相应的变化。"①

家庭户规模持续变小。2000 年祖国大陆 31 个省、自治区、直辖市共有家庭户 34837 万户，家庭户人口为 119839 万人，平均每个家庭户的人口为 3.44 人，比 1990 年第四次全国人口普查的3.96 人减少了 0.52 人。②

初婚年龄增高，结婚费用不断攀升。1982 年，全国的平均初婚年龄为 22.66 岁，其中城镇为 24.93 岁，农村为 22.07 岁；1990 年，全国平均初婚年龄降至 22.03 岁；1997 年为 23.4 岁③。20 世纪 90 年代前期，一对城市新婚夫妇的平均结婚费用为 2 万

---

① 萧扬：《婚姻法与婚姻家庭 50 年》，《中国妇运》2000 年第 5 期。

② 中华人民共和国统计局《2000 年第五次全国人口普查主要数据公报（第一号）》（2001 年 3 月 28 日），《人民日报》2001 年 3 月 29 日。

③ 《全国人口与生殖健康抽样调查结果表明　我国人口出生率持续下降》，《人民日报》1998 年 7 月 13 日。

多元，已经是 20 世纪 80 年代平均水平的 4 倍，而未婚者预计自己结婚时所要支出的平均费用将超过 3 万元。预计整个 20 世纪 90 年代的青年结婚费用要达到 20 世纪 80 年代的 5.5 倍。在结婚花费上，区域差别比较明显，沿海地区城市明显高于内地。

离婚率持续升高。"20 世纪 70 年代以来，人民法院审理的离婚案件数量成倍增长，居高不下，1999 年审理 119.9 万件，比 1980 年的 27.2 万件翻了两番多，平均每年增长 8.1%。"[①] 从中国大陆离婚者的年龄结构来看，30 岁左右婚龄较短的年轻人比例较大，但 20 世纪 90 年代后期，中老年离婚也呈上升趋势。在离婚中，除了因性格不合、不善于调适夫妻关系，子女教育和家庭经济引发的冲突外，因性生活不协调和第三者插足而提出离婚的比例也略有增加。

跨国婚姻和跨地区婚姻发展迅速，问题亦很多。20 世纪 90 年代中国登记的跨国婚姻有几个特点：一是发展较快。1990 年跨国婚姻为 23762 对，而 1997 年已达 50773 对。二是地域分布广。中国的跨国婚姻涉及 53 个国家和地区。前些年以美国、加拿大、澳大利亚居多，近年以东亚居多，东亚中又以日本居多。三是华侨多。在跨国婚姻中，华侨、外籍华人一直占很大比重，通常有 70% 之多。四是外嫁的多。中国的跨国婚姻 90% 都是女性外嫁到他国。五是文化层次不高。总体上，在中国登记的跨国婚姻，文化偏低。其中与日本等国居民联姻的，多数双方文化程度都不高；相比之下，与欧美等国居民成婚的文化层次相对高一些，有博士、总经理、总裁等。在中国这个阶段的跨国婚姻中，也存在着不少问题：一是婚姻的基础不是为了爱情。二是出现一批年龄过于悬殊的"祖孙婚"。三是出现一批相识时间极短的"闪电式"婚姻。四是外国男性骗婚现象严重。五是跨国婚姻的离婚率

---

① 《二十年全国离婚案简析》，《人民日报》2000 年 12 月 20 日。

高。其离婚增长速度甚至高于结婚增长速度。1990 年到 1995 年其结婚对数增长 2.4 倍，而其离婚对数则增长 2.8 倍。1990 年离婚与结婚之比为 20%，1995 年则为 26%。①

第二，修订《中华人民共和国婚姻法》。

婚姻法是民事基本法之一，是婚姻家庭关系的基本准则，中国的婚姻立法具有长期的革命传统、鲜明的社会主义本质和浓厚的民族特色。它是在废除封建主义婚姻家庭制度、建立新民主主义和社会主义的婚姻家庭制度的过程中形成和发展起来的。1950 年 5 月 1 日，新中国制定颁布了第一部法律《中华人民共和国婚姻法》，这部婚姻法规定，废除包办强迫、男尊女卑、漠视子女利益的封建主义婚姻制度；实行男女婚姻自由、一夫一妻、男女权利平等、保护妇女和子女合法利益的新婚姻制度。在这部婚姻法的基础上，1980 年 9 月 10 日第五届全国人民代表大会第三次会议通过了新的《中华人民共和国婚姻法》。经过多年实施，这部婚姻法对于建立平等、和睦的婚姻关系，维护社会安定发挥了重要作用。但是随着经济的发展和社会的进步，人们的生活方式和思想观念发生了许多变化，在婚姻家庭关系方面也出现了一些新情况、新问题，对现行婚姻法进行修改已成为社会各界的共识。新出现的主要问题有：其一是一种极不正常的现象正挑战着中国的一夫一妻制度，这就是"包二奶"（上海称养金丝鸟）。这个问题在广东、上海等地尤为突出。广东省妇联 1996 年至 1998 年接受这方面的投诉分别为 219 件、235 件、348 件。这一现象违背了社会主义道德风尚，败坏社会风气，导致家庭破裂，甚至引发情杀、仇杀、自杀。其二是由于社会的进步，特别是妇女维护自身权益意识的增强，人们改变了原来"家丑不可外扬"

---

① 王震宇：《中国婚姻家庭状况的变化》，《中国国情国力》1999 年第 3 期。

的观念，家庭暴力和家庭虐待问题逐渐暴露，受到社会的关注。"1999 年广东省妇联在广州等 11 个市组织了 1589 个家庭入户抽样调查，有 29.2% 的家庭存在家庭暴力现象，其中有 79.4% 存在丈夫对妻子施暴，经常（平均每月四次）和有时（平均每月一次）受丈夫施暴的分别占受暴妻子总数的 32.1% 和 39%。严重暴力有增多的趋势。因家庭暴力导致离婚和人身伤害案件增多，甚至发生毁容、残肢、烧妻、杀夫等恶性案件。① 但是 1980 年通过的婚姻法，对家庭暴力问题未作规定。其三是夫妻财产归属怎样划分？其四是离婚引发若干困扰。如离婚财产分割问题，"主要反映有三：一是住房分割困难。二是随着市场经济的发展，以夫妻共同财产从事个体、合伙、私营经济或两人以上设立有限公司的日益增多，离婚时尤其是对投入合伙和有限责任公司的财产或股权怎么分割？三是在农村夫妻共同享有的土地等承包经营权和宅基地怎么分割？"② 等等。

2000 年 3 月 9 日，第九届全国人大三次会议，把修改《中华人民共和国婚姻法》列入全国人大常委会 2000 年的立法计划。人大常委会委员长李鹏在人大常委会工作报告中强调："抓紧修改婚姻法，维护平等、和睦、文明的家庭关系，促进社会主义精神文明建设和社会进步。"③ 这次修改婚姻法的目的，就是要进一步完善中国的婚姻家庭制度，保护妇女儿童的合法权益，维护平等、和睦、文明的婚姻家庭关系，以促进社会主义精神文明建设和社会进步。婚姻法涉及家家户户和每个公民的权利、义务，所以要广泛听取各方面的意见，在现有婚姻法的基础上，认真总

---

① 《紧锣密鼓修改婚姻法》，《人民日报》2000 年 8 月 30 日。

② 《紧锣密鼓修改婚姻法》，《人民日报》2000 年 8 月 30 日。

③ 李鹏：《全国人民代表大会常务委员会工作报告——2000 年 3 月 9 日在第九届全国人民代表大会第三次会议上》，《人民日报》2000 年 3 月 19 日。

结经验，继承和发扬中华民族优秀的伦理道德，吸收现代文明进步的婚姻家庭制度，具体研究婚姻家庭中出现的新情况、新问题。① 为起草好婚姻法修正草案，"全国人大法制工作委员会听取法院、妇联、民政、卫生等部门及专家和群众的意见，赴地方了解情况，并参考国内外有关文献，形成草案。经全国人大常委会会议初审后，李鹏委员长赴重庆调研，法工委再作修改，常委会二审。二审采取联组会议形式，专家和实际工作者应邀列席会议。婚姻法实际上是婚姻家庭法，实在太重要了，尤其在我们这个极为重视家庭关系的国家，家庭是社会的细胞，家庭的稳定与否直接对社会的稳定产生影响。正因为如此，婚姻法的修改在社会上产生很大反响。几经讨论，委员长会议决定全文公布修正案草案，在全社会广泛征求意见，以便进一步研究修改"②

。2001 年 1 月 11 日，全国人大常委会办公厅发出《关于公布〈中华人民共和国婚姻法（修正草案）〉征求意见的通知》。《通知》中说："《中华人民共和国婚姻法（修正草案）》，是一部进一步保障公民的婚姻家庭权益，维护平等、和睦、文明的婚姻家庭关系，促进社会文明与进步的重要的法律草案，经第九届全国人大常委会第十八次、第十九次会议审议，委员长会议决定，全文公布《中华人民共和国婚姻法（修正草案）》，广泛征求意见，以便进一步研究修改，再提请以后的全国人大常委会会议审议。"③《通知》发出后，社会各界广泛关注，纷纷来信表示

① 《全国人大常委会法工委负责人介绍有关立法工作情况》，《人民日报》2000 年 3 月 12 日。

② 《围绕中心 务实为本——九届全国人大常委会一年工作述评》，《人民日报》2001 年 3 月 5 日。

③ 《婚姻法修正草案广泛征求意见 全国人大常委会公布草案全文》，《人民日报》2001 年 1 月 12 日。

赞成对婚姻法进行修改，并提出了许多修改意见和建议。截至2001年2月28日，全国人大常委会法制工作委员会共收到对婚姻法修改意见的来信、来函、来电等3829件。此后，还陆续收到一些来信。从收到修改意见的情况看：一是来信多。这是近几年来向社会公布法律草案征求意见，收到来信数量最多的一次。二是范围广。工人、农民、学生、教授、军人、公务员等社会各界都对婚姻法修改提出意见和建议。三是热情高。有的逐条对婚姻法修正草案提出意见；有的另行草拟了婚姻法全文；有的连续多次来信提出修改意见；有的来信后又专程到北京向立法工作机构的同志当面陈述意见。四是意见广泛。可以说对婚姻法修改的大多数问题都提出了意见，对有的问题提出了多种意见和建议。全国人大常委会法制工作委员会对婚姻法修改意见的来信、来函、来电，抓紧汇集整理，认真会同有关部门和专家学者予以研究。这些意见将印成材料提供给全国人大常委会继续审议时用。有些意见拟吸收到新的婚姻法修正案草案中，依照法定程序，由全国人大法律委员会统一审议后，由全国人大常委会审议决定。九届全国人大常委会第二十一次会议于4月28日通过了关于修改《中华人民共和国婚姻法》的决定。原婚姻法共37条，这次修改增加14条，修改33处，修改后的婚姻法共51条。这次修改针对社会上存在的突出问题，增加规定禁止有配偶者与他人同居，禁止家庭暴力，确立无效婚姻和可撤销婚姻制度。这些规定重视法治与德治的结合，鲜明地指出了中国社会主义婚姻家庭建设的方向，为有效地遏制严重危害婚姻家庭违法行为提供了有力的法律依据。

2. 人们工作生活流行语的变化与国家通用语言文字法的通过

语言文字是一个国家民族主权与尊严的象征，语言文字的使用和规范关系到国家统一、民族团结、社会进步。中国历来十分重视语言文字的使用。改革开放以来人们思想的外化形式——语言也在发生着变化。2000 年 10 月 31 日第九届全国人民代表大会常务委员会第十八次会议通过《中华人民共和国国家通用语言文字法》，用法律的形式确定普通话和规范汉字作为国家通用语言文字的地位，标志着中国的国家通用语言文字的使用全面走上法制轨道。

第一，人们工作生活流行语的变化①。

改革开放给中国社会带来了革命性的全面变革，也带来了人们思维的外化表现形式——语言，特别是流行语言的巨大变化。这首先表现人们在社会交往过程中称谓词发生变化。20 世纪 90 年代出现了一批流行的称谓词。如"先生"取代了"同志"，"小姐"一度成为对年轻女性的流行称呼，但随后又发生变化。"老板、经理、总裁、董事长"等旧称谓再度在社会流行。"先生、太太"在一些场合有取代沿用了四十多年的"爱人"的趋势。北京还出现了一批特殊的称谓词，影响很大，有的已进入普通话。如："倒爷、款爷、侃爷、的爷、板爷、息爷（坐吃利息的人）、的哥、的姐、富翁、富婆、富姐、哥们儿、姐们儿"。"老总"原为对军人、警察的专称（新中国成立后曾为群众或下级对部队首长的敬称），这期间成了与"老板"意义相同的流行称呼，只是前者的使用范围尚不如后者宽泛，多用于商业和新闻出版界等。

对某些工作的称谓也发生着变化。如"意识"和"工程"开始流行。如，"包装意识、求偿意识、风险意识、服务意识、自我保护意识"等。"工程"本来是指规模较大、较复杂、成系统的工作，多用于土木建筑行业或生产制造行业。但这时期在社会上已广泛使用，如"希望工程、春蕾工程、幸福工程（帮助贫

---

① 本目参见孙曼均：《城市流行词语及其社会文化分析》，《语言文字应用》1996 年第 2 期。

困母亲)"；"再就业工程、送温暖工程（上海工会系统为职工做好事)、爱心工程（北京某房管局开展修房供暖等便民服务)"，"工程"一词已成为一项具体而并非复杂的工作或活动的代名词。原来局限于商业领域的语言，"市场、推销、包装、上市、成交、买方、卖方、投资、老板"等意义泛化，使用范围扩大。"反弹、牛市、熊市、大户、价位、托盘、崩盘、套牢、解套"等股市用语进入社会生活的其他领域。与人们生活相关的词语，如"食文化、酒文化、茶文化、快餐文化、T恤文化、营销文化、环境文化、社区文化、宿舍文化、家庭文化、化妆文化、蟋蟀文化、虫儿文化、狗文化、性文化、厕所文化"等仍未穷尽，还有继续膨胀之势。还有"休闲服、休闲鞋、休闲食品、休闲杂志、休闲音乐、午茶、旅游休闲农业"等休闲系列词语已经非常流行。

表现物质生活享受、宣扬奢华情调的词语成为社会上的热门词语。如"派对、酒吧、氧吧、迪厅、夜总会、KTV包房、卡拉OK、VCD、DVD、视盘、唱盘、影碟、影音视唱机、家庭影院、蹦迪、跳霹、蹉舞、桑拿浴、保龄球、高尔夫球、搓麻、陪酒、陪舞、三陪、吧女、按摩女郎"等。

90年代的外来词如"巴士、卡通、桑拿浴、苹果派、匹萨饼、布丁、圣代、奶昔、赛百味、的士、作秀、麦当劳、肥皂剧、泡沫经济、料理、物业、卡拉OK"等等，在社会上，特别广大青年群体中流行。

更值得关注的是网络流行语开始在青年学生中以及中小学生中出现，特别是在开放程度比较高的中心城市及沿海开放度比较高的城市中的中小学生中流行。这些词语，包括一些中小学生及大学生之间使用的网络用语，有些是中英文混搭的词语，让许多青少年的父母感到与孩子们沟通的困难。

总的来讲，20世纪90年代社会上出现的流行语的变化是社会飞速发展，国内外开放交流发展等带来的反映。这也给青少年教育工作、意识形态工作、国家的国民教育和法规建设等领域带来了发展中的新课题。

第二，制定国家通用语言文字法。

中国是一个多民族、多语言、多文种的国家，有 56 个民族，73 种语言；30 个有文字的民族共有 55 种文字，其中正在使用的有 26 种。新中国成立以来，毛泽东主席、周恩来总理等共和国第一代领导人，以及改革开放以来党和国家的领导人，都对语言文字的使用和规范作过许多重要指示。中共中央和国务院、国家有关部门、各地方，颁布了一系列关于推广普通话、推选规范汉字的法规、规章或规范性文件。1951 年 12 月 26 日国家文化教育委员会决定成立中国文字改革研究委员会。1958 年，全国人民代表大会作出关于汉语拼音方案的决议。1985 年 12 月 16 日，中国文字改革研究委员会更名为国家语言文字工作委员会，成为国务院下设的负责全国语言文字工作的政府职能部门。这一切对语言文字的规范和健康发展都起到了重要作用。作为一个多民族、多语言、多文种的国家，制定国家通用语言文字法，用法律的形式确定普通话和规范汉字作为国家通用语言文字的地位非常重要。

随着中国改革开放的深入和社会生活的不断变化，语言文字的使用存在明显的滞后现象：有些地区在公共场合没有形成说普通话的风气；社会上滥用繁体字、乱造简体字的现象比较普遍；有些企业热衷于取洋名、洋字号，在营销活动中乱造音译词；信息技术产品中语言文字使用的混乱现象也很突出；不少出版物、广告、商店招牌、商品包装和说明中滥用外文；等等。一些语言文字专家提出，社会用词、用语的混乱状况还突出表现在另外两个方面：一是思想内容有殖民、封建、色情、庸俗、低级趣味等不健康色彩；二是以谐音的方式乱用成语对中小学生造成误导。①

---

① 《规范语言文字已有法可依》，《人民日报》2001 年 2 月 14 日。

大量事实说明，在语言文字工作中，只靠政策性文件，规范性差，权威性小。语言文字工作无法可依的状况亟待改变，语言文字立法已十分迫切。语言文字应用中的混乱现象，引起了社会有识之士的焦虑和关注。1990—1996年，全国人大代表和全国政协委员关于语言文字问题的议案和提案多达97项，其中全国人大代表提出加速语言文字立法的议案有28项。①

语言文字法的起草工作于1997年1月正式启动，草案起草班子在国内进行了大量立法调研，并对国外语言文字立法情况进行了考察。经多方征求意见，数易其稿，形成法律草案。鉴于少数民族语言文字问题的复杂性和特殊性，2000年2月，全国人大常委会委员长会议决定这部法律主要规范国家通用语言文字，法律名称也相应加上"通用"两个字，将这部法律改为《中华人民共和国国家通用语言文字法》。

在2000年7月举行的九届全国人大常委会第十六次会议上，国家通用语言文字法首次提请全国人大常委会审议。随后，经过九届全国人大常委会第十七、十八次会议两次审议修改，《中华人民共和国国家通用语言文字法》终于在2000年10月31日被审议通过。此次通过并实施的《中华人民共和国国家通用语言文字法》共4章28条，包括总则、国家通用语言文字的使用、管理和监督、附则等。这部法律规定了普通话和规范汉字作为国家通用语言文字的法律地位，国家关于语言文字的基本政策，公民学习和使用国家通用语言文字的权利，国家通用语言文字使用的总原则，国家机关在国家语言文字方面的职责，及对社会几个主要行业使用国家通用语言文字的具体规范，等等。中国是一个多民族、多语言、多文种的国家，制定国家通用语言文字法，用法律的形式确定普通话和规范汉字作为国家通用语言文字的地位，

① 《规范语言文字已有法可依》，《人民日报》2001年2月14日。

标志着中国的国家通用语言文字的使用全面走上了法制的轨道，也对中国的通用语言文字的使用产生重大影响。

3. 人民生活服饰的变化

服装既作为人类文明与进步的象征，同时也是一个国家、民族文化艺术的组成部分。因此服装对一个民族来说，不仅具体地反映了人们对生活形式和生活水平的追求，而且形象地体现了人们的思想意识和审美观念的变化和品味。

新中国实现了人民的解放，人民的服饰也经历了20世纪50、60年代多姿多彩的阶段。但是"文化大革命"十年内乱，导致人民的服饰的色调被单调的"灰、蓝、绿"的颜色代替。中共十一届三中全会实行改革开放是一场伟大的革命，也带来了人们对服饰的新追求和巨大变化。讲究穿着、美化生活，已经成为中国人民生活方式变革的一个重要方面。与此相适应，1979年3月22日，上海举办改革开放以来第一次时装表演，这次时装模特身着旗袍的表演，引起很大轰动。随之，上海、北京、广州、天津、沈阳、青岛等城市已相继组建了专业的时装表演团体。一些大的百货、服装公司也建立了自己的演出队。北京东方时装表演艺术团，就是由北京天坛旅游开发公司组建的一支成立较早、水平较高的专业队，在全国九省市服装展销会上受到欢迎。时装表演艺术日渐活跃在中国的经济生活和文化生活的舞台上。

1992年以来，是中国服饰变化最快的时期。这主要表现在：西服成为"正装"。90年代的中国，随着改革开放向深度和广度拓展，各种交往活动越来越多，人们对衣着也越来越关注。西服已经成为人们在正式场合，如参加正式会议、谈判、会见客人和正式宴会等场合需穿戴的"正装"，甚至是国人出国访问、交流、讲学等的标配。

青年人历来是追求时尚服饰的主要人群。这时期的青年女性的服装更加多姿多彩，既有突出女性温柔婉约浪漫的一面，以展示女性的妩媚和柔美的高雅服饰；也有色彩绚丽张扬个性，展示热情活泼青春靓丽的衣装。另外，女性职业装仍保留传统的简洁素雅的风格，但更突出女性柔和的曲线美。

牛仔装风行。继20世纪80年代牛仔装进入中国大陆后，20世纪90年代的中国，真可谓地无分南北东西，人不分男女老幼，牛仔装，主要是牛仔裤成为人们的喜爱。

旗袍流行。20世纪90年代，随着中国对外交往的增多，中国的女官员，特别是官员夫人，已将标致的旗袍当作"国服"。

随着人民生活水平的逐步提高，人们对服饰的需求也在迅速增长。1993年中国开始举办国际服装服饰博览会，从1997年中国又开始举办国际时装周，2000年中国民族服装服饰博览会又迎来各方宾客，中国服装服饰的千般姿彩、万种风情开始飘向世界。同时，中国各大城市，如北京、大连、宁波举办的服装节在国内外的影响也越来越大。

从1994年起，中国一直是世界最大的纺织服装的生产和出口国。1999年，中国服装产量超过100亿件，出口总额超过300亿美元，约占全球服装出口贸易总额的1/6。中国虽然还不是服装强国，但已经成为一个快速发展的服装大国。由于人们生活水平的提高，这时期人们衣着观念在迅速地发生着变化。主要体现为，从追求衣着的结实耐穿向追求品牌时尚转变，从追求时髦向追求个性化转变后又向自然风格、休闲风格转变。多元融合得到人们的青睐，服装造型由紧身瘦窄向宽松飘逸转换。在20世纪90年代的中国，大街上，人们穿着的服装已经呈现出多样化和多彩化，服饰的变化是中国社会发展和人民生活水平的重要体现，更是人民精神面貌和心情情趣的重要体现。

第三章　经济总量"翻两番"和 制定跨世纪的宏伟纲领

　　以江泽民同志为核心的中央领导集体认真实施中共十四大的重要决策，特别是确立"社会主义市场经济体制"的目标之后，中国的改革开放加快了步伐，中国特色社会主义现代化建设步入了快车道，物质文明和精神文明建设全面推进。这期间，针对发展中出现经济过热的情况，为推进国民经济持续高速健康发展，中共中央和国务院果断实施宏观调控，实现了经济运行的"软着陆"。中国的社会生产力、综合国力和人民生活水平，又上了一个新的台阶。与此同时，1995年，中共中央提出了关于制定国民经济和社会发展"九五"（1996—2000年）计划和2010年远景目标的建议，1996年八届全国人大四次会议通过了《关于国民经济和社会发展"九五"计划和2010年远景目标纲要》，这标志着中国共产党带领中国人民确定了跨世纪的国家经济发展战略。

一、加强宏观调控与经济"软着陆"

　　1992年初邓小平发表南方谈话和中共十四大对邓小平同志建设有中国特色的社会主义理论的概括，从理论上深刻回答了长期困扰和束缚人们思想的许多重大问题，全国人民热情十分高涨，中国改革开放和现代化建设出现了新一轮快速发展。但是，在加快发展的过程中，由于一些地方和部门在认识上发生了一些偏差，又由于原有计划经济体制的弊端还没有完全消除，社会主义市场经济体制尚未形成，以往那种盲目扩张投资、竞相攀比速度等问题在新形势下再度出现，一度出现了房地产热、开发区热以及乱集资、乱拆借、乱设金融机构等问题，投资规模过度扩大，物价上涨过快，影响了国民经济持续快速健康发展。以江泽民同志为核心的中央领导集体及时发现问题，经过努力，成功地控制了通货膨胀，使经济增长仍然保持了较快速度，实现了经济的"软着陆"。这次宏观调控有效避免了经济大起大落，也为后来中国抵御 1997 年的亚洲金融危机的冲击打下了基础。

（一）及时实施宏观调控

面对在加快发展的过程中，一度出现的房地产热、开发区热以及乱集资、乱拆借、乱设金融机构等问题，投资需求和消费需求急骤扩张，大大超过社会供给的可能，导致经济总量失衡，货币过量发行，并由此引发通货膨胀，商品零售价格大幅度上扬，影响国民经济持续快速健康发展等问题。以江泽民同志为核心的中央领导集体高度关注，中共中央和国务院采取若干措施保持了国民经济的快速、持续、健康发展。

1. 江泽民关于经济形势判断的两封信

关于中共中央和国务院采取若干措施为保持国民经济的快速、持续、健康发展，思想要解放，胆子要大，又要步子扎实，工作要过细。江泽民后来回忆说："一九九二年四月四日，我在出访日本前夕，给中央政治局常委等同志写了一封信，提出要善于把干部和群众的积极性引导好、保护好、发挥好，在全面贯彻落实小平同志重要谈话精神的过程中，思想要解放，胆子要大，而步子要扎实，工作要过细；要抓紧有利时机，力争实现和保持比较高的发展速度，但务必结合各地区各部门的实际，区分不同情况，具体加以落实；要在深化改革上狠下功夫，避免只在扩大投资规模上做文章，以防出现新的重复建设和产品积压。"①

这是江泽民同志关于实施宏观调控、防止经济过热的第一封信。在 1992 年中共十四届一中全会后召开的各地区、各部门主要负责同志参加的经济情况通报会上，江泽民就强调：千万不要轻易地错过当前的好形势，必须驾驭好、保持好这个发展势头，注意及时发现问题，并尽可能把它们解决在萌芽状态，不要使之积累成大问题，影响全局。1992 年底，针对中国深圳等地迅速出现的股票热，国务院发出了《关于进一步加强证券市场宏观管理的通知》等，加强对证券市场的管理。

1992 年 12 月 14 日至 18 日，国务院在北京召开全国计划会议。会议的中心议题是：认真贯彻落实中共十四大精神，研究确定 1993 年改革开放和经济建设的任务，安排好国民经济和社会发展计划，并就"八五"计划的必要调整交换意见。这次会议改变过去偏重于定指标、分投资、分物资的做法，重点放在正确分析当前经济形势与 1993 年发展趋势和国内外市场环境上，合理确定宏观经济目标、发展重点和重大建设项目以及相应的方针政策和改革措施，引导资源合理配置和市场的健康运行。江泽民在会上指出要防止经济过热，他强调："当前经济形势很好，全国上下生机勃勃。同时一定要正视好形势下出现的一些必须解决的问题，扎扎实实地进行工作，防止发生经济过热现象，保证国民经济又好又快地向前发展，力争隔几年上一个新台阶，不断增强我国的经济实力和综合国力，这样才是真正积极地、正确地贯彻执行党的十四大和小平同志重要谈话的精神。"② 12 月 25 日，江

①　《江泽民文选》第 2 卷，人民出版社 2006 年版，第 531 页。

②　《落实十四大精神　部署明年经济工作》，《人民日报》1992 年 12 月 20 日。

泽民同志在武汉主持召开安徽、江西、河南、湖北、湖南、四川六省农业和农村工作座谈会，他在讲话中严厉批评了有些地方不顾条件一哄而起形成了搞开发区、搞房地产的热潮的情况。他说："这些地方的同志大都用心是好的，想快一点把当地经济搞上去，但忘记了解放思想要与实事求是相统一。"① 他强调："搞开发区，至少要具备这样一些条件和程序：一是必须要有可行性研究；二是要有投资建设项目；三是要有总体规划；四是要逐步推进，不可能一锹挖出一口井。"② 江泽民说："据国家土地管理局对二十四个省市区的调查，今年一月至九月，批建的开发区有一千九百五十一个，规划占地一万五千三百平方公里，折合近二千三百多万亩，其中百分之八十以上是交通、水源条件好的耕地。现在，在国家严格控制占用耕地的情况下，每年至少还要减少四百万亩耕地。如果圈地占地失控，势必严重削弱农业的根本依托。此风绝不可长！国家对占用耕地是有严格审批规定的。这个问题要赶快进行专题研究，重新作出严格控制占用耕地的决定，明令施行。"③

1993年1月22日，邓小平在上海说："要注意稳妥，避免损失，特别是避免大的损失。"④ 3月，中央又召集省委书记、省长举行会议，讨论解决乱集资、乱拆借、房地产热和开发区热的问题。4月1日，中央再次召开经济情况通报会，江泽民、李鹏、朱镕基作了讲话要求各地全面、准确、积极地贯彻邓小平南方谈话精神，坚持解放思想和实事求是相统一，注意吸取历史上造成

① 《江泽民文选》第1卷，人民出版社2006年版，第265页。
② 《江泽民文选》第1卷，人民出版社2006年版，第266页。
③ 《江泽民文选》第1卷，人民出版社2006年版，第266页。
④ 中共中央文献研究室编：《邓小平年谱（1975—1997）》（下），中央文献出版社2004年版，第1359页。

的几次大的经济波折的教训，做到既加快发展，尽力而为，又从实际出发，量力而行，避免大的起伏，避免大的损失，把经济发展的好势头保持下去。4月中旬，国务院发出了《关于制止乱集资和加强债券发行管理的通知》，即国务院1993年24号文件。国务院决定派出7个工作组，由有关部委主要负责同志带队，分赴14个省、自治区、直辖市进行检查。

1993年5月19日，江泽民给国务院有关领导同志写信说："提出要抓紧时机解决当前经济工作中存在的一些突出问题，否则解决问题的重要时机会稍纵即逝；倘若问题积累，势必酿成大祸。随后，（五月、六月、八月、九月），我们召开了各省区市工作会议，研究继续推进投资、财税、金融体制方面的改革，通过深化改革解决深层次的经济问题。"①

这是江泽民为加强国家宏观调控写的第二封信。1993年5月，国务院又发出《关于严格审批和认真清理各类开发区的通知》等，以保持经济的健康发展。为了更加稳妥，从大局出发，1993年6月22日，江泽民向邓小平小平同志汇报了当时的经济形势，建议加强宏观调控，突出抓金融工作。邓小平非常支持江泽民的意见，邓小平指出："什么时候政府都要管住金融。在资本主义国家，金融多半是私人的钱，损失不损失，别人不关心。社会主义国家不同，损失的是国家的。货币贬值，通货膨胀，人民受损失。辛辛苦苦攒几个钱，想提高一点生活水平，结果从金融这个口子里流出去了。西方世界也经常议论这个问题，但他们与我们体制不同。我们要警惕。钱，不要从金融这个口子里白白流走了。人民币不能贬值太多，市场物价要控制住。"② 中共中央文献研究室编辑出版的《邓小平年谱》也记载了当时的情况，

① 《江泽民文选》第2卷，人民出版社2006年版，第532页。
② 《江泽民文选》第2卷，人民出版社版2006年版，第532页。

年谱里这样写道："6月22日，我向小平汇报了当时的经济形势，建议加强宏观调控，突出抓金融工作。小平同志非常支持。"① 邓小平表示赞同江泽民提出的加强宏观调控，突出抓金融工作的建议。指出：什么时候政府都要管住金融。通货膨胀，人民受损失。人民币不能贬值太多，市场物价要控制住。"

这一系列措施虽然取得一定成效，有些措施也在落实的过程中，但并没有从根本上解决经济过热的问题。不少地方开发区热、房地产热、乱拆借、乱集资、金融秩序混乱等情况仍然严重。投资需求和消费需求急剧扩张，超过社会供给的可能，经济总量失衡情况仍然严峻，货币过量发行，引发通货膨胀，一时间通胀率达两位数，居高不下。

2. 出台"16条"加强宏观调控的措施

面对经济发展中出现经济过热的情况，随后，中共中央召开了各省区市工作会议，研究继续推进投资、财税、金融体制方面的改革，通过深化改革解决深层次的经济问题。1993年5月下旬和6月初，国务院连续召开会议，研究加强宏观调控，解决经济发展中的突出问题。

1993年6月24日，中共中央、国务院颁布了《关于当前经济情况和加强宏观调控的意见》，《意见》指出："我国经济在继续大步前进中，也出现了一些新的矛盾和问题，某些方面的情况还比较严峻。一是货币过量投放，金融秩序混乱。"② 意见还说："当前的宏观经济环境已经绷得很紧，有些矛盾和问题还在继续发展，如果不抓住时机，进一步深化改革，抓紧实施宏观调控措

---

① 中共中央文献研究室编：《邓小平年谱（1975—1997）》（下），中央文献出版社2004年版，第1361—1362页。

② 中共中央文献研究室编：《十四大以来重要文献选编》（上），人民出版社1996年版，第311—312页。

施,势必导致社会供需总量严重失衡,通货膨胀进一步加剧,甚至会引起经济大的波动,影响社会安定。"①《意见》中提出了 16条措施:(1)严格控制货币发行,稳定金融形势;(2)坚决纠正违章拆借资金;(3)灵活运用利率杠杆,大力增加储蓄存款;(4)坚决制止各种乱集资;(5)严格控制信贷总规模;(6)专业银行要保证对储蓄存款的支付;(7)加快金融改革步伐,强化中央银行的金融宏观调控能力;(8)投资体制改革要与金融体制改革相结合;(9)限期完成国库券发行任务;(10)进一步完善有价证券发行和规范市场管理;(11)改进外汇管理办法,稳定外汇市场价格;(12)加强房地产市场的宏观管理,促进房地产业的健康发展;(13)强化税收征管,堵住减免税漏洞;(14)对在建项目进行审核排队,严格控制新开工项目;(15)积极稳妥地推进物价改革,抑制物价总水平过快上涨;(16)严格控制社会集团购买力的过快增长。②

这 16 条措施中有 13 条是经济方面的,其中又有 11 条是银行金融方面的措施。这标志中国开始改变了过去用行政措施管理经济的办法,而采用新的经济措施管理经济,下决心解决经济生活中发生的突出问题。颁布 16 条措施的同一天,为加强对宏观调控的领导,国家主席江泽民根据第八届全国人大常委会第二次会议的决定,任命国务院副总理朱镕基兼任中国人民银行行长。

3. 召开全国金融会议"约法三章"落实宏观调控措施

为贯彻落实加强宏观调控的 16 条措施,1993 年 7 月 5 日至 7日,中共中央、国务院在北京举行全国金融工作会议。中共中央

① 中共中央文献研究室编:《十四大以来重要文献选编》(上),人民出版社 1996 年版,第 313 页。

② 中共中央文献研究室编:《十四大以来重要文献选编》(上),人民出版社 1996 年版,第 315—322 页。

政治局常委、主管金融工作的国务院副总理、中国人民银行行长朱镕基在会上强调：要坚决贯彻落实中共中央、国务院关于当前经济工作的一系列重要决策，推进金融改革，整顿金融秩序，强化宏观调控。他说：强化宏观调控，不是实行全面紧缩，而是进行结构调整。当前中国经济的高速发展从总体上讲是健康的，前进过程中发生的问题，通过加快和深化改革就可以解决，没有必要实行全面紧缩，今后也不会采取全面紧缩的政策。优化产业结构、解决"瓶颈"制约，是当务之急。必须根据国家产业政策，迅速调整资金投向，确保工农业生产和基础设施建设的需要，促进国民经济持续、稳定发展。金融改革的重点是，强化中央银行的职能，加快形成统一有效的宏观调控机制。通过改革，建立一个在国务院领导下的独立执行货币政策的中央银行体系；建立一个中央银行监管下的以国家政策性银行和国有商业银行为主体的、多种金融机构并存的金融组织体系；建立一个统一、高效、有序的金融市场体系。

朱镕基要求金融系统的各级领导干部带头执行"约法三章"。第一，立即停止和认真清理一切违章拆借，已违章拆出的资金要限期收回。第二，任何金融机构不得变相提高存贷款利率，不准用提高存款利率的办法搞"储蓄大战"，不得向贷款对象收取回扣。第三，立即停止向银行自己兴办的各种经济实体注入信贷资金，银行要与自己兴办的各种经济实体彻底脱钩。朱镕基说，各级银行要认真贯彻执行"约法三章"，否则，将严肃追究当事人和主要负责人的责任。①

1993 年 7 月 10 日，受李鹏总理委托，朱镕基副总理主持国务院第二次全体会议，部署贯彻落实中共中央、国务院关于加强

---

① 《朱镕基在全国金融工作会议闭幕会上强　调加强宏观调控不是全面紧缩　当务之急是优化产业结构》，《人民日报》1993 年 7 月 10 日。

宏观调控、做好经济工作的措施。会议对国务院各部门的工作提出了要求，对贯彻落实好中共中央、国务院的重大决策作了动员和部署。国务委员、国务院秘书长罗干在会上宣布了十个中央调查组的组成情况。国务院副总理邹家华在会上发了言。根据中共中央、国务院的决定，派出十个中央调查组，前往20个省、自治区、直辖市，督促检查各地贯彻落实《关于当前经济情况和加强宏观调控的意见》的情况。

4. 召开全国财政、税务工作会议实行"约法三章"和四项原则

1993年7月20日至23日，中共中央、国务院在北京召开全国财政工作会议和税务工作会议，来自各省、自治区、直辖市和计划单列市的财政、税务厅（局）长和国务院有关部门负责人出席了会议。朱镕基代表中共中央、国务院在会上发表《整顿财税秩序，严肃财经纪律，强化税收征管，加快财税改革》的讲话，他说，财政、税收部门是国民经济重要的宏观管理部门，在支持改革开放和经济建设、发展当前大好形势的过程中，也存在着秩序混乱、纪律松弛等一些突出问题，因此财税部门一要抓好整顿，二要抓好改革。具体的要求就是：整顿财税秩序，严肃财经纪律，强化税收征管，加快财税改革。在谈到整顿财税秩序、严肃财经纪律时，朱镕基说，必须首先弄清楚社会主义市场经济体制所要求的财税秩序。有的同志以为随意减免税收、不规范地给企业以优惠政策是一种"改革"，是"解放思想"，其实这是一种误解。市场经济的基本要求就是平等竞争，而随意减税让利不利于平等竞争，不符合市场经济的原则；行政干预、长官意志、主观随意性，正是传统计划经济的典型做法。市场经济是规范化、法制化的经济，不是想干什么就能干什么，更不是谁分管什么就可以为所欲为，而是必须接受法律、法规及行政纪律的约束，接受党和人民的监督。

朱镕基指出，整顿财税秩序不仅是财税部门一家的事情，它涉及社会的各个方面，因此，整顿财税秩序必须得到全社会的支持，特别是各级地方党政领导的支持。要将整顿财税秩序提高到建立社会主义市场经济体制和维护长治久安的政治局面的高度来认识，切实将这项工作做好。

朱镕基强调，财税体制改革要按照建立社会主义市场经济体制的要求，遵循四个原则：一是要总结自己的实践经验，借鉴市场经济国家的成功做法，建立新的财税体制。要统一认识，制定方案，尽快全面推行。二是要实行中央和地方的分税制和两类税收分别征收管理。三是要在明确财政职能，进一步下放财政支出责权的基础上，划分税种、保证中央必要的支出。四是要按《企业会计准则》和《企业财务通则》来规范政府和企业的分配关系。

朱镕基在讲话中严肃提出财税部门的"约法三章"，要求各级财税部门严格遵守。第一，要严格控制税收减免。今年内不再出台新的减免税政策，临时性、困难性减免税要一律停止。凡减免税期已满的应立即恢复征税。各地越权自定的减免税收政策，要坚决按中央要求立即停止执行，并进行清理。从现在起，如再发现擅自减免税收，要严肃追究当事人和有关负责人的责任。第二，要严格控制财政支出，停止向银行挂账。财政工作要坚持量力而行、收支平衡的原则，财政赤字要通过发行国债来解决，不能向银行透支。地方预算要严格按《国家预算管理条例》的要求，不能安排赤字。任何地方不得再到银行挂账。第三，今后财税部门及所属机构，未经人民银行批准，一律不准涉足商业性金融业务。要立即清理各种财政信用放贷，对用财政资金放高利贷的，要立即纠正。财税部门办的各种公司，特别是金融性公司，一律要限期与财税部门脱钩。①

5. 江泽民主持座谈会，落实宏观调控的政策措施

为实现国民经济持续快速健康发展，防止经济过热，1993 年 5 月 9 日至 11 日，江泽民在上海主持召开华东六省一市经济工作座谈会，6 月 13 日至 14 日，江泽民又在西安主持召开西北五省区经济工作座谈会，研究进一步深化改革、扩大开放，促进经济持续快速健康发展等问题。

1993 年 8 月 25 日至 27 日，江泽民又在大连主持召开了华北、东北八省、自治区、直辖市经济工作座谈会。座谈会上，北京、天津、河北、山西、内蒙古、辽宁、吉林、黑龙江等八个省、自治区、直辖市的主要负责人就贯彻落实最近中央关于加强宏观调控的政策措施的情况作了汇报。大家一致认为，认真贯彻落实中共中央、国务院提出的关于加强宏观调控的政策措施，是解决当前经济生活中的突出矛盾和问题，推进改革开放和经济建设的重大举措。中央加强宏观调控的政策措施实行两个月来，经过各地、各部门的共同努力，已经发挥作用，取得初步成效。主要表现是：违章拆借现象基本刹住，乱集资得到初步控制，农业夏粮收购基本没有发生打"白条"现象（收购农民粮食，没有给现金，仅给开张欠条），银行储蓄上升，汇率趋于稳定，生产资料价格有所下降，经济形势继续向好的方向发展。江泽民在座谈会上强调，在肯定成绩的同时，也应该清醒地看到，真正落实中央加强宏观调控的政策措施，还要做大量深入、扎实、艰苦的工作。他进一步提出具体要求："第一，要进一步统一全党、全社会的认识。这次中央采取的宏观调控措施，主要是运用符合市场经济规律的经济手段、法律手段和必要的行政手段，解决经济生

---

① 《朱镕基在全国财税工作会上强调　整顿财税秩序　严肃财经纪律　强化税收征管　加快财税改革》，《人民日报》1993 年 7 月 24 日。

活中的一些突出矛盾和问题，目的是深化改革，转换机制，优化结构，提高效益。为了实现这一目标，必须统一思想，统一行动，做到令行禁止，确保中央的各项政策措施落到实处。在经济工作中，既要抓住机遇，加快发展，又要注意稳妥，避免损失，特别要避免大的损失，把发展经济的着眼点和着力点真正放在通过改善经营管理，推进技术进步，提高劳动生产率和经济效益上来。第二，要注意研究经济运行中出现的新情况、新问题。要继续整顿金融秩序，严肃金融纪律。在整顿金融秩序工作中，必须堵邪门、开正门。一方面要坚决制止违章拆借和非法集资，另一方面要确保必需的资金及时到位，保证经济建设的顺利进行。要下决心压缩过大的基本建设投资规模。各地必须按照中央要求，对固定资产投资项目进行清理，决不能把资金缺口留在国家必保的重点上。要切实落实'三保'措施，保农业生产、保效益好的国有大中型企业和外贸出口创汇企业、保重点建设。"①

1993 年 9 月 27 日至 29 日，江泽民在广州主持召开中南、西南十省区经济工作座谈会。在座谈会上，河南、湖北、湖南、广西、海南、四川、贵州、云南、西藏、广东的负责人先后汇报了贯彻中央关于深化改革、加强宏观调控重大决策的进展情况，分析了经济形势。在会上，江泽民强调：20 世纪 90 年代是中国社会主义现代化建设的关键时期，必须以极大的历史责任感，努力使国民经济保持一个较高的增长速度。但是，各地都要从实际出发，既要有紧迫感，不丧失发展的时机；又要尊重客观规律，量力而行，注意稳妥，避免损失，特别是大的损失。国内外的经验表明，发展经济不能单纯靠增加投入，扩大规模，铺新摊子，上

① 《江泽民在华北东北八省（区市）经济工作座谈会上强调　继续深化改革　加强宏观调控　保证国民经济又快又好发展》，《人民日报》1993 年 9 月 1 日。

新项目，而应充分发挥现有生产能力，挖掘潜力，关键是依靠科技进步，优化经济结构，改善经营管理，努力提高劳动生产率。

6. 依法依规实施宏观调控

为进一步贯彻落实宏观调控的政策措施，1993 年 11 月在中共十四届三中全会通过《中共中央关于建立社会主义市场经济体制若干问题的决定》后，1993 年底，中共中央和国务院又分别召开了全国经济工作会议、全国经济体制改革工作会议、全国经贸工作会议、全国外贸工作会议、全国平抑粮油价格工作会议等。1994 年初，中共中央、国务院又召开全国农业工作会议、全国金融工作会议等。这些会议都强调加强宏观调控，保证经济的持续快速健康发展。

与此同时，国家颁布了一系列法律法规和文件，如：《中华人民共和国公司法》《全国人民代表大会常务委员会关于修改〈中华人民共和国经济合同法〉的决定》《关于严格审批和认真清理各类开发区的通知》《证券交易所管理暂行条例》《企业债券管理条例》《中华人民共和国税收征收管理法实施细则》《中华人民共和国增值税暂行条例》《中华人民共和国消费税暂行条例》《中华人民共和国营业税暂行条例》《中华人民共和国企业所得税暂行条例》《中华人民共和国土地增值税暂行条例》等。这些法律法规和文件的颁布实施，对贯彻落实宏观调控的政策和措施，起到了重要作用；也表明中共中央、国务院在建立社会主义市场经济、实施宏观调控的过程中，着眼于建立社会主义市场经济，高度重视法律法规的制定，依法依规进行宏观调控。

7. 实现宏观调控目标，经济"软着陆"

在加强宏观调控的条件下，1994 年国家对财税体制、金融体制和外汇外贸等方面的体制进行了重大改革，并取得了显著的成效。到 1995 年，适度从紧的宏观调控措施和各项重大改革收到了积极的效果，经济增长速度平稳回落，国内生产总值比上年增长 10.2%，固定资产投资规模得到有效控制，物价涨幅回落到 15% 以下，实现了预定的调控目标。金融、外汇、财政、物资 "四大平衡" 也有了明显好转，并且避免了经济的大起大落，这是自改革开放以来经济首次成功地实现了 "软着陆"。

事实证明，在以江泽民同志为核心的中央领导集体的领导下，1993 年到 1995 年三年加强和改善宏观调控是一次成功的实践。这次加强宏观调控，没有采取以往经济调整中的 "急刹车"、全面紧缩的做法，而是加强总量平衡，实行适度从紧的财政政策和货币政策，在执行过程中适时、适度进行微调，在发展中不断改善宏观经济环境，保持国民经济持续快速健康发展。这种做法比以往要全面得多、积极得多，既没有丧失机遇，保持了经济持续快速增长，又有效地解决了经济过热问题，抑制了通货膨胀；既推进了改革的进一步深化，又成功地避免了经济的大起大落。这是一次实现高增长、低通胀的 "软着陆"，说明中共中央、国务院及有关部门管理经济、驾驭复杂局面的能力得到了加强，达到了新水平。这次实施国家宏观调控取得了成效，体现了中共中央领导改革开放和经济发展的如下特点：一是准确判断经济形势，工作抓得早。既看到主流是发展，又看到出现的问题。及时采取措施做工作，从 1992 年 4 月就采取措施有针对性地做工作。二是抓领导，抓住省部级干部。在中央和国务院分别召开经济通报会、工作会议、金融工作会议，在西安、大连、上海、广州分别召开省委书记、省长座谈会，介绍情况、分析问题、研究措施。中国的事情，关键在领导。中央、省部这级领导思想统一了，就能保证措施落实到位。三是采取科学的方法，注意全面，避免片面性。

（二）完成 "八五" 计划

在中共中央、国务院的领导下，经过全国各族人民的共同努力,"八五"计划(1991—1995 年)提出的主要任务提前和超额完成,国民经济和社会发展取得显著成就,社会生产力、综合国力和人民生活,都上了一个新的台阶。

1. 改革开放和经济建设取得显著成就

"八五"计划期间,国民经济持续快速增长。国民生产总值年均增长 12%,1995 年达到 57733 亿元。提前实现邓小平提出、中共十三大确定的在 20 世纪末实现国内生产总值比 1980 年"翻两番"的目标(1980 年国内生产总值为 4517.8 亿元①)。

"八五"计划期间的五年,农村经济全面发展,农业年均增长 4.1%,乡镇企业保持发展势头。工业年均增长 17.8%,产品结构调整加快,煤炭、电力、钢铁、汽车、化纤、化肥、家用电器都有较大增长。石油天然气和有色金属工业取得新的成绩。轻纺产品供应充裕,花色品种增多。重点建设成绩显著,建成投产大中型基建项目 840 多个,交通、通信和能源建设得到加强。铁路正线铺轨总里程 11000 多公里,贯穿南北的京九铁路提前两年全线铺通。高等级公路、港口、机场建设发展较快。新增发电装机总量 7000 多万千瓦。邮电事业迅速发展,电话交换机总容量新增 5800 多万门。② 地质勘查取得新的成绩。基础工业和基础设施建设的成就,缓解了经济增长的"瓶颈"制约,为今后经济发展创造了良好条件。

"八五"计划期间,中共中央、国务院按照建立社会主义市

---

① 中央财经领导小组办公室编:《中国经济发展五十年大事记(1949.10—1999.10)》,人民出版社、中共中央党校出版社 1999 年版,第 328 页。

② 《关于国民经济和社会发展"九五"计划和 2010 年远景目标纲要的报告——1996 年 3 月 5 日在第八届全国人民代表大会第四次会议上》,《人民日报》1996 年 3 月 19 日。

场经济体制的目标加快了改革步伐，经济体制改革取得突破性进展。以分税制为核心的新财政体制，以增值税为主体的新税制，已经基本建立并正常运行。政策性金融和商业性金融已经初步分开，汇率顺利实现并轨。新的宏观调控体系的框架初步建立，加强和改善宏观调控取得明显成效。价格进一步放开，市场在资源配置中的基础性作用明显增强。国有企业和农村改革，计划、投资、流通、社会保障体制改革，以及住房制度改革和政府机构改革，都取得新的进展。"八五"期间，以公有制为主体、多种经济成分共同发展的格局已经形成。国民经济市场化、社会化程度明显提高，经济活力显著增强。改革的推进，为国民经济和社会发展提供了强大动力，也为 20 世纪末初步建立社会主义市场经济体制奠定了基础。

对外开放的总体格局基本形成。"八五"计划期间，中国进一步扩大了对外开放的范围和规模，形成了由沿海到内地、由一般加工工业到基础工业和基础设施的总体开放格局。进出口总额累计超过 1 万亿美元。实际利用外资超过 1600 亿美元，其中外商直接投资占 70%，投资结构有所改善。引进先进技术和管理经验，促进了国内生产技术和管理水平的提高。国际旅游业迅速发展。1995 年末国家外汇储备 730 多亿美元，国际支付能力增强。对外开放的扩大，促进了国内经济发展，推动了经济体制改革，也增进了同各国政府和人民之间的交往。

2. 城乡人民生活和社会事业变化显著

城乡人民生活继续改善。"八五"（1991—1995 年）期间，扣除物价因素，城镇居民人均生活费收入年均增长 7.7%，农村居民人均纯收入年均增长 4.5%，社会消费品零售总额年均增长 10.6%。城乡劳动就业不断增加。脱贫工作取得很大成绩，贫困人口由"七五"（1986—1990 年）末的 8500 万减少到 6500 万。

城乡新建住房 43 亿平方米，人均居住面积扩大。①

城镇实行了每周五天工作制。1995 年 2 月，国务院第八次全体会议讨论并通过了关于工作制改革的问题，决定在全国实行每周五天 40 个小时的工作制。在 1995 年举行的八届全国人大三次会议上，一些人大代表又提出了关于实行五天工作制的建议。中共中央和国务院十分重视代表们的建议。李鹏总理表示要尽快落实这一建议。1995 年 3 月 25 日，李鹏签署国务院第 174 号令。这个命令宣布："《国务院关于修改〈国务院关于职工工作时间的规定〉的决定》已经 1995 年 2 月 17 日国务院第 8 次全体会议通过，现予发布，自 1995 年 5 月 1 日起施行。"② 在全国实行每周五天 40 个小时的工作制，给人们工作和生活带来了重大变化。城乡人民文化生活进一步丰富，生活质量得到提高，正在向小康目标前进。

各项社会事业全面发展。科技和教育事业在改革中继续前进。"八五"期间，取得国家级科研成果 16 万项，科技成果向现实生产力的转化加快。普及九年义务教育取得明显成效，中等职业教育有较快发展，高等教育体制改革迈出较大步伐。计划生育成绩显著，人口自然增长率由 1990 年的 14.39‰下降到 1995 年的 10.55‰，人口增长速度过快的势头得到初步控制。③ 文学艺术、广播影视、新闻出版和社会科学都取得新的进步，思想教育

① 《关于国民经济和社会发展"九五"计划和 2010 年远景目标纲要的报告——1996 年 3 月 5 日在第八届全国人民代表大会第四次会议上》，《人民日报》1996 年 3 月 19 日。

② 《李鹏签署国务院令　5 月起职工实行每周五天工作制》，《人民日报》1995 年 3 月 25 日。

③ 《关于国民经济和社会发展"九五"计划和 2010 年远景目标纲要的报告——1996 年 3 月 5 日在第八届全国人民代表大会第四次会议上》，《人民日报》1996 年 3 月 19 日。

和宣传工作得到加强。卫生体育、环境保护和侨务工作，以及妇女、儿童、老龄和残疾人工作都取得新的成绩。加强了勤政廉政建设、反腐败斗争和社会治安综合治理，查处了一批大案要案。社会主义精神文明和民主法制建设取得进展，安定团结的局面进一步巩固。国防建设得到加强，中国人民解放军、武装警察部队和公安干警在保卫祖国、维护国家安全和社会稳定中作出了新的贡献。

整个国家呈现出经济发展、政治稳定、民族团结、社会进步的欣欣向荣的景象。更重要的是，在改革开放和现代化建设中以邓小平同志为核心的中国共产党创立了建设有中国特色的社会主义理论，形成了有步骤实现中国现代化实现民族振兴的路线、方针和政策，成功地走出了一条建设有中国特色的社会主义道路。所有这些，特别是提前实现国民经济发展分"三步走"的前两步，即"翻两番"的发展目标，为中国共产党带领全国人民制订新的跨世纪的宏伟纲领奠定了雄厚的基础，也为实施新的纲领创造了基本的条件。

（三）提前实现经济总量"翻两番"

中共十一届三中全会后，在新中国成立后建立社会主义制度和进行社会主义现代化建设取得成效的基础上，中国共产党继续领导全国各族人民进行经济、政治等方面的全面建设和体制改革，扩大开放，取得了巨大的成就。虽然在国际上出现1990年前后的东欧剧变和苏联解体，以及以美国为首的西方七国集团及几乎所有的西方发达国家对中国施加长达4年多的"制裁"等不利因素，但中国共产党带领中国人民坚持基本路线不动摇，坚定不移地实行中共十二大和十三大确定"翻两番""三步走"的目标，积极完成"六五计划""七五计划"，并制定和形成若干现代化建设的发展战略：如可持续发展战略，"科教兴国"战略，国防和军事战略，统一祖国方略，国际外交战略，提出党的建设新的伟大工程以加强党的建设，全面推进中国特色社会主义建设。

1. 经济总量 1995 年提前实现"翻两番"目标

国家经济总量"翻两番"，是中国共产党确定的 20 世纪中国经济的发展目标。这个目标最早是由邓小平提出来的。1980 年 10 月，邓小平正式提出："现在我们搞四个现代化，提的目标就是争取二十年翻两番。到本世纪末人均国民生产总值达到八百至一千美元，进入小康社会。"[①] 随后，在 1981 年 12 月召开的五届全国人大四次会议上的《政府工作报告》正式提出："我们要在中国共产党的正确领导下，动员和组织全国各族人民，振奋精神，同心协力，艰苦奋斗，勤俭建国，力争用二十年的时间使工农业总产值翻两番，使人民的消费达到小康水平。"[②] 1982 年 9 月召开中共十二大，在大会报告中郑重提出工农业总产值"翻两番"的任务，报告说："从一九八一年到本世纪末的二十年，我国经济建设总的奋斗目标是，在不断提高经济效益的前提下，力争使全国工农业的年总产值翻两番，即由一九八〇年的七千一百亿元增加到二〇〇〇年的二万八千亿元左右。实现了这个目标，我国国民收入总额和主要工农业产品的产量将居于世界前列，整个国民经济的现代化过程将取得重大进展，城乡人民的收入将成

---

① 中共中央文献研究室编：《邓小平年谱（1975—1997）》（上），中央文献出版社 2004 年版，第 681 页。

② 《当前的经济形势和今后经济建设的方针——一九八一年十一月三十日和十二月一日在第五届全国人民代表大会第四次会议上的政府工作报告》，《人民日报》1981 年 12 月 14 日 。

倍增长，人民的物质文化生活可以达到小康水平。"① 1987 年召开的中共十三大，进一步明确了经济发展"三步走"的目标，中共十三大报告指出："党的十一届三中全会以后，我国经济建设的战略部署大体分三步走。第一步，实现国民生产总值比一九八〇年翻一番，解决人民的温饱问题。这个任务已经基本实现。第二步，到本世纪末，使国民生产总值再增长一倍，人民生活达到小康水平。第三步，到下个世纪中叶，人均国民生产总值达到中等发达国家水平，人民生活比较富裕，基本实现现代化。然后，在这个基础上继续前进。"②

1995 年，在中共中央和国务院的正确领导下，各地方、各部门继续贯彻中央"抓住机遇、深化改革、扩大开放、促进发展、保持稳定"的基本方针，积极落实宏观调控的各项措施，全国各族人民团结奋斗，取得了改革开放和社会主义现代化建设的新成就。国民经济持续快速发展，经济结构调整有所进展，通货膨胀得到初步抑制，人民生活继续改善，各项社会事业有新的发展。初步统计，全年国内生产总值 57733 亿元，比上年增长 10.2%。这就意味着中国提前五年，即 1995 年提前实现经济总量"翻两番"的目标。据国家统计局提供的资料，从 1979 年到 1995 年，中国国内生产总值（GDP）由 3624 亿元人民币猛增到 57733 亿元，按可比价格计算，平均每年增长 9.8%。并于 1995 年提前 5 年实现了 GDP 比 1980 年"翻两番"的计划目标。

---

① 胡耀邦：《全面开创社会主义现代化建设的新局面——在中国共产党第十二次全国代表大会上的报告》（1982 年 9 月 1 日），《人民日报》1982 年 9 月 8 日。

② 赵紫阳：《沿着有中国特色的社会主义道路前进——在中国共产党第十三次全国代表大会上的报告》（1987 年 10 月 25 日），《人民日报》1987 年 11 月 4 日。

而到 1997 年，中国经济总量达到 74772 亿元，已居世界第七位。人均 GDP 由 379 元提高到 6079 元，剔除价格因素，平均每年实际增长 8.4%。提前实现了人均 GDP "翻两番"的目标。[①]这标志着中国共产党和中国政府确定的经济发展目标已经提前实现。对中国 20 年间天翻地覆的变化，世界银行专家的评价是："中国只用了一代人的时间，取得了其他国家用了几个世纪才能取得的成就。"[②]

2. 各个领域发展成效显著

这一段时期，中国农业生产稳定发展。1997 年，粮、棉、油等农作物产量分别达到 49417 万吨、460 万吨和 2157 万吨，分别比 1978 年增长 62.1%、112.4% 和 313.5%；奶、蛋产量分别比 80 年代初增长了 4.5 和 2.7 倍。粮、棉等主要农产品产量跃居世界首位。农、林、牧、渔总产值达 24709 亿元，剔除价格因素，比 1978 年增长 2.4 倍，年均递增 6.6%，是改革前年均递增速度的 2.8 倍。

乡镇企业的迅猛崛起，改变了传统体制下农村经济的格局。到 1997 年底，全国有乡镇企业 2015 万家，为农村富余劳动力提供了 1.3 亿多个就业机会。1997 年末固定资产原值 1 万多亿元，流动资产 1.3 万多亿元，实现营业收入 3.8 万亿元，实现利税总额 3238 亿元，企业留利近 2000 亿元。

与此同时，工业生产高速增长。1997 年，全国乡及乡以上工业企业完成总产值 11.2 万亿元，剔除价格因素，比 1978 年增长了 13 倍，年均递增 14.9%。其中，国有工业和集体经济年均分

---

① 《二十年国民经济发展成果巨大》，《人民日报》1998 年 9 月 23 日。

② 《世行发表〈2020 年的中国〉研究报告认为 中国经济 21 世纪将持续快速发展》，《人民日报》1997 年 9 月 19 日。

别递增 7.6％和 19.7％。各种工业产品产量不断提高，初步扭转了中国工业品长期短缺的被动局面，不仅日用消费品供应充足，就连长期制约中国经济发展的基础产业产品，如煤、电等也得到了明显缓解。中国的钢、原煤、水泥、棉布、电视机等产品产量均居世界首位。①

1981 年到 1997 年还是中国各项建设高速发展的时期。自 1981 年以来，累计完成全社会固定资产投资总额为 14 万多亿元，其中，国有单位固定资产投资 8.1 万亿元，相当于改革前 29 年投资总和的 12.5 倍。1997 年，全社会固定资产投资 25300 亿元，相当于 1981 年的 26 倍。在投资总额中，国有经济投资所占比重由 1981 年的接近 70％下降为 1997 年的 53％，下降 16.5 个百分点；个体投资由 18.5％降为 13.5％；集体经济投资所占比重由 12％提高到 15.3％，上升 3.3 个百分点；其他经济投资从无到有，1997 年达 4581 亿元，占全部投资的 18.2％。在投资结构方面，基础产业投资力度明显加大。对能源工业的基建投入比重由 1980 年的 20.7％，提高到 1997 年的 26.2％；对运输、邮电业的投入比重由 11.2％，提高到 21.5％；对第三产业的投入比重大幅度提高，到 1997 年达到 53.8％。②

从 1978 年到 1997 年，全国累计修建各种类型的水库近 10 万座，总蓄水能力近 5000 亿立方米；建成灌区 5608 处，有效灌溉面积 2206 万公顷。基建投资新增煤炭开采能力 3.8 亿吨，天然石油开采能力 2.4 亿吨，炼钢能力 1884 万吨，新增发电机组容量 1.59 亿千瓦，新建公路 122.6 万公里，新建（扩建）港口码头吞

---

① 《二十年国民经济发展成果巨大》，《人民日报》1998 年 9 月 23 日。

② 《二十年国民经济发展成果巨大》，《人民日报》1998 年 9 月 23 日。

吐量 4.6 亿吨。从 1980 年到 1997 年，国家铁路正线延展里程净增 1.7 万公里。①

二、处理改革发展稳定关系与确定跨世纪发展目标

中共十一届三中全会以来，中国国民经济以年均 9.8% 以上的速度迅速增长，综合国力显著增强，人民生活水平明显改善，社会主义市场经济体制正在逐步建立，对外开放的总体格局基本形成，各项事业都在蓬勃发展。1995 全年国内生产总值为 57733 亿元，② 已经提前五年实现了中共十三大提出的国民生产总值比 1980 年（1980 年国内生产总值为 4517.8 亿元③）《翻两番》的战略目标（人均国民生产总值接近"翻两番"）。这为国家制定"九五"（1996—2000 年）计划和 2010 年远景目标这一跨世纪的宏伟纲领奠定了坚实的基础。

（一）制定"九五"计划和 2010 年远景目标

1995 年 9 月 25 日至 28 日，中共十四届五中全会在北京召开，会议审议并通过了《中共中央关于制定国民经济和社会发展"九五"计划和 2010 年远景目标的建议》（本节简称《建议》）。

---

① 《二十年国民经济发展成果巨大》，《人民日报》1998 年 9 月 23 日。

② 《1995 年国民经济和社会发展的统计公报》（1996 年 3 月 1 日），《人民日报》1996 年 3 月 7 日。

③ 中央财经领导小组办公室编：《中国经济发展五十年大事记（1949.10—1999.10）》，人民出版社、中共中央党校出版社 1999 年版，第 328 页。

这个《建议》是中共中央在实行社会主义市场经济条件下制定的第一个国家经济社会发展的中长期规划，《建议》提出了一系列根本原则和重大方针，并特别强调，要牢牢把握"抓住机遇、深化改革、扩大开放、促进发展、保持稳定"① 的大局，正确处理改革、发展、稳定三者的关系。《建议》分为序言和十一个问题。根据中共中央的这个建议，国务院制定了《中华人民共和国国民经济和社会发展"九五"计划和2010年远景目标纲要》（本节简称《纲要》），提交第八届全国人大第四次全体会议审议。1996年3月5日，李鹏总理代表国务院在第八届全国人大第四次全体会议上作了《关于国民经济和社会发展"九五"计划和2010年远景目标纲要的报告》。17日，大会作出决议批准了李鹏总理的报告。这标志着中国国民经济和社会发展"九五"计划和2010年远景目标被中国最高权力机关——全国人民代表大会正式批准。

1. 《纲要》规定的奋斗目标、主要任务和指导方针

《纲要》郑重提出"九五"期间国民经济和社会发展的主要奋斗目标是："全面完成现代化建设的第二步战略部署，到二〇〇〇年，人口控制在十三亿以内，实现人均国民生产总值比一九八〇年翻两番；基本消除贫困现象，人民生活达到小康水平；加快现代企业制度建设，初步建立社会主义市场经济体制。为下世纪初开始实施第三步战略部署奠定更好的物质技术基础和经济体制基础。"② 《纲要》提出的具体目标是：经济总量持续增长，人民生

---

① 《中共中央关于制定国民经济和社会发展"九五"计划和2010年远景目标的建议》（1995年9月28日中国共产党第十四届中央委员会第五次全体会议通过），《人民日报》1995年10月5日。

② 中共中央文献研究室编：《十四大以来重要文献选编》（中），人民出版社1997年版，第1837页。

活水平不断提高。初步建立社会主义市场经济体制，市场在国家宏观调控下对资源配置起基础性作用。产业结构进一步改善，有效供给能力增强。科技教育得到加强，社会事业全面进步。转变经济增长方式取得成效，国民经济整体素质和效益进一步提高。

着眼于长远发展，为进一步落实经济建设"三步走"的发展战略，《纲要》提出的 2010 年国民经济和社会发展的远景目标是："实现国民生产总值比二○○○年翻一番，人口控制在十四亿以内，人民的小康生活更加宽裕，形成比较完善的社会主义市场经济体制。"① 《纲要》提出的具体目标是：国有企业建立现代企业制度，形成一批具有较强国际竞争力的大企业、大集团。产业结构进一步优化。21 世纪前十年，集中力量建设一批对国民经济和社会发展具有全局性、关键性作用的工程。区域经济协调发展，地区发展差距逐步缩小。初步建立规模结构和布局合理的城镇体系。国民经济技术水平和全民族科学文化素质显著提高。经过 15 年的努力，国民经济整体素质将有较大提高，国际竞争力将大为增强，社会生产力、综合国力、人民生活水平再上一个大台阶，社会主义精神文明建设和民主法制建设取得明显进展，为 21 世纪中叶实现第三步战略目标，基本实现现代化，奠定坚实基础。

为实现经济社会的快速、持续、健康的全面发展，《纲要》指出今后 15 年（1996—2010 年）要高度重视和下大力气解决关系全局的七个重大问题：一是农业基础薄弱，不适应人口增加、生活水平提高和经济发展对农产品日益增长的需要；二是国有企业生产经营困难较多，管理体制和经营机制不适应社会主义市场经济的要求；三是在经济快速增长和经济体制转换过程中，通货膨胀压力大，国家财力不足，宏观调控能力不强；四是国民经济

---

① 中共中央文献研究室编：《十四大以来重要文献选编》（中），人民出版社 1997 年版，第 1840 页。

整体素质低，产业结构不合理，经营粗放，浪费严重，效益不高；五是人口多，人均资源相对不足，就业压力大，生态环境问题突出；六是在全国经济发展和人民生活普遍提高的同时，地区发展差距扩大，部分社会成员之间收入差距悬殊；七是在经济、社会生活中，腐败现象有所滋长，社会主义精神文明和民主法制建设面临着不少亟待解决的问题。

为解决经济社会发展中存在的问题，提升国民经济的整体素质和发展水平，《纲要》还提出了随后 15 年（1996—2010 年）必须认真贯彻国民经济和社会发展的九条重要方针。即，第一，保持国民经济持续、快速、健康发展。第二，积极推进经济增长方式转变，把提高经济效益作为经济工作的中心。第三，实施科教兴国战略，促进科技、教育与经济紧密结合。第四，把加强农业放在发展国民经济的首位。第五，把国有企业改革作为经济体制改革的中心环节。第六，坚定不移地实行对外开放。第七，实现市场机制和宏观调控的有机结合，把各方面的积极性引导好、保护好、发挥好。第八，坚持区域经济协调发展，逐步缩小地区发展差距。第九，坚持物质文明和精神文明共同进步，经济和社会协调发展。

2. 关于实行两个具有全局意义的根本性转变

促进国民经济持续、快速、健康发展，关键是实行两个具有全局意义的根本性转变。关于这个问题，1996 年 3 月，李鹏在八届全国人大四次会议上作报告时说："从计划经济体制向社会主义市场经济体制转变，经济增长方式从粗放型向集约型转变，这是实现今后十五年奋斗目标的关键所在。"①

---

① 李鹏：《关于国民经济和社会发展"九五"计划和 2010 年远景目标纲要的报告——1996 年 3 月 5 日在第八届全国人民代表大会第四次会议上》，《人民日报》1996 年 3 月 19 日。

《纲要》明确提出，建立和完善社会主义市场经济体制，是随后15年的战略任务。这方面的工作主要有：（1）坚持以公有制为主体、多种经济成分共同发展的方针，深化国有企业改革，建立现代企业制度；（2）积极发展和完善市场体系，充分发挥市场机制的作用；（3）转变政府职能，形成以间接方式为主的宏观调控体系；（4）进一步对外开放，完善对外经济体制；（5）加强经济法制建设，建立和完善与新体制相适应的法律体系。

关于经济建设要切实转变经济增长方式，显著提高国民经济整体素质和效益，使社会生产力有一个大的发展。《纲要》提出以后十五年经济建设的总体要求是：第一，加强和改善宏观调控目标和政策。必须加强和改善宏观调控，实现经济总量基本平衡，引导国民经济持续、快速、健康发展。第二，保持国民经济持续快速健康发展。通过市场机制和国家宏观调控的作用，重点加强农业、水利、能源、交通、通信。同时，振兴支柱产业，发展高技术产业，调整提高轻纺工业，积极开拓第三产业，促进国民经济全面发展。第三，实施科教兴国战略。加速科学技术进步，优先发展教育。第四，促进区域经济协调发展。引导地区经济协调发展，形成若干各具特色的经济区域，促进全国经济布局合理化，逐步缩小地区发展差距，最终实现共同富裕。

3. 社会发展的主要任务和基本政策

关于社会发展的主要任务和基本政策。《纲要》确定了社会发展的总体要求是保持社会稳定，推动社会进步，积极促进社会公正、安全、文明、健康发展。主要任务和基本政策是：

第一，确保农业和农村经济持续稳定增长。

这是今后十五年经济发展中非常重要而又难度最大的一项任务。为了满足经济发展和人民生活的需要，一定要保证粮、棉、油等基本农产品稳定增产。中国以占世界7%的耕地，养育着世界22%的人口，粮食生产有特殊的重要性。2000年粮食总产量要保证达到 4900 亿公斤，力争达到 5000 亿公斤。采取的政策措施主要有：一是实施科教兴农战略，重视农村科技队伍建设，推广一系列行之有效的先进适用技术。二是加强大江大河大湖治理，疏浚中小河流，增强抗御水旱灾害的能力。三是大力改造中低产田，搞好黑龙江、吉林、新疆、黄淮海等地区的粮棉生产基地建设，继续扶持粮棉集中产地发展经济。四是加快发展农用工业，增加农业生产资料的供应，提高农业机械化和现代化水平。五是坚持和完善"米袋子"省长负责制、"菜篮子"市长负责制。六是要依法保护耕地，建立健全基本农田保护制度，珍惜和合理利用每一寸土地。七是积极发展节水型农业和节粮型畜禽养殖。八是鼓励农村种植业、养殖业、加工业的有机结合，推动农工贸一体化，促进农业向高产、优质、高效方向发展。九是搞好农业综合开发，全面发展林、牧、副、渔各业。从中央到地方，各级政府都要增加对农业的投入，鼓励和引导农村集体、农民个人和社会各方面增加投入。十是要充分利用农村人力资源，开展农田基本建设，兴修水利，修筑道路，植树造林，改善农业和农村经济发展的条件。

还要积极发展乡镇企业，继续深化农村改革。这方面的举措主要有：一是稳定和完善以家庭联产承包为主的生产责任制和统分结合的双层经营体制，有条件的地方要逐步实行农业适度规模经营。二是继续推进国有农场的改革和发展。进一步理顺农产品和农业生产资料价格，建立健全以批发市场为中心的农产品市场体系。三是积极发展农村社会化服务，办好供销合作社和信用合作社等合作经济组织，不断壮大集体经济。四是必须高度重视维护农民的合法权益，严格执行现行的规定，采取切实措施减轻农民负担，稳定增加农民收入，调动和保护广大农民的积极性，巩固工农联盟。

第二，积极推进产业结构的调整。

要继续加强基础设施和基础工业，大力振兴支柱产业，积极发展第三产业。这方面措施有：一是基础设施和基础工业建设要与国民经济发展相适应。今后十五年，国家要集中必要的力量，在水利、能源、交通、通信和重要原材料工业方面，建设一批大型工程，包括：长江三峡和黄河小浪底水利枢纽工程，南水北调工程，山西、陕西、内蒙古煤炭基地，南昆铁路、南疆铁路和神黄铁路，公路国道主干线，通信光缆干线网络，以及一批大型港口、机场等。这些重要工程，有的是"九五"建设的，有的是"九五"做准备，21世纪初开始建设的。基础设施和基础工业投资多，建设周期长，要统筹规划，合理布局，突出重点，避免盲目发展和重复建设。二是要根据市场需求，振兴机械、电子、石油化工、汽车和建筑等支柱产业，以带动整个经济的增长。发展支柱产业，要提高技术起点，在引进先进技术的同时，增强自主开发和创新能力，形成经济规模，注重经济效益。三是发展轻纺工业，对满足人民生活需要，扩大出口，积累建设资金，具有重要意义。要适应国内外市场变化，加快产品结构调整，提高产品质量，增加花色品种，增强竞争能力。四是积极发展第三产业，要以第一、第二产业的发展为基础，形成合理的布局和结构。继续发展商业和生活服务业，发展旅游业以及信息、咨询等中介服务产业，规范和发展金融、保险业，引导房地产业健康发展。进一步发挥第三产业在提高社会生产效率、增加城乡劳动就业和方便人民生活等方面的重要作用。

第三，促进区域经济协调发展。

总的要求是，按照统筹规划、因地制宜、发挥优势、分工合作、协调发展的原则，正确处理全国经济总体发展与地区经济发展的关系，正确处理发展区域经济与发挥各省（自治区、直辖市）积极性的关系。要按照市场经济规律，以中心城市和交通要道为依托，进一步形成和发展若干突破行政区划界限的经济区域。这方面的措施主要有：一是在"九五"期间，要更加重视支持中西部地区的发展，积极朝着缩小差距的方向努力；二是东北等老工业基地要加快改造和调整的步伐，充分发挥它的作用，国家给予必要的支持；三是东部地区要发挥已有的优势，在转变经济增长方式、推动产业结构升级、发展外向型经济和促进经济健康发展方面，为全国提供新的经验。

第四，努力保持宏观经济的稳定。

这方面的措施主要有：一是"九五"期间的宏观调控目标，年均经济增长速度为8%左右，固定资产投资率为30%，物价上涨幅度明显降低，一是要努力使之低于经济增长率。二是要继续加强和改善宏观经济调控。保持合理的固定资产投资规模和在建规模，加大投资结构调整力度，提高投资效益。三是继续实行适度从紧的财政政策和货币政策。作为振兴财政的第一步，要继续完善税制，调整有关税率，扩大税源基础，取消税收减免，加强税收征管，努力增收节支，逐步减少财政赤字，实现财政收支基本平衡。四是要适当控制货币供应总量，保持币值的稳定。根据产业政策和信贷原则调整贷款结构，提高资金使用效率。保持国际收支基本平衡，进一步增强国际支付能力。

第五，不断提高城乡人民生活水平。

不断提高城乡人民生活水平是中国现代化建设的根本出发点和归宿。这方面的任务和措施有：一是"九五"时期，扣除物价上涨因素，预计城镇居民人均生活费收入年均增长5%左右，农民人均纯收入年均增长4%左右。要积极拓宽城乡就业渠道，不断扩大就业和再就业。二是注重提高生活质量，把解决居民住房问题放在突出的位置，同时努力改善交通、通信、供水条件和生活环境，发展社会服务，加强公共福利设施建设，丰富城乡人民文化生活。三是要合理引导消费，形成适合中国国情的消费结构和消费方式，把生活改善建立在经济发展和劳动生产率提高的基础上。解决贫困人口的生活困难特别是农村贫困人口的温饱问题，是"九五"时期的一项艰巨任务。

第六，加强国防现代化建设。

必须加强国防现代化建设，增强国防实力。要重视科技强军，加强国防科学技术研究，把武器装备的发展放在依靠自己力量的基础上，优先发展高技术条件下防卫作战所需要的武器装备，着重加强新型武器装备的研制。继续调整国防科研和国防工业结构，实行军民结合、平战结合，运用军工高技术发展船舶、飞机、卫星等民用产品，逐步建立适应社会主义市场经济发展的国防工业运行机制和国防动员体系。加强人民武装警察部队建设。开展国防教育，增强国防观念。加强拥政爱民、拥军优属工作，巩固军政、军民团结。

4. 精神文明建设的重要任务

为保证"九五"计划和 2010 年远景目标的实现，《纲要》提出必须把社会主义精神文明建设提到更加突出的地位，充分认识到能否搞好社会主义精神文明建设，关系到中国社会主义的兴衰成败；关系到把一个什么样的中国带入 21 世纪。《纲要》强调："在建立社会主义市场经济体制过程中，在世界范围各种思想文化相互激荡的条件下，要把社会主义精神文明建设提到更加突出的地位。任何时候都不能以牺牲精神文明为代价，换取经济的一时发展。"① 为此，《纲要》要求，一是坚持不懈地用邓小平建设有中国特色社会主义理论教育干部和人民，树立正确的世界观、人生观、价值观，在全社会形成共同理想和精神支柱。二是坚持不懈地加强爱国主义、集体主义、社会主义思想教育和艰苦奋斗的优良传统教育，使社会成员养成爱祖国、爱人民、爱劳动、爱

---

① 　中共中央文献研究室编：《十四大以来重要文献选编》（中），人民出版社 1997 年版，第 1887—1888 页。

科学、爱社会主义的基本社会道德。三是坚持不懈地加强廉政建设，深入持久地开展反腐败斗争。四是坚持不懈地开展群众性精神文明建设活动，普遍进行创建文明家庭、文明单位、文明城市的活动，军民、警民、工农共建精神文明的活动。全党全民都要把精神文明建设作为共同长期的任务。

5. 关于社会主义民主和法制建设

社会主义民主和法制建设是实现"九五"计划和 2010 年远景目标的重要保障。《纲要》强调："坚持工人阶级领导的、以工农联盟为基础的人民民主专政，加强社会主义民主和法制建设，使社会主义民主制度化、法律化，保障人民当家作主的权利。"①关于法制建设，《纲要》强调："依法治国，建设社会主义法制国家。加强立法、司法、执法、普法工作。坚持改革、发展与法制建设紧密结合，继续制定实施与经济社会发展相适应的法律法规。加强和改善司法、行政执法和执法监督。""以廉政建设、整顿纪律、严肃执法为重点，加强司法、执法队伍建设，全面提高政治和业务素质。继续深入开展法制宣传教育，提高全民族的法律意识和法制观念，特别是提高广大干部依法行政、依法管理的水平和能力。各级政府和国家公务员都要依法管理经济和社会事务。"②

《纲要》指出，实现"九五"计划和 2010 年远景目标，归根结底，还要充分发挥中国共产党在建设有中国特色社会主义宏伟事业中的坚强领导及核心作用，必须聚精会神地抓好党的建设，这是一切的关键。《纲要》展现了中国迈向 21 世纪的宏伟蓝图，

---

① 中共中央文献研究室编：《十四大以来重要文献选编》（中），人民出版社 1997 年版，第 1889 页。

② 中共中央文献研究室编：《十四大以来重要文献选编》（中），人民出版社 1997 年版，第 1889—1890 页。

是中国人民在实现社会主义现代化建设事业中的一个伟大里程碑。实现《纲要》制定的各项目标，将使中国在世界面前呈现一个崭新的面貌，使中华民族为全人类的和平与发展作出新的贡献。

（二）处理改革发展稳定的十二大关系

中国共产党认识和探索社会主义现代化建设的规律，经历了漫长而曲折的过程。受命于危难之际的以江泽民同志为核心的党中央领导，肩负继续胜利推进建设中国特色社会主义伟大事业的历史重任，在 1995 年召开的中共十四届五中全会上，江泽民同志发表了《正确处理社会主义现代化建设中的若干重大关系》的讲话。这篇讲话从哲学高度比较系统地总结了中国社会主义现代化建设的历史经验和新鲜经验，阐述在中国特色社会主义建设中必须处理好的各种关系，特别是带有全局性的十二个重大关系。

1. 正确处理好改革、发展、稳定三者的关系

江泽民在阐述现代化建设中的十二大关系时，特别指明要正确处理好改革、发展、稳定三者的关系，这三者关系贯穿于其他各个关系之中，处于统领全局的地位。他强调："实践表明，三者关系处理得当，就能总揽全局，保证经济社会顺利发展；处理不当，就会吃苦头，付出代价。"① 这是一条不以人们的主观意志为转移的规律。可以这样说，正确处理改革、发展和稳定三者的关系，就是按照毛泽东揭示的社会主义社会基本矛盾运动的规律办事，按照邓小平对发展、改革、稳定的科学观点办事。

江泽民强调："改革、发展、稳定三者存在着不可分割的内在联系。发展是硬道理。中国解决所有问题的关键要靠自己的发展。增强综合国力，改善人民生活；巩固和完善社会主义制度，

---

① 《江泽民文选》第 1 卷，人民出版社 2006 年版，第 460—461 页。

保持稳定局面；顶住霸权主义和强权政治的压力，维护国家主权和独立；从根本上摆脱经济落后状况，跻身于世界现代化国家之林，都离不开发展。"① 改革是经济社会发展的强大动力，是为了进一步解放和发展生产力。改革是社会主义制度的自我完善和发展。它的决定性作用不仅在于解决当前经济社会发展中的一些重大问题，推进社会生产力的解放和发展，还要为下世纪中国经济持续发展和国家长治久安打下坚实的基础。稳定是发展和改革的前提，发展和改革必须要有稳定的政治和社会环境，这是我们付出了代价才取得的共识。没有稳定的政治和社会环境，一切无从谈起，多么好的规划、方案都将难以实现。

江泽民把发展、改革、稳定三者关系作为正确处理社会主义现代化建设中若干重大关系的根本问题来认识和把握，这是在新的历史条件下，以新的思想观点丰富和发展了毛泽东思想和邓小平理论。

2. 首要任务是发展生产力，发展是硬道理

中国解决所有问题的关键要靠自己的发展，而发展的首要任务是发展社会生产力。围绕着这个根本问题，江泽民论述了有关发展的四个重大关系。即速度和效益的关系，经济建设和人口、资源、环境的关系，第一、二、三产业的关系，东部地区和中西部地区的关系。

第一，处理好速度和效益的关系。

江泽民指出，坚决抛弃长期以来中国走的速度过快、效益较低、人民得到实惠不多的旧路子，而要努力走出一条既有较高速度又有较好效益、人民又能得到更多实惠的国民经济发展的新路子。为此，必须实现经济增长方式由粗放型到集约型的转变。"通过深化改革，加快建立有利于提高经济效益的社会主义市场

---

① 《江泽民文选》第 1 卷，人民出版社 2006 年版，第 461 页。

经济体制和运行机制。同时，从法制建设、政策实施、规划制定等多方面采取综合配套措施，切实把提高经济效益作为经济工作的中心。"① 江泽民强调："转变经济增长方式，要重视科技和教育，认真实施科教兴国战略，实现科技、教育与经济的紧密结合。科学技术是第一生产力，经济建设必须依靠科学技术，科学技术工作必须面向经济建设，始终把经济建设作为主战场，把攻克国民经济发展中迫切需要解决的关键问题作为主要任务，努力攀登科学技术高峰，提高科技创新能力。教育是基础，关系民族振兴、经济发展和社会全面进步。教育工作必须面向现代化、面向世界、面向未来，提高国民素质，为社会主义现代化事业培养大批跨世纪的优秀人才。"②

第二，处理好经济建设和人口、资源、环境的关系。

关于处理好经济建设和人口、资源、环境的关系，实际上是实行一种新的发展观，即可持续发展观。江泽民强调："在现代化建设中，必须把实现可持续发展作为一个重大战略。要把控制人口、节约资源、保护环境放到重要位置，使人口增长与社会生产力发展相适应，使经济建设与资源、环境相协调，实现良性循环。"③ 不能走浪费资源和先污染、后治理的路子。要把控制人口、节约资源、保护环境放到重要地位，使人口增长与社会生产力发展相适应，使经济建设与资源、环境相协调，实现良性循环。江泽民指出："必须切实保护资源和环境，不仅要安排好当前的发展，还要为子孙后代着想，决不能吃祖宗饭、断子孙路。""要根据中国国情，选择有利于节约资源和保护环境的产业结构和消费方式。坚持资源开发和节约并举，克服各种浪费现象。综

---

① 《江泽民文选》第 1 卷，人民出版社 2006 年版，第 462 页。
② 《江泽民文选》第 1 卷，人民出版社 2006 年版，第 462—463 页。
③ 《江泽民文选》第 1 卷，人民出版社 2006 年版，第 463 页。

合利用资源，加强污染治理。"①

第三，处理好第一、二、三产业的关系。

江泽民在讲话中说，中国以实现社会主义现代化为战略目标。世界现代化发展的实践经验告诉人们："随着经济的发展，产业结构必然不断优化升级，逐步形成同社会生产力水平相适应的第一、第二、第三产业的合理结构。这是各国经济发展的普遍趋势。"② 旧中国，中国的产业结构极端不合理，新中国成立后，特别改革开放以来，中国第一、第二、第三产业都有很大发展。但是还存在农业基础薄弱，工业素质不高，第三产业发展滞后，第一、第二、第三产业的关系还不协调等严重问题。要逐步形成同社会主义生产力水平相适应的第一、二、三产业的合理结构，仍然是十分艰巨的任务。由于中国第三产业的比重偏低，需要逐步提高，使之与第一、第二产业的发展相适应，形成合理的规模和结构。江泽民强调：今后必须大力加强第一产业，调整提高第二产业，积极发展第三产业。要加强对第三产业的规范和管理，重点发展为社会生产和广大群众基本生活服务的行业，规范和发展金融业，引导房地产业等健康发展。

第四，处理好东部地区和中西部地区的关系。

中国东部与中西部地区发展不平衡，是历史上形成的问题。新中国成立后，中国共产党和中国政府曾努力解决这个大问题，在历次五年计划中注意中西部的发展，特别是 20 世纪 70 年代的"大三线建设"，为中国的中西部发展作出巨大贡献。关于处理好东部地区和中西部地区的关系，江泽民在报告中强调："实现共同富裕是社会主义的根本原则和本质特征，绝不能动摇。要用历史的辩证的观点认识和处理地区差距问题。'一是要看到各个地

---

① 《江泽民文选》第 1 卷，人民出版社 2006 年版，第 464 页。

② 《江泽民文选》第 1 卷，人民出版社 2006 年版，第 464 页。

区发展不平衡是一个长期的历史的现象。二是要高度重视和采取有效措施正确解决地区差距问题。三是解决地区差距问题需要一个过程。应该把缩小地区差距作为一条长期坚持的重要方针。'"① 江泽民强调:"解决地区发展差距,坚持区域经济协调发展,是今后改革和发展的一项战略任务。"② 为此,江泽民提出加快中西部发展的政策措施:关于中西部发展,江泽民提出:"从'九五'计划开始,要更加重视支持中西部地区经济发展,逐步加大解决地区差距继续扩大趋势的力度,积极朝着缩小差距的方向努力。中西部地区要适应发展市场经济的要求,加快改革开放步伐,充分发挥资源优势,积极发展优势产业和产品,使资源优势逐步变为经济优势。中共十四届五中全会全会已作出了部署,提出了包括中央财政转移支付、优先安排资源开发和基础设施建设项目、鼓励到中西部地区投资、理顺资源性产品价格体系等措施。"③ 关于东部地区的发展,江泽民指出:"东部地区要继续充分利用有利条件,进一步增强经济活力,在深化改革、转变经济增长方式、提高经济素质和效益方面迈出更大步伐。中央对五个经济特区和上海浦东新区的基本政策不变,在发展社会主义市场经济的过程中,有些具体办法要有所调整和完善。要把五个经济特区和浦东新区办得更好。进一步发挥经济特区、沿海开放城市和开放地带在改革和发展中的示范、辐射、带动作用。同时,东部地区要通过多种形式帮助中西部欠发达地区和民族地区发展经济,促进地区经济协调发展。"④

综上所述,坚持发展是硬道理,必须实现经济增长方式从粗

---

① 《江泽民文选》第 1 卷,人民出版社 2006 年版,第 466 页。
② 《江泽民文选》第 1 卷,人民出版社 2006 年版,第 466 页。
③ 《江泽民文选》第 1 卷,人民出版社 2006 年版,第 466 页。
④ 《江泽民文选》第 1 卷,人民出版社 2006 年版,第 466 页。

放型到集约型的转变。为此，必须做到坚持科教兴国战略，坚持可持续发展战略，坚持调整和优化产业结构，坚持东部地区和中西部地区的协调发展。

3. 处理关于改革中的五个重大关系

改革是经济和社会发展的强大动力，改革是为了进一步解放和发展生产力。江泽民在《正确处理社会主义现代化建设中的若干重大关系》的第六条至第十条论述了有关改革的五个重大关系。即，市场机制和宏观调控的关系，公有制经济和其他经济成分的关系，收入分配中国家、企业和个人的关系，扩大对外开放和坚持自力更生的关系，中央和地方的关系。

第一，市场机制和宏观调控的关系。

江泽民有针对性指出："充分发挥市场机制的作用和加强宏观调控，都是建立社会主义市场经济体制的基本要求，两者缺一不可，绝不能把它们割裂开来，甚至对立起来。单纯强调这一面、轻视或者忽视另一面，都不利于改革和发展大业。必须认识到，我国社会主义市场经济体制是同社会主义基本制度结合在一起的，既可以发挥市场经济的优势，又可以发挥社会主义制度的优越性，在处理市场机制和宏观调控、当前发展和长远发展、效率和公平等关系方面，应该比西方国家做得更好、更有成效。"①

第二，要处理好公有制经济和其他经济成分的关系。

坚持公有制的主体地位，是社会主义的一项根本原则，也是中国社会主义市场经济的基本标志。江泽民强调："在整个改革开放和现代化建设的过程中，我们都要坚持这项原则。只有确保公有制经济的主体地位，才能防止两极分化，实现共同富裕。任何动摇、放弃公有制主体地位的做法，都会脱离社会主义的方向。""在积极促进国有经济和集体经济发展的同时，允许和鼓励

---

① 《江泽民文选》第 1 卷，人民出版社 2006 年版，第 467 页。

个体、私营、外资等非公有制经济发展，并正确引导、加强监督、依法管理，使它们成为社会主义经济的必要补充。国家对各类企业一视同仁，为各种所有制经济平等参与市场竞争创造良好的环境和条件。"①

第三，要处理好收入分配中国家、企业和个人的关系。

江泽民强调，要高度重视在社会主义初级阶段，既存在社会成员之间收入有一定程度的差距的状况，又要防止两极分化、贫富悬殊现象的出现。要把这个问题作为全局性的大事来抓。要区分不同情况，采取有针对性的措施，保护合法收入，取缔非法收入，调节过高收入，保障低收入者的基本生活。他强调："我们想问题、办事情的出发点和落脚点，始终要考虑人民群众的根本利益。"②

第四，要处理好扩大对外开放和坚持自力更生的关系。

坚决摒弃闭关自守，坚持对外开放；要防止依赖外国，坚持自力更生。独立自主不是闭关自守，自力更生不是盲目排外，对外开放不是崇洋媚外。要在自力更生的基础上，引进世界上一切先进技术、管理经验和资金等，吸收人类创造的一切优秀的文明成果，同开发、创新结合，形成自己的优势，争取时间，加快缩小与发达国家的差距，更好地把中国建成富强、民主、文明的社会主义现代化国家。

第五，要处理好中央和地方的关系。

"改革开放以来，实行权力下放，地方积极性得到充分发挥，有力地推动了改革和发展。这是一条重要经验，应当充分加以肯定。""在新形势下，必须更好地坚持发挥中央和地方两个积极性的方针。总的原则应该是：既要有体现全局利益的统一性，又要

① 《江泽民文选》第 1 卷，人民出版社 2006 年版，第 468—469 页。

② 《江泽民文选》第 1 卷，人民出版社 2006 年版，第 469—470 页。

有统一指导下兼顾局部利益的灵活性；既要有维护国家宏观调控权的集中，又要在集中指导下赋予地方必要的权力。"① 总之，加强中央统一领导，维护中央领导权威的同时，中央在制定政策时充分考虑地方合理的利益和要求，明确中央和地方经济管理权限，做到权力和责任相统一，并力求规范化、法制化。

4. 处理好国防建设和经济建设的关系

国防现代化是中国社会主义现代化的重要组成部分，加强国防建设是国家安全和经济发展的基本保证。中国加强国防建设完全是为了自卫，同时也将增强维护世界和平的力量。国防建设和军队建设必须以经济建设为依托，服从国家经济建设的大局。按照发展社会主义市场经济的要求，坚持平战结合、军民结合，建立和完善国防工业运行机制，提高军民兼容程度，增强平战转换能力，走出一条符合中国国情并反映时代特征的国防现代化建设道路。②

5. 关于处理好物质文明和精神文明的关系

坚持物质文明和精神文明协调发展。把中国建设成为富强、民主、文明的社会主义现代化国家，无疑要致力于发展生产力，使中国彻底摆脱贫穷落后，实现国家富强、人民富裕。同时还必须使整个民族以高度的文明姿态屹立于世界民族之林。为此，必须"把物质文明建设和精神文明建设作为统一的奋斗目标，始终不渝地坚持两手抓、两手都要硬。任何情况下，都不能以牺牲精神文明为代价去换取经济的一时发展"。"社会主义精神文明建设要以马克思列宁主义、毛泽东思想、邓小平建设有中国特色社会主义理论为指导，大力发扬党的优良传统，弘扬中华民族的优秀思想文化，加强爱国主义、集体主义、社会主义思想教育，培育有

---

① 《江泽民文选》第 1 卷，人民出版社 2006 年版，第 472 页。
② 《江泽民文选》第 1 卷，人民出版社 2006 年版，第 473 页。

理想、有道德、有文化、有纪律的社会主义公民，吸收世界文明的一切优秀成果，提高全民族的思想道德素质和科学文化素质。要积极探索在社会主义市场经济的条件下搞好精神文明建设的新思路新办法，逐步形成有利于社会主义现代化建设的舆论力量、价值观念、道德规范和文化条件。精神文明建设要同经济发展战略相适应，纳入国民经济和社会发展的总体规划。"

①综上所述，维护稳定的政治和社会环境是发展和改革的前提，不然，一切无从谈起。为此，坚持把经济建设同国防建设结合好，坚持物质文明建设和精神文明建设两手都抓好，努力做到在政治和社会稳定中推进改革和发展，在改革和发展中积极推进实现政治和社会的长期稳定。

江泽民的讲话，充分体现了邓小平理论和党的基本路线的精神实质，是中国共产党人正确认识和把握社会主义现代化建设客观规律的新成果。

三、确定和实施可持续发展战略

可持续发展战略是一种新的发展战略观，是人类社会发展到一定阶段的产物。这种发展战略观强调：社会的发展将不只是经济的发展，而是经济、科技、人口、资源和环境的协调发展。可持续发展主张把发展建立在不破坏人类生存环境基础上的发展战略。它强调不仅使当代人能够从大自然赐予人类的宝贵资源中获得当代人之所需，而且也为子孙后代留下可持续利用的资源和生态环境。发展总是要有代价的，可持续发展就是要找到一条代价最小、效益最大的发展道路。新中国成立以来，中国共产党和中

---

① 《江泽民文选》第 1 卷，人民出版社 2006 年版，第 474 页。

国各族人民深刻认识经济发展规律、人类社会发展规律，逐渐地从征服与控制自然以造福人类的发展模式向协调人类与自然之间关系以造福人类的现代发展模式转变；从以往单纯追求经济高速发展向自然的、经济的、社会的可持续发展转变。特别是中共十三届四中全会以来，中共中央和国务院提出："必须努力寻求一条人口、经济、社会、环境和资源相互协调的、既能满足当代人的需求又不对满足后代人需求的能力构成危害的可持续发展的道路。"[①] 实施可持续发展战略是中共中央和国务院在20世纪90年代作出的重大抉择。中国是人口众多、资源相对不足的国家，在现代化建设中必须实施可持续发展战略。确定和实施可持续发展战略体现了中共中央和国务院对现代化建设客观规律的认识，也体现了中华民族对人类社会发展作出更大贡献的高度责任感。

（一）可持续发展战略的确立

由于历史等方面的原因，中国底子薄，人口多、耕地少，自然资源缺乏的特点十分突出。如何在这个基础上快速持续健康地发展，是一个长期困扰中国政府和各族人民的大问题。中国共产党和中国政府在建设中国特色社会主义的过程中，如何既立足于中国实际，又着眼于时代发展；既继承前人的优秀思想成果，又积极吸取当代人类创造的文明成就，注重研究和提出关系社会主义现代化建设的重大战略问题，并在不断总结经验的过程中确立和完善有关战略，是以江泽民同志为核心的中央领导集体领导人民推进中国特色社会主义建设的一个重要特点。可持续发展战略的确立，就充分地体现了这一特点。

---

① 《中国21世纪议程——中国21世纪人口、环境与发展白皮书》(1994年3月25日)，中国环境科学出版社1994年版，第1页。

1. 积极继承毛泽东、邓小平关于发展的科学思想

中国共产党人十分重视长远的持续发展，把实现中华民族的伟大复兴作为自己的神圣使命。在毛泽东和邓小平时期虽然没有提出"可持续发展战略"这样的概念，但毛泽东号召在全国"实行计划生育"政策、号召"艰苦奋斗、勤俭建国""多快好省""统筹兼顾"，强调全国各行各业都要"厉行节约、反对浪费"，主张植树造林，提出"绿化祖国，实行大地园林化"等关于发展的思想，都具有很高的价值。周恩来提出的若干诸如"青山常在，永续利用"等。在20世纪70年代中国各方面工作都受到"文化大革命"及其"左"的思潮冲击的特殊历史时期，1972年9月8日，周恩来总理在邀集国家计委和各省、市、区负责人汇报工作情况时就说："我们在搞经济建设的同时，就应该抓紧解决这个问题（污染），绝对不作贻害子孙后代的事。"① 周恩来语重心长，千叮咛万嘱咐，要大家带动广大人民群众，一定要在工业化建设过程中，从规划设计、施工和生产过程中，千方百计，钻研技术，消除公害，保护环境，决不能再走资本主义工业化只顾资本家私利，不顾人民死活的老路。我们一定要着眼于长远利益，不走、少走弯路。为子孙后代着想，造福人民②等思想，也具有很高的价值。这已表明毛泽东和周恩来等领导人已经认识到环境保护和持续发展的重要性，已经在实际工作中给予高度重视。

在周恩来总理的直接领导下，1973年国务院决定成立国家环境保护领导小组，由余秋里（时任国家计委副主任）任组长，谷牧（时任国家计委副主任）和顾明任副组长。这个领导小组建议

---

① 中共中央文献研究室编：《周恩来年谱（1949—1976）》（下），中央文献出版社1997年版，第549页。

② 《周总理关心环保事业》，《人民日报》1993年6月20日。

并做了若干关于环境保护的工作，顾明后来回忆说："1. 成立环保研究所和环保监测机构；2. 组织力量翻译世界著名环境专家的重要论著，如《世界上只有一个地球》等 13 部专著，以普及环境知识。3. 我根据周总理提出的对环境保护工作历次指示精神，建议制订国家环境保护方针如下：'全面规划，合理布局，综合利用，化害为利，依靠群众，大家动手，保护环境，造福人类。'上述建议报经周总理审定批准，作为我国第一个环保方针。"①1973 年 8 月 5 日，国务院召开了第一次全国环境保护会议。会后批转了国家计委《关于全国环境保护会议情况的报告》和此次会议拟定的《关于保护和改善环境的若干规定（试行草案）》，要求在全国落实。这个规定指出：新建工业、产研等项目，必须把"三废"（废水、废气、废渣）治理设施与主体工程同时设计，同时施工，同时投产。否则，不准建设。对现有城市、河流、港口、工矿企业、事业等单位的污染，要迅速作出治理规划，分期、分批加以解决。要在资金、材料、设备上给予保证。各地区、各部门要设立精干的环境保护机构，给他们以监督、检查和职权。要依靠群众，逐步建立必要的规章制度。② 当时中国的环境保护工作者，积极投入到环境保护工作中去，并取得了一定的成绩。这表明毛泽东和周恩来等领导人在 20 世纪 70 年代就不但认识到环境保护和持续发展的重要性，而且还付诸实际行动。

中共十一届三中全会以来，中共中央和国务院十分重视环境保护和长远发展这项功在当代、利在千秋的事业。邓小平曾经强调：现代化的城市要合理布局，一环扣一环，同时要解决好污染

---

① 《周总理关心环保事业》，《人民日报》1993 年 6 月 20 日。

② 中央财经领导小组办公室编：《中国经济发展五十年大事记（1949.10—1999.10）》，人民出版社、中共中央党校出版社 1999 年版，第 263 页。

问题。废水、废气污染环境，也反映管理水平。① 要保护风景区。桂林那样的好山水，被一个工厂在那里严重污染，要把它关掉。北京要搞好环境，种草种树，绿化街道，管好园林，经过若干年，做到不露一块黄土。② 1979 年 9 月，五届全国人大常委会通过了《中华人民共和国环境保护法（试行）》。这部法律中规定的环境保护任务是："保证在社会主义现代化建设中，合理地利用自然环境，防治环境污染和生态破坏，为人民创造清洁适宜的生活和劳动环境，保护人民健康，促进经济发展。"③ 1982 年，中共十二大正式把计划生育确立为中国的一项基本国策。1983 年 12 月，第二次全国环境保护会议在北京举行，李鹏副总理代表国务院在讲话中宣布：保护环境是中国的一项基本国策。④ 经过多年的工作，实行计划生育和环境保护这两项基本国策逐渐得到人们的认同，在各级政府工作中也逐步得到贯彻，并成为国家和各级政府协调中国经济、环境、资源和人口关系的基本政策。

2. 积极参与国际事务，高度重视人类的可持续发展

发展是整个人类共同面对的重大问题，但是以往各国的发展，特别是一些老工业化国家走了"先发展，后治理"，严重破坏生态环境的发展道路。这条发展道路给人类本身和地球生态环境带来了严重危害。从 20 世纪 60 年代开始，世界上有远见的科学家，负责任的政治家开始反思人类以往的发展道路。特别是出

---

① 中共中央文献研究室编：《邓小平年谱（1975—1997）》（上），中央文献出版社 2004 年版，第 386 页。

② 中共中央文献研究室编：《邓小平年谱（1975—1997）》（上），中央文献出版社 2004 年版，第 466 页。

③ 《新华月报》（文献版），1979 年第 9 期，第 63 页。

④ 《保护环境是我国面临的一个重大任务》（1983 年 12 月 31 日），《新华月报》1984 年第 1 期，第 70 页。

于对空气和水污染、水土流失、废物、噪音、杀虫剂和其他物剂引起的环境急剧恶化的关注，联合国经社理事会根据瑞典政府的建议，于1968年7月讨论决定召开人类环境会议。同年联合国大会第二十三届会议通过决议，决定于1972年召开联合国人类环境会议。

1972年6月5日至16日，联合国人类环境会议第一届会议在瑞典首都斯德哥尔摩举行。113个国家和地区的代表出席会议，会议通过了《联合国人类环境会议宣言》，简称《人类环境宣言》和100多位科学家参与撰写的《只有一个地球》的重要报告。《人类环境宣言》提出和总结了7个共同观点，26项共同原则。呼吁各国政府和人民为维护和改善人类环境，造福全体人民，造福后代而共同努力。从此开始了人类历史上保护地球环境的新篇章。中国政府当时派以国家燃料化学工业部副部长唐克为团长，由国家计委、燃化部、卫生部、外交部共同组成的代表团共计20多名代表出席会议，这是中国恢复联合国席位后出席联合国会议最大的一个代表团。表明中国政府积极参与联合国事务，与国际社会合作共同保护环境的态度。

这次大会通过联合国《人类环境宣言》。确定每年的6月5日是"世界环境日"。从1974年后，联合国环境规划署每年都确定一个"世界环境日"的主题。其中1974年的主题是："只有一个地球"，1975年的主题是"人类居住"，1976年的主题是"水：生命的重要源泉，1977年的主题是"关注臭氧层破坏、水土流失、土壤退化和滥伐森林"，1978年的主题是"没有破坏的发展"，1979年的主题是"为了儿童的未来——没有破坏的发展"，1980年的主题是"新的10年，新的挑战——没有破坏的发展"，1981年的主题是"保护地下水和人类食物链，防治有毒化学品污染"，1982年的主题是"纪念斯德哥尔摩人类环境会议10周年——提高环保意识"，1983年的主题是"管理和处置有害废弃物，防治酸雨破坏和提高能源利用率"，1984 年的主题是"沙漠化"，1985 年的主题是"青年、人口、环境"，1986 年的主题是"环境与和平"，1987 年的主题是"环境与居住"，1988 年的主题是"保护环境、持续发展公众参与"，1989 年的主题是"警惕，全球变暖"，1990 年的主题是"儿童与环境"，1991 年的主题是"气候变化——需要全球合作"，1992 年的主题是"只有一个地球——关心与共享"。这些都说明，走以保护环境为前提的发展道路已经逐渐成为国际社会一种新的理念，而保护环境有待于全世界各国的合作。

1992 年中国进入改革开放新时期以来，中国政府以其深远的历史眼光，在努力推进中国实行发展战略转变的同时，积极参与国际社会有关环境与发展方面的合作。1992 年 6 月，中国政府派出以国务委员兼国家科委主任、国务院环境保护委员会主任宋健为团长，由 9 位部长或副部长、19 位司局长共 60 多人组成的高级代表团，参加在巴西的里约热内卢召开的联合国环境与发展大会（简称联合国环发大会）。随后，中国国务院总理李鹏前往参加联合国环境与发展大会的首脑会议。这次高峰会议集合了全世界 180 多个国家和地区、60 多个国际组织的代表，共有 100 多位国家元首或政府首脑在大会上讲了话。这次大会是继 1972 年斯德哥尔摩联合国人类环境大会之后又一次讨论全球环境与发展问题的世界性首脑会议。大会的宗旨是：回顾 1972 年第一次人类环境会议召开后 20 年来全球环境保护的历程，敦促各国政府和公众采取积极措施，协调合作，防治环境污染和生态恶化，为保护人类生存共同作出努力。

在这次被称为"地球峰会"的会议上，通过了联合国《21 世纪行动议程》和关于环境与发展的《里约热内卢宣言》及大会报告。作为这次大会标志性的重要文件《21 世纪行动议程》，包括四大部分 40 章 800 页，规定了从 1992 年起到 2000 年在各个领域与地球持续发展有关的行动计划。这个文件面对 21 世纪，提出了人类社会今后应该走可持续发展的道路。标志着世界上发达国家和发展中国家在发展战略问题上取得了共识。可以说树起了人类环境与发展史上的里程碑。作为这次大会另一标志性重要文件——关于环境与发展的《里约热内卢宣言》，包括序言和 27 项原则。宣言的序言重申 1972 年 6 月 16 日在斯德哥尔摩通过的《人类环境宣言》中的原则，并试图在其基础上再推进一步。宣言的序言强调："怀着在各国，在社会各个关键性阶层和在人民之间开辟新的合作层面，从而建立一种新的、公平的全球伙伴关系的目标。致力于达成既尊重所有各方的利益，又保护全球环境与发展体系的国际协定。""认识我们的家乡——地球的整体性和相互依存性。"宣言的原则 1 说："人类处于普受关注的可持续发展问题的中心。他们应享有以与自然相和谐的方式过健康而富有生产成果的生活的权利。"①

尽管各国政府之间存在意见分歧，但在世界各国代表的协同努力下，求同存异，在主要问题上达成了协议，表明各国在环境与发展问题上共同点多于分歧，保护人类共同家园的愿望是大会的主流。

中国国务院总理李鹏在这次大会的首脑会议上代表中国政府发表了重要讲话，他强调，解决世界环境与发展问题必须开展广泛和有效的国际合作。他代表中国政府提出了五项主张：（1）经济发展必须与环境保护相协调；（2）保护环境是全人类的共同任务，但是经济发达国家负有更大的责任；（3）加强国际合作要以尊重国家主权为基础；（4）保护环境和发展离不开世界的和平与稳定；（5）处理环境问题应当兼顾各国现实的实际利益和世界的

---

① 《关于环境与发展的里约宣言》（1992 年 6 月 14 日），《新华月报》1992 年第 6 期，第 141 页。

长远利益。中国代表团团长、国务委员宋健在大会上阐述建立"新的全球伙伴关系"的基本原则,副团长、中国环保局局长曲格平在大会关于地区合作的讨论会上阐述了中国在环境和发展领域进行国际合作的立场。这体现了中国政府对国际环境和发展事业的高度重视和责任感。

在会议进行中,分别于6月4日和5日开始就《气候变化框架公约》和《保护生物多样性公约》两个公约进行签字,在会议期间已有中国等154个国家的元首和首脑签署了《气候变化框架公约》,中国等148个国家签署了《保护生物多样性公约》。会议结束后,将这两个公约的签字文本移至在纽约的联合国总部,保留一年的签字期。大会还通过了有关森林保护的非法律性文件《关于森林问题的政策声明》。

中国政府积极参与到整个世界的可持续发展的进程中,表明中国的发展已经融入世界,中国的发展观已经与世界先进的发展观同步,还表明中国正在承担着世界可持续发展的重任。

3. 制定世界上第一个国家级的可持续发展议程

为了中华民族和整个人类千秋万代的持续发展,中国共产党和中国政府在领导全国各族人民建设中国特色社会主义的过程中,一直注意长远发展,在致力于经济发展的同时,一直高度注意环境保护工作。

中国在1979年颁布实施环境保护法(试行),1982年把计划生育作为一项基本国策的基础上,1989年以来,中国政府进一步把实施可持续发展战略作为实现中华民族伟大复兴的必要条件。1989年12月,七届全国人大常委会第十一次会议通过了《中华人民共和国环境保护法》,随后又通过了有关法律和法规。1990年12月,国务院作出《关于进一步加强环境保护工作的决定》,要求在改革开放中进一步搞好环境保护工作。此后,在历届全国人大会议上,《政府工作报告》都要强调人口、计划生育工作和环境保护工作，1992 年 1 月 26 日，国务院环委会召开会议，原则同意中国环境保护十年规划和"八五"计划纲要。1992 年 5 月，人民出版社还出版了《李鹏论有中国特色的环境保护》一书，向国内外介绍宣传中国的环境保护工作。

1992 年 6 月联合国在巴西里约热内卢召开的环境和发展大会一结束，中共中央、国务院很快批准了由外交部和国家环境保护局上报的《关于出席联合国环境与发展大会的情况及有关对策的报告》，这份《报告》适应时代要求和国际潮流，并结合中国国情提出了中国环境与发展领域的十大对策，具体内容是：（1）实行持续发展战略；（2）采取有效措施，防治工业污染；（3）深入开展城市环境综合整治，认真治理城市"四害"；（4）提高能源利用效率，改善能源结构；（5）推广生态农业，坚持不懈地植树造林，切实加强生物多样性的保护；（6）大力推进科技进步，加强环境科学研究，积极发展环保产业；（7）运用经济手段保护环境；（8）加强环境教育，不断提高全民族的环境意识；（9）健全环境法制，强化环境管理；（10）参照环发大会精神，制定中国行动计划。① 《报告》明确地提出了在中国实行可持续发展战略。

1992 年 7 月，中共中央、国务院决定由国家计划委员会和国家科学技术委员会牵头，组织国务院各部门、机构和社会团体编制《中国 21 世纪议程——中国 21 世纪人口、环境与发展白皮书》。根据国家环境保护委员会的部署，8 月成立了由国家计划委员会副主任和国家科学技术委员会副主任为组长的跨部门领导小组，负责组织和指导议程文本和相应的优先项目计划的编制工作，组成了有 52 个部门、300 余名专家参加的工作小组。国家计

---

① 《党中央国务院批准环境与发展十大对策》，《人民日报》1992 年 9 月 17 日。

划委员会和国家科学技术委员会联合成立了"中国 21 世纪议程管理中心",具体负责日常管理工作。经共同努力,于 1993 年 4 月完成了《中国 21 世纪议程》的文本第一稿的起草工作,之后在征求国务院各有关部门和中外专家意见的基础上,经中、外专家组多次讨论修改,最后形成《中国 21 世纪议程》。它共设 40 章,120 万字,184 个方案领域,内容覆盖了中国人口、经济、社会、资源、环境的可持续发展战略、政策和行动框架。《中国 21 世纪议程》与《联合国 21 世纪议程》相呼应,根据中国国情,广泛吸纳、集中了中国政府各部门正在组织进行和将要实施的各类计划,具有综合性、指导性和可操作性。《中国 21 世纪议程》全面阐明了中国的可持续发展战略和对策。1994 年 1 月,前后历时一年五个月的《中国 21 世纪议程》的编制工作顺利完成,并报送国务院审批。

1994 年 3 月 25 日,李鹏总理主持召开国务院第十六次常务会议。这次会议有多项议题需要讨论通过。本来,《中国 21 世纪议程》被国务院办公厅秘书局列为第 6 项会议候选议程,可是李鹏总理却出人意料地将其提前到第 1 项,首先讨论通过《中国 21 世纪》,并加了一个副标题——中国 21 世纪人口、环境与发展白皮书。会议决定《中国 21 世纪议程——中国 21 世纪人口、环境与发展白皮书》将作为中国制定国民经济与社会规划和计划的指导性文件。为了推动《21 世纪议程》的实施,同时制定了中国 21 世纪议程优先项目计划。

《中国 21 世纪议程》是世界上第一个国家级的可持续发展议程。它的制定和实施充分体现了中国政府以强烈的历史使命感和责任感,去完成对国际社会应尽的义务和不懈地为全人类共同事业作出更大贡献的决心,系统地论述了中国经济、社会与环境的相互关系,构筑了一个综合性的、长期的、渐进的实施可持续发展战略的框架。更重要的是,这个《议程》标志着中国开始实施可持续发展的国家发展战略。

1994 年 7 月，中国国家主席江泽民在会见参加中国 21 世纪议程高级国际圆桌会议代表时指出中国将不遗余力地推进《中国 21 世纪议程》。这表明了中国政府进一步推进可持续发展战略的决心。随后，1995 年以来，中国还先后制定了《中国环境保护 21 世纪议程》和《中国海洋 21 世纪议程》等文件，中国各省、市、自治区也结合各自的情况纷纷制定了省级的 21 世纪议程。

按照 1992 年联合国里约热内卢会议的规定，每十年联合国要召开一次世界环境与发展大会。为了全人类的共同利益，中国政府对这次世界首脑会议十分重视。经国务院批准，于 2001 年 7 月成立了以国家发展计划委员会、外交部、科学技术部和国家环境保护总局为核心单位等、有关部门共同组成的可持续发展世界首脑会议中国筹委会。2001 年 8 月，中国筹委会成立了国家报告编制领导小组、工作组和专家组，开始编写《中华人民共和国可持续发展国家报告》。报告的编写得到了中国各级政府、有关部门和社会团体的大力支持。在报告的编写过程中，采取了多种方式听取各方面的意见，特别是充分征求了非政府组织和社会各界人士的意见和建议。这项报告指出，中国将以人为本，以人与自然和谐为主线，以发展经济为核心，以提高人民群众生活质量为根本出发点，以科技和体制创新为突破口，不断提高综合国力和竞争力，全面推进经济、社会与人口、资源、环境的持续发展，为在 21 世纪中叶基本实现现代化奠定坚实的基础。这项报告介绍了中国在社会经济发展、生态建设、环境保护、资源管理、地方 21 世纪议程、公共参与等方面的行动和成就，阐述了中国进一步实施可持续发展战略的部署和政策措施。

为了促进可持续发展战略的实施，保障中国第三步发展战略目标的顺利实现，根据《国民经济和社会发展第十个五年计划纲要》和《国民经济和社会发展第十个五年计划科技教育发展专项规划（科技发展规划）》，以及未来十年（2001—2010 年）中国可持续发展面临的人口、资源、环境等重大问题，中国科技部还制定了《可持续发展科技纲要》。这些既表明了中国政府实施可持续发展战略的决心，也体现了中国实施可持续发展战略的重大进展。

4. 可持续发展战略的主要内容

中国政府通过的《中国 21 世纪议程——中国 21 世纪人口、环境与发展白皮书》从世界和中国人民的根本利益出发，结合中国国情，强调"走可持续发展之路，是中国在未来和下一世纪发展的自身需要和必然选择"①。其主要内容如下。

第一，《中国 21 世纪议程》涵盖的领域。

根据可持续发展战略的要求，《中国 21 世纪议程》确定的中国可持续发展战略的主要内容为 20 章、78 个方案领域。20 章内容可分为四个大部分。第一部分涉及可持续发展总体战略，包括第 1 章序言，第 2 章中国可持续发展的战略与对策，第 3 章与可持续发展有关的立法与实施，第 5 章费用与资金机制，第 6 章教育与可持续发展能力建设，第 20 章团体与公众参与与可持续发展，共设 18 个方案领域；第二部分涉及社会可持续发展内容，包括第 7 章人口、居民消费和社会服务，第 8 章消除贫困，第 9章卫生与健康，第 10 章人类住区可持续发展，第 17 章防灾减灾，共设 19 个方案领域；第三部分涉及经济可持续发展内容，包括第 4 章可持续发展经济政策，第 11 章农业与农村的可持续发展，第 12 章工业与交通、通讯业的可持续发展，第 13 章可持续的能源生产和消费，共设 20 个方案领域；第四部分涉及资源与环境的合理利用与保护，包括第 14 章自然资源保护与可持续

---

① 《中国 21 世纪议程——中国 21 世纪人口、环境与发展白皮书》，中国环境科学出版社 1994 年版，第 1 页。

利用，第 15 章生物多样性保护，第 16 章荒漠化防治，第 18 章保护大气层，第 19 章固体废物的无害化管理，共设 21 个方案领域。

第二，中国可持续发展战略的原则要求。

在经济发展方面：中国的可持续发展战略强调，在中国这样的发展中国家，可持续发展的前提是发展。因此，为满足全体人民的基本需求和日益增长的物质文化需要，必须保持较快的经济增长速度，并逐步改善发展的质量，这是满足当时和此后中国人民需要和增强综合国力的一个主要途径。只有当经济增长率达到和保持一定的水平，才有可能不断消除贫困，人民的生活水平才会逐步提高，并且提供必要的能力和条件，支持可持续发展。在经济快速发展的同时，必须做到自然资源的合理开发利用与保护和环境保护相协调，即逐步走到可持续发展的轨道上来。在提高质量、优化结构、增进效益的基础上，保持国民生产总值以平均每年 8~9% 的速度增长。①

在社会发展方面：中国的可持续发展战略注重谋求社会的可持续发展，为此将努力实行计划生育，控制人口数量，提高人口素质和改善人口结构，在 2000 年前争取将人口增长率控制在 12.5‰ 以内，坚持优生优育；建立以按劳分配为主体，效率优先、兼顾公平的收入分配制度，同时引导适度消费；发展社会科学，继承和发扬中华民族优良的思想文化传统，致力于文化的革新；发扬社会主义制度优越性，不断改善政治和社会环境，保持全社会的安定团结；大力发展教育和文化事业，开展职业培训、职业道德和社会公德教育，提高全民族的思想道德和科学文化水平，培养一代又一代有理想、有道德、有文化、有纪律的新人；

---

① 《中国 21 世纪议程——中国 21 世纪人口、环境与发展白皮书》（1994 年 3 月 25 日），中国环境科学出版社 1994 年版，第 4 页。

发展城镇住宅建设，同时改善城乡居民居住环境和提高社会综合服务及医疗卫生水平；通过广泛的宣传、教育，提高全民族的，特别是各级领导人员的可持续发展意识和实施能力，促进广大民众积极参与可持续发展的建设。①

在资源和生态环境方面：中国可持续发展建立在资源的可持续利用和良好的生态环境基础上。国家保护整个生命支撑系统和生态系统的完整性，保护生物多样性；解决水土流失和荒漠化等重大生态环境问题；保护自然资源，保持资源的可持续供给能力，避免侵害脆弱的生态系统；发展森林和改善城乡生态环境；预防和控制环境破坏和污染，积极治理和恢复已遭破坏和污染的环境；同时积极参与保护全球环境、生态方面的国际合作活动。到 2000 年，使环境污染基本得到控制，重点城市的环境质量有所提高，自然生态恶化的趋势有所减缓，逐步使资源、环境与经济、社会的发展相互协调。②

在发展模式方面：中国必须迅速地扭转传统的非持续性的发展模式，在制定总体发展战略、目标和采取重大行动中，充分体现可持续发展的思想，实现人口、经济、社会、生态和环境的协调发展。《中国 21 世纪议程》构筑了一个综合性的、长期的、渐进的可持续发展战略框架和相应的对策，是中国走向 21 世纪和争取美好未来的新起点。《中国 21 世纪议程》的实施需要在中国政府的统一领导下，各部门、各地区的协调行动；需要建立和实施新的促进可持续发展的法规、政策；需要逐步在一些领域和项目上采取重大行动，特别是在向社会主义市场经济体制过渡的过

①　《中国 21 世纪议程——中国 21 世纪人口、环境与发展白皮书》（1994 年 3 月 25 日），中国环境科学出版社 1994 年版，第 4—5 页。

②　《中国 21 世纪议程——中国 21 世纪人口、环境与发展白皮书》（1994 年 3 月 25 日），中国环境科学出版社 1994 年版，第 5 页。

程中，尤其要加强政府对人口增长、自然资源和生态环境保护的宏观调控作用，实行综合性决策、管理和监督；需要调动一切积极因素，全国人民的共同参与和不懈努力；需要得到国际社会的广泛支持与合作。①

第三，中国可持续发展的目标和行动。

《中国21世纪议程》确定了中国建立可持续发展的经济体系、社会体系和保持与之相适应的可持续利用的资源和环境基础。它提出的到2000年前的主要目标是：

（1）在保持经济快速增长的同时，依靠科技进步和提高劳动者素质，不断改善发展的质量；（2）促进社会的全面发展与进步，建立可持续发展的社会基础；（3）控制环境污染，改善生态环境，保护可持续利用的资源基础；（4）逐步建立国家可持续发展的政策体系、法律体系，建立促进可持续发展的综合决策机制和协调管理机制。

中国可持续发展的行动是：确立国家可持续发展优先领域和优先项目，注重可持续发展基础和能力建设；推广清洁技术和清洁生产，发展环保产业；开发和应用信息资源，建立全国社会经济与资源环境信息系统，开展可持续发展评价，促进科学决策和科技发展与推广工作，发挥科学技术的第一生产力作用；在调整人和自然关系的若干重大领域，特别是在计划生育、环境保护、资源能源的合理开发和利用等方面开展科学研究和技术开发，取得重大成果，并加以推广和应用。

确立《中国21世纪议程》的国家战略地位，并将其逐步纳

---

① 《中国21世纪议程——中国21世纪人口、环境与发展白皮书》（1994年3月25日），中国环境科学出版社1994年版，第6页。

入各级国民经济和社会发展计划，积极推进实施。①

第四，中国可持续发展的国际合作。

作为国际社会中的一员和世界上人口最多的国家，中国深知自己在全球可持续发展和环境保护中的重要责任。中国在发展进程中，对自身经济发展产生的种种资源、环境问题的困扰和对因地球生态环境恶化而引起的各种环境问题威胁有了越来越深刻的认识。因此，中国政府将继续以强烈的历史责任感，高度重视自然资源和环境保护工作，以积极、认真、负责的态度参与保护地球生态环境，追求全人类可持续发展的各种国际努力。以"全球伙伴"精神参与环境与发展领域广泛的国际合作，使全球发展与环境改善的努力能够促进包括中国在内的发展中国家的可持续发展。认真履行中国加入的全球环境与发展方面的各项公约，不懈地致力于中国所应承担的义务。在资金、技术上广为争取国际社会对中国的援助和支持，以使中国尽快消除贫困，走上可持续发展的道路。②

（二）积极实施《中国 21 世纪议程》

《中国 21 世纪议程》的颁布和实施，表明中国在可持续发展方面已经从战略构想阶段走向实际行动。中国政府把可持续发展确定为国家战略，将其列为必须高度重视和下大力气解决的、关系全局的重大问题之一。在实施《中国 21 世纪议程》的过程中采取了如下举措。

---

① 《中国 21 世纪议程——中国 21 世纪人口、环境与发展白皮书》（1994 年 3 月 25 日），中国环境科学出版社 1994 年版，第 9 页。

② 《中国 21 世纪议程——中国 21 世纪人口、环境与发展白皮书》（1994 年 3 月 25 日），中国环境科学出版社 1994 年版，第 9—10 页。

1. 全党全国高度重视可持续发展

中国是一个负责任的大国，确定《中国 21 世纪议程》后，中国政府积极推进议程的落实和实施。

第一，把可持续发展提上党和国家工作的重要日程。

《中国 21 世纪议程》确定后，在中国共产党的历次全国代表大会上，在历届历次全国人民代表大会上，中共中央或国务院都要在大会的报告或《政府工作报告》中，强调可持续发展这一关系国家长远发展的战略，部署重大行动。从 1996 年开始，中共中央和国务院每次在全国人大和政协会议期间都召开中央人口、环境、资源工作座谈会，江泽民等中央领导人都要在会上发表重要讲话。在这些会议上，中央领导人每次都重申要坚持计划生育、环境保护的基本国策，实施可持续发展的战略。每年春季，不管工作多忙，无论是在北京还是在外地，中共中央和国家领导人，都带头履行植树义务，年年如此，风雨无阻。表明中国领导人身体力行，重视生态环境建设的决心。1997 年 8 月，江泽民总书记发出"再造秀美山川"的伟大号召，起到推动中国环境事业大发展的作用。1997 年 9 月，国务院在陕北召开了治理水土流失、建设生态农业现场会。1998 年，国务院印发了《全国生态环境建设规划》，国家将国债用于水土保持生态环境建设上。1999 年 6 月，江泽民总书记发出西部大开发的号召。他在考察黄河时指出：要把水土保持作为改善农业生产条件、改善生态环境、治理江河的根本措施，持之以恒地抓紧抓好。1999 年，中共中央作出退耕还林的重大决策。之后又作出实施天然林保护等重大决策，京津风沙源治理工程开始启动。

第二，设置推进可持续发展战略领导机构。

国家设置推进可持续发展战略的领导机构，加强推进可持续发展过程中的组织协调力度。1992 年，中国政府成立了由国家计划委员会和国家科学技术委员会牵头的跨部门制定的《中国 21

世纪议程》领导小组及其办公室，指导各部门制定各行业的 21 世纪议程或行动计划。2000 年，制定《中国 21 世纪议程》领导小组更名为全国推进可持续发展战略领导小组，由国家发展计划委员会副主任担任组长，科技部副部长担任副组长；领导小组成员由外交部、国家经贸委、教育部、民政部、财政部、劳动和社会保障部、国土资源部、建设部、水利部、农业部、外经贸部、国家计生委、国家环保总局、国家统计局、国家林业局、国务院法制办、国务院扶贫办的主管领导同志担任。全国推进可持续发展战略领导小组下设办公室，办公室挂靠在国家发展计划委地区司。第一任小组组长是国家发展计划委员会副主任刘江。这个小组在《中国 21 世纪议程》基础上，组织有关部门编制了《中国可持续发展行动纲要》，确定了 21 世纪初中国可持续发展的重点领域和行动计划。这一纲要还对国际社会在环境与发展领域的活动进行了评价，进一步阐明了中国对可持续发展相关国际问题的基本原则和立场。

第三，制定《全国生态环境建设规划》。

国家发展计划委组织有关部门，根据江泽民、李鹏、朱镕基同志的指示，积极着手制定《全国生态环境建设规划》，1999 年 1 月经国务院常务会议讨论通过。国务院发出通知，要求各地结合本地区的具体情况，因地制宜地制定当地生态环境建设规划，调动亿万群众的积极性，组织全社会的力量，投入生态环境建设。这个战略规划确定中国生态环境建设分近期、中期和远期三个阶段的奋斗目标。（1）近期目标。从现在起到 2010 年，用大约 12 年的时间，坚决控制住人为因素产生新的水土流失，努力遏制荒漠化的发展。生态环境特别恶劣的黄河长江上中游水土流失重点地区以及严重荒漠化地区的治理初见成效。主要奋斗目标是：到 2010 年，新增治理水土流失面积 60 万平方公里，治理荒漠化土地面积 2200 万公顷；新增森林面积 3900 万公顷，森林覆盖率达到90%以上（按郁闭度大于0.2计算，下同）；改造坡耕地670万公顷，退耕还林500万公顷，建设高标准、林网化农田1300万公顷；新建人工草地、改良草地5000万公顷，治理"三化"草地3300万公顷；建设一批节水农业、旱作农业和生态农业工程；改善野生动植物栖息环境，自然保护区占国土面积达到8%。在生态环境重点区域建立预防监测和保护体系。（2）中期目标。2011—2030年，在遏制生态环境恶化的势头之后，大约用20年的时间，力争使全国生态环境明显改观。这一时期的主要奋斗目标是：全国60%以上适宜治理的水土流失地区得到不同程度整治，黄河长江上中游等重点水土流失区治理大见成效；治理荒漠化土地面积4000万公顷；新增森林面积4600万公顷，全国森林覆盖率达到24%以上，各类自然保护区面积占国土面积达到12%；旱作节水农业和生态农业技术得到普遍运用，新增人工草地、改良草地8000万公顷，力争一半左右的"三化"草地得到恢复。重点治理区的生态环境开始走上良性循环的轨道。（3）远期目标。2031—2050年，再奋斗20年，全国建立起基本适应可持续发展的良性生态系统。主要奋斗目标是：全国适宜治理的水土流失地区基本得到整治，宜林地全部绿化，林种、树种结构合理，森林覆盖率达到并稳定在26%以上；坡耕地基本实现梯田化，"三化"草地得到全面恢复。全国生态环境有很大改观，大部分地区基本实现山川秀美。①

2. 重视生态环境建设，国家增加投入

中国十分重视通过国家发展计划实施可持续发展战略，并大幅度增加投入。生态环境问题是发展中产生的问题。20世纪90年代以来，中国生态环保投资力度持续增强，投资总额占国内生

---

① 《全国生态环境建设规划——根据江泽民李鹏朱镕基指示制定国务院常务会议讨论通过》，《人民日报》1999年1月7日。

产总值（GDP）的比例逐年提高。"八五"期间（1991—1995年）中国环保投资约为 2000 亿元人民币，"九五"期间（1996—2000 年）增至 3800 亿元。而"十五"计划的第一年，2001 年一年，这个数字就达 1107 亿元。从 1998 年起至 2002 年，五年全国环境保护和生态建设投入 5800 亿元，是 1950 年到 1997 年投入总和的 1.7 倍。"十五"期间，这一投资总额将达 7000 多亿元。2001 年，国务院决定开展全国最大的生态输水工程——塔里木河、黑河的综合治理生态建设工程等。自 1998 年至 2002 年，中国政府投入水利建设 1600 多亿元，占新中国成立以来中央水利投资总额的七成。

实施绿色工程。国务院批准的《中国跨世纪绿色工程规划》在"九五"计划时期和 21 世纪初 10 年内分三期实施。投资总额为 1880 亿元。第一期（1996—2000 年）共有约 1600 个项目，重点治理淮海、海河、辽河、太湖、巢湖、滇池的水污染，以及酸雨控制区和二氧化硫污染控制区的大气污染。森林是陆地生态建设的主体。国家林业局 2000 年公布的第五次全国森林资源清查结果显示，"我国森林面积为 15894.1 万公顷，全国森林覆盖率达到 16.55%，森林蓄积量 112.7 亿立方米。除港、澳、台地区外，人工林面积 4666.7 万公顷，居世界首位。"[①] 中国人工造林保存面积已占世界人工林总面积的三分之一，世界上每种活三棵树就有中国的一棵。

3. 逐步完善可持续发展方面的法律体系

中国初步形成了可持续发展的法律体系。1992 年里约环发大会后，中国率先制定《中国 21 世纪议程》，并制定有关实施可持续发展战略的法律法规。截至 2001 年底，中国制定和完善了人

---

① 《第五次森林资源清查结果显示我国森林覆盖率 16.55%》，《人民日报》2000 年 6 月 14 日。

口与计划生育法律 1 部，即《中华人民共和国人口与计划生育法》；环境保护法律 7 部，包括《中华人民共和国环境保护法》《中华人民共和国水污染防治法》《中华人民共和国环境噪声污染防治法》《中华人民共和国海洋环境保护法》《中华人民共和国农业生态环境保护法》《中华人民共和国大气污染防治法》《中华人民共和国防沙治沙法》；自然资源管理法律 13 部，如《中华人民共和国土地管理法》《中华人民共和国矿产资源法》《中华人民共和国森林法》等；防灾减灾法律 3 部，如《中华人民共和国防震减灾法》等。国务院制定了人口、资源、环境、灾害方面的行政规章 100 余部，如《建设项目环境保护管理条例》《水污染防治法实施细则》《危险化学品安全管理条例》《排污费征收使用管理条例》《危险废物经营许可证管理办法》《野生植物保护条例》《农业转基因生物安全管理条例》等，并为法律的实施提供了一系列切实可行的制度。全国人大常委会专门成立了环境与资源保护委员会，在法律起草、监督实施等方面发挥了重要作用。国家加大了对资源、环境、灾害领域的执法力度，生态环保行政执法初见成效，预防监管力度日益加大。坚决查处了各种违法犯罪行为，法律的权威性显著提高。全国 150 多个地市和 1500 多个县建立水土保持监督执法机构，专兼职人员 7 万多人。西气东输、西电东送、青藏铁路等国家重点工程，均高质量地完成生态环境水土保持方案。国家大型水利水电和油气管道工程生态环境水土保持方案编报率达到百分之百。

4. 把科学技术作为可持续发展战略的支撑条件

环境等科学技术的发展，给人们提供了科学决策、提高资源和能源利用率、保护环境的手段。在推动《中国 21 世纪议程》和可持续发展战略的实施中，科技发挥了巨大作用。围绕人口、资源、环境等可持续发展领域的一些重大问题开展了前瞻性、战略性研究，为各级政府战略决策提供了科学依据；通过一系列技术政策的制订，提高了政府宏观管理的能力；在一批影响中国可持续发展的重大关键技术方面取得重要突破，解决了一些可持续发展的重大问题；科技成果转化工作得到大大加强，促进了可持续发展相关产业的迅速发展，并成为国民经济新的增长点；形成了各具特色的区域可持续发展模式；初步形成了一支可持续发展科研队伍，为中国可持续发展科技工作奠定了基础。

为了促进科教兴国和可持续发展战略的实施，保障中国第三步战略目标的顺利实现，2002 年 8 月，中国科学技术部特制定《可持续发展科技纲要》。这个《纲要》指出："科学技术的迅猛发展，极大地推动了各国可持续发展战略的实施，特别是信息技术、生物技术、新材料技术、新能源和再生能源技术、先进制造技术、航天航空技术、海洋技术以及环保技术的发展为缓解资源短缺、抑制环境恶化、改善人类健康状况、实现社会经济和环境的协调发展提供了有效的技术途径。"① 根据 20 世纪 90 年代以及 21 世纪初中国经济与社会发展的现状和发展目标以及中国可持续发展战略实施的要求，《纲要》确定的可持续发展科技工作的重点是围绕提高人民生活质量和自身素质、合理开发和利用资源、建设和保护生态环境以及促进相关产业发展，开展科学研究、技术开发和相关科技活动，以全面推动中国经济、社会与人口、资源、环境的协调发展。重点任务主要有：第一，加强可持续发展战略研究，为国家可持续发展决策服务；第二，集中研究开发一批对可持续发展有重大影响的关键技术，提高可持续发展技术水平和能力；第三，加强可持续发展领域的科技示范工作，探索不

① 《可持续发展科技纲要（2001—2010 年）》（2002 年 7 月），《新华月报》2002 年第 10 期，第 175 页。

同的发展模式；第四，加强基础研究和基础性工作，提高可持续发展科技能力建设；第五，加速可持续发展科技成果的产业化，推动相关产业的发展；第六，深化科技体制改革，建立可持续发展创新体系。《纲要》确定的重点领域是：第一，人口数量控制；第二，健康与重大疾病的防治；第三，食品安全；第四，水资源安全保障；第五，油气资源安全保障；第六，战略矿产资源安全保障；第七，海洋监测与资源开发利用；第八，清洁能源与再生能源；第九，环境污染控制与生态综合治理；第十，减灾防灾；第十一，城市与小城镇建设；第十二，全球环境问题。①

（三）实施可持续发展战略及其成效

中国是一个负责任的大国，中国选择可持续发展道路是历史的必然，也是中华民族肩负起来的对未来数代人的责任。1992 年联合国里约热内卢环境与发展大会制定《联合国 21 世纪议程》以后，中国政府即开始制定、贯彻和实施《中国 21 世纪议程》，中国实施可持续发展战略已取得了实质性进展。

1. 实施可持续发展取得的显著成效

从确立可持续发展战略以来，中国在实施可持续发展战略方面取得了明显的成效，可持续发展能力增强。

第一，人口、就业、消除贫困等方面工作取得显著成就。

中国从 20 世纪 80 年代开始实行计划生育的基本国策。整个人口过快增长的势头得到有效控制。全国人口出生率和自然增长率，分别由 1978 年的 19.28‰和 12‰下降到 1997 年的 16.57‰和 10.06‰，再到 2002 年的 12.86‰和 6.45‰，进入了稳定低生育水平的时期。人口的城乡结构也发生了显著变化，城市化进程明

---

① 《可持续发展科技纲要（2001—2010 年）》（2002 年 7 月，《新华月报》2002 年第 10 期，第 177—178 页。

显加快。城市化水平已从 1978 年的 17.92%上升到 1997 年的 29.92%，再到 2002 年的 39.1%。劳动就业规模继续扩大。1997 年全国就业人员达到 69600 万，比 1978 年增加 29448 万。2002 年末全国就业人员 73740 万人，其中城镇就业人员 24780 万人。2002 年末国有企业下岗未实现再就业职工人数为 410 万人，比上年末减少 105 万人。2002 年年末城镇登记失业率为 4%，比上年末增加 0.4 个百分点。农村贫困人口由 1997 年 4960 万人减少到 2002 年的 2820 万人。社会保障工作取得很大成绩。在经济较快增长、物价水平较低的情况下，人民群众得到了更多的实惠。

第二，环境保护取得进展。

由于从第八个五年计划（1991—1995 年）以来，国家注重提高企业技术水平，采用新工艺、新装备，努力节能降耗，结合企业技术进步，防治工业污染，初步扼制了主要工业污染物排放量快速增长的趋势。1997 年，全国县以上工业企业废气处理率、工业废水处理率和工业固体废物综合治理率，分别达到 85.3%、80.6%和 60.1%。重点流域和区域污染防治工作全面展开。先后实施了"三河三湖"即淮海、海河、辽河以及太湖、巢湖、滇池的水污染防治工程。自然保护和水土保持工作取得进展。截至 2002 年底，中国城市空气质量逐步提高，在实行"监测的 339 个城市中，有 117 个城市空气质量达到二级标准，占监测城市数的 34.5%，比上年提高 1.1 个百分点；有 114 个城市达到三级标准，占 33.6%，与上年基本持平；有 108 个城市未达到三级标准，占 31.9%，减少 1.3 个百分点。对道路噪声监测的 322 个城市中噪声污染严重的占 5%，对区域环境噪声监测的 315 个城市中 52.1%的区域环境噪声优于城市居住区声环境质量标准。全国建成了 3369 个烟尘控制区，面积达 2.3 万平方公里；建成了 3128 个环境噪声达标区，面积达 1.5 万平方公里。地表水水质有所改善。七大水系干流地表水水质有 52.9%的断面满足国家地表水Ⅲ

类水质标准要求，比上年上升 1.2 个百分点；19% 的断面为 IV 类水质，下降 7.1 个百分点；7.8% 的断面为 V 类水质，下降 5 个百分点；超过 V 类水质标准断面的比例为 20.3%，上升 10.9 个百分点。近岸海域海水水质呈改善趋势。381 个近岸海域海水水质监测点中，达到国家一类海水水质标准的监测点占 21.3%，比上年增加 7.9 个百分点；二类占 28.3%，三类占 14.4%，四类占 8.9%，劣四类占 27.1%。生态环境保护力度加大。全国已批准国家级生态示范区 82 个，生态示范区建设试点地区和单位 314 个；全国自然保护区达到 1757 个，其中国家级自然保护区 188 个；自然保护区面积 13295 万公顷，占国土总面积的 13.2%"①

。据世界银行的估算，过去的 10 年（1992—2002 年）当中，中国所减排的破坏臭氧层的物质相当于世界减排的一半。中国在环境保护领域的努力得到国际社会的承认和赞誉。为肯定中国在世界环境保护工作方面取得的成就，联合国环境规划署、世界银行、全球环境基金先后将"联合国环境规划署笹川环境奖""绿色环境特别奖"授予中国国家环境保护总局局长解振华；将"全球环境领导奖"授予中国国家环境保护总局局长解振华和国家林业局领导成员、中国林业科学研究院院长江泽慧。联合国环境规划署还将"地球卫士奖"授予中华青年联合会负责人。

第三，兴办可持续发展综合实验区。

为实施可持续发展战略，根据国务院会议决定，1997 年国家把 1986 年开始起步的社会发展综合实验区更名为可持续发展实验区，强调经济、社会与生态环境的相互协调与可持续发展。同时，国家在若干个省市自治区又新设立了可持续发展综合实验区。这些实验区分为国家级、省级。截至 1997 年，已建成国家

---

① 国家统计局：《中华人民共和国 2002 年国民经济和社会发展统计公报》（2003 年 2 月 28 日）。

级可持续发展实验区 29 个、省级可持续发展实验区 42 个，这些实验区包括市、县、镇及大城市行政区等不同类型，遍及全国 23 个省市。实验区的宗旨是：以贯彻国家可持续发展战略为目标，通过科学技术的引导、管理机制的改革和能力建设，在生产力、生产关系、生活质量、人口素质和生态环境五个方面开展综合规划、典型示范和生态建设，促进资源的综合利用，环境的综合整治和人的综合发展。最终目标就是解决制约和影响社会、经济与环境协调发展的瓶颈问题，促进社会经济的快速、健康、持续发展。实验区建设的实质就是要协调好人口、资源与环境间的生态关系。以江苏省常州市、无锡县华庄镇、山东烟台、北京市怀柔区为代表的这些实验区建设都取得了明显的成效。

第四，实施西部大开发战略中生态环境得到保护。

在实施可持续发展战略的过程中，中国西部的生态环境保护非常重要。国家为在西部的开发当中实现环境保护跨越式的发展，采取了以下几个主要措施。一是中央要求各地在西部开发当中绝对不能够走先污染、后治理，以破坏环境为代价的发展道路。二是开展了西部地区的生态状况调查，已经把西部地区生态的本体状况全部搞清。三是为了防止造成新的污染和破坏，国务院颁布了《建设项目开发管理条例》，又颁布了《环境评价法》，为控制新的污染和破坏提供了法律依据。四是加强了地区产业结构的调整，淘汰关闭了一些浪费资源、污染严重、没有市场的技术、设备或企业。通过严格执法，防止东部地区一些落后的工艺技术、污染向西部地区转移。同时，也在企业当中开展了技术改造和清洁生产，对现有的污染进行了治理。五是加强了西部重点城市污水处理厂、垃圾处理厂的建设。六是在西部地区加强生态建设，加快退耕还林、天然林保护工程建设，这些工程实施以后，保证了西部在开发的过程当中不会造成大的破坏和严重的污染。

第五，实施六大林业重点工程。

1998 年至 2002 年五年内，"全国造林面积 2787 万公顷，封山育林 3153 万公顷，退耕还林 382 万公顷；治理水土流失面积 26.6 万平方公里，治理沙化土地 570 万公顷"。2001 年，经国务院批准，国家林业局决定在一个时期内集中力量实施六大林业重点工程，为实现林业跨越式发展奠定基础。国务院批准实施经系统整合后的六大林业重点工程是：

一是天然林资源保护工程。这个工程是中国林业的"天"字号工程、一号工程，也是投资最大的生态工程。根据《中共中央、国务院关于灾后重建、整治江湖、兴修水利的若干意见》中关于"全面停止长江黄河流域上中游的天然林采伐，森工企业转向营林管护"的精神，国家林业局编制了《长江上游、黄河上中游地区天然林资源保护工程实施方案》和《东北、内蒙古等重点国有林区天然林资源保护工程实施方案》。经过两年试点，2000年 10 月国家正式启动了天然林资源保护工程，简称"天保工程"。工程范围确定为云南省、四川省、重庆市、贵州省、湖南省、湖北省、江西省、山西省、陕西省、甘肃省、青海省、宁夏回族自治区、新疆维吾尔自治区（含生产建设兵团）、内蒙古自治区、吉林省、黑龙江省（含大兴安岭）、海南省、河南省等 18 个省（区、市）的重点国有森工企业及长江、黄河中上游等地区生态地位重要的地方森工企业、采育场和以采伐天然林为经济支柱的国有林业局（场）、集体林场。具体包括三个层次：全面停止长江上游、黄河上中游地区天然林采伐；大幅度调减东北、内蒙古等重点国有林区的木材产量；同时保护好其他地区的天然林资源。主要解决这些区域天然林资源的休养生息和恢复发展问题。"天保工程"的近期目标（到 2000 年）：以调减天然林木材产量、加强生态公益林建设与保护、妥善安置和分流富余人员等为主要实施内容。全面停止长江、黄河中上游地区划定的生态公益林的森林采伐；调减东北、内蒙古国有林区天然林资源的采伐量，严格控制木材消耗，杜绝超限额采伐。通过森林管护、造林和转产项目建设，安置因木材减产形成的富余人员，将离退休人员全部纳入省级养老保险社会统筹，使现有天然林资源初步得到保护和恢复，缓解生态环境恶化趋势。中期目标（到2010年）：以生态公益林建设与保护、建设转产项目、培育后备资源、提高木材供给能力、恢复和发展经济为主要实施内容。基本实现木材生产以采伐利用天然林为主向经营利用人工林方向的转变，人口、环境、资源之间的矛盾基本得到缓解。远期目标（到2050年）：天然林资源得到根本恢复，基本实现木材生产以利用人工林为主，林区建立起比较完备的林业生态体系和合理的林业产业体系，充分发挥林业在国民经济和社会可持续发展中的重要作用。

二是三北和长江中下游地区等重点防护林体系建设工程。这个工程建设范围东起黑龙江省宾县，西至新疆维吾尔自治区的乌孜别里山口，全长8000公里，宽400至700公里，占国土总面积的42.4%。是中国涵盖面最大、内容最丰富的防护林体系建设工程，也是世界最大的人工造林工程。三北（西北、华北、东北）防护林体系建设是中共中央、国务院作出的一项战略决策，是中国国民经济和社会发展的重点建设项目。根据总体规划，三北防护林体系建设工程于1978年11月动工，到2050年结束，分三个阶段八期工程进行建设，规划造林面积5.34亿亩，届时三北地区森林覆盖率将由1977年的5%提高到2050年的14.95%。三北防护林的一期工程从1978年至1986年八年累计造林1亿多亩。为期十年的二期工程（1986年至1996年）造林1.69亿亩，森林覆盖率由二期工程前的6.25%提高到目前的8.26%。三北一、二期工程共造林2.7亿亩，完成总体规划造林任务的50%，时间只用了总体规划时间72年的1/4。从1998年开始，三北和长江中下游地区等重点防护林体系建设工程建设，具体包括三北防护林四期工程、长江中下游及淮河太湖流域防护林二期工程、沿海防护林二期工程、珠江防护林二期工程、太行山绿化二期工程和平原绿化二期工程。主要解决三北地区的防沙治沙问题和其他区域各不相同的生态问题。

三是退耕还林还草工程。这个工程是中国林业建设上涉及面最广、政策性最强、工序最复杂、群众参与度最高的生态建设工程。这个工程主要是解决中国长期存在的严重的水土流失问题。"退耕还林（草）"的方针是"退耕还林（草）、封山绿化、个体承包、以粮代赈"16字，具体政策是：经验收合格的每亩退耕地国家每年补助100公斤粮食、20元管护费和一次性补助50元种苗费，一定8年。这一政策大大调动了农民退耕还林的积极性。从历史上看，由于人类对耕地的需求，已使全球30%的森林变成农业用地。但毁林开荒在解决了粮食问题的同时，也造成了严重的沙土流失。仅中国长江、黄河上中游由于不合理的耕作方式和毁林开荒，每年输入长江、黄河的泥沙量达20亿吨。退耕还林工程的实施，结束了中国几千年毁林开荒的历史，开始了从毁林开荒到退耕还林、从以粮为纲到以粮食换森林的重大转变。截至2002年，涉及25个省区市的退耕还林工程，"已累计退耕还林101.3万公顷，荒山造林87.85万公顷，国家累计兑现粮食11.5亿公斤，现金补助和种苗资金补助19亿元。"①

四是环北京地区防沙治沙工程。这个工程范围包括：浑善达克沙地、科尔沁沙地西部、阴山以北、山西雁北、河北坝上和京津周围地区。涉及北京、天津、河北、内蒙古、山西五省（区、市）的116个县（旗）。这项工程治理建设的主要任务有五项：

---

① 《建设山川秀美的中国——生态建设五年回眸》，《人民日报》2002年8月7日。

（1）对现有的林草植被要采取措施严加保护。（2）对这一地区内的宜林宜草荒山荒地要大力造林种草，增加林草植被。（3）对已沙化的土地加速治理，不适宜耕种的耕地要坚决退耕还林还草，同时，采取综合措施，加强草场建设，恢复林草植被。（4）合理调整种养结构，改进生产方式，实行精种精养、高产高效的农林牧业方式，减轻植被破坏的压力。（5）采取加强水利配套工程建设以及合理用水、节约用水等措施，实现地区的水平衡，促进植被建设。这项工程是北京首都乃至中国的"形象工程"，也是环京津生态圈建设的主体工程。虽然规模不大，但是意义特殊。主要解决首都周围地区的风沙危害问题。

五是野生动植物保护及自然保护区建设工程。中国是世界上物种最丰富的国家之一，拥有脊椎动物 4400 多种，高等植物 32800 多种，大熊猫、朱鹮、金丝猴和水杉、银杉、珙桐等大量物种均为中国所独有。野生动植物保护及自然保护区建设工程的目标和任务是：重点在中西部生物多样性较为丰富、生态环境比较脆弱的地区尽快建立一批自然保护区，使林业系统的自然保护区从 1998 年的 776 个增加到 1000 个左右；在继续实施七大濒危动物拯救工程的基础上，再开展长臂猿、雪豹、麝、鹿类、红松、苏铁等八大物种的拯救和保护工作，新建野生动物禁猎区 25 处，繁育基地 18 个，野生植物培育基地 6 个，促使濒危和重点保护的野生动植物种群得到初步恢复和发展；成立湿地保护领导小组，尽快制定有关法律法规，建立湿地资源监测系统，新建湿地自然保护区 30～50 处，基本遏制人为因素导致的天然湿地减少的趋势；建立健全野生动植物保护支撑体系，建立资源监测网络，初步建立野生动植物资源档案；积极稳妥地发展野生动植物产业。① 这个工程是一个面向未来，着眼长远，具有多项战略

----

① 《我国加大野生动植物保护力度》，《人民日报》1999 年 12 月 17 日。

意义的生态保护工程，也是适应时代发展、实施可持续发展的外交战略工程。主要解决基因保存、生物多样性保护、自然保护、湿地保护等问题。

六是重点地区以速生丰产用材林为主的林业产业基地建设工程。这个建设工程是中国林业产业体系建设的骨干工程，也是增强林业实力的"希望工程"。主要解决中国木材和林产品的供应问题。通过这些工程的实施，到2010年时，初步建立起乔灌草搭配、点线面协调、带网片结合，具有多种功能与用途的森林生态网络和林业两大体系框架，重点地区的生态环境得到明显改善，与国民经济发展和人民生活改善要求相适应的木材及林产品生产能力基本形成。

实施这六大工程，不仅是对中国林业建设工程的系统整合，也是对林业生产力的一次战略性调整。六大工程实施后，中国的生态面貌逐渐有所改观。

2. 实施可持续发展过程中存在的问题

虽然中国的社会经济发展取得了巨大成就，但中国仍然是发展中国家，经济发展还没有摆脱粗放型增长方式，人口、资源、环境、资源不足的压力始终存在。中国的环境问题现在还是很严重，1992年至2002年，经济在快速增长，污染物的排放总量虽然没有增加，但还是很高。1999年后，全国开展了大规模天然林保护工程、退耕还林还草，以及生态建设工程，取得了很明显的成效。但是到2002年为止，中国生态恶化的趋势还没有得到有效的遏制。全国范围内生态环境"局部改善，整体恶化"的趋势还没有得到根本扭转，中国的人均森林面积只有0.128公顷，仅为世界平均水平的21.3%，水土流失日趋严重，荒漠化面积不断扩大，生物多样性受到严重破坏，自然灾害频繁发生。1998年，国家林业局局长王志宝在《人民日报》上发文说："全国生态环境的主要问题：一是面积不断扩大。全国水土流失面积367万平方公里,占国土面积的 38.2%。全国荒漠化土地面积 262.2 万平方公里,占国土面积的 27.3%,是全国耕地面积的 2 倍多。二是恶化趋势加剧。全国平均每年新增水土流失面积 1 万平方公里;新增沙化土地 2460 平方公里,相当一个中等县的面积。三是危害、损失严重。各类自然灾害,每年造成的直接经济损失高达 2000 多亿元。"① "草地退化、沙化和碱化(简称'三化')面积逐年增加。全国已有'三化'草地面积 1.35 亿公顷,约占草地总面积的三分之一,并且每年还在以 200 万公顷的速度增加。一些地区为了短期利益,不合理开垦草原,加剧土地的荒漠化。生物多样性受到严重破坏。我国已有百分之十五至百分之二十的动植物种类受到威胁,高于世界百分之十至百分之十五的平均水平。"② 虽然经 2001 年遥感调查结果显示中国水土保持取得成就,"全国水土流失总面积在减少。全国水土流失面积由 367 万平方公里,下降到 356 万平方公里,减少了 11 万平方公里"③,但形势仍然十分严重。老的环境问题正在解决,随着经济的发展,新的环境问题还在产生,因此,中国的环境保护任务还是非常艰巨的,任重道远。

3. 实施可持续发展战略的意义与影响

中国共产党和中国政府领导实施的可持续发展战略,既是对邓小平有中国特色社会主义发展战略的继承和发展,又是结合中国的现实国情,总结中国改革开放和现代化建设的新鲜经验,以一种宽阔的世界眼光认识人类的生存与发展,是一个考虑了人口

① 《大力植树造林》,《人民日报》1998 年 8 月 13 日。

② 《全国生态环境建设规划——根据江泽民李鹏朱镕基指示制定国务院常务会议讨论通过》,《人民日报》1999 年 1 月 7 日。

③ 《水土流失面积减少 11 万平方公里——遥感调查结果显示我国水土保持取得成就》,《人民日报》2002 年 1 月 22 日。

因素、人权理念和生态约束的整体发展观和系统发展观；是人类走向新世纪的共同利益之所在，是对过去大量消耗资源、破坏环境走不可持续发展和弱持续发展战略的反思，是对面向新世纪的发展观念的高度概括。走可持续发展的道路，表明中国的发展战略符合人类历史发展趋势和时代潮流，符合中国人民和整个人类发展的根本利益。

在相当的一段时期内，中国走的是一条粗放型的，注重速度和数量而不考虑资源持续利用和生态环境保护的传统发展模式，经济增长方式也基本上是依赖于外延扩大的高投入、高消耗、低产出、低效益。这种经济增长方式必然导致资源严重浪费，环境问题突出。中国是一个人口众多、资源相对贫乏、部分地区生态环境相当恶劣的国家。这就决定了中国必须走代价最小、效益最大的发展道路。因此，从某种意义上讲，中华民族的生存和发展只能走可持续发展之路，而且是必由之路。实行这条道路，是中华民族实现伟大复兴的保证。

中国是一个资源相对匮乏的国家，人均水平与世界人均水平相比，耕地面积仅相当于世界平均水平的28%，草地面积不到一半，森林面积仅为15%，水资源为1/3，原煤储量约为一半，原油仅为10%，天然气储备不到5%。中国主要利用自己这些有限的资源实施可持续发展，这本身就是对世界的贡献。此外，无论是控制人口、保护环境、节约资源特别是减少空气污染尤其是二氧化碳的排放等都是对人类作出和继续作出的重大贡献。

中国政府集中财力和物力，正在进行着几个大的环境保护工程。一是"实行污染排放总量控制"，要求"到2000年力争使环境污染和生态破坏继续恶化的趋势得到基本控制"；二是实施《中国跨世纪绿色工程计划》这个计划目前已有1461个项目，投资总额为1749亿元，作为第一期（1996—2000年）的工程计划已经取得预期成效；三是西部大开发工程；四是六大林业重点工程。这标志着社会主义的中国走上了一条"坚持生产发展、生活富裕、生态良好的文明发展道路，建设资源节约型、环境友好型社会、实现速度和结构质量效益相统一、经济发展与人口资源环境相协调，使人民在良好的生态环境下生产生活，实现经济社会永续发展。"实现这个发展目标，就会实现邓小平所强调的："这不但是给占世界总人口四分之三的第三世界走出了一条路，更重要的是向人类表明，社会主义是必由之路，社会主义优于资本主义。"①

四、确立和实施科教兴国战略

科教兴国战略，是指全面落实科学技术是第一生产力的思想，坚持教育为本，把科技和教育摆在经济、社会发展的重要位置，增强国家的科技实力及将科学技术向现实生产力转化的能力，提高全民族的科技文化素质，把经济建设转移到依靠科技进步和提高劳动者素质的轨道上来，加速实现国家的繁荣昌盛。实施这一战略，是 20 世纪 90 年代中期以来，以江泽民同志为核心的中央领导集体面对世界范围内科学技术迅猛发展、综合国力竞争日趋激烈的时代背景，根据经济和社会发展规律以及中国国情作出的重大战略部署，是实现中国经济振兴和国家现代化的根本大计。

（一）科教兴国战略的提出和确立

中共中央和中国政府历来十分重视科学和教育工作，在 1956

① 邓小平：《社会主义必须摆脱贫穷》，《邓小平文选》第 3 卷，人民出版社 1993 年版，第 225 页。

年，以毛泽东同志为代表的中国共产党人就曾提出"向科技进军"、实现科学技术现代化，发展教育文化，进行教育改革等思想；取得了如以"两弹一星"为代表的一大批科技成就，培养了大批各方面的科技教育人才。这为中国科学技术和教育的发展奠定了基础。中共十一届三中全会以来，中共中央和国务院更加重视科学技术和教育事业，对中国科技教育事业的认识也经历了一个不断前进和深化的历程。

1. 着力发展科技教育事业

中共中央、国务院高度重视科学技术和教育的发展。1985年，分别作出了关于科技体制和教育体制改革的决定，促进了中国科技和教育事业的发展。1988年，邓小平在正确判断和总结当代科学技术发展趋势及其在推进经济社会发展的巨大作用的时候，进一步提出了"科学技术是第一生产力"的著名论断。这一论断在中国改革开放、现代化建设和世界的经济、科技发展中得到了检验，成为中国科技工作的指导思想。1987年中共十三大提出：把发展科学技术和教育事业放在首要位置，使经济建设转到依靠科技进步和提高劳动者素质的轨道上来。1991年5月，江泽民再次强调："坚持科学技术是第一生产力，把经济建设真正转移到依靠科技进步和提高劳动者素质的轨道上来，是一场广泛而深刻的变革。这不仅可以极大地提高生产力，而且必将引起生产关系和上层建筑的深刻变化。"江泽民指出："把经济建设真正转移到依靠科技进步和提高劳动者素质的轨道上来，是十一届三中全会决定的工作重点转移的进一步深化，是把这个转移推到一个更高的阶段，同样具有战略意义。"着眼于中国的长期发展战略，江泽民进一步指出："如果说，把全党工作重点转移到以经济建设为中心的轨道上来保证了第一步战略目标的实现，那么，我们把经济建设进一步转移到依靠科技进步和提高劳动者素质的轨道上来，必将保证第二步战略目标的胜利实现，同时将为实现第三步战略目标奠定坚实的基础。"① 1993 年全国人大常委会审议通过了《中华人民共和国科学技术进步法》，以它为核心，中国先后制订了专利法、技术合同法、促进科技成果转化法、农业技术推广法等，推动科技事业走上法治轨道。以上主要论述说明以江泽民同志为核心的中央领导集体关于科学技术的认识达到了新的水平。

教育是发展科学技术的基础，中共中央、国务院非常重视教育工作，把教育摆在优先发展的战略地位。可以说拨乱反正的突破口就是在教育领域率先推倒"两个估计"，恢复高考制度。随后，在邓小平的指导下，制定了优先发展教育的战略，中国教育也取得了令世人瞩目的复兴，为 20 世纪 90 年代到世纪末教育事业发展和改革奠定了良好基础。1992 年进入改革开放新阶段后，中共中央制定了一系列重大的宏观教育决策。中共十四大指出：必须把教育摆在优先发展的战略地位，努力提高全民族的思想道德和科学文化水平，这是实现中国现代化的根本大计。1993 年，中共中央、国务院发布了《中国教育改革和发展纲要》，确定了20 世纪末中国教育与发展的基本目标和任务。全国人大通过了《中华人民共和国教师法》等法律。

2. 建立中国科学院院士制度与成立中国工程院

1994 年是中国科学发展史上重要的一年。为了更好地贯彻落实科教兴国战略，更有利于中国科学院扩大国际学术交流和符合国际科技界的惯例，也为了更好地体现中国科学家的权威性和荣誉性，

第一，中国科学院实行院士制。

20 世纪 50 年代初筹建中国科学院学部时，曾有过直接实行

---

① 中共中央文献研究室编：《十三大以来重要文献选编》（下），人民出版社 1993 年版，第 1591 页。

院士制的考虑。鉴于当时多方面情况，1955 年成立学部时，决定分两步走，即先遴选学部委员，而合适时实行院士制。由于种种原因，几十年来中国科学院院士称号未曾实行，而中国科学院学部委员这一称号，经过几十年的发展和完善，已经成为国家在科学技术方面的最高学术称号，在国内外具有崇高的荣誉和学术上的权威性，代表了中国科技队伍的水平和声誉。中国科学院学部委员，完全具有了世界多国科学院院士的同等地位。20 世纪 90 年代以来，中国科技界人士不断呼吁，建议中国科学院学部委员改称为中国科学院院士，以更好地适应中国改革开放的形势，适应国际科学技术的广泛交流。1993 年 10 月，国务院第十一次常务会议决定，中国科学院学部委员改称中国科学院院士。1994 年 1 月，中国科学院把国务院的决定正式通知中科院的全体学部委员。国务院决定中国科学院学部委员改称为中国科学院院士，体现了国家对科学发展的重视和对科学研究人员的尊重。1994 年 6 月召开了中国科学院第七次院士大会，会议通过了《中国科学院院士章程》。这标志着中国科学院院士制度的规范化。

第二，成立中国工程院。

为进一步落实科学技术是第一生产力的思想，中共中央和国务院根据科学技术发展的实际需要，听取科学家的建议，集中各方面的意见，决定成立中国工程院。1994 年 3 月 10 日，国务院总理李鹏在八届全国人大二次会议上宣布："为推动我国工程科学技术的发展，国务院决定成立中国工程院。"[1] 成立中国工程院是根据人大议案和政协提案，由八届全国人大二次会议通过而决定的。

中国工程院，是全国工程技术界的最高荣誉性、咨询性学术机构。中国工程院实行院士制度，中国工程院院士，是国家设立

---

[1] 《国务院决定成立中国工程院》，《人民日报》1994 年 3 月 11 日。

的工程技术方面的最高学术称号，为终身荣誉。根据确定的中国工程院院士的标准和条件，按照规定程序，经过提名、讨论、遴选和审议，中国工程院首批院士产生，并经国务院批准公布。

中国工程院首批院士共 96 人。① 这些院士中既有堪称一代宗师的前辈，又有在各自领域卓有建树的新秀英才。中国工程院成立大会于 1994 年 6 月 3 日至 8 日在北京举行。6 月 3 日，中国工程院宣告正式成立，6 月 7 日，中国工程院召开全体院士大会，通过了《中国工程院章程》，随后根据章程规定，选举产生了中国工程院主席团，成员包括（以姓氏笔画为序）：丁衡高、王大珩、卢良恕、师昌绪、朱光亚、朱高峰、宋健、张维、张光斗、陆元九、范维唐、林华、罗沛霖、季国标、金怡濂、周干峙、侯祥麟、姚福生、钱易、殷瑞钰、潘家铮。中国工程院主席团执行主席为朱光亚。会议选举朱光亚为中国工程院院长，朱高峰、师昌绪、潘家铮、卢良恕为中国工程院副院长。②

中国工程院的成立是中国工程技术界的一件盛事。工程技术是人类应用科学理论，改造、利用和保护自然伟大实践的总结。最近半个多世纪以来，工程技术发展的速度和规模前所未有，对经济发展形成了巨大的直接推动力，越来越为各国科技界、决策层所重视。几十年来，中国广大工程技术人员为经济发展和国防建设呕心沥血，建设起一大批重点工程和基础设施，在一些领域形成了独特优势，成就卓著，增强了中华民族的自豪感和凝聚力。成立中国工程院，把一批有重大创造性贡献的优秀工程技术专家选为工程院院士，是对广大工程技术人员的巨大鼓舞，这对中国科学技术和经济建设产生了积极、深远的影响。

---

① 《中国工程院产生首批院士》，《人民日报》1994 年 6 月 3 日。

② 《中国工程院选举产生主席团　朱光亚当选中国工程院院长》，《人民日报》1994 年 6 月 8 日。

3. 科教兴国战略的正式提出与确立

1995 年 5 月，中共中央、国务院发布《关于加速科学技术进步的决定》，动员全党和全社会实施科教兴国战略，加速全社会科技进步，全面落实科学技术是第一生产力。与此同时，中共中央、国务院召开了全国科学技术大会。在这次具有历史意义的大会上，江泽民强调："党中央、国务院号召全党全国人民，全面落实邓小平同志科学技术是第一生产力的思想，投身于实施科教兴国战略的伟大事业，加速全社会的科技进步，为胜利实现我国现代化建设的第二步和第三步战略目标而努力奋斗。"① 这次大会标志着科教兴国被确定为国家战略。

实施科教兴国战略，就是要全面落实科学技术是第一生产力的思想，把科技和教育摆在经济、社会发展的重要位置，增强国家的科技实力及向现实生产力转化的能力，提高全民族的科技文化素质，把经济建设转移到依靠科技进步和提高劳动者素质的轨道上来，加速实现富强、民主、文明的目标。为进一步落实《决定》提出的科教兴国的战略，同年，中共十四届六中全会提出了面向 21 世纪实施科教兴国的政策建议。

中共十五大进一步强调实施和贯彻科教兴国的战略。为全面贯彻十五大精神，1998 年 1 月，中国科学院呈报给中共中央和国务院一份《迎接知识经济时代，建设国家创新体系》的报告。这份报告勾勒了中国如何创建面向 21 世纪国家知识创新体系的基本构想，提出中国将在 2005 年前后重点建设 100 个具有国际先进水平的国立研究所，10 所国际知名的教学科研型大学，20 个跨学科、跨地区的国立综合研究中心。通过提高国家整体创新能力，使中国科技的国际竞争能力进入世界前 10 名。这一国家创新体系工程已经开始实施，1998 年国家拨专款 20 亿元用于大科

---

① 《江泽民文选》第 1 卷，人民出版社 2006 年版，第 439 页。

学工程建设，1999 年又拨专款 48 亿元给中国科学院用于建立国家科技创新工程。

1999 年 1 月 13 日，国务院批转了教育部《面向二十一世纪教育振兴行动计划》的通知。要求各省、自治区、直辖市人民政府，国务院各部委、各直属机构认真贯彻执行。这个行动计划分为 12 个方面，50 个问题。为全面贯彻中共十五大关于"要建立一整套有利于人才培养和使用的激励机制"的精神，推动科教兴国战略的实施，奖励为发展中国科学技术事业、促进中国国民经济和社会进步作出突出贡献的科学技术人员，国务院制定了《国家科学技术奖励条例》。

4. 成立国家科技教育领导小组

中共中央总书记、国家主席江泽民对实施科教兴国战略和知识创新工程高度重视。1998 年 2 月 4 日，江泽民就中国科学院《迎接知识经济时代，建设国家创新体系》的研究报告作了重要批示："知识经济、创新意识对于我们 21 世纪的发展至关重要。东南亚的金融风波使传统产业的发展会有所减慢，但对产业结构调整则提供了机遇。科学院提了一些设想，又有一支队伍，我认为可以支持他们搞些试点，先走一步。真正搞出我们自己的创新体系。"①

为更好地实施科教兴国战略，根据党中央的决定设立国家科技教育领导小组。中共中央政治局常委、国务院总理朱镕基担任领导小组组长，中共中央政治局常委、国务院副总理李岚清担任副组长，国务院各部委的领导同志曾培炎、盛华仁、陈至立、朱丽兰、刘积斌、项怀诚、陈耀邦、路甬祥、宋健、徐荣凯为小组成员。这个领导小组承担三大职责：一是研究、审议国家科技教

———————

① 《国家科技教育领导小组举行首次会议》，《人民日报》1998 年 6 月 10 日。

育发展战略和重大政策；二是讨论、审议重要科技和教育任务与项目；三是协调全国各部门及部门与地方之间涉及科技或教育的重大关系。1998 年 6 月 9 日在中南海由朱镕基主持召开国家科技教育领导小组第一次会议。"会议认真学习了江泽民同志的批示，在听取中国科学院院长路甬祥关于中国科学院开展知识创新工程试点的汇报后，朱镕基指出，我们要深入贯彻江泽民同志关于知识经济和建立创新体系的重要批示精神。他说，知识创新非常重要，要结合国民经济发展的需要和已经具备的条件进行整体规划，集中力量，重点突破。国家要在财力上支持知识创新工程的试点，要加大对科技和教育的投入。会议决定，在适当的时候，国务院将召开全国知识创新工程工作会议，总结中科院试点经验，全面推动我国知识创新工程工作，并在适当的时候召开第三次全国教育工作会议。会议还决定，进一步采取措施，缓解科学家和高校教师住房困难问题。""会议还听取了朱丽兰、陈至立同志关于今年科技、教育工作的汇报。会议认为，科教兴国是本届政府最大的任务，成立国家科技教育领导小组是实施科教兴国战略的一项重大举措。国家科技教育领导小组要面向 21 世纪发展知识经济的机遇和挑战，加强对全国科技教育工作的宏观指导，深化科技、教育体制改革，加快建设国家创新体系，提高科技与教育水平，全面增强国家科技创新能力，大力发展高新技术及其产业，推动全社会科技进步和劳动者素质的提高，促进国家经济和社会发展。"①

（二）贯彻落实科教兴国战略与科技事业的发展

自 1995 年确定科教兴国战略以来，中共中央、国务院为推

---

① 《国家科技教育领导小组举行首次会议》，《人民日报》1998 年 6 月 10 日。

进这一战略的实施，采取了一系列政策措施，特别是中共十五大以后，国务院把实施科教兴国战略作为最大任务，进一步加大推进力度，使这一战略在贯彻实施中取得了重大进展，这主要体现在以下方面。

1. 切实加大各项投入，大力支持科技事业的发展

1995 年以来，在财政负担很重的情况下，特别是面对 1997 年亚洲金融危机给中国财政造成的巨大困难的情况下，中共中央、国务院采取一系列措施，保持了对科技教育投入总量的逐年增长。1996 年全年全国科研机构、工业和建筑业企业、高等院校等单位用于科技活动的经费支出为 899 亿元，按相同口径比上年增长 8.6%。其中研究与发展经费支出 327 亿元，增长 12.2%，相当于国内生产总值的 0.5%。① "1997 年，全国科技机构、高等院校、大中型工业和建筑企业等单位用于科技活动的经费支出为 961 亿元，比上年增长 8.6%。其中，研究与发展经费支出 368 亿元，增长 10.4%，相当于国内生产总值的 0.5%。"② 1998 年 "全国科技活动经费支出总额为 1177 亿元，比上年增长百分之十点七，其中，研究与发展经费支出 526 亿元，增长 9.2%"③。1999 年全国科技活动经费支出总额为 1250 亿元，比上年增长 10.8%。④ 其中研究与开发经费 678 亿元，增长 17%。

从 1998 年起五年内，中央财政陆续投入 25 亿元用于国家重

① 《中华人民共和国国家统计局关于 1996 年国民经济和社会发展的统计公报》（1997 年 4 月 4 日），《人民日报》1997 年 4 月 5 日。

② 《中华人民共和国国家统计局关于 1997 年国民经济和社会发展的统计公报》（1998 年 3 月 4 日）。

③ 《中华人民共和国 1998 年国民经济和社会发展统计公报》（1999 年 2 月 26 日），《人民日报》1999 年 2 月 27 日。

④ 《中华人民共和国国家统计局关于 1999 年国民经济和社会发展的统计公报》（2000 年 2 月 28 日）。

点基础科学研究。1999 年国家对基础科学研究的总投入为 49 亿元左右。从 1998 年至 2000 年，连续较大幅度地增加自然科学基金对创新课题的支持，并安排经费 54 亿元，支持中科院开展知识创新工程试点工作。在加大投入的同时，改革投入方式，实行公开公平评估选题制，由对科研机构、科技人员的一般支持，变为以课题和项目为主的重点支持。

2. 确定国家重点基础研究发展规划等，瞄准科学前沿

1997 年 6 月 4 日，国务院总理、国家科技领导小组组长李鹏主持召开了国家科技领导小组第三次会议。会议听取了国家科委《关于加强我国重点基础研究及发展高技术产业的汇报》和国家计委《关于实施国家重大科学工程情况的汇报》。会议认为，中国经济和社会的发展对基础研究提出了越来越高的要求，按照中国科技工作总体部署，制定国家重点基础研究发展规划，将有利于促进中国基础研究工作的发展，从而提高中国科学技术的整体水平。会议确定，组织力量制定国家重点基础研究发展规划，要按照"有所为、有所不为"的方针，瞄准科学前沿，面向 21 世纪，重点选择对中国经济建设和社会发展有重大意义的基础研究领域，如农业、能源、信息、环境、人口与健康、材料等，力争有所突破。会议决定制定和实施《国家重点基础研究发展规划》（又称 973 计划）。到 1999 年，此项规划已启动实施了 60 个项目，一些符合国家战略部署和长远发展需要的重要方面得到了重点安排。中国基础研究的水平有所提高，一些成果达到或接近世界先进水平，在国际上争得了一席之地。2001 年用于支持基础研究的国家自然科学基金总额达 15 亿元，国家重点基础研究发展规划投入经费达 6 亿元，有关部门还筹措经费 8300 多万元，支持一批优秀实验室的仪器设备更新。中国基础研究设施不断改善，科技装备水平逐步提高，这为提升中国基础研究实力、增强原始创新能力提供了较强的条件支撑。此外，基础研究重大项目

前期研究专项（原攀登计划）、基础性工作、国家重点实验室、国家重点野外科学观测实验站（试点站）、国家重大科学工程以及教育部、中科院等部门的基础研究计划也开始实施。这些基础科学研究的出发点是瞄准国际科学前沿，经过多年实施，对中国的基础研究有较大推进。

3. 应用型科研机构管理体制改革取得重要突破

为从体制上解决科研机构长期存在的科技和经济"两张皮"问题，国务院于 1999 年初决定对 10 个国家局所属 242 个应用型科研机构进行管理体制改革，通过转成企业、进入企业和转为中介机构等方式全部实行企业化转制，并为此制定了一系列鼓励政策。比如，对这些科研机构原有的正常事业费继续拨付，主要用于解决转制前已经离退休人员的社会保障问题；基本建设项目投资在过去五年平均水平的基础上，结合在建项目实际情况，继续由中央给予两年的补助支持；从转制之年起五年内，免征企业所得税、技术转让收入营业税和科研开发自用土地的使用税等。第一批应用型科研机构的企业化转制工作基本结束，转制后科技人员心态稳定，机构运行平稳，科研机构面向市场发展的积极性和主动性明显增强，多数转制院所的经济效益和科研课题经费都有提高，呈现良好发展势头。同时，积极促进科研机构、高校和企业之间多种形式的合作。主要是：鼓励有条件的科研机构与高校合并或共建重点实验室、工程研究中心、网络式科研中心；鼓励高校、科研机构和企业的科研人员相互兼职或互派访问学者，联合培养研究生，共享科研设备和资料；鼓励科研机构进入企业，高校在企业建立实习基地和运用自己的科技成果开办中小型科技企业等。在高校集中的地区已经建立了 15 个高校科技园，高新技术企业销售收入超亿元的高等学校已有 50 多所。

4. 积极推进以中科院为中心和重点的知识创新工程试点工作

创新是一个民族的灵魂，是国家兴旺发达的不竭动力，增强自主创新能力是确保中国在 21 世纪激烈的国际竞争中占据主动的关键所在。在中共中央的高度重视下，1998 年中科院启动了知识创新工程试点，着力提高源头创新能力。中科院开展了深层次的运行机制改革，进行了建院 50 年来涉及面最广、影响最为深远的学科布局和组织结构调整。通过调整和改革，初步形成了生物工程、基因技术、信息与自动化、能源、新材料以及农业高新技术、人口与健康、生态与环境、空间技术和地球科学等重要方向的学科布局。有 9000 余名科研人员进入知识创新工程试点；从国内外引进近 200 名优秀人才参与试点工作，取得了一批重大科技创新成果。1999 年中科院登记的科技成果达 792 项，比前 3 年的平均成果数增长 25%。两年来，中科院专利申请量也有显著增加，其中 60% 为发明专利，远高于全国水平。

5. 提高技术创新能力，加速科技成果产业化进程

创新的科技成果只有完成转化并面向市场实现产业化，才能真正成为巨大的生产力。针对科技成果转化不够、产业化程度低的问题重点抓了以下几项工作：一是确立了技术跨越的发展战略。围绕国民经济、社会发展和国家安全的重大需求，突出重点，力求在一些重要领域取得突破。包括加快农业和农村经济发展关键技术的创新和推广应用；大力发展以信息、生物、新材料、航天等为主的高技术产业，重点推进软件产业发展和集成电路设计与制造，加速电子信息技术等对传统产业的改造与提升；加强生态环境保护和资源综合开发利用领域的技术创新和科技产业化工作；加强军民两用技术等研究开发。国家努力为促进科技成果产业化创造良好的政策环境。国务院对促进高技术产业发展和运用高新技术改造传统产业，制定实行了若干优惠政策，加大

了贷款支持力度。二是大力发展科技型中小企业特别是民营科技企业。国务院设立了国家科技型中小企业技术创新基金，以扶持这类企业增加发展的活力与后劲。1999 年底全国民营科技企业总数达 7.9 万家，比 1998 年增加 13%以上；企业资产总额 1.4 万多亿元，增长了 37%；企业总收入超过 1 万亿元，增长 36%。三是进一步办好高新技术产业开发区和高校科技园区，加快孵出科技型中小企业。重点抓好几个具有战略发展意义的高新技术园区，使其成为国家科技成果产业化的重要基地。加大国家高新技术产业开发区综合配套改革的力度，增强为科技型企业转化高新技术成果提供服务的功能。四是大力发展与技术创新相关的中介服务。鼓励发展信息、咨询、中介服务，法律、金融等方面的科技服务机构，建立技术转移的通畅渠道，加速技术转移和科技成果转化。

（三）实施科教兴国战略与教育事业的进展

中共中央和国务院高度重视教育工作。1993 年，中共中央、国务院颁发了《中国教育改革和发展纲要》。1994 年，中共中央、国务院召开改革开放以来第二次全国教育工作会议，全面部署和动员实施该《纲要》。1995 年，作出了实施科教兴国战略的重大决策。1998 年，朱镕基总理宣布科教兴国是本届政府的最大任务，成立了科教领导小组。1999 年 1 月，国务院批转了教育部制定的《面向 21 世纪教育振兴行动计划》。同年 6 月，中共中央、国务院召开了第三次全国教育工作会议，颁布了《关于深化教育改革全面推进素质教育的决定》。2000 年，党的十五届五中全会提出了教育适度超前发展的重大方针。2001 年、2002 年，国务院相继召开全国基础教育工作会议、全国职业教育工作会议，明确了新世纪初基础教育和职业教育改革的目标、任务。在中共中央、国务院的高度重视和亲切关怀下，在社会各界的大力支持下，经过教育战线广大师生员工的不懈努力，中国教育事业取得了举世瞩目的伟大成就。

1. 深化教育体制改革，推进素质教育

1999年，中共中央、国务院作出《关于深化教育改革全面推进素质教育的决定》。这个《决定》指出："面对新的形势，由于主观和客观等方面的原因，我们的教育观念、教育体制、教育结构、人才培养模式、教育内容和教学方法相对滞后，影响了青少年的全面发展，不能适应提高国民素质的需要。全党、全社会必须从我国社会主义事业兴旺发达和中华民族伟大复兴的大局出发，以邓小平理论为指导，全面贯彻落实党的十五大精神，深化教育改革，全面推进素质教育，构建一个充满生机的有中国特色社会主义教育体系，为实施科教兴国战略奠定坚实的人才和知识基础。"[①] 该《决定》强调要采取四项保障措施：一是全面推进素质教育，培养适应二十一世纪现代化建设需要的社会主义新人；二是深化教育改革，为实施素质教育创造条件；三是优化结构，建设全面推进素质教育的高质量的教师队伍；四是加强领导，全党、全社会共同努力开创素质教育的新局面。

《关于深化教育改革全面推进素质教育的决定》颁布实施后，全国各地在落实上采取了一系列措施，全面推进素质教育。例如：狠抓教育观念、教育思想的转变，特别是在江泽民就教育问题发表重要谈话后，加大学习和宣传力度，促使社会各界进一步增强搞好素质教育的责任感、使命感和紧迫感，努力形成全党全社会共同关心青少年健康成长的良好局面；加快教材、课程和教学方法的改革，推进现代教育技术、方法和手段的运

---

① 《中共中央 国务院 关于深化教育改革全面推进素质教育的决定》（1999年6月13日），《人民日报》1999年6月17日。

用，并采取坚决措施，减轻中小学生过重的课业负担，强化中小学生思想品德教育和社会实践能力的培养；改革考试评价制度，取消小学升初中的考试，在高考的内容和方法上逐步体现综合素质的导向，并实行春、秋两季招生试点，较大规模地扩大高中阶段和高校的招生数量。这期间，中等职业教育发展迅速，高中阶段教育在持续增长中调整和优化了结构，1997年普通高中在校生达到850万人；以岗位培训和继续教育为重点的成人教育成绩显著；高等教育总体规模发展很快，结构有所改善。构建职业教育、成人教育和普通高等教育之间的"立交桥"，逐步改变千军万马过"独木桥"的现象，缓解了全面推进素质教育的瓶颈制约。

2. 基本普及九年制义务教育和基本扫除青壮年文盲工作

着眼于全民族素质的提高，各级教育部门努力完成基本普及九年制义务教育和基本扫除青壮年文盲工作（简称"两基"）。截至1999年底，全国实现"两基"的县（市、区）累计达到2428个，人口覆盖率达到85%；青壮年文盲率已降至5%以下。到2001年底，如期实现《纲要》提出的"两基"目标。据2000年11月1日全国第五次人口普查，与1990年相比，中国每10万人中拥有大学程度的由1422人上升为3611人；具有高中程度的由8039人上升为11146人，具有初中程度的由23344人上升为33961人；具有小学程度的由37057人下降为35701人。到2002年底，全国实现"两基"的人口地区覆盖率，由1997年的65%提高到2002年的91%。

3. 加大投入力度教育呈现全面发展的良好态势

教育投入是教育事业持续健康发展的重要保障。随着科教兴国战略的实施，中国的教育投入保持了较快增长，教育经费投入总量有了较大的增加，为教育事业的改革和发展提供了有力的条件保障。"一是教育投入总量持续增加。2002年，全国教育投入总量达 5480 亿元。这一数额，比 2001 年的 4638 亿元增加 842 亿元，增长 18.2%；比 1997 年的 2532 亿元增加 2948 亿元，增长 116.4%。1997 年至 2002 年，教育投入平均每年增幅达 16.7%。二是各级财政预算内教育拨款快速增长。2002 年，各级财政预算内教育拨款总数达 3114 亿元。这一数额，比 2001 年的 2582 亿元增加 532 亿元，增长 20.6%；比 1997 年的 1358 亿元增加 1756 亿元，增长 129.3%。1997 年至 2002 年，各级财政预算内教育拨款平均每年增幅达 18.1%。三是财政性教育经费占国内生产总值（GDP）的比例连年提高，不断取得新突破。1997 年至 2002 年，全国财政性教育经费占 GDP 的比例分别为：2.5%、2.59%、2.79%、2.87%、3.19%、3.41%。2002 年比 1997 年提高了 0.91 个百分点，是自 1989 年对此项指标进行监测以来的最高水平。"①

1998 年刚刚担任国务院总理的朱镕基，在副总理李岚清、钱其琛、吴邦国、温家宝陪同下出席记者见面会。朱镕基代表国务院宣布："科教兴国是本届政府最大的任务。"② 新班子新作为新举措，国务院同意教育部提出的：自 1998 年起至 2002 年的 5 年中，中央本级财政支出中教育经费所占比例每年比上年提高 1 个百分点的政策（简称"1 个百分点"政策）。

这期间，各级政府特别是中央和省级政府在增加教育投入上采取了若干具体措施。"一是中央出台了'1 个百分点'政策。这一政策，是改革开放以来在解决教育经费问题上的一个重大突破。中央财政'1 个百分点'的政策出台后，全国大部分省、自

---

① 《我国义务教育取得长足进展——教育部负责人就当前我国义务教育和教育经费投入等问题答记者问》，《人民日报》2003 年 11 月 3 日。

② 《九届全国人大一次会议举行记者招待会　朱镕基总理等答中外记者问》，《人民日报》1998 年 3 月 20 日。

治区、直辖市人民政府也相继比照中央的做法，增加了本级财政的教育经费支出。1998年至2002年，仅中央本级财政通过增加'1个百分点'，5年累计就比1997年（1997年中央级教育事业费仅为89亿元）增加教育经费489亿元。二是各级财政努力调整财政支出结构，增加了教职工工资支出。中央财政为支持中西部贫困地区建立农村中小学教职工工资保障机制，从2001年起，每年安排农村教职工工资转移支付资金50亿元，用于补助这些地区发放教职工工资。三是实施'国家贫困地区义务教育工程'。1995—2000年，国家实施了第一期'国家贫困地区义务教育工程'。中央财政投入专款39亿元，地方配套资金87亿元，共计126亿元。'十五'期间，在一期工程的基础上，中央财政再安排50亿元，加上地方配套资金，实施第二期'国家贫困地区义务教育工程'。两期'义教工程'，中央和地方财政总投入近200亿元，是我国有史以来财政资金投入最多的教育扶贫工程。四是实施'农村中小学危房改造工程'。国务院决定2001年至2002年中央投入30亿元资金，加上地方多渠道筹措的资金，由教育部、原国家计委、财政部和地方各级政府共同实施了'全国农村中小学危房改造工程'。到2002年年底投入危房改造资金总量达120亿元，共改造农村中小学危房3000万平方米，使全国中小学危房比率降低了2个百分点。五是1998年至2002年，中央共计安排148.2亿元国债资金，用于加强西部地区教育基础设施建设和高等学校扩招。"①

　　通过改革和建设。中国教育的发展跨上了一个新台阶。这主要表现在，高等教育总体规模发展很快，结构有所改善，1997年全国高等教育在校生总数为608万人，其中研究生18万人，改

---

① 《我国义务教育取得长足进展——教育部负责人就当前我国义务教育和教育经费投入等问题答记者问》，《人民日报》2003年11月3日。

革开放以来，中国共培养研究生和本专科毕业生1500万人，1999年普通高等院校招生总数接近160万，2000年221万，2001年268万。连续三年扩大招生规模，标志着中国高等教育发展进一步加快；学前教育、特殊教育和少数民族教育得到迅速发展。中等职业教育发展迅速，高中阶段教育在持续增长中调整和优化了结构，1997年普通高中在校生达到850万人；以岗位培训和继续教育为重点的成人教育成绩显著；师范教育和教师队伍建设不断加强，教师待遇有所提高；教育国际合作与交流不断扩大，中国已经同154个国家和地区建立了教育交流和合作关系，"与发达国家的合作向高层次拓展，与国际组织的多边合作与交流也十分活跃。2001年，我国与德国签署的学历学位互认协议，是我国学历学位教育获得世界公认的重要标志。出国留学人员累计达到46万人，目前已学成回国15万人"。"据统计，有留学经历的人员在中科院院士中占81%，在工程院院士中占54%。中外合作办学发展迅速，截至2001年底，全国共有中外合作办学机构（项目）657个，比1996年增加了9倍以上，覆盖了28个省、自治区、直辖市"；① 教育体制改革正在深化，科教兴国战略也正在实施。中国教育信息化水平大大提高，有力地推动了教育现代化。到2001年底，中国教育科研网（CERNET）已经覆盖了中国的主要城市，建成两万公里的高速传输网，目前已经有28条国际和地区性信道，成为中国第二大互联网络。

4. 积极推动高等教育改革，多种形式发展教育

1992年以来，中国高等教育管理体制改革在"共建、调整、合作、合并"的方针指导下，加快了高等教育管理体制改革的步伐。1998年实施了对国务院9个撤并部门所属165所高等学校管

① 《十三届四中全会以来我国教育改革与发展的历史性成就》，《人民日报》2002年9月26日。

理体制的调整；1999 年实施了对五个军工总公司 59 所高等学校管理体制的调整；2000 年又对 49 个部门所属 258 所高等学校的管理体制进行了调整。在整个管理体制改革过程中，国务院部委管理的原 400 余所高校多数改为由中央和地方共建、以地方为主管理，一些需由国家管理的学校由行业主管部门划归教育部管理；全国有 612 所高校合并组建为 250 所；各地广泛开展合作办学，加强学科建设，建立了一些高校园区，不少高校互相开放实验室、互聘兼课教师、相互选课和承认学分，联合组建统一的后勤服务实体，初步实现了高等教育资源的优化配置和优势互补。到 2000 年底，八年中，556 所高等学校（其中，普通高等学校 387 所，成人高等学校 169 所）合并调整为 232 所高等学校（其中普通高等学校 212 所，成人高等学校 20 所），509 所高等学校进行了管理体制的调整，317 所高等学校开展了校际间的合作办学。目前，全国共有普通高等学校 1018 所，其中本科院校 603 所，专科院校 415 所，由教育部直接管理 71 所，其他中央部门管理 50 所，地方政府为主管理 896 所。中外合作办学发展迅速，截至 2001 年底，全国共有中外合作办学机构（项目）657 个，比1996 年增加了 9 倍以上，覆盖了 28 个省、自治区、直辖市。[①]

与中国经济、社会发展的需要相适应，1999 年，中共中央、国务院作出了扩大高等教育规模的决定，全国普通高校招生约160 万人，增长 47.4%，高考录取率达到 49%，比 1998 年提高了13 个百分点。高等教育毛入学率达到 10.5%，比 1998 年提高了0.7 个百分点。2000 年 11 月 17 日，教育部公布，2000 年普通高校招生 220 万人，比上年实际录取数增长 34% 以上。

这一系列措施，体现了中华民族尊重知识、崇尚科学，坚决

①　《十三届四中全会以来我国教育改革与发展的历史性成就》，《人民日报》2002 年 9 月 26 日。

实施科教兴国战略的决心。经过全党全社会的共同努力，实施科教兴国战略已经取得了重大进展。科技教育在中国社会主义现代化的总体战略中已经占据更重要的地位，正在为中国的经济发展和社会全面进步作出越来越重要的贡献。

5. 大力推进依法治教，教育法制建设不断加强

法治是国家发展教育的保障。中国在 20 世纪 80 年代颁布《学位条例》《义务教育法》的基础上，将继续加强法制建设，加快法律体系的建设。进入 20 世纪 90 年代，全国人民代表大会及常务委员会于 1993 年 10 月第八届全国人大常委会第四次会议通过《中华人民共和国教师法》；1995 年 3 月第八届全国人民代表大会第三次会议通过《中华人民共和国教育法》；1996 年 5 月第八届全国人大常委会第四次会议通过《中华人民共和国职业教育法》；1998 年 8 月第九届全国人大常委会第四次会议通过《中华人民共和国高等教育法》；2000 年 10 月第九届全国人大常委会第十八次会议通过《中华人民共和国国家通用语言文字法》和一系列教育法规、规章。较为完整的教育法律法规体系不断形成，教育执法和法制监督工作逐步开展，依法治教的观念逐步深入人心，为教育的改革和发展提供了有力的保障。

这期间是教育改革与发展取得伟大成就的时期。总结这期间实施科教兴国战略所取得的一系列进展，有如下宝贵经验：中共中央和国务院全面实施科教兴国战略、切实落实教育优先发展的战略地位，是教育改革和发展的根本保证；坚持发展是硬道理，抓住机遇，加快发展，是推动中国教育不断迈上新台阶的关键；坚持走改革创新之路，不断增强教育的生机和活力，是教育事业发展的不竭动力；从实际出发，以积极进取的精神状态，不断研究新情况、解决新问题，是做好新时期教育工作的根本要求；正确处理改革、发展、稳定的关系，是顺利推进教育改革与发展的重要保障。

第四章 党的建设新的伟大工程
和精神文明建设

在中国特色社会主义事业和中国共产党的执政地位经受严峻考验，中国共产党在进行新老领导集体交替的重大历史关头，邓小平同志曾郑重地向江泽民和其他中央政治局常委交代说："常委会的同志要聚精会神地抓党的建设，这个党该抓了，不抓不行了。"① 1992 年春，邓小平在南方谈话中还讲过一段意味深长的话："中国的事情能不能办好，社会主义和改革开放能不能坚持，经济能不能快一点发展起来，国家能不能长治久安，从一定意义上说，关键在人。""中国要出问题，还是出在共产党内部。"②社会主义中国改革发展的关键就在于中国共产党人，关键是中国共产党内部要搞好。邓小平在南方谈话中还强调："要坚持两手抓，一手抓改革开放，一手抓打击各种犯罪活动。这两只手都要硬。""广东二十年赶上亚洲'四小龙'，不仅经济要上去，社会秩序、社会风气也要搞好，两个文明建设都要超过他们，这才是有中国特色的社会主义。"③ 这一时期，以江泽民同志为核心的中央领导集体按照邓小平的政治交代，积极推进党的建设和精神文明建设，并取得较大进展。

---

① 《邓小平文选》第 3 卷，人民出版社 1993 年版，第 314 页。
② 《邓小平文选》第 3 卷，人民出版社 1993 年版，第 380 页。
③ 《邓小平文选》第 3 卷，人民出版社 1993 年版，第 378 页。

一、着力推进党的建设新的伟大工程

没有中国共产党，就没有新中国。这是中国人民的心声，也是历史的结论。正是因为以毛泽东同志为代表的中国共产党人把党的自身建设作为一个伟大的工程来抓，中国共产党才成为中国人民进行革命和建设的领导核心。一部中国新民主主义革命和社会主义革命和建设史证明，党的建设是中国共产党领导中国人民夺取全国政权、建立中华人民共和国、确立社会主义制度的法宝。进入改革开放和社会主义现代化建设新时期，在世界风云变幻的条件下，在中国改革开放和现代化建设的伟大变革中，把党建设成为用中国特色社会主义理论武装起来、全心全意为人民服务、思想上政治上组织上完全巩固、能够担负起实现中华民族伟大复兴使命、经受住各种风险、始终走在时代前列的马克思主义政党，这是一项新的伟大工程。

（一）提出党的建设新的伟大工程

正确认识和理解中共中央提出党的建设新的伟大工程的历史根据和现实根据，才能真正领悟在推进中国特色社会主义事业的实践中加强党的建设的极端重要性，坚决贯彻执行党的建设新的伟大工程的主要任务，提高从严治党的坚定性和自觉性。

1. 党的建设"新的伟大工程"的历史根据

中华人民共和国的诞生和中国社会主义制度的建立，是同以毛泽东为主要代表的中国共产党人提出并成功实施党的建设的伟大工程紧密相连的。正如 1994 年中共十四届四中全会通过的《中共中央关于加强党的建设几个重大问题的决定》所指出的："民主革命时期，以毛泽东同志为核心的第一代中央领导集体，把马克思主义基本原理与中国革命实际结合起来，集中全党智慧，创立了毛泽东思想，制定了正确的政治路线和组织路线。在旧中国小生产十分广大、经济文化非常落后的社会里，在长期被敌人分割的农村根据地和白色恐怖下的城市，建设起一支团结统一、纪律严明、英勇善战的工人阶级先锋队，这在世界政治史上是罕见的壮举，毛泽东同志豪迈地称之为'伟大的工程'"。①

毛泽东是在 1939 年 10 月 4 日发表《〈共产党人〉发刊词》一文中把党的建设称之为"伟大的工程"的。他指出："建设一个全国范围的、广大群众性的、思想上政治上组织上完全巩固的布尔什维克化的中国共产党。为了中国革命的胜利，迫切地需要建设这样一个党，建设这样一个党的主观客观条件也已经大体具备，这件伟大的工程也正在进行之中。"② 这段话，概括了党的建设伟大工程的主要任务及其必要性和可能性。在艰苦卓绝的长征时期和伟大的抗日民族解放战争中，这项"伟大的工程"的建设取得重大成就。在 1945 年召开的中共七大上，刘少奇在修改中国共产党章程的报告中，郑重地宣告中国共产党自身建设的情况。他指出，我们党现在已经是这样一个党：第一，我们的党，已经是一个全国范围内的、广大群众性的党，是一个全国人民集中仰望的党。第二，中国共产党，已经是一个在长期革命战争中锻炼过来，并已完全熟练了领导革命战争艺术的党。第三，中国共产党，已经是一个领导着敌后九千五百万人民建立了强大革命根据地的党。第四，中国共产党，已经是一个克服各种错误思想，经过整风，使全党在思想上、政

---

① 《中共中央关于加强党的建设几个重大问题的决定》（1994 年 9 月 28 日中国共产党第十四届中央委员会第四次全体会议通过），《人民日报》1994 年 10 月 7 日。

② 《毛泽东选集》第 2 卷，人民出版社 1991 年版，第 602 页。

治上、组织上空前团结和统一的党。第五，中国共产党，已经是一个有了自己伟大领袖的党。① 刘少奇指出这五大特点表明：中国共产党，已经是一个全国范围内的，广大群众性的，在思想上、政治上、组织上巩固的，有了自己领袖的马克思列宁主义政党。历史已经证明，从遵义会议到中共七大，在以毛泽东同志为核心的中央领导集体的正确领导下，中国共产党胜利地完成了毛泽东倡导的党的建设的伟大工程。把中国共产党建设成为一支全国范围的、群众性的、团结统一、纪律严明、英勇善战的工人阶级先锋队，成为中国革命事业从一个胜利走向另一个胜利的领导核心。

毛泽东倡导并领导的党的建设的伟大工程的伟大实践和成功经验，是中共十四届四中全会确定党的建设新的伟大工程的历史依据。

2. 党的建设新的伟大工程的现实根据

中华人民共和国的建立，标志着中国共产党已经从领导人民为夺取全国政权而奋斗的党，成为领导人民掌握全国政权并长期执政的党；改革开放新时期的开辟，标志着中国共产党已经从受到外部封锁和实行计划经济条件下领导国家建设的党，转变为对外开放和发展社会主义市场经济条件下领导国家建设的党。中国共产党所处的历史方位和环境的变化，要求中国共产党必须加强自身建设；在面对复杂多变的国内外局势的情况下，要继续肩负起把中国建设成为富强、民主、文明的社会主义现代化国家的历史重任，更要求中国共产党必须加强自身建设。

20 世纪 80 年代末 90 年代初，世界处在重大深刻的变动之中。这时期出现了东欧剧变、苏联解体，世界社会主义的发展遭受严重挫折；在两极对峙的冷战格局结束后，世界局势更加复

---

① 《刘少奇选集》上卷，人民出版社 1981 年版，第 318—319 页。

杂，世界并不太平。世界两大根本问题——和平与发展，一个也没有解决。与此同时，科技进步日新月异，综合国力竞争日趋激烈，经济全球化趋势发展迅猛。这给中国带来新的严峻挑战，又带来新的发展机遇。

特别是进入 20 世纪 90 年代，中国改革已经处于攻坚阶级，发展处于关键时期。具体来说：一是经济体制改革正由传统的计划经济体制向加速建立和完善社会主义市场经济体制转变；二是经济增长方式正由粗放型向集约型的转变，中国正在加速实施科技兴国战略和可持续发展战略；三是进入着力建立社会主义法制国家，全面推进社会主义民主政治建设的阶段；四是进入加速实行科教兴国，繁荣社会主义文化，加速推进社会主义精神文明建设的阶段。只有实现上述历史性的转变，完成这些重大任务，中国才能在 21 世纪中叶成为富强、民主、文明的社会主义现代化国家。这是中国共产党在完成国家独立、人民解放第一个历史任务之后，必须继续实现的国家富强、人民富裕的第二个历史任务。这是前无古人的伟大事业，没有现成的模式，也没有现成的理论，只能靠中国共产党带领全国各族人民在实践中进行探索和创新。要担负起建设中国特色社会主义，实现社会主义现代化的历史使命，关键在中国共产党。精心设计、精心实施党的建设新的伟大工程，是实现中国共产党历史使命的坚强保证。

准确估计中国共产党本身的状况，是推进党的建设新的伟大工程的前提。一方面，党的主流是好的。广大党员干部和普通党员，是推进建设中国特色社会主义的带头人和中坚力量，中共中央是带领人民群众进行改革开放第二次伟大革命的领导者和组织者，地方各级党组织发挥着战斗堡垒作用。另一方面，党内仍然存在着不少问题，主要表现在：第一，对于大多数党员和领导干部来说，对新形势和新任务有一个不适应、不熟悉和缺乏经验的问题，无论从思想上、政治上还是组织上、作风上，都有一个重新学习、提高素质的问题。第二，确有少数党员和干部蜕变、堕落，陷入犯罪的深渊，成为害群之马，社会主义事业的蛀虫，人民的罪人。有些地方和单位党不管党，治党不严，纪律松弛，组织涣散，思想上、组织上和作风上存在着种种不容忽视的问题。这样的状况不加以及时解决，中国改革开放和社会主义现代化建设的历史重任就难以完成。

中国共产党面对新时期复杂的国际国内党内的情况，党肩负的历史重任，人民对党的重托，是确立党的建设新的伟大工程的现实依据。

3. 提出党的建设新的伟大工程

搞好党的建设，是邓小平等老一辈领导人的政治嘱托，也是人民的殷切希望。以江泽民同志为核心的中央领导集体接过领导中国特色社会主义建设的重任后，最关注的两大任务就是搞好中国特色社会主义伟大事业和党的建设新的伟大工程。1999 年 12 月，江泽民在中共中央政治局常委会进行"三讲"活动时曾表示过这种心情，他说："十年来，我们始终铭记邓小平同志的政治交代，铭记党和人民的重托，对自己承担的职责从不敢懈怠。我们最关注的是两大问题：一个是不断加强党的建设，巩固我们党的执政地位，使我们党始终成为领导全国人民进行改革开放和社会主义现代化建设的核心力量；一个是坚持'一个中心、两个基本点'的基本路线，加快经济发展和社会全面进步，不断增强我国综合国力，提高人民生活水平，为我国社会主义制度奠定强大的物质文明和精神文明基础。"① 而作为中共中央总书记，江泽民深感责任重大。他表示：对党的建设这个问题想得很多，有时夜不能寐。② 为此，以江泽民同志为核心的中央领导集体，在中

---

① 《江泽民文选》第 2 卷，人民出版社 2006 年版，第 521 页。
② 《江泽民文选》第 2 卷，人民出版社 2006 年版，第 556 页。

共十四大提出党的建设的历史任务、对《中国共产党章程》进行修改的基础上，又做了以下工作：一是 1993 年 9 月，决定出版《邓小平文选》第 3 卷，并组织全党认真学习和研究，加强党的思想理论建设。二是 11 月，中共十四届三中全会通过《关于建立社会主义市场经济体制若干问题的决定》，强调结合新的形势和任务，加强和改善党的领导。三是 8 月，中共中央、国务院作出加强党风建设、廉政建设和反腐败斗争的部署，中央纪委相继召开二中、三中全会，反腐败斗争深入开展。四是对如何领导民主法制、教育科技、统一战线工作和其他方面的工作都作了部署。五是 1994 年 1 月召开全国宣传思想工作会议，进一步明确了宣传思想工作的指导方针和今后任务。

考虑到中央在各方面的大政方针已定，如经济建设为中心，发展社会主义市场经济，发展社会主义民主政治，发展社会主义精神文明等，而这些重要工作部署都要求有强有力的党的领导，都要求进一步加强和改善党的建设。这样，"在实行改革开放和发展社会主义市场经济条件，建设一个什么样的党，怎样建设党"就成为需要迫切解决的重大问题。1994 年元旦后不久，中央政治局常委会在讨论并确定 1994 年工作要点时，提出把党的建设作为该年中共中央的重要工作之一，列入中央四中全会的日程。同年 4 月 18 日，中共中央成立十四届四中全会文件起草小组，起草《中共中央关于加强党的建设几个重大问题的决定》。江泽民代表中央提出党的建设要做好三个方面的工作：健全和发展民主集中制；加强基层组织建设；加强干部队伍建设。与此同时，中共中央组织了 18 个调研小组，抽调 100 多人围绕上述三个方面进行系统的调查。在此基础上，十四届四中全会文件起草小组对《决定》进行紧张的起草、修改，征求意见、讨论座谈，再修改等工作。8 月 10 日，经中央政治局常委会议和中央政治局会议审议并修改后，将《中共中央关于加强党的建设几个重大问题的决定》（本节简称《决定》）草稿发至全体中央委员、候补中央委员和党政军群省部级以上领导干部共 2600 多人进行讨论并征求意见。中共中央还分别召开党内老同志，各民主党派、工商联负责人和无党派人士，专家学者三个座谈会征求意见。文件起草小组的部分同志还分别到一些省、自治区直接听取意见。9月 15 日中央政治局常委会议和 9 月 22 日中央政治局会议分别讨论修改后的《决定》草稿，决定提请中共十四届四中全会讨论。9 月 25 日至 28 日，在召开中共十四届四中全会期间，又对《决定》修改了两次，最后会议审议通过。这个《决定》是在民主集中制原则的指导下集中全党智慧的产物，是在新形势下加强党的建设的纲领性文献。

　　这次全会的决定正式提出党的建设的新的伟大工程，并且称之为"以邓小平同志为核心的第二代中央领导集体开创的，以江泽民同志为核心的第三代中央领导集体正在领导全党继续进行的新的伟大工程"。

4. 新的伟大工程的总目标和基本任务

　　1997 年 10 月，中共十五大充分肯定了十四届四中全会作出的《决定》，并根据实践中的新鲜经验，集中全党的智慧规定了党的建设新的伟大工程的总目标和要解决的两大历史性课题。

　　中共十五大通过的报告中确定的党的建设的总目标是："要把党建设成为用邓小平理论武装起来、全心全意为人民服务、思想上政治上组织上完全巩固、能够经受各种风险、始终走在时代前列、领导全国人民建设有中国特色社会主义的马克思主义政党。全党要按照新的伟大工程的总目标，从思想上、组织上、作风上全面加强党的建设，不断提高领导水平和执政水平，不断增强拒腐防变的能力，以新的面貌和更强大的战斗力，带领人民完成新的历史任务。"① 中共中央进一步明确两大历史性课题的表述，概括为：不断提高领导水平和执政水平，不断增强拒腐防变和抵御风险的能力。

新的伟大工程的首要目标是加强党的思想建设，根本的是坚定不移地用邓小平理论武装全党，充分发挥党的思想政治优势。把坚持全心全意为人民服务的根本宗旨作为加强党的作风建设的主要内容。新的伟大工程把思想上、政治上、组织上完全巩固作为一个十分重要的内容。新的伟大工程强调，党要能够经受住各种风险，始终走在时代前列。新的伟大工程总目标最终要落实到中国共产党要成为能够领导全国人民建设有中国特色社会主义的马克思主义政党。为此，中共十五大特别强调推进党的建设新的伟大工程，必须坚持反对腐败，必须坚持党要管党，从严治党，认为这关系到党和国家的生死存亡。

（二）着力推进党风廉政建设与开展反腐败斗争

以江泽民同志为核心的中央领导集体坚持从严治党，党要管党，高度重视反对腐败这场关系党和国家生死存亡的政治斗争。反复告诫全党：中国共产党是任何敌人都压不倒，摧不垮的。堡垒最容易从内部攻破，绝不能自己毁掉自己。所以，在这期间深入开展廉政建设和反腐败斗争，并强调在整个改革开放过程中都要反对腐败，警钟长鸣。既要树立持久战的思想，又要一个一个地打好阶段性战役。

1. 积极推进反腐倡廉工作具体部署

1989 年 7 月 28 日，中共中央、国务院发布《关于近期做几件群众关心的事的决定》。该《决定》提出，近期要在惩治腐败

---

① 《中国共产党第十五次全国代表大会文件汇编》，人民出版社 1997 年版，第 47 页。

和领导干部带头廉洁奉公、艰苦奋斗等方面切实抓几件人民普遍关心的事情。

1989年8月至11月，经全国清理整顿公司领导小组审查批准，中央国家机关第一批撤销1018个公司，其中包括国务院50个部门的982个公司，中直机关7个部门的36个公司；其中属于各部门直接管理的全国性公司和一级公司50个，二级公司389个，三级公司579个。

1989年8月15日，最高人民法院、最高人民检察院发布了《关于贪污、受贿、投机倒把等犯罪分子必须在限期内自首坦白的通告》；1989年8月19日，国家监察部发布了《关于有贪污贿赂行为的国家行政机关工作人员必须在限期内主动交待问题的通告》。至《通告》规定的期限10月31日止，全国共有36000多个犯罪分子投案自首，直接涉及犯罪数额3.5亿元。

根据中共中央、国务院的决定，中央纪委、监察部从1993年1月开始合署办公，实行"一套工作机构、履行党的纪律检查和行政监督两项职能"的体制。这是中国党政监督体制的一项重大改革，为反腐败斗争的深入开展提供了强有力的组织保证。

2. 提出反腐败的三项工作格局

通过总结中国共产党在全国执政以来，特别是改革开放以来党的建设和开展反腐败斗争的经验，1993年8月，十四届中央纪委第二次全会部署新形势下反腐败工作任务，提出要"坚持领导干部廉洁自律、查处违纪违法案件、纠正部门和行业不正之风"三项工作一起抓。1993年10月，中共中央、国务院发布《关于反腐败斗争近期抓好几项工作的决定》。12月，中央纪委、监察部发布《关于坚持不懈地抓紧抓好中央近期反腐败斗争三项工作的通知》。标志反腐败三项工作格局形成。

廉政建设和反腐败斗争继续围绕着"坚持领导干部廉洁自律，查办违纪违法案件和纠正部门与行业不正之风"三项工作推进。这三项工作格局基本涵盖了新形势下反腐倡廉工作的主要内容。三项工作概括起来是两个方面，一是解决腐败风气问题，二是解决腐败案件问题。前者主要立足于对广大党员干部重在教育，着眼于防范，建立起拒腐防变的思想道德防线；后者主要是依照党纪和国法惩处腐败分子，建立起惩治腐败的党纪国法防线。实践表明，坚持三项工作格局，并根据形势变化发展的需要不断赋予新的内容，使反腐倡廉工作能够整体推进，常备不懈，协调发展，取得新成效。过去反腐倡廉工作侧重于遏制方面。新形势下深入推进反腐倡廉，需要按照标本兼治、综合治理的方针，加大反腐败三项工作中治本的力度，推动反腐败工作整体协调发展。

3. 要求各级党政领导干部要带头廉洁自律，加强制度法规建设

中共中央对党政机关县级以上的领导干部提出了廉洁自律的新要求，切实抓好领导干部廉洁自律工作。要求党政领导干部必须严格遵守执行，特别是省、部级以上领导干部要起表率作用。各级党委和纪检监察机关加强督促检查。特别注意围绕社会主义市场经济条件下领导干部个人利益可能与公共利益发生冲突的关键环节，不断制定领导干部从政行为准则和道德规范，1993 年至1995 年，中央纪委相继提出"31 个不准"，解决领导干部在党性、党风、党纪方面存在的突出问题，收到较积极的效果。有关领导机构认真分析研究这些年来领导干部廉洁自律的内在规律。同时，加大改革力度和加强制度建设，推行行政审批、财政管理、干部人事制度改革，深化政务公开、村务公开、厂务公开，实行经营性土地使用权出让招标拍卖、建设工程项目公开招标投标、政府采购、产权交易制度，建立从体制、机制和制度上预防腐败的长效机制。

改革开放，特别是进入建立社会主义市场经济的新阶段以来，针对新形势下党政干部中出现的新问题、新情况，中共中央和国务院深入开展党风廉政建设，加强党性党风党纪教育，着力于提高党政干部的思想政治素质，严格党的纪律，维护中央权威和政令统一，并制定了一批关于加强党风廉政建设的法规和制度。主要有：1997 年 2 月印发的《中国共产党纪律处分条例（试行）》、9 月印发的《中国共产党党员干部廉洁从政若干准则（试行）》，1995 年 4 月印发的《关于党政机关县（处）级以上领导干部收入申报的规定》，1997 年 1 月印发的《关于领导干部报告个人重大事项的规定》、5 月实施的《中华人民共和国行政监察法》、10 月印发的《中共中央、国务院关于党政机关厉行节约制止奢侈浪费行为的若干规定》和 1998 年 11 月印发的《中共中央、国务院关于实行党风廉政建设责任制的规定》等。

4. 果断决策军队武警部队政法机关不再从事经商活动

1998 年 7 月，中共中央作出关于军队武警部队政法机关不再从事经商活动的重大决策，决定军队、武警部队和政法机关一律不再从事经商办企业活动。7 月 21 日，江泽民在中央军委常务会议上说："为了从根本上防止消极腐败现象，进一步推进全军的党风廉政建设，中央已下定决心作出一个重大决策，这就是军队、武警部队必须'吃皇粮'，必须彻底停止一切经商活动。"①江泽民指出军队、武警经商活动的危害，他说："部队搞赢利性经商活动危害很大。一是搞经商势必分散各级领导干部和领导机关的精力，相当数量的干部和部队不务正业，方向偏了，时间一久，军队履行职能的能力就会削弱。二是搞经商势必与民争利、与地方争利，影响军政军民关系，搅乱国家经济秩序。三是搞经商容易滋生腐败，腐蚀干部，败坏部队风气，严重影响我军形

---

① 《江泽民文选》第 2 卷，人民出版社 2006 年版，第 181 页。

象。"① 这是在新形势下加强党的建设、政权建设和军队建设，深入开展反腐败斗争的一项重大举措，对于维护社会主义市场经济秩序，保证改革开放和现代化建设的顺利发展，保证国家的长治久安，具有十分重要的意义。为做好这项工作，中央决定成立了"全国军队武警部队和政法机关企业交接工作办公室"。这个办公室由国家经贸委牵头负责，国家计委、国防科工委等 16 个部门参加，具体组织协调全国军队、武警部队和政法机关企业的交接、清理和规范工作。军队、武警部队和政法机关经营性企业的移交工作，按照"先交接、后清理、再处理"的原则，分三个阶段实施。第一阶段是动员和准备阶段，于 1998 年 10 月底前结束。第二阶段为移交和接收阶段，在登记造册、审核确认的基础上，军队、武警部队的经营性企业向全国交接办公室或省、自治区、直辖市交接办公室移交。中央政法机关需要移交的经营性企业，向全国交接工作办公室移交；地方各级政法机关需要移交的经营性企业，向同级地方交接工作办公室或政府指定的部门移交。这一阶段基本于 12 月底前结束。第三阶段为清理和处理阶段。全国交接工作办公室和地方交接工作办公室对军队、武警部队和政法机关移交的企业，根据需要组织清理并区别不同情况进行规范和处理。将按照企业改革的方向和要求，结合产业结构、产品结构、企业结构的调整，搞好移交企业的调整改组和联合。对那些重复建设、严重亏损、产品没有市场的工业企业和那些管理混乱、运作不规范的金融、证券、贸易公司，按照规定实行关闭、兼并或破产。② 其间共有 6408 家军队、武警，政法机关所办的经营性企业和 297 家军队办的保障性企业移交地方。1998 年 11

---

① 《江泽民文选》第 2 卷，人民出版社 2006 年版，第 467—468 页。

② 《军队武警政法机关与经营企业彻底脱钩移交接收工作年底前完成》，《人民日报》1998 年 11 月 20 日。

月中共中央又决定中央党政机关必须与所办经济实体和管理的直接企业完全脱钩，之后共有 530 家这样的企业和经营性实体先后脱了钩。1999 年地方各级党政机关也执行了这项决定。这使积累多年、社会反映强烈的问题基本得到了解决，对消除产生腐败现象起到治本的作用。

5. 重点查处违纪违法案件

坚持重点查办党政领导机关、行政执法机关、司法机关、经济管理部门和县（处）级以上领导干部的违纪违法案件；认真查办了金融、建筑、海关、人事、司法等领域的案件，贪污贿赂、徇私枉法、买官卖官、严重失职渎职的案件，破坏社会主义市场经济秩序的案件。同时注意查办基层干部中发生的违纪违法案件。各级纪委注意研究新形势下领导干部违纪违法的特点和规律，不断探索办案的新思路，改进办案方法，加强对查办大案要案的组织协调，提高依纪依法查办重大案件和复杂案件的能力；按照事实清楚、证据确凿、定性准确、处理恰当、手续完备的要求，加强案件检查和审理工作，提高了办案质量。许多地区和部门通过剖析重大案件发生的原因，有针对性地建章立制，加强管理，堵塞漏洞。

第一，重点查办大案要案。

1992 年 10 月至 2002 年 11 月的 10 年间，全国纪检监察机关共立案 166 万多件，给予党纪政纪处分的达 159 万余人，查处了一批有重大影响的案件，维护了党纪国法的严肃性。其中 1997 年 10 月至 2002 年 9 月，全国纪检监察机关共立案 861917 件，结案 842760 件，给予党纪政纪处分 846150 人，其中开除党籍 137711 人。被开除党籍又受到刑事追究的 37790 人。在受处分的党员干部中，县（处）级干部 28996 人，厅（局）级干部 2422 人，省（部）级干部98人。①

在中共中央的领导下，各级纪检监察系统同各级司法部门把查处违纪违法案件作为惩治腐败的重要环节来抓，以查办党政领导机关、行政领导机关、司法机关、经济管理部门和县处级以上领导干部的违纪违法案件为重点，着重查处了贪污、贿赂、挪用公款、走私、失职渎职、贪赃枉法、腐化堕落等方面的案件，加大了对发案率较高、大案要案较多的金融、证券、房地产、土地批租出租、建筑工程等领域案件的查处力度。各执法机关密切配合，坚决排除阻力，查处了大批违纪违法案件，特别是突破了一批大案要案。从1992年10月开始，查处的大案要案有：中共中央政治局原委员、北京市委原书记陈希同和北京市原常务副市长王宝森严重违纪违法案，1998年8月，陈希同被判有期徒刑16年；广东省人大常委会原副主任欧阳德在兼任东莞市委书记期间受贿案；中国民航总局原副局长边少斌收受非法所得案；广东省人大原副主任于飞利用职务之便，为其子女谋取私利2800多万元案；中国煤炭销售运输总公司原总经理郭子文受贿案等。查处省部级干部近80人。这期间，中共中央纪律检查委员会查处了胡长清、成克杰等腐败大案，并移交司法机关，依法判处其死刑，剥夺政治权利终身。

第二，依法查处湛江特大走私案。

1998年9月湛江特大走私案发以后，中共中央、国务院对此十分重视，中纪委牵头会同最高人民检察院、公安部、国家审计署、海关总署等中央国家机关，在广东省委、省纪委、省公安厅、省检察院的积极配合下，迅速查处了湛江地区党政机关、执

---

① 《中共中央纪律检查委员会向党的第十六次全国代表大会的工作报告》（2002年11月14日中国共产党第十六次全国代表大会通过），《人民日报》2002年11月20日。

法部门人员违纪违法问题，对其中涉嫌触犯刑律的有关人员依法移交司法机关处理。湛江海关、边防等部门及党政机关一些领导干部和工作人员，置党纪国法于不顾，大肆收受贿赂，为走私分子护私、放私，甚至参与走私。其中，湛江海关原关长曹秀康，利用职务之便，受贿财物价值人民币 240 余万元；湛江海关调查处原处长朱向成受贿财物价值人民币 280 余万元，尚有人民币 340 余万元不能说明其合法来源；茂名海关原关长杨洪中收受贿人民币 180 余万元，并有巨额财产不能说明其合法来源；湛江市公安局边防分局原局长邓野、原政委陈恩等人不仅受贿索贿，放纵走私，而且有严重贪污、徇私枉法和滥用职权行为，邓野受贿人民币 130 余万元，贪污公款人民币 23 万元，陈恩受贿人民币 43 万元，贪污公款人民币 23 万元，两人另均有巨额财产不能说明合法来源；湛江市原副市长杨衢青，向曹秀康行贿人民币 200 万元，参与走私小麦和油菜籽，偷逃应缴税额人民币 6000 余万元，他在任职期间，还利用职务之便受贿人民币 54 万元。中共湛江市委原书记陈同庆以权谋私，在为他人调动升职、安排工作、联系承包工程中，受贿价值人民币 110 余万元。以受贿罪判处曹秀康死刑，剥夺政治权利终身；以受贿罪、巨额财产来源不明罪并罚判处朱向成死刑，剥夺政治权利终身；鉴于杨洪中有认罪态度较好、退清赃款等情节，以受贿罪、巨额财产来源不明罪并罚判处杨洪中死刑，缓期二年执行，剥夺政治权利终身；鉴于杨衢青并非走私货主，并考虑其在走私犯罪中的作用，且有自首情节，以走私普通货物罪、行贿罪、受贿罪并罚判处杨衢青死刑，缓期二年执行，剥夺政治权利终身；鉴于陈同庆认罪态度较好，并主动退清赃款，以受贿罪判处陈同庆死刑，缓期二年执行，剥夺政治权利终身；鉴于邓野有自首、立功情节，以受贿罪、贪污罪、徇私枉法罪、滥用职权罪、巨额财产来源不明罪并罚判处邓野死刑，缓期二年执行，剥夺政治权利终身；鉴于陈恩拒不认罪，以受贿罪、贪污罪、徇私枉法罪、滥用职权罪、巨额财产来源不明罪并罚判处陈恩死刑，缓期二年执行，剥夺政治权利终身。以上各犯均并处没收个人全部财产，追缴的赃款上缴国库。其他 17 名案犯分别被判处无期徒刑或有期徒刑。

第三，依法查处厦门特大走私案。

根据中共中央和国务院的部署，中共中央纪律检查委员会会同监察部、海关总署、公安部、最高人民检察院、最高人民法院、国家税务总局、中央金融工委等部门组成中央专案组，在福建省委和厦门市委的支持配合下，自 1999 年 8 月开始，对厦门特大走私案开展调查。调查结果显示从 1996 年以来，赖昌星走私犯罪集团及其他走私犯罪分子在厦门关区大肆走私进口成品油、植物油、汽车、香烟等货物，价值人民币 530 亿元，偷逃税款人民币 300 亿元。在移送起诉的走私犯罪案件的案值中，赖昌星走私犯罪集团直接操纵下的走私物品价值达人民币 252 亿元，偷逃税款人民币 115 亿元。厦门特大走私案是新中国成立以来查处的最大的一宗经济犯罪案件，共涉及省部级干部 3 人、厅局级领导干部 26 人、县处级干部 86 人。涉案人员受到法律和党纪政纪的严肃处理，并对主要犯罪分子判处了死刑、无期徒刑和有期徒刑。其中厦门海关原关长杨前线，福建省公安厅原副厅长、福州市公安局原局长庄如顺，厦门市原副市长蓝甫（二审改死刑缓期二年执行），中国工商银行厦门市分行原行长叶季谌，厦门海关东渡办事处船管科原科长吴宇波，厦门海关驻东渡办事处和平码头船管科船管组原组长方宽荣等，以受贿罪、放纵走私罪，情节特别严重等，一审被判处死刑，剥夺政治权利终身，并处没收个人全部财产。公安部原副部长李纪周以受贿罪、玩忽职守罪数罪并罚，判处其死刑，缓期二年执行，剥夺政治权利终身，并处没收个人全部财产。厦门市公安局对外联络处原处长王可象，论罪均应判处死刑并立即执行，因有自首情节，一审被判处死刑，缓期二年执行，剥夺政治权利终身，并处没收个人全部财产。厦门市委原副书记刘丰、中国银行福建省分行原行长陈国荣、福建省公安边防总队海警二支队原队长张永定、厦门海关走私犯罪侦查分局侦查处一科原副科长陈育强犯受贿罪，一审被判处无期徒刑，剥夺政治权利终身，并处没收个人全部财产。厦门对外供应总公司原总经理梁栋、福建九州商社原总裁兼福建九州集团股份有限公司董事长赵裕昌、厦门海关调查局原副局长杨上进、厦门市国税局原总会计师兼稽查局局长李鹭琪（二审改判为有期徒刑15 年）、厦门国际会展新城投资建设公司原总经理钟晓辉、厦门海关东渡办事处船管科船管组原组长黄志忠等犯受贿罪，一审均被判处无期徒刑，剥夺政治权利终身，并处没收个人全部财产。福建省委原副书记石兆彬被判有期徒刑 13 年。

对湛江、厦门等特大走私、受贿案依法从严惩处，充分体现了中共中央、中国政府坚决打击走私、受贿犯罪和反腐败的决心和力度。

反腐败斗争取得了新的进展，但面临的形势仍很严峻。有些腐败现象没有得到遏制，反而还在有些党政机关、司法机关蔓延；党政干部贪污贿赂、失职渎职、贪赃枉法、腐化堕落案件增多，县处级以上领导干部的案件增多；大案要案、共同违纪违法案件上升；铺张浪费、奢侈挥霍等歪风严重存在。这些情况反映了中国在经济体制和政治体制转型过程中，在经济高速发展的过程中，法治和制度处于不健全的时期，腐败还会处于多发和高发阶段，因此，中国的反腐败斗争仍然任重而道远。

（二）实施伟大工程的实践与党的建设的新经验

要保证中国共产党始终是中国工人阶级的先锋队，始终是中国特色社会主义事业的领导核心，就必须通过锲而不舍的努力，全面推进党的建设新的伟大工程。中共十四届四中全会，特别是中共十五大以后，党的建设开始全面推进，主要有如下实践。

1. 坚持用创新理论武装全党

党的思想理论建设，是全面推进党的建设新的伟大工程的首要任务。江泽民曾深刻地指出："邓小平同志建设有中国特色社会主义的理论，深刻反映了我国社会主义建设的客观规律，集中体现了党和人民的意志和愿望，是对毛泽东思想的继承的发展，是当代中国的马克思主义。这一理论是全党和全国各族人民的精神支柱，是我们夺取改革开放和现代化建设胜利的强大思想武器。"① 基于这样的认识，江泽民从 1989 年 6 月的十三届四中全会起，在五中全会、六中全会、七中全会、八中全会上，反复深入地从不同角度阐述了邓小平的理论贡献，建设中国特色社会主义的基本思路、基本原则和基本点，以此来指导党和国家的全局工作。

中共十四大以后，以江泽民同志为核心的中央领导集体采取一系列重大措施领导和组织全党学习研究邓小平同志建设有中国特色社会主义理论、宣传实践邓小平同志建设有中国特色社会主义理论。在 1993 年 10 月出版《邓小平文选》第三卷时，中共中央专门作出了《关于学习〈邓小平文选〉第三卷的决定》。1993年 11 月 2 日，江泽民在学习《邓小平文选》第三卷报告会上作了《用邓小平同志建设有中国特色社会主义理论武装全党》的重要讲话。接着 1994 年又增订再版了《邓小平文选》第一、二卷。中共中央首先组织省部级主要领导干部分期分批到中共中央党校研读《邓小平文选》第三卷。推动省部级党委（党组）中心组在职学习制度化，省市区讲师团加强了县处以上干部的学习辅导

---

① 中共中央文献研究室编：《江泽民论有中国特色社会主义（专题摘编）》，中央文献出版社 2002 年版，第 5 页。

工作。在各级领导机关和领导干部的带动影响下，广大党员学理论的活动有组织地展开。理论界对学习宣传研究邓小平同志建设有中国特色社会主义理论尤为关注和投入，发挥了积极作用。教育系统把邓小平同志建设有中国特色社会主义理论教学列入教学计划内容。全国企业、农村、部队、社区广泛地开展学习宣传邓小平同志建设有中国特色社会主义理论活动。

1997年2月，邓小平与世长辞。以江泽民同志为核心的中央领导集体强调要坚定不移地高举邓小平同志建设有中国特色社会主义理论伟大旗帜。在筹备与起草中共十五大报告的过程中，酝酿把邓小平同志建设有中国特色社会主义理论明确为"邓小平理论"，并在中共十五大正式提出"邓小平理论"。在中共十五大江泽民郑重地指出："旗帜问题至关紧要。旗帜就是方向，旗帜就是形象。坚持十一届三中全会以来的路线不动摇，就是高举邓小平理论的旗帜不动摇。邓小平同志逝世后，全党在这个问题上尤其要有高度的自觉性和坚定性。"① 在中共中央的推动下，中共十五大把邓小平理论同马克思主义、毛泽东思想一起作为党的指导思想写进新党章。1998年3月，在中华人民共和国宪法中也把邓小平理论确定为国家的指导思想。1999年1月，江泽民明确指出："我们正在进行的建设有中国特色社会主义的伟大实践，必将不断产生丰富的新鲜经验。我们不仅要在实践中善于坚持和创造性地运用邓小平理论，而且要善于通过总结从中提炼出符合规律的认识和结论，继续丰富和发展邓小平理论。这是全党同志的庄严历史责任。"②

---

① 江泽民：《高举邓小平理论伟大旗帜，把建设有中国特色社会主义事业全面推向二十一世纪——在中国共产党第十五次全国代表大会上的报告》（1997年9月12日），《人民日报》1997年9月22日。

② 《江泽民文选》第2卷，人民出版社2006年版，第286页。

2. 开展"讲学习、讲政治、讲正气"活动

1995 年 11 月，江泽民在北京市视察工作时提出："在对干部进行教育当中，要强调讲学习、讲政治、讲正气。全国都应这样做，北京市更要起带头作用。"① 江泽民具体说明了讲学习、讲政治、讲正气（简称"三讲"）的基本内容和要求。随后，1996 年 10 月召开的中共十四届六中全会对江泽民提出"三讲"的现实意义和深远意义给予高度评价。1997 年 9 月，中共十五大决定在全国县以上领导干部中进行以"三讲"为主要内容的党性党风教育。

第一，"三讲"活动的部署。

1998 年 6 月，中共中央发出在全党深入学习邓小平理论的通知，再次对"三讲"教育提出明确要求，并强调讲学习的主要任务之一，就是深入学习邓小平理论。同年 7 月，中共中央召开了学习邓小平理论工作会议，江泽民就开展"三讲"教育再次做了深刻论述。此后，经过反复听取各方面的意见，认真分析县以上党政领导干部的队伍状况，拟定教育方案。11 月 21 日，中共中央下发《关于在县级以上党政领导班子、领导干部中深入开展以"讲学习、讲政治、讲正气"为主要内容的党性党风教育的意见》，明确"三讲"集中教育的总体要求，指导原则和方法步骤。意见规定：这次"三讲"教育，采取自上而下的办法，分级分批进行。中央直属机关、中央国家机关和各省、自治区、直辖市及其直属机关在试点基础上展开，1999 年上半年结束，地、市、县 1999 年底基本完成。每个领导班子开展学习教育的时间，一般为两个月左右。安排活动时，可以有分有合。大体步骤和基本方法分为四个阶段：（1）思想发动，学习提高；（2）自我剖析，听取意见；（3）交流思想，开展批评；（4）认真整改，巩固成果。

---

① 《江泽民文选》第 1 卷，人民出版社 2006 年版，第 483 页。

1998 年 12 月 5 日，中共中央召开全国电视电话会议，中共中央政治局常委胡锦涛发表进行"三讲"教育动员讲话，并从当月起在山东、广西、内蒙古以及国土资源部、教育部、广电总局、团中央 7 个地区和单位进行"三讲"教育试点。在江泽民倡导下，中共中央政治局常委会高度重视，先后召开座谈会，广泛听取了党内外各方面的意见和建议。

高级干部在各项工作中都应以身作则，这是中国共产党的一个优良传统。1999 年 8 月 30 日的中央政治局常委会会议，决定中央政治局常委带头参加"三讲"教育活动。10 月 14 日的常委会会议，进一步对中央政治局常委参加"三讲"教育活动作出安排。政治局常委同志"三讲"教育活动，主要是总结十年来的工作，同时要提出和进一步思考今后中国改革发展稳定的一些战略性问题。以自学为主，以个人讲为主，开展批评和自我批评，以自我批评为主，坚持和风细雨，通过总结经验教训，进一步加强和改进领导工作。中央政治局常委会贯彻开门搞"三讲"的精神，先后召开 7 个座谈会，听取了各省区市党委和中央直属机关、中央国家机关各部委的负责同志，各民主党派中央、全国工商联的主要领导同志和无党派人士的意见和建议。对这些座谈会的汇总材料，常委同志都进行了认真研究和思考。就中央政治局常委会的工作，在这样广泛的范围内听取意见和建议，虚心接受党内党外同志的批评和监督，对常委同志搞好"三讲"是一个积极的推动。从 1999 年 12 月 22 日起，中央政治局常委会用 5 个半天进行"三讲"教育活动，在学习的基础上进行集体讨论。政治局常委同志认真总结 10 年（1989—1999 年）来的工作实践和基本经验，深入思考当前和今后改革、发展中的一些重大战略性问题。本着对党、对国家和对人民高度负责的态度，中央政治局常委们对工作中存在的不足，进行了批评与自我批评，检查和分析了产生这些问题的原因，提出了以后认真加以整改的措施。中央政治局常委积极参加"三讲"教育活动，体现了中共中央对"三讲"教育和加强党的建设的决心。2000年1月20日，江泽民代表中共中央政治局常委会，向中共中央政治局通报了常委同志集体参加"三讲"教育活动的情况。江泽民的这个讲话有四万字，分为四大部分，首先是从十个方面全面回顾了中共中央政治局常委会从1989年到1999年的十年工作；其次是明确了要进一步研究和抓紧解决的七大问题；再次强调从四个方面进一步加强中央政治局常委会的工作；最后是从四个大的方面总结了中央政治局常委参加"三讲"教育活动的体会和收获。

通报会后，江泽民提议每位常委同志负责指导一个县（市）进行"三讲"教育活动并到所在地作"三讲"活动动员讲话。江泽民身体力行，在2000年2月20日出席广东省高州市领导的"三讲"教育会，并就高州市的"三讲"教育作了动员讲话，受到基层领导干部的欢迎。基层干部表示深受教育和鼓舞。随即，李鹏到江苏张家港市，朱镕基到河北丰南县，李瑞环到浙江余姚市，胡锦涛到四川什邡市，尉健行到辽宁北宁县，李岚清到陕西泾阳县，都作了"三讲"动员讲话，直接指导县（市）党政领导机关和领导干部开展"三讲"教育活动。这对于加强基层党组织建设，转变领导和工作作风，密切联系群众，推进改革开放和现代化建设发挥了积极指导作用。

到2000年9月底，全国县（市）级以上党政领导班子、领导干部的"三讲"教育已基本告一段落。从10月开始，"三讲"教育进入总结提高、深入整改阶段。到12月中旬，中央召开全国"三讲"教育工作总结会议，宣布对党员干部的"三讲"教育基本结束。会议进一步提出要不断巩固扩大"三讲"教育成果，切实用好"三讲"教育的经验。

第二，开展"三讲"活动的成效。

实事求是地估计"三讲"教育所取得的成效，应当肯定以下几个方面：一是领导干部普遍受到了一次较深刻的马克思主义教育，提高了学习理论、增强党性锻炼的自觉性，进一步明确了前进的方向。二是普遍增强了政治意识、大局意识、责任意识，提高了坚持党的基本路线和基本纲领，同党中央保持高度一致的自觉性；普遍受到一次群众观点、群众路线的再教育，强化了坚持和实践党为人民服务的根本宗旨的意识，促进了作风的转变和拒腐防变自觉性有所提高。三是普遍受到一次严格的党内生活的锻炼，党的观念得到增强，贯彻民主集中制原则的自觉性和解决领导班子自身问题的能力有了提高。四是普遍增强了党要管党、书记带头抓党建的意识，提高了治党的能力和水平。

与此同时，还应该清醒地认识到一次"三讲"教育不可能解决所有问题，而且有些问题还比较突出，主要表现在：一些领导班子驾驭全局和处理复杂矛盾的能力不够，既缺乏驾驭全局、处理复杂矛盾的能力，又缺乏驾驭社会主义市场经济的本领和处理新时期人民内部矛盾的经验。有些领导干部政治素质不高，理想、信念不够坚定，面对不断变化的新情况和复杂矛盾，缺乏应有的政治敏锐性和政治辨别力；有的作风漂浮，急功近利，弄虚作假；有的私欲膨胀，以权谋私，损公肥私，跑官要官，不择手段地追名逐利，以致干出违法乱纪的事情。还有极少数党员干部甚至走向党和人民的对立面，滑入犯罪的泥潭。

第三，"三讲"活动的经验。

"三讲"教育活动是中共中央推进党的建设新的伟大工程的重大举措，在两年的实践中取得了值得重视的新鲜经验，最主要的是：这次"三讲"教育是在总结和继承以往成功经验的基础上，探索一条不搞政治运动、妥善解决党内问题、提高干部素质的新路子，可以说在新路子上迈出了新的一步，创造和积累了一些在和平时期加强党的建设，特别是领导干部队伍进行思想政治建设的经验。具体来说有以下几方面：第一，科学地认识党所面临的新形势、新任务和所处的客观环境，实事求是地分析领导干部队伍的现状，从实际出发，采取正确的方针、政策和原则，是解决党内存在的突出问题的重要前提和保证。第二，推动领导干部用科学理论武装头脑，必须大力弘扬理论联系实际的马克思主义学风，在改造客观世界的同时改造主观世界。第三，加强对领导干部的思想教育，必须着眼于启发自觉性，把内因与外因有机结合起来，坚定地相信和依靠群众。第四，促进领导干部解决党性党风方面存在的问题，必须坚决克服党内政治生活中的庸俗习气，开展积极健康的思想斗争。第五，搞好领导干部队伍思想政治建设，必须紧紧围绕着贯彻党的基本路线、基本纲领和全党全国工作大局来进行，用思想教育推动各项工作不断发展。第六，认真贯彻党要管党的原则和从严治党的方针，必须实行严格的领导责任制，逐级建立运转有效的工作机制。

3. 推进党的组织建设

推进党的组织建设主要涉及两个方面的工作：一方面是加强领导班子和干部队伍建设，另一方面是加强基层组织建设。为适应新形势新任务的要求，进一步加强领导班子和干部队伍的建设，1989 年 8 月，中央发出《关于加强党的建设的通知》，提出进一步明确党在企业的基层组织处于政治核心的地位，企业党委要参与讨论企业的重大问题并提出意见和建议；高等院校实行党委领导下的校长负责制；切实加强党政机关党组织的工作；农村乡镇党委和村党支部要充分发挥核心领导作用。1991 年 9 月，中共中央作出《关于抓紧培养教育青年干部的决定》。1992 年 9 月，中共中央政治局通过《中共中央关于加强党的建设，提高党在改革和建设中的战斗力的意见》。1993 年 6 月，中共中央举行全国培养选拔少数民族干部工作座谈会，胡锦涛发表《高度重视、切实做好少数民族干部的培养选拔工作》的讲话。在 1994

年 9 月中共十四届四中全会通过《中共中央关于加强党的建设几个重大问题的决定》的基础上，中共中央在 11 月召开全国组织工作会议，中共中央政治局常委胡锦涛发表《抓紧培养选拔德才兼备的领导干部，把各级领导班子建设成为贯彻党的基本路线的坚强领导集体》的讲话。1995 年 2 月，中共中央印发《党政领导干部选拔任用工作暂行条例》，要求全党结合本地区、本部门的实际情况，认真遵照执行。1996 年 6 月，在纪念中国共产党成立七十五周年座谈会上，江泽民发表《努力建设高素质的干部队伍》的讲话。1998 年 6 月，中共中央办公厅转发中共中央组织部《1998—2003 年全国党政领导班子建设规划纲要》。2000 年 6 月，中共中央办公厅印发《深化干部人事制度改革纲要》的通知 2001 年 1 月，中共中央又发出《2001—2005 年全国干部教育培训规划》。这一系列措施，推进了领导班子和干部队伍建设工作，使班子成员的年龄结构日趋合理，在知识的专业结构上有进一步改善。

与此同时，组织建设以扩大干部工作的民主和群众参与程度为着力点，以解决干部能上能下为突破口，进一步加快干部人事制度的改革步伐。通过贯彻执行《深化干部人事制度改革纲要》等文件，初步建立健全公开、平等、竞争、择优的用人机制。一是让群众更多地参与荐贤举能，坚持和完善民主推荐、民意测验、民主评议制度。二是坚持和完善公开选拔领导干部的方法，加大力度。三是多渠道、多侧面、多方式、广泛听取各种意见，提高考察结果的真实性、准确性、全面性。四是选拔任用干部，必须经过党委集体讨论，多数人不同意的不能提拔任用。主要积极推广任前公示制的做法。干部人事制度改革，还在解决那些不胜任、不称职的干部能够及时"下来"，逐步真正做到在干部能上能下方面探索有效办法。

扎实地推进抓基层打基础的工作，是中共中央加强党的组织建设的又一个重要方面。这期间，中共中央和中央有关部门印发了一系列关于加强党的基层组织建设的文件，对不同领域、不同行业党的基层组织有针对性地进行分类指导。1990 年 7 月，中央印发的《关于加强高等学校党的建设的通知》；1994 年 11 月，中共中央印发《关于加强农村基层组织建设的通知》；1996 年 3 月，中共中央下发《中国共产党普通高等学校基层组织工作条例》；1996 年 9 月，中央组织部印发《关于加强街道党的建设工作的意见》；1997 年 1 月，中共中央印发《关于进一步加强和改进国有企业党的建设工作的通知》；1999 年 2 月，中央印发《中国共产党农村基层组织工作条例》，全面规范了党的农村基层组织工作；2000 年 6 月，中央组织部印发《关于加强和改进科研院所党的建设工作的意见》；2000 年 6 月，中组部、教育部党组印发《关于加强社会力量举办学校党的建设工作的意见》；2000 年 7 月，中组部印发《关于加强社会团体党的建设工作的意见》；2000 年 9 月，中央组织部印发的《关于在个体和私营等非公有制经济组织中加强党的建设工作的意见（试行）》。这一系列文件的贯彻，促进了中国共产党基层组织的建设。基层组织也在改革、建设中发挥着战斗堡垒作用。特别是在 1998 年抗洪抢险等重大考验中，广大的基层党组织在关键时刻的战斗堡垒作用得到了人民群众的公认。

4. 推进党的作风建设

党风建设是党的建设新的伟大工程中一个重要方面。在不同发展阶级，有不同的问题。江泽民对加强党风建设作过明确阐述，他认为："党的作风是党的形象，是党的性质、宗旨、纲领、路线的重要体现，是党的创造力、凝聚力、战斗力的重要内容。我们党是以全心全意为人民服务为宗旨的马克思主义政党，是一个领导着有十二亿多人口的发展中大国的大党，是一个带领人民建设有中国特色社会主义的执政党，党的作风状况关系党的生死存亡，关系国家的前途命运。"① 中共中央三令五申、千方百计切实推进党的作风建设，坚决整治弄虚作假、欺上瞒下的坏风气；坚决纠正一些地区、单位在一片落实声中工作落空的形式主义；坚决反对做官当老爷、衙门作风；等等。坚持一靠教育，二靠制度。严格要求、严格教育、严格管理、严格监督，从源头上预防和治理各种不良作风。强调一级抓一级，一级带一级，作出榜样，抓出成效，逐步形成好风气的领导体制的工作机制。2000 年 10 月，总书记江泽民在中共十五届五中全会上发表了题为《关于改进党的作风》的讲话，强调，"我们要完成现代化建设，必须要有好的作风，否则正确的路线不能得到很好的贯彻，党的工作也会受到严重影响。希望全党上下努力改进思想作风、学风、工作作风。"② 2001 年 9 月，中共十五届六中全会分析了进入新世纪党面临的新形势新任务，着重研究了加强和改进党的作风建设的若干重大问题，全会强调，执政党的党风，关系党的形象，关系人心向背，关系党和国家的生死存亡。全会认为党的作风总的是好的，但也存在一些亟待解决的问题。全会强调指出，全党在推进党的思想建设、组织建设的同时，把加强和改进党的作风建设放在更加突出的位置，切实抓紧抓好。全会要求必须把总体要求同阶段性目标结合起来。要抓住重点，集中解决党的思想作风、学风、工作作风、领导作风和干部生活作风方面的突出问题。全会作出《中共中央关于加强和改进党的作风建设的决定》，该《决定》指出了加强和改进党的作风建设的极端重要性和紧迫性，强调了加强和改进党的作风建设的指导思想和主要任务，并提出了以"八个坚持和八个反对"为主要内容的党的作风建设的要求。（1）坚持解放思想、实事求是，反对因循守旧、不

---

① 《江泽民文选》第 3 卷，人民出版社 2006 年版，第 323 页。
② 《江泽民文选》第 3 卷，人民出版社 2006 年版，第 130 页。

思进取；（2）坚持理论联系实际，反对照抄照搬、本本主义；
（3）坚持密切联系群众，反对形式主义、官僚主义；（4）坚持
民主集中制原则，反对独断专行、软弱涣散；（5）坚持党的纪
律，反对自由主义；（6）坚持清正廉洁，反对以权谋私；（7）
坚持艰苦奋斗，反对享乐主义；（8）坚持任人唯贤，反对用人上
的不正之风。

由于全面推进党的思想、组织、作风建设，提高各级领导机
关党委、广大党员干部的思想政治觉悟，增强执政为民的自觉
性，发挥共产党员的先锋模范作用，加强各个工作领域的思想政
治工作，密切党群关系，对推进中国改革开放和现代化建设需要
深刻巨大的积极作用。

5. 推进党的建设新的伟大工程的经验

在以江泽民同志为核心的中央领导集体的坚强领导下，中国
共产党在团结带领人民建设中国特色社会主义伟大事业的历史进
程中，全面推进党的建设新的伟大工程，取得了举世瞩目历史性
成就，积累了在新的历史条件下加强和改进党的建设的宝贵经
验。主要有以下几个方面：第一，联系党的基本路线建设党，党
的建设按照党的基本路线，紧紧围绕党的中心任务，紧密结合建
设中国特色社会主义伟大实践来不断推进。第二，把思想理论建
设放在首位，党的建设要坚持把加强思想理论建设摆在首位不断
推进理论创新，用发展着的马克思主义指导新的实践。第三，突
出抓干部队伍建设，党的建设突出抓住建设高素质干部队伍这个
重要环节，大力加强领导班子建设，努力形成朝气蓬勃奋发有为
的领导层。第四，始终保持党同人民群众的血肉联系，围绕保持
党同人民群众的血肉联系这个核心问题，全面加强和改进党的作
风建设，深入开展党风廉政建设和反腐败斗争。第五，抓好基层
组织建设，高度重视党的基层建设，把思想、政治和作风建设落
实到党的基层组织，抓好基层，打牢基础，不断增强党的阶级基

础和扩大党的群众基础。

这些年来党的建设积累的这些新鲜经验，对马克思主义执政党的发展是十分宝贵的。它反映了中国共产党认识和把握执政党建设和发展的规律有所深化。然而新世纪新形势新任务对党的建设提出了新的要求，这又给党的建设提出了新的重大课题。

二、积极推进社会主义精神文明建设

中共十三届四中全会后，以江泽民同志为核心的中央领导集体坚决贯彻邓小平提出的"两手抓，两手都要硬"的方针，在继续抓好物质文明建设的同时，大力加强社会主义精神文明建设。进入20世纪90年代后，改革开放和社会主义现代化建设的实践提出了新的历史性课题，这就是在发展社会主义市场经济和全面对外开放条件下，如何加强社会主义精神文明建设？在这样的背景下，1996年10月，中共十六届六中全会通过了《中共中央关于加强社会主义精神文明建设若干重要问题的决议》，制定了社会主义精神文明建设的总体规划，并努力开创社会主义精神文明建设的新局面。

（一）全面贯彻"两手抓"的方针

1986年9月，中共十二届六中全会专门研究社会主义精神文明建设并通过《中共中央关于社会主义精神文明建设指导方针的决议》，表明中国共产党对精神文明建设的重要性有了进一步的认识，精神文明建设也取得了一定的成效。但是，由于种种客观的和主观的原因，"一手软""一手硬"的问题还突出地存在着，某些方面甚至出现了恶化的趋势。这种情况到1988年和1989年表现得更加突出。由于执政党内不正之风的蔓延，严重滋长了早已存在的腐败现象，并使社会风气继续下滑。与此同时，教育和科技事业也出现了一些令人忧虑的困难和问题。

1989年春夏之交的政治风波之后，6月9日，邓小平在接见人民解放军戒严部队军以上干部时指出："我们的国家越发展，越要抓艰苦创业。提倡艰苦创业精神，也有助于克服腐败现象。"他再次指出党和国家十年工作中最大的失误在教育，并强调主要是思想政治教育，不单纯是对学校，青年学生，是泛指对人民的教育。邓小平进一步说："八十年代初建立经济特区时，我与广东同志谈，要两手抓，一手要抓改革开放，一手要抓严厉打击经济犯罪，包括抓思想政治工作。就是两点论。但今天回头来看，出现了明显的不足，一手比较硬，一手比较软。一硬一软不相称，配合得不好。讲这点，可能对我们以后制定方针政策有好处。"他强调，"要两手抓，一手要抓改革开放，一手要抓严厉打击经济犯罪，包括抓思想政治工作"。①

1992年春，邓小平在南方谈话中又谆谆告诫："要坚持两手抓，一手抓改革开放，一手抓打击各种犯罪活动。这两只手都要硬。打击各种犯罪活动，扫除各种丑恶现象，手软不得。"他强调：两个文明都搞好，才是有中国特色的社会主义。② 根据邓小平的这一重要意见，20世纪90年代以来，以江泽民同志为核心的中央领导集体采取切实措施不断加强思想政治工作，1992年9月3日，中共中央政治局会议通过《中共中央关于加强和改进宣传思想工作，更好地为经济建设和改革开放服务的意见》。全面贯彻"两手抓"的方针，大力加强精神文明建设，初步扭转了对精神文明建设重视不够、措施不力的状况。

---

① 《邓小平文选》第3卷，人民出版社1993年版，第306页。
② 《邓小平文选》第3卷，人民出版社1993年版，第378页。

1992 年中共十四大对精神文明建设提出了新的要求，号召全党坚持两手抓，两手都要硬，把社会主义精神文明建设提高到新水平。中共十四大报告着重阐述了"精神文明重在建设"的方针，强调："应当高度重视理论建设，保障学术自由，注重理论联系实际，创造性地开展研究，繁荣哲学社会科学，坚持和发展马克思主义。加强理论队伍建设，重视中青年理论工作者的培养和提高。坚持'为人民服务、为社会主义服务'的方向和'百花齐放、百家争鸣'的方针。积极推进文化体制改革，完善文化事业的有关经济政策，繁荣社会主义文化。要重视社会效益，鼓励创作内容健康向上特别是讴歌改革开放和现代化建设的具有艺术魅力的精神产品。加强新闻、出版、广播、电视和文学艺术等方面的工作。发挥思想政治工作的优势，激发广大群众投身社会主义建设的积极性。在全国各族人民特别是青少年中，进一步加强党的基本路线教育，爱国主义、集体主义和社会主义思想教育，近代史、现代史教育和国情教育，增强民族自尊、自信和自强精神，抵御资本主义和封建主义腐朽思想的侵蚀，树立正确的理想，信念和价值观。各行各业都要重视职业道德建设，逐步形成适合自身特点的职业道德规范，坚决纠正利用职权谋取私利的行业不正之风。加强社会公德教育，大力表彰具有时代精神的模范人物。搞好社区文化、村镇文化、企业文化、校园文化的建设，进一步开展军民共建、警民共建文明单位等群众性活动，把精神文明建设落实到城乡基层。精神文明建设要有相应的物质保障，要通过各种渠道增加投入，并把这方面的设施建设纳入城乡建设总体规划。"① 十四大报告还强调："要继承和发扬中华民族优良

---

① 《加快改革开放和现代化建设步伐 夺取有中国特色社会主义事业的更大胜利——在中国共产党第十四次全国代表大会上的报告》（1992年10月12日），《人民日报》1992年10月21日。

的思想文化传统，吸收人类文明发展的一切优秀成果，在生动丰富的社会主义实践中，创造出人类先进的精神文明。"①

宣传思想工作是社会主义现代化建设中的一项重要工作，也是社会主义精神文明建设的重要阵地。中共十四大以后，新形势对宣传思想工作提出了许多新任务、新课题、新要求。特别是中共十四大确定中国经济体制改革的目标是建立社会主义市场经济体制后，越是深化改革，促进发展，越需要加强和改革宣传思想工作，越是需要加强社会主义精神文明建设。

为了适应新形势的要求，中共中央在对发展和改革作出具体部署的同时，于1994年1月召开了宣传思想工作会议。在这次会议上，江泽民对宣传思想工作的根本指针和主要任务作了明确的阐述，江泽民指出："邓小平同志建设有中国特色社会主义的理论是全党各项工作的根本指导方针。宣传思想战线必须牢牢地把握这一根本指针，用以指导自己的全部工作。"他强调指出，我们的宣传思想工作要紧紧围绕这一根本指针，"以科学的理论武装人，以正确的舆论引导人，以高尚的精神塑造人，以优秀的作品鼓舞人，不断培养和造就一代又一代有理想、有道德、有文化、有纪律的社会主义新人，在建设有中国特色社会主义的伟大事业中发挥有力的思想保证和舆论支持作用"。② 这表明以江泽民同志为核心的中央领导集体对新的历史条件下宣传思想工作规律性的认识和把握，使宣传思想各项工作的方向更加明确。1994年8月23日，中共中央印发《爱国主义教育实施纲要》，要求各

---

① 江泽民：《加快改革开放和现代化建设步伐　夺取有中国特色社会主义事业的更大胜利——在中国共产党第十四次全国代表大会上的报告》，《人民日报》1992年10月21日。

② 中共中央文献研究室编：《十四大以来重要文献选编》（上），人民出版社1996年版，第647—648页。

级有关部门把爱国主义教育作为加强社会主义精神文明建设的基础工程来抓。31 日，中共中央又印发《关于进一步加强和改进学校德育工作的若干意见》，明确要求加强青年学生的思想道德教育。可以说，如何在深化改革、扩大开放、建立社会主义市场经济体制的条件下，做到物质文明和精神文明协调发展，是建设中国特色社会主义过程中必须认真解决的历史性课题。

（二）制定精神文明建设的总体规划

进入 20 世纪 90 年代后，党和国家面临的形势发生了很大变化，在发展社会主义市场经济和全面对外开放条件下，如何加强社会主义精神文明建设，是党和国家在世纪之交面临的新的历史性课题。中共中央认为，根据新的形势和任务，需要再就精神文明建设问题作出相应决议，进一步统一广大干部群众特别是各级领导干部的思想，在社会主义现代化建设过程中，始终坚持两手抓、两手都要硬，在牢牢把握经济建设这个中心，把物质文明建设搞得更好的同时，把精神文明建设提到更加突出的地位，认真解决当前一系列紧迫问题，努力开创社会主义精神文明建设的新局面。

1. 制定精神文明建设新决议

鉴于中国经济发展已经有了"三步走"的发展目标，经济体制改革也勾画了社会主义市场经济体制的基本框架。1994 年 1 月，江泽民在全国宣传思想工作会议上提出："社会主义精神文明建设，涉及各个方面，是一项系统工程，中共十二届六中全会曾经作了一个决议，现在需要根据新的情况，在已有基础上，经过深入调查研究，争取用两三年时间，提出精神文明建设的总体规划、阶段性目标和具体措施。"①

---

① 中共中央文献研究室编：《十四大以来重要文献选编》（上），人民出版社 1996 年版，第 659 页。

1996 年初，江泽民和中央政治局常委会提出，中共十四届六中全会主要研究精神文明建设问题。江泽民指出，中央确定把精神文明建设主要是思想道德文化建设作为十四届六中全会的主要议题，要就今后 5 年到 15 年精神文明建设的目标任务、重要政策和主要措施等重大问题作出决议。中共十四届六中全会文件起草工作从 1996 年 2 月中旬开始。中共中央确定文件起草的指导思想是：以马列主义、毛泽东思想和邓小平建设有中国特色社会主义理论为指导，坚持党的基本路线，坚持解放思想、实事求是，着眼于从政治上全局上分析新情况，总结新经验，同今后 15 年中国经济和社会发展宏伟蓝图相配套，使文件既有思想理论性，又有针对性和可操作性，起到统一认识，推动工作的作用。

经过认真筹备，1996 年 10 月 7 日至 10 日，中共中央召开十四届六中全会。全会讨论通过了《中共中央关于加强社会主义精神文明建设若干重要问题的决议》（本节简称《决议》）。江泽民在会上作了重要讲话，详细阐述了"努力开创社会主义精神文明建设新局面"这一重大课题。江泽民指出，邓小平同志关于精神文明建设的思想，是建设有中国特色社会主义理论体系的重要组成部分。从邓小平同志的重要指示中，我们应该得到一些重要启示："第一，社会主义的根本任务是发展生产力。物质文明建设是一切社会事业发展的基础，经济建设在现代化建设中必须始终处于中心地位。经济建设、物质文明建设不是孤立的，而是同其他社会事业的发展紧密联系、互相促进的。第二，社会主义社会是全面发展、全面进步的社会。社会主义现代化建设事业是物质文明和精神文明协调发展、相辅相成的事业，缺少任何一个方面，都不成其为有中国特色的社会主义。第三，社会主义精神文明是社会主义社会的重要特征。建设高度的社会主义精神文明是社会主义现代化的重要目标。精神文明对物质文明建设起巨大推动作用，并且保证它的正确发展方向。第四，社会主义精神文明建设的根本任务是培养有理想、有道德、有文化、有纪律的社会主义公民。要引导广大干部群众树立崇高的理想和正确的世界观、人生观、价值观。第五，在实现社会主义现代化的整个过程中，要始终坚持解放思想、实事求是，始终坚持党的基本路线不动摇。第六，处理物质文明和精神文明的关系，处理四项基本原则和改革开放的关系，处理改革、发展、稳定的关系，必须始终注意把握它们的内在联系，增强全面性，克服片面性，防止顾此失彼，防止从一种偏向走到另一种偏向。"①

2. 精神文明建设决议的主要内容

中共十四届六中全会通过的《决议》，共分7个部分，30条。这7个部分是：（1）加强社会主义精神文明建设是一项重大战略任务；（2）社会主义精神文明建设的指导思想和奋斗目标；（3）努力提高全民族思想道德素质；（4）积极发展社会主义文化事业；（5）深入持久开展群众性精神文明创建活动；（6）切实增加精神文明的投入；（7）加强和改善党对精神文明建设的领导。

《决议》认为：从1996年到2010年，是建设有中国特色社会主义事业承前启后、继往开来的重要时期。在这个时期，要巩固和发展十一届三中全会以来取得的伟大成就，促进经济体制和经济增长方式的根本性转变，推动经济发展和社会全面进步；要面对世界范围各种思想文化相互激荡和科学技术的迅猛发展，迎接综合国力剧烈竞争的挑战；要在前进道路上战胜各种困难，坚持党的基本路线不动摇。这一切，不仅要求物质文明有一个大的发展，而且要求精神文明有一个大的发展。《决议》强调：社会主义精神文明是社会主义社会的重要特征，是现代化建设的重要目标和重要保证。建设社会主义精神文明，关系跨世纪宏伟蓝图的全面实现，关系我国社会主义事业的兴旺发达。物质文明是基

---

① 《江泽民文选》第1卷，人民出版社1999年版，第571—572页。

础，经济建设这个中心必须牢牢把握，毫不动摇，但是精神文明搞不好，物质文明也要受破坏，甚至社会也会变质。

《决议》提出社会主义精神文明建设的指导思想和总的要求是："我国社会主义精神文明建设，必须以马克思列宁主义、毛泽东思想和邓小平建设有中国特色社会主义理论为指导，坚持党的基本路线和基本方针，加强思想道德建设，发展教育科学文化，以科学的理论武装人，以正确的舆论引导人，以高尚的精神塑造人，以优秀的作品鼓舞人，培育有理想、有道德、有文化、有纪律的社会主义公民，提高全民族的思想道德素质和科学文化素质，团结和动员各族人民把我国建设成为富强、民主、文明的社会主义现代化国家。这是精神文明建设总的指导思想，也是精神文明建设总的要求。"①

《决议》确定的精神文明建设的主要目标是："在全民族牢固树立建设有中国特色社会主义的共同理想，牢固树立坚持党的基本路线不动摇的坚定信念；实现以思想道德修养、科学教育水平、民主法制观念为主要内容的公民素质的显著提高，实现以积极健康、丰富多采、服务人民为主要要求的文化生活质量的显著提高，实现以社会风气、公共秩序、生活环境为主要标志的城乡文明程度的显著提高；在全国范围形成物质文明建设和精神文明建设协调发展的良好局面。"②

《决议》强调要实现这一目标，必须建立起党委统一领导、

---

① 《中共中央关于加强社会主义精神文明建设若干重要问题的决议》（中国共产党第十四届中央委员会第六次全体会议 1996 年 10 月 10 日通过），《人民日报》1996 年 10 月 14 日。

② 《中共中央关于加强社会主义精神文明建设若干重要问题的决议》（中国共产党第十四届中央委员会第六次全体会议 1996 年 10 月 10 日通过），《人民日报》1996 年 10 月 14 日。

党政主要领导亲自抓、各方面分工负责的领导体制和工作机制，克服在实际工作中忽视精神文明建设的现象。《决议》强调要坚持重在建设的方针，把长远目标同阶段性任务结合起来，切实抓好今后五年的工作。要从大局着眼，认真解决当前精神文明建设中干部和群众普遍关心的重要问题。一是坚决制止党政机关和干部队伍中的消极腐败现象，进一步树立密切联系群众、勤政务实、廉洁奉公的优良党风和政风。二是坚决纠正损害群众利益的行业不正之风，反对假冒伪劣、欺诈行为，大力培育爱岗尽责、方便群众、优质服务的敬业精神。三是坚决扫除黄赌毒等社会丑恶现象，反对封建迷信活动，形成文明、健康、崇尚科学的社会风尚。四是坚决禁止制造和传播文化垃圾的行为，初步呈现优秀精神产品大量涌现、文化市场活跃有序的繁荣景象。五是坚决治理一些地方社会治安不好和环境脏、乱、差的状况，创建更多的文明村镇和文明城市。

思想道德建设是社会主义精神文明建设的重要且根本的组成部分，集中体现着精神文明建设的性质和方向，对社会政治经济的发展具有巨大的能动作用。《决议》根据党的社会主义初级阶段的历史任务，根据新中国成立以来特别是中共十一届三中全会以来的历史经验教训，对社会主义初级阶段中国思想道德建设的体系框架，从理论基础、原则要求、主要内容到基本途径、重点对象、主要目标，都作出了明确的规范表述。

《决议》强调的社会主义初级阶段中国思想道德建设的理论基础：就是马克思列宁主义毛泽东思想，特别是邓小平建设有中国特色社会主义理论。

关于社会主义初级阶段中国思想道德建设的原则要求，《决议》明确指出：我们的思想道德建设的原则要求是把先进性的要求与广泛性的要求结合起来。本着把先进性与广泛性的要求结合起来的原则，在思想道德建设中要坚持民主引导、正面教育的方法。

《决议》提出思想道德建设的基本任务是：坚持爱国主义、集体主义、社会主义教育，加强社会公德、职业道德、家庭美德建设，引导人们树立建设有中国特色社会主义的共同理想和正确的世界观、人生观、价值观。我们现在建设和发展有中国特色的社会主义，最终目的是实现共产主义，应当在全社会认真提倡社会主义、共产主义思想道德。同时要把先进性要求同广泛性要求结合起来，鼓励支持一切有利于解放和发展社会主义社会生产力的思想道德，一切有利于国家统一、民族团结、社会进步的思想道德，一切有利于追求真善美、抵制假恶丑、弘扬正气的思想道德，一切有利于履行公民权利与义务、用诚实劳动争取美好生活的思想道德，团结和引导亿万人民积极向上，不断提高全民族的思想道德水平。

《决议》提出思想道德建设的基本途径是，要靠教育，也要靠法制，要把两者结合起来，统一起来。关于思想道德建设的重点对象，《决议》指出，思想道德建设是全民范围的事情，而重点在于两个方面，一个是领导干部，一个是青少年；一个是关系到党的事业成败的问题，一个是关系到党的事业后继有没有人的问题。青少年和干部的精神文明建设搞好了，全社会的精神文明建设就能更好地向前发展，党的事业就兴旺发达，中华民族就大有希望。

3. 精神文明建设新决议的理论贡献

中共十四届六中全会《决议》较之中共十二届六中全会《决议》的新发展和新贡献，具体说来，主要表现在以下方面：

第一，《决议》以中央文件的形式，第一次对邓小平同志关于精神文明建设的重要思想，进行了高度的科学概括。第二，明确确定精神文明建设的指导思想。第三，提出精神文明建设是现代化建设的重要目标和重要保证。第三，提出社会主义市场经济体制可以同社会主义精神文明结合在一起。强调发展社会主义市场经济有利于增强人们的自主意识、竞争意识、效率意识、民主法制意识和开拓创新精神，使社会主义的优越性进一步发挥出来。第四，提出精神文明建设的重要性、紧迫性、长期性、艰巨性和复杂性。第五，提出精神文明建设既要注重教育又要加强法制。第六，设计了社会主义初级阶段中国思想道德体系的基本框架。第七，提出社会主义道德建设要以为人民服务为核心，以集体主义为原则。第八，提出精神文明建设要从群众普遍关心的问题抓起，吸引群众参与。第九，在精神文明建设上，提出了强有力的措施，主要有三个：一是加大投入力度，为精神文明建设提供物质保障；二是中央成立精神文明建设指导委员会，各省、自治区、直辖市也可建立相应的机构；三是要求建立领导工作机制。

《决议》还对宣传思想文化工作部门和单位、宣传思想文化教育队伍以及领导干部都分别提出明确的严格要求。这就从领导体制上为贯彻落实两手抓的战略方针提供了根本保证。这个重大决策，有利于加强对精神文明建设的领导，从根本上改变"一手比较硬、一手比较软"的状况；有利于精神文明建设奋斗目标的实现，从而保证国民经济和社会发展跨世纪宏伟目标的实现；有利于在全国范围形成物质文明建设和精神文明建设协调发展的良好局面。

（三）促进社会全面进步

20世纪90年代以来，以江泽民同志为核心的中央领导集体坚持一手抓物质文明建设，一手抓精神文明建设，带来了社会主义精神文明建设的新气象。

中共十四届六中全会通过《决议》后，中共中央进一步落实全会提出的各项任务和要求。为加强精神文明建设的指导，1997

年 5 月 26 日，中共中央正式成立中央精神文明建设指导委员会。委员会主任由中共中央政治局委员、书记处书记、中宣部部长丁关根担任，副主任由中共中央政治局委员、国务委员李铁映担任，中央国家机关、人民团体和解放军等 20 个部门的 22 名负责人担任委员。这个委员会作为中共中央指导全国精神文明建设工作的议事机构，主要职责是督促检查各地、各部门贯彻落实中共十四届六中全会精神和中央关于精神文明建设的一系列方针政策的情况，协调解决精神文明建设主要是思想道德建设方面的有关问题，总结推广交流先进经验。

这期间的精神文明建设主要是加强马克思列宁主义、毛泽东思想的理论研究、宣传和学习，扩大马克思主义的舆论阵地。推动学习马列主义、毛泽东思想、中国特色社会主义理论。着力提高全民族的思想道德素质。继续按照中共中央制定并印发的《爱国主义教育实施纲要》全面进行全社会的爱国主义教育活动。多种形式的爱国主义教育，极大地激发了亿万人民投身改革开放、振兴中华的爱国主义热情。

深入持久地开展群众性的精神文明创建活动。全国广泛地开展了以提高市民素质和城市文明程度为目标的创建文明城市活动；以提高农民素质、奔小康和建设社会主义新农村为目标的创建文明村镇活动；以服务人民、奉献社会为宗旨的创建文明行业活动。以上面所提的"三大创建"活动为重要内容的群众性精神文明创建活动丰富多彩。在创建文明城市活动中，从街道和社区抓起，重点抓好"创三优"活动，即：从治理"脏乱差"入手，搞好市容绿化美化，创造优美的环境；从市民日常生活习惯的养成入手，抓好市民文明公约的遵守，增强人们遵纪守法的观念，加强社会治安和社会秩序的综合治理，建立优良的秩序；从转变服务观念入手，提高整体服务水平，搞好优质服务。

在这项创建活动中，涌现出了张家港市、大连市、三明市、天津市和平区、上海市、厦门市、西安市等一批文明城市典型和 100 个文明社区、文明街道示范点。在创建文明村镇活动中，通过"十星级文明户"的评选、"文化科技三下乡"活动、"万村书库"及各种移风易俗活动，促进了广大农村健康、科学、文明新风的形成，并涌现出一批创建文明村镇的典型。在创建文明行业活动中，通过"为人民服务，树行业新风""社会服务承诺制""百城万店无假货"等活动，推动各行各业服务质量的提高，涌现了烟台社会服务承诺制、济南交警文明执勤、石家庄出租汽车行业等先进典型。公安、民航、铁道等十大行业和民政、医疗卫生等 20 个大部门和行业共推出 600 多个文明行业示范点。

1997 年中宣部、解放军总政治部下发了《关于组织部队参加创建文明城市文明村镇文明行业活动的意见》，要求组织部队参加"三大创建"活动，形成军民广泛参与、齐抓共建的格局。1997 年以来的五年，群众性精神文明创建活动形成了党政各部门、驻地部队、社会各界、各行各业齐抓共管的格局。"军民共建""警民共建""工农共建"、双拥活动深入开展。全国总工会组织开展的送温暖、职业道德教育活动，全国妇联组织开展的"双学双比"活动，共青团中央组织开展的"青年志愿者""青年文明号""手拉手"活动以及全国科协组织开展的"讲、比、建"活动，发挥了整体优势，在全社会产生了广泛的影响。

宣传先进，崇尚先进，学习先进。全国先后涌现出了一大批体现时代特色、反映时代精神的先进典型，如孔繁森、徐虎、李素丽、徐洪刚、李国安、吴天祥、吴金印、邱娥国等先进个人，第四军医大学学员二大队、河北农业大学教师集体、徐州下水道四班等先进集体，通过对他们的宣传和学习活动，弘扬了社会正气和新时期的创业精神。一个崇尚先进、学习先进的良好风尚正在全社会形成。

不断完善文化经济政策，加大精神文明建设投入。在不断提高各级党政领导部门和全社会的精神文明建设需要投入的意识的同时，从社会主义市场经济建设初期的实际出发，1996 年国务院颁发了《加强精神文明建设 促进文化事业发展 关于进一步完善文化经济政策的若干规定》（本节简称《规定》）。《规定》指出："进一步完善文化经济政策，在加大各级财政对文化事业投入力度的同时，拓宽文化事业资金投入渠道，逐步形成适应社会主义市场经济要求的筹资机制和多渠道投入体制。"①《规定》提出了四项重大举措：开征文化事业建设费；鼓励对文化事业的捐赠；继续实行财税优惠政策；建立健全专项资金制度。这个《规定》的实施以及十四届六中全会《决议》的有关规定的落实，有效地保证了对精神文明建设的投入，保证了其各项工作的深入开展。

为进一步加强社会主义精神文明建设，2001 年 10 月，中共中央印发了《公民道德建设实施纲要》（本节简称《纲要》），这是新时期加强公民道德建设的纲领性文件。《纲要》共 8 个部分、40 条，8000 多字。《纲要》提出"爱国守法、明礼诚信、团结友善、勤俭自强、敬业奉献"② 20 字基本道德规范。提出社会主义道德建设要坚持以为人民服务为核心，以集体主义为原则，以爱祖国、爱人民、爱劳动、爱科学、爱社会主义为基本要求，以社会公德、职业道德、家庭美德为着力点；在方式方法上，提出了"四个教育环节"，即家庭、学校、机关、企事业单位和社会；"五类实践活动"，即以讲文明、树新风为主题的群众性精神文明

① 《加强精神文明建设 促进文化事业发展 国务院决定进一步完善文化经济政策》，《人民日报》1996 年 11 月 14 日。

② 《公民道德建设实施纲要》，《人民日报》2001 年 10 月 25 日。

创建活动、各种社会公益活动、学习先进典型活动、重要节日和纪念日庆祝纪念活动、必要的礼仪礼节礼貌活动；"两大社会氛围"，即舆论氛围和文化艺术氛围；"三项保障条件"，即法律支持、政策导向和制度保障。中共中央及各部门、各地区贯彻《纲要》，推动全社会为逐渐形成重视道德建设的良好氛围。

第五章　军事战略的转变与
国防和军队建设的发展

国防和军队建设，既是中国特色社会主义现代化建设总体布局中的重要方面，又是中国实现民族伟大复兴的基本保证。20世纪90年代以来，随着冷战结束，在海湾战争、科索沃战争、阿富汗战争和伊拉克战争的影响下，世界新军事变革出现加速发展的趋势。以江泽民同志为核心的中央领导集体正确把握这场新军事变革对国际战略形势的重大影响，科学揭示世界新军事变革的本质、特点和规律，明确提出了新军事变革是人类文明由工业化时代向信息化时代转变的产物、新军事革命实质是一场军事信息化革命、信息化正成为军队战斗力倍增器等一系列观点。正是基于对世界新军事变革的深刻认识和科学把握，中共中央和中央军委为了解决人民解放军打得赢、不变质这两个历史性课题，积极推进中国特色的军事变革，确定新时期的军事和国防战略及分"三步走"实现现代化的部署，推动军队和国防建设的跨世纪发展。

一、军队建设总要求与新时期军事战略方针

20世纪90年代初，在国内外极其复杂的形势下，中共中央军委主席江泽民提出了"政治合格、军事过硬、作风优良、纪律

严明、保障有力"的军队建设"五句话"总要求。"五句话"总要求，是以江泽民同志为核心的中央军委在新的历史条件下提出的建军治军的重大方略，是江泽民军事战略思想的核心内容。它从全局的高度，规定了军队全面建设的总纲，体现了人民军队的优良传统和历史经验，反映了部队建设的客观规律，具有崭新的时代特征，是军队建设不断前进的根本保证。

（一）军队建设的"五句话"总要求

"政治合格、军事过硬、作风优良、纪律严明、保障有力"的军队建设"五句话"总要求，是以江泽民同志为核心的中央军委在新的历史条件下提出的建军治军的重大方略，是江泽民军事战略思想的核心内容。

1. 军队建设的"五句话"总要求提出的背景

20 世纪 80 年代末 90 年代初，国际国内形势发生了重大变化。国际上，东欧剧变，苏联解体，两极格局瓦解，冷战结束。世界向多极化方向发展，各种力量重新分化组合，形成多方面的制约因素，对国际安全与稳定产生着积极的影响。然而，天下并不安宁，霸权主义、强权政治仍然存在。美国这个世界上唯一的超级大国，以及以美国为首的西方军事同盟——北大西洋公约组织（简称北约），动辄干涉别国内政，甚至以武力相威胁，影响着世界的和平与稳定。经过长期艰苦工作，这一时期是中国周边安全环境相对较好的时期，但仍然面临着一些重大的现实和潜在威胁。西方敌对势力顽固地坚持冷战思维，把中国看成是继苏联之后的最大的潜在敌人。他们加紧对中国进行"西化""分化"，试图用西方的社会制度、意识形态和价值观念对中国进行"和平演变"。在中国周边，地区霸权主义、民族扩张主义对中国主权和领土完整仍具有威胁，少数西方大国煽动反华情绪，图谋遏制中国的发展进步，并支持达赖集团及新疆的分裂势力以破坏中国的民族团结和社会稳定，中国仍面临着敌对势力破坏国家安全和领土主权完整的严重威胁。

在国内，改革开放进一步深入，全国人民坚持以经济建设为中心，坚持四项基本原则，坚持改革开放，实现了社会安定、政治稳定、民族团结和经济发展。1992 年 10 月，中共十四大提出了建立社会主义市场经济体制的目标。这对军队建设产生着重大而深远的影响。实行这一经济体制，有利于解放和发展生产力，增强包括国防实力在内的综合国力，有利于形成促进人民解放军官兵成长进步的新思想、新道德、新风尚。另一方面，在社会重大转折时期，思想领域的矛盾和斗争不可避免地会反映到军队内部来。以公有制为主体、多种所有制经济共同发展和以按劳分配为主体、多种分配方式并存，使官兵思想观念和价值取向呈现多样化。社会生活中利益驱动作用增大，官兵在实现个人利益与发扬牺牲奉献精神、改善物质生活与保持艰苦奋斗本色等方面遇到的矛盾日趋突出。市场经济的自身弱点和消极影响，与种种腐朽思想文化交织在一起，对官兵思想道德具有很大侵蚀作用。在这种情况下，坚持人民军队的性质，保持高度集中统一，以及坚持官兵一致、军民一致、军政一致等原则方面面临着更严峻的考验，军队履行根本职能的任务更为艰巨。

在现代技术特别是高技术条件下"打得赢"，在改革开放和社会主义市场经济条件下"不变质"，成为军队建设中的两个重大历史性课题。在这种形势下，从战略的高度，对军队建设提出总体要求，使军队各项工作有更加统一明确的标准，十分必要。

2. 军队建设"五句话"总要求的提出

"政治合格、军事过硬、作风优良、纪律严明、保障有力"的军队建设"五句话"总要求，是在改革开放新时期国防和军队现代化建设的实践中提出、逐步明确和完善起来的。

第一，"五句话"总要求的提出。

1990 年 7 月 31 日，江泽民发表庆祝中国人民解放军建军 63 周年电视讲话。他在讲话中指出：社会主义现代化建设需要有一个安定的环境，就必须保持一支强大的军队，建设起巩固的国防。"要认真学习马克思主义理论，努力提高政治思想素质，不断增强坚持党的基本路线的自觉性，增强抵制资产阶级自由化和其他腐朽思想侵蚀的能力，做到在政治上永远合格。要发扬爱国主义和革命英雄主义精神，为国家安宁和人民幸福，乐于吃苦，勇于牺牲。要努力掌握现代军事科学技术，苦练过硬本领，全面提高战斗力。"[1] 这一讲话，已经包含了军队要做到政治合格、军事过硬的思想。

1990 年 11 月至 12 月，中央军委总参谋部召开工作会议，研究加强全军部队军事训练和管理工作等问题。12 月 1 日，中央军委主席江泽民在全军军事工作会议上向军队提出"政治合格，军事过硬，纪律严明，保障有力"的要求。[2] 总参工作会议结束后，中央军委批转了这次会议的纪要《坚持战斗力标准，开创军事训练和管理工作的新局面，努力实现军事上过硬》，并发出通知指出，全军指战员要紧密团结在以江泽民同志为核心的中共中央、中央军委周围，努力实现政治上合格、军事上过硬，推进军队革命化、现代化、正规化建设，为完成党和人民赋予的任务作出新的贡献。1991 年 1 月 25 日，江泽民在中央军委扩大会议上再次强调："我们一定要努力建设一支政治合格、军事过硬、作

---

① 《庆祝中国人民解放军建军六十三周年　中共中央总书记中央军委主席江泽民发表电视讲话》，《人民日报》1990 年 8 月 1 日。

② 《江泽民在总参工作会议上强调　把部队建设提高到一个新水平　高度评价邓小平主持军委工作以来我军作出的重大贡献》，《人民日报》1990 年 12 月 5 日。

风优良、纪律严明、保障有力、战斗力很强的人民军队。"① 至此，对军队建设的"五句话"已经完整提出。

1991 年 7 月 1 日，在庆祝中国共产党成立 70 年周年大会的讲话中，江泽民指出："我们要进一步加强思想政治工作，加强军事训练，使全军部队做到政治合格，军事过硬，作风优良，纪律严明，保障有力，努力把我军建设成为一支强大的现代化、正规化革命军队。"② 同年 9 月，江泽民在检阅北京军区军事训练成果时再次强调，全军部队要紧密团结在中共中央、中央军委周围，按照"政治合格、军事过硬、作风优良、纪律严明、保障有力"的要求，建设一支强大的革命化、现代化、正规化军队，为有效地履行宪法赋予人民军队的神圣职责，为实现社会主义建设第二步战略目标，作出新的更大的贡献。

第二，把"五句话"确定为军队建设的总要求。

1991 年 12 月，全军训练管理工作会议召开。会议指出，要坚持毛泽东建军思想和邓小平关于新时期军队建设的原则，按照质量建设的方针，努力实现中央军委江泽民主席提出的"政治合格，军事过硬，作风优良，纪律严明，保障有力"的总要求。这是今后一个时期军事工作始终都要紧紧把握住的重心。至此，"政治合格、军事过硬、作风优良、纪律严明、保障有力"被明确规定为军队建设的总要求。

1992 年，江泽民在中共十四大报告中强调，军队要通过严格的训练和管理，通过深入细致的思想政治工作，保持部队的高度稳定和集中统一，真正做到政治合格、军事过硬、作风优良、纪

① 中共中央文献研究室编：《江泽民论有中国特色社会主义（专题摘编）》，中央文献出版社 2002 年版，第 466 页。

② 中共中央文献研究室编：《十三大以来重要文献选编》（下），人民出版社 1993 年版，第 1650 页。

律严明、保障有力，不断提高战斗力。1993 年 12 月，中央军委决定，将总参、总政、总后修订的《军队基层建设纲要》（本节简称《纲要》）颁布全军试行，1995 年 4 月正式颁布执行。其核心内容和显著的特点，就是按照"五句话"总要求全面建设部队。这个纲要规定，"基层建设要以马克思列宁主义、毛泽东思想和建设有中国特色社会主义的理论为指导，认真贯彻邓小平关于新时期军队建设的思想，全面落实江泽民主席关于'政治合格、军事过硬、作风优良、纪律严明、保障有力'的总要求"。《纲要》还规定了每项要求的具体标准。中央军委要求务必使《纲要》落到实处，务必使基层建设得到全面进步。

1996 年 4 月 16 日，江泽民作了"五句话"总要求的题词。同年"八一"前夕，中央军委决定印发毛泽东、邓小平和江泽民关于军队建设的题词及张思德、董存瑞、黄继光、邱少云、雷锋、苏宁六位英雄模范的画像。毛泽东的题词是"坚定正确的政治方向，艰苦朴素的工作作风、灵活机动的战略战术"邓小平的题词是"为把我军建设成为一支强大的现代化正规化革命军队而奋斗"；江泽民的题词是"政治合格、军事过硬、作风优良、纪律严明、保障有力"。三幅题词分别说明了人民军队建设的总方针、总目标和总要求。上述题词及其英模画像发至全军连以上单位统一悬挂、张贴。为此，中国人民解放军总政治部专门下发通知，要求全军部队认真学习领会党的三代领导核心题词精神，自觉按照军队建设的总目标、总要求统揽各项工作，进一步加强部队的思想政治建设，不断提高战斗力。

第三，"五句话"总要求的内涵。

"五句话"总要求，是 20 世纪 90 年代人民解放军军事战略思想的重要内容，是军队建设的纲领和准绳。这是一个内涵十分丰富的理论系统。它以推动部队全面建设为着眼点，抓住政治、军事、作风、纪律和保障这五个直接关系到军队战斗力生成的基本要素，涵盖了新时期军队建设的基本内容。五个方面的规定，每一方面都有相对独立的内容，有要达到的具体标准，同时又科学、有序地统一于一体，紧密联系，相辅相成。"政治合格"，居于军队建设"五句话"总要求的首位。它既是坚持人民军队性质和宗旨的集中表现，又是保证全面提高军队战斗力的基本前提。"军事过硬"，是军队建设总要求的核心内容。军队的基本特征，就是要通过军事手段完成中国共产党与中国人民赋予的任务。军事过硬的本质，就是要实现军队现代化，形成强大的战斗力。"作风优良"，是军队建设总要求的重要内容。作风既是战斗力生成的基本要素，又是政治是否合格、军事是否过硬的外在表现。"纪律严明"，是军队建设总要求的基本内容之一，也是全面实现总要求的必备条件。纪律是构成军队战斗力的一个重要因素。严明的纪律，是军队建立内部秩序、协调内外关系、巩固团结统一、提高部队凝聚力和战斗力的重要保证。"保障有力"，是实现军队建设总要求的物质基础。在现代战争条件下，军队作战对后勤保障的依赖性越来越大，要求越来越高。实现保障有力，就是要把国家和人民提供的经济和技术力量，转化为后勤保障能力和手段，以提高部队战斗力，进而保障军队各项工作和任务的顺利进行，夺取未来战争的胜利。

江泽民提出的"五句话"总要求，与毛泽东军事思想、邓小平提出的军队革命化、现代化、正规化建设的总方针一脉相承，是军队建设总目标在实际工作中的具体化和规范化。"五句话"总要求提出后，人民解放军建设按照五个方面的要求全面展开。"五句话"总要求的提出和贯彻，使全军面貌发生了深刻的变化。事实表明，按照"五句话"的总要求全面建设部队，人民解放军就能不断向前发展，担负起党和人民赋予的历史使命。

（二）审时度势制定新时期军事战略方针

1993 年 1 月中共中央军委召开扩大会议，在军委主席江泽民的主持下，制定了新时期军事战略方针，即今后一个时期中国人民解放军实行积极防御的军事战略方针。"积极防御的军事战略方针的基本内容就是：以毛泽东军事思想、邓小平同志关于新时期军队建设的思想为指导，服从和服务于国家发展战略，立足打赢一场可能发生的现代技术特别是高技术条件下的局部战争，加速我军质量建设，努力提高我军应急作战能力，扬长避短，灵活应变，遏制战争，赢得战争，保卫国家领土主权和海洋权益，维护祖国统一和社会稳定，为改革开放和现代化建设提供强有力的安全保证。"江泽民指出："这个方针，阐明了我军建设和军事斗争必须坚持的根本指导思想，阐明了我们的军事战略方针与国家发展战略的关系，确定了我军的战略目标和战略任务，确定了我军建设和军事斗争准备的基点，提出了战略指导必须把握的基本思想。"①

要把军事斗争准备的基点放在打赢现代技术特别是高技术条件下的局部战争上来。这是对人民解放军积极防御战略思想的重大发展，是统揽全军的各项工作的总纲。全军的一切工作，包括军事训练、政治工作、后勤保障、国防科研等，都在这一方针的指导下，周密规划，全面部署和深入展开。

新时期军事战略方针的制定，是以江泽民同志为核心的中央军委审时度势作出的重大决策。世界科学技术的迅猛发展，给世界军事领域带来了深刻变革。1991 年爆发的海湾战争，标志着世界军事领域开始发生重大变革，现代战争进入了高技术战争阶段。在作战样式上，逐步转为以信息战、空袭战、导弹战、电子

---

① 《江泽民文选》第 1 卷，人民出版社 2006 年版，第 290、291 页。

战等作战样式为主；在武器装备上，着力发展数字化、智能化等
具有远距离精确打击能力的高技术装备；在部队编成上，日趋合
成化、小型化、多样化；在指挥控制上，广泛应用 C³I（指挥、
控制、通信系统）、C⁴I 系统（指挥、控制、通信、计算机与情报
系统），力求减少层次，提高效能；在作战保障上，更加倚重现
代技术手段，提供快速、准确、优质、充分的保障。世界军事领
域的变化，对中国的国防建设和军队建设提出了严峻的挑战。

　　这一时期，世界形势发生了进一步的变化，其基本特征是：
总体缓和，局部动荡，大战不打，小战不断。总体上讲，中国安
全环境得到改善。1989 年春夏之交的政治风波之后，美国等西方
国家曾一度对中国实行政治孤立和经济制裁，但随着中国治理整
顿和深化改革的完成，特别是 1992 年邓小平发表南方谈话后，
中国改革开放和现代化建设日益向前发展，以美国为首的发达国
家不能无视中国国际地位的提高和综合国力的增强，逐渐与中国
改善了关系。中国与周边国家的睦邻友好关系也得到发展。但
是，在复杂多变的国际形势下，中国仍面临着多方面的威胁。
"藏独""疆独"势力的活动，国际敌对势力散布"中国威胁
论"，千万百计对中国进行遏制；中国周边国家在领土、领海问
题上与中国的争议，也使不安全因素有上升的趋势。

　　解决台湾问题，实现国家完全统一，是中华民族的核心利
益，是海内外全体中华儿女的共同心愿。中国共产党从国家统一
的大局出发，20 世纪 80 年代即提出了"一国两制"的战略构
想。但是进入 90 年代后，台湾岛内的李登辉、陈水扁的分裂活
动日趋发展，"台独"活动十分猖獗，并不断更新武器装备，扩
大海空军力量。美国等少数国家，不顾公认的国际法准则，插手
台湾问题，干涉中国内政。中国政府一再声明：力争用和平方式
实现国家统一大业，但不能承诺放弃使用武力。中国共产党和中
央政府强调：这不是针对台湾同胞的，而是针对外国势力干涉中

国统一和搞"台湾独立"图谋的势力。

这一时期，人民解放军的现代化建设进一步向前发展。但是，国家的安全需求与军队现代化水平不相适应的矛盾、高技术条件下局部战争的需要与军队现代条件下防卫作战的矛盾仍十分突出。军队的现代化发展水平与发达国家相比仍较低，武器装备的总体水平处于工业化初、中期阶段，与美国等发达国家相比还存在着"代差"。一旦爆发局部战争，有可能一开始就要同拥有高技术优势的强敌对抗。制定新的军事战略方针，抢占未来军事斗争的制高点，成为人民解放军刻不容缓的任务。

二、实施"两个根本性转变"的战略思想

1993 年 1 月，中共中央军委召开扩大会议。在江泽民主席主持下，制定了新时期军事战略思想，形成新时期军事战略方针——"即在军事斗争准备上，由准备应付一般条件下局部战争向准备打赢现代技术特别是高技术条件下局部战争转变；在军队建设上，由数量规模型向质量效能型、由人力密集型向科技密集型转变。"① 1996 年 12 月，江泽民同志在中央纪委扩大会议上讲话指出："世界军事发展的强劲势头，对我军质量建设和军事斗争准备提出了严峻挑战。海湾战争以后，经过几年酝酿，我们于一九九三年初制定了新时期军事战略方针，把军事斗争准备的基点放在打赢现代技术特别是高技术条件下的局部战争上。在这个战略方针指导下，去年又提出实现我军由数量规模型向质量效能型、

---

① 中共中央文献研究室编：《江泽民论有中国特色社会主义（专题摘编）》，中央文献出版社 2002 年版，第 451 页。

由人力密集型向科技密集型转变。"①

（一）"两个根本性转变"军事战略方针的提出

新时期军事战略方针，是指由重点准备全面战争，转向重点准备局部战争。20 世纪 60 年代中期以后，中国的军事战略重心是准备抗击敌人的大规模入侵，立足于打一场全面战争。在当时特定的历史条件下，对可能发生的战争进行必要的准备是正确的，但对形势的估量也存在着严重的偏差。20 世纪 80 年代中期，中国军队建设指导思想实现战略转变，由准备应付全面战争，转到准备应付局部战争上来。进入 20 世纪 90 年代，两极格局解体，国际局势进一步趋向缓和，中国遭到外敌全面入侵的可能性进一步减小。新时期的军事战略方针对准备打赢局部战争作出明确规定，是军队建设指导思想战略性转变的继续。

海湾战争以后，世界新军事变革正式展开。这场革命的核心，是信息技术在军事领域的广泛应用，由此引起了军事领域各方面的深刻变化。在世界新军事革命的推动下，各国在军事思想、战役理论、作战行动以及军事力量等问题上都作了多方面的变革。1993 年，美国明确提出了"军事革命"这一概念。此后，成立了"军事革命研究高级指导委员会"，多次进行秘密信息战演习，并建立了信息时代部队即"21 世纪部队"和"司令员作战实验室"，提出推行军事革命的方针和思路。俄罗斯 1993 年 11 月颁布《俄罗斯新军事学说》阐明了对新军事变革的看法。1997 年颁发《关于改革俄罗斯联邦武装力量及完善其结构的首要措施的命令》，开始了全面的军事改革。法国按照新军事革命的要求大力发展空间系统，研究先进的预警、导航装备。英国颁布了"英军陆军数字化总纲"。德国制定了综合战场信息系统长远规

---

① 《江泽民文选》第 1 卷，人民出版社 2006 年版，第 607 页。

划，并筹建数字化部队。世界新军事变革的发展，对中国的国防建设和军队建设提出了严峻的挑战。

这一时期，国家的经济建设开始实行"两个转变"，即在经济体制上，实现从计划经济体制向社会主义市场经济体制的转变；在经济增长方式上，实现从粗放型向集约型的转变。国家经济建设这两个转变，向军队现代化建设提出了新要求，也为筹划军队建设提供了借鉴。随着改革开放和社会主义现代化建设的发展，国家实行科教兴国战略、可持续发展战略，也为军队质量建设实行新的转变创造了有利的机遇和条件。

在这样的历史情况下，1995 年 12 月，中央军委扩大会议讨论通过了《"九五"期间军队建设计划纲要》，这个《纲要》明确提出了科技强军战略。重点是加强国防科研，改善武器装备，提高官兵的科技素质，建立科学的体制编制，提高科技创新能力和科学管理水平。在军委领导对这个《纲要》进行说明时，把军事斗争准备上的转变和军队建设上的转变联系起来，正式提出了"两个根本性转变"的战略思想，"即在军事斗争准备上，由准备应付一般条件下的局部战争向准备打赢现代技术特别是高技术条件下局部战争转变；在军队建设上，由数量规模型向质量效能型、由人力密集型向科技密集型转变。"① 1996 年 11 月，中央军委在《关于贯彻党的十四届六中全会加强军队精神文明建设的意见》中，首次公布了军队建设的"两个根本性转变"。"两个根本性转变"的提出，标志着人民解放军在新时期军事斗争准备和军队建设的指导思想上有了新的突破。

由准备应付全面战争到转为准备应付局部战争，是一个具有重大战略意义的决策。全面战争准备与局部战争准备，两者有明

---

① 中国人民解放军军事科学院编：《中国人民解放军的七十年》，军事科学出版社 1997 年版，第 620 页。

显不同：前者立足于国土纵深歼敌，后者注重在边境浅近纵深、空中和海上求胜；前者要求树立持久作战的思想，后者强调尽可能争取速战速决；前者一般经过战争初期的战略防御作战，随后转入战略反攻和进攻，后者则一开始就有自卫反击的形式，采取有限规模的战略性攻势作战；前者需要全面动员，举国迎敌，后者则尽量避免战争的扩大升级，以减少对国家建设的影响。依据实际情况，确定军事斗争准备的重点与方式，无论对于保证国家经济建设的顺利进行，还是对于巩固国家安全、促进军队建设，都具有重要意义。

新时期军事战略方针，是指由重点准备一般条件下的战争，转为重点准备现代技术特别是高技术条件下的局部战争。在人民解放军的历史上，曾经经过多次军事战略转变。但以往的历次转变都是针对一般技术条件下的战争提出来的。20世纪90年代后，以信息化为特征的高技术战争步入国际军事斗争舞台。新时期的军事战略方针明确规定，要把军事斗争的基点放在准备打赢现代技术特别是高技术条件下的局部战争上，这体现了时代的要求。尽管中国未来面临的可能发生的战争，其作战形态并不是单一的，由于作战对象不同而其样式也将有所不同，但威胁最大的而且最难应付的是坚持霸权主义的西方大国对中国进行的高技术或具有高技术特点的局部战争。确定新时期的军事战略方针，有利于抢占军事斗争的制高点，掌握未来军事斗争的主动权。

新时期的军事战略方针，体现了防御与进攻相一致，威慑与制胜相统一，是对积极防御战略方针的重大发展。中国的军事战略方针是防御型的，这是由中国的国家性质决定的。同时，中国的战略方针又是积极的，随时代的发展而发展。有针对性地进行军事斗争准备，立足于准备打赢现代条件，特别是高技术条件下的局部战争，有利于在新的历史条件下，保卫国家安全，维护世界和平。这一方针既规定了军事斗争准备的原则和重点，又体现了人民解放军军事思想的一般原则。

（二）坚持新时期军事战略方针促进军队的各项建设

准备打赢现代技术特别是高技术条件下的局部战争，必须坚持人民战争的思想，必须准备立足现有武器装备打败来犯之敌。战争是物质力量的较量，也是精神力量的较量。先进武器，包括高技术武器装备没有也不可能改变战争的基本规律，而且任何高技术武器系统又有其自身的弱点。现代战争的胜负，归根到底还是决定于战争的性质。针对高技术武器的大量应用使战争形态发生新变化的情况，江泽民指出："无论武器装备如何发展，战争形态如何变化，人民战争都是我们克敌制胜的法宝，我们要结合新的历史条件和新的实践，坚持和创造性地发展人民战争的思想。""应付现代技术特别是高技术条件下的局部战争，现阶段我们确有困难和短处，但我们也有自己的优势，我们真正的优势还是人民战争。"① "这是个了不起的优势，我们在任何时候都不能丢。"② 未来反侵略战争不仅靠高精尖的武器装备，更重要的是靠人的政治素质，靠人民战争这个克敌制胜的法宝。

1. 全军积极开展打赢高技术条件下局部战争的训练

新时期军事战略方针的提出，有力地推动了人民解放军的建设。全军积极开展以提高打赢现代技术特别是高技术条件下局部战争能力为目标的训练。部队训练、院校教学进行改革试点，形成了新的训练大纲和教学计划。严格按纲施训，使改革成果向战斗力转化。颁布了军事训练等级评定暂行规定，使全军训练质量

---

① 中共中央文献研究室编：《江泽民论有中国特色社会主义（专题摘编）》，中央文献出版社2002年版，第450页。

② 中共中央文献研究室编：《江泽民论有中国特色社会主义（专题摘编）》，中央文献出版社2002年版，第450页。

管理在法制化、标准化上取得重大突破。强化部队训练改革，结合作战任务开展战法研究，提高现代技术特别是高技术条件下的防卫作战能力。加强对高科技知识的学习，解决训练与作战中的现实问题。在20世纪90年代中期，全军基本建立了以新一代训练大纲为标志的训练内容体系，以新的作战条令为标志的战法体系，以新的训练指导法为标志的训法体系，以新的训练法规为标志的正规化管理体系，并探索了基地化、模拟化、网络化为标志的新型训练形式。

2. 部署研制新型武器装备和加强后勤工作

根据新时期的军事战略方针，国防科研和武器装备建设的步伐进一步加快。坚持"科研先行""突出重点"，大力研究开发关键性的国防高科技，在部分高技术领域，取得了具有世界先进水平的成果。新型武器装备研制迅速发展，一批性能先进、质量精良的武器装备陆续完成研制并装备部队。训练模拟器材的科技含量大幅度提高，保障了新形势下的训练和教学。

军队后勤训练改革基本指导思想进一步明确，即以新时期军事战略方针为依据，以保障打赢高技术条件下的局部战争为基点，以训练内容改革为核心，以重点部队和干部骨干为主，以现行训练法规为基础，从后勤训练的实际出发，建立起高质量的后勤保障要求的训练机制，提高后勤训练整体水平。经过改革，形成了一整套新的训练大纲、新的训练成绩评定标准、新的训练指导方法、新的训练组织领导与管理教程、新的保障方法。完善后勤管理制度，提高后勤管理水平。《中国人民解放军后勤工作条例》颁布施行，标志着军队后勤工作全面步入法制化轨道。加强经费物资管理、基建营房管理、生产经营管理、战备设施管理、基层后勤管理，使后勤管理工作达到了一个新水平。组织实施"驻边远艰苦地区部队后勤设施配套治理工程"，有效地改善了边远艰苦地区驻军后勤保障条件。积极发展农副业生产，减轻国家和人民负担，保证部队生活基本稳定。根据战场、市场需要，加强军事交通运输建设，促进了综合保障能力和快速反应能力的提高。

3. 加强军队建设维护国家统一

新时期军事战略方针的贯彻，使人民解放军质量建设进一步提高，在保卫祖国、维护国家安全和统一的重大行动中，显示了坚强的战斗力。20世纪90年代中期以后，针对"台独"势力日趋猖獗，西方大国试图干涉中国内政的危险倾向，人民解放军奉命在台湾海峡和东海、南海地区进行了一系列军事演习，有力地震慑了"台独"分裂势力和外来干涉势力，表明了中国政府和中国人民的严正立场。

事实证明，以江泽民同志为核心的中央军委确定的新时期军事战略方针，适应了时代的需要，是新的历史条件下强军固国的根本保证。

（三）实行"两个根本性转变"的措施

新时期军事战略方针，明确了军事斗争准备的基点，解决了未来打什么仗的问题。与此相联系，如何根据军事斗争的需要，加强军队质量建设，又成亟待解决的重大问题。1995年，以江泽民同志为核心的中央军委提出"两个根本性转变"的战略思想，实现了在军队建设模式上的新突破。

1. 走有中国特色的精兵之路

实行"两个根本性转变"，关键是质量建军、科技强军，走有中国特色的精兵之路。就是以新时期军事战略方针统揽全局，依靠科技进步，加强质量建设，把人民解放军建设成为一支思想先进、数量规模适度、体制编制科学、武器装备精良、人员素质很高、指挥高效灵活、后勤保障有力、能够打赢现代技术特别是高技术条件下局部战争的现代化、正规化的革命军队。

第一，正确处理军队的数量规模与质量效能的关系，实行精兵政策。

军队战斗力的生成与发展，包括数量和质量两个方面。中国幅员辽阔，地形复杂，现有装备的性能较为落后，机动能力比较低，军队保持一定数量规模是必要的。但是，如果规模过大，又会影响军队的质量建设。随着世界军事领域的变革，武器系统的效能提高，军队数量规模的重要性相对下降，军队的质量建设具有决定性的意义。因而，必须实行精兵政策。在军队建设上，要改变原来的思维定势，转变过去存在着的单纯依靠增加兵员数量来提高部队战斗力的思维方式，转变过去存在着的单纯依靠勇敢精神来赢得战争胜利的观念，把加强军队的质量建设放在首位。江泽民指出，走有中国特色的精兵之路，核心是一个"精"字。精，既是对"量"的要求，更是对"质"的要求。要把注重质量建设作为一个根本方针在军队建设各个领域确立起来，长期坚持下去。

第二，正确处理人力密集与科技密集的关系，实行科技强军。

科学技术是第一生产力，也是重要的战斗力。军队的科学技术含量，是衡量军队质量建设水平的重要标志之一，也是衡量军队战斗力强弱的重要标志之一。江泽民主持中央军委工作以后，"一九九五年，军委明确提出了科技强军战略，其重点是加强国防科研，改善武器装备，提高官兵的科技素质，建立科学的体制编制，提高科技创新能力和科学管理水平。"[①] 实行科技强军战略，就要把军队建设的重点转到依靠科技进步上来，努力利用科技进步的最新成果，全面提高部队战斗力。由"人力密集"到"科技密集"，是军队建设思路上一个根本性的转变。实行"两个

[①] 《江泽民文选》第 2 卷，人民出版社 2006 年版，第 457 页。

根本性转变”，要以科技进步为动力，全面加强军队的质量建设，以便尽快形成战斗力，实现打赢现代技术特别是高技术条件下局部战争的目标。

第三，实行质量建军、科技强军，提高战斗力。

实行质量建军、科技强军，要围绕战斗力生成的各个要素全面展开，增加军队武器装备、编制体制、人才建设、后勤保障等要素中的科技含量。

武器装备是国防和军队现代化的物质基础，是战斗力的重要组成部分。这个时期的军队建设按照突发事件有准备，局部战争有保障，威慑有手段，发展有基础的建设目标，抓紧武器装备的科研、生产和引进。坚持科研先行，跟踪世界高科技的发展。缩短战线、突出重点。江泽民指出：“要抓住几个真正具有决定性意义的项目，尽快形成我们自己的高技术武器装备的‘杀手锏’。不然，在二十一世纪世界的激烈竞争中就没有我国的应有位置，我们就很难迎接未来的军事挑战，我们在维护国家的独立、主权和安全上就会处于被动境地和遇到极大困难。”① 做到有所赶有所不赶；要改进现有武器装备，提高武器装备的配套水平；要自力更生为主，有选择有重点地引进关键装备技术；要按照社会主义市场经济的要求，坚持平战结合，军民结合，建立和完善国防工业运行机制，提高军民兼容程度，增强平战转换能力，走出一条符合中国国情的武器装备建设道路。

编制体制是实现人和武器结合的组织形式，是有效发挥军队战斗力的组织基础。这个时期的军队建设紧紧围绕打赢现代技术特别是高技术条件下的局部战争的目标，稳步进行体制编制的调整和改革，减少数量，提高质量，优化结构，提高军队的合成程度。强调小型化，增强基本作战的集约化、合成化程度；突出编

---

① 《江泽民文选》第 2 卷，人民出版社 2006 年版，第 269—270 页。

制的灵活性，不搞固定化的一刀切；注重编组的系统适用性，实现作战、支援、保障体系的完善配套。建立精干、高效的指挥体制。优化军兵种结构，重点加强海军、空军和第二炮兵部队建设。突出应急机动部队建设，全面提高军队的整体作战能力。使军队建设朝着规模适度、结构合理、指挥灵便的方向发展，真正达到"精兵、利器、合成、高效"的目标。

军事人才是建军治军之本，是战争中克敌制胜的决定因素。随着科学技术的高度发展和在军事领域的广泛运用，使现代化军队越来越成为"科技密集型"的武装集团。培养造就大批现代化的军事人才，是实现军队现代化的关键。这个时期的军队建设根据新时期军事斗争和军队建设的需要，以造就复合人才群体为主要方向，努力提高官兵驾驭现代战争特别是高技术局部战争的能力。装备有限，人才先行，宁肯让人等装备，也不能让装备等人。坚持人才培养的超前性。吸引人才，释放能量，建立人尽其才、才尽其用的有效机制，使大批人才脱颖而出。

提高后勤保障能力。根据现代技术特别是高技术条件下的作战需要，加强后勤和技术保障力量建设，调整战略物资储备的结构和布局，加大战略物资比重，搞好战略后方基地建设，提高全方位的支援保障能力，尤其是提高应急综合保障能力。建立科学的后勤保障体系，提高综合保障能力。

此外，这个时期的军队建设还加强了军事理论创新，使科研成果及时进入决策层，充分发挥军事理论的先导作用。

第四，正确处理适应本国国情和追赶世界潮流的关系，走有中国特色的精兵之路。

实行质量建军、科技强军，是打赢现代技术特别是高技术条件下的局部战争的客观要求，是世界各国军队建设必然的发展方向。而中国的国情、军情，又决定了这一目标的实现，应该具有中国自己的特色。如，在军事斗争准备上，必须符合战略上的防御性；"数量规模"要满足防务的需要；"科技密集"要与国家经济、科技实力、人的素质相适应。"两个根本性转变"中的改革，必须着眼于未来高技术局部战争的发展，充分考虑潜在作战对象的军队编成、作战能力和作战手段，以及中国军队可能采取的作战形式、作战方法和手段，科学合理地确定军队的层次结构、部队编组和人力、科技的数量、质量与密集程度，坚持做到从国家和军队的实际出发，把数量与质量、需要与可能有机地结合起来。切实做到"有所赶，有所不赶，有所超，有所不超"。这样，才能把"两个根本性转变"真正落到实处。

2. 着力用思想武装与现代科技特别是高技术武装

在提出实行"两个根本性转变"的同时，江泽民还提出"两个武装"的思想。他指出：要把学习现代科技特别是高科技知识，与同学习马列主义、毛泽东思想和邓小平建设有中国特色社会主义理论，学习毛泽东军事思想和邓小平新时期军队建设思想紧密结合起来。如果大家都有了正确的思想理论武装，都有了现代科技特别是高科技知识武装，军队的革命化、现代化、正规化建设就有了根本保障，全军的建设质量和战斗力就会大大提高起来。人民解放军的质量建设，是在正确的思想理论指导下进行的。1997 年 3 月，全军举行了高中级干部学习理论和现代科技知识汇报会。全军各大单位和武警部队政治部领导及有关部门的代表，围绕如何落实江泽民提出的"两个武装"的要求进行了深入探讨。会议认为，江泽民主席提出的"两个武装"，一个是建军之本，一个是强军之举。要着眼于干部学习的现状，有针对性地抓好"两个武装"要求的落实。"两个武装"思想的提出，体现了人民解放军在质量建设上的重要特色，是实行"两个根本性转变"的必要条件和可靠保证。

3. 实行常备军与国防后备力量相结合

实行"两个根本性转变"，要坚持建设精干的常备军与建设强大的国防后备力量相结合。中国的国防，是全民的国防。中国武装力量体制，是综合的武装力量体制。要按照"平战结合、军民结合、寓兵于民"的方针，进一步调整和完善国防动员体制，提高国防动员能力，做到平时少养兵，战时多出兵。要适应未来军事斗争的特点和发展社会主义市场经济的要求，注重提高质量，完善组织体制及相关的政策制度。预备役部队和民兵要保持适度规模，优化结构，提高快速动员能力和训练水平，真正做到召之即来，来之能战，战之能胜。精干的常备军与建设强大的国防后备力量相结合，是实行"两个根本性转变"，强军固国的根本条件。

"两个根本性转变"的提出，是人民解放军建设指导思想上的又一次重大飞跃。1985年军队建设实行指导思想上的战略转变，由准备"早打、大打、打核战争"的全面战争准备，转到和平时期建设的轨道上来。1993年新时期军事战略方针的提出，由准备打赢一般条件下的局部战争转到准备打赢现代技术特别是高技术条件下的局部战争上来。1995年"两个根本性转变"战略思想的提出，不仅在军事斗争准备上，而且在军队建设模式上，确定了新的战略思想，这是军队现代化建设中具有决定性意义的"攻坚战役"。十年探索，人民解放军的战略思想更加完备。

三、跨世纪军事战略构想与中国特色的军事变革

1997年中共十五大以后，以江泽民同志为核心的中央军委提出了军队跨世纪发展的战略构想，即到21世纪中叶，要建设与国家地位相适应的强大的现代化、正规化的革命军队。这一构想，规划了军队和国防建设在半个世纪中的发展计划与步骤，使

军队和国防建设建立在更加积极稳妥的基础上。

（一）跨世纪战略构想提出的背景

20 世纪 90 年代末，国际形势发生了进一步的变化。国际格局向多极化转变，经济向全球化转变，人类社会向信息化转变，现代战争向高技术化转变，构成了跨世纪国际战略环境的总体特征。90 年代中后期发生的几场高技术的局部战争，标志着战争形态由工业时代向信息时代的转变。各国军队纷纷瞄准 21 世纪初甚至更远的目标，调整自己的发展战略，加强以信息化为基础的质量建设，构建 21 世纪军队建设的模式，做好 21 世纪军事斗争的准备。美国 1996 年颁发了《2010 年联合构想》，1997 年颁发了《四年防务审查报告》，2000 年颁布了《2020 年联合构想》。俄罗斯 1998 年 8 月批准了《俄联邦 2005 年前军事建设国家政策基本原则（构想）》，英国 1996 年发表了《军事信息技术发展战略》，法国颁布了《军事纲领法》，德军制定了《联邦国防军未来建设计划》，日本 1995 年批准通过了新《防卫计划大纲》，印度制定了《1995 至 2015 年国防建设规划》；韩国于 1998 年 7 月，宣布实施为期五年的国防改革计划。世界新军事变革的发展，对中国的国防建设和军队建设提出了严峻的挑战。

国际形势继续趋向缓和，战略格局多极化态势更加明显，要和平、求合作、促发展成为时代的主流。但是，国际战略格局调整中的多极化趋势，与美国试图单极独霸世界的矛盾十分尖锐，不公正、不合理的国际经济旧秩序还在损害着发展中国家的利益。中国作为世界上最大的发展中国家，面临着多方面的挑战和压力。确定较为长远的军队建设目标，实行中国特色的军事变革，这是振兴中华民族，维护国家安全和统一，维护世界和平的需要。

（二）制定"三步走"的跨世纪军事战略构想

1997 年 9 月 12 日，中共十五大对国家跨世纪的发展作了全面部署，确定用 50 年时间，分三阶段基本实现国家的现代化，即"三步走"的发展战略。十五大以后，为与国家经济社会跨世纪发展的战略相一致，江泽民代表中央军委提出了军队跨世纪发展的战略构想，即从 20 世纪末到 21 世纪中叶，国防和军队现代化建设跨世纪的发展，大体也可以分三步走。"第一步，从现在（1997 年）起到二〇一〇年，用十几年时间，努力实现新时期军事战略方针提出的各项要求，为国防和军队现代化打下坚实基础。主要解决好军队的规模、体制编制和政策制度问题，把军队员额压缩到适度规模，建立起比较科学的体制编制，形成与发展社会主义市场经济相适应的比较配套的政策制度；调整完善国防动员体制；我军人才培养要上一个新台阶；拥有一批性能先进的主战武器装备，形成适应高技术条件下作战的精干有效的武器装备基本体系，具备遂行新时期军事斗争任务的威慑和实战能力。第二步，二十一世纪的第二个十年，随着国家经济实力的增长和军费的相应增加，加快我军质量建设的步伐，适当加大发展高技术武器装备的力度，完善武器装备体系，全面提高部队素质，进一步优化体制编制，使国防和军队现代化建设有一个较大发展。第三步，再经过三十年的努力，到二十一世纪中叶，实现国防和军队现代化。"①

中共中央、中央军委对军队跨世纪发展，提出了一系列重要设想。其基本精神为：建设强大的军队和巩固的国防，是国家跨世纪发展的战略任务。跨世纪的国防和军队建设，要坚持从实际出发。实现军队跨世纪发展的战略构想，必须坚持以毛泽东军事

---

① 《江泽民文选》第 2 卷，人民出版社 2006 年版，第 83—84 页。

思想、邓小平新时期军队建设思想和江泽民关于国防和军队建设的一系列重要论述为指导，适应战略环境的变化，在跨世纪治党、治国、治军一体化战略的总体布局下，抓住和平与发展的历史契机，以军事改革为动力，以科技进步为杠杆，以满足国家安全与发展的战略需求为目的，以提高军队战略能力为牵引，坚持以现代化为中心，有计划、有步骤、有重点地实现军队由数量规模型向质量效能型、由人力密集型向科技密集型的转变，通过高质量的现代化建设，确保人民解放军具有打赢现代技术特别是高技术条件下局部战争的能力。

实现军队跨世纪的发展构想，需要遵循以下原则：第一，质量建军的原则。要坚持实行"两个根本性转变"，把军队规模控制在适度水平，加强军队质量建设。第二，科技强军的原则。不断增强军队战斗力中的高科技含量，使人民解放军成为一支更加适应未来战场环境、能够在未来战争中立于不败之地的强大军队。第三，勤俭建军的原则。要发扬江泽民提出的64个字艰苦创业的精神，搞好军队建设的宏观谋划和长远规划，用多种方法丰富勤俭建军的内容和成果。第四，依法治军的原则。要把军队建设的各个方面、各个环节纳入法制轨道，实现军队建设的法制化、规范化。第五，深化改革的原则。要以改革创新的精神，迎接世界军事领域深刻变革的挑战，研究自身建设中的重大现实问题，寻求解决新形势下矛盾的办法。第六，科学决策的原则。要建立健全科学的决策系统，完善决策机制，保证军队建设跨世纪发展战略的实现。

实现军队建设跨世纪发展的构想，要采取以下主要措施：第一，加强思想政治建设，始终不渝地坚持党对军队的绝对领导。第二，缩短战线，突出重点，千方百计把武器装备搞上去。武器装备发展的重点，要与军事战略所规定的军事斗争重点相一致。要使人民解放军有一些比较先进的武器装备和能制敌于死命的

"杀手锏"。第三，确定适度规模，改革体制编制，优化整体结构。要贯彻积极稳妥的方针，逐步理顺领导指挥、保障体制，减少层次，充实部队。要进一步优化军兵种结构，重点加强海军、空军和第二炮兵部队的建设。第四，坚持把教育训练摆到战略地位，培养和造就现代化军事人才。要加强诸军兵种合同训练，全面提高部队整体作战能力。第五，加强后勤现代化建设，打破自我封闭体系，改革旧的保障体制，重视解决同市场经济接轨问题，逐步建立起统供与专供相结合的联勤保障新体制。第六，发展军事科学，使军事理论在军队现代化建设中发挥先导作用。

（三）跨世纪军事发展战略构想的实施

按照军队建设跨世纪"三步走"的战略构想，中共十五大以后，人民解放军建设又取得了新的进展。

1. 军队裁减员额 50 万

1997 年 9 月，中共中央总书记、军委主席江泽民在中共十五大上宣布，继 80 年代中期裁军 100 万之后，在今后三年内中国军队再次裁减员额 50 万。根据这一决定，中央军委按照高技术战争的要求，以裁军 50 万为契机，以优化结构、理顺关系为重点，对军队编制体制进行了一系列重大调整。这对实行精兵政策、实现军队跨世纪发展具有重大意义。这次调整改革，以新时期军事战略方针为依据，以战斗力为标准，贯彻积极稳妥的方针，把压缩规模与改革体制结合起来，逐步建立符合现代军事发展规律，适应未来军事斗争和社会主义市场经济发展要求的领导、指挥、管理保障体制和部队编成体系，提高了军队质量建设和诸军兵种联合作战能力。教育训练改革进一步加强，"打赢"能力全面提高。

2. 实行科技兴训科技练兵

科技兴训、科技练兵，是世纪之交人民解放军贯彻科技强军的战略思想，实现军队建设"三步走"的战略目标，全面提高部队"打赢"能力的战略性选择。全军掀起群众性科技大练兵的热潮。院校教育改革进一步深入，新型院校结构逐步建立、干部培训体制进一步完善、组训方式不断改革、面向 21 世纪的学科专业体系逐步形成。这对培养跨世纪的军事人才，具有重要作用。1998 年 9 月，全军"运用高科技知识普及深化训练改革集训"，围绕迎接新的军事革命挑战，总结交流新时期军事训练改革的经验和理论成果，全军科技练兵迈出了重要步伐。

3. 加强新条件下的军队思想政治工作

在新的历史条件下，军队思想政治建设的历史任务是为打赢未来高技术战争提供强大的精神动力，为保持人民军队的性质、本色和作风提供可靠的政治保证。1999 年 8 月，中共中央转发《关于改革开放和发展社会主义市场经济条件下军队思想政治建设若干问题的决定》，该《决定》强调要充分发挥政治工作生命线作用，进一步明确了跨世纪军队政治建设的方向。对于解决"打得赢""不变质"两大历史性课题具有重要意义。

4. 优化后勤资源，实行三军联勤

全军积极推进后勤改革，提高后勤整体保障能力。围绕实现"保障有力"这一总目标，重点增强应急保障能力，力争在主要方向形成局部保障优势，以基本适应作战需要。1999 年 10 月，中央军委主席江泽民签署命令，向全军发布施行《中国人民解放军联勤条例》。该《条例》规定实行三军联勤，集中集约使用后勤力量，就近就便对三军部队实施保障，优化后勤资源配置，理顺保障关系，提高军事经济效益和整体保障能力。这在中国人民解放军的历史上还是第一次，也是新中国成立以来人民解放军后勤保障体制的一次重大变革。这标志着人民解放军沿袭了近半个世纪的三军分供体制已告结束，并被以军区为基础，区域保障与建制保障相结合、通用保障与专用保障相结合的新型保障体制所

取代，从而使人民解放军后勤向现代化方向迈出了重要一步。中央军委确定，三军联勤体制于 2000 年 1 月 1 日正式启动。三军联勤体制全面推开，是人民解放军后勤建设史上的重大变革，对于军队后勤优化结构，理顺关系，走向集约化，提高军事经济效益和整体保障能力，具有重要意义。

5. 成立军委总装备部，形成新的管理体系

1998 年 4 月 3 日，中共中央军委作出决定，组建中国人民解放军总装备部。这是贯彻落实邓小平同志新时期军队建设思想和军委主席江泽民关于军队建设的一系列重要指示，贯彻落实军委新时期军事战略方针，坚持质量建军、科技强军，适应社会主义市场经济发展和国家机构改革要求，坚定不移地走有中国特色的精兵之路所采取的一项重大措施。组建总装备部，对于进一步加强中央军委对全军武器装备建设的集中统一领导，促进国防和军队现代化建设，具有深远而重大的意义。以此为契机，中共中央军委坚持科技强军的方针，积极推进国防科技和武器装备建设跨世纪发展。加强对国防科技和武器装备建设的集中统一领导，形成自上而下的装备管理体系。改革国防科技工业体制，对国防科技工业结构、布局和能力进行战略性调整与重组，以满足国防建设和经济建设需要。国防科研继续高速发展，高新技术成果相继运用于装备建设，一批新型武器装备列装并形成战斗力，全面提高了部队的作战能力。全军军事科研工作全面展开。

军队建设取得的重要成就表明，中央军委所提出的军队建设跨世纪发展的战略构想，是科学的、可行的，有着坚实的理论基础和实践基础。军队跨世纪发展的战略构想，要在统一的、科学的组织下，通过几十年的不懈努力去实现。

（四）推进有中国特色的军事变革

在提出军队发展"三步走"的战略构想的同时，以江泽民同志为核心的中央军委还提出了实行中国特色的军事变革，"以信息化带动机械化，最大限度地发挥后发优势，努力争取我军现代化的跨越式发展"① 的方针。完成机械化、信息化双重历史任务。

1. 迎接新军事变革的挑战

以 1991 年海湾战争为标志的新的军事变革，是人类历史上影响最深刻、最广泛的一次军事变革。其本质与核心是信息化，其基本方法是系统集成，其目标是整个军事形态由机械化转变为信息化。通过信息化建设，工业时代军队的武器装备、组织体制、军事理论、军事训练以及后勤保障方式等，都将按照信息化的要求进行系统质变和彻底改造，机械化军队将转变为信息化军队。

人民解放军经过多年的现代化建设，现代化水平有很大提高。但中国基础差、底子薄，以信息技术为龙头的高技术与发达国家相比有很大差距。武器装备虽然有了提高，但与距离打赢高技术局部战争的要求还有相当大的距离。军队改革的步子还不够大，作战理论和新战法还没成型，联合作战指挥体制还没建立，还有一系列制约新军事变革的问题需要解决。人民解放军 20 世纪 90 年代的整体建设水平，尚处于机械化建设的任务没有完成，又面临着信息化建设的艰巨任务。如果按部就班地在继续完成机械化建设任务之后，再进行信息化建设，就会与世界先进水平形成更大差距。

2. 抓住新的发展机遇实现跨越式发展

世界新军事变革，向人民解放军提出了挑战，也为人民解放军带来了机遇。整个军事形态转轨，进行彻底改造，有利于人民

---

① 中共中央文献研究室编：《江泽民论有中国特色社会主义（专题摘编）》，中央文献出版社 2002 年版，第 464 页。

解放军利用后发优势，吸取先行者的经验教训，吸收先进的科技成果，实行跨越式发展，走在时代前列；信息技术具有高度扩散性，有利于中国缩小与军事强国之间的差距；信息技术的应用具有增效节约的特点，有利于中国在军事变革中降低成本，走质量效能型的建设道路。新军事变革涉及的许多高新科技领域，在过去相对隔离的世界中，后起者需要一步步地跨越每个台阶。而现在信息技术具有广泛的"可扩散性"和"渗透性"，有利于发挥后发优势，实现跨越式发展。

以江泽民同志为核心的中央军委高瞻远瞩地提出，要完成机械化、信息化双重历史任务，实现跨越式发展，并指出，人民解放军实行跨世纪"三步走"的战略目标，就是要实现信息化。所谓跨越式发展，就是要以信息化建设为重点，努力完成机械化信息化建设双重历史任务。在这一过程中，大胆超越机械化和信息化建设的一些可以跳跃的阶段，在一些关键性的项目和环节上实行重点突破，以局部跃升推动和促进军队全面建设，从而跨越机械化的高级阶段，直接进入信息化时代。这是符合中国国情、军情的战略指导，与世界军事领域发展的趋势也是一致的。

以信息化建设为重点，完成机械化、信息化建设"双重历史任务"，实现跨越式发展，抓住了军队建设的主要矛盾，提高了军队现代化建设的起点。实行中国特色的军事变革，要树立综合集成观念，构建宏观调控体系，加强顶层设计，深入底层分析，谋全局，求长远，推动整个军事形态的系统质变。在武器装备建设上，要以信息化为重点，实现断代性飞跃，着力发展克敌制胜的"杀手锏"。要从体系对抗的要求出发，加强武器装备配套建设，提高总体作战能力。体制编制，以有利于信息快速流动和快速利用为原则进行改革，作战部队要小型化、军种混合化、作战多能化；作战指挥体制要趋向扁平化。要精简数量，提高质量，优化结构，调整编成，建立高度合成的、一体化的军队。要加强人才培养，使军队成为人才密集、技术密集的武装集团，以适应未来战争需要。军事变革要与军事斗争准备结合起来进行。要以军事斗争准备为龙头，以局部跃升牵引总体跨越。

21世纪头二十年，是国家大发展的重要战略机遇期，也是军队大发展的重要战略机遇期。人民解放军的现代化建设，其内涵在20世纪是指机械化建设，在21世纪则是指信息化。从机械化到信息化，是划时代的跨越。要经过中国特色的军事变革，逐步实现武器装备智能化、指挥决策与打击自动化、作战编成一体化、战场要素数字化、作战方式精确化、作战空间多维化、后勤保障集约化，到21世纪中叶完成由机械化半机械化向信息化军队的伟大转变。

伟大的实践产生伟大的理论，科学理论和丰富实践又是制定现代军事战略的基础。中共中央军委和江泽民主席以毛泽东军事思想、邓小平新时期军队建设思想为指导，对新时期军队建设作出了一系列重要论述，采取了许多重大决策，形成了人民解放军跨世纪的军事发展战略。这一军事发展战略正确地回答了军队建设面临的一系列重大问题，系统地阐明了新形势下军队建设的一系列方针、政策和原则，揭示了中国新时期国防建设和军队建设的基本规律，构成了一个完整系统的科学体系。这是党和军队对新时期军队建设规律认识的最新理论成果，是在新的历史条件下对毛泽东军事思想和邓小平新时期军队建设思想的丰富和发展。这一军事战略涉及国防建设和军队建设一系列带有根本性、方向性和原则性的问题，是中国军队和国防建设跨世纪发展的指南。

第六章　把中国特色社会主义全面推向新世纪

　　中共十五大是在中国社会主义发展的重大关头召开的一次重要会议。在这次举世瞩目的会议上，依据中国长期处于社会主义初级阶段的国情，围绕建设富强民主文明的社会主义现代化国家的目标，确立了中国共产党在社会主义初级阶段的基本纲领。这个纲领是建设有中国特色社会主义的经济、政治、文化的基本目标和基本政策的有机统一，是邓小平理论的重要内容，是党的基本路线在经济、政治、文化等方面的展开，是社会主义现代化建设最主要经验的总结。社会主义初级阶段基本纲领的确定，为中国改革开放和社会主义现代化建设提供了基本遵循。这次大会根据中国国民经济和社会发展已经提前实现"翻两番"的战略目标的实际，确定了跨世纪发展新的"三步走"的目标。为实现这个宏伟目标，大会决定把邓小平理论作为党的指导思想写进《中国共产党章程修正案》，展现了全党的高度团结统一，也预示着国家发展的光明前景。

一、确定邓小平理论的指导地位

　　中共十五大依据中国长期处于社会主义初级阶段的国情，围绕建设富强民主文明的社会主义现代化国家的目标，确立了中国共产党在社会主义初级阶段的基本纲领。这个纲领是建设有中国特色社会主义的经济、政治、文化的基本目标和基本政策的有机统一，是邓小平理论的重要内容，是党的基本路线在经济、政治、文化等方面的展开，是社会主义现代化建设最主要经验的总结。这是在中共十三大确定社会主义初级阶段的理论和基本路线，中共十四大确立中国经济体制改革目标是建立社会主义市场经济体制后，中国共产党在十五大上解决的又一重大的理论和实践问题。

（一）邓小平逝世

1997 年 2 月 19 日 21 时零 8 分，中国社会主义改革开放和现代化建设的总设计师，领导中国共产党和中国人民开辟建设有中国特色社会主义道路，创立中国特色社会主义伟大理论的邓小平在北京溘然长逝，享年 93 岁。

"邓小平同志是我党我军全国各族人民公认的享有崇高威望的卓越领导人，伟大的马克思主义者，伟大的无产阶级革命家、政治家、军事家、外交家，久经考验的共产主义战士，我国社会主义改革开放和现代化建设的总设计师，建设有中国特色社会主义理论的创立者。"中共中央、全国人大常委会、国务院、全国政协、中央军委发布的《告全党全军全国各族人民书》上这段话，准确地概括了邓小平的历史地位。"一个世纪以来，中国人民在前进道路上经历了三次历史性的巨大变化，产生了三位站在时代前列的伟大人物：孙中山、毛泽东、邓小平。"① 江泽民在中共十五大的政治报告中的这段话，代表中国共产党从新的角度

---

① 江泽民：《高举邓小平理论伟大旗帜，把建设有中国特色社会主义事业全面推向二十一世纪——在中国共产党第十五次全国代表大会上的报告》，《人民日报》1997 年 9 月 22 日。

再次强调邓小平的历史地位。历史证明邓小平是当之无愧的。

邓小平逝世后，中国向何处去成为中国人民和同中国保持各种联系的世界各国人士十分关切的问题。

与毛泽东当年逝世相比，邓小平这位伟人的去世，没有出现像过去的年代那样悲天恸地的强烈反应。这本身就体现了邓小平开启改革开放的闸门，是中国人思想观念发生巨大变化的一个侧面。随着思想的解放，中国人民不但平静地接受了邓小平的离去，还要在没有邓小平的未来岁月里，沿着他指出的道路，坚定地走向中华民族的伟大复兴。

具有战略远见的邓小平其实早就为这一天做了准备。从实质上说，失去伟人的中国能够继续坚持邓小平理论和通过改革开放实现现代化的道路，这是邓小平以其无产阶级革命家的政治胆略、理论智慧，以其崇高的道德力量，坚持改革领导体制，解决国际共产主义运动中长期没有解决的"领导职务终身制"的结果。人们不再把希望寄托于一个人，可以说这本身也是思想解放的一个重大成果。邓小平的这一贡献是独特的。这是中国思想史以及文化积淀、观念形态上的一个转折，是中国彻底摆脱诸如个人崇拜一类思想束缚的重要一步。

（二）若干重大思想理论问题的交锋

随着经济的发展、国力的增强和国际地位的提高，中国已经成为世界关注的焦点。但是，一些国家把对中国的政策与邓小平的健康联系在一起，还有些人预测邓小平逝世会导致中国的失控等等。在国外一些顽固坚持冷战思维的人大谈所谓的"中国威胁论"，集中攻击所谓的"中国人权问题"等，并在中国加入世界贸易组织问题上设置层层障碍。有人还在国际上挑起"中国人能不能养活自己"的争论，暗示强大起来的中国将耗费世界上大量资源。这种论调是"中国威胁论"的又一翻版。邓小平所说的

"世界上希望我们好起来的人很多，想整我们的人也有的是"①
的情况仍然存在，想整中国的人的目的还是要遏制中国，阻止中
国的发展和强大。这说明国际上不希望中国强大的还大有人在。
对这个问题怎么看，引起了激烈的争论。1997 年是香港回归祖国
的一年，中国人民为此而扬眉吐气。但就在这个关口，在东南亚
出现严重的金融危机，有人要把香港变成"死港"。中国台湾的
政客李登辉在这个关口也放肆地鼓吹"两个中国论"，大肆进行
"台独"活动。中国共产党面对的国际国内局势更加复杂，充满
变数。

中共十四大后，中国加快了建立社会主义市场经济的进程。
建立社会主义市场经济是一项涉及整个社会变动的事业，就是
说，它不仅要涉及经济体制，也要涉及政治体制，涉及人们生活
的方方面面，这就对人们的思想观念产生极其重大的影响。尤其
是在改革进入到攻坚阶段，社会上的重大变动必然引起人们思想
的大变动。社会主义与市场经济能结合吗？特别是以集体主义为
核心的社会主义道德观念与市场经济的原则能共处吗？这也引起
了激烈的争论。

社会主义市场经济建立的过程中，一方面，生产力有了极大
的提高，人民生活水平也有了显著的改善；另一方面又诱发了一
连串的社会矛盾和社会问题，比如，连续几年两位数的通货膨
胀；国有企业对市场经济不适应，经济效益日益下滑，由于产业
结构不合理，若干工业企业开工不足，相当一大批职工下岗；在
三资企业里工作的职工，与资方的冲突日益增多，罢工时有发
生；国有资产流失现象增多，腐败没有得到强有力的遏制；市场
秩序还比较混乱，消极因素大量浮现；等等。如何正确对待和解
决，理论界的观点很不一致。这又引起了争论。这需要中国共产

---

① 《邓小平文选》第 3 卷，人民出版社 1993 年版，第 319 页。

党妥善予以解决。

自从 1992 年春邓小平发表南方谈话以来，中国理论界空前活跃。不但诸如姓"资"姓"社"、"社会主义本质"这类涉及政治和意识形态的争论，仍在或明或暗地进行，而且中国经济进入新一轮高速增长期和改革开放高潮以后，理论界、经济学界关于"国有企业改革出路""经济是否过热""所有制：目的还是手段""公有制主体：坚持还是放弃"等问题的争论，更是众说纷纭，莫衷一是。这些讨论中的问题，涉及方方面面，诸如：所有制方面，涉及股份制、私营经济的属性，能否重建个人所有制等；国有企业改革方面，涉及国企产权是否明晰，国企职工是主人还是商品，国有企业破产是"缓行"还是"急行"，国有资产流失如何解决，国有企业是收缩还是坚守，如何"抓大放小"，政企分开是治标还是治本等；改革焦点方面，涉及何为改革的彼岸，中央集权还是诸侯经济，金融如何放开，计划经济与市场经济谁胜谁负等；对外开放方面，涉及利用外资是"引狼入室"还是"招来凤凰"，经济特区是否应该"淡出"、特区前途、还特不特、该怎样特，以及加入世贸组织的问题等；宏观经济方面，涉及失业和通胀，宏观调控评价，泡沫经济，股市证券期货、银根松与紧，经济"软着陆"问题等；还有阶级阶层分化问题，如工人阶级是改革的动力还是改革的对象，有产阶级是社会主义的帮手还是敌手，社会阶层是共同富裕还是两极分化，阶级斗争的表现问题，社会变迁问题，利益重组问题，等等。

以上一系列的争论是公开的，白纸黑字，见诸报刊。还有一些带有某种神秘色彩的观点，却不是在国内公开的报刊上进行的，如 1994 年底到 1995 年春夏在北京传出的影响相当大、被称为"万言书"的一类文章。当这类文章刚刚出现和流传的时候，中央军委机关报《解放军报》立即作出反应，连续发表了有针对性的九篇文章。正如其中第一篇文章所说："最近，中央军委江泽民主席在多次重要会议上强调指出，领导干部一定要讲政治。要努力提高政治素质，在重大原则问题上一定要旗帜鲜明，注意划清一些基本界限。这一指示意义重大，具有很强的现实针对性和指导性。"①

在《解放军报》发表这些文章同时，中国最有影响的报纸中共中央机关报《人民日报》于 1996 年 6 月 6 日发表了《坚持马克思主义不动摇——划清马克思主义与反马克思主义的界限》的文章。这篇文章发表后，新华社 6 月 9 日发全稿，北京的各大报都全文刊登，其反响更大。

特别是邓小平逝世后，中国共产党"举什么旗、走什么路"这一重大问题摆在以江泽民同志为核心的中央领导集体面前需要明确回答。在这又一重大历史关头，人们不能不瞩目于中国共产党第十五次全国代表大会，不能不瞩目于以江泽民同志为核心的中央领导集体。

（三）江泽民发表"5·29"讲话统一思想认识

中国社会主义改革开放和现代化建设的总设计师邓小平逝世后，国际局势更加复杂多变，国内政局，特别是意识形态领域出现了多种声音。面对这样复杂的国际国内局势，中共中央必须明确回答邓小平逝世后，中国共产党"举什么旗、走什么路"的问题。

1996 年 10 月中共十四届六中全会审议并通过了《关于召开党的第十五次全国代表大会的决议》，确定中共十五大于 1997 年下半年在北京举行后，以江泽民同志为核心的中央领导集体就开始抓中共十五大的准备工作。10 月，江泽民对大会报告的起草小

---

① 解放军报评论员：《划清在重大原则问题上的基本界限》，《解放军报》1996 年 5 月 11 日。

组作第一次重要谈话，1997 年 2 月江泽民在邓小平同志追悼大会上致的悼词，都强调要坚持高举邓小平理论旗帜不动摇。

特别是江泽民在中共中央党校的讲话，更加突出地强调了这一点。1997 年 5 月 29 日，江泽民到中共中央党校，参加举行省部级第 22 期进修班毕业典礼，同时召集全国省部级主要领导干部到中央党校一起参加这次毕业典礼。中央政治局常委李鹏、刘华清参加这次毕业典礼，中央政治局常委、中央党校校长胡锦涛主持这次典礼。在北京的中央政治局委员、中央军委负责同志也参加了这次中央党校的毕业典礼。

毕业典礼在中央党校大礼堂举行。中共中央总书记、国家主席、中央军委主席江泽民发表了重要讲话，也被称为"5·29"讲话。这个重要讲话是中国社会主义改革开放和现代化建设总设计师邓小平同志逝世后，以江泽民同志为核心的中央领导集体郑重地表明政治态度，系统地阐述其治国理论，向外界提前传递中共十五大政治报告的主要精神的讲话。或者说，这个报告本身就是中共十五大报告的重要组成部分。有人评论说，中共十五大前将以这个讲话的主旨来统一高层领导的思想；也有人评论说，这是利用中共中央党校毕业典礼这样一个合适的场合来传递某些政治信息，征求党内主要高级干部的反映，以便决定今后的行动。实际上，"5·29"讲话具有更重要的政治意义。

江泽民的讲话是对着全党的，尤其是对着所有的高级干部的。中共中央党校省部级进修班的毕业典礼，提供了一个合适的平台。因为参加毕业典礼的除了百多名中共中央党校第 22 期省部级学员外，还有中央党、政、军和群众团体的主要负责人，全国各省、自治区、直辖市的党政主要负责人，中央直属机关、国务院各部委的主要负责人。江泽民在这个讲话中集中阐述了四个主要问题：关于邓小平建设有中国特色社会主义理论；关于社会主义初级阶段；关于经济发展和经济体制改革；关于党的建设问题。

在邓小平同志刚刚去世不久的背景下，人们最关心的就是以江泽民同志为核心的中央领导集体如何对待以邓小平同志，其实质是如何对待中共十一届三中全会以来的路线方针政策，如何对待以邓小平同志为核心的中央领导集体创立的中国特色社会主义理论。江泽民同志在"5.29"讲话中郑重宣告说："旗帜问题至关重要。旗帜就是方向，旗帜就是形象。我们说坚持十一届三中全会以来的路线不动摇，就是高举邓小平同志建设有中国特色社会主义理论不动摇。在邓小平同志逝世之后，我们全党，特别是高级领导干部，在这个问题上尤其要有高度的自觉性和坚定性。无论遇到什么困难，什么风险，都不动摇。把我们的事业全面推向二十一世纪，就是要在世纪之交的历史时刻，抓住机遇而不可丧失机遇，开拓进取而不可因循守旧，经济体制改革要有新的突破，政治体制改革要继续推进，精神文明建设要切实加强，这三个方面围绕现代化经济建设这个中心，互相配合，互相促进。"①

江泽民说："邓小平建设有中国特色社会主义理论作为马克思主义同当代中国实践和时代特征相结合的产物，是毛泽东思想在新的历史条件下的继承和发展，是当代中国的马克思主义，是马克思主义在中国发展的新阶段。""在当代中国，只有这个理论而没有别的理论能够解决社会主义的前途和命运问题。"②

这就向全世界表明，作为在中国执政的中国共产党将继续坚持邓小平理论③，高举邓小平理论的伟大旗帜。讲话强调坚持邓小平理论与坚持马克思列宁主义、毛泽东思想是一致的。江泽民

---

① 《高举邓小平建设有中国特色社会主义理论伟大旗帜　抓住机遇开拓进取把我们事业全面推向二十一世纪》，《人民日报》1997 年 5 月 30 日。

② 《高举邓小平建设有中国特色社会主义理论伟大旗帜　抓住机遇开拓进取把我们事业全面推向二十一世纪》，《人民日报》1997 年 5 月 30 日。

③ 作者注：当时的称谓是"邓小平建设有中国特色社会主义理论"。

同志有针对性地指出：究竟是单纯从马克思主义书本里的片言只语找答案，还是真正坚持马克思主义的立场观点方法来研究当代中国和世界实际问题，这里有个学风问题。马克思列宁主义、毛泽东思想一定不能丢，丢了就丧失根本，就会走到邪路上去。同时一定要以当代中国社会主义改革开放和现代化建设实际问题为中心，以我们正在做的事情为中心，着眼于马克思主义理论的运用，着眼于提高对实际问题的理论思考，着眼于新的实践和新的发展。离开本国实际和时代发展来谈马克思主义，没有意义。孤立静止地研究马克思主义，把马克思主义同它在现实生活中的生动发展割裂开来、对立起来，没有出路。一个"没有意义"，一个"没有出路"，可以说是站在世纪的高度、发展的高度，明确回答了用马列著作、毛泽东著作中的只言片语来吓人的社会上的种种观点。

　　同样是针对社会上的一些不正确的认识，讲话进一步强调：中国还处于社会主义初级阶段的科学论断。江泽民指出："这是邓小平建设有中国特色社会主义理论的重要基础，是我们制定路线、方针、政策的根本出发点。今天所以有必要重新强调这个问题，是因为：面对前所未有的机遇和挑战，面对改革攻坚和开创新局面的艰巨任务，我们解决种种矛盾，澄清种种疑惑，认识为什么必须实行现在这样的路线和政策而不能实行别样的路线和政策，关键还是在于对所处社会主义初级阶段的基本国情要有统一认识和准确把握。"① 从"重要基础"和"根本出发点"，来强调社会主义初级阶段这一科学论断的重要性，为的是确保邓小平提出的坚持党在社会主义初级阶段的基本路线一百年不动摇。正如江泽民指出的："全党要保持清醒头脑，排除各种干扰，毫不动

---

　　① 《高举邓小平建设有中国特色社会主义理论伟大旗帜　抓住机遇开拓进取把我们事业全面推向二十一世纪》，《人民日报》1997 年 5 月 30 日。

摇地坚持党在社会主义初级阶段的基本路线"。江泽民在讲话中还重点阐述了经济发展和经济体制改革与党的建设这两个重大问题。

这个在邓小平同志逝世后的重大历史关头的讲话，向全世界传递了明确的信号，更明确地回答了中国共产党带领中国各族人民"举什么旗、走什么路"的问题，即中国共产党和中国政府将带领全国各族人民继续高举邓小平理论旗帜，坚持社会主义初级阶段的基本路线，毫不动摇地坚持走中国特色社会主义的道路。

（四）召开中共十五大

1997 年 9 月 12 日，中国共产党第十五次全国代表大会在北京召开。李鹏同志主持大会开幕式，2074 名代表和特邀代表出席大会开幕式，代表全国 5800 多万名党员。江泽民同志代表第十四届中央委员会向代表大会作《高举邓小平理论伟大旗帜，把建设有中国特色社会主义事业全面推向二十一世纪》的报告。这是江泽民以总书记的身份第二次代表中央委员会作报告。这个报告的主题是：高举邓小平理论的伟大旗帜，把建设有中国特色社会主义事业全面推向新世纪。

报告分十个部分，包含两个方面：一是从历史和时代高度阐明中国向何处去的一系列根本性问题。二是总结历史，规划未来，全面回答现实经济、政治、文化、社会生活中的一系列迫切问题。报告再次系统、完整地阐述了社会主义初级阶段理论，并在此基础上郑重提出党的基本纲领，报告根据邓小平理论和党的基本路线，对中国跨世纪的现代化建设事业作出战略部署。对 21 世纪头半个世纪中国现代化建设进行了部署，即"展望下世纪，我们的目标是，第一个十年实现国民生产总值比二〇〇〇年翻一番，使人民的小康生活更加宽裕，形成比较完善的社会主义市场经济体制；再经过十年的努力，到建党一百年时，使国民经济更加发展，各项制度更加完善；到世纪中叶建国一百年时，基本实现现代化，建成富强民主文明的社会主义国家。"报告强调，实现现代化建设的战略目标和各项任务，把我们的事业全面推向 21 世纪，关键在于坚持、加强和完善党的领导，进一步把党建设好。这个报告被大会通过。报告既是中国共产党带领全国各族人民迈向 21 世纪的政治宣言和行动纲领，也是进一步解放思想、实事求是的宣言书。

中共十五大作出了三大决策：第一，抓住机遇，把改革开放和社会主义现代化建设全面推向 21 世纪；第二，确立党在社会主义初级阶段的基本纲领；第三，确定把邓小平理论作为党的指导思想写进党章，对邓小平理论的历史地位和指导意义作出系统阐述。高举邓小平理论的伟大旗帜，是中共十五大制定的跨世纪战略的核心。

9 月 18 日，大会选举新一届中央委员会、中央纪律检查委员会，通过《关于十四届中央委员会报告的决议》《关于〈中国共产党章程修正案〉的决议》《关于中央纪律检查委员会工作报告的决议》。9 月 19 日，中共十五届一中全会在北京召开。会议选举了中共中央领导机构。选举丁关根、田纪云、朱镕基、江泽民、李鹏、李长春、李岚清、李铁映、李瑞环、吴邦国、吴官正、迟浩田、张万年、罗干、胡锦涛、姜春云、贾庆林、钱其琛、黄菊、尉健行、温家宝、谢非（按姓氏笔画排名）为中央政治局委员；选举曾庆红、吴仪（女）为中央政治局候补委员。选举江泽民、李鹏、朱镕基、李瑞环、胡锦涛、尉健行、李岚清为中央政治局常务委员会委员；选举江泽民为中央委员会总书记。通过胡锦涛、尉健行、丁关根、张万年、罗干、温家宝、曾庆红为中央书记处书记；决定江泽民为中央军委主席，张万年、迟浩田为中央军委副主席。批准尉健行为中央纪律检查委员会书记。

中共十五大，是在世纪之交中国社会主义改革开放和现代化建设的关键时刻召开的一次承前启后、继往开来的大会，是高举邓小平理论伟大旗帜，保证全党继承邓小平遗志，坚定不移地沿着中共十一届三中全会以来的正确路线胜利前进的大会，是动员全党全国人民团结奋斗，把建设有中国特色社会主义事业全面推向21世纪的大会。

（五）确立邓小平理论的指导地位

中共十五大的灵魂，就是高举邓小平理论的伟大旗帜。江泽民同志代表中央委员会向大会作报告说，坚持邓小平理论，在实践中继续丰富和创造性地发展这个理论，这是中共中央领导集体和全党同志的庄严历史责任。报告对邓小平理论作了如下阐述：实践证明，作为毛泽东思想的继承和发展的邓小平理论，是指导中国人民在改革开放中胜利实现社会主义现代化的正确理论。在当代中国，只有把马克思主义同当代中国实践和时代特征结合起来的邓小平理论，而没有别的理论能够解决社会主义的前途和命运问题。邓小平理论是当代中国的马克思主义，是马克思主义在中国发展的新阶段。江泽民指出，邓小平理论之所以能够成为马克思主义在中国发展的新阶段，是因为：第一，邓小平理论坚持解放思想、实事求是，在新的实践基础上继承前人又突破陈规，开拓了马克思主义的新境界。第二，邓小平理论坚持科学社会主义理论和实践的基本成果，抓住"什么是社会主义、怎样建设社会主义"这个根本问题，深刻地揭示社会主义的本质，把对社会主义的认识提高到新的科学水平。第三，邓小平理论坚持用马克思主义的宽广眼界观察世界，对当今时代特征和总体国际形势，对世界上其他社会主义国家的成败，发展中国家谋求发展的得失，发达国家发展的态势和矛盾，进行正确分析，作出了新的科学判断。第四，总起来说，邓小平理论形成了新的建设有中国特色社会主义理论的科学体系。它是在和平与发展成为时代主题的历史条件下，在我国改革开放和现代化建设的实践中，在总结中国社会主义胜利和挫折的历史经验并借鉴其他社会主义国家兴衰成败历史经验的基础上，逐步形成和发展起来的。它第一次比较系统地初步回答了中国社会主义的发展道路、发展阶段、根本任务、发展动力、外部条件、政治保证、战略步骤、党的领导和依靠力量以及祖国统一等一系列基本问题，指导我们党制定了在社会主义初级阶段的基本路线。它是贯通哲学、政治经济学、科学社会主义等领域，涵盖经济、政治、科技、教育、文化、民族、军事、外交、统一战线、党的建设等方面比较完备的科学体系，又是需要从各方面进一步丰富发展的科学体系。

邓小平是伟大的马克思主义者。他为中华民族的独立和解放，为中国社会主义制度的建立，为中国改革开放和现代化建设，建立了不朽的功勋。他把毕生心血都献给了中国人民，一切以人民的利益为出发点和归宿。他对党、对人民、对马克思主义的最大贡献，他留给我们的珍贵遗产，就是邓小平理论。

江泽民在十五大的报告中指出，邓小平理论是马列主义与中国实际相结合的第二次飞跃，是马克思主义在中国发展的新阶段，是指导中国人民在改革开放中胜利实现社会主义现代化的正确理论。在当代中国，只有把马克思主义同当代中国实践和时代特征结合起来的邓小平理论，而没有别的理论能够解决社会主义的前途和命运问题。因此，中共中央建议中共十五大在《中国共产党章程》中把邓小平理论同马克思列宁主义、毛泽东思想一起确立为党的指导思想。这项建议得到大会代表的一致赞同而写进了新修改的《中国共产党章程》，内容是："中国共产党以马克思列宁主义、毛泽东思想、邓小平理论作为自己的行动指南。""邓小平理论是马克思列宁主义的基本原理同当代中国实践和时代特征相结合的产物，是毛泽东思想在新的历史条件下的继承和发展，是马克思主义在中国发展的新阶段，是当代中国的马克思主义，是中国共产党集体智慧的结晶，引导着我国社会主义现代化事业不断前进。"① 这些内容作为大会决议在 9 月 18 日的全体大会上被通过。这标志着邓小平理论同马克思列宁主义、毛泽东思想一起被中国共产党的最高领导机关确立为党的指导思想。

1999 年，中共中央提议把邓小平理论的指导地位写进中华人民共和国宪法。3 月 15 日，第九届全国人民代表大会第二次会议审议通过《中华人民共和国宪法修正案》，修改案的内容是："中国各族人民将继续在中国共产党领导下，在马克思列宁主义、毛泽东思想、邓小平理论指引下，坚持人民民主专政，坚持社会主义道路，坚持改革开放，不断完善社会主义的各项制度，发展社会主义市场经济，发展社会主义民主，健全社会主义法制，自力更生，艰苦奋斗，逐步实现工业、农业、国防和科学技术的现代化，把我国建设成为富强、民主、文明的社会主义国家。"② 这标志着中国最高权力机关把邓小平理论确定为国家意识形态，邓小平理论在国家意识形态的指导地位被国家根本大法所规定。

二、确立中国社会主义初级阶段的基本纲领

全面系统地阐述社会主义初级阶段理论，并以此为根据确定中国共产党在社会主义初级阶段的基本纲领，是中共十五大的一

---

① 《中国共产党章程》（中国共产党第十五次全国代表大会部分修改，1997 年 9 月 18 日通过），《人民日报》1997 年 9 月 23 日。

② 《中华人民共和国宪法修正案》（1999 年 3 月 15 日第九届全国人民代表大会第二次会议通过），《人民日报》1999 年 3 月 17 日。

个标志性贡献。这体现了中国共产党理论的进一步成熟，执政党对中国特色社会主义建设规律认识的进一步提高。

（一）进一步阐述社会主义初级阶段理论

中国共产党贯彻一切从实际出发，实事求是的思想路线，根据基本国情和时代特征确定自己的路线方针政策。江泽民代表中央委员会所作的中共十五大报告，着眼于把中国特色社会主义伟大事业推向新世纪，再次全面阐述社会主义初级阶段理论，进一步深化和发展了社会主义初级阶段这一重要理论，揭示了这个阶段的九个重要的具体特征，即"社会主义初级阶段，是逐步摆脱不发达状态，基本实现社会主义现代化的历史阶段；是由农业人口占很大比重、主要依靠手工劳动的农业国，逐步转变为非农业人口占多数、包含现代农业和现代服务业的工业化国家的历史阶段；是由自然经济半自然经济占很大比重，逐步转变为经济市场化程度较高的历史阶段；是由文盲半文盲人口占很大比重、科技教育文化落后，逐步转变为科技教育文化比较发达的历史阶段；是由贫困人口占很大比重、人民生活水平比较低，逐步转变为全体人民比较富裕的历史阶段；是由地区经济文化很不平衡，通过有先有后的发展，逐步缩小差距的历史阶段；是通过改革和探索，建立和完善比较成熟的充满活力的社会主义市场经济体制、社会主义民主政治体制和其他方面体制的历史阶段；是广大人民牢固树立建设有中国特色社会主义共同理想，自强不息，锐意进取，艰苦奋斗，勤俭建国，在建设物质文明的同时努力建设精神文明的历史阶段；是逐步缩小同世界先进水平的差距，在社会主义基础上实现中华民族伟大复兴的历史阶段。这样的历史进程，至少需要一百年时间。至于巩固和发展社会主义制度，那还需要更长得多的时间，需要几代人、十几代人，甚至几十代人坚持不懈地努力奋斗。"① 中共十五大报告在阐述社会主义初级阶段理论时还强调，在发展目标上，社会主义初级阶段要实现国家的工业化和经济的市场化、社会化、现代化等。这是中国共产党在中共十三大系统阐述社会主义初级阶段理论的基础上，又一次对这一理论进行全面科学的认识，标志着中国共产党关于社会主义初级阶段理论的新发展。

江泽民在中共十五大报告中强调准确认识国情的极端重要性。他指出，为什么必须实行现在这样的路线和政策而不能实行别样的路线和政策，关键在于对所处的社会主义初级阶段的基本国情要有统一认识和准确把握；社会主义初级阶段的国情，是现阶段继续解放思想的根本依据；把改革、发展、稳定三者关系当作社会主义初级阶段整个历史进程中必须处理好的基本关系提出来。这就把中国共产党对社会主义初级阶段的认识提高到一个崭新的高度，赋予这一理论更加丰富的内容，使党的基本路线和基本纲领更具有科学性。在阐述社会主义初级阶段理论的基础上，中共十五大报告郑重地确立了社会主义初级阶段的经济、政治、文化三大基本纲领。

（二）社会主义初级阶段的经济纲领

江泽民在中共十五大的报告首次阐述了建设有中国特色社会主义的经济纲领。即"建设有中国特色社会主义的经济，就是在社会主义条件下发展市场经济，不断解放和发展生产力。这就要坚持和完善社会主义公有制为主体、多种所有制经济共同发展的基本经济制度；坚持和完善社会主义市场经济体制，使市场在国

---

① 江泽民：《高举邓小平理论伟大旗帜，把建设有中国特色社会主义事业全面推向二十一世纪——在中国共产党第十五次全国代表大会上的报告》（1997 年 9 月 12 日），《人民日报》1997 年 9 月 22 日。

家宏观调控下对资源配置起基础性作用；坚持和完善按劳分配为主体的多种分配方式，允许一部分地区一部分人先富起来，带动和帮助后富，逐步走向共同富裕；坚持和完善对外开放，积极参与国际经济合作和竞争。保证国民经济持续快速健康发展，人民共享经济繁荣成果。"①

这是中国共产党第十五次全国代表大会通过的中国共产党对社会主义初级阶段经济纲领的总概括。这个经济纲领，是中国特色社会主义理论的重要内容，是马克思主义政治经济学理论在中国的正确运用和发展，是中国共产党在社会主义初阶段基本路线在经济建设方面的完整体现，也是中国共产党从社会主义初级阶段的实际出发，进行经济建设的最主要经验和基本政策的总结与发展。努力实现这个经济纲领，对于不断完善中国社会主义初级阶段的生产关系，促进生产力的发展，对于动员全党全国人民建设富强民主文明的社会主义现代化国家，具有重要的现实意义和深远的历史意义。

这个经济纲领充分体现了唯物史观的立场、观点和方法，是正确分析中国社会主义初级阶段的主要矛盾和社会主义本质要求而确立的，也是从中国的基本国情出发，并总结新中国成立以来经济建设的主要经验而确立的。中国将长期处于社会主义初级阶段，这个最基本的国情决定了中国社会的主要矛盾也将是人民日益增长的物质文化需要同落后的社会生产之间的矛盾。这个矛盾贯穿中国社会主义初级阶段的整个过程和社会生活的各个方面，决定了中国共产党和全国各族人民的根本任务是集中力量发展社会生产力。

---

① 江泽民：《高举邓小平理论伟大旗帜，把建设有中国特色社会主义事业全面推向二十一世纪——在中国共产党第十五次全国代表大会上的报告》（1997 年 9 月 12 日），《人民日报》1997 年 9 月 22 日。

　　建设有中国特色社会主义的经济纲领，不仅提出了在社会主义市场经济条件下，不断解放和发展社会生产力的总目标，而且也提出了包括深化改革、扩大开放、促进发展、保持稳定在内的战略方针和基本政策。这就是江泽民在报告中强调的必须做到的"四个坚持和完善"和"一个保证"。

　　"四个坚持和完善"，一是坚持和完善社会主义公有制为主体、多种所有制经济共同发展的基本经济制度。这是社会主义条件下发展市场经济的前提和基础，也是中国共产党和整个国际社会主义运动实践得出的基本经验。正如江泽民在中共十五大报告中所说："是由社会主义性质和初级阶段的国情决定的：第一，我国是社会主义国家，必须坚持公有制作为社会主义经济制度的基础；第二，我国处在社会主义初级阶段，需要在公有制为主体的条件下发展多种所有制经济；第三，一切符合'三个有利于'的所有制形式都可以而且应该用来为社会主义服务。"①

　　二是坚持和完善社会主义市场经济体制，使市场在国家宏观调控下对资源配置起基础性的作用。要使中国经济充满生机和活力，实现资源优化配置，必须建立和完善统一开放、竞争有序的市场体系，充分发挥市场机制的作用，使一切经济活动遵循价值规律，适应市场供求变化，体现平等竞争的原则。坚持和完善市场体系与健全和完善国家宏观调控体系是互相联系、不可分割的。由于市场经济的自发性、盲目性、滞后性，国际经验证明，任何单一的自由市场经济都是不成功的。市场的缺陷和不足，必须有国家对市场活动的正确指导和有效调控来弥补和克服。特别是中国正处于经济体制转轨、经济快速增长和产业结构调整升级时期，面对从来没有的国内国际的经济复杂形势，特别是各种各样的风险，尤其是金融风险，加强和完善

---

　　① 《江泽民文选》第 2 卷，人民出版社 2006 年版，第 19 页。

宏观调控就更为重要。

三是坚持和完善按劳分配为主体的多种分配方式，允许一部分地区一部分人先富起来，带动和帮助后富，逐步走向共同富裕。这是由社会主义初级阶段以公有制为主体的所有制结构决定的，也是发展社会主义市场经济的重要条件。坚持按劳分配和按生产要素分配相结合，效率和公平的正确结合，是社会主义市场经济的基本要求。

四是坚持和完善对外开放，积极参与国际经济合作和竞争。面对经济和科技全球化的趋势，要扩大对外开放程度，提高对外开放水平，完善全方位、多层次、宽领域的对外开放格局，并充分利用国内和国外两个市场、两种资源，进一步发展开放型经济，提高国际竞争力。

"一个保证"是保证国民经济持续快速健康发展，人民共享经济繁荣成果。提高人民生活水平，是改革开放和发展经济的根本目的，在经济发展的基础上，使全国人民过上小康生活，并逐步向更高的水平前进。努力增加城乡居民的实际收入，拓宽消费领域，引导合理消费。在改善物质生活的同时，充实精神生活，提高生活质量。

（三）社会主义初级阶段的政治纲领

中共十五大郑重地提出了建设有中国特色社会主义的政治纲领。即"建设有中国特色社会主义的政治，就是在中国共产党领导下，在人民当家作主的基础上，依法治国，发展社会主义民主政治。这就要坚持和完善工人阶级领导的、以工农联盟为基础的人民民主专政；坚持和完善人民代表大会制度和共产党领导的多党合作、政治协商制度以及民族区域自治制度；发展民主，健全法制，建设社会主义法治国家。实现社会安定，政府廉洁高效，全国各族人民团结和睦，生动活泼的政治局面。"①

中国共产党第十五次全国代表大会通过的这个建设有中国特色社会主义政治纲领，不仅提出了在社会主义政治制度条件下，建设社会主义法治国家的总目标，而且也提出了包括坚持和完善人民民主专政，人民代表大会制度和共产党领导的多党合作、政治协商制度以及民族区域自治制度等基本政治制度；发展民主，健全法制，建设社会主义法治国家的治国方略；还提出要实现社会安定，政府廉洁高效，全国各族人民团结和睦，生动活泼的政治局面。也就是江泽民在报告中强调必须做到的"两个坚持和完善""法治国家"和"一个实现"。

一是坚持和完善工人阶级领导的、以工农联盟为基础的人民民主专政。人民民主专政是中华人民共和国的国体。共产党执政就是领导和支持人民掌管国家的权力，实行民主选举、民主决策、民主管理和民主监督，保证人民依法享有广泛的权利和自由，尊重和保障人权。发展社会主义民主，制度更带有根本性、全局性、稳定性和长期性。发展民主必须同健全法制紧密结合，实行依法治国。依法治国，就是广大人民群众在党的领导下，依照宪法和法律规定，通过各种途径和形式管理国家事务，管理经济文化事业，管理社会事务，保证国家各项工作都依法进行，逐步实现社会主义民主的制度化、法律化，使这种制度和法律不因领导人的改变而改变，不因领导人看法和注意力的改变而改变。依法治国，是党领导人民治理国家的基本方略，是发展社会主义市场经济的客观需要，是社会文明进步的重要标志，是国家长治久安的重要保证。

---

① 江泽民：《高举邓小平理论伟大旗帜，把建设有中国特色社会主义事业全面推向二十一世纪——在中国共产党第十五次全国代表大会上的报告》（1997年9月12日），《人民日报》1997年9月22日。

　　二是坚持和完善人民代表大会制度，就是要保证人民代表及其常委会依法履行国家权力机关的职能，加强立法和监督工作，密切人民代表同人民的联系。要把改革和发展的重大决策同立法结合起来。逐步形成深入了解民情、充分反映民意、广泛集中民智的决策机制，推进决策科学化、民主化，提高决策水平和工作效率。坚持和完善共产党领导的多党合作和政治协商制度，就是要坚持"长期共存、互相监督、肝胆相照、荣辱与共"的方针，加强同民主党派合作共事，巩固我们党同党外人士的联盟。要继续推进人民政协政治协商、民主监督、参政议政的规范化、制度化，使之成为党团结各界的重要渠道。巩固和发展广泛的爱国统一战线。坚持和完善民族区域自治制度，就是要全面贯彻党的民族政策，切实加强民族工作，巩固和发展平等、团结、互助的社会主义民族关系，促进各民族共同繁荣进步。认真贯彻党的宗教政策、侨务政策。发挥工会、共青团、妇联等群众团体在管理国家和社会事务中的民主参与和民主监督作用，使其成为党联系广大人民群众的桥梁和纽带。

　　"建设社会主义法治国家"是社会主义中国的治国方略。"两个坚持和完善"实际上是为"发展民主，健全法制，建设社会主义法治国家"这一治国方略的实施打下坚实的基础，创造基本条件。这就是把坚持党的领导、发扬人民民主和严格依法办事统一起来。坚持有法可依、有法必依、执法必严、违法必究。加强立法工作，提高立法质量，到2010年形成有中国特色社会主义的法律体系。维护宪法和法律的尊严，坚持在法律面前人人平等，任何人、任何组织都没有超越法律的特权。一切政府机关都必须依法行政，切实保障公民权利，实行执法责任制和评议考核制。推进司法改革，从制度上保证司法机关依法独立公正地行使审判权和检察权，建立冤案、错案追究制度。

　　"一个实现"是"实现社会安定，政府高效廉洁，全国各族人民团结和睦，生动活泼的政治局面"。这就是要维护安定团结的局面，要搞好社会治安，依法严厉打击各种犯罪活动，坚决扫除黄赌毒等社会丑恶现象。要积极推进政府机构的改革，改变政府机构庞大、人员臃肿、政企不分，官僚主义严重直接阻碍改革的深入和经济的发展，影响党和群众关系的状况。政府机构的改革，必须通盘考虑，组织专门力量，制订方案，积极推进。做到政府的高效廉洁，必须完善民主监督制度。政府的权力是人民赋予的，一切干部都是人民的公仆，必须受到人民和法律的监督。要加强全国各族人民的团结和睦，实现生动活泼的政治局面。

总的来说，建设社会主义民主政治，是逐步发展的历史过程，需要从中国的国情出发，在中国共产党的领导下有步骤、有秩序地推进。社会主义愈发展，民主也愈发展。要在实践中不断地积极探索规律，不断地推进有中国特色社会主义民主政治的发展，使它在 21 世纪展现出更加蓬勃的生机。实现向法治的转变，进而实现建设有中国特色社会主义的政治纲领。

（四）社会主义初级阶段的文化纲领

江泽民在中共十五大报告中总结了中华人民共和国成立、特别是改革开放以来文化建设工作的经验，对发展社会主义文化事业提出了明确的目标和任务，这就是建设有中国特色社会主义的文化纲领。即"建设有中国特色社会主义的文化，就是以马克思主义为指导，以培育有理想、有道德、有文化、有纪律的公民为目标，发展面向现代化、面向世界、面向未来的，民族的科学的大众的社会主义文化。这就要坚持用邓小平理论武装全党，教育人民；努力提高全民族的思想道德素质和教育科学文化水平；坚持为人民服务、为社会主义服务的方向和百花齐放、百家争鸣的方针，重在建设，繁荣学术和文艺。建设立足中国现实、继承历史文化优秀传统、吸取外国文化有益成果的社会主义精神文明。"①

关于有中国特色社会主义的文化，江泽民指出：就其主要内容来说，同改革开放以来我们一贯倡导的社会主义精神文明是一致的。文化相对于经济、政治而言，精神文明相对于物质文明而言，只有经济、政治、文化协调发展，只有两个文明都搞好，才是有中国特色的社会主义。他强调：社会主义现代化应该有繁荣的经济，也应该有繁荣的文化。中国现代化建设的进程，在很大程度上取决于国民素质的提高和人才资源的开发。面对科学技术迅猛发展和综合国力激烈竞争，面对世界范围各种思想文化相互激荡，面对小康社会人民群众日益增长的文化需求，全党必须从社会主义事业兴旺发达和民族振兴的高度，充分认识文化建设的重要性和紧迫性。

有中国特色社会主义的文化，是凝聚和激励全国各族人民的重要力量，是综合国力的重要标志。它源于中华民族五千年文明史，又植根于有中国特色社会主义的实践，具有鲜明的时代特点；它反映中国社会主义经济和政治的基本特征，又对经济和政治的发展起巨大促进作用。建设有中国特色社会主义，必须着力提高全民族的思想道德素质和科学文化素质，为经济发展和社会全面进步提供强大的精神动力和智力支持，培育适应社会主义现代化要求的一代又一代有理想、有道德、有文化、有纪律的公民。这是中国文化建设长期而艰巨的任务。

从建设有中国特色社会主义的实际要求出发，江泽民强调指出：在全社会形成共同理想和精神支柱，是有中国特色社会主义

① 江泽民：《高举邓小平理论伟大旗帜，把建设有中国特色社会主义事业全面推向二十一世纪——在中国共产党第十五次全国代表大会上的报告》（1997年9月12日），《人民日报》1997年9月22日。

文化建设的根本。发展教育和科学，是文化建设的基础工程。培养同现代化要求相适应的数以亿计高素质的劳动者和数以千万计的专门人才，发挥中国巨大人力资源的优势，关系21世纪社会主义事业的全局。要重视发展文学艺术、新闻出版、广播影视等事业；要营造良好的文化环境；要坚持以我为主、为我所用的原则，开展多种形式的对外文化交流，博采各国文化之长，向世界展示中国文化建设的成就，坚决抵制各种腐朽思想文化的侵蚀；要发挥知识分子在现代化建设中先进思想传播者和科学技术开拓者、四有公民的培育者、优秀精神产品的生产者的重要作用，充分发挥他们的积极性和创造性，为中华民族的振兴建功立业。

江泽民指出："中国文化有着辉煌的历史。在社会主义现代化建设的伟大实践中，我们一定会创造出更加绚丽多彩的有中国特色社会主义的文化，对人类文明作出应有的贡献。"①

上述建设有中国特色社会主义的经济、政治、文化的基本目标和基本政策，有机统一，不可分割，构成党在社会主义初级阶段的基本纲领。这个纲领，是邓小平理论的重要内容，是党的基本路线在经济、政治、文化等方面的展开，也表明党的基本路线中确定的建设富强民主文明的社会主义现代化国家这一基本目标已经具体化，即在经济上建设人民共享繁荣成果的社会主义市场经济；政治上建设共产党领导的人民当家做主的社会主义法治国家；文化上建设面向现代化、面向世界、面向未来的，民族的大众的科学的社会主义文化。这说明以江泽民同志为核心的中央领导集体贯彻执行党的基本路线已经达到新的高度。理论方面更加彻底，实践方面更加丰富，成效也将更加显著。

① 江泽民：《高举邓小平理论伟大旗帜，把建设有中国特色社会主义事业全面推向二十一世纪——在中国共产党第十五次全国代表大会上的报告》（1997年9月12日），《人民日报》1997年9月22日。

实践证明，基本路线是建设有中国特色社会主义理论和实践的总纲，基本纲领是基本路线的展开和深化。坚持贯彻基本路线和基本纲领，也就是抓住了党和国家工作的全局。改革开放以来，特别是 1989 年以来，中国共产党之所以能够领导和团结全国各族人民，经受住各种困难和风险的严峻考验，保持社会政治基本稳定和经济、文化、社会快速发展，最根本的原因就是以江泽民同志为核心的中央领导集体高举邓小平理论的伟大旗帜，果断排除各种干扰，坚定不移地坚持，并不断创造性地贯彻执行党在社会主义初级阶段基本路线、全面实施基本纲领。

三、"新三步走"的发展战略与经济制度新突破

中共十五大确定了社会主义初级阶段的经济纲领和 21 世纪中国经济发展分"三步走"的战略部署，中共中央、国务院贯彻实施这个纲领和"三步走"战略，改革开放和社会主义现代化的经济建设取得新的成就。

（一）确定经济发展"新三步走"的战略

1995 年，中国国民生产总值提前实现中共十三大确定的"翻两番"的战略目标，1997 年，中国人均国民生产总值又提前实现"翻两番"，中国现代化建设有望在 20 世纪结束时整体实现小康。中共中央和中国政府根据这种新的情况提出了"建设小康社会"的历史任务。这一年召开的中共十五大指出："现在完全可以有把握地说，我们党在改革开放初期提出的本世纪末达到小康的目标，能够如期实现。在中国这样一个十多亿人口的国度里，进入和建设小康社会，是一件有伟大意义的事情。这将为国家长治久安打下新的基础，为更加有力地推进社会主义现代化创

造新的起点。"① 这是中国共产党的文件中第一次正式提出"建设小康社会"这一伟大的历史新任务。也就是说，中国在实现邓小平提出的"实现小康"的奋斗目标后，有了下一步的奋斗目标：全面建设小康社会。中共十五大还根据邓小平小康社会思想及其提出的第三步战略目标，第一次提出了 21 世纪前半叶中国社会主义现代化建设新的"三步走"战略部署。这是对建设小康社会战略的总体规划，可以说是中国共产党和中国政府对邓小平"三步走"经济发展战略的丰富和发展。

中共十五大对中国"三步走"的经济发展战略，主要是第三步战略作出了具体安排。即 21 世纪第一个十年实现国民生产总值比 2000 年翻一番，使人民的小康生活更加宽裕，形成比较完善的社会主义市场经济体制；再经过十年的努力，到建党 100 周年时，使国民经济更加发展，各项制度更加完善；到建国 100 年时，基本实现现代化，建成富强民主文明的社会主义国家。② 这个"新三步走"的经济发展战略，把中共十三大确定"三步走"经济发展战略中的第三步具体化，为 21 世纪前 20 年中国经济社会的发展确定了基本任务。

中共十五大以后，中国政府实施扩大内需的方针，适时采取积极的财政政策和稳健的货币政策，克服亚洲金融危机和世界经济波动对中国的不利影响，保持了经济较快增长。这个时期的经济结构战略性调整取得成效，农业的基础地位继续加强，传统产业得到提升，高新技术产业和现代服务业加速发展。建设了一大

---

① 中共中央文献研究室编：《十五大以来重要文献选编》（上），人民出版社 2000 年版，第 50 页。

② 江泽民：《高举邓小平理论伟大旗帜，把建设有中国特色社会主义事业全面推向二十一世纪——在中国共产党第十五次全国代表大会上的报告》（1997 年 9 月 12 日），《人民日报》1997 年 9 月 22 日。

批水利、交通、通信、能源和环保等基础设施工程。西部大开发取得重要进展。经济效益进一步提高，财政收入不断增长。"九五"（1996—2000 年）计划胜利完成，"十五"（2001—2005 年）计划开局良好。可以说，中国在应对亚洲金融危机、特大洪水等重大考验中实现了国民经济的快速、持续、健康的发展。

（二）新的所有制结构

随着改革开放的发展，特别是改革进入攻坚阶段，中国基本经济制度中的所有制结构，越来越成为一个尖锐的问题需要从理论上给予突破，在实践上进行创新。关于经济发展和经济体制改革，江泽民 1997 年 5 月 29 日在中共中央党校发表的讲话中站在跨世纪的历史高度指出："社会主义的根本任务是解放和发展生产力，中国解决所有制问题的关键在于依靠自己的发展，改革开放是发展的强大动力。从现在起到下世纪前十年，是我国向第三步战略目标迈进的关键时期。在这个时期，能不能成功地建立起比较完善的社会主义市场经济体制，能不能保持国民经济持续快速健康发展，是我们必须解决好的两个关键性课题。"①

1. 所有制理论的突破

为解决与经济发展相关的这两大课题，一个是成功建立起社会主义市场经济体制，一个是保持国民经济持续快速健康发展，着力完善以公有制为主体、多种所有制经济共同发展的所有制结构，具有重大意义。在确定社会主义市场经济体制后，这个问题更加突出。中共中央和国务院认为，应坚持生产关系一定要适合生产力发展水平的基本观点，以"三个有利于"的标准，即以是否有利于发展社会主义社会的生产力，是否有利于增强社会主义

---

① 《高举邓小平建设有中国特色社会主义理论伟大旗帜　抓住机遇开拓进取把我们事业全面推向二十一世纪》，《人民日报》1997 年 5 月 30 日。

国家的综合国力，是否有利于提高人民生活水平为标准，努力寻找能够极大促进生产力发展的公有制实现形式，一切反映社会化生产规律的经营方式和组织形式都可以大胆利用。从根本上说，强调在公有制实现形式上，可以大胆利用一切反映社会化生产规律的经营方式和组织形式，强调以资本为纽带，通过市场组建竞争力较强的大企业集团，实际上就明确地回答了社会上有关姓"公"姓"私"的争论和疑惑，回击了动辄在生产资料所有制问题上大做文章来唬人的一种势力。

中共十五大报告，进一步阐述了新的所有制结构，明确地指出："公有制为主体、多种所有制经济共同发展，是我国社会主义初级阶段的一项基本经济制度。"① 江泽民指出，这一制度的确立，是由社会主义性质和初级阶段国情决定的，其理由为：第一，中国是社会主义国家，必须坚持公有制作为社会主义经济制度的基础；第二，中国处在社会主义初级阶段，需要在公有制为主体的条件下发展多种所有制经济；第三，一切符合"三个有利于"的所有制形式都可以而且应该用来为社会主义服务。报告强调要全面认识公有制经济的含义。公有制经济不仅包括国有经济和集体经济，还包括混合所有制经济中的国有成分和集体成分。公有制的主体地位主要体现在：公有资产在社会总资产中占优势；国有经济控制国民经济命脉，对经济发展起主导作用。这是就全国而言，有的地方、有的产业可以有所差别。公有资产占优势，要有量的优势，更要注意质的提高。国有经济起主导作用，主要体现在控制力上。要从战略上调整国有经济布局，对关系国民经济命脉的重要行业和关键领域，国有经济必须占支配地位；

---

① 江泽民：《高举邓小平理论伟大旗帜，把建设有中国特色社会主义事业全面推向二十一世纪——在中国共产党第十五次全国代表大会上的报告》（1997 年 9 月 12 日），《人民日报》1997 年 9 月 22 日。

在其他领域，可以通过资产重组和结构调整，以加强重点，提高国有资产的整体质量。只要坚持公有制为主体，国家控制国民经济命脉，国有经济的控制力和竞争力得到增强，在这个前提下，国有经济比重减少一些，不会影响中国的社会主义性质。

报告指出，集体所有制经济是公有制经济的重要组成部分。集体经济可以体现共同致富原则，可以广泛吸收社会分散资金，缓解就业压力，增加公共积累和国家税收。要支持、鼓励和帮助城乡多种形式集体经济的发展。这对发挥公有制经济的主体作用意义重大。报告着重强调了公有制实现形式可以而且应当多样化。股份制是现代企业的一种资本组织形式，有利于所有权和经营权的分离，有利于提高企业和资本的运作效率，资本主义可以用，社会主义也可以用。不能笼统地说股份制是公有还是私有，关键看控股权掌握在谁手中。国家和集体控股，具有明显的公有性，有利于扩大公有资本的支配范围，增强公有制的主体作用。目前城乡大量出现的多种多样的股份合作制经济，是改革中的新事物，要支持和引导，不断总结经验，使之逐步完善。劳动者的劳动联合和劳动者的资本联合为主的集体经济，尤其要提倡和鼓励。报告还指出，非公有制经济是中国社会主义市场经济的重要组成部分。对个体、私营等非公有制经济要继续鼓励、引导，使之健康发展。这对满足人们多样化的需要，增加就业，促进国民经济的发展有重要作用。

2. 公有制为主体、多种所有制经济共同发展格局基本形成

中共十一届三中全会以来，中共中央和中国政府在坚持以公有制为主体的同时，鼓励多种经济成分的发展，个体和私营经济得到较快的增长。中共十五大报告论述新的所有制结构的内容，经中共中央正式向全国人民代表大会提出建议，以宪法修正案的形式，经1999年第九届全国人民代表大会第二次会议通过，写进《中华人民共和国宪法》，即增加："国家在社会主义初级阶

段，坚持公有制为主体、多种所有制经济共同发展的基本经济制度，坚持按劳分配为主体、多种分配方式并存的分配制度。"将"私营经济是社会主义公有制经济的补充"的规定，修改为"在法律规定范围内的个体经济、私营经济等非公有制经济，是社会主义市场经济的重要组成部分"①等。这标志着这项经济制度已经被国家根本大法《中华人民共和国宪法》、被中国最高权力机关全国人民代表大会确认为国家的基本经济制度。

到 1997 年底，全国注册的工商个体经济和私营经济 2949 万家，从业人员 6791 万人。同时，"三资"企业快速发展，到 1997 年底，达 23.6 万家，吸引外资 3030 亿美元，这不仅引进了资金，还引进了新技术、新管理观念。虽然股份（合作）制经济起步较晚，却生命力旺盛，到 1997 年底，全国股份制试点企业 68 万家，注册资金 17302 亿元。在多种所有制发展的同时，公有制的主体地位依然稳定，据国家统计局测算，1997 年公有制经济创造的国内生产总值，占整个 GDP 的比重为 75.8%。②

在 2003 年 3 月召开的第十届全国人民代表大会第一次会议上，国务院总理朱镕基在《政府工作报告》中报告说："所有制结构进一步调整和完善。公有制经济在调整和改革中发展壮大，探索公有制多种实现形式取得成效。国有经济结构调整步伐加快，控制力和竞争力明显增强。国有企业三年改革与脱困目标基本实现。大多数国有大中型骨干企业初步建立现代企业制度，涌现出一批有实力、有活力和有竞争力的优势企业。国有中小企业进一步放开搞活。垄断行业管理体制改革迈出实质性步伐。城乡集体经济得到新的发展。股份制经济不断扩大。个体、私营等非

---

① 《中华人民共和国宪法修正案——1999 年 3 月 15 日第九届全国人民代表大会第二次会议通过》，《人民日报》1999 年 3 月 17 日。

② 《社会主义市场经济体制初步形成》，《人民日报》1998 年 10 月 5 日。

公有制经济较快发展，在发展经济、增加就业、活跃市场、扩大出口方面发挥了重要作用。"① 时任国家经贸委主任李荣融 2002年 12 月在接受记者采访时谈所有制结构的基本情况，他说："从1989 年到 2001 年，虽然国有企业户数从 10.23 万户减少到 4.68万户，但国有及国有控股工业企业完成工业增加值从 3895 亿元增加到 14652 亿元，年均增长 11.67%，比 GDP 年均增长 9.3%高出 2.37 个百分点；实现利润从 743 亿元提高到 2389 亿元，年均增长 10.22%；平均每户实现税金从 100 万元提高到 782 万元；全员劳动生产率从每人每年 9115 元提高到 54772 元；国有企业固定资产净值由 7033 亿元提高到 39588 亿元。国有经济在关系国家命脉的重要行业和关键领域占支配地位，支撑、引导和带动了整个社会经济的发展。截至 2002 年 7 月，国有经济在一些重点行业和关键领域按销售收入计算所占的比重分别为：石化 69.3%，石油 92.1%，电力 90.6%，汽车 72.0%，冶金 64.4%，铁路83.1%，兵器 99.5%，船舶与航空航天 84.5%。国有企业的影响力、控制力进一步增强。"② 关于非公有制经济，李荣融说："改革开放以来，我国个私经济年增长速度达到 20%以上，在国民经济中所占比重不断增大。个体工商户由 1978 年的 14 万户、15 万人发展到 2001 年底的 2433 万户、4760 万人，注册资金 3436 亿元。私营企业从上个世纪 80 年代末开始起步，1992 年以后一直以 15%以上的速度增长，到 2001 年底已达到 203 万户，从业人员 2714 万人，注册资本 18212 亿元。2000 年个体工商户和私营企业共纳税 1177 亿元，占全国工商税收的 9.3%。个体、私营经

---

① 朱镕基《政府工作报告——2003 年 3 月 5 日在第十届全国人民代表大会第一次会议上》，《人民日报》2003 年 3 月 20 日。

② 《必须坚持两个"毫不动摇"——访国家经贸委主任李荣融》，《人民日报》2002 年 12 月 2 日。

济创造的国内生产总值，已占全部国内生产总值的 30%，东部沿海省市更高达 60% 以上。1992 年到 2001 年，个体、私营经济新增就业人员 4774 万人，2000 年全国 360 万再就业的下岗职工中，有 250 万人在个体、私营企业就业。个体、私营经济已从最初的'拾遗补缺'发展成为社会主义市场经济的重要力量，不仅成为扩大就业的主渠道，活跃市场、方便人民群众生活的生力军，而且成为国民经济发展的新的重要增长点。"① 以上数据是改革开放以来，特别是中共十四大、十五大以来中共中央、国务院坚持两个"毫不动摇"，即"必须毫不动摇地巩固和发展公有制经济"，"必须毫不动摇地鼓励、支持和引导非公有制经济发展"的结果。

这表明，建立由中共十五大提出的、在 1999 年《中华人民共和国宪法修正案》中明确的基本经济制度取得了良好的成果。经过实践表明：在中国公有制成分仍然占主体，其地位依然稳固。经过改革开放 20 多年的努力，中国的多种所有制经济得到共同发展。非公有制经济已经成为中国社会主义市场经济的重要组成部分，中国以公有制为主体、多种所有制经济共同发展的所有制格局已经基本形成。

（三）中国民营经济的快速发展

1992 年邓小平发表南方谈话和中共十四大，特别是中共十五大以后，中国民营经济（非公有制经济）在深化改革扩大开放的大背景下，非公有制经济对整个国民经济的发展和社会稳定的积极作用得到社会的认同。非公有制经济发展的环境得到很大改善，民营经济也进入了一个持续快速健康发展的黄金时期，呈现

---

① 《必须坚持两个"毫不动摇"——访国家经贸委主任李荣融》，《人民日报》2002 年 12 月 2 日。

出数量稳定增长、企业规模迅速扩大、经济实力及其在国民经济中的比重稳步提高的态势。

1. 政治地位的提高与法治环境的进一步改善

1992 年邓小平发表南方谈话中说："特区姓'社'不姓'资'"，① 明确回答了 1989 年政治风波之后中国理论界关于"姓社姓资"的争论，解放了人们的思想，非公有制经济得到了新的发展。在中共十五大上，江泽民同志在报告中进一步指出："非公有制经济是我国社会主义市场经济的重要组成部分。对个体、私营等非公有制经济要继续鼓励、引导，使之健康发展。"② 这表明中国共产党和中国政府对发展非公有制经济的明确态度，即非公有制经济本身就是社会主义市场经济的重要组成部分，在社会主义初级阶段发展非公有制经济绝不是权宜之计。

第一，非公有制经济界人士政治地位不断提高。

中共十五大以后，从事非公有制经济人员的政治待遇不断提高，党和国家不但在政治生活方面对他们进行关心帮助，还鼓励他们积极参与国家政治生活。在 1998 年召开的第九届全国人民代表大会上，有 48 名来自非公有制经济界的全国人大代表。他们来自全国 20 个省、市、自治区，其中代表人数最多的是广东省共 9 名。从这 48 名代表的基本情况分析，他们的平均年龄 44 岁；文化程度，大专以上学历的 28 名；参加党派，中共党员 14 名，无党派 31 名，民建 3 名。第九届全国政协有 46 名非公有制经济人士担任全国政协委员，46 人中有中共党员 3 名，民主党派人士 10 名，无党派人士有 33 名。这期间各地方人大和政协也有

① 《邓小平文选》第 3 卷，人民出版社 1993 年版，第 372 页。

② 江泽民：《高举邓小平理论伟大旗帜，把建设有中国特色社会主义事业全面推向二十一世纪——在中国共产党第十五次全国代表大会上的报告》（1997 年 9 月 12 日），《人民日报》1997 年 9 月 22 日。

非公有制经济界人士当选地方的各级人大代表和成为地方各级政协委员。这表明非公有制经济界人士的政治和社会地位的提高。

第二，法治环境的进一步改善。

根据邓小平南方谈话精神和中共十四大确定的目标，从 1992 年起，国务院有关部门陆续出台鼓励和扶持非公有制经济的举措。1992 年 9 月，国家工商局发布《关于改进工商行政管理工作，促进改革开放和经济发展的意见》，明确提出"支持私营企业、个体工商户与外商进行合作"，"在国家允许范围内，积极鼓励发展个体、私营经济。"1993 年 12 月，国务院发布《中华人民共和国企业所得税暂行条例》，该条例的实施，是非公有制经济与国有企业在市场竞争中处于同一起跑线上，有力地支持了非公有制经济的发展。

中共十五大明确了非公有制经济的地位，特别是 1999 年 3 月第九届全国人大第二次会议通过《中华人民共和国宪法修正案》，把社会主义初级阶段基本经济制度和非公有制经济地位载入国家根本大法，为制定相关国家法规和地方性法规提供了依据，营造了全社会关心支持和保护中国非公有制经济发展的法治氛围，并在很大程度上消除了非公有制经济从业人员的疑虑，调动了其放手发展企业的积极性。这期间全国人大及其常委会通过的国家法律有：1997 年 2 月 23 日第八届全国人民代表大会常务委员会第二十四次会议通过的《中华人民共和国合伙企业法》。这期间国务院有关部门出台若干行政法规支持非公有制经济的发展。这些行政法规有：《财政部、国家税务总局关于贯彻落实〈中共中央、国务院关于加强技术创新，发展高科技，实现产业化的决定〉有关税收问题的通知》（财税字〔1999〕273 号）；《中华人民共和国私营企业暂行条例施行办法》（1998 年 12 月 3 日国家工商行政管理局第 86 号第二次修订）；《国务院关于批转国家税务总局加强个体私营经济税收征管强化查账征收工作意见的通知》（国务院 1997 年 2 月 18 日发布）；《国家工商行政管理局关于贯彻实施〈个人独资企业登记管理办法〉有关问题的通知》（国家工商行政管理局 2000 年 1 月 13 日颁布），《个人独资企业登记管理办法》（国家工商行政管理局 2000 年 1 月 13 日）；《国家税务总局关于做好商业个体经营者增值税征收率调整工作的通知》（国家税务总局 1998 年 6 月 30 日发布）；《关于赋予私营生产企业和科研院所自营进出口权的暂行规定》（1998 年 9 月 2 日国务院批准，1998 年 10 月 1 日对外贸易经济合作部发布）；《关于查处个体工商户转借、出卖、出租、涂改营业执照违法行为的通知》（工商个字〔1997〕第 32 号）；《国家税务总局关于印发〈个体工商户个人所得税计税办法（试行）〉的通知》（国家税务总局 1997 年 3 月 26 日发布）；《国家税务总局关于印发〈个体工商户建账管理暂行办法〉和〈个体工商户定期定额管理暂行办法〉的通知》（国家税务总局 1997 年 6 月 19 日发布）；《劳动部、国家工商行政管理局、中国个体劳动者协会关于私营企业和个体工商户全面实行劳动合同制度的通知》（劳动部、国家工商行政管理局、中国个体劳动者协会 1996 年 5 月 4 日发布）。这些法规的发布和实施，对规范个体、私营企业的资产自治形式，降低私人办企业的"门槛"，鼓励私人自主创业，起到了重要的作用。

特别是 1999 年 8 月 30 日第九届全国人民代表大会常务委员会第十一次会议通过的《中华人民共和国个人独资企业法》，这部国家基本法的实施，有力地保障了个人独资企业公平竞争、共同发展的权利。但非公有制经济界人士在发展过程中所处的法治环境还有待进一步改善。

2. 非公有制经济的快速发展

由于社会地位和政治地位的提升，从事非公有制经济法治环境的进一步改善，从 1992 年到 1997 年，可以说是中国非公有制经济发展的又一个黄金时期。中国许多有影响力的大公司都是这个时期创建的。

1992 年，北京汇源饮料食品集团有限公司成立。这是一家主营果、蔬汁及果、蔬汁饮料的大型现代化企业集团。1992 年，汇源集团创始人朱新礼创立了山东淄博汇源公司。1993 年集团引进德国水果加工设备，当年安装投产，当年出口浓缩苹果汁。1994 年集团将总部迁到北京，开发国内果汁市场，筹备建设工厂。1995 年，汇源第一包 250ml 纯果汁成功上市并热销。1996 年汇源 1L 家庭装系列产品成功上市。1997 年在中央电视台黄金时段投放广告，汇源果汁逐步成为全国知名品牌。1998 年面向全国布局建厂，汇源进入快速发展期。1999 年汇源集团荣列"中国饮料工业十强"。2000 年组建了全国八大营销区，搭建起全国营销网络。2001 年首家引进了世界最先进的 PET 瓶无菌冷灌装生产线，开创了中国果汁饮料 PET 瓶无菌冷灌装的先河。"汇源"商标成为中国驰名商标。2002 年荣获"农业产业化全国重点龙头企业"称号。

1993 年 3 月 26 日，王卫在广东顺德市创立广州顺丰速运有限公司。这个公司经营范围包括国际货运代理；货物进出口（专营专控商品除外）；技术进出口；广告业；跨省快递业务；国际快递业务；道路货物运输；省内快递业务等。1996 年顺丰成为中国首家提供中国、香港快运服务的公司。2002 年公司在深圳福田区设立总部，位处万基商务大厦。

总部位于中国广东省深圳市的正威国际集团，创立于 1994 年。拥有员工 18000 余名，应全球业务发展，先后成立了华东、北方、亚洲、欧洲、美洲总部。2017 年，集团实现营业额逾 4900 亿元，位列 2018 年世界 500 强第 111 名、中国企业 500 强第 27 名、中国制造业企业 500 强第 6 名、中国民营企业 500 强第 3 名、中国民营企业制造业 500 强第 2 名。

重工业务和产业基地遍布全球，在国内的北京、长沙、上海、昆山、乌鲁木齐等地建有产业园，在印度、美国、德国、巴西建有海外研发和制造基地的三一重工股份有限公司等都是在这期间得到大发展的。

1995年5月15日，刘氏四兄弟明晰产权并进行资产重组，从此分开各自发展。刘永言创立大陆希望公司，刘永行成立东方希望公司，刘永美建立华西希望公司，而刘永好组建了新希望集团并任董事长。1996年，得益于党和政府关于多种经济成分共同发展的政策推动，刘永好组建了新希望集团。新希望集团依靠正确的企业发展战略和全体员工的勤奋努力，立足西部，面向全国，实现了快速发展。该集团聘有上万名员工，共有80多家企业，海外有4家公司。新希望产业范围涉及饲料、乳业及肉食品加工、房地产、金融与投资、基础化工、商贸物流、国际贸易等领域。刘永好在新希望集团的迅速崛起中作出很大贡献，其企业思维和创新精神受到好评。

创立于1995年的比亚迪股份有限公司，2002年7月31日在香港主板发行上市，公司总部位于中国广东深圳，拥有IT、汽车及新能源三大产业群。在广东、北京、陕西、上海、天津等地共建有九大生产基地，并在美国、欧洲、日本、韩国、印度等国和中国台湾、香港地区设有分公司或办事处，现成为员工总数将近20万人的高新技术民营企业。

众多非公有制企业、公司在这期间创立，说明国家在法规、政策方面的环境在改进。这也说明人民群众中蕴藏着极大的发展积极性，一旦得到解放，将迸发出巨大的能量。

3. 中共十五大后非公有制经济的发展

中共十五大提出经济体制改革和经济发展战略，中共十五届四中全会通过了《中共中央关于国有企业改革和发展若干重大问题的决定》（本节简称《决定》）。这个《决定》明确要求："从战略上调整国有经济布局，要同产业结构的优化升级和所有制结构的调整完善结合起来，坚持有进有退，有所为有所不为。目前，国有经济分布过宽，整体素质不高，资源配置不尽合理，必须着力加以解决。国有经济需要控制的行业和领域主要包括：涉及国家安全的行业，自然垄断的行业，提供重要公共产品和服务的行业，以及支柱产业和高新技术产业中的重要骨干企业。其他行业和领域，可以通过资产重组和结构调整，集中力量，加强重点，提高国有经济的整体素质。在坚持国有、集体等公有制经济为主体的前提下，鼓励和引导个体、私营等非公有制经济的发展。"① 这就为非公有制经济在国民经济总量中比重的增长和市场准入领域的拓展，扫除了障碍。1997 年 9 月，中共十五大进一步明确非公有制经济的地位和作用，法治、社会、政治环境得到进一步改善，中国非公有制经济得到更大的发展。对国内外都产生较大影响的腾讯、阿里巴巴、百度、京东就是创立于这个时期。

第一，腾讯在深圳注册。

1998 年 11 月 11 日，马化腾和同学张志东在广东省深圳市正式注册成立"深圳市腾讯计算机系统有限公司"，之后许晨晔、陈一丹、曾李青相继加入。当时公司的业务是拓展无线网络寻呼系统，为寻呼台建立网上寻呼系统，这种针对企业或单位的软件开发工程是所有中小型网络服务公司的最佳选择。1999 年 2 月，腾讯公司即时通信服务（OICQ）开通，与无线寻呼、GSM 短消息、IP 电话网互联。1999 年 11 月，QQ 用户注册数达 100 万。2000 年 4 月，QQ 用户注册数达 500 万。2000 年 6 月，QQ 注册用

---

① 《中共中央关于国有企业改革和发展若干重大问题的决定》（1999 年 9 月 22 日中国共产党第十五届中央委员会第四次全体会议通过），《人民日报》1999 年 9 月 27 日。

户数破千万，"移动QQ"进入联通"移动新生活"。2001年1月31日，NetValue宣布了亚洲五个国家和地区的互联网网站及实体的排名，包括中国香港特区、韩国、新加坡、中国台湾地区和中国大陆的数据，腾讯网在中国排名第六。2001年2月，腾讯QQ注册用户数已增至5000万。2002年3月，QQ注册用户数突破1亿大关。2002年7月，倡导行业自律，签署《中国互联网行业自律公约》。

第二，阿里巴巴在杭州成立。

1999年9月，由马云带领下的18位创始人在杭州的公寓中正式成立了阿里巴巴集团，集团的首个网站是英文全球批发贸易市场阿里巴巴。同年阿里巴巴集团推出专注于国内批发贸易的中国交易市场（现称"1688"）。自推出后让中国的小型出口商、制造商及创业者接触全球买家的首个网站以来，阿里巴巴集团不断成长，成为了网上及移动商务的全球领导者。阿里巴巴集团及其关联公司目前经营领先业界的批发平台和零售平台，以及云计算、数字媒体和娱乐、创新项目和其他业务。

第三，百度在北京中关村创建。

1999年底，身在美国硅谷的李彦宏看到了中国互联网及中文搜索引擎服务的巨大发展潜力，抱着技术改变世界的梦想，他毅然辞掉硅谷的高薪工作，携搜索引擎专利技术，于2000年1月1日在中关村创建了百度公司。注册地在英国的开曼群岛。从最初的不足10人发展至今，员工人数超过18000人。如今的百度，已成为中国最受欢迎、影响力最大的中文网站。百度拥有数千名研发工程师，这是中国乃至全球最为优秀的技术团队，这支队伍掌握着世界上最为先进的搜索引擎技术，使百度成为中国掌握世界尖端科学核心技术的中国高科技企业，也使中国成为美国、俄罗斯和韩国之外，全球仅有的四个拥有搜索引擎核心技术的国家之一。以网络搜索为主的功能性搜索，以贴吧为主的社区搜索，针对各区域、行业所需的垂直搜索，MP3 搜索，以及门户频道、IM 等，全面覆盖了中文网络世界所有的搜索需求，根据第三方权威数据，百度在中国的搜索份额超过 80%。

第四，恒大、京东、蒙牛等成立。

总部位于中国深圳，集地产、金融、健康、旅游及体育为一体的世界 500 强企业集团，总资产达万亿，年销售规模超 4000 亿，员工 8 万多人，解决 130 多万人的就业问题，在全国 180 多个城市拥有地产项目 500 多个，已成为全球第一房企的恒大地产集团，创立于 1997 年。中国最大的自营式电商企业，北京京东世纪贸易有限公司（简称京东）创立于 1998 年。总部设在中国乳都核心区——内蒙古和林格尔经济开发区，拥有总资产 100 多亿元，职工近 3 万人，乳制品年生产能力达 600 万吨，液态奶和冰淇淋的产量都居全中国第一的内蒙古蒙牛乳业（集团）股份有限公司创立于 1999 年 8 月。

这些有着国际国内影响的民营经济的处理和发展，将在中国经济发展的历程中留下深深的足迹。

4. 非公有制经济的重要作用

这个时期的实践表明，在中国的国情下，发展非公有制经济对充分调动人民群众和社会各方面的积极性发展社会生产力，发挥着重要的作用。

一是支持了国民经济的高速发展。改革开放以来，中国非公有制经济年增长速度达到 20% 以上，在国民经济中所占比重不断增大。国家统计局 2002 年 1 月 17 日公布的数字显示，"自 1996 年至 2001 年末，按照企业数量、从业人员、生产规模等指标衡量，私营经济在中国经济中位居第三，仅次于国有企业和集体企业。非公有制创造的增加值已经占 GDP 的 1/3。个体、私营经济创造的国内生产总值，已占全部国内生产总值的 30%，东部沿海省市更高达 60% 以上。个体、私营经济已从最初的'拾遗补缺'

发展成为社会主义市场经济的重要力量，不仅成为扩大就业的主渠道，活跃市场、方便人民群众生活的生力军，而且成为国民经济发展的新的重要增长点。"① 二是拓宽了就业渠道。国家统计局局长朱之鑫在第二次全国基本单位普查数据公布会上宣布，截至 2001 年末，中国已有私营企业 132.3 万家，占全部企业数的 43.7%。其中在统计 5 年间新开业的 154.5 万家企业中，私营企业占 61%，比 1996 年增加了两倍。私营企业在全部企业中所占的比重已经超越了港澳台投资企业和外商投资企业。私营经济的快速发展，不仅有力推动了中国国民经济快速稳定的发展，而且还创造了可观的就业岗位。1996 年至 2001 年，中国私营企业从业人数增长了近 3 倍，年均增长率达到 31.6%，创造了 3170 万个就业机会，占中国全部就业岗位的近 20%。统计局普查报告还显示，中国私营企业的发展正在向新兴服务业领域聚集。从事公证、律师、会计、审计、统计等新兴咨询服务业的私营企业发展迅猛，企业数年均增幅达 115.3%；房地产业、旅游业、计算机等应用服务业私营企业数量的年均增长数也达到 70%左右。截至 2001 年底，从事制造业的私营企业所占比重比 1996 年下降了 11 个百分点。三是为社会主义市场经济创造了多元竞争、充满活力的环境。"到 2001 年底，全国私营企业 202.9 万家，私营企业投资者 460.8 万户，注册资金 18212.2 亿元，共创产值 12316.99 亿元，实现销售总额或营业收入 11484.24 亿元、社会消费品零售额 6245 亿元；全国登记的个体工商户为 2433 万户，注册资金 3435.79 亿元，共创产值 7320.01 亿元，实现销售总额或营业收

---

① 《必须坚持两个"毫不动摇"——访国家经贸委主任李荣融》，《人民日报》2002 年 12 月 2 日。

入 19647. 87 亿元、社会消费品零售额 11499. 23 亿元。"① 四是促进了一批新兴产业和新兴行业的发展，特别是一些高新技术产业，非公有制经济占了很大比重，为提高中国国民经济整体水平和竞争力发挥了重要作用。

四、确定依法治国方略建设法治国家

中华人民共和国成立以来，中国共产党就开始带领人民进行全面的现代化建设，这既包括经济建设、文化建设，也包括民主政治建设。在新中国成立前 30 年，建立和巩固了社会主义的基本政治制度，基本实现了人民当家作主。但是，这些建设在"文革"期间出现了曲折。中共十一届三中全会以来，加强社会主义民主和法制建设一直是中国特色社会主义建设的主要内容之一。中共十三届四中全会以后，以江泽民同志为代表的中国共产党人进一步发展了毛泽东、邓小平关于民主法制建设的理论，加快了走向依法治国、建立社会主义法治国家的进程，并取得了积极的成果。

（一）提出依法治国方略

上层建筑必须与经济基础相适应，是马克思主义历史唯物论的基本原理。这个原理揭示了人类社会发展的规律。从 1949 年中华人民共和国成立时起，中国共产党就在探索通过人民民主来治理国家的道路，探索社会主义的法制建设。

1. 继承毛泽东、邓小平对治国方略探索的成果

早在延安时期，毛泽东就代表中国共产党人提出要探索"民

---

① 王岐山：《坚持和完善我国社会主义初级阶段的基本经济制度》，《十六大报告辅导读本》，人民出版社 2002 年版，第 164 页。

主新路"来治理新中国的思想。中华人民共和国成立后，以毛泽东同志为代表的中国共产党人开始带领中国人民排除各种困难，进行全面的现代化建设，这既包括经济建设、文化建设，也包括民主政治建设，并在建设中取得了举世瞩目的成就。中国共产党在领导人民创建新中国的过程中，中国人民政治协商会议就通过了《中国人民政治协商会议共同纲领》《中国人民政治协商会议组织法》《中华人民共和国中央人民政府组织法》等重要法律；中央人民政府颁布了《中华人民共和国婚姻法》《中华人民共和国工会法》《中华人民共和国土地改革法》《中华人民共和国全国人民代表大会及地方各级人民代表大会选举法》等。中央人民政府主席毛泽东亲自领导起草国家的根本大法《中华人民共和国宪法》，他带领一个起草小组在杭州紧张工作了两个多月时间，完成了宪法草案初稿的起草工作。经全民讨论修改后，第一届全国人民代表大会第一次会议通过《中华人民共和国宪法》。中共八大是一次充分发扬党内民主的大会，中共元老、曾任政务院政法委员会主任、时任中华人民共和国最高人民法院院长的董必武在这次大会的发言中强调："依法办事是加强法制的中心环节。"① 这标志着新中国民主政治、法制建设的成就。但是这些建设，特别是民主政治建设在"文革"期间出现了曲折，毛泽东探索"民主新路"以治理国家的任务也没有完成。

中共十一届三中全会前后，以邓小平同志为代表的中国共产党人继续探索治理国家的新路，加强社会主义民主和法制建设。如在具有伟大历史意义的中共十一届三中全会的公报中提出加快法制建设的任务，即"为了保障人民民主，必须加强社会主义法制，使民主制度化、法律化，使这种制度和法律具有稳定性、连

---

① 《进一步加强国家法制，保障社会主义建设事业》，《人民日报》1956 年 9 月 20 日。

续性和极大的权威，做到有法可依，有法必依，执法必严，违法必究。从现在起，应当把立法工作摆到全国人民代表大会及其常务委员会的重要议程上来。检察机关和司法机关要保持应有的独立性；要忠实于法律和制度，忠实于人民利益，忠实于事实真相；要保证人民在自己的法律面前人人平等，不允许任何人有超于法律之上的特权。"① 1980 年 8 月 18 日，邓小平在中共中央政治局扩大会议上作的《党和国家领导制度的改革》的重要讲话，强调要搞好社会主义民主政治建设，加强法制建设，进行党和国家政治制度的改革。随后召开的中共十二大强调没有民主就没有社会主义现代化，提出"建设高度的社会主义民主，是我们的根本目标和根本任务之一。""党必须在宪法和法律的范围内活动"② 等。中共十三大强调在社会主义初级阶段要加强社会主义法制建设。强调社会主义民主和社会主义法制不可分割。"国家的政治生活、经济生活和社会生活的各个方面，民主和专政的各个环节，都应做到有法可依，有法必依，执法必严，违法必究。"

以毛泽东同志为核心的中央领导集体为探索国家的法制建设付出了艰辛的努力，其中有很大的成效，但也有明显的失误。以邓小平同志为核心的中央领导集体拨乱反正，开始推进社会主义法制建设，取得了重大成就，也积累了宝贵经验。两代中央领导集体在法制建设过程中形成的理论成果和实践经验，都为以江泽民同志为核心的中央领导集体确立依法治国的方略提供了基础。

---

① 《中国共产党第十一届中央委员会第三次全体会议公报》（1978年 12 月 22 日通过），《人民日报》1978 年 12 月 24 日。

② 胡耀邦《全面开创社会主义现代化建设的新局面——在中国共产党第十二次全国代表大会上的报告》（1982 年 9 月 1 日），《人民日报》1982 年 9 月 8 日。

2. 依法治国思想的提出

以江泽民同志为核心的中央领导集体继承了中国共产党在长期探索过程中形成的理论成果，总结实践经验，积极探索适合中国国情特别是与时代特征相结合的治国之路。从提出依法治国到将其确立为中国特色社会主义的治国方略，再到全面论述并将其具体化到操作层面，是以江泽民同志为核心的中央领导集体不断进行探索和创新的结果。

中国的改革开放，特别是市场取向的经济体制改革进行了十几年后，民主法制建设越来越成为中国特色社会主义建设中的突出问题。以江泽民同志为核心的新一代中央领导集体十分重视民主法制建设。还是在1989年9月26日，江泽民担任总书记后第一次与其他政治局常委一起举行记者招待会时，就在回答《纽约时报》记者提问时说："我们决不能以党代政，以党代法。""我们一定要遵循法治的方针。"[①] 这体现了临危授命的中共中央总书记对治国方针的思考和明确的态度。

1992年10月，江泽民在中共十四大作报告时指出："我们的政治体制改革，目标是建设有中国特色的社会主义民主政治，绝不是搞西方的多党制和议会制。"[②] 可以说这是江泽民总书记代表中国共产党针对国际国内一个时期以来出现的一些思潮的明确回答，也是对敌对势力"西化"社会主义中国图谋及行为的反击。他强调说："人民民主是社会主义的本质要求和内在属性。

---

① 《就我国内政外交问题江泽民等答中外记者问》，《人民日报》1989年9月27日。

② 中共中央文献研究室编：《十四大以来重要文献选编》（上），人民出版社1996年版，第28页。

没有民主和法制就没有社会主义，就没有社会主义的现代化。"①
他还进一步强调要完善人民代表大会制度、完善共产党领导的多
党合作与政治协商制度，巩固和发展新时期的爱国统一战线，充
分发挥人民政协在政治协商和民主监督中的作用；强调决策的科
学化、民主化是实行民主集中制的重要环节，是社会主义民主政
治建设的重要任务；强调要高度重视法制建设，要加强立法工
作；强调说："这是建立社会主义市场经济体制的迫切要求。"②
这表明以江泽民同志为核心的中央领导集体在民主政治建设方面
认识的进一步深入。

鉴于中共十四大后，中国加快了建设社会主义市场经济的步
伐，经济建设呈现出高速发展的态势。这迫切要求加强社会主义
民主政治建设，特别是加强法制建设。为保证社会主义市场经济
的健康发展，紧密结合国内的各项工作加快法制建设，借鉴世界
各国民主政治和法制建设的成果及经验，把握国际最新的法学理
论动态和发展趋势，从 1994 年 12 月到 2001 年 7 月，中共中央举
办了 12 次法制讲座。这 12 次讲座都由江泽民同志主持。参加人
员有中央政治局常委、中央政治局委员、人大常委会副委员长、
国务院副总理和国务委员、全国政协副主席、最高人民法院院长
和最高人民检察院检察长、中央军委委员等。

这 12 次在中南海怀仁堂举行的专题讲座的题目是：（1）华
东政法学院教授曹建明主讲的《国际商贸法律制度与关贸总协
定》；（2）中国社会科学院法学研究所研究员王家福主讲的《社
会主义市场经济法律制度建设问题》；（3）中国社会科学院法学

---

① 中共中央文献研究室编：《十四大以来重要文献选编》（上），人
民出版社 1996 年版，第 28 页。

② 中共中央文献研究室编：《十四大以来重要文献选编》（上），人
民出版社 1996 年版，第 29 页。

研究所研究员王家福主讲的《关于依法治国、建设社会主义法治国家的理论和实践问题》；（4）外交学院国际法研究所卢松副教授主讲的《国际法在国际关系中的作用》；（5）中国社会科学院法学研究所研究员吴建璠主讲的《"一国两制"与香港基本法》；（6）北京大学法律系教授罗玉中主讲的《科技进步与法制建设》；（7）华东政法学院教授曹建明主讲的《金融安全与法制建设》；（8）中国人民大学法学院教授龙翼飞主讲的《社会保障与法制建设》；（9）西南政法大学教授李昌麒主讲的《依法保障和促进农村的改革发展与稳定》；（10）中国政法大学教授王卫国主讲的《依法保障和促进国有企业改革》；（11）中国社会科学院法学研究所研究员郑成思主讲的《充分运用法律手段，加强信息网络管理》；（12）中国社会科学院法学研究所研究员郑成思主讲的《西部开发与加快中西部发展的法治保障》。

1996年2月8日，江泽民在中南海怀仁堂主持中共中央的第三次法制讲座。题目是他亲自选定的《关于依法治国、建设社会主义法治国家的理论和实践问题》。中国社会科学院法学研究所研究员王家福主讲的这次讲座，王家福从建设中国特色社会主义事业出发，讲述了依法治国、建设社会主义法治国家的必要性，以及实现这一目标必须具备的基本条件，还包括加强和改善党的领导，加强对权力的制约和监督，对立法、行政执法、司法制度和干部领导方式进行必要的改革等等。

在听完讲座后进行的讨论中，江泽民着重强调了依法治国的重大意义，并对此做了阐述。他说："加强社会主义法制建设，依法治国，是邓小平同志建设有中国特色社会主义理论的重要组成部分，是我们党和政府管理国家和社会事务的重要方针。坚持依法治国，保障国家的长治久安，就是使国家各项工作逐步走上法制化和规范化；就是广大人民群众在党的领导下，依照宪法和法律的规定，通过各种途径和形式参与管理国家、管理经济文化事业、管理社会事务；就是逐步实现社会主义民主的法制化、法律化。加强社会主义法制建设，必须从两个方面着手：既要加强立法工作，不断地健全和完善法制；又要加强普法教育，不断地提高干部群众遵守法律、依法办事的素质和自觉性。二者缺一不可，任何时候都不可偏废。依法治国是社会进步、社会文明的一个重要标志，是我们建设社会主义现代化国家的必然要求。"①他强调，实行和坚持依法治国，保障国家长治久安，还提出要建立有中国特色的法律体系。他还说，我们要实行经济体制和经济增长方式的根本性转变，也必须按照市场经济的一般原则和我们的国情，健全和完善各种法制，全面建立起社会主义市场经济和集约型经济所必需的法律体系。

每次法制讲座的内容，都是根据国内外形势的发展、针对中国改革和发展的重要问题确定的。这些题目清楚地表明了以江泽民同志为核心的中共中央紧密结合党和国家的各项工作，推进依法治国的坚强决心。

3. 中共十五大确定依法治国的基本方略

江泽民在十五大报告中提出中国特色社会主义的政治纲领。这个政治纲领，不仅提出了在社会主义政治制度条件下，建设社会主义法治国家的总目标，而且也提出了包括坚持和完善人民民主专政、人民代表大会制度和共产党领导的多党合作政治协商制度以及民族区域自治制度等基本政治制度；发展民主，健全法制，建设社会主义法治国家的治国方略；以及实现社会安定，政府廉洁高效，全国各族人民团结和睦，生动活泼的政治局面。

中共十五大报告强调："我国经济体制改革的深入和社会主义现代化建设的跨世纪的发展，要求我们在坚持四项基本原则的

---

① 《江泽民在中共中央举办的中央领导同志法制讲座上强调　实行和坚持依法治国　保障国家的长治久安》，《人民日报》1996 年 2 月 9 日。

前提下，继续推进政治体制改革，进一步扩大社会主义民主，健全社会主义法制，依法治国，建设社会主义法治国家。"① 关于"依法治国"这个重大问题，报告进一步阐述说："依法治国，就是广大人民群众在党的领导下，依照宪法和法律规定，通过各种途径和形式管理国家事务，管理经济文化事业，管理社会事务，保证国家各项工作都依法进行，逐步实现社会主义民主的制度化、法律化，使这种制度和法律不因领导人的改变而改变，不因领导人看法和注意力的改变而改变。依法治国，是党领导人民治理国家的基本方略"。② 这表明中国共产党第一次把"依法治国"的主张，上升为国家的"治国方略"。

江泽民还多次强调："我们要建立的社会主义法治国家，不是西方式的资本主义法治国家。我们不搞资本主义国家的三权鼎立，而是始终坚持共产党的领导和社会主义制度，实行人民代表大会制度。这一条到任何时候都不能动摇。"他强调，"依法治国把坚持党的领导、发扬人民民主和严格依法办事统一起来，从制度上和法律上保证党的基本路线和基本方针的贯彻落实，保证党始终发挥总揽全局、协调各方的领导核心作用。"③ 这是符合中国国情的建设社会主义法治国家之路。

在人类历史、中国的现代化事业即将进入 21 世纪的重大历史关头，以江泽民同志为核心的中央领导集体承前启后、继往开来，从社会主义现代化建设的本质要求出发，第一次在建设有中

---

① 中共中央文献研究室编：《十五大以来重要文献选编》（上），人民出版社 2000 年版，第 30 页。

② 中共中央文献研究室编：《十五大以来重要文献选编》（上），人民出版社 2000 年版，第 30—31 页。

③ 中共中央文献研究室编：《十五大以来重要文献选编》（上），人民出版社 2000 年版，第 31 页。

国特色社会主义的政治纲领中明确写上：依法治国，建设社会主义法治国家。并将其作为党领导人民治理国家的基本方略和建设社会主义现代化国家的一个基本目标予以系统阐述，这表明以江泽民同志为核心的中央领导集体进一步发展了毛泽东、邓小平关于社会主义民主政治的理论，丰富和深化了社会主义民主政治现代化的内容。即中国的民主政治是要建立社会主义的法治国家，这种法治国家尊重和保障人民的权力，是人民享有充分民主的现代化的法治国家。中共十五大通过江泽民代表中央委员会所作的大会报告，标志着依法治国方略的确立。

（二）九届全国人大与全国政协九届一次会议

民主和法制，是现代国家的重要象征，也是贯彻依法治国方略的关键。中共十五大确立依法治国基本方略以来，第九届全国人民代表大会和政治协商会议成功召开，中国在实施依法治国方面取得较大进展。

1. 召开九届全国人大一次会议

1998 年 3 月 5 日至 19 日，中华人民共和国第九届全国人民代表大会第一次会议在北京举行。

第八届全国人大常委会第三十次会议于 1998 年 2 月 28 日下午通过表决，同意全国人大常委会代表资格审查委员会关于九届全国人大代表的代表资格的审查报告，确认 2980 名九届全国人大代表的代表资格全部有效，同时决定公布代表名单。由于代表选出后，其中一人因病逝世，九届全国人大实有代表 2979 名。3月 4 日第九届全国人民代表大会第一次会议召开预备会议，通过这次大会的共有 17 项议程：（1）听取和审议国务院总理李鹏关于政府工作的报告；（2）听取和审议国家计划委员会主任陈锦华关于 1997 年国民经济和社会发展计划执行情况与 1998 年国民经济和社会发展计划草案的报告，审查、批准 1997 年国民经济和社会发展计划执行情况的报告及 1998 年国民经济和社会发展计划；（3）听取和审议财政部部长刘仲藜关于 1997 年中央和地方预算执行情况及 1998 年中央和地方预算草案的报告，审查 1997 年中央和地方预算执行情况的报告及 1998 年中央和地方预算草案，批准 1997 年中央预算执行情况的报告及 1998 年中央预算；（4）审议国务院关于提请审议国务院机构改革方案的议案；（5）听取和审议全国人民代表大会常务委员会副委员长田纪云关于全国人民代表大会常务委员会工作的报告；（6）审议《第九届全国人民代表大会第一次会议关于设立第九届全国人民代表大会专门委员会的决定（草案）》；（7）听取和审议最高人民法院院长任建新关于最高人民法院工作的报告；（8）听取和审议最高人民检察院检察长张思卿关于最高人民检察院工作的报告；（9）选举第九届全国人民代表大会常务委员会委员长、副委员长、秘书长、委员；（10）选举中华人民共和国主席、副主席；（11）决定国务院总理的人选和国务院副总理、国务委员、各部部长、各委员会主任、中国人民银行行长、审计长、秘书长的人选；（12）选举中华人民共和国中央军事委员会主席；（13）决定中华人民共和国中央军事委员会副主席、委员的人选；（14）选举最高人民法院院长；（15）选举最高人民检察院检察长；（16）通过第九届全国人民代表大会各专门委员会主任委员、副主任委员、委员的人选；（17）其他。

中华人民共和国第九届全国人民代表大会第一次会议于 1998 年 3 月 5 日上午在北京人民大会堂开幕。2944 名代表出席大会。副委员长田纪云主持大会开幕式。国务院总理李鹏向大会作《政府工作报告》。报告全文约 1.7 万字，共分三个部分：

《政府工作报告》的第一部分是关于过去五年的政府工作。李鹏总结说，过去五年中国改革开放和社会主义现代化事业取得了举世瞩目的伟大成就。经济发展保持良好势头，国家经济实力显著增强；以建立社会主义市场经济体制为目标的改革取得重大突破，新的宏观调控体系框架初步建立，市场在资源配置中的基础性作用显著增强；对外开放继续扩大，形成全方位、多层次、宽领域的开放格局；科技教育文化事业在改革中前进，社会主义精神文明建设取得新的成绩；社会主义民主和法制建设得到加强，民族团结和社会稳定的局面进一步巩固；国防和军队现代化建设迈出新的步伐；城乡居民收入显著增加，生活水平进一步提高；香港顺利回归祖国，继续保持繁荣稳定。李鹏指出，五年来，中国政通人和，百业俱兴，国力增强，是新中国成立以来比较好的发展时期。社会生产力、综合国力、人民生活又上了一个新的台阶。这一切成就，都是在以江泽民同志为核心的中共中央领导下，全国各族人民同心同德、努力奋斗的结果，也是与广大海外同胞和国际友人的关心和支持分不开的。在肯定成绩的同时，李鹏也向代表们谈到了在经济和社会发展中存在的矛盾和问题。他说，主要是相当多的国有企业生产经营困难，下岗和失业人员增多，就业压力加大；农业基础仍然薄弱，经济建设中盲目投资、重复建设现象比较普遍，国民经济整体素质和效益不高；金融监管不够健全，金融秩序在某些方面比较混乱；地区发展差距仍然明显存在，收入分配关系还没有理顺，城乡都有部分群众生活比较困难；人民群众对社会风气和社会治安状况还不满意，一些政府工作人员脱离群众的官僚主义、脱离实际的浮夸作风比较严重，贪污腐化、奢侈浪费等现象仍在蔓延滋长；人口增长、经济发展给资源带来巨大压力，部分地区生态环境继续恶化。这些问题，有的是多年积累下来的，有的是在改革和发展中出现的，政府工作也有缺点和失误。这些年虽然一直在努力解决，但还不尽如人意，有些问题甚至在加重。继续解决这些矛盾和问题，仍是今后政府工作的艰巨任务。李鹏在报告中谈到五年工作的五点体会：第一，坚持解放思想、实事求是的思想路线；第二，妥善处理改革、发展、稳定三者之间的关系；第三，既充分发挥市场机制作用，又加强和改善宏观调控；第四，实施科教兴国战略和可持续发展战略。第五，坚持两手抓、两手都要硬的方针。关于五年工作的基本经验，李鹏强调，归结起来，就是高举邓小平理论伟大旗帜，认真贯彻中国共产党在社会主义初级阶段的基本路线，坚持以经济建设为中心，坚持四项基本原则，坚持改革开放，坚定不移地沿着有中国特色社会主义道路前进。这是我们战胜一切艰难险阻，把各项事业不断推向前进的根本保证。

《政府工作报告》的第二部分是关于 1998 年政府工作的建议。李鹏在对 1998 年政府工作提出建议时说，工作的总体要求是：高举邓小平理论伟大旗帜，全面贯彻中国共产党第十五次全国代表大会精神，加强农业基础地位，加快以国有企业为重点的各项改革，加大经济结构调整力度，提高对外开放水平，继续推进经济体制和经济增长方式的根本转变，保持国民经济持续快速健康发展；加强民主法制建设，推进依法治国，坚持不懈地开展反腐败斗争，维护社会稳定；加强精神文明建设，促进教育、科学、文化发展和社会全面进步；加强全国各族人民的团结，为建设有中国特色社会主义事业齐心奋斗。李鹏在报告中对政府机构改革作了论述。他指出，政府机构改革是深化经济体制改革、促进经济和社会发展的迫切需要，是国家领导制度改革的重要内容，也是密切政府同人民群众联系的客观要求。这次国务院机构改革的重点，是调整和撤销那些直接管理经济的专业部门，加强宏观调控和执法监管部门。按照机构改革方案，国务院组成部、委从 40 个减少到 29 个。国务院直属机构与办事机构也将进行相应的调整与改革。在谈到祖国统一问题时，李鹏说，澳门将于 1999 年 12 月 20 日回到祖国怀抱，这是继香港回归后中华民族的又一盛事。澳门回归的各项准备工作，正在积极有序地进行。他希望台湾当局以民族大义和台湾人民的根本利益为重，采取实际行动，早日实现两岸直接通邮、通航、通商，并尽早回应我们发出的在一个中国的原则下两岸进行政治谈判的郑重呼吁。

《政府工作报告》的第三部分是关于国际形势和外交工作。李鹏说，五年来，在国际风云变幻中，中国坚持独立自主的和平外交政策，进行了卓有成效的双边和多边外交活动，同世界各国和地区的友好合作关系不断发展，为改革开放和现代化建设赢得了良好的外部环境。李鹏在报告中说，中国政府一贯主张，国家之间的关系应该建立在和平共处五项原则的基础上，通过平等协商和平解决各种争端，反对诉诸武力或以武力相威胁。中国坚决反对任何形式的霸权主义，永远是维护世界和平与地区稳定的重要力量。中国政府和人民愿意与各国政府和人民一道，为建立和平稳定、公正合理的国际政治经济新秩序，为促进世界和平与发展的崇高事业，作出自己应有的贡献。

政府机构改革是这次会议审议讨论的重要议题。根据社会主义市场经济的要求，根据精简、统一、效能的原则，转变政府职能，实现政企分开，建立办事高效、运转协调、行为规范的行政管理体系，完善国家公务员制度，建设高素质的专业化行政管理干部队伍的要求，这次全国人大会议通过了国务院提出的机构改革方案。

在半个月会期里，代表们在审议各项报告中，就举国关注的各个重大问题充分发表了意见，记者真切地感受到了代表们的民主意识、法治意识、市场意识、科技意识大大增强。大会总监票人王维山代表对记者说，代表们对每一位候选人的政绩都作了认真的了解，在酝酿时充分发表了意见，在投票时抱着对国家、对人民、对未来高度负责的态度，行使了自己的神圣职权。

这次大会召开了三次全体会议。会议经过表决，通过关于政府工作报告的决议，批准了《政府工作报告》。会议通过关于1997年国民经济和社会发展计划执行情况与1998年国民经济和

社会发展计划的决议，决定批准国务院提出的 1998 年国民经济
和社会发展计划，批准陈锦华所作的《关于 1997 年国民经济和
社会发展计划执行情况与 1998 年国民经济和社会发展计划草案
的报告》；通过了关于 1997 年中央和地方预算执行情况及 1998
年中央和地方预算的决议，批准 1998 年中央预算，同意刘仲藜
所作的《关于 1997 年中央和地方预算执行情况及 1998 年中央和
地方预算草案的报告》。会议还通过了关于全国人大常委会工作
报告的决议、关于最高人民法院工作报告的决议、关于最高人民
检察院工作报告的决议。

　　会议选举江泽民为国家主席、胡锦涛为国家副主席；李鹏为
九届全国人大常委会委员长，选举田纪云、谢非、姜春云、邹家
华、帕巴拉·格列朗杰、王光英、程思远、布赫、铁木尔·达瓦
买提、吴阶平、彭珮云、何鲁丽、周光召、成克杰、曹志、丁石
孙、成思危、许嘉璐、蒋正华为副委员长，与秘书长何椿霖等
134 人当选为第九届全国人民代表大会常务委员会委员；江泽民
当选为中华人民共和国中央军事委员会主席；根据时任中央军委
主席江泽民提名，决定张万年、迟浩田为中央军委副主席；会议
选举肖扬为最高人民法院院长、韩杼斌为最高人民检察院检
察长。

　　大会根据国家主席江泽民的提名，决定朱镕基为国务院总
理。决定了新一届国务院组成人员，李岚清、钱其琛、吴邦国、
温家宝为国务院副总理，迟浩田、罗干、吴仪（女）、司马义·
艾买提、王忠禹为国务委员。这标志着跨世纪的新一届政府正式
组成。

　　中华人民共和国第九届全国人民代表大会第一次会议在顺利
通过各项议案、选举决定产生了新一届国家机构领导人后，于
1998 年 3 月 19 日上午在北京人民大会堂闭幕。这是一次高举邓
小平理论伟大旗帜的大会，一次为推进改革开放和社会主义现代

化建设作出新贡献的大会，一次团结和鼓舞亿万人民群众为实现十五大提出的宏伟目标而奋斗的大会。大会号召全国各族人民团结一致，艰苦奋斗，开拓前进，把中国的社会主义现代化事业全面推向 21 世纪。

2. 新一届政府贯彻依法治国方略及其施政要点

1998 年 3 月 19 日，新任国务院总理朱镕基和副总理李岚清、钱其琛、吴邦国、温家宝出席记者招待会，朱镕基总理通过在场的 600 多名中外记者向全世界发表了中国新一届政府的施政纲要。他把本届政府要干的几件大事概括为"一个确保、三个到位、五项改革"：

"一个确保"，就是东南亚当前的金融危机使治国面临着严峻的挑战。我们必须确保 1998 年中国的经济发展速度达到百分之八，通货膨胀率小于百分之三，人民币不能贬值。

"三个到位"，第一个"到位"，就是我们已经确定用三年左右的时间使大多数国有大中型亏损企业摆脱困境进而建立现代企业制度。第二个"到位"，就是确定要在三年的时间里彻底改革中国的金融系统。就是说，中央银行强化监管，商业银行自主经营，这个目标也要在 20 世纪末实现。第三个"到位"，是政府机构的改革。这次大会通过的中央政府机构改革方案已经把 40 个部、委精简为 29 个，政府机关的人数准备分流一半。这个任务要三年完成。

关于"五项改革"，第一是指粮食流通体制改革，第二是投资融资体制的改革，第三是住房制度改革，第四是医疗制度改革，第五是财政税收制度改革的进一步完善。

新任总理朱镕基强调说："科教兴国是本届政府最大的任务"。中共中央已经决定，成立国家科技教育工作领导小组，由朱镕基担任组长，李岚清担任副组长，决心进一步把科教兴国方针贯彻到底。朱镕基还强调，亚洲金融危机不会影响中国金融改革预定的进程，也不会影响中国金融保险事业的对外开放政策。中央政府高度评价香港特别行政区政府在亚洲金融危机中采取的对策，并坚定地表示：在特定情况下，只要特区政府向中央提出要求，中央将不惜一切代价维护香港的繁荣稳定，保护它的联系汇率制度。①

新一届政府致力于贯彻依法治国方略，建立廉洁、勤政、务实、高效的政府。3月24日，朱镕基总理主持召开新一届国务院第一次全体会议。会议讨论通过《国务院机构设置和调整国务院议事协调机构方案》和修订后的《国务院工作条例》。成功地进行了国家各级政府机构改革。国务院政府机构改革按时按要求进行，并取得成效，表明了中共中央和国务院实行依法治国，全面推进社会主义民主建设和政治体制改革的决心，也为省、市、自治区政府和地方政府的改革作出了表率。

3. 全国政协九届一次会议的召开

中国人民政治协商会议第九届全国委员会第一次会议于1998年3月3日至14日在北京召开。这一届政协委员包括34个界别，共2196人，人数比政协八届一次会议时增加100多人，平均年龄下降近两岁。这届政协吸纳3名民主党派和工商联的新一代领导人，集中了各个领域成就卓著的专家学者，新增了一批经验丰富的党政领导干部，香港特别行政区同胞、澳门同胞和台湾同胞的委员人数是历届最多的。3月2日，政协第九届全国委员会第一次会议预备会议通过会议议程如下：（1）听取并审议政协第八届全国委员会常务委员会工作报告；（2）列席第九届全国人民代表大会第一次会议；（3）选举政协第九届全国委员会主席、副主席、秘书长、常务委员；（4）审议通过政协第九届全国委员会第

① 《九届全国人大一次会议举行记者招待会　朱镕基总理等答中外记者问》，《人民日报》1998年3月20日。

一次会议政治决议；（5）审议通过政协第九届全国委员会第一次会议提案审查委员会关于政协九届一次会议提案审查情况的报告。

3月3日下午，中国人民政治协商会议第九届全国委员会第一次会议在人民大会堂开幕。全国政协九届一次会议主席团常务主席会议主持人李瑞环受主席团委托主持开幕大会。全国政协九届一次会议应出席委员2195人，大会实到2084人，符合法定人数。政协副主席叶选平代表政协第八届全国委员会常务委员会向大会作了工作报告。叶选平从六个方面对八届政协的工作进行了概括：（1）政治协商、民主监督、参政议政取得了可喜成效。五年来，本届政协重视开好每年一次的全委会议，认真听取和讨论政府工作报告及其他重要报告；在常委会议（共23次）、常委专题座谈会（共3次）、主席会议（共53次）上，分别就学习贯彻中共十四大、十五大精神，就每年的政府工作报告征求意见稿，以及对建立社会主义市场经济体制、制订国民经济和社会发展计划、加强社会主义精神文明建设等一系列关系全局的重大问题，在充分协商讨论的基础上，郑重地提出了意见、建议，并结合政协的实际，作出了工作安排和部署。同时，就国家经济形势、反腐倡廉、农业和农用土地、教育事业的发展、社会治安等问题，邀请中央及有关部门的领导同志进行了专题协商讨论。五年来，围绕国家中心任务和群众普遍关心的重要问题，组织委员广泛开展了专题调研和视察考察活动；全国政协领导同志带队深入实际，深入基层，进行调查研究；广大委员在深入调研的基础上认真撰写会议发言稿和提案等，共计形成专题调研报告或专项建议187件、视察报告80份、会议发言稿近2000份、提案11700余件。（2）在履行职能方面拓展了新的领域。八届二次会议通过了政协章程修正案，把"参政议政"与原来的"政治协商、民主监督"并列为人民政协的主要职能，使人民政协的主要职能得到了拓展和延伸，工作的视野更加开阔，内容更加丰富。五年来，全国政协委员、地方政协、各民主党派中央和全国工商联等共反映社情民意信息 8000 多条，人民群众各种来信 59900 余件。（3）为促进团结稳定和祖国统一作出了积极贡献。（4）对外友好交往开创了新的局面。在国家总体外交格局下，人民政协展开了多层次对外交往。（5）同地方政协的联系得到了明显加强。（6）适应形势发展加强了自身建设。① 叶选平指出，八届政协任期的五年，是在前进中开拓，在开拓中前进的五年；是不断推进政治协商、民主监督、参政议政规范化制度化，使政协工作积极、稳步、活跃、有序向前发展的五年；是服从和服务于全国工作大局，为改革开放、现代化建设和祖国和平统一大业作出重要贡献的五年。通过五年的努力，人民政协的工作迈上了一个新台阶。他说，五年来，八届政协在前进的过程中，坚持解放思想、实事求是，边探索、边开拓，有了一些值得总结的经验和体会，主要是：注重在政治上把握正确的方向；坚持以团结、民主为工作主题；强调实事求是地履行职能；依靠党的领导、政府支持、政协主动、各方配合；发挥广大委员作用，活跃政协工作；重视用实践经验推动工作。叶选平指出，政协第九届全国委员会正处于世纪之交、承前启后的重要时刻，是跨世纪的一届政协。中共十五大制定的宏伟纲领为人民政协的发展提供了新的机遇，展示了广阔的前景，提出了更高的要求。人民政协要继续以邓小平理论为指导，坚持社会主义初级阶段的基本路线和纲领，巩固和发展广泛的爱国统一战线，不断在前进中开拓、在开拓中前进，围绕实现十五大提出的各项任务，自觉以新的姿态、新的风貌做好各项工作，把人民政协事业全面推向新的世纪。叶选平最后说，我们

---

① 《在全国政协九届一次会议开幕会上　叶选平作全国政协八届常委会工作报告》，《人民日报》1998 年 3 月 4 日。

衷心祝愿新一届政协，在邓小平理论指导下，在以江泽民同志为核心的中央领导集体领导下，为实现中共十五大提出的宏伟目标，为进一步开创人民政协工作的新局面，不断取得新的更大的成绩。

全国政协第九届全国委员会第一次会议截至 3 月 9 日下午 5 时，提案审查委员会共收到提案 2863 件。其中委员提案 2827 件，参加提出提案的委员 1695 人，占委员总人数的 77.2%；各民主党派和全国工商联以组织名义提出提案 31 件；界别小组提案 5 件。提案审查委员会按照《中国人民政治协商会议全国委员会提案工作条例》的有关规定，对收到的提案进行了审查，共立案 2517 件，占收到提案的 87.91%，其中经济建设方面 1157 件，占 45.97%，科教文卫体方面 748 件，占 29.72%，政法、统战、人事等方面 612 件，占 24.31%。对内容相同的 27 件提案作了并案处理。没有立案的 319 件，经与委员协商，作为委员来信转交有关部门处理。提案反映的主要内容有：继续稳定和加强农业的基础地位，推进国有企业的改革和发展，加强和改善宏观调控，提高对外开放的成效，发展科技、教育、文化事业，加强社会主义民主法制和精神文明建设，完善民族区域自治制度，促进经济发展和社会进步，实现祖国统一大业等。提案对农业和农村工作，国有企业的改革，金融政策，实施科教兴国战略和可持续发展战略，下岗职工的再就业，建立和完善社会保障制度，生态环境和土地资源的保护，政府机构改革，反腐倡廉等问题给予格外的重视。会议期间，提案审查委员会召开了两次提案办理协商座谈会，邀请国家计委、国家经贸委、国家科委、财政部、水利部及国家金融机构等部门的负责同志与部分政协委员就有关提案进行座谈，沟通情况，交换意见，共商解决问题的办法。对提案中一些需要紧急处理的问题，已及时送交有关部门办理。本次大会提案截止日期后收到的提案，由负责提案工作的常设机构审查立案，交有关部门办理。

这次会议召开五次全体会议，圆满地完成了各项议程。会议期间，委员们审议通过了政协第八届全国委员会常务委员会的工作报告，列席了第九届全国人民代表大会第一次会议，听取并讨论了李鹏总理所作的政府工作报告以及其他重要报告。大家本着高度负责的精神，就国家经济、政治和社会生活中的重大问题提出了许多很好的意见和建议。

3月14日上午，中国人民政治协商会议第九届全国委员会第一次会议在圆满完成各项议程后，在人民大会堂闭幕。2023名政协委员出席闭幕会。大会通过了全国政协九届一次会议政治决议；全国政协九届一次会议关于全国政协八届常委会工作报告的决议；全国政协九届一次会议提案审查委员会关于提案审查情况的报告。

政协第九届全国委员会选出新领导人：李瑞环当选全国政协主席，会议还选出31位政协九届全国委员会副主席，他们是：叶选平、杨汝岱、王兆国、阿沛·阿旺晋美、赵朴初、巴金、钱伟长、卢嘉锡、任建新、宋健、李贵鲜、陈俊生、张思卿、钱正英、丁光训、孙孚凌、安子介、霍英东、马万祺、朱光亚、万国权、胡启立、陈锦华、赵南起、毛致用、白立忱、经叔平、罗豪才、张克辉、周铁农、王文元。会议选举郑万通为政协第九届全国委员会秘书长，并选出政协第九届全国委员会常务委员会委员290名。

这是一次民主、求实、团结、鼓劲的大会，是一次承前启后、继往开来的大会。大会号召全体政协委员紧密团结在以江泽民同志为核心的中央领导集体周围，高举邓小平理论的伟大旗帜，同心同德，群策群力，振奋精神，埋头苦干，为全面完成中共十五大提出的各项任务，为实现无数革命先辈统一祖国、振兴中华的伟大理想，为建设富强民主文明的社会主义现代化十五大报告中为"国家"而努力奋斗！

（三）实施依法治国方略

中共十五大确定的依法治国，建设社会主义法治国家的基本方略后，国家的民主法制建设取得新的进展。

1. 加强人民代表大会制度建设

人民代表大会制度是中国的根本政治制度。中华人民共和国宪法规定：中华人民共和国全国人民代表大会是最高国家权力机关。它的常设机关是全国人民代表大会常务委员会。全国人民代表大会和全国人民代表大会常务委员会行使国家立法权。常委会的工作制度建设不断改进。委员长会议处理常委会重要日常工作的作用进一步得到发挥。改革和完善了常委会会议的审议方式，法律草案的审议由一般实行两审制改为一般实行三审制；分组审议由原来的4个组调整为相对固定的6个组，以便常委会组成人员更充分地发表审议意见。通过采取这些措施，扩大了常委会组成人员审议议案的民主，推动了常委会审议水平的提高。常委会工作机构和办事机构的建设得到加强。新设立了预算工作委员会和澳门特别行政区基本法委员会。常委会机关按照精简、统一、效能的原则进行了机构改革，机关党委开展了以讲学习、讲政治、讲正气为主要内容的党性党风教育，加强了对机关干部的培训。机关各部门还建章立制，改善工作条件，开展信息化建设，努力提高为代表大会、常委会、委员长会议服务的效率和质量。

这期间，全国人大及其常委会把立法作为首要任务，不断加强立法工作，与经济体制改革的不断深化和社会主义现代化建设的发展相适应，及时地将党的方针、政策制定成法律。同时，各级人大及其常委会认真履行监督职责，在行使监督权方面得到不断加强。全国人大常委会围绕经济和社会发展中的重大问题和人民群众关心的热点问题，先后进行了50多次法律实施情况的检查，以发挥法律监督的作用。全国人大常委会根据国家和社会发展中的重大问题，先后听取和审议了国务院、最高人民法院和最高人民检察院的 40 多个专题工作报告，行使监督职能。全国人大常委会制定了《关于加强中央预算审查监督的决定》和《关于加强经济工作监督的决定》，依法进行对国家计划和财政预算工作的监督。

为充分发挥人民代表的作用，1995 年对选举法进行了修改，进一步改进了选举制度。全国人大常委会十分重视同代表和人民群众的联系，建立邀请部分全国人大代表列席常委会会议的制度，在作出重大决议、决定，审议法律草案时，征求有关代表的意见；有计划地组织代表开展视察活动；不断改进办理代表议案和建议的工作。为保证人民代表大会及其常委会依法行使权力，进一步加强了人大组织建设，完善民主程序。全国人大及其常委会审议法律草案，充分发扬民主，将与人民群众利益密切相关的法律草案，如合同法、婚姻法修改等草案，在报纸上公布，征求全民的意见。认真总结审议法律文本的经验，进一步实行三审制，不断提高审议质量。通过对地方组织法的修改，进一步完善了人大的自身建设，有利于更好地履行职责。

2. 继续着力推进中国特色社会主义法律体系

中国共产党领导中国人民改革立法体制，加强立法工作，初步形成以国家宪法为核心的社会主义法律体系框架。1982 年 12 月通过的《中华人民共和国宪法》，对确立和改革中国的立法体制，作了许多重要规定。全国人大从第五次全国人民代表大会开始一直把立法工作放在首要位置。全国人大及其常委会制定法律和有关法律问题的决定，五届人大期间 60 件，六届人大期间 63 件，七届人大期间 87 件，八届人大期间 118 件，显示了立法工作明显加快的趋势。这些法律当中，包括了国家机构组织和公民基本权力方面、民商方面、刑事方面、诉讼方面、经济方面和行政方面等，还包括于 1990 年和 1993 年分别制定的香港特别行政区和澳门特别行政区基本法，为港澳的回归、实施"一国两制"提供了法律保障。

为进一步规范立法活动，健全国家立法制度，加强立法工作，提高立法质量，保障和发展社会主义民主，推进依法治国，建设社会主义法治国家，制定了《中华人民共和国立法法》。在 2000 年九届全国人大三次会议上，各代表团于 3 月 9 日、10 日、11 日审议了《中华人民共和国立法法（草案）》。各代表团认为，立法法草案经过长时间的研究起草，又经全国人大常委会两次会议审议修改，比较成熟，内容可行，建议本次会议予以通过。同时也提出了一些修改意见。法律委员会于 3 月 11 日下午召开会议，根据各代表团的审议意见，对立法法草案进行了审议，提出 8 条修改意见。3 月 15 日，会议表决通过了《中华人民共和国立法法》。立法法分为总则，法律，行政法规，地方性法规、自治条例和单行条例、规章，适用与备案审查，附则，共 6 章、105 条，将自 2000 年 7 月 1 日起施行。国家主席江泽民签署第 31 号主席令，公布了这部法律。立法法的通过和实施，使国家立法工作更加规范，进一步加快了法治国家的建设。

截至 2002 年，中国已经有现行法律 200 多件，国务院制定通过的现行行政法规 600 多件，地方人大及其常委会制定通过的地方性法规 8000 多件。仅从 1990 年七届全国人大三次会议以来到 2002 年，全国人大及其常委会共制定 125 件法律，对 56 件法律进行了修改，通过了 7 件法律解释，初步形成了中国特色社会主义法律体系。从总体上看，上述法律、法规的制定使中国政治生活、经济生活、社会生活主要的、基本的方面已经有法可依，为实行依法治国创造了基本的条件。

（四）推进民族区域自治制度与基层民主政治建设

在加强人民代表大会制度建设、加强立法工作，推进落实依法治国，建立社会主义法治国家这个治国方略的同时，以江泽民同志为核心的中央领导集体进一步推进国家的民主政治建设。

1. 积极完善民族区域自治制度

民族区域自治制度是中国共产党解决民族问题的创举，中国是世界上唯一实行民族区域自治制度的国家。民族区域自治制度也是中国的基本政治制度之一。面对冷战结束后国际社会日益严重的民族分离主义倾向，在邓小平理论的指导下，以江泽民同志为核心的中央领导集体更加强调民族区域自治制度在中国政治生活中的重要地位。江泽民在中共十五大报告中强调中国特色社会主义政治纲领时强调，建设有中国特色社会主义政治，要坚持和完善民族区域自治制度。中共十五大以后，中共中央和中国政府进一步完善民族区域自治制度，促进民族工作的发展。

2001 年，根据社会主义市场经济条件下进一步加快民族自治地方经济社会事业发展的需要，在充分尊重和体现民族自治地方各族人民意愿的基础上，全国人大常委会对《中华人民共和国民族区域自治法》进行了修改，使这一法律进一步完善。经过几十年的建设，截至 2003 年年底，中国已经形成了以《中华人民共和国宪法》为基础，以《中华人民共和国民族区域自治法》为主干，包括民族自治地方制定的自治条例 133 个、单行条例 384 个，民族自治地方根据本地的实际，对《婚姻法》《继承法》《选举法》《土地法》《草原法》等法律的变通和补充规定 68 件在内的民族区域自治法规体系框架。加强确定机关建设，中国 155 个民族自治地方的人民代表大会常务委员会中都有实行区域自治的民族的公民担任主任或者副主任，自治区主席、自治州州长、自治县县长全部由实行区域自治的少数民族公民担任。为切实保障自治机关充分行使管理本民族、本地区内部事务的政治权利，上级国家机关和民族自治地方的自治机关采取各种措施，大量培养少数民族各级干部和各种科学技术、经营管理等专业人才。截至 2003 年年底，少数民族干部和各类专业人才的总数达到 290 多万人。

2. 坚持发展基层直接民主

基层群众自治制度也是中国的基本政治制度之一。发展基层直接民主，在基层实行群众自治，由群众直接行使民主权利，包括农村村民自治和城市居民自治两种。从 1988 年 1 月开始实施《中华人民共和国村民委员会组织法（试行）》［本节简称《村民委员会组织法（试行）》］。这项法律实施以来，按照民主选举、民主决策、民主管理、民主监督为重要内容的基层群众自治建设，有了一定发展。全国普遍进行了三次村委会的换届选举。农村基层民主有了较大发展。吉林省农村实行的"海选"模式开始在全国推广。"海选"这种选举办法是梨树县梨树乡北老壕村在 1986 年换届选举时首创的。[①] 经过 12 年的发展，逐渐完善，已成为确保村民自由表达自己意愿，充分行使民主权利的一种选举形式。其核心内容，一是村主任候选人的提名和确定，不准划框子、定调子；二是候选人要向村民发表竞选演讲，回答选民提出的问题；三是实行差额选举和秘密投票，保证选民在无任何干扰情况下表达自己的意愿。"海选"的原则、方法、程序，"海选"模式"被国际人士称为世界民主选举的六大模式之一。1995 年初，在吉林第三次换届选举期间，美国、英国、加拿大、日本、印度等十几个国家的学者、官员和新闻记者相继来这个省考察。他们对看到的民主选举热烈场面给予很高评价。"[②] 《人民日报》

---

① 《"海选"：吉林农村涌动民主潮》，《人民日报》1998 年 7 月 22 日。
② 《"海选"：吉林农村涌动民主潮》，《人民日报》1998 年 7 月 22 日。

1998年7月22日报道，吉林省60个县（市、区）已有57个完成换届选举，10277个村的村主任有85%是由"海选"产生的。"海选"为这个产粮大省的农村注入勃勃生机，广大村民民主意识显著增强，选民参选率达96.8%。

为了进一步完善村民自治制度，保证农村基层群众直接行使民主权利，依法管理自己的事情，促进农村的经济发展和社会稳定，国务院法制办、民政部在总结《村民委员会组织法（试行）》实践经验的基础上，经过深入调查研究，广泛征求意见，拟订了村民委员会组织法修订草案。这个修订草案经国务院常务会议讨论通过后，1998年6月，朱镕基总理代表国务院向九届全国人大常委会第三次会议提交议案，提请审议村民委员会组织法修订草案。修订草案根据中共十五大精神，坚持试行法确定的村民自治、基层群众直接行使民主权利的原则，针对实际存在的问题，主要在选人、议事、监督三个关键环节上对试行法作了补充、完善。经过5个多月的讨论审议和修改，1998年11月4日，九届全国人大常委会第五次会议表决通过了《中华人民共和国村民委员会组织法》。国家主席江泽民同日签署第9号主席令，公布这部法律。这个法律从公布之日起施行，《中华人民共和国村民委员会组织法（试行）》同时废止。这部法律的修订和颁布实施，标志着中国的村民自治法制化进入新阶段。

在城市，从1990年开始实行《中华人民共和国城市居民委员会组织法》（本节简称《居委会组织法》），这个专门法律规定了居民委员会的选举，居民的选举权和被选举权，居民会议的组成、居民会议的召开、居民会议对居民委员会的监督等，对城市居民自我管理、自我教育、自我服务的群众性自治也作了规定。《居委会组织法》自1990年1月1日开始实施，在全国各地贯彻落实。如，上海市采取一系列措施，加强居委会的组织建设、干部建设、制度建设，把扩大基层民主，加强居委会建设，作为一件大事写入上海市依法治市纲要。民主选举、民主决策、民主管理和民主监督，在上海基层普遍推行。一些居委会在试点的基础上，开始推行居民直接选举；一些居委会探索创新，实行居委会议事层和执行层分开的新机制。居务公开、民主评议等制度的推行，进一步丰富了群众自治的内容和形式。1999 年，国家在全国26 个城区开展了社区建设的试点和实验工作。

此外，这期间还广泛推行企业民主管理，并在全国人大于1988 年 4 月通过的《中华人民共和国全民所有制工业企业法》中给予确定。国务院 1991 年 6 月颁布的《中华人民共和国城镇集体所有制企业条例》对集体所有制企业的民主管理也作了具体规定。依照这些法律法规，中国的基层民主正在逐渐发展，并且作为一种民主训练、民主增量将会对中国的民主政治建设、依法治国、建立社会主义法治国家起到积极作用。

（五）1998 年国务院机构的改革与国家行政区划的变化

江泽民在中共十五大的报告中指出，经济体制改革的深入和社会主义现代化建设跨世纪发展，越来越迫切要求中国共产党在坚持四项基本原则的基础上，继续推进政治体制改革，进一步扩大社会主义民主，健全社会主义法制，依法治国，建设社会主义法治国家。按照中共十五大的部署，中共十五届二中全会、特别是九届全国人大一次会议审议批准了 1998 年《国务院机构改革方案》，这为国务院机构改革提供了基本遵循。

1. 国务院机构改革的实施

这次国务院机构改革的目的是：贯彻中共十五大和九届全国人大一次会议精神，解决机构庞大、人员臃肿、政企不分、官僚主义严重等弊端，进一步深化经济体制改革，促进经济和社会全面发展和进步，密切党和政府同人民群众的联系，推进党和国家领导制度的改革。改革的目标是："建立办事高效、运转协调、行为规范的行政管理体系，完善国家公务员制度，建设高素质的专业化国家行政管理队伍，逐步建立适应社会主义市场经济体制的有中国特色的政府行政管理体制"。① 改革的原则为："按照社会主义市场经济的要求，转变政府职能，实现政企分开"，② 把政府职能切实转变到宏观调控、社会管理和公共服务方面来，把生产经营的权力真正交给企业；"按照精简、统一、效能的原则，调整政府组织结构，实行精兵简政"，加强宏观经济调控部门，调整和减少专业经济部门，适当调整社会服务部门，加强执法、监督部门，发展社会中介组织；"按照权责一致的原则，调整政府部门的职责权限，明确划分部门之间的职能分工"，相同或相近的只能交给一个部门承担，克服多头管理、政出多门的弊端；"按照依法治国、依法行政的要求，加强行政体系的法制建设"，③ 实现政府机构、职能、编制、工作程序的法定化。

　　国务院秘书长罗干在九届人大一次会议上作的关于国务院机构改革方案的说明中指出：现在提出的国务院机构改革方案，既考虑了改革和发展的需要，又考虑了社会的承受能力，因此还只是一个过渡性质的方案。由于中国社会主义市场经济体制正在建立过程中，按完善的市场经济的要求改革政府机构，实现一步到位难以做到。同时机构改革又要迈出积极的步子，着力解决当前突出的矛盾，为进一步深化改革和经济发展创造良好的条件。

　　九届全国人大一次会议结束后，1998 年 3 月下旬，朱镕基总

　　① 中共中央文献研究室编：《十五大以来重要文献选编》（上），人民出版社 2000 年版，第 242 页。

　　② 中共中央文献研究室编：《十五大以来重要文献选编》（上），人民出版社 2000 年版，第 242 页。

　　③ 中共中央文献研究室编：《十五大以来重要文献选编》（上），人民出版社 2000 年版，第 242 页。

理主持召开国务院第一次全体会议，于 24 日作了重要讲话，对国务院机构改革进行了部署。要求认真抓好定职能、定机构、定编制的"三定"工作。各部门于 4 月底前先后上报了"三定"的规定方案。中央机构编制委员会办公室逐一审核、协调。最后，朱镕基主持总理办公会议，分三次审议批准各部门"三定"规定方案，6 月上旬陆续下达到有关单位。至此，国务院机构改革迈出成功的关键一步。改革的结果是：列入国务院除办公厅外的组成部门由 40 个减少为 29 个。

这 29 个组成部委是：（1）外交部、（2）国防部、（3）国家发展计划委员会、（4）国家经济贸易委员会、（5）教育部、（6）科学技术部、（7）国防科学技术工业委员会、（8）国家民族事务委员会、（9）公安部、（10）国家安全部、（11）监察部、（12）民政部、（13）司法部、（14）财政部、（15）人事部、（16）劳动和社会保障部、（17）国土资源部、（18）建设部、（19）铁道部、（20）交通部、（21）信息产业部、（22）水利部、（23）农业部、（24）对外贸易经济合作部、（25）文化部、（26）卫生部、（27）国家计划生育委员会、（28）中国人民银行、（29）审计署。

国务院直属机构 17 个：海关总署、国家税务总局、国家环境保护总局、中国民用航空总局、国家广播电影电视总局、国家体育总局（与中华全国体育总会，一个机构两块牌子）、国家统计局、国家工商行政管理局、国家新闻出版署（国家版权局）、国家林业局、国家质量技术监督局、国家药品监督管理局、国家知识产权局、国家旅游局、国家宗教事务局、国务院参事室、国务院机关事务管理局。

国务院办事机构 6 个：国务院外事办公室、国务院侨务办公室、国务院港澳事务办公室、国务院法制办公室、国务院经济体制改革办公室、国务院研究室。

国务院直属事业单位9个：新华通讯社、中国科学院、中国社会科学院、中国工程院、国务院发展研究中心、国家行政学院、中国地震局、中国气象局、中国证券监督管理委员会。

在这次机构改革中，国务院交给企业、社会中介组织和地方的职能200多项，部门之间调整、转移的职能100多项。部门内设司局级机构减少200多个，精简1/4，人员编制总数减少47.5%，如再减去新设的国防科工委、纺织、轻工、有色金属和知识产权局5个新设行政机构所增加的编制数，人员编制总数则基本达到精简一半的预期目标。国务院政府机构改革按时按要求进行，并取得成效。表明了中共中央和国务院实行依法治国，全面推进社会主义民主建设和政治体制改革的决心，也为省、市、自治区政府和地方政府的改革作出了表率。

九届人大期间的5年，按照中共十五大的要求，各级政府机构改革取得了重要进展。这是改革开放以来力度最大的一次机构改革，适应发展社会主义市场经济要求的行政管理体制正在形成。由于坚持努力建设廉洁勤政务实高效政府，建立和完善社会主义市场经济体制，实行政企分开，转变政府职能，转变工作方式和工作作风，各级政府在加强自身建设方面取得很大进展。首先对政府机构进行重大改革，主要是进一步把综合经济部门改组为宏观调控部门，调整和减少专业经济部门，加强执法监管部门。大大精简了机构和人员，进一步改变了长期以来在计划经济体制下形成的政府机构框架。政企分开迈出重大步伐。国家对原有审批项目进行了清理，国务院已取消1195个行政审批事项，各级地方政府也取消了一批行政审批事项。国务院各部门和各级地方政府不断提高依法行政水平，加强执法监督，认真做好行政复议。增强政府工作透明度，支持人民群众和新闻媒体对政府工作进行监督。高度重视做好信访工作。十分重视队伍和作风建设。对政府工作人员提出"廉洁、勤政、务实、高效"的要求，有力地促进了廉政建设，提高了政务效率，密切了政府与人民群众的联系。坚持不懈地开展反腐败斗争，大力纠正部门和行业不正之风，依法惩处了一批违法违纪的腐败分子。

2. 国家行政区划的变化

这期间中国政府对国家行政区划进行了微调。地方实行省、地、县、乡四级政区制。1997 年 7 月 1 日，中国对香港恢复行使主权，依照《中华人民共和国宪法》和《中华人民共和国香港特别行政区基本法》，正式成立中华人民共和国香港特别行政区，依法实施"一国两制，港人治港"的方针。从国家民政部和解放军总参谋部测绘局主编的权威的国家标准地名地图集显示，截至1999 年 6 月，中国省级政区有 23 个省、5 个自治区、4 个直辖市和 1 个特别行政区。全国（未统计台湾省、香港特别行政区）包括市、自治州、地区、盟在内的地级政区共有 331 个，包括市、县、自治县、旗、自治旗、市辖区和其他特区在内的县级政区总计 2862 个，包括乡、民族乡、镇、街道（办事处）在内的乡级政区共计 49739 个。①

1999 年 12 月 20 日，中国政府对澳门也恢复行使主权，依照《中华人民共和国宪法》和《中华人民共和国澳门特别行政区基本法》，中华人民共和国澳门特别行政区正式成立，依法实行"一国两制，澳人治澳"的方针。至此，中华人民共和国省级行政单位为 34 个。包括 4 个直辖市、23 个省、5 个自治区、2 个特别行政区。其习惯排列顺序是：北京市、天津市、河北省、山西省、内蒙古自治区，辽宁省、吉林省、黑龙江省、上海市、江苏省、浙江省、安徽省、福建省、江西省、山东省，河南省、湖北省、湖南省、广东省、广西壮族自治区、海南省，重庆市、四川

---

① 《我国政区标准地名图集显示全国现有乡以上政区 5 万多个》，《人民日报》1999 年 9 月 13 日。

省、贵州省、云南省、西藏自治区，陕西省、甘肃省、青海省、宁夏回族自治区、新疆维吾尔自治区，香港特别行政区、澳门特别行政区，台湾省。

这4个直辖市、23个省、5个自治区、2个特别行政区的格局，是具有中国特点的行政区划。这种行政区划的一个重要特点是中国大陆的31个省、直辖市、自治区，实行社会主义制度，香港、澳门特别行政区和台湾省实行的是资本主义制度。

五、推进科技教育事业的改革和发展

中共十五大提出和阐述了有中国特色社会主义的文化纲领，1998年九届全国人大一次会议产生新一届政府。新任国务院总理朱镕基郑重宣布，科教兴国是本届政府最大的任务。[①] 经过五年的努力，中国科技创新能力明显增强，教育事业蓬勃发展，文化建设稳步推进。

（一）科技创新能力明显增强

20世纪90年代以来，特别是邓小平1992年发表的南方谈话中强调发展高科技指示，对中国科技界产生巨大影响，中国科技发展呈现新的形势。1992年8月，国家科委和国家体改委联合发布了《关于分流人才、调整结构、进一步深化科技体制改革的若干意见》，将改革重点逐步转向结构调整和综合配套改革。1993年7月，中国颁布了推动科学技术事业发展的基本法——《中华人民共和国科学技术进步法》，确立了中国发展科学技术事业的

---

① 《九届全国人大一次会议举行记者招待会　朱镕基总理等答中外记者问》，《人民日报》1998年3月20日。

重大原则和加速科学技术进步的主要制度，构筑了中国科学技术法律体系的框架，奠定了中国科技法律体系的基础，这一基础性立法是指导科技进步的基本准则，也是科技进步和整个现代化建设的纲领性规范。"这部法是我们共和国历史上第一部科学技术基本法，是推进我国科学技术事业发展的重要法律保障，是社会主义法制建设的新成果。"① 1994年2月，国家科委和国家体改委联合发布了《适应社会主义市场经济发展，深化科技体制改革实施要点》，这个改革实施要点把科技体制改革的总体目标确立为：建立适应社会主义市场经济发展，符合科技自身发展规律和市场经济运行规律，科技与经济密切结合的新型体制，促进科技进步，实现科技、经济和社会的综合协调发展。建立这一体制，要求科技资源配置在国家宏观调控下以市场调节为基础进行；科学技术进步由政府、科研机构、企业和全社会共同推动；科技经济行为用法律、法规予以规范。2000年前，要构筑起新体制的基本框架，即组织结构：形成结构优化、布局合理、精干高效、纵深配置的现代化研究开发体系；运行机制：形成开放、流动、竞争、协作的科学研究机制，市场经济与技术创新有机结合、富有生机和活力的科技成果转化机制；微观基础：建立现代科研院所制度，现代科技企业制度和具有数量和质量相对优势的跨世纪人才梯队；宏观管理：建立符合精简、统一、效能原则的，统筹协调的科技行政管理体制，健全完善的科技政策体系和法律体系。

实现科技体制改革的总体目标，必须坚持"稳住一头、放开一片"的方针，推进科技经济一体化。"稳住一头"，是指稳定支持基础性研究，高技术研究，事关经济建设、社会发展和国防事业长远发展的重大研究开发，形成优势力量，力争重大突破，提

---

① 《科学技术进步法10月1日起实施　宋健强调科技事业要沿法制轨道前进》，《人民日报》1993年9月29日。

高中国整体科技实力、科技水平和发展后劲；"放开一片"，是指放开放活各类直接为经济建设和社会发展服务的研究、开发、创新机构，放开放活科技成果商品化、产业化活动，使之以市场为导向运行，对经济建设和社会发展作出新贡献。坚持解放思想与实事求是相统一，在总结中国成功经验和借鉴国外有益做法基础上，大胆探索，勇于实践；坚持改革与发展相统一，通过改革的实践促进发展，根据发展的要求深化改革。坚持改革科技体制与建立社会主义市场经济体制相统一，促进科技体制改革与经济、金融、外贸、教育体制改革相配套，为促进科技体制改革与经济、金融、外贸、教育体制改革的配套进行，1994 年初，以国家科委牵头，联合国家体改委、财政部、人事部、国有资产管理局、中国科学院、中办调研室、国务院政策研究室成立了科技系统综合配套改革领导小组；坚持统筹规划、宏观指导与分步实施、重点推进相结合，抓好试点城市和试点单位，发挥深化改革先行区域的示范和辐射作用；坚持改革决策与立法决策相结合，运用法律手段推动、引导、保障和规范改革实践，促进科技战线改革与发展步入社会主义法制轨道。

特别是 1995 年 5 月 6 日，中共中央、国务院作出《关于加速科学技术进步的决定》，提出实施科教兴国战略，5 月 26 日至 30 日，中共中央、国务院召开全国科学技术大会后，中国科技投入不断增加，2001 年全国研究与开发投入为 960 亿元，占国内生产总值的 1.0%，通过实施国家 863 计划、973 计划、重大科技攻关计划等一系列科技计划，在许多重要领域取得大量创新成果。从总体上看，中国科技实力已居于发展中国家前列。

1998 年至 2002 年，中国科学技术领域中的"基础研究、高技术研究和应用技术研究取得重要进展。国家创新体系建设积极推进。信息技术、生命科学、航空航天技术等领域成就突出。水稻基因组精细图完成、10 兆瓦高温气冷核反应堆实验工程建成、超大规模并行处理计算机研制成功、'神舟'系列飞船试验成功等，标志着我国在相关领域跨入世界先进行列。建成一批国家重点实验室，实施一批重大科学工程，建设一批国家工程技术研究中心。科技成果市场化、产业化明显加快。五年获得国家登记的科技成果 14 万多项，授予专利权 52 万件。哲学社会科学研究取得一批可喜成果。知识产权保护进一步加强。"①

在知识经济时代，世界各国竞争的焦点不仅表现在新知识的发现和创造方面，更主要地表现在科技成果向现实生产力的转化方面。1992 年至 2002 年，中国高新技术产业从小到大、由弱变强，已成为拉动国民经济增长的重要力量。10 年间，中国高新技术产业的工业产值从 3000 亿元增加到 18000 亿元，年均增长 20%以上，超过同期全部工业年均增长速度 10 多个百分点，成为国民经济发展中最具活力的部分。在国民经济构成中，高新技术产业所占比例已经由 10 年前的 1%提高到 2002 年的 15%。随着科技的发展，科技进步对经济社会发展的贡献也在不断增强。科技进步在改造传统产业、促进可持续发展方面具有重要的支撑作用。"以农业为例，近 20 年来，虽然我国人口增加了几个亿，但我国年人均粮食供应量仍从 300 公斤增加到 400 公斤，这其中，农业科技进步立下了汗马功劳，10 多年来，我国农业新品种每 5 年更新一次，每更新一次增产粮食 10%以上。"②

（二）教育事业蓬勃发展

中共十五大，进一步强调实施和贯彻科教兴国的战略。十五

---

① 朱镕基：《政府工作报告——2003 年 3 月 5 日在第十届全国人民代表大会第一次会议上》，《人民日报》2003 年 3 月 20 日。

② 《徐冠华在中宣部等五部委联合举办的报告会上说 我国科技事业取得历史性成就》，《人民日报》2002 年 10 月 10 日。

大以后，为全面贯彻十五大精神，1999 年 1 月 13 日，国务院批转教育部《面向 21 世纪教育振兴行动计划》的通知。要求各省、自治区、直辖市人民政府，国务院各部委、各直属机构认真贯彻执行。这个行动计划分为 12 个方面，50 个问题。经过五年的扎实工作，教育事业迅速发展。全国实现基本普及九年义务教育、基本扫除青壮年文盲的人口地区覆盖率，由 1997 年的 65% 提高到 2002 年的 91%。高中阶段教育得到加强。高等学校从 1999 年起连续扩大招生规模，高考录取率从 36% 提高到 59%；2002 年高等学校在校生 1600 万人，是 1997 年的 2.3 倍；五年内全国本专科毕业生 1300 万人，研究生毕业生 31 万人。高校后勤社会化改革取得重要进展。新建和改建学生公寓 4800 万平方米，超过 1950 年到 1997 年的建设总规模。基本建成结构比较完整、专业门类齐全的职业和成人教育体系。特殊教育、早期教育得到重视。民办教育迅速发展。素质教育不断加强，促进了学生德智体美全面发展。①

1. 实施"211 工程"和"985 工程"

为深入贯彻落实"科教兴国战略"，中共中央、国务院从国民经济和社会发展第九个五年计划（1996—2000 年）后开始实施教育系统"211 工程"；1999 年，国务院批转教育部《面向 21 世纪教育振兴行动计划》，决定重点支持北京大学、清华大学等部分高等学校创建世界一流大学和高水平大学，这个被简称为"985 工程"的建设随之展开。

第一，"211 工程"的实施。

"211 工程"是"中国政府在 21 世纪，重点建设 100 所左右的高等学校和一批重点学科的建设工程"的简称。进入"211 工

---

① 朱镕基：《政府工作报告——2003 年 3 月 5 日在第十届全国人民代表大会第一次会议上》，《人民日报》2003 年 3 月 20 日。

程"的院校如下：

华北地区的北京（25所）：清华大学、北京大学、中国人民大学、北京交通大学、北京工业大学、北京航空航天大学、北京理工大学、北京科技大学、北京化工大学、北京邮电大学、中国农业大学、北京林业大学、中国传媒大学、中央民族大学、北京师范大学、中央音乐学院、对外经济贸易大学、北京中医药大学、北京外国语大学、中国石油大学（北京）、中国政法大学、中央财经大学、华北电力大学、北京体育大学、中国地质大学（北京）；天津（3所）：南开大学、天津大学、天津医科大学；河北（1所）：河北工业大学；山西（1所）：太原理工大学；内蒙古（1所）：内蒙古大学；

东北地区的辽宁（4所）：大连理工大学、东北大学、辽宁大学、大连海事大学；吉林（3所）：吉林大学、东北师范大学、延边大学；黑龙江（4所）：哈尔滨工业大学、哈尔滨工程大学、东北农业大学、东北林业大学；

华东地区的上海（9所）：上海交通大学、复旦大学、华东师范大学、上海外国语大学、东华大学、上海财经大学、同济大学、华东理工大学、上海大学；江苏（11所）：南京大学、东南大学、苏州大学、南京师范大学、中国矿业大学、中国药科大学、河海大学、南京航空航天大学、江南大学、南京农业大学、南京理工大学；浙江（1所）：浙江大学；安徽（3所）：中国科学技术大学、安徽大学、合肥工业大学；福建（2所）：厦门大学、福州大学；江西（1所）：南昌大学；山东（3所）：山东大学、中国海洋大学、中国石油大学（华东）；

中南地区的河南（1所）：郑州大学；湖北（7所）：武汉大学、华中科技大学、中国地质大学（武汉）、武汉理工大学、华中师范大学、华中农业大学、中南财经政法大学；湖南（3所）：湖南大学、中南大学、湖南师范大学；广东（4所）：中山大学、暨南大学、华南理工大学、华南师范大学；广西（1 所）：广西大学；

西南地区的重庆（2 所）：重庆大学、西南大学；四川（5 所）：四川大学、西南交通大学、电子科技大学、四川农业大学、西南财经大学；云南（1 所）：云南大学；贵州（1 所）：贵州大学；

西北地区的陕西（7 所）：西北大学、西安交通大学、西北工业大学、西安电子科技大学、长安大学、西北农林科技大学、陕西师范大学；甘肃（1 所）：兰州大学；青海（1 所）：青海大学；宁夏（1 所）：宁夏大学；新疆（1 所）：新疆大学；

军事系统（3 所）：第二军医大学、第四军医大学、国防科技大学；

"211 工程"是国家重点建设项目，自 1995 年正式列入国民经济和社会发展第九个五年计划后开始实施。"211 工程"作为"九五"期间国家重点建设项目之一，也是新中国成立以来直接投资最大的高等教育项目。这项工程总体建设目标是：面向 21 世纪，在"九五"期间重点建设一批高等学校和重点学科，并在此基础上经过若干年的努力，使 100 所左右的高等学校以及一批重点学科在教育质量、科学研究、管理水平和办学效益方面有较大提高，成为立足国内培养高层次人才、解决经济建设和社会发展重大问题的基地。

"211 工程"主要建设内容包括重点学科、高等教育公共服务体系和学校整体条件建设三大部分，所需建设资金由国家、部门、地方和高等学校共同筹集。由国家计委批准立项的 96 所高等学校和两个公共服务体系的"211 工程"建设资金总量为110.37 亿元，另有配套建设资金 73.32 亿元。据统计，截至 2000年 8 月底，已完成建设资金计划的 82%。安排的 602 个重点学科建设项目，覆盖了人文社会、经济政法、基础科学、资源环境、基础产业和高新技术、医药卫生和农业七大领域。工程从 1996 年开始实施以来，全面、高质量地完成了"九五"（1996—2000 年）期间的建设任务，实现了预期的建设目标，取得了一批标志性成果和明显的投资效益。"国内外有关部门和专家曾多次进行过检查和评价活动，对'211 工程'的建设都给予了高度评价。有关机构在对'211 工程'建设学校评审后认为：'211 工程'部署安排周密，资金使用合理，项目控制严格，取得了显著的成绩，是一个让党和人民放心的工程。据统计，经过'211 工程'建设，学校在'九五'期间，本科生、硕士生、博士生、来华留学生分别增长 61%、108%、101% 和 45%，教师中有博士学位的比例增长 109%，留学回国人员增长 38%，科研经费、仪器设备值增长 106% 和 98%。"①

第二，"985 工程"的实施。

教育部 1998 年 5 月开始启动"985 工程"，即建设若干所世界一流大学和一批具有世界先进水平的知名大学的建设工程。1998 年 5 月 4 日，国家主席江泽民在庆祝北京大学建校 100 周年大会上向全社会宣告："为了实现现代化，我国要有若干所具有世界先进水平的一流大学。"② 随后，教育部决定在实施《面向 21 世纪教育振兴行动计划》中，重点支持部分高校创建世界一流大学和高水平大学，以及一大批一流学科，简称"985 工程"。

"985 工程"重点建设的 34 所高校是：清华大学、北京大学、中国科学技术大学、南京大学、复旦大学、上海交通大学、西安交通大学、浙江大学、哈尔滨工业大学、南开大学、天津大学、东南大学、华中科技大学、武汉大学、厦门大学、山东大

---

① 《为科教兴国奠基——"211 工程""九五"建设成就综述》，《人民日报》2002 年 9 月 3 日。

② 《江泽民文选》第 2 卷，人民出版社 2006 年版，第 123 页。

学、湖南大学、中国海洋大学、中南大学、吉林大学、北京理工大学、大连理工大学、北京航空航天大学、重庆大学、电子科技大学、四川大学、华南理工大学、中山大学、兰州大学、东北大学、西北工业大学、同济大学、北京师范大学、中国人民大学。

1999 年，"985 工程"正式启动，北大和清华各获得国家 3 年共 18 亿元人民币的支持。同时教育部和上海市、江苏省、浙江省、陕西省、中国科学院、安徽省、国防科工委、黑龙江省共同重点建设复旦大学、上海交通大学、南京大学、浙江大学、西安交通大学、中国科学技术大学和哈尔滨工业大学，使这些学校在正常经费之外又获得了力度较大的专项经费支持。随后，教育部与有关省市又陆续对一批具备基础和条件的高校也实行了重点共建。"985 工程"实施过程中，学科建设被置于突出的地位。通过共建、调整、合作、合并的途径，各校促进学科优势互补，增强学科的综合性。一流大学一流学科运行的主体是高素质的师资、一流的人才。以"985 工程"为支撑，各校推出了快速凝聚海内外高层次人才和提高师资队伍素质的举措。从 1999 年起，各校相继推出了自 1952 年以来力度和影响最大的人事分配制度改革，按照淡化身份、强化岗位、调整结构、竞争择优、增量拉开的原则，实行岗位聘任制，设置年度岗位津贴，形成人才队伍的激励机制，改变了长期以来工资待遇"低而平"的状况。

2. 扩大招生规模与高考改革

1998 年至 2002 年，国家在教育领域有几项重大决策和改革涉及千家万户，对中国的教育产生重大影响。

第一，高等院校扩大招生规模。

1999 年 6 月 16 日，当时的国家计划发展委员会和教育部联合发出紧急通知，决定 1999 年中国高等教育扩大招生 51 万人。这样 1999 年，普通高等院校招生总数接近 160 万，2000 年 221 万，2001 年 268 万。连续三年扩大招生规模，标志着中国高等教育发展进一步加快。"2001年，我国高等学校招生464万人，是1998年的3.4倍；研究生招生16.52万人，是1988年的5倍。1999年到2001年普通高校招生数和在校生数都翻了一番。"① 从1999年高校扩大招生以来，2002年全国各类高等学校在学的学生人数超过1600万人，2002年的中国大陆高等教育毛入学率达到15%。② 达到国际公认的高等教育大众阶段15%的水平。高考录取率由1998年的36%提高到58%。1997年至2002年，全国本专科毕业生1300万人，研究生毕业生31万人。高等院校连续三年大规模地扩大招生，反映了中国经济社会发展的巨大进步，更反映了广大青年学生和家长的强烈愿望。但是，急速扩大招生规模，也带来了有些高校教学质量下降，部分高校教师、教学设备、教学设施宿舍等严重缺乏，社会准备不足以及后来的大学生、研究生就业难等问题。

第二，实行"3+X"等高考改革。

1998年教育部提出，为了培养大批具有创新能力的人才，高考将进行内容与形式的改革，高考科目将实行"3+X"方案。所谓"3+X"是：语文、数学、外语为三个必考的科目；在高中必修的其余6科（政治、历史、地理、物理、化学、生物）中，高校可根据专业要求任定1—2科为考生选考科目，也可对考生进行偏于社会科学或偏于自然科学的综合考试。考生根据所报考学校的要求，决定参考科目，参考科目越多，可选报的志愿也越多。

1999年，广东率先开始实施高考课目设置和考试内容改革。

---

① 《陈至立在中宣部等五部委联合举办的系列报告会上指出　我国教育事业取得历史性成就》，《人民日报》2002年9月25日。

② 《教育部部长陈至立宣布　财政性教育经费占GDP比重达历史最高值（权威发布）》，《人民日报》2002年12月27日。

随后教育部作出决定，2000 年要精心组织广东、山西、吉林、江苏、浙江五省"3+X"科目改革试点，推进2001 年"3+X"试点工作。2001 年被批复进行试点的又增加了天津、内蒙古、辽宁、黑龙江、上海、福建、湖北、湖南、海南、四川、陕西、河南、安徽等 13 个省、区、市。

从考试内容改革方面看，在各科考试命题中将更加注重对考生能力、素质的考核。2000 年开始进行外语增加听力测试的试点。2000 年实现全国参加网上录取的省市数、高校数和录取学生数超过 50%。北京、天津、上海、重庆、四川、湖北、广西、辽宁、福建、云南、黑龙江、河北、山西、陕西、贵州等 15 个省区市将全部实施网上录取，江苏等省进行部分试点。① 2002 年，这一改革在全国范围内推行。

（三）实施人才强国战略

"文化大革命"刚结束，邓小平关于"尊重知识，尊重人才"的呼吁，可以说起到了"一言兴邦"之效。人才强国战略，是中共中央和国务院面对世界多极化趋势曲折发展，经济全球化不断深入，科技进步日新月异，人才资源已成为最重要的战略资源，人才在综合国力竞争中越来越具有决定性意义；面对 21 世纪头 20 年是中国全面建设小康社会、开创中国特色社会主义事业新局面的重要战略机遇期，人才问题已经成为关系党和国家事业发展的关键问题的重要时刻；为适应国内外形势的发展变化，完善社会主义市场经济体制，提高党的领导水平和执政水平，牢牢掌握加快发展的主动权；为把人才工作纳入国家经济和社会发展的总体规划，大力开发人才资源，走人才强国之路而采取的重

---

① 《普通高校今年招生 180 万人　比去年 20 万人，面向西部地区招生人数有较大增长》，《人民日报》2000 年 4 月 14 日。

大战略举措。

1. 人才强国战略的形成

对一个国家、一个民族而言，人才是最宝贵的资源。中国的伟大复兴关键要靠各方面的人才支撑。为大规模地培养人才，特别是造就跨世纪学科带头人，1993年国家教委决定结合"211工程"建设，组织实施一项国家教委启动人才培养计划：《跨世纪优秀人才计划》。其主要目标是到2000年在全国范围内培养造就一批具有较高学术水平和良好思想品德，事业心强，有组织能力的优秀年轻学科带头人。

在2001年3月九届人大四次会议批准的国家"十五"计划纲要中首次列专章提出了"实施人才战略，壮大人才队伍"① 的任务，突出强调了人才工作对经济建设和社会发展的重要作用，作出了"人才资源是第一资源"的科学论断，逐步确立了中国共产党和国家人才工作的基本思路和宏观布局，作出实施人才强国战略的重大决策。中共中央于2002年3月，下发《西部地区人才开发十年规划》等文件加强人才队伍建设。

2002年6月，中共中央下发《2002—2005年全国人才队伍建设规划纲要》（本节简称《规划纲要》），这个《规划纲要》总结了新中国成立以来，特别是改革开放以来中国人才队伍建设的主要成绩，明确了人才队伍建设的指导方针、目标任务和一系列政策措施，是中国第一个综合性的人才队伍建设规划，是全国人才工作的指导性文件。贯彻落实《规划纲要》，实施人才强国战略，对于适应中国加入世界贸易组织后的新形势，实现"十五"计划确定的宏伟目标，加快社会主义现代化建设，不断把建设有

---

① 《中华人民共和国国民经济和社会发展第十个五年计划纲要》（2001年3月15日第九届全国人民代表大会第四次会议批准），《人民日报》2001年3月18日。

中国特色社会主义事业推向前进，具有极其重要的意义。这也标志着"人才强国战略"的正式形成，中国人才队伍建设工作进入新的发展阶段。

2. 人才强国战略的推进

中共中央下发《2002—2005年全国人才队伍建设规划纲要》后，中共十六大报告明确指出，要"尊重劳动、尊重知识、尊重人才、尊重创造"，确立"四个尊重"的重大方针。大力营造鼓励人们干事业、支持人们干成事业的社会氛围，赋予人才观念以新的时代内涵。

2002年底中央召开的全国组织工作会议明确提出"党管人才"的方针。这对于保证人才强国战略的实施，巩固党的执政基础，提高党的执政能力，具有重大的现实意义和深远的历史意义。2003年5月22日至23日，中央政治局常委会和中央政治局召开会议，对人才工作进行研究讨论。会议强调，我们党在新世纪新阶段人才工作的紧迫任务是：适应全面建设小康社会的需要，抓住培养、吸引、用好人才三个环节，开发利用国内国际两个人才市场、两种人才资源，着力建设党政人才、企业经营管理人才和专业技术人才三支队伍，重点培养一批适应社会主义现代化建设和改革开放要求的高层次人才，创新人才工作机制，努力创造人才辈出、人尽其才的良好局面，把各类优秀人才集聚到党和国家的各项事业中来。

2003年，全国人才工作会议在北京举行。会议讨论了《中共中央、国务院关于进一步加强人才工作的决定》（本节简称《决定》）。2003年12月26日，中共中央和国务院正式颁布了这份文件。这是中共中央和国务院第一次专门就加强人才工作作出决定。《决定》根据新世纪新阶段人才工作的根本任务，坚持以人为本，坚持科学的人才观，对当前和今后一个时期的人才工作作了全面部署，是新世纪新阶段中国人才工作的行动纲领。《决定》站在全面建设小康社会、加快推进社会主义现代化建设的高度，作出了"人才资源是第一资源"① 的科学论断，逐步确立了党和国家人才工作的基本思路和宏观布局。

第一，在人才工作的根本目的上，提出坚持"以人为本"，把人才工作的出发点紧紧定位在"发展"，充分体现了人才工作的战略思维和世界眼光。第二，在人才工作的观念上，提出要树立科学的人才观，把品德、知识、能力和业绩作为衡量人才的主要标准，提出了不拘一格选拔人才的"四个不唯"标准：不唯学历，不唯职称，不唯资历，不唯身份。第三，在人才评价和使用上，提出要努力形成科学的人才评价和使用机制，建立由品德、知识、能力和业绩四要素构成的人才评价指标体系，强调党政人才评价重在群众认可，企业经营管理人才评价重在市场和出资人认可，专业技术人才评价重在社会和业内认可的评价方法。第四，在人才市场建设上，要遵循市场规律，建立和完善人才市场机制，强调要推进政府部门所属人才服务机构的体制改革，实现各类人才和劳动力市场联网贯通。第五，在人才激励机制上，提出以鼓励劳动和创造为根本目的，加大对人才的有效激励和保障。第六，在人才工作重点上，提出了着重培养造就高层次人才队伍，主要包括三类对象：一是忠诚实践"三个代表"重要思想、善于治党治国治军的政治家；二是熟悉国际国内市场、具有国际先进水平的优秀企业家；三是具有世界前沿水平的各领域高级专家。第七，在人才发展结构调整上，提出人才资源开发要与经济社会协调发展，按照"五个统筹"的要求，实行人才结构的战略性调整，优化人才资源配置，促进人才合理分布，发挥人才队伍的整体功能。第八，在人才工作领导力量上，阐述了党管人

---

① 《中共中央、国务院关于进一步加强人才工作的决定》（2003 年 12 月 26 日），《人民日报》2004 年 1 月 1 日。

才原则的深刻内涵，即党管人才主要是管宏观，管政策，管协调，管服务；提出了人才工作新格局：党委统一领导，组织部门牵头抓总，有关部门各司其职，密切配合，社会力量广泛参与。

实施人才强国战略，就是要努力造就数以亿计的高素质劳动者、数以千万计的专门人才、一大批拔尖创新人才，建设规模宏大、结构合理、素质较高的人才队伍，充分发挥各类人才的积极性、主动性、创造性，开创人才辈出、人尽其才的新局面，大力提升国家核心竞争力和综合国力，为全面建设小康社会、实现中华民族伟大复兴提供重要保证。

（四）重奖作出突出贡献的科技人员

1999 年 8 月，中共中央、国务院作出《关于加强技术创新，发展高科技，实现产业化的决定》。其中规定："特别设立国家最高科学技术奖，对在当代科学技术前沿取得重大突破或在科学技术发展中有卓越建树的，在技术创新、科技成果商品化和产业化中创造巨大经济效益或社会效益的杰出人才实行重奖。"[1] 1999 年，国务院对国家科技奖励制度进行了一次全面的改革，发布了《国家科学技术奖励条例》（后于 2003 年修订），该条例中规定，国务院设立国家科学技术奖，包括国家最高科学技术奖、国家自然科学奖、国家技术发明奖、国家科学技术进步奖以及中华人民共和国国际科学技术合作奖。条例规定，国务院科学技术行政部门负责国家科学技术奖评审的组织工作，国家设立国家科学技术奖励委员会，负责国家科学技术奖的评审工作；社会力量设立面向社会的科学技术奖，应当在科学技术行政部门办理登记手续，在奖励活动中不得收取任何费用。这些为贯彻"科技兴国战略"

---

① 中共中央文献研究室编：《十五大以来重要文献选编》（中），人民出版社 2001 年版，第 946 页。

采取的重大措施，体现了中华民族尊重知识、崇尚科学的精神，中国政府坚决实施科教兴国战略的决心。

1. 国家奖励"两弹一星"功臣

1999 年 9 月 18 日，在中华人民共和国成立 50 周年前夕，中共中央、国务院、中央军委决定，表彰为研制"两弹一星"（原子弹、导弹、人造地球卫星）作出突出贡献的科技专家并授予"两弹一星功勋奖章"。《中共中央、国务院、中央军委关于表彰为研制"两弹一星"作出突出贡献的科技专家并授予"两弹一星功勋奖章"的决定》指出："两弹一星"的研制成功，成为新中国社会主义建设伟大成就的重要标志，充分显示了中华民族的创造能力，在国内外产生了巨大而深远的影响。它有力地推动了国家经济建设，大大增强了国防实力，促进了中国科学技术的发展。它打破了超级大国的核讹诈和核垄断，奠定了中国在国际事务中的重要地位，振奋了国威、军威，极大地鼓舞了中国人民的志气，增强了中华民族的凝聚力。"两弹一星"的研制成功，培养和造就了一大批能吃苦、能攻关、能创新、能奉献的科技骨干队伍，为中国高新技术及相关产业的发展打下了坚实的基础。在"两弹一星"研制过程中积累的丰富经验和科学管理方法，已广泛应用于中国社会、经济和科技发展等各个领域；在"两弹一星"研制者身上体现出来的"热爱祖国、无私奉献，自力更生、艰苦奋斗，大力协同、勇于登攀"精神，已经成为全国各族人民宝贵的精神财富和不竭的力量源泉。40 多年特别是改革开放以来，在一代又一代科技工作者的不懈努力下，从研制"两弹一星"开始创立起来的中国高科技事业取得了长足的进步。①

---

① 《中共中央国务院中央军委决定表彰为研制"两弹一星"作出突出贡献的科技专家并授予"两弹一星功勋奖章"》《人民日报》1999 年 9 月 19 日。

9 月 18 日上午，中共中央、国务院、中央军委在北京隆重举行大会，中共中央政治局常委、全国人大常委会委员长李鹏主持大会。中共中央政治局常委、国务院总理朱镕基宣读了《中共中央、国务院、中央军委关于表彰为研制"两弹一星"作出突出贡献的科技专家并授予"两弹一星功勋奖章"的决定》。表彰为研制"两弹一星"作出突出贡献的 23 位科技专家，并授予于敏、王大珩、王希季、朱光亚、孙家栋、任新民、吴自良、陈芳允、陈能宽、杨嘉墀、周光召、钱学森、屠守锷、黄纬禄、程开甲、彭桓武"两弹一星功勋奖章"，追授王淦昌、邓稼先、赵九章、姚桐斌、钱骥、钱三强、郭永怀"两弹一星功勋奖章"。（以上排名按姓氏笔画为序）"这 23 位科技专家是人民共和国的功臣，是老一辈科技工作者的杰出代表，是新一代科技工作者的光辉榜样。"① 在欢快的乐曲声中，中共中央总书记、国家主席、中央军委主席江泽民来到主席台正中，为获奖人员颁发奖章和证书。全场响起热烈的掌声。江泽民总书记亲切地与参加奖励大会的获奖人员一一握手、合影留念。首都少先队员跑上主席台，把一束束鲜花献给这些为祖国作出突出贡献的功臣。在大会上，江泽民代表中共中央、国务院、中央军委，向荣获"两弹一星功勋奖章"的科技专家，表示衷心的祝贺，向为"两弹一星"事业作出贡献的所有科学家、科研人员、工程技术人员，广大干部、工人和解放军指战员，表示诚挚的慰问，向全力支持"两弹一星"事业发展的全国各族人民，致以崇高的敬意。中共中央、国务院、中央军委召开的"表彰为研制'两弹一星'作出突出贡献的科技专家大会"刚结束，受中央委托，全国政协副主席朱光亚，中

————————

① 《中共中央国务院中央军委决定表彰为研制"两弹一星"作出突出贡献的科技专家并授予"两弹一星功勋奖章"》，《人民日报》1999 年 9 月 19 日。

央军委委员、总装备部部长曹刚川，总装备部政委李继耐，立即驱车来到著名科学家钱学森的寓所，将中央授予的"两弹一星功勋奖章"送到钱学森手中。

2. 颁发国家最高科学技术奖

为了奖励在科学技术进步活动中作出突出贡献的公民、组织，调动科学技术工作者的积极性和创造性，加速科学技术事业的发展，提高综合国力，国务院制定《国家科学技术奖励条例》。1999 年 4 月 28 日国务院第 16 次常务会议通过该条例。该条例规定设立下列国家科学技术奖：（1）国家最高科学技术奖；（2）国家自然科学奖；（3）国家技术发明奖；（4）国家科学技术进步奖；（5）中华人民共和国国际科学技术合作奖。

2001 年 2 月 19 日，国务院作出关于 2000 年度国家科学技术奖励的决定，授予吴文俊、袁隆平 2000 年度国家最高科学技术奖。获得国家最高科学技术奖这一崇高荣誉的吴文俊、袁隆平两位院士，是中国科技工作者的杰出代表。该决定说："吴文俊院士在代数拓扑学领域的奠基性工作，半个世纪以来对国际数学领域的发展一直产生着广泛而积极的影响。他运用计算机进行数学定理证明和非线性方程组求解，彻底改变了数学机械化领域的面貌，为信息时代数学发展开辟了新途径。袁隆平院士突破经典遗传理论的禁区，提出水稻杂交新理论，实现了水稻育种的历史性突破。现在我国杂交水稻的优良品种已占全国水稻种植面积的50%，平均增产 20%。从推广种植杂交水稻以来，已累计增产稻谷 3500 亿公斤，产生了巨大的经济和社会效益。"[①] 2 月 19 日，中共中央、国务院在北京隆重举行全国科学技术奖励大会，中共中央总书记、国家主席、中央军委主席江泽民代表党和人民先后

---

① 《中共中央国务院隆重举行国家科学技术奖励大会》，《人民日报》2001 年 2 月 20 日。

向获得 2000 年度国家最高科学技术奖的中国科学院系统科学研究所研究员、中国科学院院士吴文俊和湖南杂交水稻研究中心研究员、中国工程院院士袁隆平颁发奖励证书和 500 万元奖金。

会上颁布了 2000 年度国家科学技术奖励获奖人选和项目。其中，获国家自然科学奖二等奖 15 项；获国家技术发明奖二等奖 23 项；获国家科学技术进步奖一等奖 22 项，二等奖 228 项。美国科学家潘诺夫斯基和印度科学家库西获中华人民共和国国际科学技术合作奖。江泽民等党和国家领导人还向获得国家自然科学奖、国家技术发明奖和国家科学技术进步奖的代表颁奖。

2002 年 2 月 1 日，中共中央、国务院在人民大会堂举行国家科学技术奖励大会。这次获得国家最高科学技术奖的两位院士，在科技创新和发展中取得了卓越的成就。"王选院士长期致力于文字、图形和图像的计算机处理研究，从 1975 年开始，研制国际上尚未商品化的第四代激光照排系统，应用自己的发明成果开发汉字激光照排系统，实现了报业和出版业的跨越式发展，创造了巨大的经济和社会效益。黄昆院士在固体物理学科做出了许多开拓性的重大贡献，对推动固体物理学的发展起了重要作用。他提出的与晶格中杂质有关的 X 光漫散射预言，被后来的实验所证实，可直接用于研究固体中的微观缺陷；他在晶格动力学领域的研究成果，对信息产业特别是光电子产业具有重要的指导意义。"① 会上，江泽民首先向获得 2001 年度国家最高科学技术奖的中国科学院和中国工程院院士、北京大学计算机科学技术研究所所长王选，中国科学院院士、中国科学院半导体研究所所长黄昆颁发奖励证书和 500 万元奖金。

会上颁布了 2001 年度国家科学技术奖励获奖人选和项目。

---

① 《在国家科学技术奖励大会上的讲话》（2002 年 2 月 1 日），《人民日报》2002 年 2 月 2 日。

其中，获国家自然科学奖二等奖 18 项；获国家技术发明奖二等奖 14 项；获国家科学技术进步奖一等奖 17 项，二等奖 174 项。德国科学家米夏埃尔·佩策特、美国杨又迪博士、瑞典科学家比约昂·艾利克·维尔汉姆·诺登斯强姆、加拿大毛焕宇博士、日本科学家黑田吉益、巴西若则·依斯拉尔·瓦加斯博士获中华人民共和国国际科学技术合作奖。江泽民等党和国家领导人在会上向获得国家自然科学奖、国家技术发明奖和国家科学技术进步奖的代表颁奖。

实施重奖科技人才，既展示了中国科技人才的贡献和科学技术事业的发展，也展现了中共中央和中国政府对科技事业的高度重视。

第七章　应对金融危机和重大考验

20 世纪 90 年代中期，中国正处于改革攻坚的关键阶段。经过全党和全国人民的努力，克服重重困难，经济实现了"软着陆"，中国保持着持续快速健康的发展势头。然而，1997 年下半年世界经济形势风云突变。7 月 1 日，中国刚刚收回香港主权，7 月 2 日，一场金融风暴首先从东南亚国家爆发并迅速波及全球，导致这些国家和地区严重的经济混乱，甚至引起一些国家激烈的政治动荡，同时也给中国的改革开放带来了种种新的困难，严重地影响了国民经济的发展。面对这一新出现的复杂局面，中共中央、国务院运筹帷幄，及时作出了一系列正确决策和部署，有效地抵御了亚洲金融危机的冲击，抑制了国内通货紧缩的趋势，保证了国民经济的持续快速健康发展。1998 年，中国长江、松花江、嫩江出现百年不遇的全流域特大洪水，中国人民同历史上罕见的大洪水展开了一场波澜壮阔的斗争，表现出气吞山河的英雄气概，取得了战胜特大洪水的全面胜利。1999 年，中国人民还进行了两场重大的政治斗争，一是针对以美国为首的北约轰炸中国驻南斯拉夫大使馆的野蛮行径，开展维护主权和民族尊严的坚决斗争；二是针对有人利用"法轮功"蛊惑人心，破坏社会稳定的有组织行为，进行及时揭批"法轮功"歪理邪说，取缔"法轮功"邪教组织，维护社会稳定的斗争。这两场重大政治斗争，有力地保证了改革开放和社会主义现代化建设的进行。

一、从容应对亚洲金融危机

20世纪90年代以来，世界经济危机的频繁发生特别是亚洲金融危机的突发说明，在世界经济全球化日趋发展，各国之间的经济联系日益紧密的当今世界，如何避免外部的冲击，维护国家的经济安全，已是各国发展面临的突出问题。中国在应对亚洲金融危机的实践，初步积累了这方面的经验。这对准备加入世界贸易组织（WTO）的中国进一步深化改革扩大开放，加快现代化建设具有极其重要的意义。

（一）亚洲金融危机爆发及对中国经济的消极影响

20世纪的后半期，作为后起的发展中国家和地区，东南亚一些经济实体在较短的时间内，实现经济起飞，快速走向现代化。然而，在经济较长期高速发展的过程中，东南亚国家普遍存在着经济发展过分依赖外资，金融秩序混乱，经济结构调整明显滞后等严重问题。在一段时期内，这些国家不但没有及时有效地解决上述问题，反而在金融监管机制不健全的时候，过快推行金融自由化，实行与美元挂钩的固定汇率制；又由于金融市场的过早开放，给国际投机资本大开了方便之门，1997年7月一场震撼世界的金融危机从这些国家突然爆发。

1. 亚洲金融危机爆发

亚洲金融危机于1997年7月2日始发于泰国。实际上国际投机资本从1996年初，就开始瞄准并盯上泰国金融这只"有了裂缝的鸡蛋"，与泰国中央银行展开了激烈的角逐。泰国中央银行奋力抵抗，双方你来我往，互不相让。国际投机者进一步集中力量向泰铢（泰国货币）发起猛攻，泰国于7月2日被迫宣布放弃维持了长达十四年之久的固定汇率制。泰铢和美元脱钩，实行浮动汇率制。泰铢随即大幅度贬值，从而在泰国这个被誉为"亚洲小虎"的国家爆发了一场规模空前的金融危机。

国际投机资本在泰国得手后，目标转向东南亚其他国家和地区。在短短的一个多月时间里，金融危机迅速蔓延到印度尼西亚、马来西亚、菲律宾等国，经济基础较好的新加坡也受到了冲击。这些国家的股市、汇市纷纷大幅下跌。金融风暴横扫东盟主要国家后，10月中旬开始扩散到中国的台湾和香港地区。10月17日，中国台湾的所谓"央行"放弃对汇市的干预，宣布将由市场供需决定新台币价格。

在泰铢、印尼盾（印尼货币）等相继大幅贬值后，主权刚刚回归中国的香港成为国际投机者的主要进攻目标。从1997年10月至1998年8月，国际资本投机者利用汇市、股市、期货和现货等多个市场，数次狙击港元，尤以1998年8月最为激烈。"在8月初的两个星期内，他们分别在纽约、悉尼、伦敦和香港共抛售60多亿美元的港元。"① 香港特区政府依据基本法及外汇基金的条例，动用外汇基金，连续10个交易日在股票和期货市场采取适当行动，终于守住恒生指数和期货指数在7800点的关口。特区政府随即公布了7项技术性措施，以及规范香港证券及期货市场纪律的30条措施。这一切清楚地表明了特区政府维持联系汇率制度的决心，进一步增强了货币及金融系统抵御国际投机者跨市场操控的能力。② 这次香港特别行政区政府与国际炒家的金融决战进入白热化。其规模之大，程度之猛，前所未有。1998年

---

① 《逆境自强——一九九八年香港整体经济回顾》，《人民日报》1999年1月12日。

② 《逆境自强——一九九八年香港整体经济回顾》，《人民日报》1999年1月12日。

8月28日，是香港恒生指数期货8月合约的结算日，也是香港政府打击以对冲基金为主体的国际游资操控香港金融市场的第10个交易日。双方经过前几个交易日的激烈搏杀后，迎来了首次决战。上午10点整开市后仅5分钟，股市的成交额就超过了39亿港元。半小时后，成交金额就突破了100亿港元，到上午收市时，成交额已经达到400亿港元之巨，接近1997年8月29日创下的460亿港元日成交量历史最高纪录。下午开市后，抛售有增无减，成交量一路攀升，但恒指和期指始终维持在7800点以上。随着下午4点整的钟声响起，显示屏上不断跳动的恒指、期指、成交金额最终分别锁定在7829点、7851点、790亿上。经过激烈的角逐，香港捍卫了联系汇率制度、维持了金融市场稳定，取得了香港金融保卫战的胜利。

进入11月后，金融危机开始转到韩国和经济大国日本，东南亚危机转变成整个东亚的危机。1998年8月，俄罗斯和巴西等拉美一些国家的金融危机相继爆发，国际金融市场再次动荡，并波及中东和北非。这表明亚洲金融危机的影响已超越地区范围，具有全球性，成为第二次世界大战以来持续时间最长、波及范围最广、影响最深的金融危机。危机经历了由南往北，一波未平、一波又起，不断扩散、不断冲击、跌宕起伏的发展态势。亚洲金融危机的严重程度及其影响的深度和广度超出人们的预料，它不但对持续高速增长的亚洲经济造成了严重冲击，使受害国货币贬值、资产缩水、经济滑坡、股市狂跌，从而引起人民生活水平的下降，而且引发全球股市的严重动荡，使世界经济增长速度放慢。有些国家甚至出现政治危机，印尼等国政府更替。

2. 金融危机对中国经济的影响

中国是这场金融危机主要受害国的近邻，同这些国家的经贸关系比较密切，因此，中国不可避免地受到亚洲金融危机的影响和冲击。

金融危机影响了中国的对外贸易。主要在如下方面：一是亚洲国家和地区占中国出口总额的11%。由于这些国家及地区货币贬值，经济困难，资金紧张，又采取经济紧缩政策，减少开支，市场需求减少，以亚洲为出口目的地的中国出口企业和外商投资企业，出口大幅度减少。二是中国出口产品种类、结构与亚洲特别是东南亚国家地区的出口产品种类、结构有很大的相似性，如电子、纺织、服装、玩具、鞋帽等，在危机中，东南亚各国纷纷实行货币贬值政策来增加其产品的竞争力，在共同的第三国出口市场，中国的出口产品遇到强有力的竞争。三是贸易保护主义抬头使中国出口更加困难。1998年5月，中国外贸出口一度出现负增长，到1998年中国全年外贸进出口总额为3240亿美元，比上年下降0.3%左右，① 使得自1994年以来，净出口增长是支持经济增长重要力量的地位受到严峻挑战。

金融危机影响了中国引进外资。中国与东亚地区新兴市场经济国家和地区在利用外资等方面存在着密切的联系。亚洲金融危机使危机国货币贬值、股市下跌、国内动荡。在这种情况下，势必会减少对华直接投资，使中国引进外资的难度加大。其消极影响主要有：第一，由于亚洲是中国外商投资的主要资金来源地之一，金融危机使中国利用外资来源地总体经济受损，该地区企业的对华投资规模明显下降。第二，亚洲金融危机爆发后，国际资本对发展中国家的风险预期明显提高，对发展中国家的投资意愿明显降低。一些外商对于是否在中国投资举棋不定，采取观望态度。这必然会影响中国利用外资的增长速度。第三，亚洲金融危机爆发后，香港股市动荡不稳，内地企业利用香港股市筹集资金遇到困难。

---

① 刘国光主编：《中国十个五年计划研究报告》，人民出版社2006年版，第616页。

亚洲金融危机使中国经济发展的整体环境相对变差。现代世界经济日趋全球化和一体化，任何一个国家和地区经济发展都离不开全球经济发展的支撑。危机使全球经济特别是亚洲发展受到影响，全球经济增长速度放慢，必然会影响到中国经济的整体发展。亚洲金融危机的不断深化和蔓延给中国进出口贸易和利用外资造成严重困难，加剧了国内有效需求不足的矛盾。中国出现了经济增长速度持续走低，物价不断下降，需求不振，出口低迷的通货紧缩局面。"从1997年10月份算起，到1998年12月份，物价（社会商品零售价格）指数连续15个月下降，是改革开放以来未曾出现过的现象。"①

在外有亚洲金融危机的冲击，内有改革攻坚巨大压力的重大历史关头，中共中央和国务院能不能驾驭复杂的经济局面，中国能否成功应对这场亚洲金融危机，一时间，中国的经济安全形势成为世人注目的焦点。

（二）从容应对金融危机的举措

面对这场突然爆发的金融危机，中共中央、国务院适时地提出了："坚定信心，心中有数，未雨绸缪，沉着应付，埋头苦干，趋利避害"② 的方针。为成功应对危机提供了指导思想，并采取了扩大国内需求，实行积极的财政政策和稳健的货币政策，加强基础设施建设，保持人民币汇率稳定等重大措施，中国成功地应对了金融危机，继续保持经济增长的势头。

1. 未雨绸缪防患于未然

亚洲金融危机爆发前，中共中央和国务院对中国金融领域的

---

① 刘国光主编：《中国十个五年计划研究报告》，人民出版社2006年版，第617页。

② 《江泽民文选》第2卷，人民出版社2006年版，第101页。

风险保持高度的警觉，并未雨绸缪，采取了一系列防患于未然的治理措施。从 1993 年开始，中共中央和国务院在推动经济持续高速增长的同时，为防范金融危机的发生，及时出台政策措施，"约法三章"，加强宏观调控。面对经济高速发展中出现的金融秩序混乱状况，根据李鹏总理的提名，八届全国人大常委会第二次会议任命中共中央政治局常委、国务院副总理朱镕基担任中国人民银行行长。这个举措非同寻常。新上任的朱镕基，在中共中央和国务院支持下，采取果断措施对金融秩序混乱状况进行果断治理，为防范出现金融风险做了准备。

从 1996 年开始，中共中央和国务院多次研究经济安全和防范金融风险的问题。1996 年 1 月在北京举行的全国金融工作会议上，中共中央和国务院把"加大金融监管力度，切实防范金融风险，维护金融业的合法稳健运行"① 作为 1996 年金融工作的主要任务来抓。1996 年 8 月、1997 年 2 月，江泽民亲自听取了金融工作汇报，深刻阐述了金融在建立社会主义市场经济中的地位和作用，号召广大党政干部学习金融基础知识，增强防范金融风险的意识。1997 年 1 月，在北京召开的全国金融工作会议上，中央就深化金融改革、整顿金融秩序、防范和化解金融风险作了进一步的周密部署。3 月，在全国人民代表大会开会期间，党和国家领导人，特别是朱镕基副总理兼人民银行行长明确提出 1997 年为"防范金融风险年"。朱镕基强调："金融系统 1997 年要大力开展'整顿金融秩序，防范金融风险年'活动，争取在今后的几年里，使银行的不良贷款率每年降低 2%，对达不到这个要求的银行，

---

① 中共中央党史研究室：《中国共产党新时期历史大事记》(1978.12—2002.5)，中共党史出版社 2002 年版，第 449 页。

要追究该银行行长的责任。"① 这既体现了中共中央和国务院的战略预见，也体现了防范金融风险的决心和意志。特别是朱镕基大刀阔斧、雷厉风行的工作作风，也推进了防范金融风险措施的落实。

经过三年多的治理整顿，中国的金融秩序明显好转，国民经济运行出现了"高增长，低通胀"的良好态势，实现了"软着陆"。1997 年亚洲危机一爆发，面对极其复杂的国内外经济形势，中共中央、国务院高瞻远瞩，运筹帷幄，及时提出了"坚定信心，心中有数，未雨绸缪，沉着应付，埋头苦干，趋利避害"② 的总方针，果断作出了维护人民币汇率稳定，扩大内需、深化金融体制改革等决策和措施，有力地化解了金融危机的影响和冲击。

正是这种敏锐的观察，果断的决策，坚决的措施，使中国在金融风暴到来之前，已经具备了相当的防范抵御能力，为抵御这场突然来临的亚洲金融危机打下了一定的基础。

2. 坚持人民币不贬值

亚洲金融危机爆发后，东南亚许多国家的货币相继大幅度贬值，这使中国面临着人民币贬值的巨大压力，人民币汇率稳定成为世界关注的焦点。1998 年世界贸易组织的一份分析报告曾预测，人民币可能贬值。西方一些媒体也猜测：1998 年底，人民币要贬值。

在巨大的压力面前，中国领导人审时度势，高瞻远瞩，多次在不同的场合向世界庄严承诺：人民币不会贬值。中国政府作出人民币不贬值的承诺，是在权衡利弊、深思熟虑的基础上，既从

---

① 《朱镕基在福建西藏代表团参加审议时指出 切实加强对金融风险的防范》，《人民日报》1997 年 3 月 6 日。

② 《江泽民文选》第 2 卷，人民出版社 2006 年版，第 101 页。

中国自身的现实利益出发，又考虑到维护亚洲经济稳定的郑重选择。首先，中国国内经济增长，物价稳定，国际收支顺差，此外还有 1400 多亿美元的外汇储备，具有维护人民币汇率稳定的实力。其次，中国维护人民币汇率稳定，还基于以下考虑：第一，人民币贬值会动摇人们对中国经济的信心。如果人民币贬值，国际国内对中国经济的信心将会动摇。在这种情况下，不仅外资流入会停止，而且可能出现资本外逃，国内经济运行很快会陷入混乱。第二，人民币贬值必然会引起亚洲国家新一轮的货币贬值浪潮，不利于中国自身的长远利益。中国入 WTO 的进程也将受到一定程度的影响。第三，人民币贬值会提高中国的进口成本，还是会给占中国外贸半壁江山的加工贸易带来较大困难。人民币贬值给出口产品带来的"正效应"很快就会被周边其他国家进一步货币贬值所带来的负效应所抵消。第四，人民币贬值会加大香港联系汇率制的压力，不利于香港的金融稳定。

正是基于以上考虑，11 月 29 日，朱镕基在会见新西兰总理博尔格时表示，"中国人民币币值是稳定的，实际上是稳中有升。面对东南亚国家的货币贬值，中国将采取许多措施来提高商品出口和吸引外资的竞争力，而不会也无须采取使人民币贬值的方法。"[①] 这是中国政府第一次公开宣布人民币汇率不贬值。江泽民在 1997 年 12 月 24 日会见全国外资工作会议代表时明确表示："我们的人民币不会贬值，我们能够继续保持对外资的吸引力"[②]，并讲了六点理由。随后，中国领导人李鹏等也在出访欧洲时强调：人民币不会贬值。我们的承诺是认真的，我们将信守

① 《朱镕基会见博尔格》，《人民日报》1997 年 11 月 30 日。
② 《江泽民文选》第 2 卷，人民出版社 2006 年版，第 92 页。

这一承诺，因为我们可以做到这一点。① 在 1998 年 3 月九届全国人大一次会议举行的记者招待会上，朱镕基把"人民币不能贬值"列为新一届政府工作"一个确保"任务中的重要内容。

3. 维护人民币汇率稳定的措施

人民币贬值的压力主要是因为中国外贸出口和利用外资受到了很大的冲击，加大了人们对人民币贬值的市场预期。中国政府一方面顶住国内的巨大压力，多次宣布人民币不贬值，另一方面采取了一系列维护人民币汇率稳定的措施：

第一，千方百计扩大出口，积极有效利用外资。

1998 年 3 月，新任国务院总理朱镕基在国务院第一次全体会议上指出，要努力扩大出口，稳定吸收外资规模。这对实现经济增长百分之八的目标，保持人民币汇率稳定具有重要意义。国家在扩大出口方面采取的主要措施有：（1）努力优化出口商品结构，实施市场多元化战略；（2）深化外贸企业改革，充分挖掘潜力，提高出口商品质量和加工深度，降低成本，增强市场竞争力，扩大生产企业自营出口权，配额分配向生产企业倾斜；（3）扩大出口信贷规模，进一步完善出口退税制度，加快出口退税进度。在吸引外资方面，1997 年 12 月，国务院召开全国外资工作会议，对进一步扩大对外开放，提高利用外资水平作出了全面部署。从 1998 年 1 月 1 日起，国家陆续出台了一些鼓励外商投资的税收优惠政策。1998 年 4 月 14 日，中共中央、国务院出台了《关于进一步扩大对外开放，提高利用外资水平的若干意见》，意见提出了进一步优化外商投资产业结构、扩大外商投资领域、完善外商投资的地区布局、改善投资环境等要求。以上措施的实施，使中国克服了出口和利用外资多年未曾遇到的困难，逐步扭

---

① 《李鹏总理访问卢森堡取得丰硕成果　在卢森堡与容克首相共同会见记者》，《人民日报》1998 年 2 月 15 日。

转了出口和利用外资下滑的局面，避免了对外贸易和利用外资出现大的波动，改善了宏观经济的基本面，有效地缓解了人民币贬值的压力。

第二，加强外汇外债管理，促进国际收支平衡。

1998 年 5 月 26 日，中国人民银行下发了《关于改进金融服务、支持国民经济发展的指导意见》的通知，要求各银行严格执行国家结售汇的有关规定，为客户依法办理外汇的买卖和支付。对经常项目下的购汇和支付，必须严格审查有关的真实凭证后方可办理；对资本项目下的购汇和支付，必须凭国家外汇管理局的批件，严格把关。1998 年 9 月 14 日，国务院发出通知，要求进一步加强外汇外债管理，开展全国外汇外债检查。通知要求各地及各有关部门严厉打击逃套汇行为和外汇黑市，加强反骗汇工作。要求从严控制外债规模，加强资本项目外汇管理。国家对全国外债总量和结构实行统一监管，保持外债的合理规模和结构等。1998 年 12 月，江泽民在中央经济工作会议上又进一步提出了要在加强进出口贸易和国际资本流动管理的基础上，保持国际收支基本平衡，来保持人民币汇率稳定的要求。以上措施的实行，维护了正常的外汇收支秩序，保持了外债的合理规模和国际收支的基本平衡，对维护人民币汇率稳定发挥了积极的作用。

第三，协调好本、外币存款利率的关系。

1998 年，中国人民银行三次下调利率，使人民币存款实际利率一直保持适度高于美元存款利率的态势，避免外来资本套汇套利行为。协调好本、外币利率关系对坚定公众对人民币信心，维护人民币汇率稳定具有十分重要的意义。经过以上努力，自 1997 年亚洲金融危机爆发以来，人民币兑换美元的汇率基本稳定在 1 美元兑换 8.28 元人民币左右。在周边国家货币大幅贬值，市场预期人民币下调的情况下，人民币汇率不仅没有下降，相反还继续保持稳中趋升的走势。到 2000 年 12 月 29 日，人民币对美元汇率为 1 美元兑 8.2774 元人民币。

第四，顾全大局、共渡难关。

亚洲金融危机爆发之初，美国虽然在言辞上表示不安和关注，但迟迟无实际行动，只是当危机开始席卷韩日，危及其自身利益时，才从隔岸观火转为开始救援。日本在金融危机爆发后不久，不仅采取袖手旁观的态度，而且在某种程度上纵容日元也加入货币贬值的行列，从而向外部转嫁其经济增长的压力。与此形成鲜明对比的是，亚洲金融危机爆发后，中国国家主席江泽民、总理朱镕基、中国人民银行和财政部等宏观调控部门的负责人，从中国自身经济发展和亚洲经济复苏的整体利益出发，在会见外宾、参加国际会议、接受媒体采访等不同场合，多次郑重承诺"人民币不贬值"，减轻了亚洲国家的压力，避免了亚洲金融危机的进一步扩大。

在外有亚洲金融风暴的冲击，内有百年不遇的特大洪涝灾害吞噬着千万人的家园的严峻时刻，作为一个同样受到金融危机影响的发展中国家的中国还拿出 40 多亿美元的资金支援受金融危机影响最重的亚洲国家。这充分显示了中国是一个负责任的大国，中国在亚洲经济乃至世界经济发展中举足轻重的地位。1998年 2 月，江泽民在中共十五届二中全会上指出，保持人民币汇率稳定，"这不仅关系人民群众的信心和经济社会的稳定，也是对香港金融稳定的有力支持，对亚洲和世界经济稳定也是一个重要贡献"①。1998 年 4 月，朱镕基总理多次明确表示人民币不会贬值。中国在亚洲金融危机中所表现的顾全大局的大国风度，赢得了世界的普遍好评，也为整个世界、特别是亚洲国家渡过金融危机作出了贡献。

---

① 《江泽民文选》第 2 卷，人民出版社 2006 年版，第 103 页。

4. 实施扩大内需的政策

亚洲金融危机和 1998 年夏季的特大洪涝灾害，给实现经济增长目标增添了难度。在这种情况下，能不能把 1997 年出现的"高增长，低通胀"的好势头保持下去，成为 1998 年后中国改革和发展面临的重大考验。

1997 年下半年，中共中央、国务院多次听取有关部门的汇报，要求密切注意，认真研究亚洲金融危机给中国经济带来的影响。根据江泽民总书记批示，春节前夕，当时主管经济工作的朱镕基副总理部署国家计委牵头进行研究，提出要加大基础设施建设投入、支撑经济持续快速增长的政策建议。1998 年春节后不久，中共中央、国务院很快批准并转发了《关于应对东南亚金融危机，保持国民经济快速健康发展的意见》，并以中共中央 1998 年 3 号文件下发。

1998 年 2 月，江泽民在中共十五届二中全会上谈到 1998 年经济工作时指出，为了保持经济的增长速度，要努力扩大内需，发挥国内市场的巨大潜力。1998 年 3 月，第九届全国人大第一次会议通过的《政府工作报告》在提出继续实行适度从紧的货币政策和财政政策的同时，也提出了要"改善金融调控方式，注意适时适度微调"的建议。随后，新当选国务院总理的朱镕基在人大会议结束后的记者招待会和 4 月江泽民在重庆考察工作发表的讲话中，都分别提出了为确保 1998 年国内生产总值增长 8% 的目标，要扩大内需的思想。这说明中共中央和国务院开始逐步调整 1996 年八届人大四次会议确定的在"九五"期间实行适度从紧的财政政策和货币政策。

《关于应对东南亚金融危机，保持国民经济快速健康发展的意见》（中央 1998 年 3 号文件）下发后，各地区、各部门认真贯彻落实，有力地促进了国民经济的健康发展。但是亚洲金融危机发展对中国国民经济的影响程度，比预料的更为严重。由于外贸出口增长速度回落和国内需求对经济拉动的力度不够，1998年上半年经济增长速度出现放缓的趋势，离实现确保经济增长8%的目标难度还很大。7月中旬，中共中央、国务院听取了国家计委关于上半年经济运行情况及下半年工作的汇报，决定转发《国家发展计划委员会关于今年上半年经济运行情况和下半年工作建议》，形成了中共中央1998年12号文件，提出了采取更加有力的措施，实施更加积极的财政政策，加大基础设施建设力度，大力拓展消费领域，继续扩大国内消费需求的建议。

中共中央1998年3号和12号文件，明确提出了扩大内需的政策方针和一系列有关的具体措施，从而把1993年以来的适度抑制需求扩张的政策基调，转变到以积极的财政政策为主要内容，以扩大内需为着力点的宏观经济政策上来。

5. 实行积极的财政政策

为了应对亚洲金融危机的冲击和国内需求不足的矛盾，避免可能出现的经济滑坡，从1998年起，中共中央和国务院开始实行积极的财政政策。1998年8月，国务院在提交九届全国人大常委会第四次会议通过的《关于批准国务院增发今年国债和调整中央财政预算方案的决议》的议案提出，要实行更加积极的财政政策，主要从投资和消费两个方面扩大国内需求，拉动经济增长。实行积极的财政政策。实行积极的财政政策主要包括两个方面的内容：第一，增加固定资产投资，培植新的经济增长点。为了加大基础设施投资力度，国家有关部门调整了原有的投资建设计划或规划。增加投资的重点是农林水利建设和铁路、公路、通信、环保等基础产业和基础设施建设。第二，增加居民收入，拉动消费需求。消费需求是经济增长的最终拉动力。扩大国内需求，开拓国内市场，必须实施投资和消费的双项启动，并把内需的扩大落实到最终消费的增长上，才能从根本上促进生产规模的扩大，保证增加的投资取得预期效益，为经济增长提供持久的动力。

1998 年 12 月，中共中央召开了经济工作会议，会议对 1999 年经济工作提出了总体要求：高举邓小平理论伟大旗帜，深入贯彻落实党的十五大和十五届三中全会精神，继续推进改革开放，把扩大国内需求作为促进经济增长的主要措施，稳定和加强农业，深化国有企业改革，调整经济结构，努力开拓城乡市场，千方百计扩大出口，防范和化解金融风险，整顿经济秩序，保持国民经济持续快速健康发展和社会全面进步。会议强调全党和全国要"统一思想、坚定信心，抓住机遇、知难而进，团结一致、艰苦奋斗"。[①] 江泽民指出："经济发展的最终目的是满足人民群众日益增长的物质文化生活需求。目前，我国经济发展越来越受到市场约束。消费需求是最终需求。如果消费需求上不去，投资也难以发挥效益。要把促进消费需求的增长作为拉动经济增长的一项重大措施，使投资和消费双向启动。要千方百计地开拓城乡市场，特别是农村市场。努力增加农民收入，提高城市低收入阶层的收入水平，增加市场购买力。做好不同地区、不同阶层消费需求的调查研究，增加适销对路产品的生产，培育新的消费热点，拓宽消费领域。增加个人支出或增加个人支出预期的改革措施，要把握出台时间，不要集中在一起，鼓励和引导城乡居民增加消费支出。"[②]

为了拉动消费，中共中央和国务院主要采取了以下措施：一是增加城镇中低收入家庭的收入，直接扩大消费。从 1999 年 7 月 1 日起，将国有企业下岗职工基本生活费水平、失业保险金水平、城镇居民最低生活保障水平提高 30%；增加机关事业单位在职职工工资和离退休费；提高国有企业离退休人员养老金标准；

---

① 《中央经济工作会议在京召开》，《人民日报》1998 年 12 月 10 日。

② 中共中央文献研究室编：《十五大以来重要文献选编》（上），人民出版社 2000 年版，第 659—660 页。

补发拖欠的国有企业离退休人员统筹项目内的养老金；提高部分优抚对象抚恤标准等。落实这些措施，国家财政共支出 540 多亿元，使全国 8400 多万人受益，从而提高了广大居民的购买力，刺激消费。二是采取大幅度扩大高校招生、推行消费信贷、增加法定节假日，利用五一、国庆、春节长假带动旅游消费等措施，培育了新的消费热点，拓宽了消费领域，有力地促进了消费需求的增长。

1998 年 8 月，经全国人大常委会批准，对年初的财政预算进行重大调整，增发 1000 亿元长期建设国债用于基础设施建设，力求 1998 年投资增长率达到 15%。1999 年根据经济运行出现的新情况，继续实行积极的财政政策。在年初安排发行 500 亿元国债的基础上，又增发 600 亿元国债，在进一步加快基础设施建设的同时，加大企业技术改造的力度，促进技术进步和产业升级，加强环保和生态建设，增加对教育、文化基础设施的投入。

为了扩大内需，解决地区经济发展不平衡和东西部人民收入水平差距过大等重大问题，1999 年 11 月，中央经济工作会议正式布置实施西部大开发战略。西部大开发战略的核心就是扩大对西部的投资。其中以基础设施投资为主。2000 年原定发行 1000 亿元国债，重点投向水利、交通、通信等基础设施建设，科技与教育设施建设，环境整治及企业技术改造，并开始实施西部大开发战略。2000 年 3 月九届全国人大三次会议决定，2000 年国家计划把国债投资和国家拨款的 70% 投向中西部。2000 年上半年国民经济出现重大转机后，中共中央、国务院预见到经济发展面临的新挑战，再次增发 600 亿元国债，支持经济增长。

事实充分说明，中央在亚洲金融危机造成的动荡不安的国际经济形式下，立足国内，实行扩大内需、稳健的货币政策和积极的财政政策，努力开拓国内市场的政策是正确的，它不仅解决了中国国内有效需求不足的矛盾，而且也有力地拓展了中国在国际经济合作与竞争中的回旋余地。江泽民在 1998 年中央经济工作会议上指出："我国是一个人口大国，又是一个发展中国家。在由温饱向小康、进而实现现代化的历史进程中，各方面的需求潜力十分巨大，这是我们的优势所在。我们有必要也有条件把经济发展建立在主要依靠国内市场的基础上"①。所以，扩大内需不仅是应对亚洲金融危机的一种权宜之计，而且也是适应中国经济新的成长阶段需求的战略抉择，是保证今后中国经济持续快速健康发展的一项长期战略方针。

6. 实行稳健的货币政策

1998 年，中国在实行积极的财政政策的同时，还实行稳健的货币政策。针对 1998 年第一季度经济启动缓慢，投资、消费偏冷等新情况，中央银行货币政策微调频率不断加大，4 月以后陆续制定并发布了关于改革金融服务指导意见、个人住房贷款管理办法，增加对中小企业的信贷支持等文件、通知，督促商业银行在防范风险的前提下加快贷款进度，将资金重点投向基础设施建设方面以及开展住房、汽车等消费信贷业务。下半年配合国家实施积极的财政政策，增发 1000 亿元国债，商业银行又相应增加了 1000 亿元配套贷款。货币政策的一再松动，银行贷款的大量投放，有力地支持了经济的增长。②

中央银行在执行稳健的货币政策方面主要采取了以下措施：第一，适当增加货币供应量，加大对经济发展的支持力度。1998 年 1 月中国人民银行取消对国有商业银行的贷款限额控制，实行资产负债比例管理。1998 年和 1999 年中国人民银行先后四次下

---

① 中共中央文献研究室编：《十五大以来重要文献选编》（上），人民出版社 2000 年版，第 659 页。

② 《一心保增长全力防风险——1998 财金回放》，《人民日报》1999 年 1 月 4 日。

调金融机构存、贷款利率。努力保证金融稳定，有力地支持了基础设施建设和农村经济发展。第二，通过政策法规和"窗口指导"，引导贷款投向，促进经济结构调整。新增贷款主要用于住房和消费信贷、国家基础设施建设和农业贷款方面，有力地刺激了消费需求。

为应对金融危机，1999 年 3 月 18 日，朱镕基在《政府工作报告》中再度强调："要实行稳健的货币政策，适当增加货币供应量，把握好金融调控力度，保持人民币币值稳定。银行既要坚持商业信贷原则，保证贷款质量，防范金融风险；又要努力改进金融服务，拓宽服务领域，运用信贷杠杆，促进扩大内需和增加出口，积极支持经济增长。"[①] 1999 年实行稳健的货币政策被写入政府工作报告，成为国家的一项重要经济政策。稳健的货币政策的一个核心内容就是充分利用货币政策，加大对经济发展的支持力度。

7. 继续深化金融体制改革

中共十五大后，中共中央、国务院把深化金融改革和整顿金融秩序，防范和化解金融风险，保证金融安全、高效、稳健运行摆在突出位置，作为经济工作的一项重要而紧迫的任务来抓，这是通观全局、审时度势作出的重大决策和战略举措。

1997 年 11 月，中共中央、国务院召开全国金融工作会议。各省市区主要负责人、主管金融工作的领导都参加了会议。江泽民、李鹏、朱镕基同志发表重要讲话，这是新中国成立后第一次由中共中央、国务院主持召开的最高规格的全国金融工作会议，会议讨论了改革和整顿金融业的十五条措施，会议要求，"力争用三年左右的时间，大体建立与社会主义市场经济发展相适应的

---

① 朱镕基：《政府工作报告——1999 年 3 月 5 日在第九届全国人民代表大会第二次会议上》，《人民日报》1999 年 3 月 18 日。

金融机构体系、金融市场体系和金融调控监管体系，显著提高金融业的经营和管理水平，基本实现全国金融秩序明显好转。"①1997年12月中央经济工作会议确定了1998年经济工作的总体要求和工作重点与主要任务，再次提出了深化金融体制改革的任务。1998年3月19日，新当选的国务院总理朱镕基在九届全国人大一次会议举行的记者招待会上指出，要在三年内彻底改革金融系统，中央银行强化监管、商业银行自主经营的目标要在20世纪末实现。②1998年是以防范和化解金融风险、加强金融监管为首要任务的新一轮金融体制改革开始，是改革开放以来把金融改革推向深入的重要年份，在中国金融改革史上，占有极其重要的地位。中国主要采取了以下深化金融改革的措施：

第一，成立中共中央金融工作委员会和金融机构系统党委。

1998年6月中共中央金融工作委员会成立，简称金融工委。中央金融工委是中共中央的派出机关，它的职责是领导、保证、管理、监督、协调。领导，就是领导金融系统党的建设工作。主要是讨论决定金融系统党的建设方面的重要工作和重大问题，紧紧围绕党的中心任务，联系金融系统的实际，全面加强党的思想建设、组织建设和作风建设。金融工委坚持党要管党和政企职责分开的原则，不领导金融业务，支持中国人民银行、中国证监会在国务院领导下依法独立履行职责，维护国有商业银行和其他金融机构独立法人地位。人民银行、证监会和各大金融机构行政领导要依照法律和国务院有关规定赋予的职权，领导和组织金融业务工作。保证，就是保证党的路线、方针、政策和中共中央、国务院的有关指示、决定在金融系统贯彻落实。管理，就是协助中

---

① 中共中央党史研究室著：《中国共产党新时期历史大事记》（1978.12—2002.5），中共党史出版社2002年版，第504页。

② 《朱镕基总理等答中外记者问》，《人民日报》1998年3月20日。

央组织部做好金融系统中央管理干部的管理工作。监督，就是监督金融系统各级领导班子和领导干部贯彻执行党的路线、方针、政策和遵纪守法、清正廉洁。① 中央金融工委书记由中共中央政治局委员、国务院副总理温家宝担任。同时，还成立中央金融纪工委和金融机构纪委。中央金融纪工委是中央纪委的派出机构，在中央纪委和金融工委的双重领导下，负责纪律检查工作。这两个部门的成立不仅加强了金融系统党组织的垂直领导，进一步完善金融系统党的领导体制，而且有助于金融系统防范和化解金融风险、支持国民经济发展这两项重大任务的完成和落实。

第二，改革中国人民银行管理体制。

1998年中国人民银行总行进行机构改革。中国人民银行内部机构由改革前的24个司局级机构缩减到13个职能司，避免了过去多头监管，重复设置，从而保证了监管责任的落实，提高了监管效率。中国人民银行还进行了管理体制的重大改革，撤销了31个省级分行。中国人民银行选择在上海、广州、沈阳、武汉、成都、天津、济南、西安、南京设置了9个跨省（自治区、直辖市）的大区分行。在这9个经济和金融比较发达的城市设置跨省区分行的同时，在不设分行的省会城市设立金融监管办事处，撤销在同一城市重复设置的分支机构，并且异地选派九大区分行行长，体现了精简、高效，依据金融监管业务量而非地域面积设置的原则和特点，使构建新体制的改革取得了标志性的突破。重新确立了总行与分支行的职责分工，克服了以往的体制弊端，增强了中央银行金融监管的功能。

第三，实行银行、证券、保险的分业经营和分业监管。

1998年11月，中国成立了中国保险监督管理委员会。同时，

---

① 《建立和完善现代金融体系的重大举措　中共中央金融工委正式成立》，《人民日报》1998年6月23日。

把对证券机构的监管权由中国人民银行划转中国证券监督管理委员会，这不仅标志着中国保险业发展进入了一个新阶段，而且标志着中国银行业、证券业、保险业三业的分业经营和分业监管体制正式建立。1998 年证券监管体制实行了重大改革，"初步建立了集中统一、垂直领导的新监管体系。对非法股票交易场所、证券经营机构、期货市场、证券交易中心等四方面进行了清理整顿。18 个省市的 42 个场外交易场所基本清理完毕，期货交易所也从 14 家减为 3 家，600 家期货兼营机构已经停止了代理业务并清退了保证金。此外，证券市场的法制建设取得重要进展，共处理各类违规案件 163 起，是上年的两倍。"① 三个金融监管部门各司其责，分工合作，有利于更好地贯彻分业经营原则。

第四，进行国有独资商业银行改革。

1998 年中国国有独资商业银行改革迈出较大步伐。其主要内容是改变按行政区划设置分支机构的状况，进一步完善管理体制和经营机制，强化统一法人制度，切实防范和化解金融风险，提高运转效率。为解决国有独资银行不良贷款率居高不下，历史包袱沉重的问题，国务院于 1999 年从四家国有商业银行剥离不良贷款 13939 亿元人民币，使国有商业银行不良贷款率下降了 9.2%。同年，借鉴国际经验，中国先后成立了四家金融资产管理公司，分别为信达资产管理公司、东方资产管理公司、华融资产管理公司和长城资产管理公司。专门接受、处置从四大国有商业银行剥离出来的不良贷款，以化解潜在的金融风险。

第五，加快金融法制建设。

在应对金融危机期间，中共十五大确定了依法治国，建设社会主义法治国家的治国方略。中共中央和中国政府认识到，中国

① 《周正庆谈中国证监会今年工作重点　积极贯彻《证券法》推进法治市》，《人民日报》1999 年 3 月 10 日。

在金融立法方面已经取得了不少成绩，但是，就完善法制和严格依法办事来说，还存在着很大差距，需要进一步加强。关于这方面的情况，江泽民曾客观地指出中国在金融领域的繁重任务。他指出："要健全完善金融法律体系；建立和完善市场经济条件下的金融监管制度；建立完善金融机构内部自律控制机制；理顺政府、企业与银行等法律关系；依法整顿和规范金融秩序，把一切金融活动纳入规范化、法制化的轨道。要加大金融执法力度，依法从严从快打击金融领域内的违法犯罪活动。各级司法机关和金融部门，要严格按照刑法中关于惩治金融犯罪的规定，坚决打击金融诈骗和破坏金融管理秩序的犯罪活动。要加强宣传教育，增强全社会的金融法治意识和金融风险意识。"① 全国人大及其人大常委会、国务院及有关部门认真贯彻中共十五大精神，在实践中积极落实依法治国方略，加强中国特色社会主义法律体系，尤其是有关金融方面法规的建设，推进金融活动法制化、规范化的进程。1998 年 12 月，第九届全国人大常委会第六次会议通过了《关于惩治骗购外汇、逃汇和非法买卖外汇犯罪的决定》，并于公布之日起施行。这是自 1997 年刑法进行重大修订以来，全国人大常委会对刑法加以补充并作出立法解释的第一个决定，是专门为防范金融风险所铸的一把利剑。第九届全国人大常委会第六次会议还通过《中华人民共和国证券法》；1999 年 8 月，第九届全国人大常委会第十一次会议通过《中华人民共和国个人独资企业法》；10 月，第九届全国人大常委会第十二次会议通过《中华人民共和国会计法》；2000 年 10 月，第九届全国人大常委会第十八次会议通过了《中华人民共和国外资企业法》，修正《中华人民共和国中外合作经营企业法》；2001 年 3 月第九届全国人大第四

① 《江泽民主持中央第七次法制讲座并发表重要讲话　依法治理金融保证安全运行》，《人民日报》1998 年 5 月 13 日。

次会议修正《中华人民共和国中外合资经营企业法》等国家法律；1999 年 12 月，国务院第 24 次常务会议通过《中华人民共和国人民币管理条例》，以及若干实施条例等。法律体系化建设的不断推进，为中共中央和中国政府从容应对金融危机提供了坚强保障。

此外，还逐步进行了信贷资产五级分类试点，坚决查处违规经营，取缔非法金融业务等措施。通过以上改革，显著提高了金融业的经营管理水平，基本实现全国金融秩序明显好转，化解金融风险、防范和抗御金融风险的能力明显增强。

（三）成功应对金融危机及经验

亚洲金融危机给中国带来了相当大的冲击和压力，但是，由于中国在 20 多年的改革开放和社会主义现代化建设中积累了比较强大的经济实力，在亚洲金融危机爆发后，又审时度势采取了一系列果断的应对措施，因而，中国在这场波及全球的危机中不仅维护了国家的经济安全，保持了经济发展的良好势头，而且加强了中国在世界多极化发展趋势中的地位。实践证明，只要中国积极而又稳妥地推进对外开放，认真把国内经济做好，就能够在经济全球化的趋势中推进现代化建设。

1. 中国国民经济出现重大的转机

在亚洲金融危机爆发的不利环境下，全国各族人民在中国共产党领导下，团结奋斗，开拓创新，各个方面的工作都在继续推进。2000 年初，各项扩大内需的宏观调控政策措施经过两年的综合作用和累积效应，开始明显见效，具体表现在以下几个方面：

第一，经济增速提高，效益明显改善。

在亚洲及国际上爆发金融危机期间，国内生产总值 1998 年增长 7.8%，1999 年增长 7.1%，2000 年国内生产总值为 89404 亿元，按可比价格计算，比上年增长 8.0%，增速加快 0.9 个百分点。这是 1993 年以来中国经济增长首次高于上年。其中第一产业增长 2.4%，第二产业增长 9.6%，第三产业增长 7.8%。按按当时汇率计算，国内生产总值突破 1 万亿美元。税收在连续几年较高增长的基础上继续保持较快增长，全年完成税收总额 12660 亿元，比上年增收 2348 亿元，增长 22.8%。工业企业利润大幅度增长，全年规模以上工业企业实现利润 4262 亿元，达到 20 世纪 90 年代以来的最高水平，比上年增长 86.2%，特别是国有及国有控股企业利润增长更快，实现利润 2392 亿元，增加 1.4 倍。国有及国有控股亏损企业亏损额比上年下降 26.7%。全年工业企业经济效益综合指数为 117.8，比上年提高 16.1 点，是 1992 年以来的最高值。[①] 较好地实现了经济增长速度与经济效益相结合，经济效益明显改善。这说明到 2000 年，中国不但超额完成第九个五年计划（1996—2000 年）规定的任务，中国经济发展"三步走"的战略目标：2000 年国内生产总值和人均国民生产总值比 1980 年翻两番的任务也提前超额完成。这是中华民族实现伟大复兴过程中的重要里程碑。

第二，市场物价出现积极变化。

2000 年市场物价止降转稳。全年居民消费价格总水平比上年上涨 0.4%，改变了 1998 年以来连续两年下降的局面。分项目看，服务项目上涨 14.1%，居住上涨 4.8%，食品中除水产品、蔬菜价格上涨外，其他继续下降。另外，受国际石油价格上涨的影响，工业品出厂价格上涨 2.8%，能源、原材料、动力购进价格上涨 5.1%。[②] 市场物价连续两年下降的局面得以改观。

---

① 《中华人民共和国 2000 年国民经济和社会发展统计公报》（2001 年 2 月 28 日），《人民日报》2001 年 3 月 1 日。

② 《中华人民共和国 2000 年国民经济和社会发展统计公报》（2001 年 2 月 28 日），《人民日报》2001 年 3 月 1 日。

第三，消费需求全面强劲增长。

随着国民经济增长的加快和国家扩大内需政策的拉动，消费者信心进一步增强，国内市场商品销售稳定增长。全年社会消费品零售总额 34153 亿元，比上年增长 9.7%，考虑价格因素，实际增长 11.4%。其中：城市消费品零售额 21110 亿元，县及县以下消费品零售额 13043 亿元，分别增长 10.6% 和 8.3%。分行业看，批发零售贸易业增长 12.1%，餐饮业增长 17.3%，其他行业下降 0.3%。生产资料市场交易继续趋向活跃，全国限额以上批发零售贸易企业生产资料销售总额 15808 亿元，比上年增长 23.7%。限额以上批发零售贸易企业经济效益状况有所改观。1—11 月份实现商品销售收入净额 23982 亿元，比上年同期增长 17.3%，其中批发业增长 18.5%，零售业增长 11.6%；实现利润总额 248 亿元，比上年同期增加 1.2 倍，其中批发业增长 1.3 倍，零售业增长 25.6%。但由于企业销售成本上升，毛利率仅 7.93%，比上年下降 0.4 个百分点，企业主营业务利润仅增长 14.2%。[1]

第四，投资保持平稳增长。

在国家继续实行积极的财政政策和其他扩大内需政策的推动下，固定资产投资扭转了上年增速回落较多的局面，呈现较快增长的态势。全年全社会完成固定资产投资 32619 亿元，比上年增长 9.3%。按经济类型划分，国有及其他经济类型投资 23284 亿元，增长 9.2%；集体经济投资 4739 亿元，增长 9.2%；城乡居民个人投资 4596 亿元，增长 9.5%。按投资管理渠道划分，基本建设投资 13215 亿元，比上年增长 6.1%；更新改造投资 5077 亿元，增长 13.2%；房地产开发投资 4902 亿元，增长 19.5%；其

---

[1] 《中华人民共和国 2000 年国民经济和社会发展统计公报》（2001 年 2 月 28 日），《人民日报》2001 年 3 月 1 日。

他投资 9425 亿元，增长 7%。在国家实施西部大开发战略政策的积极推动下，西部地区投资增速加快。全年东部和中部地区投资分别为 14015 亿元和 5432 亿元，比上年增长 8.3% 和 13.8%；西部地区投资 3943 亿元，增长 14.4%，分别高于东部和中部 6.1 和 0.6 个百分点。[①] 基础设施建设成绩显著，能源、交通、通信和原材料的"瓶颈"制约得到缓解。

第五，对外贸易持续增长。

由于国内外经济快速增长以及鼓励出口等一系列政策的推动，外贸出口自 1999 年下半年由降转升。2000 年进出口总额达 4743 亿美元，比上年增长 31.5%。其中：出口总额 2492 亿美元，增长 27.8%；进口总额 2251 亿美元，增长 35.8%。进出口相抵，顺差 241 亿美元。在出口中，国有企业出口 1165 亿美元，增长 18.2%，外商投资企业出口 1194 亿美元，增长 34.8%；一般贸易出口 1052 亿美元，增长 32.9%，进料加工贸易出口 965 亿美元，增长 28.5%；出口商品结构改善，机电产品和高技术产品所占比重提高，机电产品出口 1053 亿美元，增长 36.9%，高新技术产品出口 370 亿美元，增长 50%。在进口中，资源型产品快速增长，机电产品和高新技术产品进口增长也明显加快，分别增长 32.6% 和 39.7%。[②]

利用外资形势好转。2000 年新批外商投资项目 22347 个，比上年增长 32.1%；合同投资额 624 亿美元，增长 51.3%；实际利用外商直接投资额 407 亿美元，增长 1.0%。

国家外汇储备继续增加，2000 年末国家外汇储备 1656 亿美

---

① 《中华人民共和国 2000 年国民经济和社会发展统计公报》（2001 年 2 月 28 日），《人民日报》2001 年 3 月 1 日。

② 《中华人民共和国 2000 年国民经济和社会发展统计公报》（2001 年 2 月 28 日），《人民日报》2001 年 3 月 1 日。

元，比年初增加 109 亿美元。人民币汇率保持稳定，年末 1 美元兑 8.2781 元人民币，人民币比上年末升值 12 个基本点。①

　　以上数据说明，中国经济已开始克服了亚洲金融危机的消极影响，并已基本遏制了通货紧缩的趋势，国民经济出现了朝着良性循环前进的重大转机。2001 年 3 月，九届人大四次会议通过的《中华人民共和国国民经济和社会发展第十个五年计划纲要》宣布："'九五'期间，面对错综复杂的国际国内经济环境，中共中央、国务院审时度势，总揽全局，坚持用发展的办法解决前进中的问题，经过全国各族人民的共同努力，在有效治理通货膨胀，成功实现经济'软着陆'后，针对经济形势的变化，实行扩大内需的方针，果断实施积极的财政政策和稳健的货币政策，抑制了通货紧缩趋势，克服了亚洲金融危机和国内有效需求不足带来的困难，国民经济和社会发展取得巨大成就。"②

　　当今世界日益呈现出经济全球化的趋势，国际合作越来越广泛，竞争日趋复杂激烈，金融市场的影响和渗透难以避免。中共中央和中国政府在这场亚洲金融危机爆发期间，沉着应付，趋利避害，掌握主动权，成功地应对了这场严重影响全世界的金融危机。在这场金融危机中，中国不但采取有效措施实现了自身发展，而且以一个负责任的大国的态度，坚持人民币不贬值，为亚洲地区经济稳定和恢复作出重大贡献，并积极帮助受危机重创的周边国家，还力所能及地提供了总数 60 多亿美元的支持，坚定了有关国家战胜金融危机的信心，亚洲国家和国际舆论称赞中国

　　① 《中华人民共和国 2000 年国民经济和社会发展统计公报》（2001 年 2 月 28 日），《人民日报》2001 年 3 月 1 日。

　　② 《中华人民共和国国民经济和社会发展第十个五年计划纲要》（2001 年 3 月 15 日第九届全国人民代表大会第四次会议批准），《人民日报》2001 年 3 月 18 日。

是一个负责任的大国，中国也赢得了世界各国的广泛赞誉。

2. 应对金融危机的经验

应对亚洲金融危机的挑战，是 20 世纪中国在成功实现国民经济"软着陆"后的又一次伟大实践，它丰富了中国按照发展社会主义市场经济的要求，加强和改善宏观经济管理与调控的经验：

第一，用发展的办法解决前进中的问题，正确处理改革、发展、稳定的关系。

中共中央、国务院始终坚持邓小平同志提出的"中国解决所有问题的关键是要靠自己的发展"这一条原则，不断坚持用发展的办法解决前进中的问题。不仅解决了国有企业改革攻坚、实现国有企业 3 年脱困的目标，防止了财政状况的恶化，而且进行了国务院机构改革、金融体制改革、粮食购销体制改革、城镇医疗保险制度改革等多项改革。在改革和发展的过程中，中央根据宏观经济运行发展的具体情况，通观全局，精心谋划，反复论证，周密部署，把改革的力度、发展的速度和社会可承受的程度协调统一起来，始终注意维护人民群众的利益，做到了在社会政治稳定中推进改革、发展，在改革、发展中化解社会矛盾，维护社会的稳定和国家的长治久安，实现了社会各项改革稳步推进和国民经济的持续快速健康发展。

第二，根据形势的变化，适时调整宏观调控政策。

新中国成立以来，国民经济发展多次出现过热的情况使政府在处理这方面的经验比较多，但是，通货紧缩是很少遇到过的经济难题。面对新的经济形势，以江泽民为核心的中央领导集体注重调查研究，审时度势，遵循经济发展规律，在困境中勇于探索，不断创新，及时调整了宏观调控的任务、重点、方式、手段和具体措施等。把宏观调控的主要任务确定为防止经济重新过热，防止经济进一步出现下滑，促进经济的适度回升，确保完成当年的经济增长目标。宏观调控的重点相应地要从过去的抑制通货膨胀转向改善经济结构，提高经济效益；调控方式相应地从抑制社会需求，增加有效供给，转向合理启动社会有效需求；调控手段要从主要依靠货币政策，控制社会信用和投资总量，转向在注重货币政策的同时，主要采取财政政策手段扩大社会总需求，通过调整经济结构，推动技术进步，促进经济适度增长。

第三，综合运用各种经济杠杆、法律手段和必要的行政手段。

中国在应对金融危机的过程中除了采取了必要的行政手段外，还充分地运用了利率、信贷、税收、价格等各种经济杠杆和法律手段。在实施积极的财政政策过程中，注重发挥货币政策的作用。从 1996 年以后，央行连续 7 次降低银行存贷款利率，又从 1999 年开始征收储蓄存款利息税，并运用多种货币政策工具，适当增加货币供给。这些措施有效地刺激了消费需求，拉动了经济增长。法律手段的充分运用是这次宏观调控的一个鲜明特色。在保持人民币稳定的前提下，不断深化金融体制改革，而且充分运用法律手段来规范金融行为，金融法制建设取得了很大成效。不仅注重金融立法，而且加强了金融执法建设，提高了金融执法水平。实现了以法律形式对中央银行、商业银行和其他金融机构及其业务、运行机制进行定位，用法律来规范金融机构行为，努力做到依法对金融机构和金融市场进行监管。

为了保证各种宏观调控手段的综合运用，中央各职能部门心往一处想，劲往一处使，充分发挥了社会主义集中力量办大事的优势。财政、金融、税收、计划相互协调、密切配合。各部门之间相互支持，努力做到合理安排项目，科学配置资金，既加快工作的进程，又注意优化结构，提高效益。总之，积极的财政政策与灵活的货币政策相结合，扩大内需与增加出口、利用外资相结合，增加投资与启动消费相结合，扩大经济总量与提高效益、调整结构相结合，促进经济增长与深化各项改革相结合，扭转了有效需求不足的局面，全方位地拉动了经济的增长。

第四，加强战略预判，未雨绸缪。

凡事预则立，不预则废。加强战略研判，未雨绸缪，是成功应对这次亚洲金融危机的又一成功经验。善于研究战略问题，作出战略决策，是中国共产党的优势和经验。金融在促进经济增长和调控国民经济运行中发挥着重要作用。在这场金融危机突然爆发前，中共中央和国务院就做了如下重要工作："我们对保持金融的稳健运行始终高度重视。一九八九年进行治理整顿和一九九三年加强宏观调控，都在稳定金融方面采取了重大措施。一九九四年以后，中央财经领导小组每年听取一次金融工作的汇报。一九九六年以来，中央多次研究经济安全和防范金融风险的问题。一九九七年初，中央对深化金融改革、整顿金融秩序、防范和化解金融风险进行重要部署。十一月，中央召开了全国金融工作会议，继续推进金融体制改革。这些都为我们有效应对亚洲金融危机做了重要准备。"[1] 亚洲金融危机发生后，中国经济受到不小冲击。1998年2月9日，在中央财经领导小组会议上，江泽民提出了："坚定信心、心中有数、未雨绸缪、沉着应付、埋头苦干、趋利避害"[2] 的指导方针，果断采取扩大国内需求、实行积极的财政政策、加强基础设施建设、保持人民币汇率稳定等重大措施，继续保持经济增长的势头。不断扩大国内需求，开拓国内市场，应该成为中国经济发展的基本立足点和长期战略方针。

伟大的成就往往包含着艰苦的奋斗和非凡的创造。中国应对亚洲金融危机期间所创造的这些宝贵经验，进一步丰富了社会主义的宏观调控理论，反映了以江泽民同志为核心的中央领导集体

---

① 《江泽民文选》第2卷，人民出版社2006年版，第533—534页。

② 《江泽民文选》第2卷，人民出版社2006年版，第533页。

对市场经济规律的认识更加深刻，宏观调控的手段更加丰富，驾驭全局的能力逐步增强，从而为国民经济的长期快速健康发展提供了可靠的保障。中国成功应对亚洲金融危机表现出来的负责任的大国形象，也为中国提高了国际声誉。

二、战胜 1998 年特大洪水

1998 年入汛以来，中国长江、松花江和嫩江流域相继遭受百年不遇的特大洪水灾害。在中共中央和国务院的领导下，全国军民万众一心，众志成城，夺取了抗洪抢险斗争的伟大胜利，以惊天地、泣鬼神的英雄壮举，在人类征服自然灾害的史册上写下了不朽的篇章。1998 年 9 月 28 日下午，庄严雄伟的人民大会堂充满着热烈的气氛，全国抗洪抢险表彰大会隆重举行。江泽民总书记在大会上豪迈地向世人宣布："在过去的几个月里，中国人民同历史上罕见的大洪水展开了一场波澜壮阔的斗争，表现出了气吞山河的英雄气概。现在，这场斗争已取得了全面胜利。这是中国人民创造的又一个举世瞩目的伟大业绩。"①

（一）来自自然界的严峻考验

1998 年入汛以来，由于气候异常，全国大部分地区降雨明显偏多，部分地区出现持续性的强降雨，雨量成倍增加，致使一些地方遭受严重的洪涝灾害。"长江发生继一九五四年以来又一次全流域性大洪水，先后出现八次洪峰，宜昌以下三百六十公里江段和洞庭湖、鄱阳湖的水位，长时间超过历史最高纪录，沙市江

① 江泽民：《在全国抗洪抢险总结表彰大会上的讲话》（1998 年 9 月 28 日），《人民日报》1998 年 9 月 29 日。

段曾出现四十五点二二米的高水位。嫩江、松花江发生超历史记录的特大洪水，先后出现三次洪峰。珠江流域的西江和福建闽江也一度发生大洪水。湖北、湖南、江西、安徽、江苏、黑龙江、吉林、内蒙古等省区沿江沿湖的众多城市和广大农村，经济社会发展和人民生命财产安全都受到洪水的严重威胁。"①

1. 历史上罕见的洪灾"早、多、全、大、恶、高、长"七个特点

造成1998年洪水灾害的原因是多方面的，但直接的原因是气候异常，雨水过大。自6月份起，长江流域出现3次持续大范围强降雨过程。第一次，是6月12日至27日。江南大部分地区暴雨频繁，江西、湖南、安徽等地区降雨量比常年同期多1倍以上，江西北部多2倍以上。第二次，是7月4日至25日。长江三峡地区、江西中北部、湖南西北部和其他沿长江地区，降雨量比常年同期偏多5成至2倍。第三次，是7月末至8月。长江上游、汉水流域，四川东部、重庆、湖北西南部、湖南西北部降雨量较常年偏多2至3倍。受降雨影响，长江发生了继1954年以来第二次全流域性大洪水。7月份长江中下游主要水文站的洪量超过1954年，其中宜昌站1215亿立方米，比1954年多45亿立方米，汉口站1648亿立方米，比1954年多120亿立方米。"今年长江流域洪水主要有四个特点：一是全流域发生大洪水。除上游多次发生大洪水外，鄱阳湖水系的信江、修河、饶河和抚河均超历史最高水位，洞庭湖水系的湘江、资水、沅江、澧水多次发生大洪水，汉江、清江等支流也多次发生较大洪水。二是干支流洪水遭遇，洪峰叠加。7月3日、7月18日、7月24日、8月7日、8月12日、8月17日、8月25日、8月31日长江宜昌站连续出现了

---

① 《在全国抗洪抢险总结表彰大会上的讲话》（1998年9月28日），《人民日报》1998年9月29日。

8 次洪峰。与此相对应，洞庭湖城陵矶也出现了 5 次洪峰。7 月 6 日，城陵矶出现第一次洪峰，与宜昌第一次洪峰（53500 立方米每秒）碰头，洪峰水位达到 34.52 米，仅差 54 年最高水位 0.03 米。7 月 27 日，城陵矶出现第二次洪峰，这一次与宜昌第二次洪峰（56400 立方米每秒）、第三次洪峰（52000 立方米每秒）相碰，洪峰水位 35.48 米，超历史最高水位 0.17 米，超 54 年最高水位 0.93 米。8 月 1 日，城陵矶出现第三次洪峰，洪峰水位 35.53 米，超历史最高水位 0.22 米，超 54 年最高水位 0.98 米。8 月 9 日，城陵矶出现第四次洪峰，与宜昌第四次洪峰（61500 立方米每秒）相碰，洪峰水位 35.57 米，超历史最高水位 0.26 米，超 54 年最高水位 1.02 米。8 月 20 日 16 时，城陵矶出现第五次洪峰，与宜昌第六次洪峰（63600 立方米每秒）相碰，洪峰水位达到 35.94 米，超历史最高水位 0.62 米，超 54 年最高水位 1.39 米。可以说，这年的洪峰一个接着一个，一个高出一个。在两湖先期发生特大洪水、水位居高不下的情况下，长江上游又多次发生洪水，与中下游洪水不断遭遇。东北的嫩江、松花江先后三次出现特大洪峰，持续时间之长、流量之大、水位之高都是历史上罕见的，洪峰流量超过有水文记载以来的最高纪录。三是水位高。长江干流宜昌以下河段全线超过警戒水位。沙市至螺山、武穴至九江 360 公里江段和洞庭湖、鄱阳湖的水位超过历史最高水位，特别是沙市江段水位曾高达 45.22 米。四是洪峰接连出现，高水位持续时间长。长江上游已连续发生 7 次洪峰，8 月上旬到中旬，10 天时间内出现 3 次洪峰。长江中游大部分江段超警戒水位两个多月，超历史最高水位的时间也已持续一个多月。"①

————————

① 《关于当前全国抗洪抢险情况的报告——1998 年 8 月 26 日在第九届全国人民代表大会常务委员会第四次会议上》，《人民日报》1998 年 8 月 27 日。

入夏以来，东北地区也连降大雨暴雨。松花江、嫩江发生 3 次大洪水，来势之猛，持续时间之长，洪峰之高，流量之大，都超过历史最高纪录。嫩江第三次洪峰到达齐齐哈尔，洪峰水位 149.30米，超过历史最高水位 0.69 米，洪峰流量 14800 立方米每秒，洪水频率约为 400 年一遇。松花江第三次洪峰到达哈尔滨，洪峰水位 120.89 米，超过 1957 年的历史最高水位 0.84 米，相应流量17300 立方米每秒，洪水频率 150 年一遇。珠江流域的西江和福建闽江等江河，在 6 月下旬也相继发生了百年一遇的特大洪水。

1998 年，国家防汛抗旱总指挥部（简称"国家防总"）连续发出 45 个汛情通报。从这些汛情通报中可以了解到 1998 年中国气候异常，全国大部分地区降雨偏多，特别是长江以南和东北北部地区，降雨多，强度大，持续时间长。这是造成 1998 年发生特大洪水灾害的直接原因。部水利部长的钮茂生说，概括起来有七个特点：早、多、全、大、恶、高、长。由于洪水量级大，涉及范围广，持续时间长，洪涝灾害严重。"全国共有 29 个省（自治区、直辖市）遭受了不同程度的洪涝灾害，受灾面积 2578万公顷，成灾面积 1585 万公顷，受灾人口 2.3 亿人，各地估报的直接经济损失 2484 亿元。"① 江西、湖南、湖北、黑龙江、内蒙古和吉林等省（区）受灾最重。

2. 未雨绸缪，科学部署

1998 年，在中国政府和中国人民勇敢地面对亚洲金融危机的同时，也面临来自自然界的严峻考验。

在洪水到来之前，在中共中央、国务院的领导下，国家防汛抗旱总指挥部就对防汛抗洪工作作了具体部署。1998 年 1 月 1

---

① 《中宣部等五部门举办 1998 防汛抗洪形势报告会 总结抗洪经验弘扬抗洪精神把我国水利建设推向新阶段》，《人民日报》1998 年 10 月 8日。

日,《中华人民共和国防洪法》正式实施。1月14日至16日,全国防办主任会议在海南省召开,明确了各大江河汛前需完成的主要任务。2月15日至28日,国家防总、水利部组织6个专家组,到重点防洪地区对防洪应急工程和病险工程进行了检查。4月9日,温家宝主持召开国家防总1998年第一次全体会议。会议分析了1998年汛期全国旱涝趋势,同意水利、气象部门对1998年有长江和北方地区两条多雨带的预测和长江1998年可能会发生1954年型大洪水的判断。根据这个判断,温家宝在会上强调:"今年防汛形势严峻,责任重于泰山,各地要抓早抓紧抓细抓实,全力以赴认真做好防汛抗旱的各项工作,确保改革开放和经济建设顺利进行,保障人民生命财产安全。"① 会议对防汛工作作出全面部署。4月20日,国家防总、水利部组织检查组开始对七大江河进行汛前检查,特别是到长江检查防汛的准备工作,落实防汛工作各项措施,修订大江大河洪水调度方案,增加抢险物料储备。5月29日至31日,温家宝副总理检查湖北、湖南、江西三省的长江防汛工作,并在江西九江召开长江中下游防汛工作会议。

由于准备工作充分,争取了防汛抗洪的主动。国务院领导和国家防汛抗旱总指挥部坚持在第一线指挥。根据中央确定的方针,始终把严防死守、确保大堤安全作为重中之重,把保护人民生命安全作为第一位的任务,在抗洪抢险极为复杂的情况下,果断决策,正确部署,把握重点,使整个抗洪工作紧张而有序地进行。

当洪水袭来,长江、松花江、嫩江流域人民群众的生命财产受到严重威胁时,以江泽民同志为核心的中共中央和国务院运筹

① 《温家宝在国家防总第一次全体会议上强调 全力以赴做好防汛抗旱工作》,《人民日报》1998年4月10日。

帷幄，调兵遣将，南征北战。在中共中央、国务院、中央军委的指挥下，数十万人民解放军紧急出动，三江长堤将星云集，八省父老挥戈上阵，亿万人民同仇敌忾，一场旷日持久的抗洪大战在华夏大地上全面展开。7、8月，随着汛情的发展，不断增援的三军和武警部队，在三江流域摆开了自人民解放军渡江战役以来和自东北解放战争之后投入兵力最多的南北两个抗洪战场。

（二）气壮山河的抗洪战斗

暴雨、洪峰、滔天浪，汛情牵动万人心；长江、嫩江、松花江，三江连着中南海。入汛以来，发生在中华大地上的抗洪抢险斗争惊心动魄。江泽民等党和国家领导人始终关注着这场人与洪水的空前大搏斗，也直接指挥着这场波澜壮阔的"人民战争"。人民解放军和广大干部、群众在抗洪抢险斗争中，发挥了中流砥柱的作用。

1. 中共中央国务院提出"严防死守、三个确保"的方针

在整个抗洪抢险中，中共中央和国务院高度关注灾区群众的生命安全和切身利益，直接指挥这场斗争，作出了大规模动用人民解放军投入抗洪抢险、军民协同作战的重大决策，始终与抗洪军民心心相连，同舟共济。7月4日至5日，中共中央政治局常委、国务院总理朱镕基亲临江西省九江市长江防汛抗洪第一线，代表中共中央、国务院和江泽民总书记慰问正在日夜奋战抗洪救灾的干部、群众和人民解放军将士、武警官兵，并对长江防汛抗洪工作作了部署，要求确保长江大堤万无一失。

在抗洪抢险最紧张的日子里，江泽民几乎每天都给在抗洪抢险前线指挥的国务院副总理温家宝打电话。长江流域居住着全国1/3的人口，工农业总产值占全国的40%，拥有着改革开放20年来积聚的巨大的物质基础。从宜昌到上海的中下游地区，大中城市密集。长江大堤的安危，事关重大。7月21日，当得知长江

第二次洪峰正向武汉逼近时，江泽民夜不能寐。深夜 12 时打电话给温家宝，要求沿江各省市特别是武汉市要做好迎战洪峰的准备，严防死守，确保长江大堤的安全，确保武汉等沿江重要城市的安全，确保人民生命的安全。这就是著名的"严防死守、三个确保"的战略方针。根据这一方针，国家防汛抗旱总指挥部当天发出紧急通知，要求沿长江各省市认真贯彻江泽民总书记指示，做好当前长江防汛抗洪工作。7 月 24 日零时，温家宝副总理主持召开国家防总紧急全体会议，分析当前长江防汛形势，对迎战即将到来的长江大洪水作出紧急部署。国家防总要求各地紧急行动起来，进一步贯彻落实江泽民总书记和朱镕基总理关于当前防汛抗洪的指示，广大干部群众、人民解放军指战员、武警官兵和公安干警要继续发扬不怕疲劳、连续作战的作风，顽强拼搏，全力迎战长江大洪水，确保长江防洪安全。国家防汛抗旱总指挥部全面部署，果断指挥，科学调度，争取了防汛抗洪的主动。

2. 果断决策，科学指挥

8 月 7 日夜，在长江第四次洪峰袭来的危急关头，江泽民总书记主持召开了中央政治局常委会扩大会议，专门听取了国家防总的工作汇报，研究了长江抗洪抢险工作，作出著名的八条决定。会议决定：要把长江抗洪抢险工作作为当前头等大事，全力以赴抓好。要坚决严防死守，确保长江大堤的安全，不能有丝毫松懈和动摇。人民解放军要按照中央军委的命令，继续投入抗洪抢险第一线。武警部队和公安干警也要积极参加抗洪抢险工作。要动员和组织一切人力、物力、财力进行抗洪抢险等。

在抗洪抢险期间，国家防总分别召开四次全会会议，对全国抗洪抢险进行工作部署。人大常委会也专门听取国家防总的报告。

江西省九江市防洪墙由于入汛以来经受四十多天高水位浸泡，8 月 7 日 12 时 30 分在城区以西 4 公里处发生基础漏水，随之一段混凝土防洪墙突然陷塌决口，江水涌入郊区，情况危急。当地防汛指挥部立即组织紧急抢险。在决口的当晚，国务院副总理、国家防汛抗旱总指挥部总指挥温家宝从湖北省长江抗洪第一线赶赴九江抢险堵口现场，与江西省九江市的领导共同研究堵口措施。获知防洪墙突然陷塌决口消息，江泽民总书记打电话给中央军委副主席张万年，指示及时调遣部队支援九江堵口抢险。朱镕基总理打电话给九江市负责人，要求全力保护人民生命安全，坚决堵住决口。8月9日下午，朱镕基总理从湖北省长江抗洪第一线来到九江市抢险现场，带来中共中央、国务院和江泽民总书记的慰问，勉励抢险的干部群众、人民解放军和武警官兵发扬不怕艰苦和牺牲的精神，一定要把决口堵住，保卫长江大堤和人民生命安全。中共中央、国务院的关心慰问，给抢险队伍以极大的鼓舞。在江西省和九江市领导的直接指挥下，水利部门的抢险堵口专家迅速、果断制定抢险堵口技术方案。解放军派出包括堵口技术分队在内的抢险队伍。国家防总和有关地方调集大批抢险物资支援。广大干部群众、人民解放军和武警官兵，连续拼搏、协同作战，经过三昼夜的奋战，10日九江市防洪墙决口堵口围堰合龙，险情得到控制。同时，在城区西侧筑起两道防洪堤，挡住了江水。这次决口，由于科学指挥与广大军民的英勇拼搏，九江城区未受淹，没有人员伤亡，城市秩序井然，市民工作、生活一切如常。围堰的加固和防渗作业随后也在紧张有序地进行。

3. 江泽民在武汉就决战阶段的长江抗洪抢险作出总动员

1998年8月13日，中共中央总书记、国家主席、中央军委主席江泽民来到抗洪抢险第一线。14日，江泽民在武汉发表《夺取长江抗洪抢险决战的最后胜利》的重要讲话，就决战阶段的长江抗洪抢险工作作出总动员。他指出，全党全军全国要继续全力支持抗洪抢险第一线军民的斗争，直到取得最后的胜利。当前，我们更要坚定不移地贯彻落实党的十五大精神，发扬抗洪抢险第一线广大军民团结奋斗、顽强拼搏的伟大精神，扎扎实实地完成好改革开放和现代化建设的各项任务，确保实现中央确定的1998 年经济发展的目标。这是对奋战在抗洪抢险第一线广大军民最大和最好的支持。江泽民强调："长江抗洪抢险到了紧要关头，处于决战的关键时刻。只要坚定信心，坚持坚持再坚持，就能够取得抗洪抢险的最后胜利。但是，这一段时间也最容易发生问题，稍有不慎，就可能功亏一篑，造成无法弥补的严重损失。因此必须加倍努力，把动员、组织、落实工作做得更好。"① 他强调："长江大堤经过几十天的浸泡，险象环生；广大军民经过长时间昼夜奋战，已经十分疲惫；防汛和抢险物资消耗很大，亟待补充。因此必须加倍努力，把动员、组织、落实工作做得更好。国家防汛抗旱总指挥部提出，要充分认识长江抗洪抢险面临的严峻形势，充分估计可能遇到的困难和问题，对抗洪工作进行再动员、再部署、再检查、再落实。"② 江泽民代表中共中央、国务院、中央军委作出总动员，要求全党、全军、全国继续全力支持，直到最后胜利。这一决战号令立即得到全国人民的响应，沿江 270 万军民更是坚持再坚持，以气吞山河的气概，投入战斗。

在抗洪抢险过程中，中共中央和国务院的领导赴第一线进行指挥和指导。江泽民总书记赴湖北、湖南、江西、黑龙江，指导抢险，考察恢复生产、重建家园工作。李鹏委员长先后到齐齐哈尔、哈尔滨察看水情，慰问抗洪军民。朱镕基总理三次赴长江、嫩江、松花江抗洪前线，察看汛情，指挥战斗。李瑞环主席先后

①《江泽民在武汉就决战阶段的长江抗洪抢险作出总动员全党全军全国要继续全力支持抗洪抢险直到最后胜利》，《人民日报》1998 年 8 月 15 日。

②《夺取长江抗洪抢险决战的最后胜利——在湖北视察长江抗洪抢险工作时的讲话》（1998 年 8 月 14 日），《人民日报》1998 年 8 月 16 日。

赴荆州、九江、岳阳，视察险要地段，鼓舞抗洪军民斗志。国家副主席胡锦涛到松花江、大庆等地指导抗洪。尉健行同志明确要求各级纪检监察机关和干部积极投身抗洪抢险第一线。国务院副总理李岚清先后深入江西、湖南、湖北灾区检查卫生防病防疫和中小学秋季开学工作。在历时两个月的抗洪抢险第一线，很难分出谁是领导，谁是群众。在抗洪抢险中，最操心的是省、市委书记，省、市长；最累的是县委书记、县长；最苦的是乡镇党委书记、乡镇长，还有村党支部书记、村委主任。立"军令状"，竖"生死牌"，护堤有责，背水一战，以命相搏。

4. 人民军队再立新功

在长江和嫩江、松花江流域的严重洪灾发生后，依照中共中央的决策和指示，中央军委、总部紧急部署，组织指挥部队火速开赴灾区，人民解放军和武警部队坚决响应党和人民的召唤，出动30余万官兵投入抗洪抢险斗争。人民解放军和武警官兵中，有100多位将军和500多位师级领导上了第一线。一身泥，一身水，顶烈日，斗恶浪，哪里最危险，他们就出现在哪里。在南北两大战场与自然灾害打了一场特殊的战争。"广州、南京、济南、沈阳、北京军区和空军、海军、第二炮兵、武警部队及四总部直属单位，先后投入三十余万兵力，出动飞机二千二百多架次，车辆一万二千五百余台，舟艇一千一百七十余艘。各有关大单位的领导同志前往一线指挥。抗洪部队始终承担着最艰巨的任务，战斗在最艰险的地方，出现在最危急的关头，成为抗击长江和嫩江、松花江洪水，保卫武汉、岳阳、九江、大庆、哈尔滨等重要城市的中坚力量。我军没有辜负党和人民的期望，胜利完成了任务，交了一份出色的答卷！"①

---

① 江泽民：《在全军抗洪抢险庆功表彰大会上的讲话》（1998年10月8日），《人民日报》1998年10月9日。

在这场伟大斗争中，中国人民解放军充分展示出坚决听从中共中央指挥，视人民利益重于一切的高度政治觉悟。在国家财产和人民生命安全受到严重威胁的紧要关头，中共中央、中央军委一声令下，各部队雷厉风行，广大官兵奋勇奔赴抗洪抢险前线。有些官兵面临部队调整精简和个人进退去留，或即将转业退伍，但都踊跃加入抗洪斗争的行列；有些官兵家在灾区，有的亲人遇难，但他们舍小家顾大家，日夜坚守在抗洪一线；还有不少官兵或推迟婚期、或中断休假、或带着病痛，全身心地扑在抗洪抢险上。他们心里想的是人民群众的安危和国家财产的安全，把个人的利益抛在脑后，把个人的生死置之度外，真正做到了无私奉献。这是一种多么崇高的精神境界和高尚的思想情操！广大官兵立下的"人在堤在，誓与大堤共存亡"的豪迈誓言，身挡激流，勇斗洪魔，顽强拼搏，视死如归。生动地体现了他们对党对祖国对人民的赤胆忠心。高建成、李向群、杨德胜等 26 名同志英勇牺牲，用生命谱写了人民子弟兵忠于党、忠于人民的壮丽人生凯歌，他们的英名将永远铭记在人民的心中！

人民解放军和武警官兵发扬一不怕苦、二不怕死的大无畏革命精神，用承担危急险重任务的英雄壮举，向党和人民交上了合格的答卷。广州、南京、济南、沈阳、北京军区和海军、空军、第二炮兵、武警部队等单位的主要军政领导和 110 多名将军亲临抗洪抢险第一线，既当指挥员又当战斗员。在将军们模范带领和强有力的领导下，广大官兵哪里最危险就冲向哪里，哪里最艰苦就战斗在哪里，以严守死保、决战决胜的英雄气概，与人民群众一道，战胜了一次又一次的洪峰。

在这场伟大斗争中，人民解放军充分展示出指挥果断、反应迅速、战无不胜的过硬素质；充分展示出英勇顽强、连续作战、不怕牺牲的战斗作风；充分展示出令行禁止、秋毫无犯的严明组织纪律性；充分展示出密切配合、官兵一致的团结协作精神；充分展示出全面、快速、高效的保障能力。广大官兵的亲属也为抗洪抢险的胜利作出了重要奉献。儿子英勇牺牲，父亲毅然参战；家里受灾、亲人遇难，母亲仍鼓励儿子继续抗洪抢险；丈夫光荣献身，妻子继续为灾区群众捐款捐物。这些事迹感人至深，这些人得到了全社会的赞誉和尊敬。正如江泽民所指出的："抗洪斗争的实践再一次证明，我军是一支政治坚定、能征善战的军队，关键时刻冲得上、过得硬、靠得住，不愧为党绝对领导下的人民军队，不愧为全心全意为人民服务的子弟兵，不愧为保卫国家和人民的钢铁长城。人民解放军和武警部队在抗洪抢险中建立的功绩，党和人民永远不会忘记。"①

5. "人民战争"再显神威

面对罕见的滔滔洪水发出的严峻挑战，670万人的抗洪大军乃至12亿中国人民万众一心，用血肉之躯筑起了大江两岸不倒的长堤。洪水峰连峰，一浪高一浪。人与自然的这场空前的大较量，是对中华儿女抵御洪灾的一次大考验，更是对广大共产党员和各级领导干部素质的一次大检阅。在危难中，数十万共产党员、领导干部发挥了先锋模范作用，成为抗洪大军的核心支柱，他们在千里长堤上展现着改革开放时期和市场经济条件下共产党员为国家、为人民利益而奋斗的形象，谱写了一曲身先士卒、冲锋在前的壮丽凯歌。

无论在长江大堤，还是在嫩江、松花江大堤上，上至中共中央、国家各级领导人，省委书记、省长，下至乡镇长、村支书等数不清的党员干部在奋勇抢险，顽强拼搏。处处险点，都立有"生死牌""军令状"，责任人都是共产党员干部；大堤草坡上席地而卧、酣然入睡的，几乎都是党员。他们与群众同吃同住，一

---

① 江泽民：《在全军抗洪抢险庆功表彰大会上的讲话》（1998年10月8日），《人民日报》1998年10月9日。

同排查险情，一同下水堵漏。一个干部就是一根标杆，一名党员就是一面旗帜，一个支部就是一道堤坝。据有关方面介绍，湖北公安、石首、监利、洪湖各县市党政机关干部几乎全都上了抗洪抢险第一线。在长江大堤的危险地段，人们每走五十米就能碰上一个带"长"的，一些带"长"的人往往是抗洪抢险的英雄模范人物，在他们的身后也往往留下一段感人的故事。在灾区，人们听到不少这样的"外号"："堵口县长""铁汉镇长""拼命书记""敢死队长""赤膊书记"，这是人民对党员干部由衷的爱称，也是人民授予他们的崇高荣誉。

在广大党员干部的带领下，在受到洪水威胁和袭击的各个地区，人民群众在惊涛骇浪面前没有惊慌失措，在失去家园和亲人的时候没有消沉，他们忍着悲痛更加斗志昂扬地迎战洪水。为了确保大堤的安全，沿江而居的人民在江堤上树起了"生死牌"，上写"人在堤在""誓与大堤共存亡"等字样，并签上各自的姓名和巡查地段。这样的"生死牌"，在长江大堤沿岸的闸口、险段和设防点上，一共竖起了264块。在嫩江、松花江流域的各个堤坝上，到处也都可以看到一块块醒目的防汛责任牌，专门查巡人员和广大人民群众，甚至老人、孩子一起，织成了一道道严密的防守网络，一次次发现险情，一次次化解险情。在抗洪抢险的关键时刻，无性别而言。活跃在千里江堤的数百支"巾帼抗洪抢险突击队"、数十万"娘子军"用柔肩挑起了抗洪抢险的半边天，用爱心鼓舞征战将士。

在抗洪抢险中，灾区的干部群众舍小家保大家，宁可自己作出牺牲，也不让国家遭受更大损失。为了确保长江大堤的安全，沿江一些地方果断挖开了困守了一个多月的堤坝，眼看着长江水淹没了家乡的房屋和庄稼。为了保卫武汉，保卫江汉平原这个米粮仓，总数超过百万人的荆楚儿女主动放弃自己的家园，成为1998年夏天这场特大洪灾中的转移者。当大庆油田处在洪水的围困之际，当地人民群众说："宁可淹粮田，也要保油田"。千里长江大堤得以抗御 8 次洪峰，大庆油田和美丽的哈尔滨市得以保护，灾区人民舍小家顾国家的奉献精神功不可没。"在这场伟大斗争中，涌现出了许许多多奋不顾身、舍生忘死的英雄人物。高建成、吴良珠、胡继成、王占成、李长志、杨晓飞、陈申桃、包石头、宋波、董光琳、罗典苏、马殿圣等同志，就是他们的杰出代表。一个英雄倒下去，千万个英雄站起来。这种慷慨赴难、视死如归的大无畏气概，天地为之动容，世人为之赞叹。"①

6. 神州一家，血脉相连

国家有难，匹夫有责；一方有难，八方支援；神州一家，血脉相连。在抗洪抢险中，中华儿女表现了万众一心斗洪魔的团结协作精神。海内外中华儿女与灾区人民心连心。长江、嫩江、松花江流域的水情成为全国人民所牵挂、所忧虑的一个焦点，人们的心情随着一次次洪峰的升降而起落，万千个家庭随着汛情通报的变化而忐忑不安。据有关部门在北京、天津、上海、重庆、广州等地的调查结果显示：在那些日子里，82.6%的人天天都注意收听收看相关的新闻报道；76.5%的人将此作为热门话题经常提及；42.1%的人被抗洪救灾中军民拼搏的精神和发生的种种感人事件所感动；72.1%的人表示要积极生产、努力工作，在自己的工作岗位上创造出最大的效益以弥补灾情造成的损失；31.2%的人根据自己的经济实力向灾区捐款捐物；还有 5.7%的人愿意亲赴灾区，投入到抗洪抢险第一线。他们中有医护人员、科技人员、教师、学生、机关干部，也有工人、农民、公司职员和个体工商户。

洪水袭来之时，正值国家机关机构改革。但是，重大灾情就

---

① 江泽民：《在全国抗洪抢险总结表彰大会上的讲话》（1998 年 9 月 28 日），《人民日报》1998 年 9 月 29 日。

像进军的号角一样，将队伍、将人的心迅速凝聚在抗洪救灾这面大旗之下，个人的得失被置之度外。在中共中央和国务院各个机关、各个部门，人们处处可以看到一派紧张忙碌的景象：铁道部门急事急办，突击抢运救灾物资、救灾人员，确保铁路大动脉畅通无阻；邮电、邮政部门想方设法克服困难，超常运作，保证灾区电讯畅通、邮路不断；卫生部门迅速行动，组织数万名医务工作者深入灾区防病治病；民政部门争分夺秒，保证救灾款物及时到位；水利部门昼夜奋战，及时将水情、汛情上传下达，为抗洪抢险提供决策依据；公安部门闻讯即动，紧急部署，全力维护灾区社会治安秩序稳定……

为了帮助灾区早日重建家园，全国各族人民救急扶危，掀起了空前的捐赠热潮。在捐赠者的队伍中，有耄耋老人，有七八岁的孩童，有生活困难的下岗职工，有残疾人、五保户，有企业家、个体户，有宗教界人士，有香港同胞、澳门同胞、台湾同胞和海外侨胞，其中不少人连姓名、单位、地址都不肯留下。有的捐出了自己省吃俭用攒下的全部积蓄，有的把儿女孝敬的养老钱一分不剩地捐给灾区，有的甚至连自己治病的钱都捐了出来。国有企业急国家之所急，克服种种困难，为灾区捐助了大量的钱物。广大非公有制企业，在国家遇到困难的时候，表现出极大的爱国热忱。许多地方举办了赈灾义演。这一份份无私的捐款，一颗颗滚烫的爱心，是对灾区群众有力的物质支持，更是对他们莫大的精神慰藉。据初步统计，到 9 月 24 日，各级工商联组织和非公有制经济人士，包括非公有制企业已捐款捐物 8.5 亿元人民币，其中捐款捐物超过百万元的就有 130 多户企业，超千万元的有 7 户。其中深圳华为技术有限公司共捐赠了 1500 万元人民币和 2500 万元的物资。

这一幕幕情景、一件件事情，无不感人肺腑，催人泪下。从白发苍苍的老人到系着红领巾的孩子，从工人、农民、知识分子到各级干部，12 亿人民团结得像一个人。中国大地上涌动起全民族同心同德、团结战斗的澎湃热潮，展现出全民族万众一心战胜洪涝灾害的壮丽画卷。需要指出的是，中国改革开放 20 多年来所积累的巨大物质力量，为抗洪抢险提供了强大而有力的物质保证。至 8 月 25 日，有关部门已拨付防汛抗洪资金 30.29 亿元。到 8 月 28 日，国家防总已把价值 4.7 亿多元的抗洪物资调运到湖南、湖北、黑龙江、吉林等地。到 9 月 8 日，中国民航保证部队抗洪抢险救灾飞行 1000 多架次、400 多航班和 5 架包机，运送救灾物资和设备 560 多吨；铁道部开行抗洪救灾军用专列 278 列，运送部队官兵 12 万余人，紧急运送救灾物资 50943 车计 284 万吨。自洪灾发生以来，全国一级光缆通信干线一直畅通无阻，通信部门还向灾区调集微波设备、海事卫星通讯设备和移动电话等，确保抗洪通讯畅通。各地已向灾区先后派出 12.5 万人次医务人员，为灾区人民治病防病。[1]

长江可以作证，松花江、嫩江可以作证，人民是抵御 1998 特大洪水大堤的真正基石。地方党委和政府组织调动了 800 多万干部群众参加抗洪抢险。加上为抗洪抢险提供直接服务的各部门、各地区、各系统的力量，总数达上亿人口。而全国以不同的方式关心支持抗洪抢险的人们就更多。这场抗洪抢险斗争，规模之大，气势之壮，斗争之严峻激烈，历史罕见，世界罕见。这是一场真正的"人民战争"。

7. 依靠科技正确决策科学防洪

1998 年初，水利部的专家就提出了长江可能发生 1954 年型大水的汛情预报，中共中央、国务院对此高度重视，要求国家防汛抗旱总指挥部提早作出动员和部署。4 月 9 日，新一届国家防

---

① 《气吞山河的历史画卷——一九九八中国抗洪抢险纪实》，《人民日报》1998 年 9 月 9 日。

汛抗旱总指挥部在京召开 1998 年第一次全体会议。国务院副总理、国家防总总指挥温家宝在会上强调，"今年防汛形势严峻，责任重于泰山，各地要抓早抓紧抓细抓实，全力以赴认真做好防汛抗旱的各项工作，确保改革开放和经济建设顺利进行，保障人民生命财产安全。"① 汛前，国家防总副总指挥、水利部部长钮茂生，国家防办主任、水利部副部长周文智等领导同志多次到长江、淮河、海河检查指导工作，明确要求长江沿线各省防总按 1954 年型洪水做好一切防汛准备。尔后水利部又派出 4 个专家组赴湖北、湖南、江西、安徽帮助制定除险加固方案。国家水利部根据专家的意见，追加长江防汛投资，强化堤防和险工；长江沿岸各省组织群防队伍，开展军民联防演习，储备防汛物资，做好迎战洪水的一切准备。入汛以后，在错综复杂的形势下，中共中央、国务院运筹帷幄，科学决策，为战胜肆虐的洪魔确立了战略思想。8 月 7 日，中共中央果断作出长江防汛"三个确保"的决定，确保长江干堤安全，确保长江沿岸重要城市和主要交通干线安全和确保人民生命的安全。8 月 16 日，长江防汛进入决战时刻，中央政治局又听取了抗洪抢险工作汇报，对抗洪抢险工作确定了迎战决策。

1998 年长江连续出现了 8 次洪峰，嫩江出现了 3 次洪峰。历时之长，水位之高，百年罕见。面对严峻的水情，仅有勇敢是不够的，必须科学地、全面地运用流域的防洪体系，实施防洪调度。水利部的水利专家提出应根据长江干流不同时段、不同区段洪峰来水的不同，运用建国后建设的水利工程，蓄水拦洪错峰的调度方案，以保证薄弱堤段安全度汛和减轻险工险段的压力。如五、七、八次洪峰时，国家防总要求四川、重庆地区的大中型水

---

① 《温家宝在国家防总第一次全体会议上强调　全力以赴做好防汛抗旱工作》，《人民日报》1998 年 4 月 10 日。

库全力拦蓄洪水；利用湖南隔河岩水库蓄水错峰；利用长江葛洲坝水利枢纽，五强溪、柘溪水库控制下泄流量，为长江城陵矶河段错峰；利用丹江口水库减少汉江来水，从而降低武汉洪水水位。这些方案经国家防总统一指挥、协调调度实施后，极大地减轻了长江干堤和武汉市的防洪压力。

在 1998 年的抗洪抢险斗争中，各种科学技术广泛应用到抢险、堵口实践中。堤坝隐患电法探测、振动沉管挤密注浆、高压喷射灌浆、四面六边护坡框架、高速高强化学材料等多项新技术、新材料的应用，不仅大大提高了抢险效率，而且在关键时刻决定了抢险的成败。"8 月 7 日，九江市防洪墙决口，在抢险堵口决战中，水利部专家组及时赶到出险现场，迅速果断地制定了抢险方案：首先于决口之外抢筑一道百余米长的挡水围堰，以减缓洪水的流量与流速，继而与北京军区某部官兵一起在决口处采用了'框架结构土石组合坝技术'，在约 60 米长的决口处架起一排排钢管木架并填充数千吨石料。短短两天时间里就使溃口合龙。朱镕基总理称赞，解放军和专家技术人员在这次堵口抢险中发挥了高超的技术，立了功。哪里有险情，哪里就有水利专家。水利部和国家防总办公室从水利系统抽调的几百名专家，战斗在抗洪第一线。在专家的帮助下，许多地方扩大了巡堤查险的范围，改善了查险方法，采取及时有效的抢险措施严防死守，排除了一个又一个重大险情。截至目前，仅长江抗洪前线的水利专家就已协助当地军民查处干堤发生的险情近 5000 处。"① 当地的干部群众说："有水利专家在，我们就有了主心骨"，"水利专家在抗洪一线指导抗洪抢险功不可没"。这应该让历史永远记载，让人民永远铭记。

---

① 《科学技术是抗洪抢险胜利的保证》，《人民日报》1998 年 9 月 12 日。

（三）抗洪精神——中华民族的精神财富

1991 年中国水灾后，当时有一批美国人就寄希望于中国的流民数目增多。然而，无论 1991 年或是 1998 年，大水灾后都没有发生大灾后经常出现的流民潮。1998 年洪灾之后，南方有些地方出现了招工不足的情况，这是一个奇迹。而在抗洪抢险过程中形成的"抗洪精神"，更被喻为世界文明史上的奇观。

1. 巩固抗洪成果，重建美好家园

在这场历时两个多月的抗洪斗争中，以江泽民为核心的中央领导集体运筹帷幄，指挥若定，始终掌握着整个抗洪救灾工作的主动权。8 月 14 日，江泽民在武汉就决战阶段的抗洪抢险斗争发出总动员令。9 月 4 日，江泽民在九江再次发表重要讲话，在抗洪抢险斗争取得决定性伟大胜利的关键时刻，向全国受灾地区及时发出了把工作重点逐渐转到恢复生产、重建家园上来的号召。江泽民说："把受灾群众切实安置好，把恢复生产、重建家园的工作切实做好，不仅对促进受灾地区的经济发展和社会稳定，而且对保持和发展全国改革开放和现代化建设顺利前进的局面，都具有重大的意义。"①

在对湖南、江西、黑龙江三省考察期间，每到一地，江泽民总是一再要求当地干部，早做筹划，适时实施，抓好救灾和恢复生产、重建家园的工作，弥补洪涝灾害造成的损失。

在湖南，江泽民强调总结经验教训，采取综合措施，切实提高防御洪涝灾害能力的问题。"几十年来，我们在进行水利工程建设、开展植树造林和水土保持工作等方面，取得了很大成绩。

---

① 江泽民：《发扬抗洪精神　重建家园　发展经济——在江西视察抗洪救灾工作时的讲话》（1998 年 9 月 4 日），《人民日报》1998 年 9 月 8 日。

但必须看到，存在的问题也很严重。防洪工程标准低、老化失修，隐患不少；围垦湖泊与河道滩地，造成调蓄洪与行洪能力的下降；毁林毁草开荒和乱砍滥伐林木的现象还存在，造成水土流失加剧，江河湖泊被淤积。必须统筹规划，从上游到中下游，从干流到支流，从江河到湖泊，从工程设施到生物措施，进行综合治理。加强水利控制工程，建设高标准堤防，加快河道疏浚和湖泊清淤，大力植树造林，治理水土流失。"江泽民说："湖南防御洪涝灾害的重点在于洞庭湖。洞庭湖接纳四水、吞吐长江，对湖南乃至邻近几省汛期的洪水调蓄，具有不可替代的作用。但由于种种原因，洞庭湖的湖底在淤高，湖面在缩小，对汛期洪水的调蓄能力在日益减弱。希望湖南省在国家有关部门的指导下，总结经验教训，采取有力措施，结合这次灾区重建，切实加快洞庭湖区的综合治理，争取早见成效。"

在江西九江，江泽民说，恢复生产、重建家园，弥补洪涝灾害造成的损失，任务十分艰巨，需要我们付出艰苦的努力。大家的思想必须十分重视，工作必须十分周全，措施必须十分有力。要把灾区群众广泛发动和组织起来，把社会各方面的力量充分调动和运用起来，坚定信念，群策群力，把这项工作做好。受灾地区的各级党委和政府要一手抓抗洪救灾，一手抓经济发展，力争夺取抗洪和生产双胜利。

在哈尔滨，江泽民召集黑龙江、吉林、内蒙古三个省区和沈阳军区的负责同志座谈。在听取了黑龙江省委书记徐有芳、吉林省委书记张德江、内蒙古自治区党委书记刘明祖和沈阳军区司令员梁光烈关于抗洪救灾工作的汇报后，江泽民就下一阶段的抗洪救灾工作作出了重要部署："当前，在巩固抗洪斗争成果的基础上，要及时把工作重点转移到组织和帮助受灾群众恢复生产、重建家园上来，这要成为当前三省区特别是灾区的头等大事。"接着，江泽民在讲话中就安置好受灾群众生活，确保群众安全过冬；采取有力措施，抓紧恢复和发展生产；切实转变作风，加强对救灾和恢复生产、重建家园工作的领导等，作了具体部署。

江泽民还说："中央一直在关心着大庆的灾情和恢复生产的情况。这次上千口油井受淹，大庆的干部职工一面同洪灾搏斗，一面坚持生产，表现了可贵的大庆精神。要继续抓紧排除积水，检修设备，尽快使生产恢复到应有的水平。你们提出大灾之年石油不减产，这很好，这将为我们国家实现今年的经济发展目标作出重大贡献。请你一定代我向大庆的干部和职工致以亲切的慰问和崇高的敬意。"江泽民接着说："开展恢复生产、重建家园的工作，尤其需要大力发扬自力更生、艰苦奋斗的精神，树立战胜灾害，克服困难，创造美好生活的坚强信心。要把依靠自己的力量和智慧恢复生产、重建家园，同国家支持和社会救助结合起来。要充分发动灾区广大干部群众，克服畏难情绪，不悲观，不气馁，不等不靠，积极战胜一切困难。"江泽民最后用坚定的语气说："有党中央、国务院的正确领导，有全国人民的大力支援，经过灾区广大干部群众的艰苦努力，一定能够夺取抗洪救灾的最后胜利，一定能够恢复和发展生产，一定能够重建美好的家园。"[①]

9月7日至12日，朱镕基总理先后到湖北、江西、湖南、重庆和四川考察，听取五省市负责人对灾后重建、治理水患、发展经济的意见和建议，共同研究做好这些工作的主要措施。朱镕基强调，在灾后重建工作中，既要着力解决当前的实际问题，又要着眼未来、从长计议，把迅速恢复生产生活秩序同治理江河水患、实现长远目标紧密结合起来。由于中共中央的高度重视，大

---

① 《江泽民在黑龙江考察时强调　全党全军全国都要大力弘扬伟大抗洪精神　全面推进改革开放和社会主义现代化事业》，《人民日报》1998年9月7日。

水过后，灾区重建工作随即展开。

据历史记载，从公元前206年到新中国成立的2155年间，中国共发生1029次洪灾，几乎每两年一次，每次都给人民带来深重的灾难。一些老人还记得1931年的那场洪灾："洪水暴涨，顿成泽国，苗田淹没，米价飞涨，商市萧条，哀鸿遍野"；"乞丐四奔，饿殍载道"。这一年，长江干堤决口350多处，武汉三镇被淹3个多月，沿江平原、洞庭湖区和鄱阳湖区大部被淹，死亡14万多人，哀鸿遍野，民不聊生。

1991年，中国也发生了大水灾。当时有一批美国人就寄希望于中国的流民数目增多。他们做过一个判断，说中国历代王朝都没有被知识分子推翻过，历代王朝都是被流民推翻的，所以，不能卖给中国粮食，要让中国困难多一点。然而，无论1991年或是1998年，大水灾后都没有发生大灾后经常出现的流民潮。1998年洪灾之后，万里江堤巍然屹立，沿江城市秩序井然，人民群众安居乐业，南方有些地方出现了招工不足的情况，这是在中国共产党领导下的中国人民创造的又一个奇迹。

2. 伟大的"抗洪精神"

在抗洪抢险斗争取得决定性胜利的情况下，1998年9月28日下午，中共中央、国务院在人民大会堂隆重举行全国抗洪抢险总结表彰大会。

中共中央总书记、国家主席、中央军委主席江泽民在大会上发表重要讲话。他首先指出这场抗洪抢险的伟大意义。他说，坚决战胜这场洪水，是保护人民生命财产安全，保卫改革开放和现代化建设成果的一场重大斗争，也是对中国人民与天奋斗的勇气、信心和力量的一场严峻考验。我们的人民，我们的人民军队，我们的广大党员和干部，以自己的英勇行动书写了中华民族发展史上新的壮丽篇章，这将作为人类战胜自然灾害的一个壮举载入史册。当代中国人民战胜自然灾害以及各种艰难险阻的勇气和力量是世所罕见的。这次抗洪抢险的胜利正以其巨大的力量，激励和鼓舞灾区人民排除万难去恢复生产、重建家园，激励和鼓舞全国人民更加奋发地去实现跨世纪发展的战略任务。它的伟大意义和深远影响，必将贯穿于我们建设有中国特色社会主义事业的全部历史过程。

江泽民高度评价说："这些年来，我们党团结和带领全国人民战胜一个又一个新的困难，取得了一个又一个新的成功。八十年代末、九十年代初，我们顶住国际国内政治风波的冲击，捍卫建设有中国特色社会主义的伟大事业，成功地经受住了一场政治风险的重大考验。去年以来，我们采取有效措施沉着应对亚洲金融危机的冲击，继续推进改革开放和现代化建设，成功地经受住了一场经济风险的重大考验。这次我们又抵御特大洪水的冲击，继续保持全国社会安定和经济发展的大局，成功地经受住了一场自然灾害风险的重大考验。我们的发展前途是光明的，但前进的道路是不平坦的，今后还会遇到这样那样的风险。全国人民共同奋斗，坚持中国共产党的领导，就完全能够从容应对征途上的各种复杂局面，战胜各种可能出现的艰难险阻。"

在这次讲话中，江泽民概括了在这次伟大的抗洪抢险斗争中形成的伟大的抗洪精神。他说："在同洪水的搏斗中，我们的民族和人民展示出了一种十分崇高的精神。这就是万众一心、众志成城，不怕困难、顽强拼搏，坚韧不拔、敢于胜利的伟大抗洪精神。""万众一心、众志成城，体现了中国人民的强大凝聚力。""不怕困难、顽强拼搏，体现了中国人民的革命英雄主义气概。""坚韧不拔、敢于胜利，体现了中国人民的坚强意志和必胜信念。""抗洪精神，是爱国主义、集体主义和社会主义精神的大发扬，是社会主义精神文明的大发扬，是我们党和军队的光荣传统和优良作风的大发扬，是中华民族的民族精神在当代中国的集中体现和新的发展。抗洪精神，同我们党一贯倡导的革命精神和新时期的创业精神一样，都是我国人民的宝贵精神财富。我们世世代代都要继承和弘扬这些精神，激励我们的广大干部和群众不断从胜利走向新的胜利。"

江泽民号召，"全党同志和全国人民都要发扬伟大的抗洪精神，积极工作，开拓前进，努力解决前进中存在的问题，满怀信心地去实现今年改革和发展的目标。"①

3. 洪灾过后的反思

江泽民在全国抗洪抢险总结表彰大会上发表讲话时，反思说："洪涝灾害历来是中华民族的心腹之患，必须引起全党和全国的高度重视。这次洪灾造成了严重的损失，我们付出了很大的代价。自然灾害是件坏事，但通过同它的斗争，人们可以加深对自然规律的认识和把握，从中得出有益的结论，从而更加科学地利用自然为自己的生活和社会发展服务。这就是人与自然关系的辩证法。我们要认真总结这次防汛抗洪的新鲜经验，进一步深化对提高防范自然灾害的能力，更好地推进经济社会发展这个重大问题的认识，以作出更科学合理的规划和部署。这项工作很重要，必须抓紧进行。"②

新中国成立以来，党和政府领导人民兴修水利，对江河湖泊进行了大规模的治理，修建了 8 万多座水库，新建和加高加固了 20 多万公里堤防，大力开展植树造林和水土保持工作，与自然灾害进行了顽强的斗争，取得了举世瞩目的伟大成就。但是，从总体上看，中国抗御洪涝灾害的能力还不高，在水利建设和综合治理方面存在不少问题，有些问题相当严重。主要表现：一是现有

---

① 江泽民：《在全国抗洪抢险总结表彰大会上的讲话》（1998 年 9 月 28 日），《人民日报》1998 年 9 月 29 日。

② 江泽民：《在全国抗洪抢险总结表彰大会上的讲话》（1998 年 9 月 28 日），《人民日报》1998 年 9 月 29 日。

防洪工程标准低，老化失修，险工隐患多。七大江河防洪能力偏低，病险水库较多。二是随着人口增加，与水争地的现象日趋严重。大量湖泊和河道滩地被围垦，降低了湖泊的调蓄能力和河道的行洪能力。三是陡坡开荒、毁林开荒和乱砍滥伐林木现象大量存在，水土流失加剧，河道湖泊严重淤积。因此，加强水利建设，实行综合治理，从根本上防治洪涝灾害，是亟待解决的重大问题。

随着世界工业化进程给人类带来越来越多便利的同时，工业化产生的负面影响也越来越严重，气候变化、地球变暖的趋势还在发展，因此自然灾害频发的趋势还将存在。如何应对灾害的发生，做好防灾减灾工作，是执政党和人民政府必须面对的问题。在这次抗洪救灾的过程中的经验特别值得总结。在总结抗洪抢险的经验教训时，中共中央和国务院提出：

"第一，增强水患意识，加大水利建设力度。我国是一个洪涝灾害严重的国家。由于降雨在时空分布上极不均匀，一方面水资源紧缺，另一方面洪涝灾害又十分严重。我们要提高认识，统一思想，增强水患意识，调整基本建设投资结构，增加水利建设投资，实行综合治理，从根本上提高抗御洪涝灾害的能力。这是我国的一项长期任务，也是安民兴邦的一件大事。最近，国务院已就水利设施建设和生态环境建设工作作出部署，大幅度增加投入，以保证水利设施和生态环境建设需要。按照全面规划、统筹兼顾、标本兼治、综合治理的原则，搞好水利建设规划，提高大江大河大湖防洪标准，增强全流域的整体防洪能力。水利设施建设要贯彻开源与节流并重的方针，既要考虑防洪排涝的需要，又要考虑蓄水抗旱的需要，把两者有机地结合起来，真正变水害为水利。

"第二，植树造林，治理水土流失，改善生态环境。按照《全国水土保持规划》，以长江、黄河等大江大河水土保持工程建设为重点，大力开展植树造林种草，实行封山育林，进行流域综合治理，保持水土。国务院已决定，年内将长江、黄河上中游的51个重点森工企业及地方森工企业全面停止采伐，转向造林。力争通过十几年的努力，使我国生态环境有较大改善，明显减少水土流失，改变长江、黄河等大江大河泥沙严重淤积状况。同时，根据条件与可能，对过度开垦、围垦的土地，有计划有步骤退耕还林、还牧、还湖，维护生态平衡，改善生态环境。

"第三，加强大江大河大湖治理，提高防洪标准。国务院已决定，汛后立即动手，大干几年，把大江大河大湖防洪标准提高到较高的水平。要把大江大河大湖的干堤建设成高标准的防洪堤，确保万无一失。抓紧完成对现有病险水库的除险加固，使其充分发挥效益。切实抓好清淤疏浚，恢复河道行洪能力。加强主要江河的控制性工程建设，抓紧三峡、小浪底、万家寨、治理淮河、治理太湖等重点水利工程建设，有效地防御洪水。

"第四，加强城市防洪工程建设和海堤建设，提高城市防洪和抗御风暴潮的能力。抓好大中城市防洪设施建设，首先抓好沿江沿海重点城市防洪设施建设，提高城市防洪能力。加强沿海省份海堤加固项目建设，增强抗御风暴潮的能力。

"第五，认真贯彻落实《防洪法》，坚持依法防洪。《防洪法》明确了防洪工作的基本原则，强化了防洪行政管理职责和各项制度，是开展防洪工作的重要法律依据。全面落实《防洪法》规定的各项制度，依法统管防洪工作全局，调整全社会有关防洪各项事业的关系，坚持有法必依，执法必严，违法必究。坚决禁止围垦湖泊、侵占江河滩地、封堵通江湖泊河道、乱采江河砂石。坚决清除河道障碍，加强江河湖泊和易洪易涝地区的管理。制定蓄滞洪区运用补偿政策，解决蓄滞洪区群众的后顾之忧。

"第六，积极采用现代化技术，实行科学防洪。在防洪工程建设和防汛抢险等方面，不断研究推广和应用先进、适用的科学技术。进一步加强水文、通信和防汛决策指挥系统的建设。按照统一领导、统一规划、统一标准、分级负责的原则，尽快建成全国防汛指挥系统，实现防汛指挥调度现代化。"①

这次抗洪抢险正如江泽民总书记所总结的那样：我们的人民，我们的人民军队，我们的广大党员和干部，以自己的英勇行为书写了中华民族发展史上新的壮丽篇章，这将作为人类战胜自然灾害的一个壮举载入史册。"艰苦卓绝的斗争，生死与共的考验，风雨同舟的经历，使党同人民群众的血肉联系，军队同人民群众的鱼水之情空前加强，全民族的大团结空前巩固"。②

三、进行两场重大的政治斗争

在世纪之交，重大突发事件不断，仅在 1999 年，中共中央领导的重大的政治斗争就有三次。一是针对以美国为首的北约轰炸中国驻南斯拉夫使馆的野蛮行径，开展维护国家主权和民族尊严的坚决斗争；二是反对台湾当局李登辉关于主张"台湾独立"的言论；③ 三是针对少数人利用"法轮功"蛊惑人心，破坏社会稳定的事件，及时揭批"法轮功"歪理邪说，取缔"法轮功"邪教组织，维护社会稳定的斗争。这三次重大斗争的开展，充分显示了中共中央领导集体坚定成熟，处变不惊，驾驭和解决复杂

---

① 温家宝：《关于当前全国抗洪抢险情况的报告——1998 年 8 月 26 日在第九届全国人民代表大会常务委员会第四次会议上》，《人民日报》1998 年 8 月 27 日。

② 江泽民：《在全国抗洪抢险总结表彰大会上的讲话》（1998 年 9 月 28 日），《人民日报》1998 年 9 月 29 日。

③ 作者注：反对"台湾独立"的斗争在本书第十章介绍。

问题的能力，也充分体现了全国人民热爱祖国，维护民族尊严和国家主权的决心，从而有力地保证了改革开放和和现代化建设事业的顺利发展。本节介绍其中两场大的政治斗争。

（一）抗议美国袭击中国驻南联盟大使馆

南斯拉夫社会主义联邦共和国（简称南联邦）是个多民族的国家，地处巴尔干地区，战略地位非常重要。第二次世界大战后，在以约瑟普·布罗兹·铁托为首的南斯拉夫共产主义者同盟领导下，南斯拉夫保持了国家统一，经济社会得到很大发展。但是铁托逝世后，南斯拉夫各种矛盾，特别是民族矛盾开始显现。东欧其他社会主义国家剧变、苏联解体后，南斯拉夫社会主义联邦共和国也解体。1992 年 4 月，南联邦中的塞尔维亚、黑山两个共和国组建了南斯拉夫联盟共和国（简称南联盟）。但南联盟成立后，一直受到国际制裁。在这个背景下，长期潜伏的科索沃问题，即塞尔维亚族与阿尔巴尼亚族矛盾浮出水面。随着矛盾的激化，以美国为首的西方国家开始进行干预。1999 年 3 月 24 日晚，以美国为首的北约绕开联合国安理会，悍然对南联盟发动空袭，科索沃战争爆发。这场战争严重违反了《联合国宪章》，损害了联合国安理会的权威。

1. 中国政府强烈抗议美国为首的北约的暴行

以美国为首的北约以维护所谓"人权"为借口，在对主权独立的南斯拉夫联盟共和国进行了 44 天的轰炸后，当地时间 5 月 7 日，美国从本土起飞的一架 B-2 隐形轰炸机，当日深夜使用 5 枚精确制导的重型炸弹（即"联合直接攻击炸弹"，JDAM），[①] 从不同角度对中国驻南联盟大使馆和大使官邸悍然进行野蛮轰炸。新华社记者邵云环、《光明日报》记者许杏虎和他的妻子朱

---

① 唐家璇：《劲雨煦风》，世界知识出版社 2009 年版，第 189 页。

颖遇难，20 多位同志受伤，其中多人伤势严重。使馆馆舍遭到严重损坏。

以美国为首的北约这种严重破坏国际法，疯狂践踏人权的消息传来，举国震惊，全民愤慨。1999 年 5 月 8 日凌晨，以美国为首的北约野蛮袭击中国驻南联盟大使馆的消息传到国内。使馆被炸后十几分钟，中国外交部长就接到消息。随即外交部召开紧急会议进行对策研究。

中共中央政治局常委会立即开会研究这一突发事件。中共中央总书记、国家主席、中央军委主席江泽民发表讲话。会议作出五条决定："第一，发表我国政府声明，严厉谴责以美国为首的北约袭击我国驻南联盟大使馆、粗暴侵犯中国主权的野蛮暴行，要求北约必须对此承担全部责任。第二，由外交部紧急召见美国驻华大使，提出最强烈的抗议。第三，要求联合国安理会召开紧急会议讨论这一事件，强烈地表明我国政府和人民对这一野蛮行径的原则立场和严正态度。第四，向在这次袭击事件中不幸牺牲的同志表示沉痛悼念，采取一切措施抢救伤员，立即派专机前往贝尔格莱德接回我有关人员。第五，要引导好群众对以美国为首的北约的暴行的抗议活动。"① 会议深入分析了国际国内形势及此次事件的性质和影响，果断决定既要严正交涉、坚定不移地维护国家主权和民族尊严，又要统筹考虑改革开放大局，着眼于中华民族的根本利益和长远发展。中央还决定紧急向美国提出严正交涉和最强烈抗议，并派遣专门小组乘专机前往贝尔格莱德处理使馆遇袭的善后工作，用专机把三位烈士的骨灰运回国，把能行动的受伤人员全部接回国。

5 月 8 日上午，中华人民共和国政府发表声明，最强烈地抗议北约的野蛮行径。声明说："以美国为首的北约对南斯拉夫 40

---

① 《江泽民文选》第 2 卷，人民出版社 2006 年版，第 322 页。

多天的狂轰滥炸，已经造成无辜平民大量伤亡，现在又居然轰炸中国大使馆。北约的这一行径是对中国主权的粗暴侵犯，也是对维也纳外交关系公约和国际关系基本准则的肆意践踏。这在外交史上是罕见的。中国政府和人民对这一野蛮暴行表示极大愤慨和严厉谴责，并提出最强烈抗议。以美国为首的北约必须对此承担全部责任。中国政府保留采取进一步措施的权利。"①

5月8日下午，中华人民共和国外交部副部长王英凡紧急召见美国驻中国大使尚慕杰，奉命就中国驻南斯拉夫联盟共和国大使馆遭北约导弹袭击一事向以美国为首的北约提出最强烈抗议。当天，全国人大外事委员会和全国政协外事委员会也发表严正声明，对北约袭击中国驻南斯拉夫联盟共和国大使馆表示极大的愤慨和最严厉的谴责。

10日，由于美国方面没有就轰炸中国驻南联盟大使馆作出道歉，中国外交部长唐家璇代表中国政府再次就以美国为首的北约用导弹袭击中国驻南斯拉夫联盟共和国大使馆事件向美国驻中国大使尚慕杰提出严正交涉。唐家璇说，以美国为首的北约悍然用导弹袭击了中华人民共和国驻南斯拉夫联盟共和国大使馆，造成重大人员伤亡和馆舍的损坏，这是对《联合国宪章》和国际关系基本准则的公然蔑视和严重破坏，是对中国主权的粗暴侵犯。中国政府已就此发表了严正声明，对这一野蛮行径表示了极大愤慨，予以强烈谴责，并向以美国为首的北约提出了最强烈抗议，要求以美国为首的北约必须对这一事件承担全部责任。中方将继续密切关注情况的发展。他代表中国政府，再次向以美国为首的北约提出以下严正要求：一、必须公开、正式向中国政府、中国人民和中国受害者家属道歉。二、必须对北约用精确制导重型炸弹袭击中国驻南斯拉夫联盟共和国大使馆事件进行全面、彻底的

---

① 《我国政府发表严正声明》，《人民日报》1999年5月9日。

调查。三、迅速公布调查的详细结果。四、严惩肇事者。中国外交部发言人也在当天宣布：根据中华人民共和国政府声明的精神，考虑到目前的情况，中方决定：推迟中美两军高层交往；推迟中美防扩散、军控和国际安全问题磋商；中止中美在人权领域的对话。

2. 同仇敌忾，团结御侮

以美国为首的北约的野蛮行径激起了全中国人民的极大义愤。5 月 8 日，新华社、光明日报社就本单位记者遇难向北约提出最强烈抗议；中华全国新闻工作者协会代表中国 55 万新闻从业人员强烈呼吁，以美国为首的北约必须立即停止军事行动，必须对袭击中国大使馆并造成我记者伤亡的严重后果负全部责任。香港特区行政长官董建华 8 日晚就以美国为首的北约袭击中国驻南斯拉夫联盟共和国大使馆一事发表声明，支持中央政府的立场。

人民解放军和武警部队广大官兵对以美国为首的北约袭击中国驻南联盟大使馆的野蛮行径表示极大的愤慨和最强烈谴责。广大官兵坚决拥护中国政府的严正声明，坚决拥护胡锦涛同志代表党中央、中国政府的电视讲话，决心在以江泽民同志为核心的党中央、中央军委的坚强领导下，努力加强国防和军队现代化建设，坚决保卫各族人民的和平生活和改革开放的丰硕果实，保卫国家主权和领土完整不受侵犯。

中华全国总工会、中华全国妇女联合会、中华全国青年联合会和中华全国学生联合会等分别发表声明或召开座谈会，强烈谴责以美国为首的北约野蛮袭击我驻南使馆的暴行。

全国各省、直辖市、自治区党委、政府、人大、政协等领导机关，也召开会议或举行座谈会，坚决拥护中国政府严正声明，强烈谴责以美国为首的北约轰炸我驻南联盟大使馆的野蛮行径。

中国国民党革命委员会、中国民主同盟、中国民主建国会、中国民主促进会、中国农工民主党、中国致公党、九三学社、台湾民主自治同盟等各民主党派，全国工商联及无党派人士代表也举行座谈会，坚决拥护和支持中国政府的严正声明，严厉谴责以美国为首的北约悍然对中国驻南使馆进行导弹袭击造成使馆人员伤亡和严重毁坏的暴力行径，对北约这种粗暴侵犯中国主权的野蛮暴行表示极大的愤慨。各民主党派强烈要求，以美国为首的北约对这一极严重的事件必须承担全部责任。中国人民历来热爱和平，但从不惧怕也不能容忍任何侵略和压力。中国的所有成员将与中国政府和全国人民一起，坚决维护中国主权，主持人类正义，反对一切侵略行径。中国人权发展基金会召开座谈会，对以美国为首的北约的野蛮行径表示极大的愤慨和最强烈的抗议，对在袭击中不幸遇难的中国使馆工作人员和新闻工作者表示沉痛哀悼，对受伤者及其家属表示深切慰问，并向世界上一切伸张正义、维护和平的人权组织、慈善机构、基金会和各类社会组织发出呼吁：立即携起手来共同制止以美国为首的北约在南联盟极其野蛮的罪恶行径。中国佛教协会、中国道教协会、中国伊斯兰教协会、中国天主教爱国会、中国天主教主教团、中国基督教三自爱国运动委员会和中国基督教协会就以美国为首的北约悍然用导弹轰炸中国驻南斯拉夫大使馆的野蛮行径联合发表抗议信。

全国各地各界纷纷以集会、游行、座谈、接受记者采访等多种形式，发抗议信或抗议电等各种活动，拥护中国政府的严正声明，强烈谴责以美国为首的北约的野蛮行径。愤怒声讨以美国为首的北约对中国人民犯下的滔天罪行，表示要发奋学习，努力工作，为建设强大的社会主义祖国贡献力量。

具有光荣反帝传统的广州各界近 10 万民众，5 月 9 日冒雨走上街头，强烈抗议以美国为首的北约悍然袭击中国驻南使馆。工、青、妇各群众团体，特别是广州造船厂、广州钢铁厂、广州重型机械厂、广州造纸厂的产业工人组成的抗议队伍格外引人注目，广州新闻界的干部职工也走上街头，他们高举死难记者遗像，愤怒声讨北约对中国人民犯下的滔天罪行。

中国舆论强烈谴责北约暴行。5 月 9 日，《人民日报》在题为《强烈谴责美国为首的北约的血腥罪行》评论员文章中说："众所周知，驻外使领馆是一个国家主权的象征，受国际法的保护。北约袭击我国使馆是对我国主权的野蛮侵犯，是对维也纳外交关系公约和国际关系基本准则的粗暴践踏，不能不激起全世界爱好和平国家的强烈反对，不能不激起中国政府和人民的强烈抗议。"5 月 10 日，《人民日报》再次发表题为《中国人民不可侮》的评论员文章，指出："以美国为首的北约悍然袭击中国驻南斯拉夫大使馆，燃起了中国的怒火"，"北约袭击中国驻南斯拉夫大使馆是对中华人民共和国主权和尊严的公然侵犯，是对中国人民民族感情的严重伤害，是对 12 亿中国人民的公然挑衅。"文章说，"中华人民共和国的成立标志着中国人民从此站起来了。中国百年以来积弱受欺的时代已经一去不复返了"，"今天，如果有人认为可以用武力威胁吓倒中国人民，那就完全打错了算盘。以美国为首的北约必须对其袭击中国大使馆的暴行承担全部责任。"文章说："中国的主权和尊严是不容侵犯的，不畏霸权的中国人民是不容欺侮的。中华民族艰苦卓绝的百年奋斗已经并将继续证明，伟大的中国人民是不可战胜的。以美国为首的北约如果无视中国人民的义愤，必将犯下时代的错误，而逃脱不了历史的惩罚。"

3. 爱国学生游行示威，强烈抗议北约野蛮轰炸中国驻南大使馆

以美国为首的北约野蛮轰炸中国驻南使馆的暴行，激起北京各界人士，特别是青年学生的强烈愤慨。5 月 8 日下午 4 时多，北京大学、清华大学、北京师范大学、北京航空航天大学、中央民族大学、首都师范大学、北京理工大学等首都十余所大学的学生高举"反对霸权，反对侵略""捍卫主权，还我使馆""强烈

谴责美国的霸权主义行径"等横幅，高呼"坚决拥护我国政府的严正声明！""最强烈地抗议以美国为首的北约轰炸我国驻南斯拉夫大使馆！""以美国为首的北约必须对轰炸中国驻南使馆的野蛮行径承担全部责任！"等口号，来到美国驻华使馆门前游行示威，愤怒宣读抗议书，对以美国为首的北约野蛮轰炸中国驻南使馆的暴行，表示强烈的愤慨和抗议。北京大学示威游行的学生代表在美国使馆门前高声宣读抗议书："玩火者必自焚。中国不可欺！中华民族不可辱！已经站立起来的中国人民绝不能容忍对中国主权的践踏。"由于美国大使馆人员的傲慢无礼，愤怒的青年学生把手中的砖块、矿泉水瓶等投向美国驻中国大使馆以示抗议。

8日傍晚，上海复旦、交大等10余所高等院校数千名学生，到美国驻上海总领事馆门前举行抗议活动。下午6时30分，由上海市学联组织，复旦、交大、同济、华东理工、华东师范等10多所高校学生陆续汇集到美国驻上海总领事馆门前。他们高举着"最强烈地抗议以美国为首的北约的野蛮行径""美国践踏国际法""反对霸权，反对侵略"等中英文标语，高喊"反对轰炸""还我尊严""严惩凶手""和平万岁""爱我中华"等口号，高唱国歌和国际歌，群情激愤。上海学联主席代表上海大学生向美国驻上海总领事馆递交了一份抗议书。一些师生秉烛游行，为死难同胞致哀。

8日下午，广州中山大学、中山医科大学、华南理工大学、广东公安高等专科学校等近10万高校学生在环市中路、人民北路、江南大道及沙面一带游行，抗议以美国为首的北约轰炸中国驻南联盟大使馆的犯罪行为。下午4时30分，学生们高呼口号："反对美国霸权主义、反对强权政治！""还我使馆、还我同胞！"……先到的学生已经排队集结在美国驻广州总领事馆的门前，抗议示威。下午6时左右，在广州市环市中路的国际大酒店的英国、法国等北约成员国驻广州的总领事馆前的广场上，参加抗议北约野蛮行径的学生人数超过 1 万人。他们当中的几百名星海音乐学院的学生唱起了《国际歌》和《保卫黄河》等歌曲。广东外语外贸大学、广州中医药大学、广州医学院、广州师范学院等院校师生大约 2 万人，也冒雨举行声势浩大的游行示威，抗议以美国为首的北约使用导弹野蛮袭击中国驻南联盟大使馆的罪恶行径。

以美国为首的北约集团用导弹袭击中国驻南使馆的暴行，激起四川人民的极大愤慨。8 日晚，四川大学和各界群众数万人到美国驻成都总领事馆门前愤怒声讨以美国为首的北约的野蛮行径。四川大学师生的游行队伍浩浩荡荡，打着横幅，高举各种标语口号，不断高呼："反对战争，捍卫主权！"许多站在街道两旁的群众，不断为游行队伍鼓劲助威，并同师生一起高呼反对霸权主义口号。以美国为首的北约无法无天，惨无人道。他们在南联盟犯下最不人道的滔天罪行，充分暴露出他们"人权卫士"的虚伪嘴脸。

从 8 日晚上到 9 日下午，沈阳东北大学、辽宁大学等 20 多所高校的 10 多万名师生，怀着万分愤怒的心情来到美国驻沈阳总领事馆，举行游行示威活动，强烈谴责以美国为首的北约轰炸中国国驻南联盟大使馆的暴行。他们高举巨大的横幅标语，上边写道："坚决拥护中国政府的严正声明""强烈抗议北约的野蛮行径""以美国为首的北约必须对轰炸我驻南使馆的野蛮行径承担全部责任"等等。他们还慷慨激昂地振臂高呼："坚决捍卫国家主权""反对霸权，不要强权"……

5 月 9 日，北京数十所高校的学生再次在美国大使馆前示威游行，表达中国青年反对霸权、捍卫和平的决心。早上 6 点过后，清华大学、北京外国语大学、中国政法大学、北京理工大学、中国新闻学院、中央工艺美术学院等一队队游行队伍，高举"坚决支持我国政府严正声明"的横幅，来到大使馆区抗议示威。

"在北京外国语大学的游行方队中，1000多名学生身穿白色T恤衫，举着在南斯拉夫遇难的记者邵云环、许杏虎的画像，高呼'还我校友'的口号。这两位记者都是从北京外国语大学毕业的，学生们为他们的学校涌现出两位优秀的记者感到骄傲，更为以美国为首的北约的暴行感到气愤。"① 清华大学2000多名学生胸戴白花，高唱国歌，高呼"反对战争，还我使馆，还我同胞""严惩凶手"的口号参加抗议示威活动。

5月9日从清晨开始，天津各高校师生纷纷以院系为单位召开声讨会。《光明日报》记者朱颖系天津轻工学院92届优秀毕业生，校友的以身殉职引起了学院广大师生对北约暴行的极度愤慨，他们召开了追悼大会，设立灵堂，深切哀悼朱颖同志。

5月9日，在中国其他大中城市：哈尔滨、长春、重庆、太原、乌鲁木齐、杭州、合肥、武汉、昆明、南宁、银川、青岛、厦门、汕头等地，大学生们及各界群众纷纷示威游行，声讨北约的罪恶行径。大学生们纷纷表示，落后就要挨打，发展才是硬道理，作为发展中国家，我们只有把改革开放和社会主义现代化建设搞上去，不断增强综合国力，才能更好地维护国家主权和安全，维护民族尊严。他们纷纷表示，我们青年学生要把满腔的爱国热情化作勤奋学习、强中国力、壮中国威的动力。

对于广大群众、特别是广大青年学生在抗议美国野蛮行径中表现出来的强烈的爱国热情，中共中央和国务院表示坚决支持。5月9日下午6时，中共中央政治局常委、国家副主席胡锦涛在中国中央电视台发表电视讲话，代表中共中央、国务院和中国人民，再次严厉谴责以美国为首的北约的野蛮行径，明确表示中国政府坚决支持、依法保护一切符合法律规定的抗议活动。胡锦涛

① 《坚决拥护我国政府严正声明 强烈谴责美国霸权主义行径》，《人民日报》1999年5月10日。

说：从昨天开始，全国各地的广大群众，纷纷举行座谈、集会、发抗议信或抗议电等各种活动，拥护中国政府的严正声明，强烈谴责以美国为首的北约的野蛮行径。北京、上海、广州、成都、沈阳等一些城市的学生和群众，还在美国驻华外交机构附近举行了示威游行。这一切，都充分反映了中国人民对以美国为首的北约袭击中国驻南使馆暴行的极大愤慨和强烈的爱国热情。中国政府坚决支持、依法保护一切符合法律规定的抗议活动。胡锦涛同时提出：广大人民群众一定会从国家的根本利益出发，自觉维护大局，使这些活动依法有序地进行。要防止出现过激行为，警惕有人借机扰乱正常的社会秩序，坚决确保社会稳定。

4. 国际社会与国际舆论的强烈反响

以美国为首的北约袭击中国驻南联盟大使馆，在国际社会也引起了强烈的反应。纽约时间5月7日晚，北约轰炸中国驻南斯拉夫使馆的消息传来，联合国安理会成员国代表度过了一个不眠之夜。正在华盛顿访问的联合国秘书长安南，对北约袭击中国驻南联盟大使馆表示"震惊"和"悲痛"，并于当晚8时发表声明。安南在声明中说，事态的发展表明，现在是必须寻找政治途径解决科索沃危机的时候了。晚11时30分，安理会应中国代表要求召开紧急会议。15个理事国和其他一些国家的代表深夜冒雨赶到联合国总部大楼。经过将近5个小时的非正式紧急磋商和公开辩论，联合国安理会轮值主席、加蓬代表当格·雷瓦卡于8日凌晨3时20分走出安理会会议室，向等候在外面的各国记者宣读了安理会主席声明。3时40分，安理会正式会议开始。中国常驻联合国代表秦华孙首先发言。他在宣读了中国政府的声明后指出，北约的野蛮行为公然违反《关于防止和惩治侵害应受国际保护人员包括外交代表的罪行的公约》，侵害外交人员的安全，对各国间合作所必要的正常国际关系的维持构成严重威胁。根据公约，这种不分青红皂白的攻击均属严重违约行为，即战争罪行为，应加以惩治。中国对此严重事件表示极大的愤慨和强烈的谴责，强烈要求北约对此进行调查并作出交代。北约必须对此承担全部责任。

然后，18 个国家的代表在会上发了言。俄罗斯常驻联合国大使拉夫洛夫要求对这一事件立即进行调查，指出北约是在打着人道主义的旗号干着破坏现行国际秩序的勾当。伊拉克代表要求惩治违反国际法和《联合国宪章》的凶手。古巴代表指出，北约正利令智昏地对平民实行屠杀。阿根廷代表说，国际社会对此不能保持沉默。美国代表在发言中则诡称尚无经过证实的消息，北约不会攻击使馆和民用目标，还强词夺理地说空袭事件应由南联盟负责。英国、荷兰、加拿大等一些北约国家也对北约轰炸中国大使馆一事进行了狡辩。秦华孙大使在会议结束前再次发言，他驳斥了一些国家代表称北约不攻击大使馆和民用设施的说法，指出事实胜于雄辩，北约必须对袭击中国使馆事件负全部责任。①

5 月 8 日，俄罗斯、乌克兰、越南、菲律宾、新加坡、日本、韩国、南非、罗马尼亚、保加利亚、希腊、秘鲁、坦桑尼亚、乌拉圭等国的新闻媒体、政界人士也纷纷发表文章或讲话，强烈谴责北约集团的暴行，对中国表示声援。

5 月 10 日中午，俄罗斯总统叶利钦给国家主席江泽民打来热线电话，对以美国为首的北约用导弹袭击中国驻南斯拉夫联盟共和国大使馆的野蛮暴行表示极大的愤怒。他说，在获悉这一消息后，他立即就此事发表声明，予以最强烈的谴责。他强调说，俄国对这一事件的立场与中方完全一致。江泽民在谈话中谴责北约袭击中国大使馆这件事是一种极其野蛮的行为，是对中国主权的粗暴侵犯，在外交史上是罕见的。江泽民说，以美国为首的北约必须对这一事件承担全部责任，否则中国人民不会答应。江泽民

① 《北约暴行震惊联合国》，《人民日报》1999 年 5 月 9 日。

指出，以美国为首的北约绕开联合国，对主权国家南联盟进行军事打击，这是彻头彻尾的炮舰政策，是一种十分危险的倾向，不能不引起各国政治家的警惕。他说，中俄作为安理会常任理事国和在世界上有重要影响的大国，对主持正义、维护和平负有重要责任。他希望双方保持密切磋商，加强协作。

5. 沉痛悼念烈士、隆重欢迎回国人员

5月12日上午，运载着邵云环、许杏虎、朱颖三位烈士骨灰的专机缓缓降落在首都机场，中国驻南斯拉夫大使馆的部分工作人员和驻南新闻工作者也同机回国。当三位烈士的骨灰由家属护送走下飞机时，哀乐奏起，中共中央政治局常委、国家副主席胡锦涛到机场迎接，并将三位烈士的骨灰护送至灵车。当抬着重伤员的担架走下飞机时，胡锦涛等领导同志迎上前去，深情地紧握伤员们的手不停慰问，还同在医护人员搀扶下走下飞机舷梯的伤员拥抱。场面庄严凝重，感人至深。为沉痛悼念三位烈士，国务院决定，1999年5月12日，在北京天安门、新华门、人民大会堂、外交部、各省、自治区、直辖市人民政府所在地，香港特别行政区政府所在地、新华社澳门分社下半旗致哀。

13日下午，中共中央、国务院在人民大会堂隆重召开大会，热烈欢迎中国驻南斯拉夫联盟共和国工作人员，对中国驻南斯拉夫大使馆工作人员和驻南新闻工作者进行表彰。中共中央总书记、国家主席、中央军委主席江泽民在会上发表重要讲话。他首先代表中共中央、国务院和全国各族人民，向为和平、为正义、为祖国捐躯的邵云环、许杏虎、朱颖三位革命烈士，表示沉痛的哀悼！向光荣负伤的同志表示亲切的问候！向仍然在战火中履行神圣使命的驻南使馆工作人员和坚守岗位的新闻工作者，表示崇高的敬意！江泽民说，以美国为首的北约悍然对我驻南使馆进行导弹袭击的暴行发生后，我国政府当即发表了严正声明，提出了最强烈的抗议。以美国为首的北约必须对这一事件承担全部责

任，必须对中国政府提出的要求作出全面交代。否则，中国人民决不答应！中国政府正密切关注事态的发展，并继续保留采取进一步措施的权利。江泽民说，我们要继续坚定不移地贯彻执行独立自主的和平外交政策。在和平共处五项原则的基础上继续发展同世界各国的友好合作。对于一切国际事务，坚持从中国人民和世界人民的根本利益出发，根据事情本身的是非曲直来决定自己的立场和政策。坚决维护国家的主权和安全，坚决主持公正，伸张正义，不信邪，不怕压，为促进人类和平与发展的崇高事业而努力。江泽民强调，中国人民是具有光荣的爱国主义传统、热爱和平的伟大人民。在中国共产党的领导下，全国各族人民坚强团结，不懈奋斗，建设富强民主文明的社会主义现代化国家的伟大目标，就一定能够达到！

6. 中国正义斗争下美国政府的道歉和赔偿

中华民族是从无数次血与火的磨难中走过来的民族，是一个酷爱和平、反对战争，从不屈服于任何敌人的民族。在霸权主义肆无忌惮的侵略面前，中国人民义正词严的声讨、同仇敌忾的抗议以及采取的合情合理的行动，赢得了世界人民的同情和支持。面对难以抵赖的事实，自觉理亏的美国政府尽管一方面仍然不断进行无力的狡辩，但另一方面却不得不在多种场合向中国政府、人民和受害者家属作出公开道歉。

5月8日晚，美国国务卿奥尔布赖特和美其他高级官员前往中国驻美国大使馆，就北约轰炸中国驻南联盟大使馆事件向中国政府表示道歉。北约秘书长索拉纳表示，北约轰炸中国驻南使馆是一个悲剧性错误，他向中国政府和遇难者家属表示沉痛的哀悼。加拿大、德国、意大利等北约国家领导人也分别向中国领导人致函或致口信，对北约轰炸中国驻南使馆表示深切的遗憾，对死难者家属表示慰问。① 9日，美国总统克林顿致信江泽民主席。克林顿在信中说："我就中国驻贝尔格莱德大使馆被炸所带来的痛苦和人员伤亡表示道歉和真诚的哀悼。"10日，美国总统克林顿在白宫就以美国为首的北约用导弹袭击中国驻南斯拉夫联盟共和国大使馆向记者公开表示："我已经向江泽民主席和中国人民表示了道歉。我要再次对中国人民和中国领导人说，我对此表示道歉和遗憾。同时，我要重申，我们致力于加强美中两国之间的关系。"② 13日，美国总统克林顿在白宫会见中国驻美国大使李肇星，并在李肇星大使专门带去的使馆吊唁簿上留言："对死难者表示深切哀悼，对其家属和中国人民表示真诚的歉意。"③

5月14日晚，在应美国方面多次请求后，江泽民主席与克林顿总统通电话。克林顿说："我愿对发生在贝尔格莱德的悲剧表示由衷的道歉，尤其是向受伤人员和遇难者的家属表示我个人的歉意。"他保证查清事件发生的原因，并尽快让中国人民了解事实真相。江泽民在通话时强调，以美国为首的北约对中国驻南斯拉夫联盟共和国大使馆进行导弹袭击，是一起震惊世界的严重事件，造成了中国人员重大伤亡和馆舍毁坏，严重侵犯了中国主权，也是对《联合国宪章》和国际关系基本准则的粗暴践踏。江泽民强调，以美国为首的北约必须对这一事件承担全部责任，美国政府要充分看到这个事件的严重性，它已经损害了中美关系。江泽民指出，当务之急，美国政府应该对这一事件进行全面、彻底、公正的调查，并迅速公布调查结果，满足中国政府和中国人

① 《就北约袭击我驻南使馆 美等北约国家领导人表态》，《人民日报》1999年5月11日。

② 《就中国驻南联盟大使馆被袭击事件 美国领导人向中国人民公开道歉》，《人民日报》1999年5月12日。

③ 唐家璇：《劲雨煦风》，世界知识出版社2009年版，第189页。

民提出的全部要求。

6月16日，美国副国务卿托马斯·皮克林奉克林顿总统之命，作为总统特使前来北京，向中国政府报告了美国政府对北约袭击中国驻南联盟大使馆事件的调查结果。美方的调查结果称，中国驻南联盟大使馆被炸是一起由美政府一些部门的一系列失误所导致的"悲剧性误炸"事件。皮克林称，美有关部门主要有三个重大失误：第一，目标定位方面的失误，误把中国驻南使馆当作南联盟军需供应采购局。第二，美数据库存在缺陷，中国驻南使馆新地址未被输入美情报和军事部门的目标数据库。第三，审查程序未能纠正上述两项失误。

对于美方通报的所谓"调查结果"，中方指出，美方对此事件发生原因作出的解释是难以令人信服的，由此得出的"误炸"结论是中国政府和人民不能接受的。中方指出：第一，美方不可能不知道中国驻南联盟使馆的确切位置；第二，种种情况表明，美方完全掌握驻贝尔格莱德外国机构的总体分布情况；第三，美方关于用陆军野战定位方法来确定拟进行空中打击的南联盟军需供应采购局的位置，这种说法不合乎逻辑；第四，美方有关目标的数据库是经常更新的，对打击目标和非打击目标也有严格的区分；第五，美方所谓审查程序未能纠正"情报错误"的解释令人难以置信。

中方强调，美国袭击中国驻南使馆，不仅是对中国人民最为珍视的国家主权和尊严的侵犯，也是对生存权这一基本人权的严重侵犯，极大地伤害了中国人民的民族感情。美国政府必须充分认识到美国袭击中国驻南联盟使馆事件的严重性，高度重视中国政府的严正立场和要求，切实进行全面、彻底的调查，严惩肇事者，以实际行动向中国政府和人民作出满意的交代。中方指出，美国袭击中国驻南联盟使馆构成美国的国际不法行为。中方要求美国政府承担全部赔偿责任。对中国的人员伤亡和财产损失作出迅速、充分和有效的赔偿。

7月15日至16日，中国代表团和美国代表团就美国轰炸中国驻南斯拉夫联盟共和国大使馆所造成的中方人员伤亡和财产损失的赔偿问题在北京举行了第一轮谈判。7月28日至30日，又举行了第二轮谈判。经过谈判，双方就中方伤亡人员的赔偿问题达成共识。美方将尽快向中国政府支付450万美元的赔偿金。中国政府将把这一款项分付给三位烈士的家属及受伤人员。8月美国按协议支付了中方伤亡人员赔偿金450万美元，由中国政府直接分付给三位烈士家属和受伤人员。

中美双方还继续就解决中方财产损失的赔偿问题进行谈判。1999年12月16日，中美两国政府就美国轰炸中国驻南斯拉夫大使馆的赔偿问题达成协议。根据协议，美国政府将向中国政府支付2800万美元，作为对1999年5月美国轰炸中国驻南联盟大使馆所造成的中方财产损失的赔偿。协议达成后，中方多次敦促美方切实履行承诺，尽快落实赔偿款项。2001年1月17日，美国政府最终向中国政府支付了轰炸中国驻南联盟大使馆财产赔偿金2800万美元。

声势浩大的抗议以美国为首的北约轰炸中国驻南联盟大使馆的斗争，使全世界人民看到：在事关国家主权和民族荣辱的问题上，已经挺起脊梁站立起来的中国人民同心同德、万众一心。现在的中国已不是一百年前任人宰割的中国！今天的中华民族再也不是一盘散沙，而是铸造出来的铜墙铁壁，是凝聚起来的新的长城！中国的领土主权和民族尊严绝不允许任何人肆意践踏！血的事实进一步教育了中国人民、特别是青年学生，让他们明白了什么是美国人所宣传鼓噪的"人权"，什么是"落后就要挨打"，什么叫霸权主义和强盗逻辑。让人们从血的事实中懂得：中华民族还要持续奋发努力，特别是青年人，要肩负起发展中国科技和国防的重任，为建设社会主义现代化的强国而奋斗。正如江泽民同志在事发当天在中央政治局常委会上所说："在这个世界上，最后还是要拼实力的。我们要卧薪尝胆，一定要争这口气！"①

以美国为首的北约悍然轰炸代表中国主权的外交机构，并造成中国人员伤亡和重大财产损失，酿成震惊世界的严重事件。中国政府如何应对这场突如其来的严峻危机，是对中国政府的严峻考验。在关键时刻，以江泽民同志为核心的中央领导集体准确判断国际和国内形势，既坚决维护国家主权和民族尊严，又全面考虑国家长远发展和改革开放大局，从国情出发果断作出了明确和正确的决策。在中共中央的领导下，中国外交部等有关部门以国家发展大局为重，以国家和人民利益为重，既坚持原则，敢于斗争，又注意有理有利有节，妥善处理这场危机。不仅赢得了民族尊严，也保证了中国改革开放和现代化进程不受干扰。

（二）坚决反对"法轮功"邪教的斗争

"法轮功"是一种反人类、反社会、反科学的邪教。这种邪教在中国一些地方的传播，不仅导致成千上万的家庭失去了和睦、幸福的生活，上千人失去了生命，还给社会稳定造成很大影响。

1."法轮功"邪教的非法活动

1999年4月25日凌晨，1万多名来自北京、河北、山东、辽宁、天津、内蒙古等地的"法轮功"练习者，有组织地集合起来围住了中共中央所在地中南海，矛头直指中共中央、国务院，严重影响了党和国家最高机关的正常工作，扰乱了首都的社会秩序，在国际国内造成了极其恶劣的政治影响。随着事件真相的不断披露，事实证明4月25日发生的大规模非法聚集事件是所谓"法轮功"邪教发动的一起有目的、有预谋、有组织的向党和政

---

① 《江泽民文选》第2卷，人民出版社2006年版，第324页。

府示威施压、企图搞乱全国的重大政治事件。

"法轮功"的总头目从 1992 年 5 月起开始传播所谓的"法轮功"。为攫取信徒钱财,"法轮功"头目大量组织书籍、画像、音像制品、练功服、徽章、练功垫等"法轮功"系列产品的非法出版、生产和销售。"法轮功"组织的头目,靠盘剥"法轮功"练习者的血汗钱,偷逃国家税收,聚敛巨额财富,成为暴发户。他们置别墅、购轿车、办护照、买绿卡,出入国外色情赌博场所,肆意挥霍。据有关部门初步查证,从 1992 年 5 月至 1994 年底,"法轮功"组织的头目办了 56 期"法轮功"学习班,收费 300 万元以上。"法轮功"武汉总站负责人开办的武汉深深集团公司,非法出版有关"法轮功"的书籍和音像资料,得书款 9000 余万元,仅这个案子和另两个"法轮功"非法产业案,非法经营额初步测算就达 16000 万元,非法获利 4000 多万元。

"法轮功"邪教组织有完备的组织制度。"法轮功"的总头目从 1992 年开始传播"法轮功"后,就在北京设立所谓"法轮大法研究会",自任会长。此后,又陆续在各省、自治区、直辖市设立了"法轮功"辅导总站 39 个,总站下又分设辅导站 1900 多个、练功点 28263 个,并曾一度控制 210 万个练习者,从而形成了一个自上而下的完整的组织系统。"法轮大法研究会"负责领导和管理各地"法轮功"辅导总站一切事务,审批各地"法轮功"组织的机构设置,任免主要骨干分子的职务。还制定了《对法轮大法辅导站的要求》《法轮大法弟子传法传功规定》《法轮大法辅导员标准》《法轮大法修炼者须知》等一系列规章制度,使"法轮功"活动组织化。

"法轮功"的总头目把"法轮功"练习者诱进他的歪理邪说中后,逐步从思想上、行动上与现实主流社会隔离,并通过示威、静坐、聚众闹事等各种形式走上与社会对抗的道路。"法轮功"组织聚众闹事,是从围攻新闻界开始的。这是因为,新闻是舆论导向，有影响，有号召力。由于"法轮功"的严重危害，一些新闻单位不断发表文章揭露"法轮功"的邪教本质，由此招致"法轮功"组织的轮番非法围攻。他们妄图钳制舆论，要挟社会，令新闻单位不得对其稍有微词，企图造成"法轮功"谁也惹不得的局面。

从1996年8月"法轮功"的总头目指挥"法轮功"组织围攻光明日报社以来，"法轮功"非法冲击新闻单位的事件就不断发生。1998年4月，《齐鲁晚报》发表《请看法轮功是咋回事》，报道了数起"法轮功"练习者有病拒绝就医吃药而延误病情甚至导致死亡的病例，呼吁"去掉法轮的光环"。"法轮功"练习者两次到报社静坐，参与者多达3900人。同年，因发表《一个年轻知识分子缘何摔死》及其后续报道《不能再让"法轮功"危害社会了》的《钱塘周末》，也受到"法轮功"组织旷日持久的纠缠。因同样的原因，《河北政法报》也受到"法轮功"邪教组织同样的"待遇"。在围攻重庆日报社时，"法轮功"邪教组织甚至狂妄地发出"警告"：如果不道歉，将集体发功，使洪水像当年水漫金山寺那样淹没报社，使地球提前毁灭。

到1999年，"法轮功"围攻新闻单位和党政机关更加肆无忌惮，日益猖獗。1999年4月初，天津师范大学教育学院主办的刊物《青少年科技博览》，刊登了中国科学院院士何祚庥撰写的《我不赞成青少年练气功》的文章，揭露了"法轮功"的骗人本质。其中讲到："有一篇关于'法轮功'的宣传材料，就说有某工程师练了'法轮功'后，元神出窍了，可以钻到炼钢炉里，亲眼看到炼钢炉的原子分子的种种化学变化。"何祚庥就此诙谐地提出："炼钢炉里的温度比太上老君炭炉里的温度要高出几百度，钻进去，可能吗？"文章另一段提到，中科院理论物理研究所有一名学生因为修炼"法轮功"而"不吃、不喝、不睡、不说话"，最后被送进精神病院治疗，病愈后仍修炼"法轮功"，导致病情复发。何祚庥这篇揭露"法轮功"问题的文章发表后，当即引起了天津市部分"法轮功"练习者的不满，也使"法轮功"的总头目和"法轮功"的小头目们感到有了再次闹事的机会。4月19日，众多的"法轮功"练习者突然涌进天津师大教育学院静坐、示威，到22日人数已达3000余人，把学校正常的教学和生活秩序完全打乱。1998年5月，北京电视台曾经因为在一个节目里有不同意"法轮功"的内容而遭到"法轮功"练习者1000多人数日的围攻。但是"法轮功"的总头目认为那次围攻组织得不好，未能把事情闹大，为此他还撤掉了"法轮功"北京总站的一个负责人。这一次"法轮功"的总头目决心利用天津师大教育学院这件事掀起一场更大的风波。通过他操纵控制"法轮大法研究会"的具体组织后，事态果然一步步地扩大了。1999年4月23日，也就是"法轮功"的总头目从美国潜入北京的第二天，围攻天津师大教育学院的人数陡然从2000多人激增到6000多人。天津事件正随着"法轮功"的总头目来到北京而升温。但是，"法轮功"的总头目的目标并不只是在天津闹事，而是处心积虑地要把事态扩大到北京，造成更大规模的社会震荡。4月23日上午，"法轮功"的总头目把"法轮大法研究会"的骨干召到他的住处，密谋策划把天津的事情闹大，把火烧到北京中南海。"法轮功"的骨干在北京先后召开四次会议，密谋到中南海闹事。而"法轮功"的总头目则在作了精心策划、部署之后，为了掩盖罪责，于4月24日下午匆匆收拾行李，乘飞机出境，到香港进行遥控指挥。根据事前的安排和分工，"法轮大法研究会"副会长以"法轮大法研究会"的名义，向河北、山东、辽宁、天津、内蒙古等的"法轮功"负责人打出一系列电话，要求他们组织"法轮功"练习者于4月25日晨到北京中南海旁的府右街"护法"。

"法轮功"总头目的意图，很快被传达给"法轮功"各总站站长，各总站站长又逐级传达给各分站、辅导站以及练功者。至此，"4·25"非法聚集的准备工作全部就绪。"法轮功"的总头目及其"法轮功"组织开始向党和政府发难了。4月24日晚9时40分，中南海北门出现了第一批约40名"法轮功"练习者。25日凌晨3时07分，北海附近出现来自河北的十几辆大客车，客车上的人陆续在附近地下通道内集中。3时30分，另一部分人在护城河边汇集。5时13分，大批"法轮功"练习者开始从北海公园正门向西行进；另一批人从胡同中走向府右街。6时55分，府右街出现大批行进人群。7时，中南海西门府右街一带已形成静坐场面。这以后，聚集的"法轮功"练习者继续增多。至25日上午，人数已达1万余人，从而出现了本节开头部分所描述的场面。①

"4·25"事件的发生充分表明，"法轮功"组织已发展成为一股反对中国共产党和人民政府的政治势力，不把这股势力打垮，将国无宁日。

2. 坚决取缔"法轮功"邪教

正是鉴于"法轮功"组织严重危害社会公共秩序和改革发展稳定，1999年7月19日，中共中央向各省、自治区、直辖市党委，各大军区党委，中央各部委，国家机关各部委党组（党委），军委各总部、各军兵种党委，各人民团体党组发出《中共中央关于共产党不准修炼"法轮大法"的通知》（本节简称《通知》），明确提出共产党员不准修炼"法轮大法"。《通知》说，近年来，"法轮功"组织在一些地方发展和蔓延。其头目编造的"法轮大法"，宣扬一套歪理邪说，严重侵蚀人们的思想。"法轮功"组织策划、煽动、蒙骗一些"法轮功"练习者到党政机关和新闻单位非法聚集，严重扰乱社会公共秩序，破坏改革发展稳定的局面。特别是一些党员也参与其中，损害了党的形象，造成了恶劣的社

---

① 《"4·25"非法聚集事件真相》，《人民日报》1999年8月13日。

会影响。为了保持党的先进性和纯洁性，增强党组织的凝聚力和战斗力，中共中央在《通知》中就共产党员不准修炼"法轮大法（法轮功）"问题提出了三项要求：一是充分认识"法轮功"组织的政治本质和严重危害，明确要求共产党员不准修炼"法轮大法"；二是针对"法轮功"问题在党内集中开展一次学习教育活动，使广大党员普遍受到一次马克思主义唯物论和无神论的教育；三是严格掌握政策界限，做好修炼"法轮大法"党员的转化工作；四是各级党组织要加强领导，切实承担起政治责任。①

1999 年 7 月 22 日，中华人民共和国民政部依照《社会团体登记管理条例》的有关规定，认定"法轮大法研究会"及其操纵的"法轮功"组织为非法组织，决定予以取缔。同日，国家公安部据此发出通告：（1）禁止任何人在任何场所悬挂、张贴宣扬"法轮大法"（"法轮功"）的条幅、图像、徽记和其他标识。（2）禁止任何人在任何场合散发宣扬"法轮大法"（"法轮功"）的书刊、音像制品和其他宣传品。（3）禁止任何人在任何场合聚众进行"会功""弘法"等宣扬"法轮大法"（"法轮功"）的活动。（4）禁止以静坐、上访等方式举行维护、宣扬"法轮大法"（"法轮功"）的集会、游行、示威活动。（5）禁止捏造或者歪曲事实、故意散布谣言或者以其他方式煽动扰乱社会秩序。（6）禁止任何人组织、串联、指挥对抗政府有关决定的活动。对于违反上述规定，构成犯罪的，依法追究刑事责任；尚不构成犯罪的，依法给予治安管理处罚。7 月 23 日，国家新闻出版署发出《关于重申有关"法轮功"出版物处理意见的通知》，其中认定《中国法轮功》（军事谊文出版社出版）等五种书借传授练功之名，宣扬迷信及伪科学，决定立即予以收缴、封存，不得继续销售。其

---

① 《中共中央关于共产党员不准修炼"法轮大法"的通知》，《人民日报》1999 年 7 月 23 日。

中还重申："所有有关'法轮功'的出版物一律不得重印（复制）和发行；非法出版的有关'法轮功'出版物，一经在市场上出现，应立即予以收缴；今后，出版单位不得出版、报刊不得刊载有关介绍、宣扬'法轮功'的书稿、文稿、图片、音像制品和电子出版物，印制单位不得印刷复制，发行单位和个人不得发行销售，如有违反者，一经发现，一律依法予以查处。"①

1999 年 7 月 23 日，国家人事部和共青团中央也分别发出通知，规定国家公务员和共青团员不准修炼"法轮大法"。7 月 29 日，公安部发出通缉令，公开通缉"法轮功"组织的总头目。从 8 月 5 日起至 8 月 17 日，《人民日报》在头版显著位置先后发表该报记者的 8 篇述评，揭批"法轮功"的反动本质和严重危害。10 月 28 日，《人民日报》发表特约评论员文章：《"法轮功"就是邪教》。文章对"法轮功"的邪教本质进行了深刻的剖析和批判。10 月 30 日，九届全国人大常委会第十二次会议通过并公布了《关于取缔邪教组织、防范和惩治邪教活动的决定》。

12 月 26 日，北京市第一中级人民法院对"法轮功"邪教组织的 4 名骨干分子作出一审判决。因宣扬迷信邪说和恐怖言论，毒害人心、蒙骗世人，并采用弄虚作假等手段，编造练"法轮功"能治病的谎言和所谓的"调查报告"，诱人受骗上当而被判刑。

中共中央、国务院关于取缔"法轮功"组织的决定公布后，得到了广大人民群众的坚决拥护。绝大多数曾经练习"法轮功"的党员、干部和群众已不再参加"法轮功"组织的任何活动。但是，也有一小部分群众为"法轮功"总头目的歪理邪说所迷惑，仍然痴迷于"法轮功"难以自拔。为此，各级党组织和政府做了

---

① 《中华人民共和国新闻出版署关于重申有关"法轮功"出版物处理意见的通知》，《人民日报》1999 年 7 月 24 日。

大量教育转化工作。通过深入、细致的教育转化工作，目前，绝大多数"法轮功"痴迷者已进一步认清了"法轮功"总头目及其歪理邪说的政治本质、险恶用心和社会危害，逐渐从"法轮功"邪教的思想束缚中解脱出来，开始了新的人生。反对"法轮功"邪教的严肃政治斗争已取得决定性的重大胜利。但是，由于批判"法轮功"邪教斗争的复杂性、艰巨性，特别是由于国际反华势力的插手，这场斗争还没有完全结束，仍然需要中国政府和中国各族人民坚持不懈，做好长期斗争的思想准备，直至取得最后的胜利。

第八章　经济社会发展和实现整体"小康"

1997年至2002年，是很不平凡的5年。这一时期，中国受到亚洲金融危机的冲击，世界经济增长放慢；国内产业结构矛盾十分突出，国有企业职工大量下岗；1998年、1999年连续遭受特大洪涝灾害等。全国各族人民在中国共产党领导下，全面贯彻实施社会主义初级阶段的基本纲领，团结奋进，顽强拼搏，战胜种种困难，改革开放和经济社会发展取得举世公认的伟大成就。中国胜利实现了现代化建设分"三步走"的第二步战略目标，开始向第三步战略目标迈进。

一、推进各项体制改革与国民经济快速发展

亚洲金融危机给中国带来了相当大的冲击和压力，但是，由于中国在20多年的改革开放中积累了比较强大的经济实力，在亚洲金融危机爆发后，又采取了一系列果断的应对措施，因而，中国在这场波及全球的危机中不仅维护了国家的经济安全，保持了经济发展的良好势头，而且加强了中国在世界多极化发展趋势中的地位。实践证明，只要积极而又稳妥地推进对外开放，认真把国内经济做好，就能够在经济全球化的趋势中推进社会主义现代化建设和改革开放。

（一）亚洲金融危机背景下的经济发展

1997年至2002年，面对复杂严峻的国内外经济环境，全国人民在中共中央、国务院的正确领导下，认真贯彻落实增加投入、扩大内需为主的一系列方针政策，努力克服亚洲金融危机和特大洪涝灾害造成的重重困难，深化各项改革，促进经济增长，取得了举世瞩目的发展成绩。国民经济总体运行良好，改革和发展的各项目标基本实现。国民经济保持了较快增长的态势。不但提前实现了国内生产总值2000年比1980年"翻两番"，整体进入小康社会的战略目标，还为21世纪的发展奠定了坚实的基础。中国经济继续保持着持续快速健康发展的势头。

1. 经济持续较快增长

中共中央、国务院积极实施扩大内需的方针，适时采取积极的财政政策和稳健的货币政策，克服亚洲金融危机和世界经济波动对中国的不利影响，保持了经济较快增长。

第一，国内生产总值登上10万亿元的台阶。

1997年国内生产总值为74772.4亿元，按可比价格计算，比上年增长8.8%；1998年国内生产总值为79553亿元，按可比价格计算，比上年增长7.8%；1999年国内生产总值为82054亿元，按可比价格计算，比上年增长7.1%；2000年国内生产总值为89404亿元，按可比价格计算，比上年增长8.0%；2001年国内生产总值为95933亿元，按可比价格计算，比上年增长7.3%；2002年国内生产总值跃上10万亿元的新台阶，达到102398亿元，按可比价格计算，比上年增长8.0%。国内生产总值从1997年的74772.4亿元增加到2002年的102398亿元，按可比价格计算，平均每年增长7.7%。国内生产总值登上10万亿的台阶，对中国的经济发展具有里程碑意义。

产业结构调整成效明显。粮食等主要农产品供给实现了由长期短缺到总量平衡、丰年有余的历史性转变。以信息产业为代表的高新技术产业迅速崛起。传统工业改造步伐加快。现代服务业快速发展。经济增长质量和效益不断提高。国家税收连年大幅度增长。全国财政收入从 1997 年的 8651 亿元增加到 2002 年的 18914 亿元，平均每年增加 2053 亿元；国家外汇储备从 1399 亿美元增加到 2864 亿美元。五年全社会固定资产投资累计完成 17.2 万亿元，特别是发行 6000 亿元长期建设国债，带动银行贷款和其他社会资金形成 3.28 万亿元的投资规模，办成不少多年想办而没有力量办的大事。社会生产力跃上新台阶，国家的经济实力、抗风险能力和国际竞争力明显增强。[①]

2. 可持续发展能力增强

依据《中国 21 世纪议程》中关于可持续发展的要求，1998年至 2002 年，5 年全国环境保护和生态建设投入 5800 亿元，是 1950 年到 1997 年投入总和的 1.7 倍。退耕还林、天然林保护、京津风沙源治理等六大林业生态工程建设全面实施。5 年内，全国造林面积 2787 万公顷，封山育林 3153 万公顷，退耕还林 382 万公顷；治理水土流失面积 26.6 万平方公里，治理沙化土地 570 万公顷。环境污染加剧的趋势总体上得到控制。主要污染物排放总量持续降低，重点城市和地区的环境质量有所改善。资源保护取得新进展。地质调查成果丰硕。防灾减灾成效明显。人口自然增长率降到 6.45‰，进入了稳定低生育水平的时期。[②]

经济实力明显增强。排名跃升到世界第六位、发展中国家第一位。一些重要产品产量位居世界前列，如钢、粮食、肉类、煤

[①] 朱镕基：《政府工作报告——2003 年 3 月 5 日在第十届全国人民代表大会第一次会议上》，《人民日报》2003 年 3 月 20 日。

[②] 朱镕基：《政府工作报告——2003 年 3 月 5 日在第十届全国人民代表大会第一次会议上》，《人民日报》2003 年 3 月 20 日。

炭、水泥、数字程控交换机等主要工农业产品产量位居世界第一。外汇储备增加到2864亿美元。经济运行的质量和效益不断提高。全社会劳动生产率提高，1990年到2001年间年均增长14.8%。"经济结构战略性调整取得成效。2001年，三次产业增加值在GDP中的比重，由1990年的27.1：41.6：31.3调整为15.2：51.1：33.6。农业结构不断优化。工业的整体素质和国际竞争力明显增强。"①

（二）积极推进农村发展和国企改革

为了积极推进改革开放和现代化建设，应对亚洲金融危机，中共中央和国务院在1998年初就采取了增加投资，扩大内需的对策。但是亚洲金融危机发展对中国国民经济的影响程度，比预料的更为严重。由于外贸出口增长速度回落和国内需求对经济拉动的力度不够，1998年上半年经济增长速度出现放缓的趋势。针对这种情况，中共中央、国务院果断决定实施积极的财政政策，国务院增发1000亿元国债，银行也相应增加了贷款，重点用于增加扩大农林水利、交通通信、城市公用设施和环境保护、城乡电网改造、粮食仓库等建设投资。这既解决了投资需求不足的问题，又防止了乱铺摊子和重复建设，有效地抑制了经济下滑的趋势，对拉动经济增长发挥了显著的作用。

1. 农产品实现由长期短缺到供求基本平衡、丰年有余的历史性转变

1998年10月召开的中共十五届三中全会集中研究农业、农村和农民问题，审议通过了《中共中央关于农业和农村工作若干重大问题的决定》，强调必须长期稳定以家庭承包为基础、统分

① 《曾培炎作关于国民经济和社会发展历史性变化的报告》，《人民日报》2002年9月16日。

结合的双层经营体制，加快以水利为重点的农业基本建设，改善农业生态环境，实行村民自治等。这时期中共中央、国务院及各级政府高度重视农业和农村工作，及时作出并实施一系列重大决策。这些决策主要有："一是始终把农业放在国民经济发展的首位，并随着经济和社会的快速发展，不断丰富和发展农业基础地位理论。二是坚持党的农村基本政策，并按照社会主义市场经济体制的要求深化农村改革。三是坚持把发展农村经济，提高农业生产力水平作为整个农业和农村工作的中心。大力实施科教兴农和农业可持续发展战略，不断提高农业生产力和农民的物质文化生活水平。四是根据上世纪 90 年代后期农业和农村经济发生的重大变化，及时作出对农业和农村经济结构进行战略性调整的重大决策，并把努力增加农民收入作为基本目标。五是坚持物质文明和精神文明两手抓。实行村民自治，加强法制建设，全面加强农村基层组织、民主政治建设和思想道德教育，推动农村教育、卫生、体育等文化事业发展。"[①] 中共中央、国务院作出的这些重大决策和部署，体现了中国广大农民的根本利益，调动了各级领导干部和广大农民的积极性和创造性，有力地推进了农业和农村的持续健康发展。

这个时期中国农业和农村发生了历史性变化。主要体现在：一是农业综合生产能力显著提高，农产品供给实现了由长期短缺到供求基本平衡、丰年有余的历史性转变。可以说这是中国人千百年想实现而未能实现的愿望。二是农业科技取得了历史性进步，特别是以现代科技广泛应用为标志的现代农业快速发展。三是农业和农村经济结构不断优化，农业从以种植业为主转变为种植业和林牧渔业共同发展，农村经济结构由以农业为主转变为农

---

① 《我国农业和农村发生历史性变化》，《人民日报》2002 年 9 月 18 日。

业与非农产业协调发展。四是农业和农村经济体制发生了重大变革，农业和农村经济市场化进程不断加快。农产品市场体系初步建立，全方位农业对外开放格局已经形成。五是农民收入不断增加，农村面貌发生了实质性变化。农民人均纯收入和人均生活费支出成倍增长，反映消费结构和水平的恩格尔系数由54%下降到47.7%，进入小康区间。贫困人口由9600万人减少到2926万人，占农村总人口的比重由11%降到3%以下。六是农村民主政治面貌发生了历史性变化，按照1998年11月召开的九届全国人大常委会第五次会议通过的《中华人民共和国村民委员会组织法（修订草案)》，在全国农村进一步实行村民自治，直接选举村民委员会的组成人员。截至2002年，"全国已经建立了69万多个村民委员会。"① 农村的精神文明建设成绩显著，农村社会全面发展。

2. 着力推进国有企业公司制改革

1999年9月，为贯彻中共十五大精神，中共十五届四中全会通过《中共中央关于国有企业改革和发展若干重大问题的决定》，提出要从战略上调整国有经济布局，推进国有企业战略性改组，建立和完善现代企业制度，加强和改善企业管理等。一批企业按照现代企业制度的要求，进行了规范的公司制改造。根据"抓大放小"的原则，对一些企业进行了战略性重组，组建了一批企业集团；对一些小企业则采取联合、兼并、托管、租赁和拍卖等多种形式进行搞活。为实现中共十五大提出的国有企业三年脱困的目标，采取了两方面的措施：一方面通过实行稳健的货币政策、完善出口退税、严厉打击走私、降低银行贷款利率等；另一方面采取兼并破产、改组、债转股、技术改造贴息和加强管理等措

①　中共中央宣传部宣传教育局编：《回顾辉煌成就展望美好未来——党的十三届四中全会以来改革开放和现代化建设成就系列报告汇编》，学习出版社2002年版，第272页。

施。通过这些措施，国有及国有控股大中型工业企业的亏损户有了明显减少，国有企业经济效益明显好转，实现了三年脱困的目标。这一目标的实现，为国有企业跨世纪发展奠定了基础。这期间，国务院把积极推进公司制改革，建立和完善法人治理结构，作为国企改革的重要目标。截至 2002 年 8 月，国务院确定的建立现代企业制度百户试点企业和各地选择的试点企业共 2700 户，绝大部分实行了公司制改革；列入 520 户国家重点企业的 514 户国有及国有控股企业中，有 430 户进行了公司制改革。

随着国有企业改革的积极推进，国企实力进一步壮大，经营状况和整体素质有了明显改善和提高，对国民经济的控制力进一步增强。从整体效益上看，2000 年，国有及国有控股工业企业实现利润 2408 亿元，达历史最高水平。2001 年，面对严峻的国际经济环境等不利情况，国有及国有控股工业企业仍实现利润 2330 亿元，虽比上年略减，但劳动生产率、人均利润和人均税金等指标，都明显超过 2000 年。虽然国有及国有控股工业企业个数从 1998 年的 64737 户，减少到 2001 年的 46767 户，但所完成的工业增加值占全部规模以上工业企业（全部国有企业加上年销售收入 500 万元以上非国有企业）增加值的比重却仍保持同等水平，分别为 33% 和 34%；盈亏相抵后实现利润占全部工业企业实现利润的比重，从 1998 年的 36% 大幅提高到 2001 年的 50%；上缴税金更是占到全部工业企业上缴税金的 67%。[1]

国有企业改革之所以取得重大进展，至关重要的是坚持实行"鼓励兼并、规范破产、下岗分流、减员增效"和实施再就业工程的方针，切实搞好再就业工作和社会保障体系建设。这几年，中共中央、国务院两次召开全国再就业工作会议，相继制定和实行一系列政策措施。对下岗分流人员，通过建立再就业服务中

---

[1] 《国有企业改革积极推进》，《人民日报》2002 年 9 月 18 日。

心，保障他们的基本生活，并代缴社会保险，促进实现再就业。对关闭破产企业，首先妥善安置职工。1998 年到 2002 年，国有企业下岗职工达 2700 多万人，90% 以上进入再就业服务中心，先后有 1800 多万人通过多种渠道和方式实现了再就业。[①] 广大国有企业职工为中国的改革开放和社会主义现代化建设事业作出了重大奉献，共和国的历史应该永远铭记他们。

但在改革的过程中，出现了较严重的国有资产流失的情况，也出现了职工下岗和失业的情况。这些问题的出现，引起各级政府的重视，但不同地区和不同行业解决的效果不尽相同，这样就留下了比较严重的社会问题。

（三）医疗卫生与住房制度改革

在以国有企业体制为重点的经济体制改革积极推进的同时，中共中央、国务院积极推进医疗卫生和住房体制等方面的改革。由于改革的复杂性和艰巨性，这些方面的改革，特别是医疗卫生工作的改革是争议比较大的领域。

1. 医疗卫生领域的改革

人人享有卫生保健，全民族健康素质的不断提高，是社会主义现代化建设的重要目标，是人民生活质量改善的重要标志，是社会主义精神文明建设的重要内容，是经济和社会可持续发展的重要保障。1992 年，卫生部由陈敏章部长带领，用 5 个月的时间广泛收集意见建议之后，于 1992 年 9 月提出了《深化卫生改革的几点意见》（本节简称《意见》）。[②]《意见》提出要提高卫生服务的整体效能，管理体制以精简、统一、高效为原则，克服条

① 朱镕基：《政府工作报告——2003 年 3 月 5 日在第十届全国人民代表大会第一次会议上》，《人民日报》2003 年 3 月 20 日。

② 《卫生部推出深化改革意见》，《人民日报》1992 年 9 月 30 日。

块分割、政出多门的弊端；在保证实现卫生规划任务的前提下，由地方政府决定，不再强求上下对口。《意见》建议设立国家和地方专项卫生基金，以加强卫生防病工作的调控能力；鼓励采取部门和企业投资、单位自筹、个人集资、银行贷款、社团捐赠等集资办法用于卫生建设；对乡镇卫生院预防保健工作实行全额补助；争取对经济不发达地区的集体所有制乡镇卫生院实行与全民所有制卫生院相同的补助政策；对老少边穷地区乡镇卫生院的经费实行全额补助。《意见》认为，有必要调整卫生服务的收费结构。保证基本医疗预防保健服务，放开特殊医疗预防保健服务价格。不同等级的医疗预防保健单位应拉开收费档次。《意见》鼓励公平竞争、双向选择、优化组合，以促进卫生人才合理流动。支持城市卫生技术人员以调动、辞职、兼职等方式到农村及基层从事技术服务。提倡有组织地开展业余服务和兼职服务，其纯收入应大部分分给个人。《意见》支持积极兴办医疗卫生延伸服务的工副业，以工助医，"以副补主"。在确保提供基本服务前提下开展特殊服务。《意见》还提出逐步建立医药费用由国家、单位、个人适量分担的体系和利用外资、技术入股方式兴办合作项目等。

为落实《中华人民共和国国民经济和社会发展"九五"计划和2010年远景目标纲要》提出的卫生工作任务，保证跨世纪宏伟目标的顺利实现，1997年1月，中共中央、国务院作出《关于卫生改革与发展的决定》（本节简称《决定》）。1997年2月18日，《人民日报》给予公布。《决定》规定了卫生工作的奋斗目标、指导思想、工作方针和基本原则，强调："我国卫生事业是政府实行一定福利政策的社会公益事业。"《决定》规定积极推进卫生改革；加强农村卫生工作，实现初级卫生保健规划目标；切实做好预防保健工作，深入开展爱国卫生运动；中西医并重，发展中医药；推动科技进步，加强队伍建设；加强药品管理，促进医、药协调发展；完善卫生经济政策，增加卫生投入；切实加强党和政府对卫生工作的领导等。

《决定》提出，"到 2000 年，初步建立起具有中国特色的包括卫生服务、医疗保障、卫生执法监督的卫生体系，基本实现人人享有初级卫生保健，国民健康水平进一步提高。到 2010 年，在全国建立起适应社会主义市场经济体制和人民健康需求的、比较完善的卫生体系，国民健康的主要指标在经济较发达地区达到或接近世界中等发达国家的平均水平，在欠发达地区达到发展中国家的先进水平。"①《决定》还提出，改革城镇职工医疗保障制度。建立社会统筹与个人账户相结合的医疗保险制度，逐步扩大覆盖面，为城镇全体劳动者提供基本医疗保障。"九五"期间（1996—2000 年），要在搞好试点、总结经验的基础上，基本建立起城镇职工社会医疗保险制度，积极发展多种形式的补充医疗保险。这个《决定》成为当时医疗卫生工作和体制改革的纲领性文件，随后进行的三项重要改革，即城镇职工基本医疗保险制度改革、医疗机构改革、药品生产流通体制改革，都依照《决定》中提出的基本思路进行。但从实际效果看，贯彻落实该《决定》的力度不够，几年后，也没有达到预期的改革效果。由于出现了"看病难、看病贵"等问题，人民群众对医疗改革的意见开始增多，在国内理论界也引起了激烈的争论，特别是随着互联网在中国逐渐发展的情况下，中国的医疗改革更是成为网民争论的热点。医疗卫生改革成为中国继续发展中的一个必须解决的重要问题。

2. 住房制度改革的推进

中国的住房制度改革涉及城镇亿万居民。随着工业化、城镇

---

① 《中共中央、国务院关于卫生改革与发展的决定》（1997 年 1 月 15 日），《人民日报》1997 年 2 月 18 日。

化步伐加快，城镇人口快速增加，单一的住房行政供给制形成的国家财政负担巨大，群众居住条件改善进展缓慢的弊端不断显现。20 世纪 80 年代初，全国约有 47.5% 的城镇居民家庭缺房或无房。在这样的背景下，邓小平提出了改革城镇住房制度、加快城镇住房建设的设想。国务院于 1984 年 10 月 11 日批转了国家城乡建设环境保护部《关于扩大城市公有住宅补贴出售试点报告》，并通知各地各部门研究执行。发出通知说：城市公有住宅补贴出售给个人，是逐步推行住宅商品化、全面改革中国现行住房制度的重要步骤。试点城市的人民政府要加强领导，及时解决试点中的问题，不断总结经验，为在全国全面开展住宅补贴出售创造条件。这标志着中国以住房商品化、社会化为目标的城镇住房制度改革拉开了序幕。

1986 年初，国务院成立了住房制度改革领导小组，并选定山东烟台、河北唐山、安徽蚌埠、江苏常州、广东江门等 5 个城市进行住宅改革试点。1987 年 9 月，国务院办公厅印发了《城镇住房制度改革试点工作座谈会纪要》，要求各地区、各部门结合自己的情况，研究贯彻执行。1988 年 2 月《国务院关于印发在全国城镇分期分批推行住房制度改革实施方案的通知》出台，中国住房制度改革曾掀起一个热潮。

为改善居民居住条件的要求，继续积极稳妥地进行城镇住房制度改革，经全国住房制度改革工作会议认真讨论，国务院住房制度改革领导小组 1991 年提出《关于全面推进城镇住房制度改革的意见》，其中提出了住房改革的总目标和分阶段目标，总目标为从改革公房低租金制度着手，将当时实行的公房实物福利分配制度逐步转变为货币工资分配制度，由住户通过商品交换（买房或租房），取得住房的所有权或使用权，使住房这种特殊商品进入消费品市场，实现住房资金投入产出的良性循环。还提出了住房改革的基本原则、有关政策和总体部署等。随着中国确立社会主义市场经济体制，住房改革进一步推进，房地产及其相关产业随之得到快速发展。在 1993 年 3 月召开的八届全国人大一次会议，李鹏总理在政府工作报告中提出今后五年要力争城镇住房制度的改革有突破性的进展。1994 年 7 月，国务院下发《关于深化城镇住房制度改革的决定》，明确了城镇住房制度改革的基本内容，其中包括将住房实物福利分配的方式改变为以按劳分配为主的货币工资分配的方式、建立住房公积金制度等。这以后，中国城镇住房制度的改革加快了步伐。

1998 年 6 月，全国城镇住房制度改革与住宅建设工作会议在北京召开。国务院副总理温家宝在会上指出，深化城镇住房制度改革的指导思想是：稳步推进住房商品化、社会化，逐步建立适应社会主义市场经济体制和中国国情的城镇住房新制度；加快住房建设，促使住宅业成为新的经济增长点，不断满足城镇居民日益增长的住房需求。他强调，推进城镇住房制度改革，必须坚持积极稳妥的方针，做到人民安心、中央放心、有利稳定、促进发展。① 经过试点，在总结经验的基础上，1998 年国务院下发《关于进一步深化城镇住房制度改革加快住房建设的通知》（又称"国务院 23 号文件"）。中国启动了以住房商品化、社会化为目标，以停止实物分房、实行住房分配货币化为主要手段的城镇住房制度改革。该通知规定：停止住房实物分配后，房价收入比（即本地区一套建筑面积为 60 平方米的经济适用住房的平均价格与双职工家庭年平均工资之比）在 4 倍以上，且财政、单位原有住房建设资金可转化为住房补贴的地区，可以对无房和住房面积未达到规定标准的职工实行住房补贴。住房补贴的具体办法，由市（县）人民政府根据本地实际情况制订。

---

① 《温家宝在全国城镇住房制度改革与住宅建设工作会议上强调积极稳妥地推进城镇住房制度改革》，《人民日报》1998 年 6 月 18 日。

1999 年 8 月，国家建设部、国家计委、财政部、中国人民银行、国管局、建设银行、中直管理局、北京市人民政府关于《在京中央和国家机关进一步深化住房制度改革实施方案》，这标志着中国住房分配货币化工作又一次取得了实质性重大突破。以此为标志，在中国实行了近 50 年的福利分房制度基本结束。

从 1979 年到 1999 年，在中国城镇人口翻一番的情况下，人均居住面积由 3.7 平方米增加到 9.6 平方米，提前 5 年实现 2000 年人均居住面积 8 平方米的预定目标。这说明实行住房制度改革以来，房改取得了较大成就，城镇居民的住房条件有了明显改善。但是，一些地方仍然存在房改政策执行不到位的情况，中西部地区中小城镇与东部地区大城市相比，各项制度执行落实都有差距。截至 2002 年，商品住房房价上涨的趋势、城镇居民买不起房的现象已经开始显现。

总的来讲，涉及 13 亿人口的医疗卫生制度改革、涉及城镇几亿人口的住房制度改革是世界上最大的难题。由于国情复杂、困难众多，解决这个世纪性的难题不可能一帆风顺。好在中国共产党的宗旨是为人民服务，党是一个善于总结经验的政党，通过进一步深化改革，人们相信这些问题将会得到逐步的解决。

（四）基础设施建设成就显著

1997 年至 2002 年，国务院坚持全面调整产业结构、地区结构和城乡结构，着力抓好调整产业结构这个关键，加强基础设施建设。在基础设施建设中，坚持统筹规划、突出重点、合理布局、质量第一。严格控制新上加工工业项目，防止低水平重复建设，并集中力量建成了一批关系全局的重大基础设施项目。

这期间，进行了新中国成立以来规模最大的水利建设。五年全国水利建设投资 3562 亿元，扣除价格变动因素，相当于 1950 年到 1997 年全国水利建设投资的总和。一批重大水利设施项目相继开工和竣工。江河堤防加固工程开工 3.5 万公里，完成了长达 3500 多公里的长江干堤和近千公里的黄河堤防加固工程，防洪能力大大增强。举世瞩目的长江三峡水利枢纽二期工程即将完成，黄河小浪底等水利枢纽工程投入运行，南水北调工程开工建设。交通建设空前发展，现代综合运输体系初步形成。公路通车里程由 1997 年的 123 万公里增加到 2002 年的 176 万公里，其中高速公路由 4771 公里增加到 2.52 万公里，居世界第二位。铁路五年建成新线 5944 公里，复线 4603 公里，电气化线路 5704 公里。新建、改扩建机场 50 个。港口万吨级码头泊位新增吞吐能力 1.44 亿吨。邮电通信建长途光缆线路长度由 1997 年的 15 万公里增加到 2002 年的 47 万公里；固定电话和移动电话用户由 8354 万户增加到 4.21 亿户，居世界首位。能源建设继续加强。发电装机容量由 1997 年的 2.54 亿千瓦增加到 2002 年的 3.53 亿千瓦。① 城市规划和公用设施建设明显加强，许多城市面貌有很大改观。基础设施的显著改善，大大增强了中国经济发展的后劲。

　　曾被称为"地无三尺平"、基础设施非常落后的贵州省，1997 年至 2002 年期间，在中央的大力支持下，基础设施建设取得突破性进展，经济社会发展的基础条件明显改善。五年来，贵州省基础设施建设投入之大、项目之多、效果之明显是前所未有的。一是交通建设迈上新的台阶。公路和内河航运建设累计投入资金 288 亿元，2002 年比前五年增长 5 倍，贵新、凯麻、贵毕、玉铜等高速或高等级公路相继建成通车，水黄、关兴、遵崇、清（镇）镇（宁）等高速或高等级公路开工建设，"一横一纵四联线"高等级公路主骨架加快形成，西南公路出海通道贵州段全线贯通；完成了 1.5 万公里公路改造，公路技术等级和通达深度明

① 朱镕基：《政府工作报告——2003 年 3 月 5 日在第十届全国人民代表大会第一次会议上》，《人民日报》2003 年 3 月 20 日。

显提高，高级、次高级公路里程由 4474 公里增加到 1 万多公里，新增公路通车里程 5659 公里，基本实现了县县通油路，全面实现了乡乡通公路，75% 的行政村通机动车。完成了乌江航运建设工程，实施了西南水运出海通道中线起步工程贵州段和赤水河航运建设等项目，内河航运条件得到改善。株六复线、内昆铁路和水柏铁路建成通车，完成了盘西铁路电气化改造和六盘水铁路枢纽等重点项目，渝怀铁路贵州段开工建设，黔桂铁路扩能改造项目前期工作基本完成。铜仁大兴机场建成通航，启用安顺黄果树机场和兴义、黎平机场建设进展顺利。二是实施"西电东送"工程取得阶段性成果。电力行业累计完成建设投资 338 亿元，比前五年增长 1.9 倍，新增装机容量 292.1 万千瓦。第一批"四水四火"电源点项目全部开工，在建装机容量超过前五十年的总和；第二批后续电源点项目中，构皮滩水电站已获国家批准立项，其余项目前期工作加快推进。建成省内超高压骨干电网，"黔电送粤"输电通道建设进展顺利。电煤基地建设步伐加快。2002 年完成了向广东送电 100 万千瓦的任务。三是生态和水利设施建设得到加强。实施了一批生态建设重点工程，完成退耕还林 260 万亩、人工造林 1502 万亩、封山育林 1787 万亩，治理水土流失面积 700 万亩，森林覆盖率年均提高 1 个百分点左右。四是水利设施建设力度加大，建成一批骨干水利工程，开工建设王二河水库、玉舍供水工程、遵义灌区一期工程等一批大中型水利工程，完成了一批病险水库治理和县城防洪工程项目。五是城镇基础设施显著改善。加大了城镇供水、供气、污水和垃圾处理、道路等基础设施建设力度。2002 年城镇供水普及率达到 85.8%，比 1997 年提高 15.8 个百分点；日处理污水能力达到 24.1 万吨，污水处理率比 1997 年提高 13%；完成城镇道路建设和改造 500 公里；城镇绿化率达到 16.8%。城镇化水平达到 25%，比 1997 年提高 7 个百分点；区域中心城市基础设施明显改善，城市功能不断完善。六是通信设施建设快速发展。通信行业累计完成投资 170 多亿元，通信光缆长度达到 5.2 万公里，比 1997 年增长了 2.8 倍；电话用户总数达到 527.6 万户，增长了 7.3 倍，电话普及率达到每百人 14.03 部；互联网用户迅速增长。

1997 年至 2002 年是中国基础设施建设全面发展的时期。为新世纪的经济和社会发展奠定了基础，创造了良好的条件。

（五）国家人口计划生育工作取得成效

中国从 1980 年正式提出提倡一对夫妇生育一个孩子的政策。随后开始严格执行这一政策。经过 20 世纪 70、80 年代的艰苦工作，中国人口终于在 90 年代前期发生了历史性的转变。

1. 中国人口增长的历史性转变

新中国成立时，中国总人口为 54167 万人（不包括香港、澳门、台湾），[①] 1950 年世界人口总数为 25.13 亿，[②] 中国人口约占世界人口总数的五分之一。人口的平均寿命只有 35 岁。[③] 新中国成立后，中国共产党和人民政府高度重视人民的生命健康，大力开展爱国卫生运动，改善医疗卫生工作，1949 年前的中国各种危害人民生命健康的急性传染病很快得到控制，因而出现了人口增长速度加快的情况。1949 年的全国人口总数为 54167 万人，"到 1953 年全国第一次人口普查时，大陆人口总数已经增长到 58060

---

① 许涤新主编：《当代中国的人口》，中国社会科学城报社 1988 年版，第 1 页。

② 许涤新主编：《当代中国的人口》，中国社会科学城报社 1988 年版，第 3 页。

③ 《中国的人权状况》《人民日报》1991 年 11 月 2 日第 5 版。许涤新主编：《当代中国的人口》，中国社会科学城报社 1988 年版，第 2 页。

万人，其中少数民族人口为 3532 万人。"① 三年中国人口（没统计港澳台的人口）增长 3893 万人。鉴于此，20 世纪 50 年代，中国政府就提出了"汉族人口增加得太快了，所以汉族地方要提倡节制生育"② 的主张。但是不久出现了一场关于人口问题的大辩论，国家人口政策受到影响。20 世纪 60 年代前期主要在城市开展了不同程度的计划生育工作，但人口增长速度仍然很快。"根据 1950 年—1981 年全国 1% 生育率抽样调查，1982 年—1987 年全国生育节育抽样调查和 1990 年全国人口普查提供的数据，1950 年—1990 年的总和生育率变动：1950 年全国 5.81、1955 年 6.26、1960 年 4.02、1965 年 6.08、1970 年 5.80、1975 年 3.57、1980 年 2.24、1985 年 2.20、1990 年 2.31。"③ 从 20 世纪 80 年代开始，中国实行了严格的计划生育政策。到 1992 年，中国人口总和生育率下降到 1.972，已经低于生育更替水平（2.1）。这是中国人口发展过程中的一个历史性的变化。随着国家经济、科技、社会的不断发展，人们身体素质、教育水平、文明素养的不断提高，人口城乡结构、人口就业和职业结构、人口地区分布结构的不同程度的改变，人们的生育观念也在逐步改变。随后，中国人口的总和生育率呈现下降趋势。实践证明中国政府统筹资源、环境和人口的发展，采取计划生育的国策是正确的。但是，还要注意长期实行计划生育政策后，也会给中国的人口和计划生育工作带来了若干新的问题。比较突出的就是出现性别比（以女性为 100，男性对女性的比例）男性偏多的问题，老龄化速度加

---

① 许涤新主编：《当代中国的人口》，中国社会科学城报社 1988 年版，第 378 页。

② 《周恩来选集》下卷，人民出版社 1984 年版，第 268 页。

③ 田雪原：《中国人口政策 60 年》，社会科学文献出版社 2009 年版，第 231 页。

快的问题等。

2. 第五次全国人口普查

中国于 2000 年 11 月 1 日进行了第五次全国人口普查的登记工作。普查结果全国总人口为 129533 万人。其中：祖国大陆 31 个省、自治区、直辖市（不包括福建省的金门、马祖等岛屿，下同）和现役军人的人口共 126583 万人。香港特别行政区人口为 678 万人。澳门特别行政区人口为 44 万人。台湾省和福建省的金门、马祖等岛屿人口为 2228 万人。①

大陆 31 个省、自治区、直辖市和现役军人的人口，同第四次全国人口普查 1990 年 7 月 1 日 0 时的 113368 万人相比，十年零四个月共增加了 13215 万人，增长 11.66%。平均每年增加 1279 万人，年平均增长率为 1.07%。大陆 31 个省、自治区、直辖市共有家庭户 34837 万户，家庭户人口为 119839 万人，平均每个家庭户的人口为 3.44 人，比 1990 年第四次全国人口普查的 3.96 人减少了 0.52 人。大陆 31 个省、自治区、直辖市和现役军人的人口中，男性为 65355 万人，占总人口的 51.63%；女性为 61228 万人，占总人口的 48.37%。性别比（以女性为 100，男性对女性的比例）为 106.74。大陆 31 个省、自治区、直辖市和现役军人的人口中，汉族人口为 115940 万人，占总人口的 91.59%；各少数民族人口为 10643 万人，占总人口的 8.41%。同 1990 年第四次全国人口普查相比，汉族人口增加了 11692 万人，增长了 11.22%；各少数民族人口增加了 1523 万人，增长了 16.70%。大陆 31 个省、自治区、直辖市和现役军人的人口中，接受大学（指大专以上）教育的 4571 万人；接受高中（含中专）教育的 14109 万人；接受初中教育的 42989 万人；接受小学教育

---

① 《2000 年第五次全国人口普查主要数据公报》（2001 年 3 月 28 日），《人民日报》2001 年 3 月 29 日。

的 45191 万人（以上各种受教育程度的人包括各类学校的毕业生、肄业生和在校生）。大陆 31 个省、自治区、直辖市的人口中，居住在城镇的人口 45594 万人，占总人口的 36.09%；居住在乡村的人口 80739 万人，占总人口的 63.91%。同 1990 年第四次全国人口普查相比，城镇人口占总人口的比重上升了 9.86 个百分点。①

这些数据表明，经过艰难的工作，中国的人口自然增长率显著下降，而中国城镇人口呈比较快的上升势头，中国人的教育程度也快速提高，这表明中国的城镇化、现代化速度在加快。1982 年中国第三次全国人口普查时，1981 年人口出生率为 20.91‰，死亡率为 6.36‰。② 1990 年第四次全国人口普查时 1989 年 7 月 1 日至 1990 年 6 月 30 日，人口出生率为 20.98‰，死亡率为 6.28‰。③ 而 2000 年 11 月第五次人口普查同第四次全国人口普查 1990 年 7 月 1 日 0 时的 113368 万人相比，十年零四个月共增加了 13215 万人，增长 11.66%，年平均增长率为 1.07%。

2002 年中国大陆人口自然增长率继续下降，年末总人口为 128453 万人。全年出生人口 1647 万人，出生率为 12.86‰；死亡人口 821 万人，死亡率为 6.41‰；全年净增人口 826 万人，自然增长率为 6.45‰。城乡居民生活继续得到改善。全国城镇居民人均可支配收入 7703 元，考虑物价下降因素，比上年实际增长 13.4%；农村居民人均纯收入 2476 元，实际增长 4.8%。居民家

---

① 《2000 年第五次全国人口普查主要数据公报》（2001 年 3 月 28 日），《人民日报》2001 年 3 月 29 日。

② 《国家统计局公布今年全国人口普查主要数字 全国人口 1031822511 人》，《人民日报》1982 年 10 月 28 日。

③ 《中华人民共和国国家统计局关于 1990 年人口普查主要数据的公报》（第一号）（1990 年 10 月 30 日），《人民日报》1990 年 10 月 31 日。

庭恩格尔系数（即居民家庭食品消费支出占家庭消费总支出的比重），城镇为 37. 7%，比上年降低 0. 2 个百分点；农村为 46. 2%，降低 1. 5 个百分点。2002 年末农村贫困人口为 2820 万人，比上年末减少 107 万人。

总的来说，1992 年以来，特别是"九五"期间，中国妇女总和生育率保持在更替水平以下，1998 年人口自然增长率下降到千分之十以下，人口再生产类型实现了从高出生、低死亡、高增长到低出生、低死亡、低增长的历史性转变，中国已进入了世界低生育水平国家的行列。中国人口和计划生育工作的显著成效，为中国经济社会的可持续发展创造了条件，也为世界的可持续发展作出了重大贡献。

（六）促进民族区域地区全面进步

中共十五大以后，以江泽民同志为核心的中央领导集体带领各族人民进一步完善民主区域自治制度，促进民族工作的发展。

1. 着力完成民族工作的两大历史任务

1999 年 9 月，中共中央和国务院再次召开中央民族工作会议。在这次大会上，江泽民总书记高度概括了新中国的民族工作主要有两大历史任务："一是通过进行社会制度的变革，引导翻身解放的各民族人民走上社会主义道路；二是通过进行社会主义建设，加快各民族特别是少数民族和民族地区的经济社会发展，促进各民族的共同繁荣。"[①] 大会对民族工作的跨世纪发展作出部署，即："从现在起到 2010 年，我国民族工作的主要任务是：高举邓小平理论伟大旗帜，坚持党在社会主义初级阶段的基本路线，以经济建设为中心，加快少数民族和民族地区的经济发展和

---

① 《中央民族工作会议暨国务院第三次全国民族团结进步表彰大会举行》，《人民日报》1999 年 9 月 30 日。

社会进步，提高少数民族人民群众的生活水平，加强民族团结，维护祖国统一和社会稳定，巩固和发展平等、团结、互助的社会主义民族关系，逐步实现各民族的共同发展和共同繁荣。"① 大会提出在新的历史时期搞好民族工作、增强民族团结的核心问题，就是加快发展民族地区的经济、社会、文化等各项事业。

大会强调要加快少数民族和民族地区发展，必须着力抓好的各项工作。一是继续增加民族地区基础设施建设，特别要加快公路、铁路等交通运输建设，着力搞好水资源开发和综合利用，进一步加强能源和通信建设。二是充分发挥优势，扬长避短，大力发展各具特色的民族地区经济。三是高度重视和切实抓好天然林保护工程与生态环境建设。这是实施西部大开发战略，加快民族地区发展的一个重大步骤，也是全国实现可持续发展的重要举措。四是要进一步加大对少数民族地区的扶贫攻坚力度。五是认真实施科教兴国战略。要采取多种措施加快民族地区教育事业的发展，大力培养少数民族各类人才。要积极促进科技成果向民族地区转移，提高民族地区转化科技成果和科技创新能力。进一步发展医疗卫生事业。结合少数民族的实际，搞好计划生育和优生优育工作。保护和开发少数民族文化资源，继承和弘扬少数民族优秀文化传统。②

从战略高度考虑，中共中央和国务院不断加强对少数民族干部特别是中高级干部的培养。通过加强民族地区的资源开发和基础设施建设，实行中央财政转移支付制度，理顺资源性产品价格，加大扶贫力度，加大民族教育投入等多种措施，有力促进了

---

① 《中央民族工作会议暨国务院第三次全国民族团结进步表彰大会举行》，《人民日报》1999 年 9 月 30 日。

② 《朱镕基在中央民族工作会议闭幕会上强调做好民族工作加快民族地区经济发展》，《人民日报》1999 年 10 月 4 日。

民族地区的稳定和发展。

2. 支持少数民族地区自主安排管理发展经济建设事业

国家在制定国民经济和社会发展计划时，充分尊重和照顾民族自治地方的特点和需要，根据全国发展的整体布局和总体要求，将加快民族自治地方的发展摆到突出的战略位置。为加快西部地区和民族自治地方的发展，中共中央、国务院于 2000 年开始实施西部大开发战略，全国 5 个自治区、27 个自治州以及 120 个自治县（旗）中的 83 个自治县（旗）被纳入西部大开发的范围，还有 3 个自治州参照享受国家西部大开发优惠政策。国家在民族自治地方安排基础设施建设和开发资源的时候，适当提高投资比重和政策性银行贷款比重。需要民族自治地方配套资金的，根据不同情况减少或者免除地方的配套资金，由国家给予照顾。20 世纪 90 年代，修建了宁夏中卫至陕西宝鸡铁路、新疆南疆铁路、塔城机场等一批大型交通设施。2000 年以来，国家通过投资建设"西气东输"、"西电东送"、青藏铁路等一批重大工程，帮助民族自治地方进一步把资源优势转化为经济优势。国家对西藏的基础设施建设和基础产业发展给予特殊安排。1994—2001 年，中央政府直接投资 39 亿元人民币，建设了 30 项工程；东部发达地区对口支援投资 9.6 亿元人民币，援建了 32 项工程。第十个五年计划（2001—2005 年）期间，中央政府在西藏投资 312 亿元人民币，建设 117 个项目。从 1999 年开始，中国政府相继大规模地实施了惠及所有民族自治地方的"贫困县出口公路建设""西部通县油路工程""县际和农村公路建设"等交通基础设施建设。共投资近 1000 亿元人民币，新建和改造了 22.5 万公里农村和县级道路，使一些少数民族地区落后的交通条件得到了显著改善。①

---

① 《中国的民族区域自治》（2005 年 2 月·北京），《人民日报》2005 年 3 月 1 日。

3. 加大对民族自治地方的财政支持力度和"对口支援""对口帮扶"

1994 年，国家实施以分税制为主的财政管理体制改革，原有对少数民族地区的补助和专项拨款政策全都保留下来。国家在 1995 年开始实行的过渡期转移支付办法中，对内蒙古、新疆、广西、宁夏、西藏等 5 个自治区和云南、贵州、青海等 3 个少数民族比较集中的省以及其他省的少数民族自治州，专门增设了针对少数民族地区的政策性转移支付内容，实行政策性倾斜。

为帮助少数民族地区发展经济和社会事业，中国政府开始组织东部沿海发达地区对西部地区的对口支援。1996 年进一步明确对口帮扶，确定北京帮扶内蒙古、山东帮扶新疆、福建帮扶宁夏、广东帮扶广西，全国支援西藏。1994—2001 年，15 个对口支援省和中央各部委无偿援建 716 个项目，资金投入 31.6 亿元人民币（除中央政府投资外）。第十个五年计划期间，全国各地支援西藏建设项目 71 个，无偿投入资金 10.62 亿元人民币。①

4. 帮助民族自治地方发展教育事业，重视生态建设和环境保护

国家帮助民族自治地方普及九年义务教育和发展各类教育事业。民族自治地方是国家实施基本普及九年义务教育、基本扫除青壮年文盲的攻坚计划的重点地区。国家实施的"贫困地区义务教育工程"，主要也是面向西部少数民族地区。同时，国家举办民族高等学校和民族班、民族预科，招收少数民族学生。高等学校和中等专业学校招收新生的时候，对少数民族考生适当放宽录取标准和条件，对人口特少的少数民族考生给予特殊照顾。截至 2005 年，中国共建立了 13 所民族高等院校，主要用于培养少数

---

① 《中国的民族区域自治》（2005 年 2 月·北京），《人民日报》2005 年 3 月 1 日。

民族人才。同时又在发达地区开办民族中学或者在普通中学开设民族班，招收少数民族学生。中国政府通过各种渠道着力加大对少数民族高层次骨干人才的培养力度。

中国政府 1999 年 1 月确定的《全国生态环境建设规划》中的四个重点地区和四项重点工程全部在少数民族地区。国家实施的"天然林保护工程"和退耕还林、退牧还草项目也主要在少数民族地区。全国 226 个国家级自然保护区，接近半数在少数民族地区，如四川若尔盖湿地自然保护区、云南西双版纳自然保护区等。此外，国家还在新疆实施了"塔里木盆地综合治理工程"，在青海玉树藏族自治州实施了"三江源保护工程"，并高度重视南方喀斯特地区的生态治理。

5. 增加社会事业的投入，加大对少数民族贫困地区的扶持力度

中央政府加大对民族自治地方卫生事业的投入力度，提高少数民族地区人民群众的医疗保障水平。2003 年，国家对内蒙古、新疆、广西、宁夏、西藏等 5 个自治区卫生专项投入资金累计达 13.7 亿元人民币，主要覆盖公共卫生体系建设、农村卫生基础设施建设、专科医院建设、农村合作医疗、重大疾病控制等方面。1998 年，中国政府开始实施"村村通"广播电视工程，到 2003 年底，内蒙古、新疆、广西、宁夏、西藏等 5 个自治区和青海、甘肃、云南、贵州、四川等少数民族比较集中的省共有 54365 个行政村实施了"村村通"工程。

中央政府自 20 世纪 80 年代中期大规模地开展有组织有计划的扶贫工作以来，少数民族和民族地区始终是国家重点扶持对象。1994 年国家开始实施《八七扶贫攻坚计划》，在确定的 592 个国家重点扶持贫困县中民族自治地方有 257 个，占总数的 43.4%。从 2001 年开始实施的《中国农村扶贫开发纲要》，再次把民族地区确定为重点扶持对象，在新确定的 592 个国家扶贫开发重点县中，民族自治地方（不含西藏）增加为 267 个，占重点县总数的 45.1%。同时，西藏整体被列入国家扶贫开发重点扶持范围。国家从 2000 年起组织实施"兴边富民行动"，对 22 个 10 万以下的人口较少民族采取特殊帮扶措施，重点解决边境地区、人口较少民族聚居地区的基础设施建设和贫困群众的温饱问题。①

6. 民族区域发展取得实实在在的成就

在中国共产党和中央政府的领导下，经过多年建设，中国民族自治地方的各族人民，生存和生活环境明显改善，经济和各项社会事业迅速发展，民族自治地方的各族人民与全国人民一道，分享着国家现代化建设带来的发展成果。

经济快速增长。2003 年，中国民族自治地方国内生产总值（GDP）完成 10381 亿元人民币，首次突破万亿元人民币大关。1994—2003 年，民族自治地方 GDP 年均增速为 9.87%，高于全国平均水平。民族自治地方完成地方财政收入 674 亿元人民币，比 1994 年增加了 2.3 倍。②

人民生活水平显著提高。2003 年，民族自治地方农村居民家庭平均每人纯收入为 1895 元人民币，比 1994 年增加了 1.31 倍。民族自治地方的居民住房条件继续改善，城镇居民人均住房面积 19.8 平方米，农村居民人均住房面积 22.9 平方米。2003 年末，民族自治地方各项存款余额达 11750 亿元人民币，其中城乡居民储蓄存款年末余额 7353 亿元人民币，比 1994 年增加了 3 倍。

基础设施得到巨大改善。2003 年，民族自治地方全社会固定资产投资完成 4734 亿元人民币，比 1994 年增加了 2.7 倍，其中

---

① 《中国的民族区域自治》（2005 年 2 月·北京），《人民日报》2005 年 3 月 1 日。

② 《中国的民族区域自治》（2005 年 2 月·北京），《人民日报》2005 年 3 月 1 日。

基本建设投资完成 2837 亿元人民币，比 1994 年增加了 3.2 倍。2003 年末，民族自治地方固定电话用户达到 2273 万户；移动电话用户达到 2307 万户。2003 年，民族自治地方国有铁路营运里程 1.51 万公里；公路通车里程 54.78 万公里。内蒙古、宁夏、新疆等地城市化水平已高于全国平均水平。

文化遗产得到妥善保护。20 世纪 50 年代至 80 年代，国家组织 3000 多名专家学者，完成了《中国少数民族》《中国少数民族简史丛书》《中国少数民族语言简志丛书》《中国少数民族自治地方概况丛书》和《中国少数民族社会历史调查资料丛刊》等五种少数民族丛书的编辑出版工作，合计 403 册，达 9000 多万字，共计发行 50 多万册。中国 55 个少数民族都各自有了一部文字记载的简史。

语言文化得到发展。在中国的 55 个少数民族中，除回族、满族使用汉语外，其余 53 个民族都有自己的语言。国家设立了专门工作机构，对少数民族的三大英雄史诗《格萨尔》（藏族民间说唱体长篇英雄史诗）、《江格尔》（蒙古族英雄史诗）、《玛纳斯》（柯尔克孜族传记性史诗），有计划有组织地进行收集、整理、翻译、研究工作。国家投入巨资对西藏拉萨的哲蚌寺、色拉寺、甘丹寺，青海的塔尔寺，新疆的克孜尔千佛洞等大批国家重点文物古迹进行修缮。1989—1994 年，国家投入 5500 万元人民币、黄金 1000 公斤，对著名的布达拉宫进行了一期维修。2001 年开始，国家又拨专款 3.3 亿元人民币，用于布达拉宫的二期维修等项目。

在国家的帮助和民族自治地方的努力下，截至 2003 年，用少数民族文字出版的图书有 4787 种，印数 5034 万册；杂志 205 种，印数 781 万册；报刊 88 种，印数 13130 万份；民族自治地方建有艺术表演团体 513 个，图书馆 566 个，博物馆 163 个。2003 年，在民族自治地方有使用民族语言的广播机构 122 个，用 15

种少数民族语言播出节目；有使用民族语言的电视机构 111 个，用 11 种少数民族语言播出节目；有广播电台 73 座、广播发射台 523 座，电视台 94 座、电视发射台 830 座，广播电视卫星收转系统 25.49 万座。

教育水平显著提高。2003 年，民族自治地方有各级各类学校 83726 所，在校学生 2943 万人，比 1994 年增加了 10.6％；各类专任教师 154.1 万人，比 1994 年增加了 16.0％。教育事业的发展，使少数民族的受教育年限显著提高。根据 2000 年第五次全国人口普查，朝鲜、满、蒙古、哈萨克等 14 个民族的受教育年限高于全国平均水平。

医疗卫生事业持续进步。2003 年底，民族自治地方共有卫生机构 15230 个。民族自治地方农村有乡卫生院 7234 个。医疗事业的发展，使少数民族人口的预期寿命显著提高，其中有 13 个少数民族高于全国 71.40 岁的平均水平。①

二、加强社会建设实现经济社会稳定发展

由于世纪之交的中国正处于改革攻坚阶段和现代化建设的关键时期。这个阶段是改革开放以来改革力度最大、进展最快的时期，是市场导向就业机制初步形成和中国特色社会保障体系基本确立的时期，也是在这方面发生历史性变化，并取得重大成就的时期。由于经济社会转型的加快，中国社会发生着深刻而复杂的变化，经济成分和利益多样化、社会生活方式多样化、社会组织形式多样化、就业岗位和就业方式多样化的发展趋势日益明显。

————————

① 《中国的民族区域自治》（2005 年 2 月·北京），《人民日报》2005 年 3 月 1 日。

这给正确处理改革发展稳定带来了大量的新情况、新问题。为保证经济社会的持续发展，保证改革开放的进一步进行，中共中央、国务院高度重视解决关系人民群众切身利益的各种实际问题，正确处理新形势下的人民内部矛盾问题，实现了经济社会的快速发展。

（一）加强就业、再就业工作

就业是民生之本。中共中央、国务院高度重视就业和再就业工作，并对此作出一系列重大部署，采取了一系列相关的政策和措施，对国家就业制度和社会保障制度改革作出了一系列重大决策。这一重要论断，对就业问题的极端重要性作出了深入浅出的科学概括。

1. 提出再就业工程

就业问题是一个世界性的难题。当今世界，无论是发达国家，还是发展中国家，都很重视就业。中国有 12 亿多人口，伴随着现代化的快速发展过程，就业问题比任何一个国家都复杂，扩大就业的任务比任何一个国家都繁重。以江泽民同志为核心的中央领导集体和国务院充分注意就业和再就业工作的极端重要性，从维护改革发展稳定大局，实现国家长治久安的高度，将就业和再就业工作作为长期的战略任务和重大的政治任务，作为全面贯彻"三个代表"要求的重要措施，增强工作的责任感和紧迫感，增强工作的自觉性和主动性，坚持不懈地抓紧抓好。

随着 1993 年中国加快由计划经济向社会主义市场经济体制的转轨，产业结构调整和国有大中型企业加快改革步伐，国有大中型企业改制，部分企业破产、兼并，失业人员迅速增加。对此，江泽民同志曾分析说："每年城镇需要安排就业的人数达到二千二百多万。在现有经济结构状况下，按经济增长速度保持在百分之七左右，每年新增就业岗位七百万到八百万个，年度劳动力供大于求的缺口为一千四百万到一千五百万个，再加上农村还有一亿五千万富余劳动力，供大于求的矛盾十分尖锐。另一方面，就业结构性矛盾也十分突出。传统行业出现大批下岗失业人员，许多人再就业困难，而新兴的产业、行业和技术职业需要的素质较高的人员又供不应求。加入世界贸易组织后，国际经济波动和世界经济结构调整对我国的影响更加直接，不同地区、不同行业劳动力供求的不平衡性还会加剧，劳动力素质与岗位需求不适应的矛盾会更加突出。劳动力供求总量矛盾和就业结构性矛盾交织在一起，使就业问题的解决极为艰巨。"①

在中国劳动力供大于求的矛盾长期存在、社会保险体系不健全的情况下，需要由政府大力促进和推动失业人员再就业，解除职工后顾之忧。这项由政府推广的系统工程被称作再就业工程。再就业工程的具体内容主要包括：充分发挥政府、企业、劳动者和社会各方面的积极性，综合运用政策扶持和就业服务手段，实行企业安置、个人自谋职业和社会帮助安置相结合，重点帮助失业6个月以上的失业职工和生活困难的企业富余职工尽快实现再就业。其具体做法是：（1）以定期举行职业指导座谈会的形式，为失业职工介绍职业信息和求职方法；指导和帮助失业职工制定再就业的计划和措施。具体工作由劳动就业服务机构所属的职业介绍所组织实施。（2）通过开展转业训练，提高再就业的能力。（3）通过提供求职面谈和工作试用，促进双方选择。（4）通过兴办劳动就业服务企业，组织开展生产自救。通过上述三种方式，非本人自愿仍不能就业的，由劳动就业服务企业安排组织生产自救项目，也可以到劳动部门举办的生产自救基地从事生产劳动。新办的以安置失业职工和企业富余职工为主的劳服企业，安置人数达到国家规定数量的，可享受国家给予劳服企业的减免税

---

① 《江泽民文选》，第3卷，人民出版社2006年版，第505—506页。

的优惠政策。（5）通过政策指导，鼓励、支持失业职工和企业富余职工组织起来就业和自谋职业。做好再就业工作，不仅是一个重大的经济问题，也是一个重大的政治问题；不仅是体制转轨的紧迫问题，而且是长远的战略问题，是关系改革、发展、稳定全局的头等大事。再就业工程由中共中央、国务院亲自抓，由国家劳动部具体推进和落实。

2. 再就业工程的实施

1993 年再就业工程先在全国 30 多个城市进行一年多时间的试点，在取得经验的基础上，1994 年在全国推开。对于日益突出的国有企业下岗职工问题，中央多次研究决策，不断对下岗职工基本生活保障和再就业工作作出部署。1997 年 1 月，国务院在北京专门召开全国国有企业职工再就业会议。时任中央政治局常委、国务院副总理朱镕基在会上强调，要大力推行再就业工程，对国有企业富余职工实行减员增效、下岗分流，解决国有企业人员过多的问题。① 3 月 2 日，国务院发出《关于在若干城市试行国有企业兼并破产和职工再就业有关问题的补充通知》；7 月，朱镕基在辽宁省考察国有企业，朱镕基在考察中强调：坚决走"鼓励兼并、规范破产、下岗分流、减员增效、实施再就业工程"的路子。1998 年 2 月，朱镕基在天津市考察再就业工作时指出，解决下岗待业职工的生活和再就业问题，关系到国有企业改革的成败，要求各级领导一定要抓好。3 月 24 日，刚刚担任国务院总理的朱镕基主持召开新一届国务院第一次全体会议。他强调：特别要着重抓好保障下岗职工的基本生活，切实抓好再就业工程等工作。3 月 24 日下午，国务院第一次全体会议刚刚结束，朱镕基总理受江泽民总书记委托赶赴长春，以中共中央和国务院的名义，主持召开辽宁、吉林、黑龙江和内蒙古四省区党政主要负责

---

① 《国有企业职工再就业会议召开》，《人民日报》1997 年 1 月 10 日。

人座谈会，听取他们对企业下岗职工安置和实施再就业工程的意见和建议，并征求他们对国务院文件的修改意见，为将要召开的全国工作会议做好准备。朱镕基在会上强调："妥善解决下岗职工的生活和再就业问题，是社会主义本质的要求，是党和政府应尽的责任。这不仅关系到国有企业改革的成败，而且关系到社会稳定和社会主义政权的巩固。必须采取一切必要的措施，切实把这件事情办好。"① 这体现了中国政府高度的责任感和为人民服务的宗旨。

1998 年 4 月，江泽民在重庆考察工作并发表重要讲话。江泽民说，做好国有企业下岗职工分流安置和再就业工作，不仅关系国有企业改革的成败，而且关系社会政治稳定。各级党委、政府和有关部门，必须从改革、发展、稳定的全局着眼，采取有效措施，把这件事情办好。5 月，中共中央、国务院在北京召开国有企业下岗职工基本生活保障和再就业工作会议。江泽民在会上作重要讲话。他指出，要充分认识到，搞好国有企业的减员增效、下岗职工的基本生活保障和再就业工作，任务是非常艰巨的。这项工作不仅是重大的经济问题，也是重大的政治问题；不仅是现实的紧迫问题，也是长远的战略问题。各级党委和政府，一定要把它作为一个头等大事抓紧抓好。

6 月 9 日，中共中央、国务院发出《关于切实做好国有企业下岗职工基本生活保障和再就业工作的通知》（本节简称《通知》）。该《通知》提出，当前和今后一个时期，主要解决国有企业下岗职工的基本生活保障和再就业问题，把保障他们的基本生活作为首要任务，并力争每年实现再就业的人数大于当年新增下岗职工人数，1998 年使已下岗职工和当年新增下岗职工的 50%

---

① 《实施再就业工程事关大局 粮食流通体制非改革不可》，《人民日报》1998 年 3 月 28 日。

以上实现再就业。争取用 5 年左右的时间，初步建立适应社会主义市场经济体制要求的社会保障体系和就业机制。1999 年 1 月，国务院在京召开国有企业下岗职工基本生活保障和再就业工作会议。2002 年 9 月，中共中央、国务院在京召开全国再就业工作会议。中共中央总书记、国家主席江泽民在会上作了重要讲话。江泽民指出："扩大就业，促进再就业，关系改革发展稳定的大局，关系人民生活水平的提高，关系国家的长治久安，不仅是重大的经济问题，也是重大的政治问题……千方百计解决好群众的就业问题，就是为人民办实事，就是贯彻'三个代表'要求的重大实践。"[1]

3. 就业与再就业工程的成效

从 1990 年到 2002 年，中国的从业人员规模由 6.5 亿人扩大到 7.3740 亿人。2002 年末国有企业下岗未实现再就业职工人数为 410 万人，比上年末减少 105 万人。[2] 失业率得到比较有效的控制，多数年份保持在 3%左右。就业结构逐渐改善，特别是第三产业从业人员所占比重稳步增加，"由 1990 年的 18.5%提高到 2001 年 27.7%。第一产业从业人员 13 年共减少了 2400 万人，其所占比例由 1990 年的 60%下降到 50%。"[3] 多种所有制经济的发展正在成为扩大就业的重要领域，城镇化进程不断加快。各地区和各部门积极开辟就业门路，给予优惠和扶持，加强就业服务和再就业培训。1998 年至 2002 年 6 月，全国累计有国有企业下岗职工 2600 多万

---

① 《江泽民文选》第 3 卷，人民出版社 2006 年版，第 506—507 页。

② 《中华人民共和国 2002 年国民经济和社会发展统计公报》（2003 年 2 月 28 日），《人民日报》2003 年 3 月 1 日。

③ 张左己：《我国就业和社会保障改革的历史性成就》（2002 年 9 月 27 日），载《回顾辉煌成就展望美好未来》，学习出版社 2002 年版，第 146—147 页。

人，其中 1700 多万人通过多种渠道和方式实现了再就业。①

解决农民的就业问题，不仅是解决"三农"问题的关键，也是实现全国稳定的重要环节。这期间国家在实现 2 亿多农村富余劳动力向非农产业转移的同时，比较成功地避免了一些发展中国家存在的流动人口的城市病。农村劳动力比较合理有序流动的机制初步形成，管理服务机制逐步规范，农民外出务工收入成为农民增收的重要渠道。据统计，全国进城务工劳动者每年寄回家的劳务款在 6000 亿元以上。

（二）加大建设社会保障体系的力度

建立统一、规范和完善的社会保障体系，是中国特色社会主义事业的一项带有根本性的制度建设，也是一个具有开拓创新性的重大改革任务。由于这个伟大任务的艰巨性与复杂性，中国只能根据国力的承受能力逐渐地向前推进。

1. 实行"两个确保" 建立"三条社会保障线"

针对一些地方出现的擅自破产、兼并和下岗职工无人管等问题，1997 年 1 月 6 日至 9 日，国务院召开了全国国有企业职工再就业工作会议。国务院副总理朱镕基在会上讲话时指出，没有完善的社会保险制度，就没法分离和安置富余人员，这就需要建立相应的社会保障体系，需要搞再就业工程。1998 年 3 月 25 日，朱镕基在东北地区就国有企业下岗职工基本生活保障和再就业工作进行调研时强调，对于符合政策的下岗职工，一定要保障其基本生活。1998 年，中共中央和国务院召开国有企业下岗职工基本生活保障制度和再就业工作会议，作出了实行"两个确保"、建

---

① 张左己：《我国就业和社会保障改革的历史性成就》（2002 年 9 月 27 日），载《回顾辉煌成就展望美好未来》，学习出版社 2002 年版，第 147 页。

立"三条社会保障线"的重大决策。"两个确保"是指确保国有企业下岗职工基本生活、确保企业离退休人员养老金按时足额发放;"三条社会保障线"是指国有企业下岗职工基本生活保障制度、失业保险制度、城市居民最低生活保障制度。从1998年开始,为保障退休职工、下岗职工和城市低收入群体的基本生活,维护社会稳定,中国逐步实行"两个确保",建立"三条社会保障线"制度。1999年1月13日,朱镕基在国有企业下岗职工基本生活保障和再就业工作会议上讲话,要求把"两个确保"落到实处,即确保国有企业下岗职工基本生活、确保企业离退休人员养老金按时足额发放。2000年5月26日,朱镕基主持召开进一步完善社会保障体系座谈会,他在讲话中全面系统地总结了社会保障体制改革的实践经验,提出了完善社会保障体系的工作重点、范围、目标和要求。

经过国家和各地方及各有关部门的积极努力,从1998年至2002年6月底,全国累计有国有企业下岗职工2600万人,基本都能按时领到生活费,其中90%以上进入再就业服务中心进行培训。与此同时,为3000万左右的离退休人员发放基本养老金8296亿元,其中补发历史拖欠款215亿元。1998年至2001年中央财政对老工业基地和中西部地区的"两个确保"资金给予了总额多达1300亿元的专项补助。2001年底,全国参加失业保险的人数有1.04亿人,4年累计发放失业保险金额270多亿元。[①] 全国所有城市和县级人民政府所在地的镇全部建立了城市居民最低生活保障制度。实行"两个确保"和建立"三条社会保障线",有效地保障了下岗失业人员和低收入居民的基本生活,发挥了社

---

① 张左己:《我国就业和社会保障改革的历史性成就》(2002年9月27日),载《回顾辉煌成就展望美好未来》,学习出版社2002年版,第149页。

会稳定安全网的功能，为促进发展、深化改革、保持稳定起到了积极作用。

2. 推进社会保障制度建设

为进一步推进中国特色社会主义现代化建设，加快发展，保持社会稳定，国家加大了社会保障制度改革的力度，这期间中国社会保障体系框架基本形成。这首先体现在养老制度改革取得重大进展。到 2001 年底，全国参加养老保险的人员达到 1.4 亿人，是 1990 年的 2 倍多。[①] 为减轻企业的社会事务负担，从体制上确保基本养老金按时足额发放，各地积极推行社会保障的社会化管理，养老保险金由社会服务机构发放。其发放率由 1996 年的 2% 提高到 2002 年 6 月底的 99.3%，[②] 方便了离退休人员就近、便捷地领取养老金。企业退休人员社会化管理服务工作稳步推进，2001 年底已有 700 多万退休人员实现了社区管理，2002 年底超过 1000 万人。同时，企业离退休人员养老金金额也在提高。企业离退休人员的月均养老金金额已从 1990 年的 129 元提高到 2001 年的 579 元，2002 年又有提高。其次是医疗保险制度改革全面启动。到 2002 年 8 月底，医疗保险制度改革覆盖人数达到 8200 多万人。与此同时，工伤、生育保险改革也在稳步推进。截至 2001 年底，参加工伤保险的职工达 4300 多万人，参加生育保险的职工达 3500 多万人。

---

① 张左己：《我国就业和社会保障改革的历史性成就》（2002 年 9 月 27 日），载《回顾辉煌成就展望美好未来》，学习出版社 2002 年版，第 158 页。

② 张左己：《我国就业和社会保障改革的历史性成就》（2002 年 9 月 27 日），载《回顾辉煌成就展望美好未来》，学习出版社 2002 年版，第 159 页。

（三）维护社会稳定保卫国家安全

社会安定、安居乐业是人民的向往。在深化改革、体制转轨的新形势下，滋生犯罪的各种社会因素大量存在。为了维护社会稳定和人民安居乐业的大局，中共中央和国务院继续贯彻"严打"的方针，强化和发挥人民民主专政的职能，严厉打击各种犯罪活动，对犯罪活动始终保持高压的态势，保证了社会的稳定和人民安居乐业。

1. 维护社会稳定

维护社会稳定保卫国家安全是人民关注的切身利益问题，防范和打击各种刑事犯罪活动是维护社会稳定和谐的一项重要工作。在这方面，中国政府及政法部门首先集中严打杀人、抢劫、绑架等严重暴力犯罪、有组织犯罪、毒品犯罪和涉枪涉爆犯罪，坚决把犯罪分子的嚣张气焰打下去。各级政府和有关部门注重严打的质量，在深入调查和分析的基础上，针对本地区和本部门的治安问题，因地制宜地确定打击的重点，有计划有步骤地开展集中整治和专项斗争。如坚决打击带有黑社会性质的有组织犯罪和流氓恶势力团伙；积极开展"打击人贩子，解救被拐卖妇女儿童"的专项斗争；坚决开展禁毒斗争并打击因吸毒引发的走私贩私、盗窃抢劫、卖淫堕落、行凶杀人等犯罪活动；加大"扫黄打非"工作的力度等。

进一步加强社会治安综合治理的力度。社会治安综合治理，是在各级党委和政府的统一领导下，各部门协调一致，齐抓共管，依靠广大人民群众，运用政治的、经济的、行政的、法律的、文化的、教育的等多种手段，整治社会治安，打击犯罪和预防犯罪，保持社会稳定，为社会主义现代化建设和改革开放创造良好的社会环境。在城市，各级党委和政府首先加大创建"安全文明社区"活动的力度，在严厉打击盗窃、抢劫等多发性犯罪，确保居民群众生命财产安全的同时，在教育和管理上下大功夫，在社区融管理、教育、服务为一体。在农村，鉴于一些地方农村社会治安不好的情况，根据全国农村社会治安综合治理工作会议精神，1994年7月以来，各级公安、检察机关与人民法院密切配合，适时在全国范围内开展了专项斗争。积极参加全国性的集中整治农村社会治安的斗争，严厉打击农村突出的流氓恶势力等各种犯罪活动，依法严惩了一大批严重危害农村社会治安的刑事犯罪分子。

其次，严厉打击危害国有企业改革和发展的各种经济犯罪活动，严厉打击盗窃国有企业生产设施、扰乱经济秩序的犯罪分子，为国有企业改革和发展创造良好的社会治安环境。再次，进一步加大扫除"黄赌毒"等社会丑恶现象的力度，净化社会环境。并深入开展预防和减少青少年违法犯罪工作，加强对流动人口的管理。

在农村，各级党委和政府依靠农村党政组织和广大人民群众，建立群众自我教育、自我管理、自我约束、自防自治的机制，把民主法制教育作为农村社会主义政治文明和社会主义精神文明建设的重要内容，提高广大农民和农村干部的法律意识，特别是提高农村干部的守法、执法意识和政策水平。严厉打击严重危害农村社会治安的犯罪活动，开展群防群治，警民联防，保证农民群众生产和生活有安全保障。

2. 严厉打击各种敌对势力的破坏活动

在新阶段新形势下处理好改革发展稳定的关系，必须在毫不动摇地坚持以经济建设为中心的同时，高度警惕敌对势力进行破坏，认识其严重性和危害性。在国际上，虽然东欧剧变、苏联解体，国际冷战格局已经结束，但国际上仇视社会主义的敌对势力仍然把目标指向了中国，他们大肆鼓吹所谓的"中国威胁论"，进一步对中国进行"分化"和"西化"的图谋和活动。他们在联合国有关会议上连续十次炮制所谓的"人权案"，企图用人权问题对中国施加压力。他们在台湾问题上玩弄两手，表面上不支持台湾当局李登辉、陈水扁鼓吹的分裂中国的言论，但在行动上不顾中国政府的多次交涉，执意通过《加强台湾安全法》，为其向台湾地区出售先进武器装备和技术提供所谓法律依据。他们明目张胆地支持中国极少数民族分裂分子，挑拨中国各民族之间的关系，煽动民族情绪，并加紧进行政治渗透和分裂活动。他们还利用宗教进行渗透活动，扶植地下势力，建立非法组织，同爱国宗教组织争夺寺观教堂的领导权，甚至进行爆炸杀人等恐怖活动。他们豢养极少数流亡海外的所谓"民运"分子和"法轮功"分子，支持这些人继续从事以中国政府为敌的活动。更为严重的是，1999 年以美国为首的北约悍然用导弹轰炸中国驻南联盟大使馆。这期间，敌对势力加强对中国的进行军事侦察的力度，2001 年 4 月发生了严重的撞机事件。这些事实都告诉中国共产党和中国人民，必须坚持并善于同国际敌对势力做斗争。在国内，破坏社会主义现代化建设和改革开放的敌对分子虽然人数极少，但对社会政治稳定的破坏性很大。这些人往往得到国外敌对势力的支持，千方百计地利用某些由人民内部矛盾引起的群体性事件进行破坏活动，竭力借助各种名目进行非法组织活动，如组织邪教"法轮功"等，破坏国内的社会和政治稳定。

总之，这期间，中共中央、国务院在正确处理改革发展稳定关系方面取得了成就，积累了宝贵的经验。这些经验的实质，就是中国共产党和中国政府要代表中国最广大人民群众的根本利益，全心全意为人民服务。

三、人民生活整体进入"小康"

随着国民经济的迅速发展，城乡居民收入和生活水平又上了一个台阶。亿万中国人千百年来衣食无虞的梦想已经成真。中国人均国内生产总值已经比 20 世纪 80 年代翻两番，实现了由贫困到温饱，再由温饱到整体小康的历史性跨越。

（一）人民生活总体达到小康水平

经过新中国成立五十多年、特别是改革开放二十多年的建设，1997 年至 2002 年人民生活水平得到进一步提高。城乡居民收入持续增加。城镇居民家庭人均可支配收入，由 1997 年的 5160 元增加到 2002 年的 7703 元，平均每年实际增长 8.6%。农村居民家庭人均纯收入由 2090 元增加到 2476 元，平均每年实际增长 3.8%。城乡居民人民币储蓄存款余额由 4.6 万亿元增加到 8.7 万亿元。居民拥有的股票、债券等其他金融资产也有较多增加。农村贫困人口由 4960 万人减少到 2820 万人。[①] 这五年，在经济较快增长、物价水平较低的情况下，人民群众得到了更多实惠。

城乡居民的食品消费质量提高、品种丰富，恩格尔系数逐年下降。2001 年城镇居民人均购买食品支出 2014 元，表示食品消费比重的恩格尔系数为 37.9%。食品消费水平由过去简单的吃饱吃好，转变为品种更加丰富，营养更加全面。由于食品消费品种的日益丰富，以及在外饮食的增加，粮食消费比重减小，购买量

① 朱镕基：《政府工作报告——2003 年 3 月 5 日在第十届全国人民代表大会第一次会议上》，《人民日报》2003 年 3 月 20 日。

大幅度下降。2001 年城镇居民人均购买粮食 79.7 公斤，人均购买食用油 8.5 公斤，购买牛羊肉 3.2 公斤；购买家禽 7.3 公斤；购买蛋类 11.1 公斤；购买鲜奶 11.9 公斤；购买干鲜瓜果 60 公斤；在外饮食达到人均 314 元。

衣着消费时装化、名牌化、个性化倾向更加明显，成衣化倾向成为主流。2001 年城镇居民人均购买衣着支出 534 元，衣着消费占生活消费支出的比重为 10.1%。其中，人均购买服装支出 364 元；购买衣着材料支出 21 元。

用品消费增长逐年减缓，主要耐用消费品逐步饱和。2001 年城镇居民家庭平均每百户拥有彩色电视机 121 台；电冰箱 82 台；洗衣机 92 台；电风扇 171 台；照相机 40 架。另外还有影碟机 43 台。由于主要耐用消费品的逐步饱和，城镇居民家庭中用品消费特别是购买耐用消费品支出增长势头逐年减缓，2001 年城镇居民人均购买耐用消费品支出 390 元，比 2000 年下降 3.9%。[1]

消费水平明显提高。城乡市场繁荣，全社会消费品零售总额从 1997 年的 2.73 万亿元增加到 2002 年的 4.1 万亿元，平均每年实际增长 10.5%。城镇居民人均住房建筑面积由 17.8 平方米增加到近 22 平方米，农村居民人均居住面积由 22.5 平方米增加到 26.5 平方米。电视机、洗衣机、电冰箱等家用电器进一步普及，电脑、轿车越来越多地进入居民家庭。公共服务设施、人均绿地面积不断扩大。法定节日假期增加，外出旅游人数大幅度增长，2002 年国内旅游人数达到 87782 万人次。[2] 体育健身和文化娱乐消费明显增多。医疗保健条件不断改善，人民群众健康水平进一

---

[1] 《吃穿住用行　质量步步高　我国城镇居民消费结构变化大》，《人民日报》2002 年 11 月 7 日。

[2] 《中华人民共和国 2002 年国民经济和社会发展统计公报》（2003 年 2 月 28 日），《人民日报》2003 年 3 月 1 日。

步提高。人均期望寿命 2002 年达 71.8 岁，接近中等发达国家水平。① 2002 年末，中国固定电话达到 21442 万户，其中城市电话用户 13595 万户，乡村电话用户 7847 万户。2002 年末全国固定及移动电话用户总数达到 42104 万户，电话普及率达到 33.7 部/百人。② 2002 年中国互联网用户已迅速增长到 5910 万户，位居全球第二。③

在中国这样一个十几多亿人口的国家，人民生活总体上达到小康水平，这是社会主义制度的胜利，是中华民族发展史上一个新的里程碑。这是一个令世界震惊的伟大成就。

（二）低水平、不全面、不平衡的"小康"

中国虽然在短时间取得了举世瞩目的发展成就，但由于旧中国经济文化的落后，还由于中国人口多、底子薄、耕地少，人均自然资源相对匮乏，中国发展的任务十分艰巨。中国处于并将长期处于社会主义初级阶段，20 世纪末达到的小康还是低水平的、不全面的、发展很不平衡的小康，人民日益增长的物质文化需要同落后的社会生产之间的矛盾仍然是中国社会的主要矛盾。

进入 21 世纪，中国改革处于攻坚阶段，发展处于关键时期，社会转型处于加速状态，体制改革、社会转型、意识形态矛盾和文化冲突都将带来不稳定因素。农民和城镇部分居民收入增长缓慢，失业人员增多，就业压力增大，有些群众的生活还很困难；市场经济秩序有待继续整顿和规范；有些地方社会治安状况不

---

① 朱镕基：《政府工作报告——2003 年 3 月 5 日在第十届全国人民代表大会第一次会议上》，《人民日报》2003 年 3 月 20 日。

② 《中华人民共和国 2002 年国民经济和社会发展统计公报》（2003 年 2 月 28 日），《人民日报》2003 年 3 月 1 日。

③ 《积极推进电子商务发展》，《人民日报》2003 年 11 月 4 日。

好；收入分配关系尚未理顺；改革、发展与社会稳定的矛盾将进一步加剧。社会主义初级阶段在社会发展方面的一个重要特征就是科技教育文化落后。而21世纪是知识经济进一步兴起并将占据主导地位的时代，因此，中国面临着知识经济兴起所提出的严峻挑战，需要完成加快工业化和实现信息化、城镇化、市场化、国际化的繁重任务。进入21世纪以后，中国经济发展与人口、资源、环境的矛盾与20世纪80、90年代相比将更加突出。经济增长的资源环境代价过大；城乡、区域、经济社会发展仍然不平衡；农业稳定发展和农民持续增收难度加大；劳动就业、社会保障、收入分配、教育卫生、居民住房、安全生产、司法和社会治安等方面关系群众切身利益的问题仍然较多，部分低收入群众生活比较困难，还有1.5亿人口生活在联合国设定的贫困线之下①等。

中国生产力和科技、教育还比较落后，实现工业化和现代化还有很长的路要走；城乡二元经济结构还没有改变，地区差距扩大的趋势尚未扭转，贫困人口还为数不少；人口总量继续增加，老龄人口比重上升，就业和社会保障压力增大；生态环境、自然资源和经济社会发展的矛盾日益突出；仍然面临发达国家在经济科技等方面占优势的压力；经济体制和其他方面的管理体制还不完善；民主法制建设和思想道德建设等方面还存在一些不容忽视的问题。巩固和提高达到的小康水平，还需要进行长时期的艰苦奋斗。

（三）互联网融入国家发展与百姓生活

互联网（internet，又译因特网等）。在20世纪90年代，互

---

① 《认识一个真实的中国》（2010年9月23日　纽约），《人民日报》2010年9月25日。

联网当时在中国被称为"信息高速公路"。在 1993 年，美国克林顿政府提出，美国计划在今后 10 至 15 年建成"信息高速公路"，所谓"信息高速公路"是指建立贯通美国各大学、研究机构、企业以至普通美国人家庭的全国性信息网络，它是以信息交流为目的基础设施。它是计算机技术和通信技术发展并融合的产物，它将形成信息时代信息流通的主干线。这一计划的实施将给美国人的工作、学习、购物和生活方式带来"革命性变化"。"信息高速公路"的正式名称是"全国性信息基础设施"，英文缩写是 NII。与美国交通网络能够直接到达工厂、学校、医院、娱乐设施和几乎所有家庭的情形相似，"信息高速公路"的设计者希望建造的信息网络也能达到同等的普及程度，使美国人能够极其方便地得到信息。

1. 互联网融入国家发展

当时的中国，对是否发展"信息高速公路"（互联网）曾经有过较热烈的争论。有积极主张优先发展者，也有人提出不适合国情应降温的观点。实际上，信息化发展的速度远远超出人们的预料，短短几年时间，互联网不但在美国和欧洲得到普及，也迅速在作为发展中国家的中国的大中城市得到快速发展。1994 年 4 月 20 日，中国通过美国 Sprint 公司连入国际互联网的 64K 国际专线开通，从此中国被国际上正式承认为真正拥有全功能接入互联网的国家。① 这使中国正式进入国际互联网，成为真正拥有全功能 Internet 的国家。

中共中央、国务院十分重视国家信息化的发展。1993 年国务院正式成立了国家经济信息化联席会议，统筹规划全国经济信息化的建设。

在党和国家最高领导层直接关注下，1994 年国家决定实施

---

① 《中国互联网发展走在世界前列》，《人民日报》2004 年 4 月 20 日。

"三金工程"，即金桥、金关、金卡工程，把加快中国经济信息化摆到重要日程，这是中国现代化建设的一项重大决策，是实现国民经济发展第二步、第三步发展目标的战略措施。以"三金工程"为重点的电子信息系统工程的开发与建设中的"金桥工程"，是指国家公用经济信息通信网工程，是经济和社会信息化的基础设施之一，它与邮电部通信干线及各部门已有的专用通信网互联互通，互为备用。"金桥"网可以传输数据、文件、话音、图像，将为金融、海关、外贸、内贸、旅游、气象、交通、国家安全、科学技术等各种信息业务系统提供卫星信息通道；可以为希望建立卫星通信网络的各个部门提供虚拟子网，减少重复建设，节约资金。"金关工程"是"金桥工程"的起步工程，它将为海关、外贸、外汇管理和税务等企业和部门业务系统联网作出贡献，推广电子数据交换业务和电子邮件业务，实现通关自动化和无纸贸易。"金卡工程"即电子货币工程，它将为银行和有关部门服务，利用"金桥"网，联通和完善金融业务信息系统。为金融系统推行信用卡和现金卡，逐步实现现金存兑和现金支付电子化，减少在途资金，提供方便。也将使人民生活更方便、更舒适，并逐步推行各种符合社会需求的电子增值业务，提供一个可靠的通信网络。①

　　1998 年，公安部为适应中国在现代经济和社会条件下实现动态管理和打击犯罪的需要，实现"科技强警"，增强公安系统统一指挥、快速反应、协调作战、打击犯罪的能力，提高公安工作效率和侦察破案水平，提出建设"金盾工程"。"金盾工程"实质上就是公安通信网路与计算机信息系统建设工程。它是利用现代化信息通信技术，增强公安机关快速反应、协同作战的能力；

---

　　① 《发展信息产业和经济信息网促进国民经济信息化》，《人民日报》1994 年 6 月 17 日。

提高公安机关的工作效率和侦察破案水平，适应新形势下社会治安的动态管理。目的是实现以全国犯罪信息中心（CCIC）为核心，以各项公安业务应用为基础的信息共享和综合利用，为各项公安工作提供强有力的信息支援。"金盾工程"的主要内容包括以下4个方面：全国公安综合业务通信网、全国犯罪信息中心（CCIC）、全国公安指挥调度系统工程、全国公共网络安全监控中心。

1999年3月，国家开始实施"金税工程"，国家税务总局与北大方正集团、中软总公司签署协议，正式启动"金税工程"网络建设首期工程。"金税工程"是国家信息化建设的重要组成部分，旨在推动全国税务系统的税收电子化建设，加强税收征管和监控，防止税收流失，遏止增值税发票犯罪，巩固税制改革的成果。整个工程分为3个部分：增值税交叉稽核系统、防伪税控系统和税控收款机系统。网络建设的目的即是将这些系统连接成一个统一的整体。"金税"网首期工程覆盖5个省、4个直辖市、4个计划单列市，将建成从总局到区县局的四级网络。①

金桥、金关、金卡、金盾、金税工程的建设，标志着中国的建设和发展选择了正确的道路，对实现中华民族伟大复兴具有十分重大的战略意义。

2. 互联网促进社会发展、人民生活的变化

1998年3月，第九届全国人民代表大会第一次会议批准成立信息产业部，主管全国电子信息产品制造业、通信业和软件业，推进国民经济和社会服务信息化。1998年5月，经国家批准，同意建设中国长城互联网。经过十几年的发展，中国互联网发生了翻天覆地的变化，基础设施建设和网民数量都呈现几何级数的增

---

① 《金税工程网络建设启动　首期工程覆盖五省八市》，《人民日报》1999年3月31日。

长。截至 2002 年 6 月 30 日，中国的上网计算机数已达 1600 万台，半年增加了 360 万台；上网用户人数比半年前增加了 1200 万人，增长率为 36%；CN 下注册的域名数为 12.6 万个，网站数为 29 万个。中国国际出口带宽的总容量达到 10000M，半年增加了 3000M。网民的上网目的主要是获取信息。①

互联网是一个面向公众的社会性组织。互联网也是人类社会有史以来第一个世界性的图书馆和第一个全球性论坛，世界各地数以亿万计的人们可以利用互联网进行信息交流和资源共享。互联网已经成为国家信息基础设施的重要组成部分，没有互联网的发展和高速推进，不可能达到目前社会信息化的普及程度。中国互联网络信息中心（CNNIC）调研结果显示，互联网给网民的工作、学习、人际交往和娱乐等各方面都带来了帮助。互联网已成为中国人民表达民意的重要场所，成为社会各阶层理性探讨问题的重要平台，成为反映群众意见和呼声的重要渠道，人民群众对国家的政治生活、社会生活的参与度，因为有了互联网而大大加强了。网络也改变了普通百姓的生活方式和消费方式，中国人开始习惯并依赖通过互联网来解决生活中的需求，网上看新闻、查信息、互动聊天、购物、拍卖、交友等等，网络"虚拟空间"与现实生活距离越来越近，也越来越成为一种新生活形态。就连处于互联网发展相对落后的农村地区的一些农民，也学会了用互联网做蔬菜、水果的生意。互联网一方面改变着中国社会的政治、经济和百姓生活，一方面也带来诸多问题。一些淫秽物品在网上的传播，特别是日益泛滥的垃圾邮件、网络病毒等，更成为互联网顽疾。这些问题不仅危害着互联网健康、安全、有序发展，更严重影响到互联网的未来发展。自互联网进入中国以来，中国政府已经制定了多项管理法规和条例，监督、治理互联网环境。从

---

① 《我国互联网用户数居世界第三》，《人民日报》2002 年 7 月 23 日。

互联网的内容发布者和服务使用者两方面入手，加大监管治理力度，控制有害及不法信息的传播，营造一个文明、和谐的网络环境。

互联网在中国的发展和逐渐普及，不仅改变了中国社会的政治诉求和经济结构，也深刻影响了中国百姓的生活。尽管网络发展还有这样那样的问题，但互联网终究是以积极的面目经历着中国的改革开放并不断得到壮大。国家管理者要做的是继续完善它，让虚拟社会与现实社会相互促进、和谐发展。

（四）发展体育运动与增强人民健康

伴随着中国经济社会的全面发展和进步，1992 年至 2002 年，中国的体育事业也进入到全面快速发展的时期，在各方面都取得了举世瞩目的巨大成就。

1. 国家高度重视体育事业

改革开放进入新阶段以来，以江泽民同志为核心的中共中央非常重视国家体育事业的发展。在体育建设上，进行积极的方针政策引导，加强法规制度建设。

第一，颁布实施《全民健身计划纲要》。

1993 年江泽民给第七届全国运动会的"发展体育运动，为建设有中国特色的社会主义服务"题词，明确提出了体育工作要为党的基本路线服务、为社会主义建设事业服务、为人民服务的宗旨。同年国务院颁布的《国家体委关于深化体育改革的意见》，是推进体育工作改革和发展的指导性文件。1995 年 3 月，李鹏在第八届全国人民代表大会第三次会议上作的《政府工作报告》中说："体育工作要坚持群众体育和竞技体育协调发展的方针，把发展群众体育，推行全民健身计划，普遍增强国民体质作为重点。严格体育队伍管理，树立良好的体育道德和竞技风尚，提高竞技运动水平。"6 月，经国务院批准《全民健身计划纲要》（本节简称《纲要》）颁布实施。这个《纲要》是一个由国家领导、社会支持、全民参与，有目标、有任务、有措施的体育健身计划，是与实现社会主义现代化目标相配套的社会系统工程和面向21 世纪的发展战略规划。全民健身是一项功在当代、利在千秋的伟大事业。它充分反映了党和国家全心全意为人民服务的根本宗旨，集中表达了全国各族人民要求发展体育事业、增强人民体质的共同愿望。实施全民健身计划对提高中华民族整体素质，建立科学、文明、健康的生活方式，促进社会安定团结，推动社会主义精神文明和物质文明建设都将产生积极作用和深远影响。

第二，颁布实施《中华人民共和国体育法》。

1995 年 8 月 29 日，国家主席江泽民签署中华人民共和国主席令第 55 号，公布《中华人民共和国体育法》（本节简称《体育法》）。这部法律由中华人民共和国第八届全国人民代表大会常务委员会第十五次会议于 1995 年 8 月 29 日通过，自 1995 年 10 月 1 日起施行。《中华人民共和国体育法》共 8 章 56 条。第一章总则，第二章社会体育，第三章学校体育，第四章竞技体育，第五章体育社会团体，第六章保障条件，第七章法律责任，第八章附则。这部《体育法》，是指导中国体育事业发展的基本准则，是维护广大人民群众参与体育运动权利的法律保障。9 月 21 日，中共中央宣传部、全国人大教科文卫委员会、国务院法制局、国家体委、国家教委、国家民委、民政部、司法部、文化部、卫生部、国家工商行政管理局、解放军总政治部、全国总工会、共青团中央、全国妇女联合会、中国残疾人联合会等 16 个单位发出《关于学习、宣传和贯彻执行〈中华人民共和国体育法〉的联合通知》（本节简称《通知》）。《通知》要求：通过《体育法》的学习、宣传和贯彻执行，要使《体育法》家喻户晓，深入人心，形成人人关心体育，全社会重视和参与体育的社会风尚，为《体育法》的全面实施创造良好的社会环境，促进体育事业持续、快速、健康发展。

第三，积极申办奥运会等国际赛事。

1993 年，北京代表中国提出了举办 2000 年奥运会的申请，这是新中国第一次提出申办奥运会。由于各种原因，这次申办没有成功，给当时的中国人留下了难以忘记的回忆。1998 年 11 月，中共中央、国务院决定由北京申办 2008 年奥运会，1999 年 4 月 6 日，北京市长刘淇赴洛桑国际奥委会总部，递交了北京承办 2008 年奥运会的申请书，准备了 6 年的北京代表中国又一次站在了申办奥林匹克运动会的起跑线上。2001 年 1 月 17 日，在国际奥委会规定时间的最后一天，北京奥申委秘书长王伟把以中国传统书函、书匣为外包装，以北京红和北京金为基本色调，英法文对照翻译，重 5.6 公斤、596 页近 20 万字，被誉为"红盒子里的北京蓝皮书"的《申办报告》，亲自送到瑞士洛桑国际奥委会总部。"在北京奥申委向国际奥委会递交的《申办报告》中，有 4 封亲笔签名的支持信，其中有国家主席江泽民、国务院总理朱镕基；有 137 份亲笔签名的保证书，其中第一类是由国务院总理朱镕基和国家有关部委的领导签名的。"[①] 江泽民总书记和其他中央领导，多次表达了支持北京申奥的决心。中央政府的全力支持，充分显示了中国的政治优势，显示了中国政府和人民成功举办奥运会的能力和信心。2001 年 7 月 13 日，北京终于圆了一个跨世纪的梦——在莫斯科举行的国际奥委会第 112 次会议上，获得 2008 年奥运会主办权。世界选择了北京，选择了中国。何振梁，这位两次参加申办奥运会，两次担任陈述人的老人，在莫斯科的陈述中，以自己毕生对奥林匹克理想的追求和中国人民对奥运会的期盼而深深打动了委员。北京第二次申办奥运会，何振梁是无可替

---

① 《为了跨世纪的梦想——北京申办 2008 年奥运会纪实》，《人民日报》2001 年 7 月 14 日。

代的人物。他在国际奥委会的地位、威望和影响，他的经验和语言能力对北京申奥极其关键。这是一位中华人民共和国体育史应该记住的人。

从 2001 年 7 月开始，被国际奥委会主席罗格所称的"这是一届真正的无与伦比的奥运会，16 个光辉的日子将在我们心中永远珍藏"的奥运会筹备工作开始起步。

中国在积极筹办第 29 届北京奥运会的期间，还承办了若干国际大型赛事。其中有 1995 年 5 月在天津市举行的有 124 个国家和地区的 946 名运动员、教练员、裁判员参加的第 43 届世乒赛；在 1999 年 10 月天津举行的有 73 个国家和地区千余名体操健儿参与角逐的第 34 届世界体操锦标赛等。

第四，发行体育彩票。

为支持体育事业的发展，国务院自 1994 年起批准发行体育彩票。1994 年 4 月，国家体委正式成立国家体委体育彩票管理中心，7 月国家体委颁布 20 号令《1994—1995 年度体育彩票发行管理办法》，标志中国体育彩票发行进入规范化管理。国务院赋予中国人民银行彩票管理的职能，规定中国人民银行是国务院主管彩票工作的机关，发行以额度管理为主，体育彩票的公益金主要用于全民健身计划和奥运争光计划。1998 年 9 月国家体委、财政部和中国人民银行联合颁发《体育彩票公益金管理暂行办法》，明确规定体育彩票资金的用途以及返奖奖金、公益金和发行费用的比例。返奖奖金不得低于 50%，公益金不得少于 30%，发行费用不得超过 20%。2001 年彩票资金分配比例调整为：奖金不低于 50%，公益金不低于 35%，发行费用不高于 15%。中国体育彩票的发行，为中国公益事业的发展筹集了数量可观的资金，有力地支持了体育事业的发展，培育了中国体育彩票市场，还有部分资金上缴财政用于多项社会事业的发展。

2. 群众体育运动的发展

1995 年《全民健身计划纲要》和《中华人民共和国体育法》的颁布实施，全国群众性的体育健身活动蓬勃发展。1995 年 6 月 28 日，国家体委在人民大会堂召开《全民健身计划纲要》实施动员大会。国家体委作为组织实施的部门，推出了《关于贯彻〈全民健身计划纲要〉，实施"全民健身一二一工程"的意见》。"一二一工程"包括四个方面，即个体、家庭、社区和学校。关于个体："一二一工程"倡导全民做到每人每天参加一次以上体育健身活动，学会两种以上体育健身方法，每人每年进行一次体质测定；关于家庭："一二一工程"倡导每个家庭要拥有一件以上体育健身器材，每个季度全家进行两次以上的户外体育活动，每个家庭有一份（册）以上体育健身报刊图书；关于社区："一二一工程"倡导社区做到，能够提供一处以上体育健身活动场所，每年组织两次社区范围的体育健身活动，建立一支社会体育指导员队伍；关于学校："一二一工程"强调学校要做到，保证学生每天参加一小时体育活动，每年组织学生开展两次远足、野营活动，每年对学生进行一次身体检查。

各级体育行政部门要在当地人民政府的领导下，抓住当前的有利时机，加强对全民健身计划组织实施工作的指导和协调。各部门、行业、系统，各群众组织和社会团体，都要充分发挥各自的优势，结合自身的特点，创造性地做好实施工作。做到"家喻户晓、人人参与"。

到 20 世纪 90 年代，全国行业体协发展到 14 个体协和 7 个体协筹备组，全国基层体协达 4000 多个，全国共有职工体育组织机构 10 万余个，各级工会系统专职体育干部 2 万余人。[1] 1995 年

---

[1] 国家体育总局编：《拼搏历程　辉煌成就——新中国体育 60 年》综合卷，人民出版社 2009 年版，第 7—8 页。

国家体委、国家统计局等单位联合进行的《第四次全国体育场地普查》结果显示，截至 1995 年底，全国共有各类体育场地 615693 个，是 1949 年的 145 倍，总面积 7 亿 8000 万平方米。①按照国务院《全民健身计划纲要》的部署，在各级各部门的协同努力下，顺利完成 1995—2000 年全面建设计划的第一期工程，实现了到 2000 年建立起社会化、科学化、产业化、法治化的全民健身体系基本框架的奋斗目标。2001 年 4 月，国家体育总局和中华全国总工会联合发出通知，在全国开展"亿万职工健身活动"。2002 年 7 月，中共中央、国务院下发《关于进一步加强和改进新时期体育工作的意见》，明确提出体育工作的根本目标是增强人民体质，提高全民族整体素质。群众性体育工作的地位进一步提升。

3. 竞技体育运动的成就

国家在推进群众性体育发展和全民健身的同时，国家竞技体育也得到迅速发展。1995 年国家体委正式颁布了中国第一个《奥运争光计划纲要》。2002 年颁发《中共中央、国务院关于进一步加强和改进新时期体育工作的意见》，其中指出：以重大国际比赛中取得优异成绩为目标，进一步发挥社会主义制度的优越性，坚持和完善举国体制，明确中央和地方发展竞技体育的责任，充分调动中央和地方以及社会各个方面的积极性。奥运战略对提高中国竞技体育的综合实力，促进体育事业的发展发挥了重要作用。

第一，中国体育健儿在奥运会上取得好成绩。

奥林匹克运动会是世界上规模最大、最隆重及最高水平的体育盛事。1992 年到 2002 年，中国体育代表团参加了三届夏季奥运会。1992 年第 25 届巴塞罗那夏季奥运会，中国派出 380 人组

①　国家体育总局编：《拼搏历程　辉煌成就——新中国体育 60 年》综合卷，人民出版社 2009 年版，第 8 页。

成的代表团，其中运动员 251 人。中国代表团在这次奥运会上共获得奖牌 54 枚，其中金牌 16 枚、银牌 22 枚、铜牌 16 枚，金牌的位次由上届奥运会的第 11 位上升到第 4 位。标志着这一时期中国体育实施奥运战略初见成效。1996 年第 26 届亚特兰大奥运会，中国派出 495 人的代表团，其中运动员 309 人，中国运动员不畏强手，奋勇拼搏，共获得奖牌 50 枚，其中金牌 16 枚、银牌 22 枚、铜牌 12 枚。2000 年第 27 届悉尼夏季奥运会，中国派出了 311 名运动员参加。在这次奥运会上，中国运动员共获得奖牌 59 枚，其中金牌 28 枚、银牌 16 枚、铜牌 15 枚。中国代表团首次在奥运会上进入奥运金牌榜第三名，实现了历史性的突破。中国运动员参加了 1992 年、1994 年、1998 年、2002 年冬季奥运会。在 1992 年冬季奥运会上，中国运动员获得 3 枚银牌，实现了自 1980 年参加冬奥会比赛以来奖牌 "0" 的突破；1994 年、1998 年两届冬奥会也获得奖牌。中国运动员实现冬奥会金牌 "0" 的突破是在 2002 年第 19 届冬奥会上，中国运动员杨扬在女子 500 米和 1000 米短道速滑比赛中奋力拼搏，获得 2 枚金牌。

第二，中国运动员亚运会上保持领先。

亚洲运动会（简称亚运会）是亚洲地区最高水平的综合性运动会。这期间中国体育健儿参加了 1994 年第 12 届日本广岛亚运会，在这次运动会上，中国运动员共获得奖牌 266 枚，其中金牌 126 枚，银牌 83 枚，铜牌 57 枚。1998 年在泰国曼谷举行的第 13 届亚运会上，中国运动员共获奖牌 274 枚，其中金牌 129 枚，银牌 77 枚，铜牌 68 枚。2002 年 9 月，第 14 届亚运会在韩国釜山举行，在这届亚运会上，中国运动员共获奖牌 308 枚，其中金牌 150 枚，银牌 84 枚，铜牌 74 枚。中国继续在亚洲体育大赛中保持领先地位。

第三，国内体育大赛丰富多彩。

改革开放以来，中国逐渐形成以全国运动会为龙头，包括城市运动会、全国体育大会、全国农民运动会、全国少数民族运动会、全国大学生运动会、全国中学生运动会、全国单项锦标赛、冠军赛、精英赛等各种类型和各级别的单项比赛，已经形成了国内竞赛体系。1993年9月，第七届全国运动会由北京承办，四川、河北秦皇岛协办。全国有45个单位的8000多名运动员参加43个大项的比赛，有4人4次破4项世界纪录，4对18人43次超21项世界纪录，4人4次平3项世界纪录。[1] 1997年10月，第八届全国运动会在上海举行，这次运动会设项全部与奥运会接轨，共有28个大项，319个小项，设置327枚金牌。八运会共有179人659次超41项世界纪录，其中16人19次超7项奥运项目世界纪录，4人4次平3项世界纪录，100人3队367次超55项亚洲纪录，88人6队142次创66项全国纪录。[2] 2001年11月第九届全运会在广东省举行。本届运动会共有45个代表团的12314名运动员参加预赛，8608名运动员参加决赛。共有24人35次超7项世界纪录，6人1队创6项亚洲纪录、28人41次超9项亚洲纪录，32人4队52次创37项全国纪录。[3]

4. 体育产业兴起

伴随着改革开放开进入新阶段，中国的体育发展也呈现新的特点。在中国体育事业发展的同时，中国的体育产业也得到了新的发展。

第一，探索新的体制和运行机制。

在中国加快社会主义市场经济体制建设的大环境下，1992年

---

[1]　国家体育总局编：《拼搏历程　辉煌成就——新中国体育60年》综合卷，人民出版社2009年版，第50页。

[2]　《第八届全国运动会闭幕》，《人民日报》1997年10月25日。

[3]　国家体育总局编：《拼搏历程　辉煌成就——新中国体育60年》综合卷，人民出版社2009年版，第50页。

11月国家体委在广东中山召开全国体委主任座谈会。会议以学习邓小平同志视察南方谈话和党的十四大报告、探讨体育改革为主题。会议就加快体育改革步伐，逐步建立与社会主义市场经济相适应、符合现代体育运动规律的国家调控、依托社会、自我发展的充满生机与活力的体育管理体制和良性循环的运行机制，形成国家办与社会办相结合、以社会办为主的新格局。会议还确认为了"以足球改革为突破口"，探索竞技体育改革的道路。这个会议在体育战线的改革发展过程中，有着转折性、历史性的意义，会后被称为"中山会议"。1993年全国体委主任会议在北京召开，会议着重商讨体育改革问题。会议提出了6个方面29项改革举措。这些改革举措包括运动项目管理体制的改革，体育管理机构职能的改革，全运会等大型体育竞赛的改革，以及群众体育、体育产业和市场、体育拨款与筹款等方面的改革。① 国家体委将积极稳妥地、有步骤地推进体育改革。1995年召开的全国体委主任会议，再次把发展体育产业作为主题。1995年6月，国家体委颁布实施《体育产业发展纲要》（本节简称《发展纲要》），这个《发展纲要》统一了认识，统一了目标，为中国体育产业的兴起和发展起到重要作用；1996年，八届全国人大四次会议通过的《国民经济和社会发展"九五"计划和2010年远景目标纲要》进一步明确了体育要走"社会化、产业化的道路。"②

第二，体育职业联赛开始活跃。

中国的体育产业起步以来，在健身娱乐、职业体育、体育中介服务、体育用品制造和销售、体育旅游、体育传媒等方面都得

----

① 《全国体委主任会议在京闭幕　李铁映指出基层体育工作不能削弱》，《人民日报》1993年4月20日。

② 中共中央文献研究室编：《十四大以来重要文献选编》（中），人民出版社1997年版，第1887页。

到快速发展。从 1992 年开始推进部分体育项目职业化以来，举办足球职业联赛，足球、篮球、排球、乒乓球四大职业联赛初步成型。从 1992 年国家体委开始推进部分体育项目职业化以来，各个项目的职业俱乐部的数量都有明显的增长。截至 2002 年底，中国四大职业联赛的俱乐部总数达到 100 家。其中足球 27 家，篮球 27 家，排球 22 家，乒乓球 24 家。① 这期间体育消费群体也在不断扩大。经过多年的改革和实践，中国体育竞赛市场已经初步形成。但也有些问题需要研究和解决。

总之，这十年中国体育取得了辉煌成就，中国正在成为世界体坛上举足轻重的力量。体育事业的发展是中国社会主义现代化建设取得辉煌成就的缩影，是中华民族实现伟大复兴的重要组成部分。

四、着眼全面发展实施西部大开发战略

实现地区协调发展，是中国共产党领导社会主义建设的一条重要方针。中共十四大以来，中共中央、国务院一直在考虑加快中西部地区、特别是西部地区的经济社会发展问题。到 20 世纪 90 年代末，人类社会即将迈入新世纪的时候，中共中央、国务院明确提出实施西部大开发战略。中国实施西部大开发战略的西部地区包括重庆、四川、贵州、云南、西藏、陕西、甘肃、青海、宁夏、新疆、内蒙古、广西等 12 个省、自治区、直辖市。但是在实施这一国家战略的部分开发项目，如西部地区通县公路建设范围、培训西部地区干部等，除包括西部地区 12 个省区市和新

① 国家体育总局编：《拼搏历程　辉煌成就——新中国体育 60 年》综合卷，人民出版社 2009 年版，第 87 页。

疆生产建设兵团外，开发的范围还包括湖南湘西土家族苗族自治州、湖北恩施土家族苗族自治州、吉林延边朝鲜族自治州和黑龙江大兴安岭地区，建设范围共涉及 133 个地区、1099 个县市。这12 省区市在内的西部地区，面积 685 万平方公里，占全国的71.4%；2001 年人口 3.64 亿人，占全国总人口的 28.6%；国内生产总值 18245 亿元，占全国总量的 17.1%。开发西部，这是以江泽民同志为核心的中央领导集体面向新世纪作出的重大战略决策。

（一）确定西部大开发战略

中国共产党历来重视地区经济的协调发展问题。早在 20 世纪 50 年代，毛泽东在《论十大关系》中就强调，要处理好沿海工业和内地工业的关系。并于 20 世纪 60、70 年代领导实施了大规模的三线建设，这对改善中国国民经济布局，促进中西部的发展起到较大作用。20 世纪 80 年代，邓小平正式提出了沿海和内地、东西部共同富裕的"两个大局"的战略构想。他指出："沿海地区要加快对外开放，使这个拥有两亿人口的广大地带较快地先发展起来，从而带动内地更好地发展，这是一个事关大局的问题。内地要顾全这个大局。反过来，发展到一定的时候，又要求沿海拿出更多力量来帮助内地发展，这也是个大局。那时沿海也要服从这个大局。"① 对于实施第二个大局的战略构想的时机，邓小平在 1992 年的南方谈话中提出了时间表。他说："可以设想，在本世纪末达到小康水平的时候，就要突出地提出和解决这个问题。"② 正是依据毛泽东关于处理好沿海和内地工业的关系和邓小平关于"两个大局"的战略构想，以江泽民同志为核心的

---

① 《邓小平文选》第 3 卷，人民出版社 1993 年版，第 277—278 页。
② 《邓小平文选》第 3 卷，人民出版社 1993 年版，第 374 页。

中央领导集体，根据中国经济社会发展的实际，作出了实施西部大开发战略的重大决策，并采取一系列措施落实这个兴边富民的国家决策。

1. 西部大开发重大决策的提出

中共十一届三中全会以后，中国开始把工作重点转向社会主义现代化建设，开始走向全面进行经济体制改革和实行对外开放的道路。在区域经济发展方面突破过去片面强调平衡发展的束缚，转而重视充分发挥和利用各区域优势尤其是东部沿海区域的经济技术区位优势率先发展。在"六五"（1981—1985年）计划中，明确提出要积极利用沿海地区的现有基础，充分发挥沿海地区的特长，带动内地经济进一步发展，并开始采取一系列政策措施向沿海地区倾斜。"七五"（1986—1990年）计划中把全国划分为东部、中部、西部三大经济地带，明确了中国区域经济发展是重点优先发展东部，以东部的发展带动中部和西部的发展，使生产力及区域经济布局逐步由东向西作梯度推移。同时，在对外开放、优惠政策、投资布局、体制改革等方面实施了一系列向东部沿海区域倾斜的政策措施。东部沿海地区的率先发展，形成了带动国民经济整体增长的经济核心区和增长极，促进了整个国民经济的高速增长，增强了国家的经济实力，提高了宏观经济效益和人民生活水平。但是，在各个地区的经济发展都取得长足进展的同时，区域之间经济发展不平衡及其相应的区域经济发展的差距却拉大了。

为了解决地区之间经济发展差距问题，以江泽民同志为核心的中央领导集体提出了促进区域经济协调发展的指导方针。1992年10月，江泽民在中共十四大报告中提出："应当在国家统一规划指导下，按照因地制宜、合理分工、各展所长、优势互补、共同发展的原则，促进地区经济合理布局和健康发展。"① 1995 年 9 月，中共十四届五中全会讨论和审议《中共中央关于制定国民经济和社会发展"九五"计划和 2010 年远景目标的建议》，把"坚持区域经济协调发展，逐步缩小地区发展差距"作为今后 15 年中国经济和社会发展必须贯彻的一条重要方针，并明确指出："从'九五'开始，要更加重视支持内地的发展，实施有利于缓解差距扩大趋势的政策，并逐步加大工作力度，积极朝着缩小差距的方向努力。"② 9 月 28 日，在中共十四届五中全会闭幕时的讲话中，江泽民系统地谈了正确处理社会主义现代化建设中的若干重大关系。"东部地区和中西部地区的关系"成为十二个重大关系中的一个。他说："解决地区发展差距，坚持区域经济协调发展，是今后改革和发展的一项战略任务。从'九五'计划开始，要更加重视支持中西部地区经济发展，逐步加大解决地区差距继续扩大趋势的力度，积极朝着缩小差距的方向努力。"这些论述反映了以江泽民同志为核心的中央领导集体在社会主义市场经济条件下对区域协调发展问题的思考。

1996 年 3 月，八届全国人大四次会议通过《中华人民共和国国民经济和社会发展"九五"计划和 2010 年远景目标规划纲要》（本节简称《纲要》）。这个《纲要》中专设题为"促进区域经济协调发展"的一章，较为系统地阐述了此后 15 年国家的区域经济发展战略，其突出特点是强调要逐步缩小区域经济发展差距和提出了促进中西部经济发展的 6 项政策措施。一

---

① 江泽民：《加快改革开放和现代化建设步伐夺取有中国特色社会主义事业的更大胜利——在中国共产党第十四次全国代表大会上的报告》（1992 年 10 月 12 日），《人民日报》1992 年 10 月 21 日。

② 中共中央文献研究室编：《十四大以来重要文献选编》（中），人民出版社 1997 年版，第 1485 页。

是优先在中西部地区安排资源开发和基础设施建设项目。二是
理顺资源性产品价格，增强中西部地区自我发展的能力。三是
实行规范的中央财政转移支付制度，逐步增加对中西部地区的
财政支持。四是加快中西部地区改革开放的步伐，引导外资更
多地投向中西部地区；提高国家政策性贷款用于中西部地区的
比重，国际金融组织和外国政府贷款 60% 以上要用于中西部地
区。五是加大对贫困地区的支持力度，扶持民族地区经济发展，
继续组织中央各部门、社会各界和东部沿海地区，以多种形式
支援西藏等民族地区、三峡库区和贫困地区的工程建设。六是
加强东部沿海地区与中西部地区的经济联合与技术合作。鼓励
东部沿海地区向中西部地区投资，组织好中西部地区对东部沿
海地区的劳务输出，东部经济发达地区采取多种形式与中西部
地区联合开发资源，利用中西部地区丰富的劳动力资源，发展
劳动密集型产业，加强人才培训和交流。

　　1997 年中共十五大又对区域发展战略作了明确肯定，江泽民
在十五大报告中指出："促进地区经济合理布局和协调发展。东
部地区要充分利用有利条件，在推进改革开放中实现更高水平的
发展，有条件的地方要率先基本实现现代化。中西部地区要加快
改革开放和开发，发挥资源优势，发展优势产业。国家要加大对
中西部地区的支持力度，优先安排基础设施和资源开发项目，逐
步实行规范的财政转移支付制度，鼓励国内外投资者到中西部投
资。进一步发展东部地区同中西部地区多种形式的联合和合作。
更加重视和积极帮助少数民族地区发展经济。从多方面努力，逐
步缩小地区发展差距。"①

---

① 江泽民：《高举邓小平理论伟大旗帜，把建设有中国特色社会主
义事业全面推向二十一世纪——在中国共产党第十五次全国代表大会上的
报告》（1997 年 9 月 12 日），《人民日报》1997 年 9 月 22 日。

　　1999 年 3 月 3 日，江泽民在九届全国人大二次会议和全国政协九届二次会议的党员负责人会上发表的讲话中，正式提出了实施西部大开发的战略思想。① 9 月 19 日至 22 日，中共十五届四中全会召开。江泽民在讲话中指出，实施西部大开发和加快小城镇建设，都是关系中国经济和社会发展的重大战略问题，应该提上议事日程，进行全面调查研究，拿出方案，加紧实施。在这次全会上，实施西部大开发战略写入了《中共中央关于国有企业改革和发展若干重大问题的决定》。

　　1999 年 6 月 9 日，江泽民在中央扶贫开发工作会议上的讲话中说："现在，加快中西部地区发展步伐的条件已经具备，时机已经成熟。如果我们看不到这些条件，不抓住这个时机，不把该做的事情努力做好，就会犯历史性的错误。在继续加快东部沿海地区发展的同时，必须不失时机地加快中西部地区的发展。从现在起，这要作为党和国家的一项重大的战略任务，摆到更加突出的位置。"② 8 天之后的 1999 年 6 月 17 日，在西安举行的西北五省区国有企业改革和发展座谈会上，江泽民就加快中西部地区发展发表重要讲话，进一步明确提出要实施西部大开发战略。江泽民指出："现在，我们正处在世纪之交，应该向全党和全国人民明确提出，必须不失时机地加快中西部地区发展，特别是要抓紧研究实施西部地区大开发。"③ 这要作为党和国家的一项重大战略任务，摆到更加突出的位置。关于实施西部大开发的战略意义，江泽民指出："实施西部大开发，是一项振兴中华的宏伟战

① 曾培炎著：《西部大开发决策回顾》，中共党史出版社、新华出版社 2010 年版，第 7 页。
② 中共中央文献研究室编：《十五大以来重要文献选编》（中），人民出版社 2001 年版，第 855 页。
③ 《江泽民文选》第 2 卷，人民出版社 2006 年版，第 341 页。

略任务。实现了这个宏图大略，其经济、文化、政治、军事、社会的深远意义，是难以估量的。全党同志和全国上下必须提高和统一认识。没有西部地区的稳定就没有全国的稳定，没有西部地区的小康就没有全国的小康，没有西部地区的现代化就不能说实现了全国的现代化。"① 在这个讲话中，江泽民比较系统地阐述了西部大开发的战略构想，这标志着以江泽民同志为核心的中央领导集体开始部署实施西部大开发战略。

2. 实施西部大开发战略的部署

加快开发西部地区，是全国发展的一个大战略、大思路。加快西部地区的经济发展，是保持国民经济持续快速健康发展的必然要求，也是实现中国现代化建设第三步战略目标的必然要求。西部地域广大，自然资源丰富，有巨大的发展潜力，也是一个巨大的潜在市场，加快发展西部地区可以促进各种资源的合理配置和流动，为国民经济的发展提供广阔的空间和巨大的推动力量。实施西部大开发战略，将为 21 世纪中国经济的发展开拓新的广阔空间，是保持中国经济持续快速健康发展的重大战略措施。

第一，中共中央和国务院作出决定。

1999 年 9 月 22 日，中共十五届四中全会通过《中共中央关于国有企业改革和发展若干重大问题的决定》（本节简称《决定》），该《决定》在论述加快中西部地区国有经济布局的调整时指出："国家要通过优先安排基础设施建设、增加财政转移支付等措施，支持中西部地区和少数民族地区加快发展。国家要实施西部大开发战略。中西部地区要从自身条件出发，发展有比较优势的产业和技术先进的企业，促进产业结构的优化升级。东部地区要在加快改革和发展的同时，本着互惠互利、优势互补、共同发展的原则，通过产业转移、技术转让、对口支援、联合开发

---

① 《江泽民文选》第 2 卷，人民出版社 2006 年版，第 344 页。

等方式，支持和促进中西部地区的经济发展。"① 1999 年 11 月，中共中央、国务院召开中央经济工作会议，在具体部署 2000 年的工作时把实施西部大开发战略作为一个重要的方面。会议指出，"西部大开发是一项宏大的工程，必须统筹规划，突出重点，有步骤、分阶段地实施。必须紧紧依靠西部地区干部群众的积极性，自强不息，艰苦奋斗。同时，国家要逐步加大对西部地区的投入，并通过政策引导，吸引更多的国内外资金、技术和人才。西部开发要重点抓好基础设施建设，大力植树种草，有计划、有步骤地退耕还林，调整产业结构，优先发展科技教育。"② 2000 年 1 月 13 日，中共中央、国务院印发《关于转发国家发展计划委员会〈关于实施西部大开发战略初步设想的汇报〉的通知》，即中发〔2000〕2 号文件。这个文件阐明了西部大开发的重大意义、指导思想、重点任务、政策措施，成为指导西部大开发的纲领性文件。这还可以看作是国家实施西部大开发战略的启动。

第二，成立跨部门西部开发领导小组。

通过成立跨部门的领导小组来组织和领导实施国家的重大战略任务，是中共中央和国务院在长期实践中形成的一种有效的工作方法。为加强对西部大开发工作的组织和领导，根据中共中央的决定，国务院于 2000 年 1 月 16 号发出 3 号文件《国务院关于成立西部地区开发领导小组的决定》。从这个决定中可以看到：由国务院总理朱镕基担任组长，副总理温家宝担任副组长，领导小组成员包括国家计委、国家经贸委、教育部、科技部、国防科工委、国家民委、财政部、国土资源部、铁道部、交通部、信息产业部、水利部、农业部、文化部、中国人民银行、中央宣传

---

① 中共中央文献研究室编：《十五大以来重要文献选编》（中），人民出版社 2001 年版，第 1009 页。

② 《中央经济工作会议在京召开》，《人民日报》1999 年 11 月 18 日。

部、国家广电总局、国家林业局、国家外专局等 19 个部门的主要负责同志。这个领导小组的主要任务是：组织贯彻落实中共中央、国务院关于西部地区开发的方针、政策和指示；审议西部地区的开发战略、发展规划、重大问题和有关法规；研究审议西部地区开发的重大政策建议，协调西部地区经济开发和科教文化事业的全面发展，推进两个文明建设。①

国务院西部地区开发领导小组下设办公室（简称西部开发办），在国家发展计划委员会单设机构，具体承担领导小组的日常工作。办公室主任由国家发展计划委员会主任曾培炎兼任，国家计委副主任王春正、中央财办副主任段应碧兼任副主任。之后中央调深圳市市长李子彬担任国家计委副主任兼任西部开发办副主任，负责西部开发办的具体工作。

为了尽快将西部大开发战略部署下去，2000 年 1 月 13 日《中共中央国务院关于转发国家发展计划委员会〈关于实施西部大开发战略初步设想的汇报〉的通知》下发仅仅一周，19 日至 22 日，国务院西部地区开发领导小组召开西部地区开发会议，研究加快西部地区发展的基本思路和战略任务，部署实施西部大开发的重点工作。国务院总理朱镕基、副总理李岚清、温家宝等出席会议。这次会议提出，实施西部大开发是一项规模宏大的系统工程，也是一项艰巨的历史任务，当前和今后一个时期，要集中力量抓好几件关系西部地区开发全局的重点工作。主要是：第一，加快基础设施建设，着力抓好一批重大骨干工程；第二，切实加强生态环境保护和建设；第三，积极调整产业结构，发展有市场前景的特色经济和优势产业，培育和形成新的经济增长点；

---

① 曾培炎著：《西部大开发决策回顾》，中共党史出版社、新华出版社 2010 年版，第 18 页。

第四，发展科技和教育，加快人才培养；第五，加大改革开放力度。① 对实施西部大开发战略的重点工作进行全面部署，可以看作是西部大开发战略实施的全面展开。

第三，纳入国民经济和社会发展计划。

2000 年 10 月 11 日，中共十五届五中全会通过《中共中央关于制定国民经济和社会发展第十个五年计划的建议》（本节简称《建议》），《建议》共 16 节，第 6 节《实施西部大开发，促进地区协调发展》专门论述西部大开发，把实施西部大开发作为战略性、宏观性、政策性的问题，进一步确定了西部大开发的战略目标和主要任务。2001 年 3 月 5 日，第九届全国人民代表大会第四次会议通过《中华人民共和国国民经济和社会发展第十个五年计划纲要》（本节简称《计划纲要》），《计划纲要》共 10 篇 26 章，第 8 章《实施西部大开发战略，促进地区协调发展》，规定了"十五"时期实施西部大开发战略的目标、方针、主要任务等。至此，西部大开发战略被纳入中国新世纪整个国民经济和社会发展的规划之中，成为中国现代化建设第三步战略部署的重要组成部分。

2002 年 4 月和 6 月，江泽民又分别在西北和西南主持召开西部大开发工作座谈会并发表重要讲话，对实施西部大开发战略的情况进行总结，提出进一步推进西部大开发战略实施的工作方向。2002 年 11 月，中国共产党第十六次全国代表大会召开。在十六大报告中，江泽民把积极推进西部大开发作为全面建设小康社会的物质文明建设的极其重要的内容之一，提出西部地区要在改革开放中走出一条加快发展的新路。

---

① 《统一思想明确任务不失时机实施西部大开发战略　西部地区开发会议在京召开》，《人民日报》2000 年 1 月 24 日。

（二）西部大开发战略的主要内容

西部大开发战略是一个跨世纪的工程，又是在中国建立社会主义市场经济、加入世界贸易组织、全面对外开放的环境中开始实施的，这就给实施西部大开发战略提出了新课题和新挑战。中共中央、国务院审时度势，以新的思路、新的措施积极实施这一战略，并取得阶段性的成果。

1. 实施西部大开发战略的新思路

中共中央、国务院根据调查研究各方面的实际情况反复强调，实施西部大开发战略要有新思路。1999 年 6 月 17 日，在西安举行的西北地区国有企业改革和发展座谈会上，正在思考实施西部地区大开发决策的江泽民就指出："在发展社会主义市场经济的条件下，加快开发西部地区，要有新的思路。要适应建立社会主义市场经济体制的要求和新的对外开放环境，充分考虑国内外市场需求的新变化，用市场经济的办法，按客观经济规律办事。国家要加强宏观调控，研究提出符合实际的政策措施。中央当然要给予大力支持，要拿出过去开办经济特区那样的气魄来搞。要按照有所为有所不为的方针，统筹安排，有计划有步骤地进行开发，防止刮风，防止一哄而起。西部大开发，并不是说西部每个地方都齐头并进，要有重点。"① 2002 年 5 月 24 日，江泽民在重庆主持召开西南六省区市西部大开发工作座谈会时强调："面对深刻变化的国际形势，适应社会主义市场经济的发展和我国加入世界贸易组织的新形势，实施西部大开发，必须要有创新的思维、创新的方法、创新的机制，必须进一步深化改革，扩大

---

① 《江泽民文选》第 2 卷，人民出版社 2006 年版，第 344—345 页。

开放，走出一条西部大开发的新路子。"① 关于实施西部大开发战略的新思路，主要有如下方面。第一，要把西部开发的紧迫感与长期奋斗的思想结合起来。第二，要把突出重点与全面发展结合起来。第三，要把经济效益与社会效益结合起来。第四，要把西部开发与东、中部地区发展结合起来。第五，要把发挥市场作用与实施宏观调控结合起来。西部各省区市要立足本地实际，发挥自身优势，提高对外开放的水平，把"引进来"与"走出去"很好地结合起来，充分利用"两个市场、两种资源"。第六，要把国家和各方面的支持与自力更生、艰苦奋斗结合起来。第七，要把推进经济发展与实现社会全面进步结合起来。

2. 把西部大开发作为一个战略系统

1999 年 6 月 17 日，江泽民同志在西安主持召开西北地区国有企业改革和发展座谈会时发表了讲话，在这个讲话中，他从全面实现中国现代化的战略高度指出："加快开发西部地区是一个巨大的系统工程，也是一项空前艰难的历史任务。既要有紧迫感，抓紧研究方案、步骤和政策措施，又要做好长期奋斗的思想准备。西部各地区广大干部群众要抓住这个历史机遇，坚持发扬自力更生、艰苦奋斗的光荣传统，利用自己的比较优势，创造新的业绩。我们要下决心通过几十年乃至整个下世纪的艰苦努力，建设一个经济繁荣、社会进步、生活安定、民族团结、山川秀美的西部地区。经过我们一代又一代人持续不懈的奋斗，使从唐代安史之乱以后一千二百年来逐渐衰落的西部地区，从生态环境到经济、文化、社会发展来一个天翻地覆的根本改变，来一个旧貌换新颜。这将是中华民族发展史上一项惊天动地的伟业，也将是世界开发史上一个空前的壮举！"这个讲话，既传达了中共中央、

---

① 《与时俱进开拓创新艰苦奋斗 加快西部地区改革开放步伐》，《人民日报》2002 年 5 月 25 日。

国务院对实现中国全面发展的设想，也展现了中国共产党人实现中华民族伟大复兴的历史责任感。

西部大开发是一个巨大的系统工程，因而必须制定完整的战略措施，形成战略系统。江泽民指出："西部大开发是一项宏大的系统工程，既关系广阔国土的开发，又涉及多民族群众的生产和生活，既要推进经济建设，又要实现经济、资源、人口、文化、环境的协调发展，工作千头万绪，很复杂也很艰巨。必须坚持实事求是、按客观规律办事，加强领导，统筹规划，使西部大开发的工作建立在科学的基础上。"① 从战略系统的角度来看，西部大开发战略包括战略目标、指导方针、主要任务、区域重点和支持政策等各个方面。在中央的有关文件中以及"十五"计划《建议》和《计划纲要》中，对于西部大开发战略的内容作了明确的规定。

3. 西部大开发的战略目标

就 21 世纪上半期中国实施第三步发展战略而言，西部大开发的战略目标是：经过几代人的艰苦奋斗，到 21 世纪中叶全国基本实现现代化时，从根本上改变西部地区相对落后的面貌，建成一个"经济繁荣、社会进步、生活安定、民族团结、山川秀美、人民富裕"的新西部。进入 21 世纪最初的 5 到 10 年，是西部开发极为重要的关键时期，要开好头，起好步，使西部地区基础设施和生态环境建设有突破性进展，科技教育有较大发展，资源优势向经济优势加快转化，特色经济初步形成，与东部地区经济和社会发展差距扩大的趋势得到控制。这是西部大开发第一阶段即新世纪前 10 年的阶段性目标。

---

① 中共中央文献研究室编：《江泽民论有中国特色社会主义（专题摘编）》，中央文献出版社 2002 年版，第 182 页。

4. 西部大开发的指导方针和主要任务

为了实现西部大开发的战略目标，党和国家确定了西部大开发的四条指导方针，即四个"坚持"。一是坚持从实际出发，遵循客观规律。二是坚持积极进取，量力而行。三是坚持统筹规划，科学论证。四是坚持突出重点，分步实施。实施西部大开发战略，既要有长远蓝图，又要制定阶段性目标和任务，并使每个阶段的目标相互衔接，稳步推进。

实施西部大开发战略，要把加快基础设施建设作为开发的基础，把加强生态环境保护和建设作为开发的根本，把抓好产业结构调整作为开发的关键，把发展科技教育和加快人才培养作为开发的重要条件，把深化改革、扩大开放作为开发的强大动力。这五个方面，实际上就是西部大开发的主要任务。加快基础设施建设，重点是六个方面：一是水利，二是交通，三是通信，四是电网，五是城市基础设施，六是突出抓好西气东输、西电东送等一批具有战略意义的重点工程。

关于加强生态环境保护和建设，其重点方面，一是保护天然林资源，实施天然林资源保护工程；二是因地制宜实施坡耕地退耕还林还草，采取"退耕还林（草）、封山绿化、以粮代赈、个体承包"的政策措施；三是实施各项防沙治沙和草原保护工程，加快长江、黄河上中游风沙区、草原区等重点地区生态环境建设综合治理和自然保护区的建设等。

积极调整产业结构，主要是五个方面：一是加强农业，加大农业基础设施建设力度，改善西部地区农业生产条件和农民生活条件；二是发展特色产业，发展有特色的农牧业、绿色食品、旅游、中草药及生物制药等；三是推进优势资源的合理开发和深度加工，加快资源优势向经济优势的转化；四是加快发展旅游业，努力将旅游业培育成为西部的支柱产业；五是有重点地发展高新技术产业。

加快发展科技教育，主要是坚持科教先行，重点发展义务教育，大力发展各种形式的职业教育，积极发展高等教育；做好人才培养、使用和引进工作；实行干部交流，加强东部沿海和西部地区之间的干部交流；推广应用高新技术和先进适用技术。

加快西部地区改革和对内对外开放的步伐，要大力发展多种所有制经济，增强西部大开发的经济活力；进一步扩大对内对外开放；改善投资环境，积极吸引社会资金和外资参与西部大开发和建设。

5. 西部大开发的区域重点

中国西部地区幅员辽阔，情况各不相同，实施西部大开发必须逐步展开。从西部地区的实际出发，西部大开发要依托亚欧大陆桥、长江水道、西南出海通道等交通干线，发挥中心城市作用，以线串点，以点带面，有重点地推进开发。根据这一精神，可选择现有经济基础条件较好，区位优势明显，人口较为密集，沿交通干线和城市枢纽的一些地区，作为西部开发的重点区域，促进西陇海兰新经济带、长江上游经济带、南贵昆经济带等的形成，沿交通干线重点发展一批中心城市，形成经济增长极，提高城镇化水平，带动周围地区发展。

6. 国家关于西部大开发的支持政策

2000 年 10 月，国务院下发《国务院关于实施西部大开发若干政策措施的通知》（国发〔2000〕33 号），2000 年 12 月 27 日，新华社将此文公开播发。这些政策从 2001 年 1 月 1 日起开始实行。主要内容包括五个方面：第一，确定制定政策的原则和支持的重点。第二，增加资金投入的政策。第三，改善投资环境的政策。第四，扩大对外对内开放的政策。第五，吸引人才和发展科技教育的政策。2001 年 8 月，国务院西部开发办根据通知，制定了《关于西部大开发若干政策措施的实施意见》（本节简称《实施意见》）。2001 年 9 月，国务院办公厅给予转发。《实施意见》

分为 20 个部分，共 70 条，对于在西部地区加大建设资金投入力度，优先安排建设项目，加大财政转移支付力度，加大金融信贷支持，大力改善投资软环境，实行税收优惠政策，实行土地使用优惠政策，实行矿产资源优惠政策，运用价格和收费机制进行调节，扩大外商投资领域，拓宽利用外资渠道，放宽利用外资有关条件，大力发展对外经济贸易，推进地区协作与对口支援，吸引和用好人才，发挥科技主导作用，增加教育投入，加强文化卫生等社会事业建设等方面，细化了实施西部大开发的政策措施，使其具有可操作性。《实施意见》还提出，国务院有关部门可根据实际需要，按照国务院关于实施西部大开发若干政策措施和实施意见，在本部门主管范围内，进一步发布有关政策细则或具体实施意见。西部地区各级政府，要按照国家规定，执行统一的西部大开发政策措施及其实施意见和有关细则。

（三）实施西部大开发战略的良好开局

西部大开发战略以来，在中共中央、国务院的正确领导下，在各地区、各部门和广大人民群众的共同努力下，西部大开发战略的实施有了一个良好的开局，西部地区经济社会发展呈现出生机勃勃的新气象。

1. 大开发引领西部地区进入经济发展的新增长期

西部大开发战略实施以后，西部地区投资力度加大，一批标志性工程相继开工，西部地区的经济增长速度明显高于全国平均水平。西部大开发的顺利推进，正引领西部地区进入新的增长期。2000 年，西部 12 个省、自治区、直辖市国内生产总值达到 16600 多亿元，比上年增长 8.5% 左右，2001 年比上年同期增长 8.7%，2002 年比上年同期增长大约为 9.6% 左右。西部地区经济快速增长的主要因素，是投资的大幅度增长。2000 年到 2002 年，中央加大了对西部地区建设资金投入的力度，用于基础设施的投资约 2000 亿元，生态环境投资 500 多亿元，社会事业投资 100 多亿元，共 2600 多亿元。长期建设国债资金三分之一以上用于西部开发，达 1600 亿元。中央财政对西部地区转移支付约 3000 亿元。西部地区金融机构各项贷款余额增加 6000 多亿元。

2. 基础设施建设迈出实质性步伐，生态环境保护和建设得到加强

2000 年至 2002 年，国家在西部地区新开工了 36 项重点工程，投资总规模 6000 多亿元。青藏铁路、西气东输、西电东送、水利枢纽、公路干线等关系西部地区发展全局的重大项目已经全面开工。共建设和改造大型水库 30 多座，新增公路通车里程约 5 万公里，新建铁路新线 1641 公里、复线 1311 公里、电气化线路 1370 公里，新建和改扩建机场 31 个，西电东送工程在建装机容量 2200 多万千瓦。到 2002 年 9 月底，57 项西部开发基础设施工程累计完成投资 960 亿元，占总投资的 33%，其中 19 个项目已竣工投产。同时，农村基础设施建设明显加强，农民生产生活条件逐步改善。通县沥青公路工程、"送电到乡"工程、"广播电视到村"工程都取得很大成效，西部农村人畜饮水、中小型水利设施、贫困县公路、电网改造等工程建设也得到加强。

实施西部大开发战略以来，在生态环境保护和建设方面已先后启动退耕还林还草试点工作、西部地区的天然林保护、环京津地区风沙源治理、天然草原植被恢复与建设以及重点地区生态环境建设综合治理、水土保持等工程，取得了明显效果。仅退耕还林还草这一项工程就直接增加中西部地区农民粮食、种苗和现金补助收入 200 多亿元。针对中国环境污染日益突出的问题，国家有关部门和西部各省、市、自治区进一步加强了大江大河流域的环境治理和城市环境治理工作。西部地区生态环境现状调查工作已基本结束，基本掌握了西部地区生态环境现状，为以后大规模开展环境保护和治理提供了有力支撑。

3. 科技教育和人才开发的力度加大

实施西部大开发战略以后，国家各项科技计划向西部地区倾斜，科技、计划部门设立和安排了西部开发科技专项和高技术产业化专项，重点支持了生态环境综合治理、资源综合利用、农业产业化、优势资源增值转化等工程。国家用国债资金重点支持西部高校教学、实验设施建设和学生生活、活动场所建设，部分高校校园网计算机网络建设，重点装备了一批贫困县县级职业技术教育和培训中心，实施了西部高校基础设施建设、贫困县职业教育中心建设、西部高校信息化工程等。西部大开发战略启动以后，国务院西部开发办牵头，中共中央组织部和国务院有关部门大力支持与合作，研究制定了西部地区人才开发十年总体规划，对西部地区人才开发的指导思想、基本原则、主要任务、政策措施做了明确规定。西部地区干部和人才培训的力度加大，东部地区与西部地区之间的干部交流进一步加强。

4. 产业结构调整开始走上新路，对内对外开放程度逐步扩大

实施西部大开发战略以来，西部地区注意加强农业基础，积极发展有市场、有效益的农副产品，一批各具地方特色的农牧产品已在全国市场上占有一定地位，特色农业得到发展；优势能源矿产资源开发力度加大，一批能源矿产资源开发利用工程进展顺利；大力发展具有比较优势的烟草、绿色食品、特色医药、天然气化工、新材料等为重点的优势特色产业，加大了对传统优势产业的改组改造力度；高新技术产业蓄势待发，一批高新技术产业项目发挥了重要的示范作用；特色旅游业加快发展，把旅游业培育成为西部地区支柱产业的努力取得了明显的成效。

实施西部大开发战略以来，西部地区坚持以开放促进开发，大力改善投资环境，对内对外开放迈出了坚实的步伐。在对内开放方面，东西对口合作支援取得相当成效，东西部经济合作和对

口支援项目已落实 9000 多个，引进资金 1000 多亿元。在对外开放方面，首先是对外经济贸易进一步发展，西部许多地区的外贸进出口总额增幅大大高于全国平均水平；其次是吸引外商投资有了较大发展，外商投资领域开始扩大，外商投资渠道进一步拓宽，利用外资规模逐步增大，外商直接投资合同金额上升，世界500 强企业中已有近百家在西部地区进行投资或设立办事机构；再次是利用国外优惠贷款有了较大增长，世界银行明确表示支持西部地区在交通、环保、市政、农业、生态、教育、卫生以及旅游和扶贫等领域的开发，亚洲开发银行已承诺向西部地区提供 8亿美元治理西部沙漠化，世界银行和亚洲开发银行的一些优惠贷款项目有的已经取得成效、有的已经启动。

实施西部大开发战略具有重大的战略意义。江泽民指出："不失时机地实施西部大开发战略，直接关系到扩大内需、促进经济增长，关系到民族团结、社会稳定和边防巩固，关系到东西部地区协调发展和最终实现共同富裕，具有重要的现实意义和深远的历史意义。"① 这表现在：第一，实施西部大开发战略，加快开发西部地区，可以逐步缩小地区发展差距，实现共同发展共同富裕。第二，有利于加强民族团结，维护国家统一。第三，对于实现现代化建设第三步战略目标，推进中国的现代化进程，进一步增强国家的综合国力具有重要的意义。第四，是扩大国内有效需求，实现经济持续快速增长的重要途径。第五，对于促进中国加快结构调整步伐、提高国际竞争力具有重要作用。第五，对于中国在新世纪走可持续发展之路有着极为重要的意义。正是由于实施西部大开发战略具有极其重要的意义，江泽民向全党和全国发出号召："全党同志和全国人民都要从实现社会主义现代化的战略目标，维护国家统一和稳定，逐步达到社会主义共同富裕

---

① 《江泽民文选》第 2 卷，人民出版社 2006 年版，第 436—437 页。

和实现中华民族伟大复兴的高度，深刻认识西部大开发确系战略之举，确系百年大计、千秋功业。"① 总之，西部地区的大开发战略，是一项带有全局性的大战略、大思路，是一项规模宏大的系统工程。当然，这也是一项长期而艰巨的历史任务。要使广大西部地区呈现出经济繁荣、社会进步、安定团结、山川秀美的新面貌，需要通过几代人甚至更长时间的不懈努力。

① 中共中央文献研究室编：《十五大以来重要文献选编》（中），人民出版社 2001 年版，第 1301 页。

第九章　对香港澳门恢复行使主权
与海峡两岸关系的变化

1997—2002 年，是祖国统一大业取得新进展的时期。1997 年、1999 年，中国政府恢复对香港、澳门行使主权。5 年间，中国政府坚持贯彻 "一国两制" 方针，严格执行香港特别行政区基本法和澳门特别行政区基本法，在中央政府和香港、澳门特区政府及各界人士的努力下，香港、澳门社会经济稳定发展。这期间，台湾海峡两岸经济文化交流和人员往来不断加强。但为坚持一个中国原则和国家民族核心利益，中央政府同李登辉等搞 "台独" 的分裂图谋和活动，展开了针锋相对的斗争。

一、香港澳门回归祖国

《中英关于香港问题的联合声明》和《中葡关于澳门问题的联合声明》的生效，标志着中国政府同英国、葡萄牙两国政府关于香港和澳门问题谈判的结束，中国在 1997 年、1999 年分别对香港和澳门行使主权。但要确保按期对香港和澳门行使主权，并在恢复行使主权后保持这两个特别行政区的繁荣和稳定，还有许多重要工作要做。其中最重要的工作之一，就是制定香港特别行政区基本法和澳门特别行政区基本法。制订基本法，不仅因为中国是一个负责任和守信用的法治国家，更是为 600 万香港同胞和

45 万澳门同胞的根本利益着想。

（一）制定香港特别行政区基本法

1985 年 4 月，六届全国人大三次会议在批准中英两国政府关于香港问题的联合声明的同时，还通过了《关于成立中华人民共和国香港特别行政区基本法起草委员会的决定》，决定宣布成立香港特别行政区基本法起草委员会，负责香港特别行政区基本法的起草工作。

1. 成立香港特别行政区基本法起草委员会

1985 年 6 月，第六届全国人大常委会第十一次会议通过香港特别行政区基本法起草委员会名单。主任委员姬鹏飞，副主任委员安子介、包玉刚、许家屯、费彝民、胡绳、费孝通、王汉斌、李国宝。委员（按姓名笔画排列）马临、王汉斌、王叔文、王铁崖、毛钧年、包玉刚、邝广杰、司徒华、邬维庸、刘皇发、安子介、许家屯、许崇德、芮沐、李后、李国宝、李柱铭、李裕民、李福善、李嘉诚、肖蔚云、吴大琨、吴建璠、张友渔、陈欣（女）、陈楚、邵天任、林亨元、周南、郑正训、郑伟荣、项淳一、荣毅仁、胡绳、柯在铄、查良镛、查济民、费孝通、费彝民、勇龙桂、莫应溎、贾石、钱伟长、钱昌照、郭棣活、容永道、姬鹏飞、黄丽松、黄保欣、释觉光、鲁平、裘劭恒、雷洁琼（女）、廖晖、廖瑶珠（女）、端木正、谭惠珠（女）、谭耀宗、霍英东，秘书长：李后，副秘书长：鲁平、毛钧年。7 月 5 日下午，全国人民代表大会常务委员会委员长彭真，在人民大会堂向香港特别行政区基本法起草委员会的全体成员颁发了全国人民代表大会常务委员会任命书。任命书封面印着中华人民共和国国徽。里页印着："根据 1985 年 6 月 18 日第六届全国人民代表大会常务委员会第十一次会议的决定，任命×××为中华人民共和国香港特别行政区基本法起草委员会委员"。① 六届全国人大常委会第十一次会议通过由 59 人组成香港特别行政区基本法起草委员会。其中 56 名委员出席在北京举行的香港特别行政区基本法起草委员会第一次全体会议，3 名委员因事请假。彭真在向起草委员会主任委员、副主任委员和委员们颁发任命书后讲话，他预祝大家同心协力，愉快地担负起并圆满地完成全国人民赋予的起草香港特别行政区基本法这一庄严、伟大而光荣的历史任务。彭真委员长当天晚上在人民大会堂宴请参加中华人民共和国香港特别行政区基本法起草委员会第一次会议的全体委员。

2.《香港基本法》的起草

从 1985 年 7 月起至 1990 年 2 月，由全国人大常委会任命的香港特别行政区基本法起草委员会进行《中华人民共和国香港特别行政区基本法（草案）》文本的起草工作。1985 年 7 月 1 日，起草委员会正式成立并开始工作。在制定了工作规划，确定了基本法结构之后，起草委员会设立了 5 个由内地和香港委员共同组成的专题小组负责具体起草工作，即中央和香港特别行政区的关系专题小组，居民的基本权利和义务专题小组，政治体制专题小组，经济专题小组，教育、科学、技术、文化、体育和宗教专题小组。在各专题小组完成条文的初稿之后，成立了总体工作小组，从总体上对条文进行调整和修改。1988 年 4 月，起草委员会第七次全体会议公布了《中华人民共和国香港特别行政区基本法（草案）》征求意见稿，用 5 个月的时间在香港和内地各省、自治区、直辖市及有关部门广泛征求意见，并在这个基础上对草案征求意见稿作了 100 多处修改。1989 年 1 月，起草委员会第八次全体会议采取无记名投票方式，对准备提交全国人大常委会的基

---

① 《彭真向香港基本法起草委员会全体成员颁发人大常委会任命书》，《人民日报》1985 年 7 月 6 日。

本法（草案）以及附件和有关文件逐条逐件地进行了表决，除草案第 19 条外，所有条文、附件和有关文件均以全体委员 2/3 多数赞成获得通过。同年 2 月，第七届全国人大常委会第六次会议决定公布基本法（草案）包括附件及其有关文件，在香港和内地各省、自治区、直辖市以及中央各部门，各民主党派、人民团体和有关专家，人民解放军各总部中广泛征求意见。经过 8 个月的征询期，起草委员会各专题小组在研究了各方面的意见后，共提出了专题小组的修改提案 24 个，其中包括对第 19 条的修正案。在 1990 年 2 月举行的起草委员会第九次全体会议上，对这些提案采取无记名投票的方式逐案进行表决，均以全体委员 2/3 以上多数赞成获得通过，并以此取代了原条文。至此，基本法（草案）包括附件及其有关文件的起草工作全部完成。

1990 年 2 月 17 日，一直非常关注香港问题的邓小平和江泽民、杨尚昆、李鹏等会见出席香港特别行政区基本法起草委员会第九次全体会议的委员。邓小平发表即席讲话说："你们经过将近五年的辛勤劳动，写出了一部具有历史意义和国际意义的法律。说它具有历史意义，不只是对过去、现在，而且包括将来；说国际意义，不只对第三世界，而且对全人类都具有长远意义。这是一个具有创造性的杰作。我对你们的劳动表示感谢！对文件的形成表示祝贺！"①

3. 七届全国人大三次会议通过《香港基本法》

在 1990 年 4 月召开的七届全国人大三次会议上，香港特别行政区基本法起草委员会主任委员姬鹏飞介绍说："四年多来，起草委员会先后举行全体会议九次，主任委员会议二十五次，主任委员扩大会议两次，总体工作小组会议三次，专题小组会议七

---

① 中共中央文献研究室编：《邓小平年谱（1975—1997）》（下），中央文献出版社 2004 年版，第 1308—1309 页。

十三次，香港特别行政区区旗区徽评选委员会也先后召开会议五次。"① 他指出，回顾四年多来的工作，应该说这部法律文件的起草是很民主，很开放的。②

1990 年 4 月 4 日，第七届全国人民代表大会第三次会议通过《中华人民共和国香港特别行政区基本法》（本节简称《香港基本法》）。这个基本法包括序言，第一章总则，第二章中央和香港特别行政区的关系，第三章居民的基本权利和义务，第四章政治体制，第五章经济，第六章教育、科学、文化、体育、宗教、劳工和社会服务，第七章对外事务，第八章本法的解释和修改，第九章附则，共有条文 160 条。还有 3 个附件，即：附件一《香港特别行政区行政长官的产生办法》，附件二《香港特别行政区立法会的产生办法和表决程序》，附件三《在香港特别行政区实施的全国性法律》。《香港基本法》规定：香港特别行政区是中华人民共和国不可分离的部分。全国人民代表大会授权香港特别行政区依照本法的规定实行高度自治，享有行政管理权、立法权、独立的司法权和终审权。香港特别行政区的行政机关和立法机关由香港永久性居民依照本法有关规定组成。香港特别行政区依法保障香港特别行政区居民和其他人的权利和自由。香港特别行政区不实行社会主义制度和政策，保持原有的资本主义制度和生活方式，50 年不变。香港特别行政区依法保护私有财产权。香港特别行政区境内的土地和自然资源属于国家所有，由香港特别行政区政府负责管理、使用、开发、出租或批给个人、法人或团体使用或开发，其收入全归香港特别行政区政府支配。香港原有法律，

---

① 《姬鹏飞在人大作香港特别行政区基本法草案说明》，《人民日报》1990 年 3 月 29 日。

② 《姬鹏飞在人大作香港特别行政区基本法草案说明》，《人民日报》1990 年 3 月 29 日。

即普通法、衡平法、条例、附属立法和习惯法，除同本法相抵触或经香港特别行政区的立法机关作出修改者外，予以保留。香港特别行政区的行政机关、立法机关和司法机关，除使用中文外，还可使用英文，英文也是正式语文。香港特别行政区除悬挂中华人民共和国国旗和国徽外，还可使用香港特别行政区区旗和区徽。

《香港基本法》于 1990 年 4 月在七届全国人大三次会议上获得通过。1990 年 4 月 4 日时中华人民共和国主席杨尚昆签署第 26 号中华人民共和国主席令："《中华人民共和国香港特别行政区基本法》，包括附件一：《香港特别行政区行政长官的产生办法》，附件二：《香港特别行政区立法会的产生办法和表决程序》，附件三：《在香港特别行政区实施的全国性法律》，以及香港特别行政区区旗、区徽图案，已由中华人民共和国第七届全国人民代表大会第三次会议于 1990 年 4 月 4 日通过，现予公布，自 1997 年 7 月 1 日起实施。"①

《香港基本法》的制定、通过和颁布，在国内外引起了强烈的反响，被公认为是继《中英关于香港问题的联合声明》签署后，在香港回归祖国道路上的又一重要里程碑。

（二）制定澳门基本法

为使中葡《联合声明》所阐明的中葡两国政府对澳门的基本方针政策进一步具体化，并以法律的形式确定下来，保证澳门特别行政区的长期稳定和繁荣，中国政府决定制定《中华人民共和国澳门特别行政区基本法》（本节简称《澳门基本法》），作为澳门特别行政区的根本大法。

---

① 《中华人民共和国香港特别行政区基本法——1990 年 4 月 4 日第七届全国人民代表大会第三次会议通过》，《人民日报》1990 年 4 月 7 日。

1. 成立澳门基本法起草委员会

1988 年 4 月，七届全国人大一次会议批准成立了澳门基本法起草委员会，通过了成立中华人民共和国澳门特别行政区基本法起草委员会负责澳门基本法的起草工作的决定。根据这个决定，经过有关方面反复研究和协商，提出了由 48 名人选组成的澳门特别行政区基本法起草委员会的名单草案，包括有关部门负责人 14 人，各界知名人士 6 人，法律界人士 6 人；还包括澳门工商界、法律界、教育界、新闻界、宗教界、劳工界等各方面人士 19 人。另有中国驻澳机构负责人 3 人。根据澳门的实际情况，还安排了两位有葡萄牙血统的澳门居民参加澳门基本法起草委员会。这样的安排，照顾到了澳门的各个方面、各个阶层，代表性比较广泛，可以更好地反映澳门各界人士的意见、要求和愿望，使起草的澳门特别行政区基本法能够更加符合澳门的实际情况。1988 年 9 月 5 日第七届全国人民代表大会常务委员会第三次会议通过中华人民共和国澳门特别行政区基本法起草委员会名单如下：主任委员姬鹏飞，副主任委员胡绳、王汉斌、马万祺、何鸿燊、雷洁琼（女）、钱伟长、何厚铧、薛寿生、李后、周鼎，委员（按姓名笔画排列）万国权、马万祺、王汉斌、王叔文、毕漪文（女）、刘焯华、许崇德、孙琬钟、李成俊、李后、李钟英、李康、李裕民、肖蔚云、吴荣恪、吴建璠、何厚铧、何鸿燊、宋玉生、陈炳华、邵天任、武连元、林家骏、周小川、周南、周鼎、经叔平、项淳一、赵汝能、胡厚诚、胡绳、柯平、饶不辱、勇龙桂、钱伟长、郭丰民、诸桦（女）、姬鹏飞、黄汉强、曹其真（女）、崔德祺、康冀民、彭清源、鲁平、雷洁琼（女）、廖泽云、黎祖智、薛寿生，秘书长鲁平，副秘书长诸桦（女）、胡厚诚。①

---

① 《澳门特别行政区基本法草委会名单》，《人民日报》1988 年 9 月 6 日。

2.《澳门基本法》的起草

在 4 年多时间里，起草委员会先后举行了 9 次全体会议、70 次专题小组会议、3 次主任委员扩大会议、3 次区旗区徽图案评选委员会会议；还先后就基本法草案征求意见稿和基本法草案两次向澳门各界人士和内地各省、自治区、直辖市及中央各部门、各政党、各人民团体广泛征求意见。澳门各界人士组成的基本法咨询委员会通过多种渠道和生动活泼的形式开展对基本法的宣传和咨询工作，为起草委员会收集了大量有关基本法的意见和建议。

澳门特别行政区基本法起草委员会主任委员姬鹏飞，在全国人大八届一次会议作基本法起草工作说明时说，"澳门基本法起草工作的五个阶段：第一阶段，起草委员会专门成立了一个草拟结构的小组，用半年时间调查研究，听取澳门各界人士的意见，拟出了澳门基本法结构（草案）。第二阶段，根据澳门基本法结构（草案），成立了中央和澳门特别行政区的关系、居民的基本权利和义务、政治体制、经济、文化和社会事务五个专题小组，分别负责草拟澳门基本法有关章节的条文。第三阶段，拟出澳门基本法（草案）征求意见稿，由起草委员会第七次全体会议审议通过并公布，用四个月的时间广泛征询内地和澳门各界人士的意见。第四阶段，起草委员会第八次全体会议根据澳门和内地各界人士的意见和建议对澳门基本法（草案）征求意见稿作了 100 多处修改和补充，形成了澳门特别行政区基本法（草案）。会议还采用无记名投票方式对基本法草案及有关文件逐条逐件地进行了表决，所有条文和文件均获得全体委员 2/3 多数同意通过。七届全国人大常委会第二十五次会议决定公布基本法（草案）及有关文件，再次用四个月的时间在澳门和内地广泛征求意见。第五阶段，起草委员会各专题小组和起草委员根据澳门和内地各界人士的意见和建议，对基本法草案提出了 26 个修改提案，其中有 18

个修改提案在第九次全体会议上获得全体委员 2/3 以上多数赞成通过，并取代了原基本法草案的相应条文。"①

澳门基本法草案于 1993 年 1 月 15 日在基本法起草委员会第九次全体会议上审议通过。《澳门基本法》规定，澳门特别行政区是中华人民共和国不可分离的部分，是中华人民共和国的一个享有高度自治的地方行政区域，直辖于中央人民政府，中央人民政府负责特别行政区的外交事务和防务，任免特别行政区行政长官、主要官员和检察长；澳门特别行政区不实行社会主义制度和政策，保持原有的资本主义制度和生活方式 50 年不变；澳门特别行政区实行高度自治，享有行政管理权、立法权，独立的司法权和终审权，以及负责维持本地区内的社会治安。澳门特别行政区行政机关的官员、立法会的议员由澳门特别行政区永久性居民组成；行政长官、行政会成员，立法会主席，检察院检察长和终审法院院长均须由特别行政区永久性居民中的中国公民担任。原有的法律、法令、行政法规和其他规范性文件，除同基本法相抵触或经特别行政区的立法机构或其他有关机关依照法定程序作修改外，予以保留。

3. 通过《澳门基本法》

1993 年 3 月 31 日，八届全国人大一次会议审议通过了《中华人民共和国澳门特别行政区基本法》及其 3 个附件，以及澳门特别行政区的区旗、区徽图案。澳门基本法既维护了国家主权、统一和领土完整，又从澳门的实际情况出发，反映了澳门的特点，照顾了澳门社会各阶层的利益，对于保证澳门的经济发展和社会稳定，具有重要意义。澳门基本法把"一国两制"的方针政策用宪法性法律的形式明确地规定下来，为"一国两制"构想在

---

① 《姬鹏飞向人大作澳门特别行政区基本法起草工作说明》，《人民日报》1993 年 3 月 21 日。

澳门的实践提供了坚实的法律保证。这是继《中华人民共和国香港特别行政区基本法》之后的又一部具有历史意义的法律文件，是以法律形式将"一国两制"方针具体化的又一伟大实践。

1993 年 3 月 31 日，中华人民共和国主席江泽民颁布中华人民共和国主席第 3 号令，命令说："《中华人民共和国澳门特别行政区基本法》，包括附件一：《澳门特别行政区行政长官的产生办法》，附件二：《澳门特别行政区立法会的产生办法》，附件三：《在澳门特别行政区实施的全国性法律》，以及澳门特别行政区区旗、区徽图案，已由中华人民共和国第八届全国人民代表大会第一次会议于 1993 年 3 月 31 日通过，现予公布，自 1999 年 12 月 20 日起实施。"[①]

（三）香港回归中的中英较量

中国政府从香港同胞的根本利益出发，为实现香港的平稳回归，做了大量的工作。1884 年 12 月，《中英关于香港问题的联合声明》签署后，中英关系是比较友好的，双方都能采取合作的态度处理有关香港的问题。但 1989 年中国发生一场政治风波后，特别是东欧出现巨变，而后苏联又解体，英国政府错误地估计了中国的形势，积极加入到西方特别是欧共体"制裁"中国的行列，在香港问题上改变了多年来的合作态度，从多方面给中国政府设置障碍，给过渡期和香港的回归带来诸多麻烦。

首先是英国单方面宣布推迟中英联合联络小组的工作和中英土地委员会的工作，并接连打出"两局共识""居英权计划""人权法案"和"新机场建设" 4 张牌。针对英方不断地挑起事端，中国政府从香港平稳过渡和保持其长期繁荣稳定的原则出发，也就是从香港同胞的根本利益出发，不得不采取了一些措施与英方

[①] 《中华人民共和国主席令第三号》，《人民日报》1993 年 4 月 3 日。

进行有理、有利、有节的斗争，为香港的顺利回归奠定了基础。

1992 年 7 月，在国际形势发生巨大变化的情况下，英国政府派出彭定康出任第 28 任港督。彭定康在英国政府支持下，于 1992 年 10 月抛出了违反中英联合声明精神、违反英方关于使香港政制发展同基本法衔接的承诺、违反中英双方已经达成的有关协议和谅解的三违反"政改方案"，使"九七"前后的政权顺利交接出现障碍。中英原来共同设计的"直通车"方式不能实现。英方的这一做法，在香港引起普遍的混乱与不安，香港的平稳过渡和长期繁荣稳定受到严重的影响。针对这一新情况，中国政府坚持按照中英联合声明的精神、香港基本法、中英双方已经达成的协议和谅解，依靠香港同胞，有条不紊进行香港政权交接的准备和筹建香港特别行政区的各项工作。

1996 年 1 月 26 日，香港特别行政区筹委会在北京成立。包括了香港社会各个阶层、各个方面的人士，有广泛的代表性。筹委会的成立，标志着中国对香港恢复行使主权的准备工作进入实际操作的新阶段。

1 月 28 日，国务院、中央军委发布公告，中国人民解放军驻港部队组成，并首次在深圳亮相。驻香港部队由陆、海、空三军组成，以体现对中华人民共和国香港地区的领土、领海、领空的主权。

1996 年 3 月，香港特别行政区筹委会决定设立临时立法会，为确保香港特别行政区的正常运作制定必不可少的法律和必要的人事安排。筹委会还筹备成立香港特别行政区第一届政府推选委员会。同年 11 月 2 日，筹委会全体会议以无记名投票的方式选出了 340 名推委会委员，他们与 26 名香港地区全国人大代表和 34 名香港地区全国政协委员一起组成了 400 人的推委会。12 月 11 日，香港特别行政区第一届政府推选委员会在香港举行第三次全体会议，全国政协委员、香港特别行政区筹委会副主任委员董建华以 320 票当选为香港特别行政区第一任行政长官。12 月 16 日，国务院召开第十一次全体会议，国务院总理李鹏签署国务院第 207 号命令，任命董建华为香港特别行政区第一任行政长官，于 1997 年 7 月 1 日就职。21 日推委会第四次全体会议选举产生了香港特别行政区临时立法会的 60 名议员。这些必要的准备工作，为香港回归祖国创造了条件。

（四）香港回归祖国

中国对香港和澳门恢复行使主权，是中华民族百年奋斗的结果，是"一国两制"构想的成功，是实现祖国完全统一的重要一步，将载入中华腾飞的史册上。

1. 香港回归祖国

1997 年 6 月 30 日午夜至 7 月 1 日凌晨，举世瞩目的中英两国政府香港政权交接仪式在香港会议展览中心隆重举行。晚 11 时 42 分，交接仪式正式开始。在中英仪仗队入场后，双方礼号手吹响礼号。晚 11 时 46 分，中国国家主席江泽民、国务院总理李鹏、国务院副总理兼外交部长钱其琛、中央军委副主席张万年和香港特别行政区首任行政长官董建华步入会场登上主席台主礼台。英国方面同时入场并登上主席台主礼台的有查尔斯王子、首相布莱尔、外交大臣库克、离任港督彭定康、国防参谋长查尔斯·格思里。在仪仗队行举枪礼之后，英国查尔斯王子讲话。他说："这一重要而特殊的仪式标志着香港在 150 多年英国统治之后，交还给中华人民共和国。他向那些把'一国两制'构想变为《中英联合声明》的人致敬，并对那些为谈判《联合声明》的实施细节而辛勤工作的人们表示敬意。"[①] 他说，香港将从此交还

---

① 《中英香港政权交接仪式在港隆重举行》，《人民日报》1997 年 7 月 1 日。

给中国，在"一国两制"的框架下，香港将继续拥有其明显的特征，继续成为世界上许多国家的重要国际伙伴。1984 年的《联合声明》对全世界做出庄严承诺，保证香港继续她的生活方式。对英国来说，她将继续坚定不移地支持《联合声明》。① 晚 11 时 56 分，中英双方护旗队进场。晚 11 时 59 分，随着英国国歌的旋律，那面蓝底米字旗和英国统治下绘有皇冠狮子、米字图案的港旗缓缓垂落，在场的英国官员肃立。英国米字旗的降落，标志着"一段被鸦片和炮火熏黑的历史永远完结了！"②

　　历史的时针终于指向了 1997 年 7 月 1 日 0 时 0 分 0 秒！中华人民共和国国歌奏响，鲜艳的五星红旗冉冉升起。国旗之畔，香港特别行政区区旗，同时徐徐升起，犹如紫荆花开，迎风怒放。这标志着经历了百年沧桑的香港回归祖国，中华民族洗雪了一个百年耻辱，标志着香港同胞从此成为祖国这块土地上的真正主人，香港的发展从此进入一个崭新的时代。0 时 3 分，中国主席江泽民走上讲台，以洪亮的声音庄严宣告："中华人民共和国香港特别行政区正式成立。这是中华民族的盛事，也是世界和平与正义事业的胜利。""江泽民主席的讲话，6 次被热烈的掌声打断。讲话结束时，场内响起暴风雨般的掌声。这掌声，与南京静海寺的钟声遥相呼应，与北京天安门广场 10 万群众的欢呼汇作中华民族的强劲声音！积淀在国人心底的期待和激情像熔岩一样迸发。"③ 中华大地沉浸在无比欢乐的海洋中，普天同庆香港

---

　　① 《中英香港政权交接仪式在港隆重举行》，《人民日报》1997 年 7 月 1 日。

　　② 《举世聚焦的一瞬——香港政权交接仪式侧记》，《人民日报》1997 年 7 月 1 日。

　　③ 《举世聚焦的一瞬——香港政权交接仪式侧记》，《人民日报》1997 年 7 月 1 日。

回归。

7月1日凌晨1时30分，中国政府在香港主持香港特别行政区成立暨特区政府宣誓就职仪式。国家主席江泽民、国务院总理李鹏、国务院副总理兼外交部长钱其琛、中央军委副主席张万年等中国政府代表团成员出席仪式。国务院副总理、全国人民代表大会香港特别行政区筹备委员会主任委员钱其琛主持仪式。1时30分，雄壮、激越的中华人民共和国国歌在大厅里响起。随后，江泽民主席宣布：中华人民共和国香港特别行政区政府现在成立。这时，整个大厅长时间响起雷鸣般的掌声。

凌晨1时35分，全部由港人组成的香港特别行政区政府开始宣誓就职。香港特区首任行政长官董建华健步走到主席台前第一个宣誓就职，国务院总理李鹏监誓。面对中华人民共和国国旗和香港特别行政区区旗，董建华举起右手庄严宣誓：本人就任中华人民共和国香港特别行政区行政长官，定当拥护中华人民共和国香港特别行政区基本法，效忠中华人民共和国香港特别行政区，尽忠职守，遵守法律，廉洁奉公，为香港特别行政区服务，对中华人民共和国中央人民政府和香港特别行政区负责。凌晨1时38分，在李鹏总理的监誓下，由董建华提名、中央人民政府任命的香港特别行政区第一届政府23名主要官员，走上主席台宣誓就职。政务司司长陈方安生领誓。接着，香港特区第一届行政会议14名成员，香港特区临时立法会59名议员，香港特区终审法院常设法官、高等法院法官36人，分批走上主席台宣誓就职。行政会议召集人钟士元、临时立法会主席范徐丽泰、终审法院首席法官李国能分别领誓。在香港特区行政长官董建华的监誓下，他们依次作出庄严承诺：定当拥护中华人民共和国香港特别行政区基本法，效忠中华人民共和国香港特别行政区，尽忠职守，遵守法律，廉洁奉公，为香港特别行政区服务。终审法院常设法官、高等法院法官还宣誓：尽忠职守，奉公守法，公正廉洁，以无惧、无偏、无私、无欺之精神，维护法制，主持正义，为香港特别行政区服务。①

上午，香港特别行政区政府在会议展览中心举行特区成立庆典，行政长官董建华宣读就职演说辞，江泽民出席并讲话，他说：“中华人民共和国香港特别行政区正式成立。这是对香港、对全国以至对世界都具有重要意义和深远影响的重大事件。今天是香港同胞的盛大节日，也是全体中国人民和中华民族的盛大节日。”②

在政权交接仪式举行的前后，中国人民解放军驻港部队奉中共中央军委主席江泽民的命令进驻香港，部队所到之处受到香港市民的欢迎及新闻记者的高度关注。各路记者追踪拍摄、报道这一重要的历史时刻。6 月 30 日晚 9 时，由 509 名官兵组成的中国人民解放军驻香港部队先头部队分乘 39 辆军车顺利通过落马洲口岸进入香港。被称为威武之师和仁义之师，训练有素的驻港部队以 4 个梯队分别向威尔斯亲王军营、赤柱军营、昂船洲军营和石岗军营开进。6 月 30 日晚 10 时许，中国人民解放军 78 人到达英军驻港总部威尔士亲王军营，随后，举行了简短、庄重的防务交接仪式。晚 11 时 50 分，中英两国参与防务交接的 42 名军人都在威尔士亲王大厦西南侧集合，等待着一个历史时刻的到来。晚 11 时 56 分，两支队伍分别由各自指挥官带到了预定位置——威尔士亲王军营大门内侧，东西两面相向而立，两名中校指挥官位于己方仪仗队中央前方。晚 11 时 58 分，交接仪式开始。英军中校指挥官手持佩刀，向中国指挥官敬了一个英式军礼，并用英语说：威尔士亲王军营已经准备完毕，请你接收。祝你和你的同事

---

① 《中华人民共和国香港特别行政区政府成立》，《人民日报》1997 年 7 月 1 日。

② 《江泽民文选》第 1 卷，人民出版社 2006 年版，第 653 页。

在香港好运！中国人民解放军谭善爱中校向英军指挥官还了一个中国军礼，以威严洪亮的声音用中文说，我代表中国人民解放军驻香港部队接收威尔士亲王军营，你们可以下岗，我们上岗。祝你们一路平安！晚11时59分55秒，英方最后一名士兵步出军营门口。7月1日时0分0秒，在雄壮的国歌声中，中国国旗高高升起在军营前的旗杆顶端。与此同时，中国驻港部队的14处军营上空都升起了中国的五星红旗。从此，人民解放军开始在香港地区执行防务。中国军队上岗执行保卫香港陆海空安全的任务，这是中国对香港恢复行使主权的重要标志之一。

在千里之远的中国首都北京，一派节日气象。6月30日晚，各界人士和青年学生10万人在天安门广场载歌载舞，参加"北京人民迎接香港回归祖国联欢晚会"。天安门广场出现了10万人高喊倒计时秒数的壮观场景。

7月1日下午，国务院在人民大会堂举行庆祝香港回归祖国盛大招待酒会。7月1日晚上，中共中央、全国人大常委会、国务院、全国政协、中央军委在北京工人体育场隆重举行"首都各界庆祝香港回归祖国大会"，共庆香港回归祖国这一中华民族的盛大节日。北京工人体育场张灯结彩，喜气洋洋，歌声如潮。南面看台上方挂着"庆祝香港回归，共创美好未来"的大型横幅。巨型电子屏幕上显示出由紫荆花组成的"1997"标志图案等。大会开始前，会场上8万人同声高唱《歌唱祖国》的歌曲，千人组成的交响乐队齐奏乐曲。在背景台上，5000多人用翻板组成了巨大的国徽图案和"欢庆"字样，蔚为壮观。国家主席江泽民在会上发表重要讲话。"江泽民说，香港回归，标志着中国人民洗雪了香港被侵占的百年国耻，开创了香港和祖国内地共同发展的新纪元；标志着我们在完成祖国统一大业的道路上迈出了重要一步，标志着中国人民为世界和平、发展与进步事业作出了新的贡献。他说，香港回归，是中华民族发展史上的重大事件，也是20

世纪世界历史上的重大事件。"①

2. 实施"一国两制，港人治港"初见成效

1997 年香港回归祖国以来，中央政府切实贯彻"一国两制"、"港人治港"、高度自治的方针，严格按照香港特别行政区基本法办事，克服各种困难，坚定不移地维护香港繁荣稳定。香港继续保持原有的资本主义制度和生活方式，以香港特区行政长官董建华为特首的特区政府全面行使香港特别行政区基本法授予的行政管理权，各有关部门行使立法权、独立的司法权和终审权，香港居民享有广泛的民主权利和自由，"港人治港"、高度自治变成了生动的现实。香港特别行政区政府刚成立就遭遇 1997 年亚洲金融风暴的突然袭击。香港特别行政区政府采取多项措施，在中央政府的支持下，成功击退国际金融投机者的疯狂攻击，捍卫了香港国际金融中心的地位。

香港回归祖国以来，在祖国的全力支持下，在以董建华为首的特区政府卓有成效的管制下，在香港 600 多万居民的勤奋努力下，根据基本法，香港原有的制度和生活方式没有变，香港依然保持自由港和单独的关税地区的地位，外国企业仍能在香港自由经商，中文和英文依旧是并列的正式法定语言，在香港，"马照跑，舞照跳，股照炒"，"一国两制"成功实践行稳致远。

香港回归祖国以来，中央政府坚持"一国两制，港人治港"原则，让特区政府自己处理香港的问题，对行政长官完全信任。虽然出现了一些问题，中央政府都没有干预，只是在特区政府就自己不能解决的事情向中央政府提出要求时，中央政府才给特区政府提供意见。根据基本法的规定，香港特别行政区继续自行制定经济政策，管理本身的财政事务，自行拟订财政预算，发行可自由兑换的港币，保持低税率的简单税制，实行自由贸易政策和

---

① 《首都各界隆重庆祝香港回归祖国》，《人民日报》1997 年 7 月 2 日。

维护公平竞争的环境。香港特区奉行司法独立的原则得到保障。

根据基本法的规定，香港特别行政区立法会经选举产生。立法会的产生根据香港特别行政区的实际情况和循序渐进的原则而规定。2000 年 9 月 10 日，香港依据基本法选举第二届立法会的 60 名议员，当天有超过 133 万名市民投票，投票率达 43.57%。①这届立法会任期从 2000 年 10 月 1 日开始，为期 4 年。香港立法会根据基本法的有关规定，行使制定、修改或废除法律，审核、通过财政预算，批准税收和公共开支，听取行政长官的施政报告并进行辩论，对政府的工作进行质询，对任何有关公共利益的问题进行辩论等职权。

香港回归祖国以来，其国际金融、贸易、信息和旅游中心地位不但没有改变，而且有了加强。香港的优势依然存在。但是，不变中也有变，这就是：香港将变得更繁荣、更美好。

（五）澳门回归祖国

1999 年 12 月 19 日深夜，位于澳门新口岸刚刚建成的澳门文化中心花园馆灯火通明，举世瞩目的中葡两国政府澳门政权交接仪式在这里隆重举行。晚 11 时 42 分，澳门政权交接仪式开始。在礼号手的号乐声中，中华人民共和国主席江泽民、国务院总理朱镕基、国务院副总理钱其琛、外交部长唐家璇、澳门特别行政区首任行政长官何厚铧步入会场，登上主席台主礼台。葡萄牙总统桑帕约、总理古特雷斯、国务部长兼外交部长伽马、共和国议会副议长科伊索罗、澳门总督韦奇立也登上主席台主礼台。

随后，中葡双方仪仗队举行敬礼仪式，双方乐队奏致敬曲。桑帕约首先讲话。他说，我们今天聚首一堂参加这个仪式，这是

---

① 《东方之珠光彩依然——写在香港回归祖国五周年之际》，《人民日报》2002 年 6 月 28 日。

澳门历史上独一无二的重要时刻。"两国就澳门地位协议的最终达成，充分体现了双方在此问题上的实事求是态度及以和平方式解决问题的智慧，将我们两国因应新实况而需改变的改变过来，也同时确保了澳门原有特色的延续，使两国之间数世纪的悠久关系步入一个新时期。"

晚 11 时 55 分，降旗、升旗仪式开始，中葡双方护旗手入场。23 时 58 分，在葡萄牙国歌声中，葡萄牙国旗和澳门市政厅旗开始缓缓降下。此时，距离 12 月 20 日 0 时只有短短几秒钟。会场内的气氛凝重而肃穆，人们在静静地等待着中华民族又一个重要时刻的到来。

0 时整，中国人民解放军军乐团奏响雄壮激昂的中华人民共和国国歌，中华人民共和国国旗和中华人民共和国澳门特别行政区区旗冉冉升起。46 秒后，两面旗帜同时升到旗杆顶端，猎猎飘扬。至此，中葡两国政府完成了澳门政权的交接。0 时 4 分，中国主席江泽民稳步走到镶有中华人民共和国国徽的讲台前发表讲话。他代表中国政府和全国各族人民向回到祖国怀抱的澳门同胞表示亲切的问候和良好的祝愿，向所有为解决澳门问题作出贡献的人士，向世界上一切关心和支持澳门回归的人们，表示衷心的感谢。

江泽民说，中国政府按照邓小平提出的"一国两制"的伟大构想，成功地解决了香港、澳门问题，这是中国人民在完成祖国统一的大业中取得的重大进展。江泽民以坚定的语气说："回到祖国怀抱的澳门，必将迎来更加美好的未来！"

由于交接仪式是电视直播，举世瞩目的仪式出现令人稍感意外的插曲。仪式原定晚 11 时 40 分开始，因葡萄牙政府代表团四位成员未能及时上台，加上桑帕约感冒，讲话超时 30 秒，整个仪式延迟了 2 分钟。为确保在 12 月 20 日 0 时准时奏中国国歌、升国旗，中方司仪加快语速，国旗护旗手亦在尚未完成挂旗动作时，让特区护旗手提前入场，顺利抢回延误时间。在 2500 位中外来宾的见证下，葡萄牙国旗及澳门市政厅旗缓缓降下；而中华人民共和国国旗和澳门特别行政区区旗在凌晨 0 时 0 分 0 秒徐徐上升，政权移交顺利完成。

12 月 20 日晚，中共中央、全国人大常委会、国务院、全国政协、中央军委在首都体育馆隆重举行"首都各界庆祝澳门回归祖国大会"，共庆澳门回归祖国这一中华民族的盛大节日。澳门回归这一天，北京星光灿烂，首都体育馆披红挂彩，99 盏大红灯笼映红了冬日的夜空。1600 多人的大合唱，歌声此起彼伏，汇成欢乐的交响。主席台前缀满 1999 束鲜花和彩绸绣球。9 只大红宫灯簇拥着庆祝大会的巨幅会标。正前方的背景台气势宏大，12 根巨型仿真大理石柱矗立两侧，中间是 1200 平方米的巨幅国画《江山如此多娇》。纱幕上，江泽民题写的"欢庆澳门回归"6 个金黄色的大字光彩夺目，表达了全国各族人民的心声。

江泽民在庆祝大会上发表了令所有中华儿女为之激动的讲话。他说："此时此刻，我想起了唐代诗人王维的著名诗句：'遥知兄弟登高处，遍插茱萸少一人。'在祖国内地人民与香港同胞、澳门同胞同庆澳门回归这一民族盛事之时，我相信，台湾同胞也同我们有着一样的欢乐心情。"①

澳门回归后，澳门各界人士在祖国内地的大力支持下自强不息，迅速在五个主要方面取得了历史性的成就：（1）实现了经济持续快速增长。（2）开创了"澳人治澳"新局面。（3）促进了社会事业蓬勃发展。（4）拓展了对外交往的广阔空间。（5）弘扬了爱国爱澳的光荣传统。

---

① 《首都各界隆重庆祝澳门回归祖国》，《人民日报》1999 年 12 月 21 日。

二、两岸关系的突破

实现祖国完全统一，是中华民族根本利益之所在，是全中国人民的共同心愿。中共中央和中央政府把完成祖国和平统一大业作为自己的历史重任，并为此作了不懈的努力。

（一）"海协会"与"海基会"展开工作

为促进海峡两岸关系发展，祖国大陆民间授权团体——海峡两岸关系协会（简称"海协会"）于 1991 年 12 月 16 日在北京成立，由汪道涵任会长。并开始进行积极的工作。1990 年成立的，以辜振甫为董事长的台湾的民间团体台湾海峡交流基金会（简称"海基会"）也开展了工作。针对两岸当时所面临的亟待解决的问题，如纠纷处理、共同防范犯罪、文书验证等，研商可行的解决途径。海协会与海基会开始进行事务性商谈，并进行了海峡两岸政治对话。1992 年 1 月 1 日，江泽民总书记发表讲话，再次呼吁通过国共两党和谈正式结束两岸敌对状态，早日实现两岸直接"三通"和双向交流。1993 年 4 月 27 日至 29 日，受到海内外广泛关注在新加坡的"汪辜会谈"宣告顺利举行。双方认为，这次会谈是两岸关系发展史上重要的一步，历史性的一步。

1. "九二共识"

1992 年 10 月 28 日至 30 日，大陆海峡两岸关系协会、中国公证员协会人员与台湾海峡交流基金会人员就海峡两岸公证书使用问题进行了工作性商谈，同时也就开办海峡两岸挂号函件遗失查询及补偿问题交换了意见。这次工作性商谈，不但在具体业务问题上取得了相当大的进展，而且也在海峡两岸事务性商谈中表述一个中国原则的问题上取得了进展。海协会自 1992 年 3 月份以来一再声明，海峡两岸交往中的具体问题是中国的事务，应本着一个中国原则协商解决；在事务性商谈中，只要表明海峡两岸均坚持一个中国原则的基本态度，可以不讨论"一个中国"的政治含义，在事务性商谈中表述一个中国原则方式可以充分讨论协商。在 10 月 28 日至 30 日的工作性商谈中，台湾海基会代表建议在相互谅解的前提下，采用两会各自口头声明的方式表述一个中国原则，并提出了具体表述内容，其中明确了海峡两岸均坚持一个中国的原则。11 月 3 日，大陆海协会表示接受台湾海基会的这一建议。① 这就是所说的"九二共识"，其核心就是两岸都承认"一个中国的原则"。

2. 实现"汪辜会谈"

1993 年 4 月 27 日至 29 日，经过半年多的酝酿和准备，海峡两岸关系协会会长汪道涵和台湾海峡交流基金会董事长辜振甫在新加坡举行会谈。双方就两岸经济合作、两岸科技文化交流、海协会与海基会的会务等问题交换了意见，29 日，汪道涵和辜振甫正式签署四份协议：《汪辜会谈共同协议》《两岸公证书使用查证协议》《两岸挂号函件查询、补偿事宜协议》《两会联系与会谈制度协议》。

其中《汪辜会谈共同协议》主要内容包括五个方面："一、关于本年度协商议题，双方确定今年内就'违反有关规定进入对方地区人员之遣返及相关问题'、'有关共同打击海上走私、抢劫等犯罪活动问题'、'协商两岸海上渔事纠纷之处理'、'两岸知识产权保护'及'两岸有关法院之间的联系与协助（暂定）'等议题进行事务性协商。二、关于经济交流，双方均认为应加强两岸经济交流，互补互利。双方同意就台商在大陆投资权益及相关

---

① 《两岸公证书使用商谈有重要进展明确海峡两岸均坚持一个中国原则具体问题将继续商谈》，《人民日报》1992 年 11 月 21 日。

问题、两岸工商界人士互访等问题，择时择地继续进行商谈。三、关于能源资源开发与交流，双方同意就加强能源、资源的开发与交流进行磋商。四、关于文教科技交流，双方同意积极促进青少年互访交流、两岸新闻界交流以及科技交流。在年内举办青少年才艺竞赛及互访，促进青年交流、新闻媒体负责人及资深记者互访。促进科技人员互访、交换科技研究出版物以及探讨科技名词统一与产品规格标准化问题，共同促进电脑及其他产业科技的交流，相关事宜再行商谈。五、协议自双方签署之日起 30 日后生效实施。"①

为进一步推进海峡两岸关系的发展，1993 年 8 月 31 日，国务院台办和新闻办联合发表白皮书《台湾问题与中国的统一》，系统地阐述了中国共产党和中央政府关于海峡两岸和平统一的大政方针。提出：中国的统一是中华民族的根本利益之所在，中国实现统一后，两岸可携手合作，互补互助，发展经济，共同振兴中华。原来一直困扰台湾的各种问题，都将在一个中国的架构下得到合理解决。这是中国政府第一次用白皮书的形式全面系统地阐述台湾问题和对台政策。特别引人注目的是，白皮书第一次系统地阐明了"和平统一、一国两制"方针的四个基本点，即：一个中国；两制并存；高度自治；和平谈判。② 它标志着中共中央第三代领导集体的对台政策已经初步形成。1994 年 7 月 6 日，台湾当局发表《台湾两岸关系说明书》，作为中央政府白皮书《台湾问题与中国的统一》的正式回应，继续为祖国统一设置障碍。

（二）推进祖国和平统一的"八项主张"

进入 20 世纪 90 年代，解决香港、澳门问题的大局已定，而

---

① 《〈汪辜会谈共同协议〉签定》，《人民日报》1993 年 4 月 30 日。
② 《台湾问题与中国的统一》，《人民日报》1993 年 9 月 1 日。

解决台湾问题则出现了更加复杂的局势。面对冷战结束后国际政治和台湾岛内政治格局的重大变化，以江泽民同志为核心的中央领导集体，为维护一个中国原则，完成祖国统一大业，继承并发展了"一国两制"方针。

1. 发展两岸关系，推进祖国和平统一"八项主张"的提出

1995 年 1 月 30 日，江泽民代表中国共产党和中国政府发表《为促进祖国统一大业的完成而继续奋斗》① 的重要讲话。这个讲话分析了解决台湾问题所面临的形势，就发展两岸关系，推进祖国和平统一进程提出了八项主张：（1）坚持一个中国原则是实现和平统一的基础和前提；（2）对于台湾与外国发展民间性经济文化关系，我们不持异议，但反对台湾当局"肯定国际生存空间"的活动；（3）进行海峡两岸和平统一谈判，是我们的一贯主张；（4）努力实现和平统一，中国人不打中国人；（5）面向 21 世纪世界经济的发展，要大力发展两岸经济交流与合作，以利于两岸经济共同繁荣，造福整个中华民族；（6）中华各族儿女共同创造的五千年灿烂文化，始终是维系全体中国人的精神纽带，也是实现和平统一的一个重要基础；（7）要充分尊重台湾同胞的生活方式和当家作主的愿望，保护台湾同胞的一切正当权益；（8）我们欢迎台湾当局的领导人以适当的身份前来访问，我们也愿意接受台湾方面的邀请，前往台湾，以共商国是。②

这八项主张坚持一个中国原则是实现和平统一的基础和前提，这是八项主张的核心。八项主张发表后，在国内外产生了重大影响。

---

① 中共中央文献研究室编：《十四大以来重要文献选编》（中），人民出版社 1997 年版，1199—1205 页。

② 江泽民：《为促进祖国统一大业的完成而继续奋斗》（1995 年 1 月 30 日），《人民日报》1995 年 1 月 31 日。

2. "八项主张"对"一国两制"构想的重大发展

江泽民代表中央政府提出的八项主张，精辟地阐述了邓小平关于"和平统一、一国两制"思想的精髓，体现了中共中央对台方针政策的一贯性、连续性和在新形势下的深化和发展，体现了马克思主义与时俱进、开拓创新的理论品质，展现了中国共产党和中国政府发展两岸关系、促进祖国统一的决心和诚意，也是中国共产党在新世纪解决台湾问题，实现祖国统一的纲领性文件。八项主张对"一国两制"构想的发展至少体现在以下几个方面：

第一，关于如何对待台湾地区与外国的关系。

江泽民明确指出："对于台湾同外国发展民间性经济文化关系，我们不持异议"；但坚决反对台湾"以搞'两个中国'、'一中一台'为目的的所谓'扩大国际生存空间'的活动"。认为台湾当局进行这种活动，不但"不能解决问题"，而且会助长"台独"势力更加肆无忌惮地破坏和平统一的进程。"只有实现和平统一后，台湾同胞才能与全国各族人民一道，真正充分地共享伟大祖国在国际上的尊严与荣誉。"①

第二，关于两岸各党派参加和谈问题。

江泽民的讲话谈到："在和平统一谈判的过程中，可以吸收两岸各党派、团体有代表性的人士参加。"② 这里，未再提"国共谈判"和"第三次国共合作"，显然是根据台湾内部形势变化所作出的政策调整。只要是赞成一个中国的"两岸各党派"，都可以参加和平统一谈判。至于台湾民进党，钱其琛副总理在纪念江泽民这篇重要讲话发表七周年座谈会上发表的讲话中明确说：

---

① 江泽民：《为促进祖国统一大业的完成而继续奋斗》（1995 年 1 月 30 日），《人民日报》1995 年 1 月 31 日。

② 江泽民：《为促进祖国统一大业的完成而继续奋斗》（1995 年 1 月 30 日），《人民日报》1995 年 1 月 31 日。

民进党应"彻底抛弃'台独党纲'，以真诚的态度发展两岸关系。我们认为，广大民进党成员与极少数顽固的'台独'分子是有区别的。我们欢迎他们以适当身份前来参观、访问，增进了解。"①

第三，关于和平统一谈判的内容和步骤。

江泽民讲话中最值得注意的还有两点，这就是谈到了关于两岸举行和平统一谈判的内容和步骤。第一，作为第一步，双方可先就"在一个中国的原则下，正式结束两岸敌对状态"进行谈判，并达成协议。第二，在此基础上，"共同承担义务，维护中国的主权和领土完整，并对今后两岸关系的发展进行规划"。②这是非常具有建设性和积极意义的。一是立足于为台湾人民着想，二是充分尊重台湾主政当局，三是采取分步骤的渐进做法。江泽民讲话中这一个极富新意的内容，充分体现了中国共产党和中央政府发展两岸关系、推进国家统一的决心和诚意，赢得了海内外中国人的理解和赞同。

第四，关于两岸经济交流与合作。

江泽民的讲话从"利于两岸经济共同繁荣、造福整个中华民族"的大局出发，第一次提出："我们主张不以政治分歧去影响、干扰两岸经济合作"；"不论在什么情况下，我们都将切实维护台商的一切正当权益"。③这在目前的情况下是十分重要的，是为适应新形势而提出的新概括、新精神和新原则。讲话不仅表示希望两岸尽早实现直接"三通"，并且郑重提出"赞成在互惠互利

---

① 《纪念江泽民主席〈为促进祖国统一大业的完成而继续奋斗〉重要讲话发表七周年座谈会举行》，《人民日报》2002年1月25日。

② 江泽民：《为促进祖国统一大业的完成而继续奋斗》（1995年1月30日），《人民日报》1995年1月31日。

③ 江泽民：《为促进祖国统一大业的完成而继续奋斗》（1995年1月30日），《人民日报》1995年1月31日。

的基础上，商谈并且签订保护台商投资权益的民间性协议"。

第五，明确表达不赞成无限期拖延祖国统一的意见。

江泽民指出，"早日完成祖国统一，是中国各族人民的共同心愿。无限期地拖延统一，是所有爱国同胞不愿意看到的。"江泽民呼吁："所有中国人团结起来，高举爱国主义的伟大旗帜，坚持统一，反对分裂，全力推动两岸关系的发展，促进祖国统一大业的完成。"① 这是具有重大意义的一种宣示。因为从现实的国际政治和岛内情势看，外国反华势力从来没有停止试图分裂中国，阻挠中国统一进程的勾当；岛内"台独"势力也从来没有放弃尝试冒险推动"台独"的行动，试图以各种手法变相将台湾从中国的版图上分裂出去的活动也从来没有停止；而且台湾当局和分裂势力越来越明显地企图"拖以拒统"，将中国的统一问题无限期地拖延下去。

针对这一情况，江泽民强调了不赞成无限期拖延统一的意见。2000 年 2 月 21 日，国务院台湾事务办公室、国务院新闻办公室发表《一个中国的原则与台湾问题》的白皮书中明确指出，"如果出现台湾被以任何名义从中国分割出去的重大事变，如果出现外国侵占台湾，如果台湾当局无限期地拒绝通过谈判和平解决两岸统一问题，中国政府只能被迫采取一切可能的断然措施、包括使用武力，来维护中国的主权和领土完整，完成中国的统一大业。中国政府和人民完全有决心、有能力维护国家主权和领土完整，决不容忍、决不姑息、决不坐视任何分裂中国的图谋得逞，任何分裂图谋都是注定要失败的。"② 向台湾当局指明和平

① 江泽民：《为促进祖国统一大业的完成而继续奋斗》（1995 年 1 月 30 日），《人民日报》1995 年 1 月 31 日。

② 《一个中国的原则与台湾问题》（二〇〇〇年二月·北京），《人民日报》2000 年 2 月 22 日。

解决两岸问题的唯一选择就是迈向统一；同时也向国际社会表明中国政府捍卫主权和领土完整的立场、决心、信心和能力。

江泽民重要讲话发表后，在台湾地区、港澳地区和海外华侨、华人中产生强烈反响，受到普遍欢迎和重视，并引起国际社会的高度关注。海内外舆论认为，这是继 1978 年全国人大常委会发表的《告台湾同胞书》、1981 年"叶九条"、1983 年"邓六条"之后又一份系统阐述中国共产党和中国政府对台政策的纲领性文件。江泽民提出的八项主张，是邓小平关于解决台湾问题的基本思想在新形势下的运用和发展；是在海峡两岸实现统一之前，发展两岸关系、推进祖国和平统一的指导原则；是完成中国共产党在新世纪的三大任务之一——祖国统一的根本指导思想。

（三）反对搞分裂活动与实现"汪辜大陆会谈"

台湾问题涉及中国的核心利益。新中国成立以来，中国共产党的三代领导集体为解决台湾问题作出了艰辛努力。

1. 反对搞"两个中国"的分裂活动

1995 年以来，台湾李登辉当局不顾中华民族的根本利益，大搞"两个中国"的分裂活动，使海峡两岸关系出现新的危机。美国政府不顾中国政府的反对，于 5 月 22 日同意李登辉以"私人身份"访问美国康奈尔大学。6 月 7 日，李登辉偕"总统秘书长"吴伯雄等赴美进行 6 天"私人访问"。美国政府同意李登辉访美是其对华政策的重大变化，对海峡两岸的和平统一带来严重后果。中国政府强烈抗议美国政府同意李登辉访美和台湾当局制造"两个中国"的行为。5 月 23 日国务院副总理钱其琛召见美国驻华大使芮效俭，向美国政府提出强烈抗议，要求美国政府立即纠正错误，否则，中国政府将作出强烈反应。同日，中华人民共和国外交部发表声明，指出若美国政府只看重某些亲台势力而无视 12 亿中国人民的感情，侵害中国的根本利益，中美关系不

仅不能发展，甚至还要倒退。24 日，全国人大外事委员会、全国
政协外事委员会都发表声明，强烈抗议美国政府损害中国主权、
破坏中国和平统一的行径。7 月 8 日，《人民日报》开始连续发
表 4 篇评论李登辉在康奈尔大学讲话和 4 篇评论李登辉"台独"
言行的评论员文章，指出李登辉在美国康奈尔大学的演讲是一篇
鼓吹分裂的自白，推行"台独"的政治迷药，国际社会绝无"台
独"的空间，李登辉演讲证明他是破坏两岸关系的罪人等。

　　为配合中央政府和中国人民的反分裂斗争，中国人民解放军
于 1995 年 7 月 21 日至 26 日，向预定海域发射了 6 枚地地导弹，
全部准确命中目标。8 月 15 日至 8 月 25 日，人民解放军在东海
海域和海域上空，进行导弹、火炮实弹射击演习。10 月又在东海
海域进行两栖登陆实战演习，充分显示人民解放军高科技现代化
武器装备及各种作战能力。为继续遏制"台独"势力的行为，
1996 年 3 月 8 日至 25 日，中国人民解放军在东南沿海和台湾海
峡先后进行导弹发射训练、海军实弹实战演习和三军联合作战演
习，警告了"台独"势力。

2. 实现汪辜大陆会谈

　　在新的历史阶段，中国共产党和中央政府继续加强对台工
作。做好促进海峡两岸和平统一的工作，争取台湾民心和团结台
湾同胞，同时加大争取台湾当局的工作力度；加强海峡两岸经贸
交流合作，积极促进海峡两岸文化交流；在国际上实施全方位的
外交战略，遏制台湾所谓的"务实外交"；增强祖国大陆的综合
实力。这些有效的工作，促使海峡两岸关系有了新进展。

　　经过海协会和海基会多层次地交换意见，海基会董事长辜振
甫于 1998 年 10 月 14 日至 19 日来到祖国大陆进行"参访"。实
际上，这是海峡两岸高层 50 年来第一次面对面地就祖国统一的
大是大非问题坦率交换意见，进行沟通。14 日，海协会会长汪道
涵与辜振甫见面，15 日两位负责人再次会面并达成了四点共识：

（1）两会决定进行包括政治、经济等各方面内容的对话。由两会负责人具体协商作出安排；（2）进一步加强两会间多层次的交流与互访；（3）对涉及两岸同胞生命财产安全的事件，两会加强个案协助；（4）汪道涵会长接受辜振甫先生邀请他访问台湾，并表示愿意在适当的时候访问台湾，加深了解。① 17日，中共中央台湾工作办公室、国务院台湾事务办公室主任陈云林，在人民大会堂会见了辜振甫一行。18日，中共中央政治局委员钱其琛在钓鱼台宾馆会见了辜振甫。当天下午中共中央总书记江泽民礼节性地会见了辜振甫。实现海基会董事长参访祖国大陆，并进行面对面的沟通，标志着海峡两岸关系发展的新变化。

三、坚持一个中国原则坚决反对"台独"

1998年实现海峡两岸两会"汪辜会谈"后，由于台湾李登辉当局不顾中华民族的根本利益，又抛出"两国论"，中国共产党再次领导人民同以李登辉为代表的"台独"分裂势力进行了坚决斗争。

（一）台湾当局"两国论"的提出

1999年5月8日，以美国为首的北约集团悍然轰炸中国驻南斯拉夫大使馆，中美关系出现危机。在这个背景下，7月9日，李登辉在接受"德国之声"电台采访时公然表示，台湾当局已将两岸关系定位在"国家与国家，至少是特殊的国与国的关系"。随后，台湾当局有关方面的某些人也随声附和，说什么两岸关系已从"两个对等政治实体"走到"两个国家"，两岸会谈就是

---

① 《汪辜交换意见达成四点共识》，《人民日报》1998年10月16日。

"国与国会谈"，等等。"两国论"是李登辉继 1995 年访美后恶化两岸关系的又一严重事件，是他坚持分裂祖国，抗拒和平统一，推进"台湾独立"的政治本质的大暴露，也是对包括台湾人民在内的全体中国人民的公然挑衅。

李登辉之所以要在这个时候提出"两国论"，主要有以下几个方面的背景：一是从国际看，1998 年底以来，美国国内出现了一股反华逆流，反华势力蓄意将台纳入美国的导弹防御系统（TMD），并利用人权问题、涉藏问题、炮制"加强台湾安全法案"等事件，毒化中美关系，阻挠中国统一，中美关系出现动荡反复。而 1999 年科索沃危机发生后，以美国为首的北约空袭南联盟，正式在国际上推行"新干涉主义"，并于 5 月 8 日悍然轰炸中国驻南联盟大使馆，中美关系出现危机。中美关系出现的紧张局势，为李登辉分裂祖国提供了可乘之机，李登辉认为此时抛出"两国论"可以引导外力介入，从而在造成中美对抗时坐收渔翁之利。二是从台海两岸关系来看，香港回归祖国后，"一国两制"在香港成功落实，这对台湾当局的大陆政策形成了直接的冲击。在台湾岛内，要求两岸直接"三通"的呼声日益高涨，"戒急用忍"的经贸政策越来越难以为继。1998 年 10 月，大陆海协会与台湾海基会达成汪道涵访台的共识，根据这项共识，汪道涵于 1999 年访台成为两岸关系中的大事，受到海内外密切关注，无论其结果如何，将对两岸政治对话与谈判产生深刻影响，这直接冲击到李登辉推行的"两个中国"路线。在李登辉看来，推出"两国论"可以抵挡或至少可以延缓这些方面的压力，阻挠汪道涵访台。三是从台湾岛内看，2000 年大选已临近，李登辉自知在位时日不多，对其分裂路线在下台后能否延续十分担忧。李登辉认为应当在下台前发挥主导作用，妄图指望通过"两国论"，为其继任者指引方向、定下调子，以期卸任后岛内能出现一个"没有李登辉的李登辉政权"。四是失去政权的恐惧感。李登辉上台以来，台湾社会黑金泛滥，政治上树敌太多，民众怨声载道，经济上推行"戒急用忍"政策，也得罪了不少工商大企业。鉴于此，李登辉对即将失去政权心存恐惧，担心被清算、被追究责任，希望借鼓吹"两国论"选择一个可以成为自己保护伞的接班人。

李登辉抛出"两国论"后，国民党内不少人立即出来随声附和，主张"台独"的民进党更是对此大加赞赏，认为"两国论"完全符合该党主张，有利于陈水扁的大选。民进党中常会发表声明支持李登辉谈话，认为"特殊的国与国关系既符合现实，也富有创造力"；民进党还准备与国民党李登辉当局沆瀣一气，联手推动"两国论入宪"并修改相关法律，使"两国论法律化"。

（二）坚决回击"两国论"

坚持一个中国原则是中国共产党和中国政府对台政策的基石，台湾当局李登辉鼓吹的"两国论"则直接挑衅这一原则，挑战中国统一这一中华民族的核心利益，从而动摇了两岸关系赖以稳定的基石，严重冲击了台海局势的稳定。李登辉"两国论"这份变相的"台独宣言"，将两岸逼到了战争的边缘，使亚太地区、乃至整个世界的和平与稳定受到严重威胁。鉴于"两国论"对两岸关系和祖国和平统一进程的严重破坏性，中国共产党、中国政府和中国人民不得不在政治、军事、外交等方面作出迅速、果断、坚决的反应。

1. 向国际社会明确表明中国政府的态度

中共中央、中国政府强烈抨击台湾当局李登辉鼓吹的"两国论"，通过各种途径重申中国共产党和中国政府在台湾问题上的严正立场。1999 年 7 月 11 日，中共中央台湾工作办公室、国务院台湾事务办公室发言人就李登辉的"两国论"发表谈话指出：李登辉公然将两岸关系歪曲为"国与国的关系"，再一次暴露了他一贯蓄意分裂中国的领土和主权、妄图把台湾从中国分割出去的政治本质，与"台独"分裂势力的主张沆瀣一气，在分裂祖国的道路上越走越远。该发言人指出：世界上只有一个中国，台湾是中国领土的一部分，中国的领土和主权不容分割。海峡两岸虽然尚未统一，但是台湾是中国领土一部分的地位并没有改变，中国拥有对台湾的主权也没有改变。这是世界上绝大多数国家所承认的。我们坚决反对任何制造"台湾独立""两个中国""一中一台"等分裂活动。解决台湾问题，实现祖国完全统一，是人心所向，大势所趋。拒绝统一，蓄意分裂，为两岸关系发展制造障碍，违背中国人民的意志，逆潮流而动，是不得人心的，是注定要失败的。①

1999 年 7 月 12 日，中国外交部发言人就李登辉分裂国家言论接受记者采访时说：李登辉上台以来，不顾岛内多数民众的反对，以金钱收买和贿赂等各种卑劣手段，不遗余力地推行"务实外交"，大搞分裂祖国的活动。李登辉图谋在国际上制造"两个中国""一中一台"，直至竟敢冒天下之大不韪，将两岸关系定位为"国与国关系"，足见其已在玩火的道路上走得很远。这必然严重影响两岸关系的改善，影响台湾海峡局势的稳定，危害中国的和平统一。同日，海峡两岸关系协会会长汪道涵在接受记者采访时表示，对台湾媒体报道的台湾海基会董事长辜振甫关于两岸会谈就是"国与国会谈"的说法感到惊讶。因为这种说法使海协、海基两会的接触、交流、对话的基础不复存在。他希望辜振甫先生予以澄清。

7 月 18 日晚，应美国总统克林顿的要求，中国国家主席江泽民同克林顿通了电话。克林顿说，他提出与江主席通电话，是为

---

① 《就李登辉分裂言论中央台办国务院台办发言人发表谈话》，《人民日报》1999 年 7 月 12 日。

了重申美国政府对一个中国政策的坚定承诺。他强调，美国在台湾问题上的政策没有改变，中方完全可以相信他就这一问题所发表的历次谈话。江泽民在通话时说，实现祖国统一，这是中国政府的坚定决心，也是全中国人民，包括台湾同胞，以及海外同胞的共同愿望。李登辉公然将两岸关系说成是"国与国关系"，这是他在分裂国家的道路上走出的十分危险的一步，是对国际社会公认的一个中国原则的严重挑衅，进一步暴露了他蓄意分裂中国领土和主权，企图把台湾从中国分裂出去的本质。世界上只有一个中国，台湾是中国领土的一部分，中国的领土和主权绝对不容分割。我们解决台湾问题的基本方针，仍然是"和平统一、一国两制"。我们一直在积极促进两岸人员往来和经济交流，争取两岸直接"三通"，推动两岸进行政治谈判。但是，在台湾问题上，我们不承诺放弃使用武力。原因很清楚，台湾岛内和国际上都有一股企图把台湾从祖国分裂出去的势力。如果出现搞"台湾独立"和外国势力干涉中国统一的情况，我们绝不会坐视不管。①

7月20日，中共中央台办、国务院台办负责人再次发表谈话，坚决反对台湾分裂势力按照李登辉"两国论"进行"修宪"的图谋。7月21日，海协会理事在北京召开座谈会，批判李登辉分裂祖国的言论。10月1日，在庆祝中华人民共和国成立50周年大会上，江泽民发表讲话再次宣示了"最终完成台湾和与祖国大陆统一"的严正立场。12月20日，在首都各界庆祝澳门回归祖国大会上，江泽民主席发表讲话又指出，"希望台湾当局不要再背逆历史潮流，不要再为两岸关系的发展设置障碍，不要再做损害台湾同胞和整个中华民族根本利益的事。中国政府和中国人民对任何分裂中国的企图都绝不会坐视不管。"

---

① 《江泽民主席与克林顿总统通电话》，《人民日报》1999年7月19日。

2. 在军事方面表明中国政府维护国家主权和领土完整的决心和能力

为了表明中国人民反对"两国论",坚决维护国家主权和领土完整的决心、信心和能力,中国人民解放军进行了一系列导弹发射试验和陆海空三军军事演习。1999年8月2日,中国在境内成功地进行了一次新型远程地地战略导弹发射试验。8月下旬,空军首次在高海拔地区进行地对空导弹实弹打靶试验;海军某部则在台湾地区以北的海域举行演习,由海底发射导弹击落目标,加强潜艇攻击能力,提升雷达的扫描范围及精确度。9月初,中国人民解放军北京军区、济南军区、沈阳军区的特种部队和两栖侦察队,在山东中部山区首度集结演练。9月上旬,中国人民解放军南京、广州战区陆海空三军、第二炮兵和民兵预备役部队,在浙东、粤南沿海举行了大规模的诸军兵种联合渡海登陆作战实兵演习,充分显示了中国人民解放军捍卫国家主权和领土完整的坚定立场和坚强决心,展示了解放军维护祖国统一的强大实力。

在东海某海区,由先进的登陆舰艇和近千艘民船运送的数万精兵,在强大的海军舰艇编队、空军作战机群的火力掩护下,向"守敌"发起了排山倒海般的攻击。在南海某海区,广州战区陆海空三军数万精兵渡海登陆联合作战演习同时在两个方向打响。这场演习充分展示了高技术条件下渡海登陆作战的壮观场面。大批新装备使陆海空三军在作战中如虎添翼。先进的作战舰艇、飞机和电子干扰设备使中国人民解放军能够有效地夺取制海、制空和制电磁权。登陆舰艇、气垫船和直升机等现代登陆输送工具使进攻更加势不可挡。数字化炮兵作战系统使"战争之神"反应更加灵敏。覆盖各军兵种、各指挥层次的自动化指挥网络与无人侦察机、战场侦察系统相配合,大大提高了作战指挥效能。演习结束后,中央军委副主席张万年检阅参演部队并做了重要讲话。他指出,最近,李登辉公然背离一个中国的根本原则,大肆鼓吹所谓"两国论"，彻底暴露了他企图把台湾从中国领土分裂出去的狂妄野心，是对祖国和平统一的蓄意破坏，是对全体中国人民的严重挑衅。这次渡海登陆作战实兵演习，充分显示了中国人民解放军捍卫国家主权和领土完整的坚定立场和坚强决心，展示了中国人民解放军维护祖国统一的强大实力。张万年强调指出，我们解决台湾问题的基本方针仍然是"和平统一、一国两制"，但我们绝不承诺放弃使用武力。中国人民解放军将坚定不移地以国家意志为最高意志，以民族利益为最高利益，有决心、有信心、有能力、有办法捍卫国家主权和领土完整，绝不容忍分裂祖国的图谋得逞，绝不坐视任何一寸土地从中国的版图上分裂出去。中国人民解放军正密切注视着事态的发展，随时准备粉碎任何分裂祖国的罪恶行径。①

3. 开展积极的外交活动，坚决遏制"两国论"

中国政府也相继采取了一系列外交行动，遏制"两国论"谬论在国际社会的泛滥与蔓延。1999 年 8 月 19 日，中国驻美国大使李肇星举行记者招待会指出，中国政府对台湾问题的一贯政策是"和平统一、一国两制"，但决不承诺放弃使用武力。针对美国一些政客散布的"美将武力保台"的狂言，李肇星严正指出，中国人民热爱和平，渴望和平，但并不害怕任何人的威胁和讹诈。同日，就尼加拉瓜等极少数国家按照李登辉的"两国论"再次向联大提出所谓"台湾参与联合国"的问题，中国常驻联合国代表秦华孙大使约见联合国常务副秘书长路易丝·弗雷谢特，向她递交了给联合国秘书长安南的信函，重申中国政府在台湾问题上的原则立场。强调世界上只有一个中国，台湾自古以来就是中国不可分割的一部分，所以根本不存在所谓"台湾在联合国代表

---

① 《我军南京广州战区举行诸军兵种联合渡海登陆作战实兵演习》，《人民日报》1999 年 9 月 11 日。

权"问题。

9月8日，江泽民主席在访问澳大利亚时举行的记者招待会上说，台湾问题纯属中国内政。我们解决台湾问题的方针是"和平统一、一国两制"。但是，如果出现"台湾独立"或外国势力干涉的情况，我们绝不放弃使用武力。江泽民说，两岸交流本来出现了一些良好的势头，海协会会长汪道涵原准备 1999 年访问台湾。但是，李登辉公然抛出了"两国论"，这是 12 亿中国人民绝对不能允许的。9月11日，江泽民主席在新西兰又同参加亚太经合组织第七次领导人非正式会议的美国总统克林顿举行了正式会晤。关于台湾问题，江泽民主席说，李登辉抛出"两国论"两个多月以来，受到了全中国人民的强烈反对和谴责。现在，已有100多个国家重申坚持一个中国的严正立场。但李登辉执迷不悟，顽固坚持"两国论"的分裂立场。我们与李登辉的斗争是维护还是分裂中国主权和领土完整的斗争，在这个问题上，我们没有回旋余地。江泽民指出，李登辉抛出"两国论"就是要破坏台湾海峡的和平局面，破坏两岸关系的发展，破坏中美关系的改善并且危及亚太地区的和平与稳定。事实证明，李登辉是麻烦制造者，是改善中美关系的绊脚石。江泽民重申：我们在台湾问题上坚持"和平统一、一国两制"的基本方针，尽一切可能争取和平统一。现在，李登辉分裂祖国行动的升级已经激起了全中国人民的强烈愤慨。为维护国家主权和领土完整，我们绝不承诺放弃使用武力。① 这一系列的活动，向全世界传达了一个明确的信号，这就是以江泽民同志为核心的中央领导集体同以毛泽东、邓小平同志为核心的中央领导集体一样，在保卫祖国领土主权完整、捍卫民族尊严方面是完全一致的，一旦出现台湾从祖国分裂的情况，中

---

① 《江泽民主席与克林顿总统举行正式会晤》，《人民日报》1999 年 9 月 12 日。

国人民解放军和全中国各族人民做好了军事斗争的准备，有决心、有信心、有能力，不怕任何敌对势力的挑战，敢于斗争、敢于胜利，捍卫祖国的统一。

4. 在舆论方面坚决抵制和批判"两国论"

包括新华社、《人民日报》、《解放军报》等在内的中国主要新闻媒体连续发表文章或评论，批判李登辉的分裂谬论，揭露李登辉上台以来的分裂活动和分裂本质。1999 年 7 月 13 日，新华社在题为《评李登辉的分裂言论》的评论员文章中指出，李登辉将两岸关系定位于"国家与国家，至少是特殊的国与国的关系"的赤裸裸的分裂言论，令岛内外民众震惊，也为两岸关系乃至台湾地区前途投下了浓重的阴影。文章说，出于自己不可告人的目的，以台湾同胞的利益、福祉和前途作赌注去进行政治冒险，是非常危险的，这会给台湾人民带来巨大的灾难，势必会遭到包括台湾同胞在内的全中国人民的坚决反对。"玩火者必自焚"，那些心存侥幸的"玩火者"，请悬崖勒马。发展两岸关系，推进祖国和平统一大业的进程，是中华民族共同的心愿，也是历史的必然。任何人想要阻止这一时代的潮流，只能是搬起石头砸自己的脚。随后，新华社于 7 月 17 日、19 日、22 日、28 日，又相继发表了《分裂国家就是历史罪人——再评李登辉的分裂言论》《绝不允许破坏两岸关系的基础——三评李登辉的分裂言论》《分裂没有出路——四评李登辉的分裂言论》《国际社会没有"两国论"的生存空间——五评李登辉的分裂言论》等 4 篇评论员文章，批判"两国论"谬论。7 月 14 日，《人民日报》发表《要害是破坏一个中国原则》的评论员文章，指出，李登辉的分裂言论，其实质是妄图把台湾从中国分割出去，其要害是否定一个中国原则。随后，该报于 9 月 7 日、9 日、12 日、15 日、16 日又连续发表了《一个中国原则的挑衅者——一评李登辉及其"两国论"》《台湾人民利益的背叛者——二评李登辉及其"两国论"》

《中华民族利益的出卖者——三评李登辉及其"两国论"》《海峡两岸关系的破坏者——四评李登辉及其"两国论"》《国际社会的"麻烦制造者"——五评李登辉及其"两国论"》等 5 篇评论员文章，揭露批判"两国论"及其严重危害。7 月 15 日，《解放军报》在《李登辉不要玩火》的评论员文章中则严正警告：中国人民解放军正密切注视着海峡对岸的动向和事态发展，绝不容忍分裂祖国的图谋得逞，绝不坐视任何一寸领土从祖国的版图上分裂出去。人民解放军有坚强的决心和足够的实力，保卫国家的主权和领土完整，维护祖国的统一。港澳等地媒体及有关人士也纷纷发表文章或谈话批判李登辉的分裂言论。7 月 13 日，就李登辉公然称两岸关系是"国家与国家，至少是特殊的国与国的关系"，香港各报纷纷发表社论、社评，痛斥李登辉的分裂言论。香港《文汇报》在题为《李登辉必须悬崖勒马》的社论中指出，李登辉和台湾当局必须认清中国统一是大势所趋、人心所向，立即悬崖勒马，停止对两岸关系的破坏，停止一切分裂祖国的活动。否则，必将自食恶果。《香港商报》发表《"一个中国"原则是两岸关系基础》的社评指出，李登辉的谬论绝非一时失言，其分裂图谋是有迹可寻、清晰可见的。李登辉公然提出分裂主张，证明祖国统一的确具有紧迫感，台湾问题不可能久拖不决，全体中国人不可能对李登辉及台湾当局的分裂言行坐视不理。此外，香港《东方日报》发表的《从明统暗独到内外皆独》、《星岛日报》发表的《司马昭之心路人皆知》等评论，都对李登辉的分裂言论进行了揭露批判。澳门各报也在 7 月 13 日以大量的篇幅刊登批驳李登辉的消息、文章。一些报纸还发表评论，谴责李登辉的分裂言行。《澳门日报》在评论中指出，李登辉背叛包括台湾同胞在内的全体中国人民的根本利益，到头来必定四面楚歌，为历史所唾弃。在台湾地区，一些主张发展两岸关系与和平统一的党派、团体、媒体和人士也表示反对"两国论"，反对按"两国论"进行"修宪""修法"。

5. 两岸"两会"会谈的中止

由于台湾当局李登辉坚持其"两国论"的顽固立场，在大陆海协会与台湾海基会的接触与商谈方面，中国大陆被迫中止了海峡两岸关系协会会长汪道涵预定的访台计划。1999 年春，海协会与台湾海基会根据 1998 年辜振甫参访大陆时所达成的四项共识，就汪道涵访台问题进行了预备性磋商，并初步确定于 1999 年秋天正式访台。但是，李登辉抛出"两国论"后，台湾海基会负责人按照李登辉的论调立即附和，称两岸会谈是所谓"国与国会谈"，使两岸会谈与对话的基础不复存在。1999 年 7 月 12 日，海协会会长汪道涵接受新华社记者采访，针对台湾当局特别是辜振甫有关两岸会谈就是"国与国会谈"发表谈话，指出一个中国原则是两岸关系发展的基础，也是海协会与海基会受权进行相互联系、对话与商谈的基础。他明确表示，辜振甫的讲话使海协会与海基会的接触、交流、对话的基础不复存在，希望辜振甫予以澄清。7 月 30 日，台湾当局发表关于"澄清'国与国会谈'"的所谓"辜董事长谈话稿"，进一步鼓吹李登辉的所谓两岸关系是"特殊的国与国的关系"的谬论。对此，海协会负责人于同日发表谈话指出，这个"谈话稿"进一步鼓吹李登辉的所谓两岸关系是"特殊的国与国关系"的谬论，再次暴露了李登辉顽固分裂中国的图谋，严重恶化了两岸关系，并使两会接触、交流、对话的基础不复存在，李登辉必须承担由此而引起的一切责任和后果。这位负责人说，李登辉鼓吹"两国论"也好，"特殊的国与国关系"也好，完全是一回事。这是所有中国人都坚决反对的，也是国际社会所不能接受的。这位负责人透露，鉴于海基会 7 月 30 日下午来函及所附"谈话稿"严重违背了海协会与海基会 1992 年达成的"海峡两岸均坚持一个中国原则"的共识，海协会不予接收，已正式退回。1999 年 9 月 8 日，正在澳大利亚访问的中国国家主席江泽民会见中外记者，在谈到中美关系中的台湾问题和汪道涵访台问题时，江泽民严肃指出："台湾问题是中美关系中非常敏感的问题。在李登辉抛出'两国论'后，克林顿再三向我表示，美国政府坚持一个中国的政策，遵守美中三个联合公报和'三不'承诺。但与此同时，美国又宣布向台湾地区出售价值5.5亿美元的先进武器装备，对此，中国人民完全不能理解。美国还提出，希望汪道涵按原计划访问台湾。我认为，要实现汪道涵访台，必须要做到以下两条：一是李登辉公开收回'两国论'；二是李登辉只能以国民党主席的身份，而绝不能用所谓'总统'的身份接待汪道涵。"由于台当局拒不收回"两国论"，原定于1999年秋天进行的汪道涵访台计划被迫取消，1998年以来两岸"两会"刚恢复的接触与协商再次中断。这是中国人民不愿意看到的，责任完全在李登辉及其分裂行径。

6. 争取国际社会的支持

由于台湾当局李登辉提出"两国论"，极大地破坏了两岸乃至整个亚太地区局势的稳定，因此国际社会也对"两国论"予以严厉指责，对中国政府反对"两国论"的斗争表示理解和支持。李登辉"两国论"一出笼，美国朝野几乎口径一致地予以批评。为了表示对李登辉蓄意破坏两岸关系的不满，美国政府还采取了一系列举动，一是拒绝接受台湾派遣关于"两国论"的游说团。二是决定取消原定于7月进行的军事代表团访台。三是向台湾派出代表团，向李登辉等人重申美国关于"一个中国"和"三不政策"。日本政府也重申了坚持一个中国的立场。7月13日，日本外务省发言人表示，"日本在涉台问题上的政策没有变化"，"日本坚持1972年签订的日中联合声明中的立场，即日本充分理解和尊重中华人民共和国关于台湾是中华人民共和国领土不可分割的一部分的立场"；"日本将继续只同台湾维持民间和地区性往来"；"日本政府希望台湾海峡两岸通过对话和平解决两岸关系问题"。日本舆论也非常关注"两国论"，各主要媒体都进行了及时密集的报道，认为"两国论"势必对两岸关系及亚太地区局势造成不良影响。此外，泰国、菲律宾、加拿大、俄罗斯、埃及、英国、德国等几十个国家政府以及欧盟也迅速陆续重申坚持"一个中国"政策，批评"两国论"制造台海紧张；英、法、德等欧洲国家的主要舆论还指出，"两国论"是一种冒险行为，将严重冲击两岸关系，并给台湾带来巨大损失。1999年9月，台湾当局将"两国论"作为主调，通过尼加拉瓜等国向联合国大会第七次提出"参与联合国"提案。由于该提案隐含着"两国论"，在会议上，除中国和俄罗斯的代表坚决反对将此提案列入联大议程外，美国、法国、英国代表也首次表态反对。这样，联合国五个常任理事国均表示了拒绝将此案列入联大议程，台湾当局在联合国制造"两个中国"的图谋连续七次遭到惨败，这是对李登辉"两国论"的沉重打击。种种迹象表明，"两国论"在国际社会没有生存的空间，"两国论"的始作俑者最终只能落个被国际社会认为是"麻烦制造者"的名声。

在中国政府的强烈反对以及海内外中国人同声谴责和国际社会重申坚持一个中国政策的压力下，台湾当局鼓吹"两国论"的调门不得不有所降低和软化，不得不公开表示"两国论"不"入宪"、不"修法"，大陆政策没有变。通过反对"两国论"的斗争，使台湾岛内外进一步认清了"台独"的危害性、危险性，在国际社会也基本遏止了"两国论"流毒的发酵和扩散。祖国大陆反对"两国论"的斗争取得了阶段性的胜利。

第十章　加入世界贸易组织
和"走出去"战略

　　在世纪之交，中国改革开放和社会主义现代化建设取得了巨大成就，综合国力得到大幅提升。在全球经济一体化的进程进一步加快的形势下，为了在日益激烈的国际经济竞争中，进一步扩大对外开放，坚持权利与义务的平衡，享受中国应有的权益，提高中国在世界经济中的地位，推进中华民族的复兴，中共中央和国务院作出了"复关"、加入世界贸易组织（英文缩写WTO）的决策。经过长时期的艰难努力，中国终于在2001年12月11日正式加入世界贸易组织。在这样的背景下，以江泽民同志为核心的中央领导集体果断作出实施"走出去"战略的重大决策，以更好地利用国际国内两个市场、两种资源进而继续加快社会主义现代化建设的步伐。1997年至2002年，也是中国对外工作开创新局面的时期。中国根据国际形势的发展变化，坚持正确的对外方针和政策，广泛开展双边和多边外交，积极参与国际交流和合作，中国的国际地位进一步提高。

一、加入世界贸易组织（WTO）

　　加入世界贸易组织，将使中国经济与世界经济在更大范围、更广领域、更高层次上全面接轨，中国国内经济的发展以及经济运行的环境也将因此发生深刻的变化，国际竞争将直接发生在国内市场上，造成"国内市场国际化"的严峻局面，在原本就已供过于求的市场上，企业的生存竞争将更加激烈。在这种形势面前，必须采取必要的对策。实施"走出去"的对外开放战略，就是 20 世纪 90 年代末以来，中共中央和国务院根据新的形势和新的任务，而提出的一项关系中国经济发展全局和前途的重大战略。世界贸易组织是当今世界上最重要的国际经济组织之一。其前身是 1948 年成立的关贸总协定（英文缩写 GATT），中国是关贸总协定的缔约国之一。从 1986 年起，中国为恢复在关贸总协定的缔约国地位到 1995 年后为加入世界贸易组织与美欧等主要缔约方进行了长达 15 年的艰难谈判，最终于 2001 年 11 月 11 日在卡塔尔首都多哈举行的世贸组织第四届部长级会议上通过了中国加入世界贸易组织的一揽子法律文件，12 月 11 日起中国成为世界贸易组织的正式成员。加入世界贸易组织，是中共中央、国务院面对经济全球化趋势加快，从中国经济发展和改革开放的需要出发，作出的重大战略决策，标志着中国对外开放由此进入了一个新的发展阶段。

（一）中国与关贸总协定的渊源

在世界资本主义几百年的发展史上，直至 20 世纪初没有多少值得夸耀的成就。在经济发展方面，各资本主义国家由于国内生产过剩，普遍奉行高关税的贸易保护主义政策，从而严重阻碍了国际贸易的发展，并成为 20 世纪 20、30 年代世界经济大危机、大萧条发生的重要原因。危机使各国意识到加强国际贸易协调与合作的重要性和必要性。1943 年，当第二次世界大战还在如火如荼地进行之中，急于要在大战后确立主导地位的美国，倡议成立一个旨在削减关税，促进贸易自由化的国际贸易组织。

1. 中国是关贸总协定的创始缔约国之一

1944年7月，在美国新罕布什尔州布雷顿森林召开的国际货币与金融会议上，美、英、苏等44个国家决定成立以稳定国际金融、促进世界贸易为基本目标的国际货币基金组织、国际复兴开发银行（即世界银行）和国际贸易组织，作为支撑世界经济发展的三大支柱。第二次世界大战后，美国即向刚刚成立的联合国经济与社会理事会提出召开世界贸易和就业会议的建议，并起草了《国际贸易组织宪章》草案。1946年2月联合国经社理事会通过了这一建议，并成立了由包括中国在内的19个国家组成的筹委会。10月，在英国伦敦召开了第一次筹委会。1947年4月，在日内瓦召开了第二次筹委会，会议期间进行了减税谈判，签订了123项双边关税减让协议。这些协议与拟订中的《国际贸易组织宪章》中的主要条文合并，构成一项单独协定，即《关税和贸易总协定》。总协定的正文分4个部分，即（1）核心条款，规定了多边最惠国待遇原则和关税减让表；（2）有关缔约国贸易政策的规定；（3）有关加入和退出总协定的程序性规定；（4）1965年增订的专门处理发展中国家的贸易和发展问题。共38条。[1]

1947年10月30日，包括中国、澳大利亚、美国、比利时、巴西、缅甸、加拿大、锡兰、智利、古巴、捷克斯洛伐克、法国、印度、黎巴嫩、卢森堡、荷兰、新西兰、挪威、巴基斯坦、南罗得西亚、叙利亚、南非、英国在内的23个国家和地区在日内瓦签署关贸总协定，并自1948年1月1日起生效。上述国家和地区也就成为关贸总协定的创始缔约方。

中国是关贸总协定的创始缔约国之一。1948年4月21日，中国国民政府向关贸总协定提交了《关于接受关贸总协定临时适

---

① 《关税和贸易总协定》，《人民日报》1986年7月12日。

用议定书的文件》，1948 年 5 月 21 日，中国成为关贸总协定缔约国。①

2. 关贸总协定的缔约国席位被台湾当局非法占据及退出

1949 年 10 月 1 日，中华人民共和国成立，成为代表中国的唯一合法政府。但是，由于美国等西方国家对新中国采取敌视政策，中华人民共和国未能继承在联合国的合法席位和在关贸总协定中的缔约国席位，而由败退到中国台湾省的国民党当局非法占据。

然而，由于在台湾的国民党当局难以全面履行在关贸总协定中的相应义务，又不能在关贸总协定中获取任何贸易利益，于是，1950 年 3 月 6 日，台湾的国民党当局通过其所谓"常驻联合国代表"以"中华民国"的名义照会联合国秘书长，决定退出关贸总协定。次日，联合国秘书长致函总协定执行秘书长称，他已答复台湾"外交部长"，退出于 1950 年 5 月 5 日生效，并用电报向关贸总协定各缔约方分别作了通报。到了 20 世纪 60 年代，台湾当局于 1965 年 1 月非法申请加入关贸总协定，要求成为总协定的观察员，获得了关贸总协定观察员席位，列席了关贸总协定缔约方第 22 届大会。

1971 年 10 月，联合国大会通过了《恢复中华人民共和国在联合国的合法权利》的 2758 号决议，中华人民共和国在联合国的合法席位得到了恢复。为了执行联合国的决议，关贸总协定全体缔约方又重新审议了 1965 年通过的接纳台湾为关贸总协定观察员的决定。1971 年 11 月 19 日，根据关贸总协定《缔约方大会程序规则》第 8 条、第 9 条的规定，取消了台湾当局在关贸总协定中的观察员资格。中国恢复联合国席位后，"按照国际惯例，此时中华人民共和国恢复关贸总协定的合法地位，应该是顺理成

---

① 《关税和贸易总协定》，《人民日报》1986 年 7 月 12 日。

章的事情。但是，我国自主决定不参加，当时的考虑主要有两点：一是觉得它还是一个富国俱乐部。当时联合国成员有 100 多个，关贸总协定才四五十个成员，多数是西方发达国家，我们没有必要去凑这个富国俱乐部的热闹。另外一点，它是搞市场经济的，对当时的中国来讲，市场经济就是资本主义的代名词。"①

3. 中国政府正式申请恢复关贸总协定的缔约国地位

1978 年底，中共十一届三中全会确定了改革开放的总方针。强调要在自力更生的基础上积极发展同世界各国平等互利的经济合作。中国开始实施对外开放的国策。1980 年 4 月 17 日，国际货币基金组织正式决定恢复中华人民共和国在该组织的代表权。②1980 年 5 月 15 日，世界银行执行董事会正式决定恢复中华人民共和国在世界银行、国际开发协会和国际金融公司的代表权。③1981 年，为了打破西方国家对中国纺织品的进口限制，扩大中国纺织品和服装出口，中国于 4 月 14 日派团列席了关贸总协定棉纺织品委员会召开的国际纺织品贸易会议，并提出参加第三个《多种纤维协定》。这使中国感到有必要进一步加深对关贸总协定的认识并参与其活动。1982 年 9 月，中国政府正式向关贸总协定总干事阿瑟·邓克尔提出申请，要求成为关贸总协定的观察员。同年 11 月，中国获准成为关贸总协定观察员，24 日至 27 日，中国以观察员身份首次派代表团参加了关税和贸易总协定部长级会议。

在取得观察员资格后，中国政府开始对关贸总协定的重要性

① 石广生：《中国"复关"和加入世贸组织谈判回顾》，《改革开放口述史》，中国人民大学出版社 2014 年版，第 501 页。

② 《国际货币基金组织决定恢复我国的代表权》，《人民日报》1980 年 4 月 20 日。

③ 《世界银行决定恢复我代表权》，《人民日报》1980 年 5 月 17 日。

有了新的认识，并开始积极准备重新加入关贸总协定的有关事宜。1982年底，中国对外经济贸易部、外交部、海关总署等部门就中国恢复关贸总协定问题进行了反复研究和论证，向国务院提交了中国申请加入关贸总协定的报告。在报告中提出了中国的"复关"三项原则与三个要求。"复关"三项原则，一是以恢复方式参加关贸总协定，而非重新加入；二是以关税减让作为承诺条件，而非承担具体进口义务；三是以发展中国家的地位享受相应的待遇，并承担与中国经济和贸易发展水平相适应的义务。所谓"复关"的三个要求，一是要求美国按照关贸总协定的有关原则，给予中国多边无条件的最惠国待遇；二是要求享受发达缔约国给予发展中国家的普惠制待遇；三是要求欧共体取消对中国实施的歧视性贸易限制措施。这三项原则和三个要求，都是根据关贸总协定的相关规定和当时中国经济发展的实际需要提出来的。

此后几年里，中国在关贸总协定的帮助和自身努力下，"复关"进程进行得比较顺利。1985年10月3日至9日，以对外经贸部部长助理沈觉人为团长的中国代表团列席了关贸总协定特别缔约国大会。同年11月6日，关贸总协定理事会根据中国的申请，进一步决定给予中国关贸总协定理事会观察员地位。在此期间，中国代表团在日内瓦还与关贸总协定的主要缔约方美、加、日、欧代表团就中国"复关"问题进行了首次"非正式磋商"，这是中国与关贸总协定主要缔约方就中国"复关"问题接触的开始。

1986年1月4日至11日，关贸总协定总干事阿瑟·邓克尔首次访问中国。当时的中国国务院总理赵紫阳会见了邓克尔，明确向邓克尔表示了中国希望恢复关贸总协定席位的愿望。邓克尔告诉赵紫阳，"他同中国官员进行了很有意义的交谈。他说，中国的经济体制是别具一格的，在世界上还没有先例。他表示将为恢复中国在关贸总协定的地位而继续努力。"① 从此，中国恢复关贸总协定缔约国地位问题被正式提上了中国政府和关贸总协定的议事日程。

3月，中英联合联络小组根据1984年签订的《中英两国政府关于香港问题的联合声明》第3条第6款中关于"香港特别行政区将保持自由港和独立关税地区的地位"的规定，就香港在关贸总协定中的地位问题达成协议，即由中英两国政府联合声明，根据关贸总协定第26条5款（丙）项，使香港成为关贸总协定的一个缔约方。1986年4月23日，根据上述条款，香港正式成为关贸总协定的第95个缔约方。上述条款同时规定，1997年回归中国后的香港特别行政区仍将以"中国香港"名义继续保持这种缔约方地位，享受原有各项权利。

1986年7月11日，中国常驻日内瓦联合国代表团大使钱嘉东遵照中国政府的指示，照会关贸总协定总干事阿瑟·邓克尔先生，正式提出了中国政府关于恢复关贸总协定缔约国地位的申请。申请书说，"中国政府忆及中国是关贸总协定创始国之一，现决定申请恢复它在关贸总协定缔约国地位，并准备就此问题同关贸总协定缔约各方进行谈判。"②

（二）15年"复关""入世"谈判

提出恢复关贸总协定缔约国地位申请后，中国与关贸总协定由此开始了长达9年的"复关"谈判，一直持续到1995年11月。世界贸易组织取代关贸总协定后，从1995年11月起，中国

① 《中国实行的对外开放政策正向广度和深度发展是不可逆转的》，《人民日报》1986年1月11日。

② 《中国申请恢复关贸总协定缔约国地位》，《人民日报》1986年7月13日。

的"复关"谈判转为"入世"谈判，这个谈判又进行了6年，一直到2001年11月世界贸易组织决定中国成为正式成员。中国"复关""入世"进程历尽曲折，漫长的15年谈判让"黑头发变成了白头发"，中国先后更换了四任代表团团长，即沈觉人、佟志广、谷永江、龙永图。大致经过了以下四个阶段：

1. "复关"申请、答疑和综合评估阶段

从1986年7月到1989年5月，为复关申请、答疑和综合评估阶段，即谈判的第一个阶段。

中国政府正式提出"复关"申请后，1986年9月，中国以关贸总协定特别观察员的身份，派出以时任外经贸部部长助理沈觉人为团长的代表团列席了在乌拉圭埃斯特角城举行的关贸总协定缔约方部长级会议，开始全面参加关贸总协定"乌拉圭回合"谈判。

1987年2月13日，依照关贸总协定的有关规定，在经过认真准备后，中国驻日内瓦联合国常驻代表团代表钱嘉东大使代表中国政府，向关税和贸易总协定总干事邓克尔提交了《中国对外贸易制度备忘录》，并附有一封信。① 《中国对外贸易制度备忘录》，详细介绍了中国的经济体制、对外开放政策、对外贸易政策、对外贸易体制、海关关税制度等内容，并表示随时准备与关贸总协定缔约各方进行实质性谈判。同年6月19日，关贸总协定成立了"中国的缔约方地位工作组"（简称中国工作组），经协商，瑞士常驻日内瓦使团的经济大使吉拉德担任中国工作组主席。这个中国工作组的职责范围是：审议中国的外贸制度，起草恢复中国席位的议定书，提供进行关税减让表谈判的场所以及讨论有关中国与关贸总协定的其他问题，包括缔约方作决定的程序

① 《我代表向关贸总协定提交对外贸易制度备忘录 要求尽早恢复中国缔约国地位》，《人民日报》1987年2月15日。

问题，并向理事会提出建议。

7月15日，中国政府派外经贸部部长助理沈觉人带队赴日内瓦，与中国工作组主席吉拉德进行了第一次正式会见，标志着中国"复关"工作进入实质性操作阶段。10月22日至24日，中国工作组第一次会议在日内瓦召开，中国驻日内瓦联合国常驻代表团大使钱嘉东率团出席了会议。11月16日，针对关贸总协定缔约各方对中国外贸制度提出的大小329个问题，中国政府向关贸总协定提交了《中国对外贸易制度备忘录》，就这些问题作了答复，同时表明了中国政府对关贸总协定的立场、原则。以此为基础，1988年2月、4月、6月、9月，关贸总协定中国工作组又先后召开了第二、三、四、五次会议。在这些会议上，中国代表团就有关缔约方提出的问题作了进一步的口头答疑，并提供了必要的背景材料。经过这几次工作组会议，关贸总协定基本完成了对中国对外贸易制度的答疑过程。接着，在1989年2月、4月召开的第六、七次中国工作组会议上，关贸总协定又完成了对《中国对外贸易制度备忘录》的综合评估工作，中国复关议定书框架草案已跃然纸上。与此同时，1989年5月，中美关于中国"复关"的第五轮双边磋商在北京举行，磋商取得实质性进展，中国有望在1989年底结束"复关"谈判。

这一阶段的"复关"谈判之所以进展较为顺利，主要有以下几方面原因：第一，中国外交上务实的作风，使中国与主要西方国家的关系有了重大改善。中国改革开放的进程位居各社会主义国家前列。第二，各主要缔约国对中国"复关"的要价比较适中务实，并认可当时中国的经济实际，"门槛"没有人为地抬高。这决定了谈判内容相对简单，涉及的问题也不像后来那样广泛和复杂。这一阶段也是关贸总协定"乌拉圭回合"谈判开始进行之时，各方所有要价均是基于关贸总协定的规则提出的，主要涉及的是货物贸易的市场准入问题，而没有涉及更为庞大、困难的知识产权保护、投资措施、服务业市场准入等问题。

2. 多边谈判事实上均陷入了停顿状态

从 1989 年 6 月到 1992 年 1 月是谈判的第二个阶段，也是"复关"谈判因政治因素干扰而陷于停顿阶段。1989 年春夏之交中国发生政治风波后，以美国为首的西方发达国家对中国实行经济制裁，并把暂时不让中国"复关"作为其经济制裁的一项主要内容，加之中国国内经济也正处在治理整顿阶段，中国"复关"谈判涉及的双边磋商和以日内瓦工作组形式进行的多边谈判事实上均陷入停顿状态。

中国国内政治风波平息后，美、欧等主要发达国家缔约方对中国"复关"采取消极态度，并出于政治考虑对中国故意挑刺，认为中国自 1988 年以来治理整顿的一系列经济政策是改革开放的倒退，企图推翻已在前七次工作组会议上达成的成果，提出要对中国的对外贸易制度进行重新评估。为此，1989 年 11 月，中国政府向关贸总协定提交了《关于中国外贸制度最近情况的说明》，着重阐明了中国改革开放与治理整顿的关系，特别强调指出当时中国经济严重过热，通货膨胀率太高，经济生活中的不正常现象太突出，尤其是双重价格体制造成的负面作用太大。不加以整顿与治理，将会极大地损害中国经济的持续稳定增长，也会严重威胁改革开放已取得的成果，阻碍改革开放的进程，并说明治理整顿后更利于推进改革开放。

原本应在 1989 年 7 月举行的第八次中国工作组会议被推迟了 5 个月，12 月在日内瓦举行。在这次会议上，中国代表团团长沈觉人就起草中国恢复缔约国地位议定书问题重申了中国政府的立场，他说："早日恢复中国缔约国地位，必将为巩固多边贸易体制、促进世界经济贸易的发展作出贡献，而且有利于促进中国的进一步改革开放和扩展同各国的经济贸易交往。"① 但是，这次会议并没有就任何问题达成更新的、富有成效的结果，其象征意义更大于实际意义。在经过漫长的近 10 个月的时间后，1990 年 9 月 19 日至 20 日，中国工作组第九次会议终于在日内瓦召开。这次会议最突出的变化是，美欧等主要缔约方对中国"复关"明显带有政治偏见，故意刁难中国工作组的工作，乃至推翻工作组各缔约方近 4 年来所取得的谈判成果。

谈判出现转机。中国"复关"谈判出现转机是在 1991 年 5 月关贸总协定总干事邓克尔访华以后。5 月，邓克尔应邀出席在北京召开的榨油商协会第六十五届大会。邓克尔在中国期间，时任国务院总理的李鹏会见了邓克尔先生。5 月 20 日，邓克尔出席了对外经贸大学 GATT 研究会成立大会，并发表了演讲。邀请邓克尔到对外经贸大学出席 GATT 研究会成立大会，还有一层考虑，就是想借此机会让他看到中国对关贸总协定的高度重视，进一步加深对中国推进改革开放的印象，让其通过亲身体验更好地做各缔约方的工作，积极支持中国"复关"。

1991 年也是中国政府领导人努力推进中国"复关"谈判的一年。1991 年 10 月 19 日，国务院总理李鹏致函与中国有外交关系的关贸总协定各缔约方首脑和关贸总协定总干事，表明中国政府积极参与多边贸易体制的决心，中国参加关贸总协定既享受权利，也承担一切应承担的义务，以此推动中国恢复总协定缔约国地位的谈判工作，并阐述中国政府对台湾地区作为中国的单独关税区参加关贸总协定问题的立场。同年 11 月 25 日，中国"复关"首席谈判代表，外经贸部副部长佟志广到日内瓦，会见了关贸总协定主要缔约方及部分发展中国家的谈判代表、关贸总协定

---

① 《关贸总协定继续审议恢复我缔约国地位问题》，《人民日报》1989 年 12 月 15 日。

总干事邓克尔、中国工作组主席吉拉德等，向其介绍了中国治理整顿以来经贸体制改革取得的最新进展，进一步阐明了中国在未来十年期间经济体制改革的方向及外贸体制改革与关贸总协定的一致性，希望各缔约方及关贸总协定本身抛弃政治偏见，充分认识中国对"复关"的坚定信念和对多边贸易体制的积极影响，妥善处理好中国台湾地区加入关贸总协定涉及敏感的双边乃至全球政治经贸关系的问题，尽可能多地吸纳不同政治与经贸体制的国家或地区加入关贸总协定，以扩大多边贸易体制的代表性，让多边贸易体制真正成为影响全球大多数国家和地区经贸活动的"贸易的交通规则"。

1991 年，中国与关贸总协定及非关贸总协定缔约方的对外经贸关系也有了很大的改善，从国家元首到政府成员，尤其是对外经贸部、外交部的领导频繁出访或邀请与中国有经贸合作关系的国家或地区的政府领导人、负责经济贸易事务的政府高官访华，双边经贸、外交取得了很大的成就，为中国工作组第十次会议的召开创了良好的氛围。

这个阶段的中国"复关"谈判之所以出现波折，几乎陷于停滞，除了关税等方面的原因外，还有以下一些原因：一是冷战期间掩盖、冷战后释放出来的中美双边经贸纠纷，如知识产权保护、纺织品非法转口、贸易不平衡和市场准入等成为多边解决中国"复关"的障碍，解决这些问题成为解决中国"复关"的先决条件，而且美方把双边贸易问题是否妥善解决同中国"复关"谈判挂钩；二是关贸总协定"乌拉圭回合"谈判因美欧农产品补贴问题陷入僵局，关贸总协定和有关各方无心关注中国"复关"谈判；三是台湾当局于 1991 年元旦以"台澎金马"名义提出加入关贸总协定申请，使台湾这个中美双边关系中的敏感问题卷进了中国"复关"谈判中，使复关谈判因 1989 年春夏之交发生的政治风波政治化倾向日趋加强。所有这些，都构成了中国"复关"谈判的阻碍因素。

3. 复关谈判重新启动与实质性谈判

第三个阶段，从 1992 年 2 月至 1995 年 11 月，这是"复关"谈判重新启动与实质性谈判的攻坚阶段。经过中国政府和有关部门积极有效的工作，1992 年 2 月，关贸总协定中国工作组第十次会议在日内瓦召开。在会议正式召开前，由外经贸部副部长佟志广率领的中国代表团与美、欧等主要缔约方关贸总协定理事会先行进行了广泛的非正式磋商，从而为开好这次会议做了充分准备。

在中国工作组第十次会议召开前后，1992 年 1 月 18 日至 2 月 21 日，中国改革开放的总设计师邓小平视察武昌、深圳、珠海、上海等地并发表重要讲话，随后中共十四大明确提出了中国经济改革的目标是建立社会主义市场经济体制。市场经济改革目标的确立，从根本上破解了曾困惑中国"复关"谈判多年的关于中国实行的是什么样的经济体制这一难题。

正是在这一背景下，1992 年 10 月 21 日至 23 日，关税和贸易总协定中国工作组在日内瓦举行第十一次会议，讨论关于恢复中国关贸总协定缔约国地位的议定书。中国代表团团长、经贸部副部长佟志广说，这次会议将最终完成对中国外贸制度的审议，进入中国恢复缔约国地位议定书中权利和义务的实质性谈判。①

同年 12 月，关贸总协定中国工作组举行了第十二次会议，会议继续就恢复中国缔约方地位的议定书问题进行实质性的谈判，并形成了非正式议定书的初步框架。1993 年 3 月至 1994 年 7 月，关贸总协定中国工作组又相继召开了第十三至十七次会议，继续就恢复中国缔约方地位的议定书问题进行实质性的谈判。但

---

① 《关贸总协定中国工作组举行第十一次会议　讨论关于恢复中国缔约国地位的议定书》，《人民日报》1992 年 10 月 22 日。

是，由于以美国为代表的西方国家对中国议定书谈判和市场准入谈判的要价不仅涉及贸易管理、关税与非关税措施、贸易政策统一实施的透明度等问题，而且把一些不属现行关贸总协定义务，如知识产权保护、服务业市场开放、农产品与纺织品贸易以及纯属中国国内宏观经济调控措施和司法主权的事务等也涉及在内，谈判再次拖延。

针对这种情况，1993 年 11 月，国家主席江泽民在美国西雅图同美国总统克林顿会晤时，明确提出了中国政府处理这个问题的三条原则，"第一，关贸总协定是一个国际性组织，如果没有中国这个最大的发展中国家参加是不完整的；第二，中国要参加，毫无疑问是作为发展中国家参加；第三，中国加入这个组织，其权利和义务一定要平衡。"① 之后，根据谈判的进程和斗争的需要，中共中央、国务院从政治上、战略上考虑，相继提出了"态度积极、方法灵活、善于磋商、不可天真"和"态度积极、坚持原则、我们不急、水到渠成"② 等工作方针，根据形势的需要，及时把握谈判的时机和分寸，积极为加入世界贸易组织问题创造有利条件。

1994 年 4 月 12 日至 15 日，关贸总协定部长级会议在摩洛哥的马拉喀什举行，"乌拉圭回合"谈判结束。与会各方签署了《乌拉圭回合谈判结果最后文件》（本节简称《最后文件》）和《建立世界贸易组织协议》。中国代表团参加了会议并签署《最后文件》。

1994 年 8 月底，中国提出改进后的农产品、非农产品和服务贸易减让表，作为解决"复关"问题的一揽子方案，并从 9 月至 10 月派出以海关总署署长吴家煌为团长的市场准入代表团，在日

---

① 《江泽民文选》第 2 卷，人民出版社 2006 年版，第 584 页。
② 《江泽民文选》第 2 卷，人民出版社 2006 年版，第 530 页。

内瓦与主要缔约方进行了 50 多天的谈判。

面对美国等主要缔约方的漫天要价，中国于 1994 年 11 月 28 日明智地作出了"1994 年底为结束中国复关实质性谈判最后期限"的决定，以推动主要缔约方丢掉幻想，要价适可而止，对中国复关谈判采取务实灵活的态度。

1994 年 11 月 28 日至 12 月 19 日，外经贸部部长助理龙永图率中国代表团在日内瓦就市场准入和中国复关议定书问题与主要缔约方进行谈判。在这个关系中国能否在关贸总协定结束其历史使命、世界贸易组织成立前"复关"成功的关键谈判中，中国代表团为了国家利益，与美欧谈判代表展开了激烈交锋和讨价还价。但终因美欧要价过高和蓄意阻挠，中方没能与其他缔约方就中国"复关"和成为世界贸易组织创始国问题达成协议，中国"复关"在最后阶段冲刺未果。

1994 年 12 月 20 日，中国工作组第十九次会议在日内瓦举行。在这次会议上，中国"复关"第三任首席谈判代表谷永江在发言中严厉谴责少数缔约方漫天要价，无理阻挠，使"复关"谈判未能达成协议。他表示，"中国复关的基本原则是权利和义务的平衡，中国是一个发展中国家，只能承担乌拉圭回合协议中规定的相应义务，中国决不会为复关不惜一切代价，中国决不接受超出其经济承受能力、损害其根本利益的任何条件。"① 谷永江明确地阐述了中国在"复关"和其后的"入世"谈判中始终坚持的原则立场。

1995 年 3 月 11 日至 13 日，美国贸易代表坎特访问中国，与外经贸部部长吴仪就中国复关问题达成 8 点协议，同意在灵活务实的基础上与中国进行"入世"谈判，并同意在"乌拉圭回合"

① 《我复关协议未能达成——我政府代表团团长重申，中国是发展中国家，决不会为复关不惜一切代价》，《人民日报》1994 年 12 月 21 日。

协议的基础上实事求是地解决中国发展中国家地位的问题。1995年5月，应关贸总协定中国工作组主席吉拉德的邀请，外经贸部长助理龙永图率中国代表团赴日内瓦与主要缔约方就中国复关进行非正式双边磋商。此次磋商被西方媒体称为"试水"谈判。

4. "复关"谈判转成"入世"谈判

谈判的第四个阶段，从1995年11月到2001年11月，这是中国"入世"谈判阶段，也是继续实质性谈判阶段。1995年1月1日，世界贸易组织正式成立，但关贸总协定继续存在1年。1995年12月31日，关贸总协定最终结束了它的历史使命，于是从1995年11月起，中国的"复关"谈判就转成"入世"谈判。同恢复关贸总协定缔约方地位相比，加入世界贸易组织的程序进一步复杂化，同时世界贸易组织的成员国增多，所管理的范围大大增加，这一切都增加了中国"入世"的复杂性和难度。

1995年11月，中国政府照会世界贸易组织总干事鲁杰罗，把"中国复关工作组"更名为"中国入世工作组"，主席仍为瑞士人吉拉德。同月，美国向中国递交了一份关于中国"入世"的非正式文件，即所谓的"交通图"，罗列了对中国"入世"的28项要求。1996年2月12日，中美就中国"入世"问题举行了第十轮双边磋商。中方对美方的"交通图"逐点作了回应。

1996年3月2日，中国"入世"首席谈判代表龙永图率领中国代表团赴日内瓦出席世贸组织中国工作组第一次会议，并在会前和会后与世贸组织主要成员进行了双边磋商，但未能就中国能否享受世贸组织协定规定的有关发展中国家待遇条款等关键问题达成一致。1996年10月30日至11月1日，世贸组织中国工作组举行第二次会议，中国代表团和与会的20多个世贸组织成员就中国加入该组织的议定书草案和6个附件进行了深入讨论，取得重要进展。1997年2月、3月，以中国"入世"首席谈判代表龙永图副部长为首的中国代表团在日内瓦出席了世贸组织中国工作组第三次会议。经过磋商，会议在有关中国外贸经营权等重大问题上取得了显著进展。1997 年 4 月，时任世贸组织总干事鲁杰罗应中国政府邀请到北京访问。李鹏总理、李岚清副总理会见了鲁杰罗，双方就中国"入世"问题交换了意见。李鹏在会见鲁杰罗时强调：中国加入世贸组织的政策是一贯的，但对中国的要求不能超越中国现在经济发展的水平，更不能把中国加入世贸组织的问题政治化。鲁杰罗说，他一直关心中国加入世贸组织的进程，他将继续作出努力推动谈判进程，使中国早日加入世贸组织。①

5 月，世贸组织中国工作组举行第四次会议。会议就中国加入世贸组织议定书中关于非歧视原则和司法审议两项主要条款达成协议。同年 7 月 31 日至 8 月 1 日，世贸组织中国工作组举行第五次会议，在这次会议上，中国代表团团长、首席谈判代表龙永图宣布了中国政府在进一步降低关税、消除非关税壁垒和取消农产品出口补贴等方面采取的重大步骤。1998 年 4 月 8 日，世贸组织中国工作组第七次会议在日内瓦结束。鉴于"入世"谈判进入攻坚阶段，为了统一对世贸组织谈判进行研究和作出决策，国务院专门成立了以国务委员吴仪为组长、各有关部门主要领导为成员的世贸组织工作小组②。

6 月 17 日，江泽民接受美国记者采访时再次阐述中国"入世"三原则：第一，世贸组织没有中国参加是不完整的。第二，中国毫无疑问要作为一个发展中国家加入世贸组织。第三，中国的"入世"是以权利和义务的平衡为原则的。进入 1999 年后，中美各个层级的谈判加速进行。3 月 15 日，在九届人大二次会议

①　《李鹏会见世贸组织总干事》，《人民日报》1997 年 4 月 23 日。

②　《让历史铭记这十五年——中国加入世贸组织谈判备忘录》，《人民日报》2001 年 11 月 11 日。

结束时举行的记者招待上，一向以率直著称的朱镕基总理感慨地说："中国进行复关和入世谈判已经 13 年，黑头发都谈成了白头发，该结束这个谈判了。"① 3 月 30 日，美国贸易代表巴尔舍夫斯基再次来华，并与国务委员吴仪举行了会谈，谈判取得重要进展。朱镕基总理在会见巴尔舍夫斯基时指出，中方愿意充分考虑美方提出的要价单，并有诚意与美方达成协议，希望美方要拿出政治意愿，加快中国"入世"进程。4 月 6 日至 13 日，朱镕基总理访问美国，并与克林顿总统就中国入世问题举行了会谈。在双方已在 90% 的谈判问题上达成一致的情况下，中美本来可以结束双边谈判，但是美国由于国内政治上的原因，最终错失了与中方达成协议的机会。1999 年 4 月底，美国首席谈判代表卡西迪率团来京，就双方遗留下来的问题继续谈判。紧接着，中国和欧盟的谈判也在加紧进行。这一切迹象似乎都预示着中国"入世"已经曙光在前。但是，正当人们翘首等待"入世"黎明到来的时候，1999 年 5 月 8 日，以美国为首的北约悍然轰炸中国驻南斯拉夫大使馆，造成中国人员重大伤亡和财产的严重损失。面对北约暴行，中国人民群情激愤，中国和美国的外交关系降到了近 10 年来的最低点。

1999 年 9 月 11 日，江泽民与出席 APEC 领导人非正式会议的美国总统克林顿举行正式会晤，双方同意恢复双边世贸组织谈判。在两国最高领导人的直接过问下，1999 年 11 月 9 日至 15 日，中美两国就中国加入世贸组织问题在北京重开谈判。美国政府在此次中国加入世贸组织谈判的最后阶段，表现了较为积极的态度。但是谈判的过程仍然是非常艰苦的。从 11 月 9 日开始，经过 3 天谈判，美方仍固守防线，不愿让步，12 日扬言要退掉房

---

① 《九届人大二次会议举行记者招待会　朱镕基总理会见中外记者回答记者提问》，《人民日报》1999 年 3 月 16 日。

间，乘机回国。11 月 14 日，双方重开谈判，仍然在电讯业股权安排、保险业业务限制、股权及地域限制方面、银行业开放时间、证券行业进入股权及地域等方面存在差异，未能签署协议。

15 日下午，朱镕基总理又亲自会见了巴尔舍夫斯基一行，与美方就主要焦点问题展开详尽的谈判。经过两个多小时的紧张谈判后，15 日下午 3 时 15 分，中美双方代表石广生和巴尔舍夫斯基终于签署了关于中国"入世"的双边协议。

中美双边协议是一个"双赢"的协议，它的签署扫除了中国在加入世贸组织进程中的最大障碍，标志着在经过 13 年的漫长等待之后，中国加入世贸组织终于取得了突破性和决定性的重要进展。在中美双边协议后，1999 年 11 月 26 日、2000 年 5 月 19 日、2000 年 9 月 27 日，中国又与加拿大、欧盟、瑞士结束了关于中国加入世贸组织的双边谈判。

2000 年 9 月 28 日，世界贸易组织中国工作组第十二次会议在日内瓦召开。会议讨论了中国加入世贸组织的多边法律文件。这标志着中国入世工作的重点已经从双边谈判转入多边谈判，中国着手进行加入世贸组织的各项准备工作。2001 年 6 月 28 日至 7月 4 日，世贸组织中国工作组第十七次会议完成了中国加入世贸组织多边文件的起草工作。

2001 年 9 月 12 日，世贸组织中国工作组第十八次会议召开，这次定于 13 日结束的会议本应审议并最后通过中国入世议定书及附件和工作组报告书等中国"入世"的所有法律文件，从而结束中国长达 15 年的"入世"谈判；但因为 11 日突发美国遭受恐怖袭击事件，影响了美国贸易代表的工作，第十八次会议推迟到 9 月 17 日结束。9 月 13 日，在新落成的中国驻日内瓦代表团经贸处办公楼，中国常驻联合国日内瓦代表团大使沙祖康与墨西哥驻世贸组织大使佩雷斯·墨塔签署了双边协议。至此，中国全部完成了与世贸组织 138 个成员中向中国提出谈判要求的 36 个成员的双边市场准入谈判。签字仪式后，中国加入世贸组织谈判代表团团长龙永图说，今天是一个重要的日子，中墨签署双边协议标志着中国与所有世贸组织成员的双边市场准入谈判全部结束。①墨塔大使表示，这是一个历史性的时刻。双边协议的签署，充分说明了墨西哥政府发展中墨经贸关系的良好愿望，两国双边经贸关系将会因此而得到更好的发展。他衷心希望在不久的将来，中国能成为世贸组织的正式成员。

9 月 15 日，世界贸易组织中国工作组第十八次会议的非正式会谈在世贸组织总部圆满结束，会议就中国加入世界贸易组织的法律文件达成一致。世贸组织新闻发言人凯斯·罗克威尔介绍，这次非正式会谈对中国"入世"的法律文件作了最后的讨论和修改，最后的定稿将提交 17 日的正式会议通过。世贸组织总干事穆尔也在 15 日凌晨发表题为《我们为中国取得突破喝彩》的书面声明中说："我期待着 17 日的中国工作组会议，能够正式向各国部长们推荐中国入世的文件，为今年 11 月举行的多哈会议批准中国入世创造条件。"

9 月 17 日，下午 3 时 30 分至 5 时 20 分，世贸组织中国工作组第十八次会议在世贸组织总部举行正式会议，通过了中国加入世贸组织的所有法律文件，并提交总理事会审议。于 1987 年 3 月 4 日成立的中国工作组也随之结束了历时 14 年零 6 个月的历史使命。

（三）加入世界贸易组织的机遇与挑战

2001 年 11 月 10 日，世界贸易组织第四届部长级会议在卡塔尔首都多哈举行。北京时间晚 23 时 39 分，在没有任何反对意见

---

① 《我与所有世贸组织成员双边市场准入谈判全部结束　中国和墨西哥达成双边协议》，《人民日报》2001 年 9 月 14 日。

的情况下，会议以全体协商一致的方式，审议并通过了中国加入世界贸易组织的法律文件。11日，中国加入世贸组织议定书签字仪式在多哈喜来登酒店举行，中国代表团团长石广生在议定书上签字。议定书签署后，石广生向世贸组织总干事穆尔递交了由中国国家主席江泽民签署的中国加入世贸组织批准书。按照世贸规则，30天后，即从2001年12月11日起，中国成为世贸组织正式成员。

在长达15年之久的谈判过程中，有许多经验可以总结，首先是中共中央和国务院明确提出了中国加入世界贸易组织（包括关贸总协定）三条原则，在原则问题上中国不让步。这三条原则是：第一，关贸总协定是一个国际性组织，如果没有中国这个最大的发展中国家参加是不完整的；第二，中国要参加，毫无疑问是作为发展中国家参加；中国加入这个组织，其权利和义务一定要平衡。其次，在艰难的谈判过程中，又根据谈判的进程和斗争的需要，中国政府从政治上、战略上考虑，相继提出了"态度积极、方法灵活、善于磋商、不可天真"和"态度积极、坚持原则、我们不急、水到渠成"① 等工作方针。第三，中国政府先后派出沈觉人、佟志广、谷永江、龙永图四任团长参加双边和多边谈判，他们坚持原则、不屈不挠、为维护国家利益作出了贡献。从1986年7月中国申请恢复在关贸总协定的地位到为加入世界贸易组织与美、欧等主要缔约方进行了长达15年的艰苦谈判，终于以互相妥协、兼顾各方利益，双赢或多赢的结果结束。

2001年11月在卡塔尔首都多哈举行的世贸组织部长级会议上通过了中国加入世贸组织的一揽子法律文件，从当年12月11日起中国成为世贸组织正式成员。中国对外开放由此进入了一个

---

① 《通报中央政治局常委"三讲"情况的讲话》（2000年1月20日），《江泽民文选》第2卷，人民出版社2006年版，第530页。

新的发展阶段。

中国加入世界贸易组织，将会对近远期中国改革开放和经济社会的发展产生直接而重大的影响，是中国对外经贸在 21 世纪实现快速、持续发展的一次重要机遇。中国加入世贸组织有如下的积极作用：第一，有利于协调与世界各国的经贸关系，维护中国企业的正当利益，扩大出口。可依照世贸组织有关法规和程序，维护中国出口企业的正当权益。第二，有助于促进中国社会主义市场经济新秩序的建立。第三，将有利于在全国建立公平竞争的秩序。第四，将会促进中国社会主义市场经济的法制化建设。第五，有利于中国调整产业结构，改善产品素质，提高企业竞争力。第六，有利于改善和进一步加强中国与世界各国的经贸合作，促进双边和多边关系的长期稳定发展。第七，有利于大陆与港澳台地区之间经贸关系的发展，有利于加快祖国和平统一进程。最后，中国加入世贸组织，有助于扩大中国在国际事务特别是在国际贸易方面的介入范围。不仅可以在政治上和国际事务方面提高中国的国际地位和维护国家主权，而且可以通过在制定国际贸易规则中发挥作用、施加影响，来维护中国的经济利益和经济安全，及时调整和制定中国对外贸易战略，避免中国在国际贸易中的被歧视和遭受不平等的待遇。

加入世贸组织虽然能给中国对外经济贸易的发展带来诸多好处，但并不意味着不需要付出任何代价。"入世"犹如一把锋利的双刃剑，既有"利"也有"弊"。弊是因为中国在加入世贸组织后必须履行世贸组织的一系列义务。根据中国与世贸组织有关缔约国的谈判结果，中国在"入世"后应承担的世贸组织义务，主要有以下几个方面：一是较大幅度地削减进口关税；二是逐步取消非关税壁垒，如进口许可证、进口配额、外汇管理等；三是增加外贸政策透明度，如取消各种内部规定，公布外贸政策、法规等；四是开放服务贸易市场；五是扩大对知识产权的保护范围；六是放宽对引进外资的限制；等等。承担这些义务，将不可避免地给中国国内经济带来一定的冲击和挑战。

二、实施对外开放"走出去"战略

加入世界贸易组织，将使中国经济与世界经济在更大范围、更广领域、更高层次上全面接轨，中国国内经济的发展以及经济运行的环境也将因此发生深刻的变化，国际竞争将直接发生在国内市场上，造成"国内市场国际化"的严峻局面，在原本就已供过于求的市场上，企业的生存竞争将更加激烈。在这种形势面前，必须采取必要的对策。实施"走出去"的对外开放战略，就是 20 世纪 90 年代末以来，中共中央和国务院根据新的形势和新的任务，而提出的一项关系中国经济发展全局和前途的重大战略。

（一）"走出去"战略的酝酿和提出

"走出去"和"引进来"是对外开放的两个方面，二者相辅相成，缺一不可。1978 年 12 月，中共十一届三中全会作出改革开放伟大决策的时候，中国的经济状况和综合实力决定了中国当时的对外开放，只能是以"引进"为主，即引进技术、引进资金、引进人才。虽然在 20 世纪 80 年代初也提出了我们要利用两种资源，首先是国内资源，其次是国际资源；开拓两个市场，首先是国内市场，其次是国际市场；学会两套本领，一是管理国内经济的本领，二是开展对外经济贸易的本领等政策方针。[①] 但主

---

① 《当前的经济形势和今后经济建设的方针——1981 年 11 月 30 日和 12 月 1 日在第五届全国人民代表大会第四次会议上的政府工作报告》，《人民日报》1981 年 12 月 14 日。

要是由于经济实力等原因，利用国际资源和市场等工作进展不大。到 20 世纪 90 年代后期，中国改革开放和社会主义现代化建设新时期过了已经 20 年，20 年不仅经济建设取得重大成就，国家综合实力也大幅提升。为更健康快速和可持续发展，即充分利用国际国内两个市场和两种资源，中国开始酝酿实施"走出去"的发展战略。这个战略是逐步提出和确定的。

1996 年 5 月 8 日至 22 日，江泽民访问肯尼亚、埃塞俄比亚、埃及、马里、纳米比亚、津巴布韦六国，访问的地区涉及东非、北非、西非和南部非洲。同年 7 月 26 日，江泽民在河北省唐山市考察工作时明确提出："要加紧研究国有企业如何有重点有组织地走出去，做好利用国际市场和国外资源这篇大文章。广大发展中国家市场十分广阔，发展潜力很大。我们要把眼光放远一些，应着眼于未来、着眼于长远，努力加强同这些国家的经济技术合作，包括利用这些国家的市场和资源搞一些合资、合作经营的项目。"① 1997 年 9 月，江泽民在中共十五大报告明确提出了"鼓励能够发挥我国比较优势的对外投资，更好地利用国内国外两个市场、两种资源"② 的战略方针。1997 年 12 月江泽民在会见全国外资工作会议代表时就强调："实施'引进来'和'走出去'相结合的开放战略"。③ 这是江泽民第一次正式提出了"走出去"的对外开放思想。

1998 年 2 月 26 日，在中共十五届二中全会上，江泽民再次强调："在积极扩大出口的同时，要有领导有步骤地组织和支持一批有实力有优势的国有企业走出去，到国外主要是到非洲、中

---

① 《江泽民文选》第 2 卷，人民出版社 2006 年版，第 94 页.

② 中共中央文献研究室编：《十五大以来重要文献选编》（上），人民出版社 2000 年版，第 29 页。

③ 《江泽民文选》第 2 卷，人民出版社 2006 年版，第 91 页。

亚、中东、东欧、南美等地投资办厂。既要'引进来'，又要'走出去'，这是我们对外开放相互联系、相互促进的两个方面，缺一不可。"① 1998 年 3 月 9 日，江泽民在参加九届全国人大一次会议广东代表团讨论时指出，广东是中国最早实行对外开放政策的地区之一，在全国改革和发展的总体格局中具有重要的位置。要进一步扩大对外开放，大力发展外向型经济，提高利用外资水平。广东对外开放的成效如何，举足轻重。要扬长避短，趋利避害，充分利用国内国外两个市场、两种资源。千方百计扩大出口，适当增加进口。积极吸引外国企业到中国来投资办厂，同时鼓励有实力的企业走出去。

1998 年 5 月 14 日，在中共中央、国务院召开的国有企业下岗职工基本生活保障和再就业工作会议上，江泽民再次提出："要进一步研究如何加快实施'走出去'的发展战略。非洲、中东、中亚、南美等地区的广大发展中国家，市场很大，资源丰富，我们应该抓紧时机打进去。要组织一批有条件的国有企业出去投资办厂。有些国有企业已经这样做了，并取得了很好的效果。加快实施这个战略，不仅有利于我们的设备、技术、产品的出口，也有利于扩大我们的劳务输出。我国人口占世界人口的百分之二十二，但在国际劳务市场上只占百分之零点三，在这方面应该大有文章可做。"他强调："要努力通过到国外搞工程承包、资源开发和经济技术合作等方式，带动国内相关企业的发展，缓解就业的压力。"江泽民同时要求，在进行这方面工作时，"不能一哄而起，要加强调查研究，加强市场论证，既积极又稳妥，逐

---

① 中共中央文献研究室编：《十五大以来重要文献选编》（上），人民出版社 2000 年版，第 208 页。

步探索出一条比较符合我国实际的'走出去'发展的路子。"①
1999 年 9 月中共十五届四中全会通过的《中共中央关于国有企业
改革和发展若干重大问题的决定》进一步强调："鼓励国有企业
合理利用国内外两个市场、两种资源，提高国际竞争力"，对
"确有条件的国有企业发挥比较优势到国外设立企业，开拓国际
市场，国家要给予必要的政策支持，并加强监管。"②

　　以上说明以江泽民同志为核心的中央领导集体审时度势，站
在 21 世纪中国发展的高度，从战略上对中国的可持续发展进行
思考和谋划。

（二）"走出去"战略确定为国家重大战略

　　进入 2000 年，中国政府明确把"走出去"概括为一项开放
战略，江泽民指出：不失时机地实施"走出去"战略，把"引进
来"和"走出去"紧密结合起来，这是我们扩大对外开放，积极
参与国际合作与竞争并掌握主动权的必由之路。③ 有计划、有步
骤地走出去投资办厂，与各国特别是发展中国家搞经济技术合
作，这同西部大开发一样，也是关系中国发展全局和前途的重大
战略之举。

　　2000 年 3 月 5 日，朱镕基总理在九届人大第三次会议上所作
的政府工作报告中，也明确提出要进一步扩大对外开放，"鼓励
国内有比较优势的企业到境外投资办厂，开展加工贸易，或者合

---

① 　中共中央文献研究室编：《十五大以来重要文献选编》（上），人
民出版社 2000 年版，第 366—367 页。

② 　中共中央文献研究室编：《十五大以来重要文献选编》（中），人
民出版社 2001 年版，第 1021 页。

③ 《江泽民在参加上海代表团审议时强调　适应新形势　迎接新挑
战　增创新优势　赢得新发展》，《人民日报》2000 年 3 月 8 日。

作开发资源。"①

2000 年 10 月，中共十五届五中全会通过的《关于制定国民经济和社会发展第十个五年计划的建议》（本节简称《建议》），在第十二部分深刻分析了世纪之交中国对外开放面临的新形势，指出："'十五'时期我国对外开放将进入新的阶段。随着加入世界贸易组织，我国面临引进更多资金、技术和管理经验，促进产业结构优化升级，以及扩大出口等新的发展机遇，也面临国际激烈竞争的严峻挑战。要以更加积极的姿态，抓住机遇，迎接挑战，趋利避害，不断提高企业竞争能力，进一步推动全方位、多层次、宽领域的对外开放，促进我国现代化建设。"为此，《建议》再次强调：要积极"实施'走出去'战略，努力在利用国内外两种资源、两个市场方面有新的突破。鼓励能够发挥我国比较优势的对外投资，扩大经济技术合作的领域、途径和方式，支持有竞争力的企业跨国经营，到境外开展加工贸易或开发资源，并在信贷、保险等方面给予帮助。抓紧制定和规范国内企业到境外投资的监管制度，加强我国在境外企业的管理和投资业务的协调。继续发展对外承包工程和劳务合作，在竞争中形成一批具有实力的对外承包工程企业。"②

根据中共中央的《建议》，2001 年 3 月 5 日，朱镕基总理在九届人大四次会议上所做的政府工作报告中，进一步强调要"实施'走出去'战略。鼓励有比较优势的企业到境外投资，开展加工贸易，合作开发资源，发展国际工程承包，扩大劳务出口等"，同时要"建立和完善政策支持体系，为企业到境外投资兴业创造

---

① 中共中央文献研究室编：《十五大以来重要文献选编》（中），人民出版社 2001 年版，第 1166 页。

② 中共中央文献研究室编：《十五大以来重要文献选编》（中），人民出版社 2001 年版，第 1390—1391 页。

条件"①。

（三）"走出去"战略的初步实施

20 世纪 90 年代中期以来，实施"走出去"战略的迫切性突出出来。"走出去"的问题之所以受到中国政府和企业的重视，并被确定国家级的发展战略，主要有以下几个方面的原因。

1. 实施"走出去"开放战略的条件已经具备

经过 20 多年的改革开放，中国经济逐渐走向全面开放，已经初步具备了开放型经济的特征，并且日益融入到世界经济整体的发展之中，取得了举世瞩目的成绩。中国的综合国力日益提高，1999 年国内生产总值已达到 8 万多亿人民币。中国的对外贸易规模和引进外资规模在世界上已具有一定的比重。据世界贸易组织统计，1999 年中国进出口总额在世界排名第 9 位。其中出口居世界第 9 位，进口居第 11 位。至 1999 年底，中国已累计批准外商投资企业 34 万多家，合同外资 6137.6 亿美元，实际使用外资 3078.5 亿美元。随着综合国力的不断增强，特别是通过 20 多年"引进来"的实践，中国引进了大量的外国资金、技术、管理经验和人才，提高了中国的产品质量、技术和管理水平。中国一些产业和产品，一批生产和科技含量高的企业近年在激烈的市场竞争中迅速崛起，规模不断扩大，实力迅速增强，已经具备了走出去，主动参与国际竞争的能力。以家电工业为例，经过十几年的发展，家电工业产值由 1980 年的 8.6 亿元增加到 1998 年的 1300 亿元，成为仅次于美、日的世界第三大家电生产国。1999 年，中国家电产品出口额约 40 亿美元，占机电产品出口的比重达 5.2%，家电行业的整体结构也从分散走向集中，形成了一批

---

① 中共中央文献研究室编：《十五大以来重要文献选编》（中），人民出版社 2001 年版，第 1697 页。

能主导市场，具有知名品牌和较高营销水平的家电企业集团。
1999年，中国大陆有21家家电企业销售收入超过10亿美元。

2. "走出去"是实现经济结构战略性调整和实现"双赢"的需要

经过十几年的改革开放和建设，中国经济经历了由卖方市场向买方市场的转变，随着生产能力的提高、产业规模的扩大，市场供给总量相对富余，结构性矛盾日益突出。根据1995年第三次工业普查的结果，中国有近500种工业产品有过剩的生产能力，利用率不到60%。为了顺应经济全球化的挑战，特别是适应迫在眉睫的加入世贸组织的要求，中国政府部门提出对传统产业进行结构调整，促进高新技术发展和产业化，从而从根本上提高中国产业和企业的竞争能力。大力开展以境外加工贸易为主要形式的对外投资，实际上是中国国民经济结构和产业结构调整、升级和优化通过国际市场加以实现的一个重要载体和手段。"走出去"也更能贴近国外市场。过去多年，中国许多中低档大宗制造业产品，以低价优质的品质，在国际市场上颇具竞争力。但是，随着中国经济发展水平的不断提高，机电产品将逐步成为中国在国际市场上最有竞争力的产品，机电产品以出口方式进入国际市场的一个重要缺陷，是生产不能贴近市场，不能及时按用户要求，提供个性化的设计、制造和售后服务，某些产品的竞争力因此而大打折扣。"走出去"在当地设厂生产，能够使低成本优势和贴近市场优势叠加，增强产品的竞争力。

"走出去"是为了更好地利用国外自然资源，保证中国可持续发展战略的实现。中国人口众多，按人均计是一个自然资源相对紧缺的国家，石油、森林、橡胶、铁矿、铜矿等重要资源的人均拥有量远远低于世界平均水平更加紧缺，而且相对价格水平高，不少资源需要长期大量进口。随着经济规模和生产能力的扩大，中国资源短缺的问题将更加突出。1999年中国大陆原油进口

3661 万吨，占国内总产量的 22.85%；铁矿砂进口 5527 万吨，占国内总产量的 46.9%；合成橡胶进口 65 万吨，占国内总产量的 88%；钢材进口 1486 万吨，占国内总产量的 12.5%。在中国已探明的 45 种矿产中，可以满足国内需求的只有 21 种。除煤之外，大部分关系到国民经济命脉的大宗矿产不能保证国民经济可持续发展的需要。各国对世界矿产等资源的竞争和瓜分，不仅有大量着眼于当前利润的跨国投资行为，还有许多不谋近利而求战略性拥有的跨国投资行为。因此，在全球激烈的资源再分配过程中，中国必须从现实需要和确保国家经济运行安全的战略高度出发，从战略高度谋划中国的投资行为，主动、积极地"走出去"，在境外建立一批战略性资源开发生产供应基地，参与全球资源和市场的竞争，实现"双赢"。

"走出去"可以更好地利用国外科技资源。中国经济稳定增长，在很大程度上取决于科学技术，取决于一批高技术含量、高附加值、规模经济显著的产业的迅速成长，例如微电子工业、汽车工业、光机电一体化工业等。发展这些产业，需要先进技术、技能和管理方法。中国企业以往较多采取引进方式获取技术，但引进的技术中国企业没有知识产权，有时也不完全适合国内市场和产业的需求；在国内自主开发，又存在缺乏科技资源特别是技术开发人才的问题。国内有实力的企业"走出去"，到科技资源密集的地方设立研发机构或高技术含量的生产企业，开发生产具有自主知识产权的新技术新产品，是利用国外科技资源的一种有效形式。

3. "走出去"是中国企业适应经济全球化加速发展趋势的必然选择

经济全球化趋势不断发展，客观上要求实现生产要素的国际流动，以促进资源在全球范围内优化配置。与世界投资的总规模相比，与其他国家的对外投资相比，中国的对外投资的规模和比重处于较低的水平。因此，要增强中国企业的国际竞争力，必须发展中国自己的跨国公司。

总之，实施"走出去"的开放战略，是中国改革开放发展到一定阶段的必然选择，是提升和扩大中国对外开放深度和广度的必由之路，是20多年来中国社会经济发展积聚的巨大能量的必然释放，是中国适应经济全球化、在更高层次上参与国际分工合作的现实需要。中国作为发展中国家，如果不能完成从以廉价劳动力获取竞争优势到以技术创新能力获得竞争优势的跨越，国家在长期通过劳动力优势所获取的财富就可能会在短时期内失去，也难以在当今激烈的国际竞争背景下从根本上把握自己的命运。因此，只有积极地实施"走出去"的开放战略，才能弥补中国国内资源和市场的不足；才能把中国的技术、设备、产品带出去，才更有条件引进更新的技术，发展新的产业；才能由小到大逐步形成中国自己的跨国公司；才能更好地促进第三世界国家的经济发展，从而增强反对霸权主义、维护世界和平的国际力量。因此，"走出去"开放战略不仅具有现实性，也显得紧迫而又必要。

4. "走出去"初步实践

"走出去"作为一种经济发展战略和对外开放战略，虽然是近几年才明确提出的，但是"走出去"的实践，却是在改革开放之初就已经开始了的。

1979年11月，北京市友谊商业服务公司同日本东京丸一商事株式会社合资在东京开办了"京和股份有限公司"，建立起中国改革开放以来第一家国外合资企业，拉开了中国企业跨国经营蓬勃兴起的序幕。这也可说是中国企业实施"走出去"战略的第一次尝试。1994年，中国的石油公司首次走出国门，在秘鲁接管了开发已近百年的塔拉拉油田。1995年，中石油公司进入苏丹，与马来西亚国家公司、加拿大公司和苏丹政府共同投资开发这里的油藏。中国持股40%，担任作业公司。1996年底，进入委内瑞拉，当时，全球 130 多家公司竞争委内瑞拉的 15 个油田。中国通过投标拿到了 2 个油田，总可采储量超过 1 亿吨。1997 年 8 月，中国石油天然气总公司又在近邻哈萨克斯坦获得两个油气田的开采权，可采储量达 2.5 亿吨。①

此后十几年来，中国企业"走出去"，开展跨国经营的状况，主要有以下几个特点：一是起步晚，发展快。在过去的十几年里，中国海外企业数量和对外投资的年均增长率都在 30% 以上，大大超过新兴工业化国家或地区；二是投资主体多元化，国有大中型企业居主导地位，目前中国已形成了以中国国际信托投资公司为代表的金融型、以中国化工进出口总公司为代表的贸易型、以中国首都钢铁公司为代表的工业型、以中国石油天然气总公司为代表的资源型和以联想、四通等为代表的技术型 5 种类型的跨国集团，这是中国对外投资的中坚力量；三是投资行为日趋合理。20 世纪末，境外加工贸易成为中国境外投资的主要形式，发展迅速。对外投资行为趋于合理，盲目投资减少，以市场为导向、以贸易为先导、以效益为中心，正逐步成为中国企业对外投资遵循的基本原则。

从 1997 年至 2002 年，在亚洲金融危机爆发后外部环境不利的情况下，中国实施"走出去"战略仍然取得成效。一些有战略眼光的企业主动走向国外，如中石油、中石化、华为、中兴、华源、海尔、康佳、中建、春兰等，已形成全球生产销售网络，并初具跨国公司雏形。渐成中国境外投资主力军。浙江万向、远大空调、新希望等优秀民营企业以开展境外加工贸易为切入点，积极拓展国际市场，成为实施"走出去"战略中的重要力量。截至 2002 年 9 月底，中国累计投资设立各类境外企业 6849 家，双方

---

① 《为二十一世纪中国"加油"——我国石油工业战略选择述评》，《人民日报》1997 年 10 月 6 日。

协议投资总额达 135.3 亿美元，其中中方协议投资额 91.3 亿美元。境外投资已扩展到全球 160 多个国家和地区，投资重点逐渐从港澳、北美，转移到亚太、非洲、拉美等广大发展中国家。投资领域不断拓宽，涉及生产加工、贸易、资源开发、交通运输、承包劳务、农业及农产品综合开发、旅游餐饮及咨询等多个领域。对外承包工程业务遍及全球 180 多个国家和地区。大型项目增多，技术含量提高，2001 年，中国境外投资项目中方平均投资额为 252 万美元，比上年提高了 30%。① 一批国内高科技企业通过在海外设立公司，加紧建立国际营销网络。据统计，有 39 家中国企业进入世界最大国际承包商行列，11 家中国企业进入国际工程咨询设计商 200 强。累计签订对外承包工程合同额 997 亿美元，完成营业额 715 亿美元，带动出口近 60 亿美元；累计签订对外劳务合作合同额 268 亿美元，完成营业额 207 亿美元，外派劳务 252 万人次。

5. 充分准备条件，加大"走出去"的步伐

虽然中国企业实施"走出去"战略已经取得了初步成效，但是存在的问题也很多，主要是规模小、效益差、竞争力不强等，与发达国家的差距十分明显。为了进一步鼓励、支持企业"走出去"，落实"走出去"的战略决策，中共中央、国务院采取若干举措加大"走出去"的步伐。

第一，加大对"走出去"企业的支持力度。

1997 年 9 月中共十五大以来，有关部门在推动有条件的企业"走出去"方面，做了大量工作。一是制定法规出台政策。1999 年 2 月 1 日，国务院办公厅转发了外经贸部、国家经贸委、财政部《关于鼓励企业开展境外带料加工装配业务的意见》。经国务

① 《"引进来"与"走出去"：两条途径促开放——访外经贸部部长助理陈健》，《人民日报》2002 年 12 月 7 日。

院同意，由外经贸部、国家经贸委有关部门确定了向境外转移国内优势长线加工生产能力的指导思想、基本原则和政策扶持措施，由外经贸部、国家经贸委组织实施并加强指导和协调。配合这份指导性文件，外经贸部会同国家经贸委、财政部、外交部、人民银行、海关总署、国家税务总局、国家外汇管理局等部门，制定出台了在资金、税收、外汇管理、财务、人员外派等方面予以扶持的 15 个配套文件，使鼓励扶持政策得到全面细化。二是建立了《境外加工贸易投资环境库》。外经贸部在中国国际电子商务网上建立了《境外加工贸易投资环境库》，以满足国内企业对国外市场情况、投资环境和相关优惠政策等方面信息的需求。三是优选企业，落实项目。1999 年，外经贸部共批准国内企业在 54 个国家和地区投资境外加工贸易项目 151 个，中方投资总额 3.3 亿美元，平均单个项目中方投资约为 220 万美元。这些项目主要集中在机电、轻工、纺织服装等中国大陆具有比较优势的行业。

提出并实施"走出去"的对外开放战略，是中国政府在经济全球化趋势日益增强的机遇和挑战面前，从中国现实国情和未来发展需要出发作出的现实选择，是面向 21 世纪加快中国经济发展的一个重大战略。随着中国改革开放的深入发展，中国有越来越多的企业"走出去"，发挥中国的比较优势，在激烈的国际竞争中发展壮大，不断拓展中国社会主义现代化建设的国际空间和回旋余地。

第二，促进对外开放的发展。

实施"走出去"战略，加入世界贸易组织推进了对外开放的步伐，中国对外贸易高速增长。2002 年进出口总额达 6208 亿美元，比上年增长 21.8%。其中，出口总额 3256 亿美元，增长 22.3%；进口总额 2952 亿美元，增长 21.2%。对主要贸易伙伴的出口均有不同程度的增长。全年对美国出口 700 亿美元，比上年增长 28.9%；对香港地区出口 585 亿美元，增长 25.6%；对日本出口 484 亿美元，增长 7.8%；对欧盟出口 482 亿美元，增长 17.9%；对东盟出口 236 亿美元，增长 28.3%；对韩国出口 155 亿美元，增长 23.8%；对台湾省出口 66 亿美元，增长 31.7%；对俄罗斯出口 35 亿美元，增长 29.9%。外商直接投资稳步扩大。全年外商直接投资合同金额 828 亿美元，比上年增长 19.6%；实际使用金额 527 亿美元，增长 12.5%。对外经济技术合作保持良好发展势头。全年对外承包工程和劳务合作完成营业额 144 亿美元，比上年增长 18.2%；新签合同额 179 亿美元，增长 8.7%。都比上年有很大增长。①

---

① 《中华人民共和国 2002 年国民经济和社会发展统计公报》（2003 年 2 月 28 日），《人民日报》2003 年 3 月 1 日。

第十一章　拓展全方位的外交新格局

1997 年至 2002 年，中国根据国际形势的发展变化，坚持正确的对外方针和政策，广泛开展双边和多边外交，积极参与国际交流和合作，中国的国际地位进一步提高。这是对外工作开创新局面的时期。在世纪之交，中国改革开放和社会主义建设取得了巨大成就，综合国力得到大幅提升。在这样的背景下，中共中央和国务院果断提出实施"走出去"的战略，为更好地利用国际国内两个市场、两种资源创造了条件。全球经济一体化的进程进一步加快，为了在日益激烈的国际经济竞争中，坚持权利与义务的平衡，享受中国应有的权益，提高中国在世界经济中地位，推进中华民族的复兴。在中共中央和国务院的领导下，制定了"走出去"的发展战略和加入世界贸易组织（WTO）的决策。经过长时期的艰难努力，中国终于在 2001 年 12 月 11 日正式加入世界贸易组织。

一、维护世界和平，促进共同发展

1997 年 9 月中共十五大以来，以江泽民同志为核心的中央领导集体积极开创外交工作新格局，为中国在新世纪的发展创造了有利的国际环境，这一时期是中国外交工作取得巨大成就的时期，也是中国国际地位迅速提高的时期。

（一）继续完善外交战略思想

中国共产党和中国政府在继续贯彻执行以往外交战略的基础上，继续根据国际形势的发展，从中国国家利益出发，对中国外交战略思想进行了新的发展，主要有如下方面。

1. 科学认识时代潮流

如何认识时代发展的潮流，体现了对人类社会发展规律的基本认识。以江泽民同志为核心的中央领导集体在继承毛泽东、邓小平关于国际战略和外交方针的基础上，经过发展和创新，提出了若干新的外交思想。如提出了时代潮流的观点。江泽民在中共十四大报告中指出：世界要和平，国家要发展，社会要进步，经济要繁荣，生活要提高，已成为各国人民的普遍要求。[①] 在中共十五大报告则指出："要和平、求合作、促发展已经成为时代的主流。"[②] 江泽民在庆祝中国共产党成立 80 周年大会上的讲话中明确指出：世界要和平，人民要合作，国家要发展，社会要进步，是时代的潮流。从"普遍要求"到"时代主流"，再到"时代潮流"，体现中国共产党对世界发展规律性的认识。江泽民指出："上个世纪，人类经历了两次世界大战的浩劫，也经历了冷战对峙的磨难，付出了巨大的代价。中国人民和各国人民，都不愿看到世界上任何地区再发生新的热战、冷战和动乱，都不愿看

①　江泽民：《加快改革开放和现代化建设步伐　夺取有中国特色社会主义事业的更大胜利——在中国共产党第十四次全国代表大会上的报告》（1992 年 10 月 12 日），《人民日报》1992 年 10 月 21 日。

②　江泽民：《高举邓小平理论伟大旗帜，把建设有中国特色社会主义事业全面推向二十一世纪——在中国共产党第十五次全国代表大会上的报告》（1997 年 9 月 12 日），《人民日报》1997 年 9 月 22 日。

到任何国家或国家集团再推行新的霸权和强权，都不愿看到南北之间的发展差距、贫富鸿沟再扩大下去。中国人民和各国人民都渴望世界持久和平，渴望过上稳定安宁的生活，渴望建立公正合理的国际新秩序，渴望实现国际关系的民主化，渴望促进共同发展和共同繁荣，共创人类美好的未来。"①

追求和平与发展是世界各国人民的共同愿望，也是当今时代的主题。但是，不公正不合理的国际政治经济旧秩序还未得到根本改变，要解决和平与发展这两大战略性问题，建立公正合理的国际政治经济新秩序，仍然任重道远。许多国家的人民还在遭受战争和动乱的苦难。霸权主义和强权政治仍然存在。由于民族、宗教、领土、资源等因素引发的局部冲突此起彼伏。各种分裂势力、恐怖势力和极端势力给国际社会不断带来危害。环境、毒品、难民等全球性问题日益突出。我们这个星球仍是很不稳定和安宁的。

2. 科学判断时代主题

对时代主题问题的认识是对国际局势进行的最高层次上的战略判断。20 世纪 80 年代中期，邓小平明确指出："现在世界上真正大的问题，带有全球性的战略问题，一个是和平问题，一个是经济问题或者说发展问题。和平问题是东西问题，发展问题是南北问题。概括起来，就是东西南北四个字。南北问题是核心问题。"② 这是邓小平在深刻观察了世界大局的变化之后，所揭示的规律性认识和作出的一个重要结论。中共十三大报告进一步将和平与发展概括为"当代世界的主题"，中共十四大和十五大报告称之为"当今世界两大主题"和"当今时代的主题"。

---

① 江泽民：《在庆祝中国共产党成立八十周年大会上的讲话》（2001年 7 月 1 日），《人民日报》2001 年 7 月 2 日。

② 《邓小平文选》第 3 卷，人民出版社 1993 年版，第 105 页。

在 2000 年 9 月举行的联合国千年首脑会议上，江泽民代表
中国政府向全世界表明中国的观点，他说："在二十一世纪和新
的千年中，人类必然会遇到难以预料的挑战和考验，也必然会实
现新的历史巨变和飞跃。各国人民所期待的持久和平和共同繁荣
的前景将是光明的。延续近半个世纪的冷战已经结束，国际局势
总体上趋于缓和，世界多极化和经济全球化的趋势正在迅速发
展，以信息科技和生命科技为核心的现代科学技术突飞猛进，人
类面对着难得的发展机遇。追求和平与发展是世界各国人民的共
同愿望，也是我们这个时代的主题。但是，不公正不合理的国际
政治经济旧秩序还未得到根本改变，要解决和平与发展这两大战
略性问题，建立公正合理的国际政治经济新秩序，仍然任重道
远。"① 在中共十六大报告中，江泽民重申："和平与发展仍是当
今时代的主题"。这些科学的论断仍然是中国共产党认识世界大
局的基本依据。和平与发展是时代的主题。世界多极化和经济全
球化在曲折中发展，科技进步日新月异，综合国力竞争日趋激
烈，世界的力量组合和利益分配正在发生新的深刻变化。和平与
发展这两大课题至今一个都没有解决，天下仍很不太平。和平与
发展是相辅相成的。世界和平是促进各国共同发展的前提条件，
各国的共同发展则是保持世界和平的重要基础。和平与发展的核
心问题是南北问题。如果发达国家能够本着平等、公平和互利互
惠的原则，切实支持和帮助广大发展中国家发展经济文化，使之
尽快摆脱贫困落后状态，世界的和平与发展问题就有了解决的重
要基础。

---

① 江泽民：《在联合国千年首脑会议上的讲话》（2000 年 9 月 6
日），《人民日报》2000 年 9 月 7 日。

（二）中国对外政策的宗旨

中国政府一贯主张和平的外交政策，坚持奉行独立自主的和平外交政策，在和平共处五项原则的基础上同世界上一切国家友好交往、平等相待、互利合作，推动人类进步事业不断前进。中国共产党也在独立自主、完全平等、相互尊重、互不干涉内部事务原则的基础上，同世界各国政党、政治组织广泛交往，加强合作，促进人民之间的友谊和国家关系的发展。这就是说，无论是国家交往，还是政党往来，中国都有明确的原则和宗旨，正如邓小平早在 1979 年 2 月就指出的："决心为维护国际和平、安全和民族独立做出贡献。"① 也正如江泽民概括的"中国对外政策的宗旨，就是维护世界和平，促进共同发展。"② 这是在千年之交、特别是在中国共产党成立 80 周年的重要日子里，江泽民代表中共中央向全世界宣布的中国对外政策宗旨。

作为世界上人口最多，又是一个快速发展、在全世界影响越来越大的国家，有责任为建立世界新的经济政治秩序提出自己的主张。在 2000 年召开的联合国千年首脑会议这个全世界瞩目的讲台上，江泽民代表中国政府明确提出："维护世界和平，是促进共同发展的必要前提；促进共同发展，又是维护世界和平的重要保证。支持和促进广大发展中国家的发展，努力减少和消除贫困，已成为一个紧迫的全球性问题。"③ 无论是维护世界和平，

① 中共中央文献研究室编：《邓小平年谱（1975—1997）》（上），中央文献出版社 2004 年版，第 482 页。

② 江泽民：《在庆祝中国共产党成立八十周年大会上的讲话》（2001 年 7 月 1 日），《人民日报》2001 年 7 月 2 日。

③ 江泽民：《在联合国千年首脑会议上的讲话》（2000 年 9 月 6 日），《人民日报》2000 年 9 月 7 日。

还是促进共同发展，都要在国际事务中提倡和贯彻民主原则。江泽民进一步强调："世界上所有的国家，无论大小、贫富、强弱，都是国际社会中平等的一员，都有参与和处理国际事务的权利。各国主权范围内的事情只能由本国政府和人民去管，世界上的事情只能由各国政府和人民共同商量来办。这是处理国际事务的民主原则。在当今时代，世界的命运必须由各国人民共同来掌握。"① 在中共十六大上，面对新的世纪和新的任务，江泽民进一步强调："不管国际风云如何变幻，我们始终不渝地奉行独立自主的和平外交政策。中国外交政策的宗旨，是维护世界和平，促进共同发展。我们愿同各国人民一道，共同推进世界和平与发展的崇高事业。"②

（三）阐述新的安全观

20 世纪 90 年代以来，世界多极化、经济全球化趋向的日益加强，国际关系中经济科技因素的作用呈上升趋势，各国之间综合国力的竞争日益激烈，国际安全形势出现许多新的特点。安全是全世界人民普遍关心的大事。中国政府一贯主张，各国应遵守《联合国宪章》的宗旨和原则以及公认的国际关系基本准则，各国的事务应由本国政府和人民决定，世界上的事情应由各国政府和人民平等协商，反对一切形式的霸权主义和强权政治。

1999 年 3 月，中国国家主席江泽民在日内瓦裁军谈判会议上指出："历史告诉我们，以军事联盟为基础、以加强军备为手段

---

① 江泽民：《在联合国千年首脑会议上的讲话》（2000 年 9 月 6 日），《人民日报》2000 年 9 月 7 日。

② 江泽民：《全面建设小康社会，开创中国特色社会主义事业新局面——在中国共产党第十六次全国代表大会上的报告》（2002 年 11 月 8 日），《人民日报》2002 年 11 月 18 日。

的旧安全观，无助于保障国际安全，更不能营造世界的持久和平。这就要求必须建立适应时代需要的新安全观，并积极探索维护和平与安全的新途径。"①。在这种情况下，中国政府及时提出了新安全观。江泽民主席指出："我们认为，新安全观的核心，应该是互信、互利、平等、合作。各国相互尊重主权和领土完整、互不侵犯、互不干涉内政、平等互利、和平共处五项原则以及其他公认的国际关系准则，是维护和平的政治基础。互利合作、共同繁荣，是维护和平的经济保障。建立在平等基础上的对话、协商和谈判，是解决争端、维护和平的正确途径"②。总之，这是一种综合的、动态的、发展的安全观，体现了中国政府对国家安全思考的新思路和新观念。

面对世纪之交以来国际局势发生的许多新变化。江泽民指出："在新世纪将要到来的时刻，我们面对着严峻的挑战，更面对着前所未有的有利条件和大好机遇。"③ 多极化格局的趋势，有利于世界和平、稳定和繁荣，但最终形成将经历一个长期的发展过程，中国要努力推动它继续朝着有利于世界人民的方向发展。经济全球化趋势对中国有利也有弊，中国要继续深化改革，扩大开放，积极参与国际经济合作与竞争，充分利用各种有利条件和机遇，同时又要对可能遇到的风险和困难，做好充分的思想准备，加强防范工作，以切实维护国家的经济安全。只有这样，

---

① 江泽民：《推动裁军进程 维护国际安全——在日内瓦裁军谈判会议上的讲话》（1999 年 3 月 26 日），《人民日报》1999 年 3 月 27 日。

② 江泽民：《推动裁军进程维护国际安全——在日内瓦裁军谈判会议上的讲话》（1999 年 3 月 26 日），《人民日报》1999 年 3 月 27 日。

③ 江泽民：《高举邓小平理论伟大旗帜，把建设有中国特色社会主义事业全面推向二十一世纪——在中国共产党第十五次全国代表大会上的报告》（1997 年 9 月 12 日），《人民日报》1997 年 9 月 22 日。

我们才能在未来综合国力的较量中占据一个有利的位置。在中共
十六大上，江泽民再次阐述中国政府和人民的安全观，他主张国
际社会"安全上应相互信任，共同维护，树立互信、互利、平等
和协作的新安全观，通过对话和合作解决争端，而不应诉诸武力
或以武力相威胁。反对各种形式的霸权主义和强权政治。"①

（四）主张世界多样性

世界是丰富多彩的。各国文明的多样性，是人类社会的基本
特征，也是人类文明进步的动力。1993 年 11 月，江泽民在同美
国总统克林顿会见时就强调说："世界多样性是客观存在，应该
正视它、适应它。这就要求各国互相尊重，互不干涉内政，平等
相待，求同存异，和平共处，发展合作。只有这样，才有可能维
持持久的和平与稳定，为各国共同发展创造必要的国际环境。"②
江泽民强调："世界是丰富多彩的。如同宇宙间不能只有一种色
彩一样，世界上也不能只有一种文明、一种社会制度、一种发展
模式、一种价值观念。各个国家、各个民族都为人类文明的发展
作出了贡献。应充分尊重不同民族、不同宗教和不同文明的多样
性。世界发展的活力恰恰在于这种多样性的共存。应本着平等、
民主的精神，推动各种文明的相互交流，相互借鉴，以求共同进
步。"③ 应尊重各国的历史文化、社会制度和发展模式，承认世
界多样性的现实。世界各种文明和社会制度，应长期共存，在竞

---

① 江泽民：《全面建设小康社会，开创中国特色社会主义事业新局
面——在中国共产党第十六次全国代表大会上的报告》（2002 年 11 月 8
日），《人民日报》2002 年 11 月 18 日。

② 《江泽民文选》第 1 卷，人民出版社 2006 年版，第 331 页。

③ 江泽民：《在联合国千年首脑会议上的讲话》（2000 年 9 月 6
日），《人民日报》2000 年 9 月 7 日。

争比较中取长补短，在求同存异中共同发展。我们将继续同各国人民一道，为建设一个持久和平与普遍繁荣的世界而努力。① 在中共十六大上，江泽民又进一步指出："我们主张维护世界多样性，提倡国际关系民主化和发展模式多样化。世界是丰富多彩的。世界上的各种文明、不同的社会制度和发展道路应彼此尊重，在竞争比较中取长补短，在求同存异中共同发展。各国的事情应由各国人民自己决定，世界上的事情应由各国平等协商。"②

从以上四个方面看，中国外交战略和对外思想逐渐成熟，这为中国共产党和中国政府在充满机遇与挑战的 21 世纪维护国家和民族利益，开展更加活跃的外交，为实现中华民族的伟大复兴创造良好的国际环境，提供了科学指导。

二、全方位外交新格局的进展

在世纪之交，国际上重大危机不断，一是出现了亚洲金融危机，二是出现了印度、巴基斯坦核试验危机，三是出现了伊拉克武器核查危机，四是科索沃危机及美国为首的北约轰炸中国驻南联盟大使馆，五是出现了美国"9·11"事件。在这些重大危机中，以江泽民为核心的中央领导集体引领中国外交闯过了一场又一场的大风大浪，成功地开创了外交新格局。

---

① 江泽民：《在庆祝中国共产党成立八十周年大会上的讲话》（2001年7月1日），《人民日报》2001年7月2日。

② 江泽民：《全面建设小康社会，开创中国特色社会主义事业新局面——在中国共产党第十六次全国代表大会上的报告》（2002年11月8日），《人民日报》2002年11月18日。

（一）巩固与周边国家和组织的友好信任关系

中国共产党和中国政府主张："要坚持睦邻友好。这是我国的一贯主张，决不会改变。对我国同邻国之间存在的争议问题，应该着眼于维护和平与稳定的大局，通过友好协商和谈判解决。一时解决不了的，可以暂时搁置，求同存异。"① 江泽民同志指出："加强与周边国家的睦邻友好合作，是中国外交政策的重要方面"。② 中国致力于全面建立睦邻友好关系，巩固了中国周边战略依托。"亲仁善邻"是中华民族的优良传统。中国与所有邻国发展了长期稳定的睦邻友好关系，成为好邻居、好伙伴。

1. 解决与邻国边界问题

从地缘关系上看，中国同周边国家有着漫长边界线，其中存在不少有争议的问题。中国要稳定周边环境，就要处理好与周边国家的边界问题。中国与有关国家通过多方面的外交努力，逐渐解决长期困扰双边关系的边界问题。1996 年 1 月，中国同俄罗斯、哈萨克斯坦、吉尔吉斯斯坦、塔吉克斯坦四国已协商一致在北京举行边界地段地形图交换仪式。中国与俄罗斯两国东、西两段的边界勘界工作于 1998 年全部结束。中华人民共和国主席和俄罗斯联邦总统对中俄国界已协商一致地段的勘界工作业已完成给予了高度评价。③ 1999 年 11 月 23 日，根据中国与哈萨克斯坦

---

① 江泽民：《高举邓小平理论伟大旗帜，把建设有中国特色社会主义事业全面推向二十一世纪——在中国共产党第十五次全国代表大会上的报告》（1997 年 9 月 12 日），《人民日报》1997 年 9 月 22 日。

② 中共中央文献研究室编：《江泽民论有中国特色社会主义（专题摘编）》，中央文献出版社 2002 年版，第 551 页。

③ 《中华人民共和国主席江泽民与俄罗斯联邦总统叶利钦非正式会晤联合新闻公报》，《人民日报》1999 年 12 月 11 日。

两国 1994 年 4 月 26 日签署的中哈国界协定及 1997 年 9 月 24 日签署的中哈国界补充协定和 1998 年 7 月 4 日签署的中哈国界补充协定的规定，中哈边界问题得到了解决，1999 年 11 月 23 日，中国国家主席江泽民和哈萨克斯坦共和国总统纳扎尔巴耶夫分别代表各自国家签署了《中华人民共和国和哈萨克斯坦共和国关于两国边界问题获得全面解决的联合公报》。

中国和越南本着平等协商的原则，于 1999 年底，正式签署了中越《陆地边界条约》。但越南不承认南沙群岛自古以来就属于中国，而且立场没有松动的迹象。由于南沙群岛地处战略要冲，是连接西太平洋和印度洋的捷径，又有大量石油天然气资源，所以越南不肯放弃这种非法主张。但只要两国从现实的国家利益出发，只要两国采取谨慎的态度，以大局为重，求同存异，妥善地加以处理，就不会从根本上影响两国关系的发展。

2. 与东盟关系全面发展

中国同东盟的关系全面发展。首先，高层互访有力地推动着双边关系向前发展。仅 1997 年，李鹏总理、吴邦国副总理就先后成功地访问了马、新、缅、老、泰五国；新、马、泰、越、老等东盟国家领导人也对中国进行了友好访问。其次，政治上双方加强了合作力度。自 1991 年起，中国成为东盟的磋商伙伴国。自 1994 年起，中国成为东盟地区论坛成员国。1995 年，中国和东盟建立了副外长级高级官员政治磋商制度。1996 年 7 月，东盟将中国升格为全面对话伙伴国。1997 年 2 月，中国—东盟联合合作委员会成立，加上此前建立的中国—东盟高官政治磋商、中国—东盟经贸联委会、中国—东盟科技联委会以及由东盟国家驻华使节组成的东盟—北京委员会，从而确立了总体对话合作框架。再次，经贸关系有了长足的发展。中国同东盟的经贸合作发展很快，双方贸易额已由 1986 年的 33.5 亿美元上升到 1996 年的 203.95 亿美元，年均增长率 20%。今年仅 1 月至 9 月双方贸易总额就达到了 173 亿美元，比去年同期增长了 23.8%。

1997 年 8 月 22 日，李鹏总理在马来西亚发表主题为《发展面向 21 世纪的睦邻友好关系》的演讲。李鹏提出中国同东盟国家发展睦邻友好关系的五点看法：（1）要相互尊重，平等相待。（2）要加强对话，密切磋商。（3）要互利互惠，共同发展。（4）要相互支持，扩大合作。（5）要着眼大局，求同存异。①

1997 年 12 月 14 日至 15 日，江泽民出席在马来西亚首都吉隆坡举行的东盟与中国、日本、韩国首脑（9+3）非正式会晤和中国—东盟首脑（9+1）非正式会晤。江泽民主席提出了中方关于加强东亚合作的主张，即：（1）坚持相互尊重、平等相待、互惠互利、共同发展的原则；（2）形成平衡发展、优势互补、非排他性和非歧视性的开放型经济合作模式；（3）深化经济技术合作，加强高新技术转让，缩小发展差距，建立合理的地区经济结构；（4）加强政策协调，信息分享和经验交流，为本地区的国家，特别是发展中国家营造安全的经济环境；（5）树立新的安全观，通过友好对话与合作增强信任，求同存异，妥善解决分歧，确保地区的长治久安。江泽民主席和东盟各国领导人会晤后一致通过了联合声明，确定了指导双方关系的原则，概括地讲就是：（1）相互尊重，平等相待；（2）对话合作，扩大共识；（3）互利互惠，共同发展；（4）着眼大局，求同存异。②

中国政府分别与东盟十国签署或发表了新世纪双边合作框架文件。2001 年，第五次中国—东盟领导人会议决定 10 年内建立中国—东盟自由贸易区，推动了区域合作的全面发展。2002 年

---

① 《发展面向 21 世纪的睦邻友好关系 李鹏总理在马来西亚发表演讲》，《人民日报》1997 年 8 月 23 日。

② 《钱其琛在中外记者招待会上指出 中国—东盟首脑非正式会晤富有成果》，《人民日报》1997 年 12 月 17 日。

11 月，朱镕基总理在金边出席第六次东盟与中日韩领导人会议（10+3 会议），进一步推动了东盟与中、日、韩以及中、日、韩三国之间的合作机制。在此基础上，中国与东盟签署了《南海各方行为宣言》，以及中国与东盟在非传统安全领域合作的宣言，表明东亚地区合作从经济领域扩大到政治安全领域。这些成就的取得，增进了国与国之间的友好与信任、维护了地区和世界和平，也为处理国际关系提供了有益的启示。

3. 上海合作组织建立

20 世纪 90 年代以来，中、俄、哈、吉、塔五国共同签署了在边境地区加强军事领域信任的协定和边境裁军协定，并建立五国元首会晤机制。"'上海五国'进程，是当代国际关系中一次重要的外交实践。它首倡了以相互信任、裁军与合作安全为内涵的新型安全观，丰富了由中俄两国始创的以结伴而不结盟为核心的新型国家关系，提供了以大小国共同倡导、安全先行、互利协作为特征的新型区域合作模式"。① 从 1996 年形成"上海五国"机制到 2002 年，该组织的主要议题经历了两次转换，从寻求边境安全到联合反恐，从联合反恐到加强经济合作。寻求边境安全是"上海五国"阶段的主要议题，它向联合反恐议题的转换是通过"上海五国"共同打击"三股势力"（宗教极端主义、民族分裂主义和国际恐怖主义）这一任务来完成的。联合反恐和加强经济合作则是上海合作组织成立以来的主要议题。随着上海合作组织反恐怖中心的正式成立，联合反恐的任务被该中心主要承担下来，这就使上海合作组织成员国有更多的精力商讨加强经济合作的问题，议题的转换也就自然发生。

2001 年 6 月，"上海五国"成员国元首中国国家主席江泽

---

① 《深化团结协作　共创美好世纪》，《人民日报》2001 年 6 月 16 日。

民、俄罗斯总统普京、哈萨克斯坦总统纳扎尔巴耶夫、吉尔吉斯斯坦总统阿卡耶夫、塔吉克斯坦总统拉赫莫诺夫、乌兹别克斯坦总统卡里莫夫在上海会晤，会议决定吸收乌兹别克斯坦加入"上海五国"机制。作为东道主，江泽民主席宣布"上海合作组织"成员国元首会议开幕。他说："今天，公元 2001 年 6 月 15 日，将载入史册。我们在这里隆重聚会，将宣告欧亚大陆一个新的区域性多边合作组织——'上海合作组织'的诞生。这是我们六国在深化合作的道路上迈出的历史性步伐。"① 会后，六国元首共同签署《上海合作组织成立宣言》，宣布在"上海五国"机制基础上成立上海合作组织，并将以互信、互利、平等、协商、尊重多样文明、谋求共同发展为基本内容的"上海精神"写入成立宣言。"上海合作组织"的成立，为中国、俄罗斯、哈萨克斯坦、吉尔吉斯斯坦、塔吉克斯坦和乌兹别克斯坦六国在新世纪的长期睦邻友好合作，奠定了更加坚实的基础。2002 年 6 月，上海合作组织在俄罗斯圣彼得堡举行的元首会议上签署了《上海合作组织宪章》，这标志着该组织从国际法意义上得以建立。上海合作组织，对于维护中国西北边疆安全与稳定，促进组织内各国之间各方面友好合作具有重要的战略意义。

4. 推动和平协商解决周边热点问题

中国与南亚的关系继续发展。中国与印度的关系经过双方努力，出现积极变化。2000 年印度总统访华，两国领导人达成中印互不构成威胁的共识。中国同巴基斯坦的关系得到加强。另一方面，中国也要密切关注地区热点引起的局部动荡对中国安全产生的负面影响。例如，在南亚，印度和巴基斯坦冲突持续加剧，由于双方都拥有核武器，致使南亚局势一度非常紧张。在中印边界

---

① 《上海合作组织元首会议在沪举行》，《人民日报》2001 年 6 月 16 日。

问题上，中国政府本着中国和印度两国领导人达成的"互谅互让、相互调整的谅解精神，不断创造良好的气氛，通过谈判寻求公平、合理的解决办法。"① 在东亚，中国与韩国的关系有所发展。1998 年韩国总统金大中访华，中韩两国确定建立面向 21 世纪的合作伙伴关系。这说明当今的世界和中国的周边地区还不安宁，还有一些富于挑战性的问题亟待解决。对此，中国政府一直保持着清醒的头脑。

此外，在南沙等问题上，中国政府坚持"主权属我，搁置争议，共同开发"② 的方针，妥善处理领海争端，以维护和改善中国同东盟国家的关系，保持南海局势的基本稳定。这对于保证中国周边地区的安宁，改善中国的战略安全态势，具有重大意义。

江泽民在中共十六大报告中提出："我们将继续加强睦邻友好，坚持与邻为善、以邻为伴，加强区域合作，把同周边国家的交流和合作推向新水平"。③ 为此，我们要继续促进和发展同越南、朝鲜、老挝和韩国、泰国、柬埔寨、缅甸等国家的睦邻友好关系。继续巩固和发展同巴基斯坦等国的传统友好关系。与此同时，中国还要积极谋求改善同印度这个地区大国的关系。目前，印度已成为核大国并有可能在国际事务中发挥越来越大的作用。中国同印度缓和关系，既可平衡美国在南亚的影响，又可加强同发展中国家的团结与合作，共同维护发展中国家的正当权益。当然，对于少数周边国家对中国的不友好行为，也要进行必要的外交斗争。

---

① 《江主席与纳拉亚南总统会谈》，《人民日报》2000 年 5 月 30 日。
② 《江泽民文选》第 3 卷，人民出版社 2006 年版，第 316 页。
③ 江泽民：《全面建设小康社会，开创中国特色社会主义事业新局面——在中国共产党第十六次全国代表大会上的报告》（2002 年 11 月 8 日），《人民日报》2002 年 11 月 18 日。

（二）与各大国构筑了稳定的关系

随着冷战的结束，大国之间的关系已发生深刻的变化。中国已先后同各大国建立了各类伙伴关系。1996 年 4 月，中俄建立平等信任、面向 21 世纪的战略协作伙伴关系。1997 年 5 月，中法建立面向 21 世纪的全面伙伴关系。1997 年 10 月，中美决定两国共同致力于建立面向 21 世纪的建设性战略伙伴关系。1997 年 11 月，中国和加拿大就建立面向 21 世纪的全面伙伴关系达成共识。1998 年 10 月，中英建立全面伙伴关系。1998 年 12 月，中日建立致力于和平与发展的友好合作伙伴关系。中国与巴西、埃及建立战略伙伴关系。中国同墨西哥就建立跨世纪的中墨全面伙伴关系达成共识。这些不同类型的"伙伴关系"，都是一种不结盟、不对抗、不针对第三方为主要特征的新型大国关系。这种大国关系的基本框架已经初步形成，这是推动世界多极化的重要战略举措，也是促进大国关系良性互动的有效手段。

自美国"9·11 事件"后，在反对恐怖主义的国际大背景下，大国关系继续改善。这期间，大国之间协作多于摩擦。由于反恐战争的需要，美国为营建反恐联盟，进一步协调和改善大国关系。在此基础上，俄罗斯通过"西进"，与美国和北约建立了新型战略关系，美俄关系有了大幅改善；中美关系以布什总统 2002 年 2 月访华和胡锦涛副主席 2002 年 4 月和江泽民 2002 年 10 月访美为契机，进一步确立了中美建设性合作关系的定位，美国正式承认"东突"为国际恐怖主义组织，布什首次明确表示反对"台独"，中国承诺遵守核不扩散的协定，这是中美关系的重要进展。但美国与中、俄之间原有的矛盾并未从根本上解决，美国对中、俄的发展潜力仍有戒心，仍有防范和遏制的一面。2002 年俄罗斯总统普京访华，巩固了中俄战略协作伙伴关系。这表明，俄罗斯虽积极向西方靠拢，但出于战略考虑也要东顾，实行东西兼顾的外交方针，因此中俄关系从总体上看，并未受到美俄关系改善的影响。此外，中国和欧盟、俄罗斯和欧盟的关系保持了良好的发展势头，有利于国际战略力量的平衡。

1. 中美关系

美国在世界的地位和影响，决定了处理好中美关系是中国外交工作的重中之重。发展同美国的正常关系符合中国的战略利益。

美国对华政策一直存在着两面性，既有接触的一面，也有遏制的一面，这同两国各自利益相关，也和美国国内存在着各种不同的利益集团有关。所以，中美关系的发展不会一帆风顺，但处理得好也不会脱轨。两国间的摩擦是会经常发生的。因此，对美国，中国政府坚持"两手对两手"的策略，既合作又斗争，以斗争促合作。

这期间影响中美关系的主要因素有：（1）台湾问题。这是中美关系的核心问题。美国利用台湾问题来牵制中国的战略意图不会轻易改变。（2）经贸问题。中美两国经济有很强的互补性，合作潜力很大。但中国在中美双边贸易中是顺差的情况，经常引起美国政府及国会大做文章。（3）反对核武器及其他大规模杀伤性武器扩散问题。（4）人权问题。美国一直没有放弃以人权、民主作为幌子对中国施加压力，因此，中美两国在这一问题上还会进行长期的、有时甚至是很激烈的斗争，但形势的发展趋势将逐渐有利于中国。从20世纪90年代以来，美国在联合国人权委员会10次鼓动通过反华议案均未得逞，就是很好的说明。

1997年和1998年，中美两国元首实现了互访。在这期间，中国对美国侵犯中国主权、干涉中国内政的行为作了坚决斗争。1999年，中美关于中国加入世界贸易组织的谈判达成协议，双方同意共同致力于建立中美建设性战略伙伴关系。但是中美关系的发展仍然有严重曲折。北京时间1999年5月8日，以美国为首的北约悍然以数枚导弹袭击中国驻南斯拉夫大使馆，造成3人死亡，20多人受伤，馆舍严重损坏。美国为首的北约这一行为，严重地破坏了国际法，是对中国主权的肆意侵犯，也是对人权的粗暴践踏。5月8日，中国政府立即发表声明，对以美国为首的北约袭击中国驻南斯拉夫大使馆的野蛮行径表示极大愤慨和严厉谴责，并提出最强烈抗议。2001年4月1日上午，美国一架EP-3军用侦察机飞抵中国海南岛近海海域上空进行军事侦察活动。中国方面随即派出两架军用飞机，对美机的活动进行跟踪和监视。在飞行中，美机违反安全飞行规则，突然转向，与其中一架中国飞机相撞，致使中国飞机坠毁，中方飞行员王伟下落不明。撞机后，肇事美机未经中国方面允许，擅自进入中国领空，并降落在中国海南岛陵水军用机场，严重地侵犯了中国的领土主权。中美关系再度出现紧张的局面。美国依仗其超级大国的地位，采取霸凌主义政策，不但不想承担责任，气焰还十分嚣张。这引起了中国政府和中国人民的强烈反对。事发当天，中国外交部部长助理周文重紧急召见美国驻华大使普理赫，提出严正交涉和抗议，强调事件的责任完全在美方，美方必须对中国人民作出解释。同日，中国驻美国大使杨洁篪在华盛顿紧急约见美国国务院负责人，奉命就美军侦察机撞毁中方军用飞机事也向美方提出严正交涉和抗议。① 几经交涉，美国政府及官员的傲慢与无礼，再度引起中国政府和中国人民的愤慨，4月4日下午5时30分，中国外交部部长唐家璇召见美国驻华大使普理赫，向美国政府表明中国政府的严正立场：第一，美国应当为这次事件负全责；第二，事件发生后美方采取的态度和做法是错误的，我们很不满意；第三，要想中方放人，美方必须先道歉；第四，美方应当立即停止

① 《中方向美方提出严正交涉和抗议》，《人民日报》2001年4月3日。

在中国沿海的侦查活动。唐家璇外长还明确表示，对于美方的行径，中国的态度：一是反对，二是不怕。① 11 日下午，中国外交部部长唐家璇在接受美国政府处理美军用侦察机撞毁中国军用飞机事件的全权代表、美国驻华大使普理赫代表美国政府递交的致歉信时指出，"美方对此事件必须承担全部责任，向中国人民作出交待，停止在中国沿海进行侦察活动，防止类似事件再次发生。"②

2001 年 9 月 11 日，美国纽约的世界贸易中心大厦和华盛顿附近的国防部遭到飞机攻击，损失惨重。这个震惊世界的事件被称为"9·11"事件。以这个重大事件为标志，美国调整了它的对外战略，开始把反对恐怖主义、确保本土安全作为它的首要任务。在这种情况下，中国也表示一贯反对一切形式的恐怖主义，并表达了支持对恐怖主义进行打击的立场。2001 年 10 月，忙于应付"9·11"事件的美国总统布什赶到中国上海参加亚太经合组织第九次领导人非正式会议。中国国家主席江泽民与美国总统布什举行了会谈。他们就中美关系和反对恐怖主义、维护世界和平与稳定等重大问题深入交换了意见。美国由于其利益的需要，使中美关系得到了改善。

2002 年 2 月 21 日，在《中美上海公报》发表 30 周年之际，美国总统布什访问中国。江泽民主席与布什总统举行会谈。江泽民主席就维护和发展两国关系的积极势头、充实建设性合作关系提出以下四点意见："第一，双方应进一步加强高层战略对话以及各级别、各部门之间的接触，增进了解和信任；第二，双方应

---

① 唐家璇：《劲雨煦风》，世界知识出版社 2009 年版，第 272—273 页。

② 《美方对此事件必须承担全部责任 向中国人民作出交待 停止在中国沿海进行侦察活动 防止类似事件再次发生》，《人民日报》2001年 4 月 12 日。

加深在各领域的交流与合作，以造福于两国人民；第三，双方应在相互尊重、求同存异的基础上妥善处理彼此间分歧，特别是台湾问题；第四，双方应当把中美关系放在世界范围内来考虑，在共同维护世界和平、促进人类文明进步方面应经常沟通，加强合作。"① 布什表示，赞同中方对发展双边关系的意见。他说，美国政府期望在各个领域扩大和加强与中国的合作，这不仅对美中两国有利，对维护世界和平与促进合作都是十分重要的。布什重申，美方坚持一个中国的政策，遵守美中三个联合公报。这是美国政府的一贯立场。② 2002 年 4 月中国国家副主席胡锦涛访问了美国。2002 年 10 月，中国国家主席江泽民访问美国，进一步确立了中美建设性合作关系的定位。美国正式承认"东突"为国际恐怖主义组织，美国总统布什首次明确表示反对"台独"。他说"美方理解台湾问题的敏感性，坚持一个中国的政策，反对台湾独立。我们赞赏中方关于和平解决台湾问题的立场。美国政府的上述政策是不会改变的。"③ 中国承诺遵守核不扩散的协定，中美关系又有了重要进展。但历史的经验证明，美国对中国历来采取两面政策和手法，且手段愈加娴熟，其本质是以它的利益为核心。对它的承诺甚至签署的具有法律效力的文件，也不能期望它会认真遵守。诸如美国一直以其利益为核心而损人利己、坚持霸权主义的外交政策、售给台湾武器、对中国进行各种侦察甚至犯下轰炸中国驻南斯拉夫大使馆的罪行等，所以同美国交往，必须

---

① 《江泽民主席与布什总统举行会谈》，《人民日报》2002 年 2 月 22 日。

② 《江泽民主席与布什总统举行会谈》，《人民日报》2002 年 2 月 22 日。

③ 《江泽民主席与美国布什总统举行会晤》，《人民日报》2002 年 10 月 26 日。

要保持清醒的头脑，牢记历史教训和苏联等国的惨痛教训。

2. 中俄战略协作伙伴关系进一步深化

苏联解体后，俄罗斯的实力受到很大的削弱，但它仍然是世界上幅员最为广阔的国家，具有东山再起的潜力，并且拥有很强大的军事力量，在国际事务中具有重要的影响力，仍然是国际社会中一支较为重要的力量。这期间中国进一步加强和深化了中俄面向 21 世纪的战略协作伙伴关系。实践证明同俄罗斯保持友好合作关系不仅有利于中国的国家安全，同时也有利于实现中国的对外战略目标。中国和俄罗斯在推进世界多极化进程、反对美国的霸权主义政策；相互支持对方维护领土主权完整；促进中亚和朝鲜半岛的安全与稳定；发展双方经济贸易合作和民间交往等方面具有广泛的共同点。因此，进一步发展中俄关系对于世界的和平与稳定具有战略意义。

冷战结束后，中俄关系在双方的对外关系的天平上均占有举足轻重的位置。中俄两国元首实现互访，双方在平等互利、睦邻友好的基础上就发展新型国家关系达成共识。这期间中国先是与苏联，苏联解体后又与俄罗斯就两国边界问题进行了谈判。双方分别于 1991 年、1994 年签署了《中苏国界东段协定》和《中俄国界西段协定》，解决了长期以来两国边界问题。1996 年 4 月，两国正式确立要发展平等信任、面向 21 世纪的战略协作伙伴关系，对两国全方位的友好合作关系作出了新的定位。1998 年，中俄发表了《世纪之交的中俄关系联合声明》，双方共同主张要继续推进世界多极化进程，"建立一个平衡、稳定、民主、不对抗的新秩序"，使 21 世纪成为"各国家和各地区的文明和传统兼容并蓄、共同繁荣的时代。"① 在中俄关系方面，双方都承诺互相

---

① 《世纪之交的中俄关系联合声明》，《人民日报》1998 年 11 月 24 日。

支持彼此的国家统一和领土完整。在经济方面，中俄确立了由通常的贸易关系转向重点加强经济项目的合作，使两国经济关系有了扩大和发展的新机遇。

俄罗斯领导人普京于 2000 年 3 月当选总统后，在 3 月 27 日与江泽民主席通热线电话时表示，发展并深化与中国的战略协作伙伴关系是俄罗斯坚持不懈的对外政策。江泽民主席表示："无论是中俄两国的根本利益，还是两国对世界所负有的特殊责任，都要求我们不断加强和深化中俄战略协作伙伴关系。"① 2001 年江泽民主席访问俄罗斯，与俄罗斯总统普京签署了《中俄睦邻友好合作条约》，将两国和两国人民世代友好、永不为敌的和平思想用法律形式固定下来，为 21 世纪中俄关系长期稳定发展奠定了坚实的法律基础。中俄在维护各自主权独立和领土完整方面互相支持，在国际事务中的战略协作已见成效。

3. 复杂的中日关系

日本是中国的近邻，同时也是亚洲有影响的经济大国。与日本保持良好的关系符合中国的根本利益。在中国平息 1989 年春夏之交的政治风波以后，中国就是首先突破了与日本的关系，然后是欧洲，孤立了美国，才最终打破了西方国家对中国的"制裁"。1998 年 11 月，以纪念《中日和平友好条约》缔结 20 周年为契机，江泽民主席以国家元首身份对日本进行了国事访问，本着以史为鉴、面向未来的精神，同日本领导人共同确立了两国面向 21 世纪，建立致力于和平与发展的友好合作伙伴关系。江泽民指出："中国和日本是亚洲也是世界上的两个重要国家。两国建立长期稳定的友好合作关系，既有地理的优势，又有历史的渊源，不仅符合两国人民的心愿和根本利益，而且有利于亚洲和世

---

① 《江泽民与普京通电话》，《人民日报》2000 年 3 月 28 日。

界的和平与发展的崇高事业。"① 因此，建立中日友好合作伙伴关系，是 21 世纪中日两国的努力方向。这一目标如能顺利实现，不仅有利于中国的周边安全，而且会给中国在经济上带来好处。

中国与日本虽然有历史问题等诸多矛盾，但两国在许多重要问题上也有共同点。维护东北亚的和平与稳定符合中日两国的根本利益。进入 21 世纪，日本是中国的第一大贸易伙伴，中国也成为日本的第二大贸易伙伴，中日之间的贸易额甚至高于中美。此外，日本还是对华直接投资最多的国家之一。应该说中日两国在国际合作方面潜力很大。

4. 与欧洲关系稳步发展

欧洲在世界格局中占有重要的战略地位。中国非常重视发展同法、德、英、意等欧盟国家的关系。中国和欧盟国家都是推动世界多极化趋势向前发展的重要力量，双方在维护世界和平与稳定、促进经济共同发展方面有许多共同利益。正如江泽民主席在出访欧洲时指出的那样："中国正在致力于改革开放和现代化建设，西欧正在努力推进一体化建设，这为加强相互的友好交流与合作提供了新的动力。中国作为世界上最大的发展中国家，有着丰富的人力资源和广阔的市场，西欧作为发达国家最集中的地区，拥有雄厚的资金和先进的技术，双方在经贸、科技领域的合作有很强的互补性。"② 这是进一步发展中国与欧盟国家关系的有利条件。

20 世纪 90 年代以来，欧盟国家对发展对华关系，表现出了积极的姿态。1995 年 7 月，欧盟提出《欧盟—中国关系长期政

① 江泽民：《以史为鉴　开创未来》（1998 年 11 月 28 日），《人民日报》1998 年 11 月 29 日。

② 江泽民：《发展中欧友好合作 推动建立国际新秩序》，《人民日报》1999 年 3 月 28 日。

策》报告，表示要同中国"全面发展政治、经济和贸易关系"。1996 年 11 月，欧盟又发表《欧盟对华合作新战略》，强调了对华政策的"全面性、长期性和独立性"。在这种背景下，从 1998 年起，中国和欧盟之间建立了领导人年度会晤机制，欧盟通过了《与中国建立全面伙伴关系》的对华政策新文件，决定把对华关系提高到与美国、日本、俄罗斯关系的同等水平。双方同意建立面向 21 世纪的长期稳定的中欧建设性伙伴关系。这是一个重要的举措。1998 年双方的贸易额已达到 510 亿美元，这有利于中国出口的多元化，避免过分依赖个别国家。欧盟国家还一直是中国引进外资和先进技术的重点地区。2001 年，欧盟发表《欧盟对华战略》文件，强调全面提升对华关系，提出多项加强对华合作的具体措施和建议。中欧高层接触频繁，互利合作不断扩大。因此，发展中欧关系具有重要的战略意义。

值得指出的是，欧盟国家与美国有相同的价值观，在日内瓦人权会议上，一些国家参加了美国提出的反华提案等活动。但欧盟国家在经济、全球战略等方面与美国也存在矛盾，不同意由美国来主导欧洲事务，这对促进世界多极化的趋势有利。这有利于中国改善和发展与欧盟各国之间的关系。从长远的战略利益考虑，不过分计较社会制度和意识形态的差别，争取在和平共处五项原则的基础上，扩大共同利益的汇合点，同时妥善解决彼此之间的分歧是符合各国的利益的。

（三）同发展中国家的传统友谊继续深化

以江泽民同志为核心的中央领导集体继承毛泽东、周恩来、邓小平等老一辈外交家开创的外交成就，进一步加强与发展中国家的友好合作，共同推进世界的和平和发展事业。1996 年 5 月，中国国家主席江泽民出访非洲，代表中国政府宣布，中国愿在和平共处五项原则的基础上，巩固和发展同非洲各国面向 21 世纪的长期稳定、全面合作的国家关系，并在此基础上提出五点建议：（1）真诚友好，彼此成为可以信赖的"全天候朋友"；（2）平等相待，相互尊重主权，互不干涉内政；（3）互利互惠，谋求共同发展；（4）加强磋商，在国际事务中密切合作；（5）面向未来，创造一个更加美好的世界。[①] 1999 年 8 月 4 日，江泽民在中央外事工作会议上发表了《从战略高度加强同第三世界的团结合作》的讲话。他说：加强同第三世界国家的团结合作，是中国对外政策的基本立足点；中国同第三世界国家的根本利益一致，有着共同的历史遭遇，面临着维护民族独立、发展经济的共同任务；第三世界国家是反对霸权主义、维护世界和平、推动建立公正合理的国际政治经济新秩序的主力军，是中国在国际事务中的主要依靠力量；与第三世界国家在国际事务中相互同情和支持，是中国巨大的政治优势；加强对第三世界国家的工作，要有一些新的思路，要有长远规划。为加强同发展中国家的互相支持和合作，中国国家领导人多次访问亚、非、拉发展中国家，增进了中国与这些国家的传统友谊和各方面的合作。

2000 年 10 月，由中国倡议召开的"中非合作论坛——北京 2000 年部长级会议"在北京举行，非洲 44 个国家的 4 位国家元首、80 位部长出席。会议发表《北京宣言》和《中非经济和社会发展合作纲领》两个文件，反映了中国和非洲各国对建立国际新秩序、加强合作的共同愿望。

2001 年 4 月，江泽民代表中国政府提出愿与拉美各国共同努力，推动中国和拉丁美洲各国在 21 世纪建立和发展长期稳定、平等互利的全面合作关系。为此，江泽民提出四点建议：（1）增进理解，平等相待，成为彼此信赖的朋友；（2）加强磋商，相互

---

① 《江泽民在非统组织发表重要演讲　提出全面发展中非关系五点建设》，《人民日报》1996 年 5 月 14 日。

支持，在国际上维护中拉正当权益；（3）互利互惠，共同发展，努力扩大经贸合作；（4）面向未来，着眼长远。建立广泛全面的合作关系。①

中国还同南非、埃及、巴西、墨西哥等发展中大国建立了不同形式的伙伴关系，与不结盟运动、非洲统一组织、阿拉伯国家联盟、伊斯兰会议组织、里约集团等发展中国家组织进一步加强合作磋商，共同维护发展中国家的正当权益。

2002年11月8日，江泽民在中共十六大报告中提出："我们将继续增强同第三世界的团结和合作，增进相互理解和信任，加强相互帮助和支持，拓宽合作领域，提高合作效果"。② 这些战略性的举措为中国在21世纪进一步加强同亚、非、拉发展中国家的团结与合作，开辟了广阔的前景。

（四）积极主动参与国际多边活动

中国积极参加了以联合国为中心的多边活动，作为安理会常任理事国推动联合国及安理会在维护世界和平与安全中的作用。

1. 积极参与联合国事务

2000年9月，中国国家主席江泽民出席联合国千年首脑会议。他全面阐述了中国关于促进世界和平与发展、建立国际政治经济新秩序的立场和主张，提出各国共同努力，把一个和平、繁荣、公正的世界带入21世纪，受到广泛赞同。中国积极推动经济、环境与发展和社会等领域的国际合作，参与亚太和亚欧合作进程。在联合国千年首脑会议期间，江泽民主席提议举行安理会

---

① 见《人民日报》2001年4月6日。

② 江泽民：《全面建设小康社会，开创中国特色社会主义事业新局面——在中国共产党第十六次全国代表大会上的报告》（2002年11月8日），《人民日报》2002年11月18日。

五个常任理事国首脑会晤，得到了其他四国领导人的响应。9月7日，江泽民主席和美国总统克林顿、俄罗斯总统普京、英国首相布莱尔、法国总统希拉克在纽约华尔道夫饭店帝王厅举行圆桌会晤。他们就五个常任理事国之间发挥作用、维护和平与安全的能力、维和行动、解决冲突、提高联合国效率、预防外交和预防冲突等问题展开了讨论，并通过了中方提供基础文本的《安理会五常任理事国首脑声明》。五国首脑在这次会晤的合影，将长久地定格在世纪之交的历史上。

这期间，中国积极参加联合国维和行动，先后派出军事观察员、工程兵部队和民事警察1500人参加了10项联合国维和行动。

2. 积极参与推动地区合作和发展

中国政府积极参与国际事务，开展多边外交活动。继2001年6月中国国家主席江泽民主持了上海合作组织峰会，并确立了"互信、互利、平等、协商、尊重多样文明，谋求共同发展"的"上海精神"后，2001年10月，作为东道主，江泽民主席又主持了亚太经合组织第九次领导人非正式会议。江泽民代表中国政府深入地阐述了中国对国际政治和经济形势、亚太经合组织面临的任务及发展方向的观点和主张。会议在推进贸易投资自由化和便利化、加强经济技术合作等各个领域取得了丰富的成果，制定了以反映世界和亚太经济最新发展和加强贸易投资单边行动计划审议为主要内容的《上海共识》的纲领性文件；通过了《数字亚太经合组织战略》，为亚太经合组织成员缩小"数字鸿沟"制定了合作蓝图。

2002年6月3日至5日，国家主席江泽民在哈萨克斯坦阿拉木图出席"亚洲相互协作与信任措施会议"（简称"亚信"）领导人会议并在会上发表了题为《加强对话与合作，促进和平与安全》的重要讲话。江泽民强调，中国将一如既往地积极遵循"亚信"关于加强信任协作、增进地区安全的宗旨和原则，与"亚信"成员国开展建设性的友好合作。

3. 积极参加国际气候、环境和可持续发展等行动

中国积极参加国际气候、环境和可持续发展等行动。2002 年 8 月至 9 月，中国总理朱镕基到南非约翰内斯堡出席联合国可持续发展世界首脑会议。9 月 3 日上午朱镕基在大会上发言。他阐述了中国在可持续发展领域的原则和立场，以及在这一领域取得的巨大成就。他指出，人类进入 21 世纪，世界正发生复杂而深刻的变化，新形势更加要求我们从人类与自然协调和谐、环境与发展相互促进的高度，以更大的决心、更坚实的步伐，走可持续发展之路。朱镕基说，中国作为最大的发展中国家，是国际环境合作中的一支重要力量。中国深知自己肩上的责任。中国的事情办好了，就是对世界可持续发展作出了贡献。中国将坚持不懈地作出努力，义无反顾地承担起责任，用行动来实践诺言，坚定不移地走可持续发展之路。当朱镕基总理在讲话中郑重宣布中国已核准旨在延缓全球变暖的《京都议定书》时，会场上响起如潮的掌声，各国代表盛赞中国在全球可持续发展领域作出的巨大贡献以及中国政府以实际行动向全世界作出的郑重承诺。①

4. 推动博鳌亚洲论坛的创立

1997 年亚洲金融危机后，亚洲的一些有识之士深感亚洲的问题需要有一个场所和平台来讨论，亚洲人需要关心亚洲发展的命运。1998 年，菲律宾前总统拉莫斯、澳大利亚前总理霍克和日本前首相细川护熙提出建立"亚洲论坛"的构想。菲、澳等国领袖经过多次会谈，认为多层次、多渠道、多形式的地区合作与对

---

① 《可持续发展世界首脑会议在南非约翰内斯堡举行，朱镕基率领中国政府代表团出席并宣布中国已核定〈京都议定书〉》，《新华月报》2002 年第 10 期，第 63 页。

话，有利于亚洲及大洋洲国家间增进了解、信任和合作。这个"亚洲论坛"是一个非官方、非营利、定期、定址、基金化运作的国际会议组织，旨在为亚洲各国官、商、学三方人士提供一个共商亚洲地区经济发展、人口和环境等问题的高层次对话场所，以推进基于对话的互相理解和相互合作。

1999 年 10 月 8 日，菲律宾前总统拉莫斯和澳大利亚前总理霍克到北京，向中国领导人通报"亚洲论坛"设想，希望中国政府支持，并请中国政府指派一位副总理级的领导人参与工作。中华人民共和国副主席胡锦涛会见了拉莫斯和霍克。① 胡锦涛在认真听取两位政要有关"亚洲论坛"构想的介绍后，表示中国政府一贯重视和支持多层次、多渠道、多形式的地区合作与对话，认为论坛的成立有利于本地区国家间增进了解、扩大信任和加强合作。中方将对"亚洲论坛"的设想进行认真研究和积极考虑，并尽力提供支持和合作。同时，胡锦涛强调，中国也希望进一步了解其他国家的反应，因为论坛的建立必须得到有关国家政府的重视、理解和支持。"接着，中方受委托向亚洲 26 个国家发出征求意见函，并派专人到部分国家当面听取意见，结果各国反响热烈，一致赞成'亚洲论坛'。论坛筹办工作由此正式启动。"② 此后，亚洲有关国家政府均对成立"亚洲论坛"作出了积极回应。论坛 26 个发起国为，东亚四国：中国、韩国、日本、蒙古；东南亚十国：缅甸、泰国、老挝、越南、柬埔寨、印尼、马来西亚、菲律宾、新加坡、文莱；南亚五国：印度、巴基斯坦、孟加

---

① 《胡锦涛会见菲律宾澳大利亚客人》，《人民日报》1999 年 10 月 9 日。

② 陈锦华：《博鳌亚洲论坛的创立与发展》，见欧阳淞、高永中主编：《改革开放口述史》，中国人民大学出版社 2014 年版，第 517—518 页。

拉国、斯里兰卡、尼泊尔；西亚一国：伊朗；中亚五国：哈萨克斯坦、吉尔吉斯斯坦、塔吉克斯坦、乌兹别克斯坦、土库曼斯坦；亚太地区：澳大利亚。

2001 年 2 月 27 日，26 个发起国的代表聚会中国海南省博鳌，宣告成立博鳌亚洲论坛并通过《博鳌亚洲论坛宣言》。中国国家主席江泽民出席会议，致辞并赠诗一首。包括日本前首相中曾根康弘、菲律宾前总统拉莫斯、澳大利亚前总理霍克、哈萨克斯坦前总理捷列先科、蒙古前总统奥其尔巴特等 26 位各个国家前政要出席了大会；另外，马来西亚总理马哈蒂尔、尼泊尔前国王比兰德拉、越南国家副总理阮孟琴等特邀出席了成立大会。大会第一届秘书长为曾任中国对外经济贸易部副部长的龙永图。2002 年 4 月 11 日，博鳌亚洲论坛理事会经选举产生。菲律宾前总统拉莫斯当选为理事长，中国对外贸易经济合作部前副部长张祥担任秘书长。2002 年 4 月 12 日至 13 日，博鳌亚洲论坛在博鳌举行首届年会，主题是"新世纪、新挑战、新亚洲——亚洲经济合作与发展"，48 个国家和地区的 1900 多名代表参加会议。国务院总理朱镕基出席会议并发表讲话。此后，论坛每年定期在博鳌召开年会。

可以说，经过几代中国人的努力，在中国综合国力增强的同时，中国在国际上的作用也在迅速提升，影响也日益扩大。

（五）开展经济、文化、体育等外交

随着中国综合国力的增强和国际地位的提高，中国经济、文化、体育等外交也日趋活跃。这为国内经济建设和各项事业的发展提供了重要条件。

1. 发挥总体外交优势维护国家经济利益

中国政府对经济全球化的两面性有着非常清醒的认识，认为全面肯定、全面否定经济全球化都不行。经济全球化对中国的发

展有利有弊，作为一个开放的发展中大国，中国既要积极参与国际经济合作与竞争，又要对经济全球化带来的风险保持清醒的认识，切实维护中国的经济安全。中国政府强调在积极参与经济全球化的过程中要趋利避害、扬长避短。经济全球化是一把"双刃剑"。一方面，经济全球化可以通过跨越国界的资金流动、技术交流、生产要素的合理配置，促进世界经济发展。另一方面，经济全球化是在国际政治经济旧秩序没有根本改变的情况下形成和发展的，经济全球化的主要载体跨国公司、国际经济"游戏规则"的制定、世界主要经济贸易组织和大量的资金及技术等都掌握在西方发达国家手里，所以经济全球化对他们最有利。在长达15年的加入世界贸易组织的谈判过程中，中国发挥总体外交优势，维护了自身利益。中国利用外交优势，搞好信息收集，发挥窗口作用，协助国内企业"走出去"，并为国内企业开展对外经济技术合作牵线搭桥。经济外交工作逐渐走上外交舞台。

2. 开展文化外交展示中国形象

20 世纪 90 年代以来，中国开展了积极的文化外交。这种文化外交是以大型文化活动的形式展示新时期的中国形象。其目的是要向世界说明中国改革和建设的伟大成就，让世界了解真实的、快速发展的、热爱和平的中国。在国务院新闻办的统一部署和协调下，中国在西方发达国家组织了一系列大型文化外交活动，目的就是让世界了解当今的中国。为庆祝中华人民共和国成立 50 周年，1999 年 9 月 1 日至 12 日，国务院新闻办公室和联合国教科文组织联合在法国巴黎举办"'99 巴黎·中国文化周"活动。该活动也是新中国成立以来中国在欧洲举办的规模最大、影响最广的一次国际文化外交活动。活动以"迈向 21 世纪的中国"为主题，希望增进世界对新中国的了解。由科技成就、中医药教育、当代陶瓷艺术、京剧服饰、传统手工艺等 10 个专题展览组成的大型综合展览是文化周的重点内容。活动期间，中国国务院新闻办主任赵启正还举办了一次题为"面向 21 世纪的中国人"的专题报告。

2000 年 8 月 24 日至 9 月 17 日，借联合国世界首脑会议召开之际，国务院新闻办公室和文化部共同在美国纽约、华盛顿、芝加哥、洛杉矶、旧金山等主要城市举办了以"走近中国"为主题的"2000 中华文化美国行"系列活动。活动通过展览、文艺演出、主题讲演三部分的大型文化活动，传播中国文化的完整形象。作为中国首次在美国举办的最大规模的综合性文化外交活动，"中华文化美国行"生动地展示了古韵悠远而又朝气蓬勃、充满自信又热爱和平的当代中国形象，为 21 世纪中美两国人民的沟通与理解架起了一座宽阔的桥梁。

2001 年 9 月 17 日至 30 日，中国在德国精心组织了 30 多项有代表性的文化和经济交流项目，包括青州佛教造像展、当代艺术展、电影周、历代民族服装服饰表演、中欧经济会议等，全方位、多角度地把中国灿烂的历史和现代文化介绍给了德国和世界。这次活动对于德国各界了解中国、增进中德之间的友谊和合作起到了积极作用。此外，文化部还在荷兰与以阿姆斯特丹音乐厅为首的 30 家荷兰文化机构联合举办了"中国文化艺术节"。文化部和天津市在意大利的罗马、米兰和那不勒斯共同举办了"中国天津周"活动。

通过文化周、文化月、文化季乃至文化年的形式举办文化节，已变成中国文化和形象集中展示的一种手段。这种手段具有多种优势：一是活动持续时间长，可以让更多的人观看和了解中国文化；二是内容广泛，可以动员从艺术表演到图书展览等国内各种文化资源来充分展示整体的中国文化；三是群众参与面广。这些大型文化活动的举办都充分展示了新时期中国的国际形象，有力地回击了西方国家对中国的一些负面宣传。

文化合作是指双方和多方文化在一般性文化交流的基础上发

展得更为紧密的关系。1999 年和 2000 年，江泽民主席和法国总统希拉克在互访的时候共同倡议举办中法文化年。2001 年 4 月，李岚清副总理访问法国期间与法国外交部长韦德里纳签署了关于中法互设文化中心和互办文化年的《会谈纪要》。双方商定，2003 年 10 月至 2004 年 7 月，中国在法国举办文化年；2004 年秋季至 2005 年 7 月，法国在中国举办文化年。2001 年 7 月，中俄签署指导中俄关系发展的纲领性文件——《中俄睦邻友好合作条约》（本节简称《条约》）。为落实好《条约》的原则和精神，胡锦涛主席和普京总统指示两国外交部制定了《〈中俄睦邻友好合作条约〉实施纲要》（本节简称《纲要》）。双方在《纲要》中确定将互办"国家年"的活动，以加深两国人民之间的互相了解和友好关系。

3. 赢得 2008 年奥运会主办权

对体育外交，人们不会陌生。20 世纪 70 年代，毛泽东和周恩来积极推动"乒乓外交"，用小球转动了大球，打开了中美外交关系的大门，为世界外交史写上了浓重的一笔。进入世纪之交，中国积极活跃的外交工作为北京赢得第二十九届夏季奥运会主办权作出了突出贡献。

1998 年 11 月，中国政府决定由北京市申办 2008 年夏季奥运会主办权。11 月 25 日，北京市人民政府向中国奥委会递交申请举办 2008 年夏季奥运会的申请书。1999 年 4 月 7 日，经中国奥委会批准，北京市正式向国际奥委会递交申请书。国际奥委会主席萨马兰奇在国际奥委会代表该组织正式接受北京的申请。9 月 6 日，经中共中央、国务院批准，由国家体育总局、北京市人民政府和国务院相关部门组成北京 2008 年奥运会申办委员会（简称"奥申委"）。2000 年 2 月 1 日，北京 2008 年奥申委举行第二次全体会议，通过表决确定了 2008 年奥申委会徽和申奥口号，奥申委网站正式开通。申办口号为：新北京，新奥运。5 月 8 日，国务院总理朱镕基在会见外宾时说："北京市代表中国申办2008年奥运会是全国各族人民的共同愿望，必将推动奥林匹克运动在中国的普及。中国政府对这次申办十分重视，全力支持，并将从各个方面为北京的申办工作创造良好的条件。"

2000年6月19日，北京2008年奥申委在洛桑向国际奥委会递交了申请报告，回答了国际奥委会当年2月向北京奥申委提出的22个问题。8月24日，北京2008年奥申委、北京市环保局和20家在京环保民间组织共同签署了《绿色奥运行动计划》。8月28日，国际奥委会执委会宣布中国北京成为2008年第二十九届奥运会的候选举办城市之一。9月9日，国家主席江泽民致信国际奥委会主席萨马兰奇先生，完全支持北京申办2008年奥运会。10月16日至12月30日，国际单项体育组织对北京申办2008年奥运会工作进行考察。12月13日，北京奥申委代表团在洛桑国际奥委会总部向国际奥委会执委会作了北京2008年奥运会申办工作陈述报告。12月25日，北京2008年奥申委收到全部28个国际单项体育组织签发的认证书。

2001年1月17日，北京2008年奥申委秘书长王伟一行5人在瑞士洛桑向国际奥委会递交北京《2008年奥运会申办报告》。2月至4月，国际奥委会评估委员会委员对各候选城市进行考察，于2月21日至24日第一个考察北京。5月中旬，国际奥委会评估委员会写出《考察报告》。

2001年7月13日，国际奥委会在莫斯科世界贸易中心电影厅举行第112次全会，投票选出2008年奥运会主办城市。在第二轮投票中，北京获得了56票，多伦多为22票，巴黎为18票，伊斯坦布尔为9票。北京以过半数优势赢得了奥运会主办权。当奥运会主席萨马兰奇宣布："2008年奥运会举办城市是北京"的声音传出时，坐在现场的北京2008年奥申委代表团的负责人刘淇、袁伟民等立即跳了起来，在场的中国人都跳了起来，大家尽情跳跃，忘情欢呼，相互拥抱，北京申奥成功的这一刻终于到来！大厅内的国际奥委会委员们纷纷走上来握住国际奥委会执委何振梁的手表示祝贺。何振梁这位年逾七旬，为中国体育事业奋斗奔波了半个世纪的老人，此刻无比激动、满含热泪，但还是尽量保持着平静的声音感谢国际体育界的朋友。中国的仁人志士早在90多年前就有举办奥运会的梦想。2001年7月13日，北京终于好梦成真。消息通过电视直播传到北京，人们欢呼跳跃，载歌载舞，很多人喜极而泣。中共中央总书记、国家主席江泽民等党和国家领导人，来到中华世纪坛，同参加联欢活动的大学生、运动员、劳模及群众代表一起分享成功的喜悦。就在这一刻，世纪坛金龙翻腾，礼花绽放，人们挥动鲜艳的五星红旗和奥运五环旗，世纪坛成了欢乐的海洋。北京市民走出家门，涌向天安门广场。长安街上，华灯齐放；金水桥畔，喷泉腾空。就在这一刻，天安门广场成了欢乐的海洋，北京市成了欢乐的海洋，中华大地成了欢乐的海洋。

总之，在国际格局转换和推进国内现代化建设的历史关头，中国政府牢牢把握中国最广大人民的根本利益，坚定站在时代发展潮流的前列，抓住机遇，应对挑战，开拓进取，为推进国家的改革开放和社会主义现代化建设、实现祖国统一、维护世界和平与促进共同发展展开了卓有成效的外交工作。这期间，同中国的建交国家增加到165个，中国的国际地位空前提高，为国内现代化建设营造了有利的国际环境。中国政府先后对香港、澳门恢复行使主权，祖国统一大业取得历史性突破；中国在国际上高举和平、合作和发展的旗帜，发挥了负责任的大国作用，赢得了世界上越来越多的国家和人民的尊重，有力推动了人类进步事业不断向前；中国外交工作取得的重大成就，为新世纪新阶段的外交工作奠定了坚实的基础，在新中国外交史上树立了一座跨世纪的丰碑。

第十二章 战略机遇期和确定行动指南

中共十三届四中全会以来，以江泽民同志为主要代表的中国共产党人，在建设中国特色社会主义的实践中，加深了对什么是社会主义、怎样建设社会主义和建设什么样的党、怎样建设党的认识，积累了治党治国治军新的宝贵经验，经过深入的战略思考和理论创新，形成了"三个代表"重要思想。江泽民在世纪之交提出的这一战略思想是中国共产党迎接 21 世纪难得的战略机遇期、应对国内外严峻挑战、引领中华民族实现伟大复兴的行动指南。

一、面向 21 世纪中国共产党的战略思考

2000 年，是人类历史的世纪之交，也是千年之交。而当整个人类社会跨入 21 世纪的时候，中国也将进入全面建设小康社会、加快推进社会主义现代化的新的发展阶段。由于这个世纪之交既是百年之交，又是千年之交，所以必然成为全世界各国政府和人民都重视的重大历史关节点。世纪之交的整个国际局势正在发生着深刻变化，世界多极化和经济全球化的趋势在曲折中发展，科技进步日新月异，综合国力竞争日趋激烈。世界各国，尤其是以美国为代表的欧美发达国家以及日本甚至一些新兴国家，都纷纷

提出面对新世纪的发展战略，力图抢占发展的制高点。这对中国来讲，真是形势逼人，不进则退。在这样一个重大的历史关头，中国既面临着难得的发展机遇，又面临着严峻的挑战。实现发展目标和实现民族复兴的关键在中国共产党。中国共产党怎样才能把自己建设成为用中国特色社会主义理论武装起来、全心全意为人民服务、思想上政治上组织上完全巩固、能够经受住各种风险、始终走在时代前列的马克思主义政党？中国共产党怎样才能与时俱进，继续团结和带领全国各族人民，实现推进现代化建设、完成祖国统一、维护世界和平与促进共同发展这三大历史任务？怎样在中国特色社会主义道路上实现中华民族的伟大复兴？肩负这个伟大历史使命的中国共产党人必须给予明确的回答。

（一）人民的期望与执政党的历史使命

建设中国特色社会主义，实现中华民族的伟大复兴是前无古人的伟大事业，也是最广大人民群众的期望和中国共产党的历史使命。完成这个伟大事业要靠一代又一代的共产党人团结人民接续奋斗。人类社会发展进入世纪之交，应如何不断推进这个伟大事业？抓好中国共产党的自身建设，保持党始终站在时代前列，保持与人民群众的血肉联系是关键所在。把党建设好，也是以邓小平同志为代表的老一代共产党人重要的政治交代。

早在 1989 年 6 月 16 日，邓小平在一次谈话中指出："常委会的同志要聚精会神地抓党的建设，这个党该抓了，不抓不行了。"① 以江泽民为代表的中国共产党人，铭记人民的重托和邓小平等老一辈共产党人的政治交代，从受命于危难之际开始，就聚精会神地抓党的建设。中共十三届六中全会和十四届四中全会

---

① 中共中央文献研究室编：《邓小平年谱（1975—1997）》（下），中央文献出版社 2004 年版，第 1282 页。

专门研究了党的建设，并通过了《关于加强党同人民群众联系的决定》和《关于加强党的建设几个重大问题的决定》等。1999年，中央又决定在全国县级以上党政领导班子、领导干部中深入开展以"讲学习、讲政治、讲正气"为主要内容的党性党风教育活动。正是由于聚精会神地抓党的建设，在世界上一些老党、大党纷纷丢掉政权的情况下，中国共产党继续在世界上人口最多的国家执政，继续承担着实现中华民族伟大复兴的历史重任。

2000年1月20日，中共中央总书记江泽民在中央政治局会议上通报中央政治局常委参加"三讲"活动情况时，深情地回顾了邓小平1989年对新的中央领导集体的政治嘱托，并重申要牢记两大问题："一个是不断加强党的建设，巩固我们党的执政地位，使我们党始终成为领导全国人民进行改革开放和社会主义现代化建设的核心力量；一个是坚持'一个中心、两个基本点'的基本路线，加快经济发展和社会全面进步，不断增强我国综合国力，提高人民生活水平，为我国社会主义制度奠定强大的物质文明和精神文明基础。"[1] 江泽民表示："我对党的建设问题想得很多，有时夜不能寐。"这体现了江泽民同志强烈的历史责任感，也说明在执政条件下、改革开放条件下、市场经济条件下、对外开放条件下党的建设任务的艰巨和繁重。

江泽民认为："在实行改革开放和发展社会主义市场经济的条件下，建设什么样的党、怎样建设党，是一个重大现实问题，直接关系到我们党和国家的前途命运。"[2] 如何解决这个重大问题？在长期思考和研究的过程中，"党的十四届四中全会和十五大提出的党的建设新的伟大工程，就是回答这个问题的。"[3]

---

① 《江泽民文选》第2卷，人民出版社2006年版，第521页。

② 《江泽民文选》第3卷，人民出版社2006年版，第44页。

③ 《江泽民文选》第3卷，人民出版社2006年版，第44页。

1999 年 12 月，中共中央政治局常委会用了 5 个半天认真进行了"三讲"活动，并向中共中央政治局通报"三讲"的情况。为进一步深入研究部署执政党的建设这个重大课题，江泽民总书记提出要加强党的建设的调查研究。中共中央政治局常委会七位常委每位联系一个县（市）对"三讲"活动进行指导，并亲自向该县的领导干部作"三讲"动员。这体现了中共中央大力加强领导班子建设和干部队伍建设，密切党同人民群众联系的决心，对全国"三讲"教育工作产生了极大的推动作用。七县（市）干部党员纷纷表示，要以良好的精神状态做好工作，不辜负中共中央的殷切希望。

（二）世纪之交的国内外局势

世纪之交的整个国际局势正在发生着深刻变化，世界多极化和经济全球化的趋势在曲折中发展，科技进步日新月异，综合国力竞争日趋激烈。

1. 深刻变化的国际局势

从国际上看，中共十五大以来，特别是世纪之交的世界格局正在发生冷战结束以来最为深刻的变化。世界多极化和经济全球化的趋势在曲折中进一步发展，和平和发展仍是世界的两大主题，但到那时为止一个也没有得到解决。维护和平、谋求发展是世界人民普遍的强烈愿望，但天下并不安宁，霸权主义和强权政治依然存在并有所发展，美国发生的"911"事件标志着恐怖主义成为国际安全的重要威胁，国际社会在发展过程中的种种不确定因素在增加。随着东欧剧变，世界社会主义运动发生严重挫折，而在世纪之交西方发达国家综合实力进一步增强。由此带来的所谓的"世界民主化浪潮的第三波"，继续冲击全世界，继席卷欧、亚、非、拉美各国，直至东欧和苏联后，又向其他国家延伸。值得注意的是，当代资本主义在市场经济、全球化、资本社会化、税收政策、公共福利政策和生态环境、应对全球性犯罪、国家安全、反恐、流行性疾病等方面都遇到了一些新问题，为应对新的问题，欧美资本主义国家开始调整自己的意识形态和施政纲领，部分政治学者和政治家提出了所谓的"第三条道路"。

更引人注目的是，在世纪之交，世界局势发生的重大变化，如国民党在台湾失去执政地位、印度尼西亚前总统苏哈托下台、墨西哥革命制度党在选举中失败、秘鲁形势突变和前总统藤森逗留日本不归、菲律宾当时政局的动荡，尽管各自的原因很复杂，但人心向背的变化都是其中很重要的一个原因。对此，江泽民总书记曾语重心长地告诫全党高中级领导干部："对这些历史和现实的实例，我们应该明鉴啊！"① 美国等发达国家利用其先进强大的传播手段继续向全世界推行它们的价值观念和政治观念，各种思潮互相冲突，世界上意识形态领域的较量仍然十分尖锐和复杂。中国面临着西方发达国家在政治、经济、科技、军事、文化、传播等方面占优势的巨大压力。

随着经济全球化迅速发展，国际经济联系日益加强，经济安全问题更加突出。20 世纪 70 年代以来新的全球化浪潮，把生产社会化进程提升到一个新的时代，即不仅使经济发展从根本上突破地缘范畴，超越国界，而且形成了全球规模的商品网络、货币网络、资本网络和金融网络。这一时代的特点其一是跨国公司、跨国企业的运行超越了国界；其二是世界市场的容量和范围比以前有空前的扩大；其三，世界贸易组织、世界银行、国际货币基金组织等世界经济金融组织和区域性经济组织的作用越来越突出。但值得注意的是，当代资本主义在市场经济、全球化、资本社会化、税收政策、公共福利政策和生态环境方面也遇到前所未有的问题。但总的来说，中国面临着西方发达国家经济为基础的

---

① 《江泽民文选》第 3 卷，人民出版社 2006 年版，第 187 页。

综合实力占优势的巨大压力。

科技进步日新月异，以信息技术为核心的高新技术迅猛发展。进入90年代，不仅出现了微电子等信息科技、核能等新能源科技、超导等新材料科技、基因工程等生物新科技、航天科技、海洋科技等科技群体，而且这些新科技成果在同经济的紧密结合中迅速成为产业。到20世纪末，科技对经济发展的贡献率，在美国等发达国家，已经达到了75%。特别是互联网这一高科技的产物，对社会各领域产生广泛影响，不仅引起人类社会生产、交往方式、生活方式和思维方式的重大变化，而且把世界范围的综合国力竞争聚焦到科技发展上。世界范围内以经济为基础、科技为先导的综合国力竞争日趋激烈。中国面临着西方发达国家科技占优势的巨大压力。

总体和平、局部战争，总体缓和、局部紧张，总体稳定、局部动荡；经济继续发展、南北矛盾突出，科技飞速进步、竞争更为激烈是世纪之交国际局势的基本态势。作为在世界上人口最多的国家执政的中国共产党，将长期面临着西方敌对势力西化和分化的政治图谋。国际环境的这种剧烈变化既是难得的机遇；也是新的严峻挑战，这是中国共产党十六大即将召开之际所面临的外部环境。

2. 处于重大战略机遇期的国内状况

从国内看，中国社会主义现代化建设取得举世公认的巨大成就，综合国力大大加强，人民生活上了一个大台阶。中国人从来没有像当时那样满怀信心地面对未来。

这期间，中国国民经济实现了持续快速健康发展，人民生活总体上达到小康水平。中共十五大以来，面对来势凶猛、席卷整个东南亚地区并迅速波及日本、韩国、俄罗斯以及拉美等国的金融危机，以及世界性经济波动带来的严重影响，中共中央和国务院沉着应对，积极制定扩大内需的方针，适时采取积极的财政政策和稳健的货币政策，保持了经济健康较快增长。这时期国家经济结构战略性调整取得成效，农业的基础地位继续加强，传统产业得到提升，高新技术产业和现代服务业加速发展；建设了一大批水利、交通、通信、能源和环保等基础设施工程；西部大开发取得重要进展；经济效益进一步提高，财政收入不断增长；"九五"（1996—2000年）计划胜利完成，"十五"（2001—2005年）计划开局良好；城乡居民收入稳步增长，城乡市场繁荣，商品供应充裕，居民生活质量提高，衣食住用行都有较大改善；"八七"扶贫攻坚计划基本完成；社会保障体系建设成效明显。

这期间，中国共产党和中国政府领导人民战胜了1998年长江、松花江、嫩江发生的全流域性特大洪水，保卫了改革开放和现代化建设的成果。中国改革开放取得丰硕成果。社会主义市场经济体制初步建立。公有制经济进一步壮大，国有企业改革稳步推进。个体、私营等非公有制经济较快发展。市场体系建设全面展开，宏观调控体系不断完善，政府职能转变步伐加快。财税、金融、流通、住房和政府机构等改革继续深化。开放型经济迅速发展，商品和服务贸易、资本流动规模显著扩大。国家外汇储备大幅度增加。中国经过长期的艰难谈判，终于在2001年12月正式加入世贸组织，对外开放进入新阶段。

这期间，中国社会主义民主政治和精神文明建设取得显著成效。民主法制建设继续推进，政治体制改革迈出新步伐。爱国统一战线发展壮大，民族、宗教和侨务工作取得新进展。社会治安综合治理取得新成效。科技、教育、文化、卫生、体育和计划生育等事业全面进步。宣传舆论工作和思想道德建设不断加强，群众精神文化生活日益丰富。国防和军队建设迈出新步伐。人民解放军的革命化、现代化、正规化建设继续加强，国防实力和军队防卫作战能力进一步提高。军队、武警和民兵在保卫和建设祖国中发挥了重要作用。

这期间，祖国统一大业取得新进展。中国政府恢复对澳门行使主权。中国政府坚持贯彻"一国两制"方针，严格执行香港特别行政区基本法和澳门特别行政区基本法，香港和澳门社会经济稳定。海峡两岸人员往来和经济文化交流不断加强。我们同李登辉提出的"两国论"进行斗争，反对"台独"等各种分裂图谋的斗争深入开展。

这期间，对外工作开创新局面。根据国际形势的发展变化，中国政府坚持正确的对外方针和政策，广泛开展双边和多边外交，积极参与国际交流和合作；坚决抗议以美国为首的北约袭击中国驻南斯拉夫大使馆，坚决反对美国的强权政治和霸权主义。2001年中国成功地举办了上海合作组织成员国元首会议、成功地赢得了2008年夏季奥运会的主办权、成功地在上海举办了亚太经济合作组织（APEC）第九次领导人非正式会议，中国的国际地位进一步提高，为全面推进改革开放和社会主义现代化建设创造了良好的国际环境。

这期间，中国共产党的自身建设全面加强。全党对邓小平理论的学习不断深入。党的思想、组织、作风、制度建设全面推进，思想政治工作得到加强。干部制度改革迈出新步伐。廉政建设和反腐败斗争深入开展，取得新的明显成效，为中国特色社会主义建设提供了坚强的政治保障。

在取得成就的同时，还有不少困难和问题。主要是经济发展的资源和环境代价过大，农民和城镇部分居民收入增长缓慢，失业人员增多，有些群众的生活还很困难；收入分配关系尚未理顺；市场经济秩序有待继续整顿和规范；有些地方社会治安状况不好；一些党员领导干部的形式主义、官僚主义作风和弄虚作假、铺张浪费行为相当严重，有些腐败现象仍然突出；党的领导方式和执政方式与新形势新任务的要求还不完全适应，有的党组织软弱涣散等。这期间取得的成就，为今后党和国家事业的发展奠定了更加坚实的基础。存在的问题和困难，也给中国共产党提出了严峻挑战。

总起来说，中国正处于重大的发展战略机遇期，机遇和挑战并存，机遇大于挑战。这是世纪之交中国的国内状况。实践证明，中共中央和国务院作出的各项重大决策是正确的，符合最广大人民的根本利益。这期间取得的成就，为今后党和国家事业的发展奠定了更加坚实的基础。处于重大的发展机遇期，这是中国共产党第十六次全国代表大会即将召开之际的国内状况。

（三）面向 21 世纪的战略思考

以江泽民同志为代表的中国共产党人没有忘记，中华民族是带着 1900 年被美、英、日、德、俄、法、意、奥八国联军占领首都北京的国耻，1901 年被迫与英、日、德、俄、法、美、意、奥，以及比利时、西班牙、荷兰等列强签订《辛丑条约》的屈辱进入 20 世纪的。所以，具有 5000 年文明史，在近代则遭受过列强欺辱，在新中国成立后已经站立起来、在改革开放中已经逐步富裕起来的中国人对 21 世纪的到来想得更多。

1999 年 12 月 31 日深夜到 2000 年 1 月 1 日凌晨，中国首都各界人士在北京中华世纪坛隆重举行迎接新世纪和新千年的庆祝活动。数万名各界人士与全国人民一道，告别难以忘怀的 1999 年，迎接充满希望的 2000 年。在新世纪和新千年即将到来的伟大时刻，党和国家领导人与北京各界人士一起，为中华民族实现伟大复兴，为全人类有一个更加美好的未来而祝福。中共中央总书记、国家主席、中央军委主席江泽民在这个最能引起人们回顾既往，展望前程的时刻发表了感人至深、令人深思的讲话。

　　江泽民说："只有正确地总结历史，才能更好地走向未来。"①
接着，江泽民回顾了人类发展的千年历史，说：一千年来，人类
历史发生了沧桑巨变。人类文明从古代文明发展到了现代文明。
人类的经济活动进入到了工业经济时代，并正在转入高新技术产
业迅猛发展的时期。人类创造了以往数千年无法比拟的巨大物质
与精神财富。人类对世界的认识和改造，突破一个又一个必然王
国而不断地向着自由王国飞跃。一千年来，人类文明取得的一切
成就，都是在推陈出新的社会变革和科技进步中实现的。和平与
正义的伟大力量，战胜了各种横行世界的"霸主"及其发动的非
正义战争。历时几个世纪的殖民主义体系，终于在 20 世纪风起
云涌的民族解放运动中宣告终结。各国人民的卓越创造和广泛交
流，汇成了推动历史前进的浩荡动力。要和平、求发展已成为当
今世界的时代潮流。

　　随后，江泽民又回顾了中国的文明发展史。他说："早在这
一千年前，中华民族就以发展了几千年的灿烂文明而著称于世
界，并将这种领先地位一直保持到十五世纪。后来由于生产力发
展的迟缓和社会政治的腐朽，中国逐渐落后了，以至于近代陷入
了遭受列强欺凌的半殖民地半封建社会的悲惨境地。但是，中华
民族没有屈服，而是前仆后继地进行艰苦卓绝的斗争。以毛泽东
同志为代表的中国共产党，坚持把马克思主义基本原理同中国具
体实际相结合，领导人民经过伟大的革命终于在本世纪中叶建立
了新中国。中国从此进入了建设社会主义的新时代。现在，中国
人民沿着邓小平同志开创的改革开放之路正在向现代化的彼岸阔

---

　　①　江泽民：《二〇〇〇年贺词——在首都各界迎接新世纪和新千年庆
祝活动上的讲话》（1999 年 12 月 31 日），《人民日报》2000 年 1 月 1 日。

步前进。"① 江泽民在讲话中总结出中外历史发展的规律性结论，他说："进步终究要战胜落后，科学终究要战胜愚昧，正义终究要战胜邪恶，这是历史不断昭示人们的科学真理。世界和平与发展的崇高事业是不可阻挡的。"②

江泽民在讲话中郑重地提出了世纪性的课题。面对新的世纪之交和千年之交，每个国家有远见的政治家都应从历史的高度思考：未来的世界应该是一个什么样的世界，应该为实现这样一个世界作出什么样的贡献。

江泽民代表中国共产党和中国各族人民的回答是："我们希望，在未来的世界，各个国家和各个民族能够始终和睦相处、友好合作、共同发展，能够建立起公正合理的国际政治经济新秩序，能够实现持久和平和普遍繁荣，各国人民都能够按照自己的意愿创造并享受美好的生活。世界正在走向多极化，这是历史发展的必然趋势，也是各国人民的共同愿望。中国人民愿与各国人民一道，为反对霸权主义和强权政治，推动多极化进程，创造世界美好的未来而共同奋斗！"③

对中国和世界的未来，江泽民充满信心。他说："我们坚信，在新世纪里，中国人民将坚定不移地沿着建设有中国特色社会主义道路继续前进，中国的社会主义制度将经过不断改革而更加巩固和完善，中国的发展将通过各个地区的共同进步达到普遍繁荣，中华民族将在完成祖国统一和建立富强民主文明的社会主义

---

① 《二〇〇〇年贺词——在首都各界迎接新世纪和新千年庆祝活动上的讲话》（1999 年 12 月 31 日），《人民日报》2000 年 1 月 1 日。

② 《二〇〇〇年贺词——在首都各界迎接新世纪和新千年庆祝活动上的讲话》（1999 年 12 月 31 日），《人民日报》2000 年 1 月 1 日。

③ 《二〇〇〇年贺词——在首都各界迎接新世纪和新千年庆祝活动上的讲话》（1999 年 12 月 31 日），《人民日报》2000 年 1 月 1 日。

现代化国家的基础上实现伟大的复兴！"①

　　坚持走中国特色社会主义道路、巩固完善社会主义制度、共同进步达到普遍繁荣、实现中华民族的伟大复兴，纵观中国近现代历史，这样艰巨的重任只能由中国共产党来完成，怎样建设一个能继续担当此项重任的中国共产党，是世纪之交中国共产党必须回答的问题。

二、"三个代表"重要思想的提出

　　理论来源于对实践的总结和问题的思考。1999 年 11 月，江泽民同志主持中央军委的"三讲"活动，江泽民作了 2 万多字的《十年来军委工作的回顾和总结》的讲话；12 月，中共中央政治局常委会用了 5 个半天认真进行了"三讲"活动，在江泽民的主持下，政治局常委同志对 1989 年到 1999 年 10 年工作进行了全面总结，形成了一个有 4 万字的《通报中央政治局常委"三讲"情况的讲话》。这个分为四大部分的讲话稿，其中第一部分是常委同志着重对 10 年工作从 10 个方面进行的回顾和总结。10 年全面科学及时的回顾和总结为进一步的理论思维和理论创新——升华为"三个代表"重要思想做了充分的准备。

　　为继续推进实现中华民族伟大复兴的伟大使命，为迎接新世纪的伟大任务，为筹备中共十六大，进一步回答广大干部群众十分关心的一些重大理论和实践问题，以江泽民同志为核心的中央领导集体进行了深入的调查研究和主动的理论创新工作。从提出"三个代表"的重要思想到发表《在庆祝中国共产党成立八十周

---

　　① 江泽民：《二〇〇〇年贺词——在首都各界迎接新世纪和新千年庆祝活动上的讲话》（1999 年 12 月 31 日），《人民日报》2000 年 1 月 1 日。

年大会上的讲话》，再从 2002 年 5 月 31 日江泽民在中央党校省
部级干部进修班毕业典礼上发表《高举邓小平理论伟大旗帜，全
面贯彻"三个代表"要求，与时俱进努力开创建设有中国特色社
会主义事业新局面》的讲话到江泽民代表第十五届中央委员会向
中共十六大作的《全面建设小康社会，开创中国特色社会主义事
业新局面》，展现了以江泽民为代表的中国共产党人的战略思维
和理论创造的经过，也展现了"三个代表"重要思想提出和形成
的历程。

（一）从提出"三个代表"思想到发表"七一"讲话

江泽民 2000 年 2 月 25 日在广东省考察工作时首次提出"三
个代表"的重要思想。同年 6 月 9 日，他在全国党校工作会议讲
话时说："我提出这个问题，是经过了长时期思考的。"① 2001 年
8 月 31 日，江泽民在国防大学又强调："为什么在这个时机要集
中回答一些重大问题呢？从根本上说，是党的事业发展的迫切要
求。……我们必须与时俱进，继续丰富和发展马克思主义。如果
因循守旧、停滞不前，我们就会落伍，我们党就有丧失先进性和
领导资格的危险。"②

1. "三个代表"重要思想的提出

处于世纪之交的历史方位，作为肩负重任的中国共产党的总
书记，按照中央政治局常委会对"三讲"活动的安排，2000 年 2
月 19 日江泽民来到广东省茂名市高州市，20 日参加"三讲"动
员，并出席了高州市党政领导班子座谈会。随后江泽民在广东省
深入考察党的建设工作。在深圳，他参加了龙岗区布吉镇南岭村
的座谈会，还深入部分企业、公司并与企业和公司的负责人及职

---

① 《江泽民文选》第 3 卷，人民出版社 2006 年版，第 44 页。
② 《江泽民文选》第 3 卷，人民出版社 2006 年版，第 335 页。

工进行交谈，了解有关党的建设方面的情况。

21 日至 25 日江泽民继续在广东调查研究，在顺德市举行了国有企业、合资企业、私营企业党委负责人座谈会；在广州市召开了党建座谈会。在广州的座谈会上，全国思想政治工作优秀企业广钢集团有限公司讲"党员本色"工程，南方日报报业集团介绍加强马克思主义新闻观的教育，全国精神文明创建活动示范点——广州南华西街党工委介绍了开展多层次多样化的社区文化教育活动，广州百货大厦讲如何培育有理想的员工的经验，广州"五羊——本田"摩托车有限公司讲加强合资企业党组织工作的经验等。江泽民从各行各业基层党组织的丰富经验中，知道了群众在想什么、党员在想什么、基层干部在想什么，对正确解决在新的历史条件下，党应如何继续带领人民群众前进，把党建设得组织更加严密、行动更加一致、更加团结有力，更加朝气蓬勃，获得了第一手的材料。

在这次调研过程中，江泽民总书记指出："总结我们党 70 多年的历史，可以得出一个重要的结论，这就是，我们党所以赢得人民的拥护，是因为我们党作为中国工人阶级的先锋队，在革命、建设、改革的各个历史时期，总是代表着中国先进社会生产力的发展要求，代表着中国先进文化的前进方向，代表着中国最广大人民的根本利益，并通过制定正确的路线方针政策，为实现国家和人民的根本利益而不懈奋斗。"[①] 江泽民深刻地指出："在新的历史条件下，我们党如何更好地代表中国先进社会生产力的发展要求，更好地代表中国先进文化的前进方向，更好地代表中国人民的根本利益，要紧密结合国内外形势的变化，紧密结合我国社会生产力的最新发展和经济体制的深刻变革的实际，紧密结

---

① 《紧密结合新的历史条件加强党的建设　始终带领全国人民促进生产力的发展》，《人民日报》2000 年 2 月 26 日。

合人民群众对物质文化生活提出的新的发展要求，紧密结合我们
党员干部队伍发生的重大变化，来深入思考这个重大问题。因为
我们党是代表先进生产力的发展要求的，所以全党同志的一切奋
斗，归根到底都是为了解放和发展社会生产力，党的一切方针政
策都要最终促进社会生产力的不断发展，促进国家经济实力的不
断增强；因为我们党是代表先进文化的前进方向的，所以全党同
志必须始终坚持马克思主义为指导，努力继承和发展中华民族的
一切优秀文化传统，努力学习和吸收一切外国的优秀文化成果，
从而不断地创造和推进有中国特色社会主义文化，使社会主义物
质文明和精神文明协调发展，使社会全面进步；因为我们党是代
表最广大人民群众的根本利益的，所以全党同志的一切工作都是
全心全意为人民服务的，都是为了实现好、发展好和维护好人民
的利益，任何脱离群众、任何违反群众意愿和危害群众利益的行
为，都是不允许的。所有的共产党员和领导干部，都要深刻认识
和牢牢把握这'三个代表'，用以指导自己的思想和行动，这样
才能使自己真正成为一个合格的党员，合格的党的领导干部。"①

　　江泽民所指出的这个重要结论，实际上是通过全面科学地总
结中国共产党 70 多年的历史，第一次提出"三个代表"重要思
想。这是继邓小平 1992 年春在广东发表南方谈话后，中国共产
党进行的又一次重大的理论创新。但是，因这次理论创新其思想
的深刻性，其深远的重大意义并没有为人们所深刻认识，所以
2000 年 2 月 26 日《人民日报》进行了一次报道后，各路媒体并
没有更多的反响。

　　2. 阐述"三个代表"是立党之本、执政之基、力量之源

　　5 月 8 日至 15 日，江泽民在江苏、浙江、上海考察工作。5

---

　　① 《紧密结合新的历史条件加强党的建设始终带领全国人民促进生
产力的发展》，《人民日报》2000 年 2 月 26 日。

月 14 日，江泽民在上海主持召开党建工作座谈会，上海市委书记黄菊、江苏省委书记回良玉、浙江省委张德江书记先后发言。随后江泽民总书记发表了重要讲话。江泽民首先指出，人类就要进入一个新的世纪。国际形势已经和正在发生广泛而深刻的变化，国内改革和建设出现了许多新情况、新特点。我们肩负的任务光荣而艰巨，面临的挑战和困难也是多方面的。我们党要带领全国各族人民实现跨世纪发展的宏伟目标，战胜前进道路上可能出现的各种风险和困难，必须进一步增强党的凝聚力和战斗力，必须抓紧解决党内存在的突出问题，必须适应新的情况不断提高党的领导水平和执政能力。这样，我们才能在复杂的国内外形势下保证中国现代化建设的航船始终沿着正确的航向前进，在激烈的国际竞争中始终立于不败之地。江泽民强调：在迈向新世纪的征途上，我们党要解决好诸多复杂矛盾和困难，经受住新的考验和锻炼，把我们的伟大事业推向前进，必须按照"三个代表"的要求，进一步提高执政水平和领导水平。只有解决好这个问题，我们党才能永远得到全国各族人民的衷心拥护并带领人民不断前进。江泽民指出："始终代表中国先进生产力的发展要求、中国先进文化的前进方向、中国最广大人民的根本利益，是我们党的立党之本、执政之基、力量之源。"① 可以说，这段话深刻揭示了"三个代表"重要思想的丰富思想内涵和巨大的现实作用，因而也引起了全党重视。从 2000 年的 5 月开始，国内各主要媒体开始介绍、阐述"三个代表"重要思想的深刻内涵和重要意义。

3. 继续推进党的建设新的伟大工程

"三个代表"重要思想集中体现了中国共产党的根本性质，集中体现了社会主义的本质。"三个代表"是一个紧密联系的整

---

① 《深入基层总结实践积极探索开拓前进　按照"三个代表"要求加强党的建设》，《人民日报》2000 年 5 月 16 日。

体。生产力是社会发展进步的决定性力量；文化对经济和政治的发展起巨大作用；创造历史的是人民，人民推动着历史的发展。在当代中国，三者有机地统一于党领导人民建设有中国特色社会主义的伟大实践。"三个代表"重要思想，具有鲜明的时代特征，既是党的建设的重大理论课题，更是抓紧推进党的思想、组织和作风建设的实践课题。实现"三个代表"的要求，关键是如何按照"三个代表"的要求，进一步推进党的思想建设、政治建设、组织建设和作风建设。为此，江泽民围绕着如何以"三个代表"思想为指导，加强党的建设进行了持续的调查研究，先后到十几个省、直辖市、自治区考察，主持召开了近30次各种形式的座谈会，听取各方面的意见和建议。江泽民于2000年12月13日，就新形势下深入开展党建研究提出了一些战略性、前瞻性的重大问题。其中有：（1）关于巩固党的领导体制，进一步理顺党政关系问题；（2）关于在新的历史条件下党的领导方式和执政方式问题，以及共产党的执政基础问题；（3）关于民主集中制的制度建设问题；（4）关于在社会主义市场经济条件下的劳动和劳动价值问题；（5）关于推进干部人事制度的改革问题；（6）关于建立健全权力运行机制和加强党内监督问题；（7）关于入党条件问题；（8）关于社会阶层的新变化问题；（9）关于反腐败斗争的新情况、新问题和新对策问题；（10）关于加强和改进党的基层组织建设问题等。江泽民还对深入开展党建调查研究的指导思想、组织领导等提出了明确要求。按照中央统一部署，中央有关部门的80多位同志组成有关的课题组，分别前往十几个省市区进行调研，听取地方党委负责同志和各方面的意见。有关课题组还请一些省部有关部门和中央国家机关有关部门、解放军总政治部协助调研。经过几个月的辛勤工作，各课题组都按时交了调研报告。报告中比较成熟的意见，在江泽民《在庆祝中国共产党成立八十周年大会上的讲话》都作了反映。

（二）从"建党 80 周年讲话"到中央党校"五三一讲话"

"三个代表"重要思想发表后，江泽民同志又在不同场合进一步对其进行论证，不断地充实和完善这一重要思想。

1. 发表"建党 80 周年讲话"

2001 年 7 月 1 日上午，中共中央在人民大会堂举行大会，隆重庆祝中国共产党成立 80 周年。中共中央总书记江泽民在大会上发表重要讲话，《讲话》系统地总结了中国共产党 80 年光辉历程和基本经验，全面阐述"三个代表"重要思想的科学内涵，提出了新的历史条件下加强和改进党的建设的重大任务，要求全党同志居安思危，增强忧患意识，不骄不躁，继续为实现党的基本路线和历史任务而奋斗。江泽民强调，中国共产党的 80 年，是把马克思列宁主义同中国实践相结合而不断追求真理、开拓创新的 80 年，是为民族解放、国家富强和人民幸福而不断艰苦奋斗、发愤图强的 80 年，是为完成肩负的历史使命而不断经受考验、发展壮大的 80 年。事实充分证明，中国共产党不愧为伟大、光荣、正确的马克思主义政党，不愧为领导中国人民不断开创新事业的核心力量。《讲话》从两个 80 年的鲜明对比开始，以两个 100 年的回顾展望结束，历史感深厚，时代感鲜明，有气势，有激情，有哲理，给人教育，给人鼓舞，给人信心。这个重要讲话，内容丰富，意义重大，有很强的政治性、理论性、战略性、针对性，是一篇马克思主义的纲领性文献，是中国共产党人进入新世纪的政治宣言。《讲话》是经过深入探索、深思熟虑形成的，是对新的实践的科学总结，集中了全党的智慧，反映了全党的意志。

但"七一讲话"发表后，出现了一些不同意见甚至是反对的意见。为了强调"与时俱进"这一马克思主义的理论品质，《人民日报》接连发表了三个材料，一是 2001 年 8 月 13 日的《马克思、恩格斯、列宁关于发展马克思主义的论述摘编》，二是 8 月 17 日的署名钟言实的文章《马克思、恩格斯、列宁怎样在实践中发展马克思主义》，三是 8 月 29 日的《毛泽东、邓小平同志论解放思想、实事求是》。《人民日报》8 月 13 日发表的《马克思、恩格斯、列宁关于发展马克思主义的论述摘编》"编者的话"中强调：马克思主义具有与时俱进的理论品质。马克思主义经典作家为我们作出了理论联系实际和理论创新的光辉典范。这些论述"体现了经典作家对待马克思主义的科学态度，反映了马克思主义在实践中的丰富和发展。在全党深入学习贯彻江泽民同志'七一'重要讲话的过程中，重温这些论述，有助于我们更好地把思想和行动统一到《讲话》精神上来，提高贯彻落实'三个代表'重要思想的自觉性和坚定性；有助于我们更好地坚持解放思想、实事求是的思想路线，大力发扬求真务实、勇于创新的精神，创造性地推动党和国家的各项工作。"①

8 月 31 日，江泽民到国防大学军队高级干部理论研讨班发表《科学对待马克思主义》的重要讲话。江泽民说："注重理论创新，是党的事业前进的重要保证。什么时候我们紧密结合实践不断推进理论创新，党的事业就充满生机和活力；什么时候理论的发展落后于实践，党的事业就会受到损害，甚至发生挫折。"针对有人对"七一讲话"提出的异议，江泽民说："彻底的唯物主义者是无所畏惧的。党的事业要前进，必须有回答和解决新问题的理论勇气和政治勇气。七一讲话并不是我个人的，而是我代表中央讲的。我是党的总书记，当然要对这个讲话及讲话中提出的观点负政治责任。对七一讲话，中央进行了长期的充分的酝酿和准备，我也下了很大功夫，做了大量调查研究。对一些重大问

---

① 《马克思、恩格斯、列宁关于发展马克思主义的论述摘编》，《人民日报》2001 年 8 月 13 日。

题，我思考了近两年时间。讲话稿征求了各方面意见，最后经中央政治局和政治局常委会议集体讨论修改。这个讲话，是经过我们党深入探索、深思熟虑后形成的，是对新的实践的科学总结，集中了全党的智慧，反映了全党的意志。"江泽民继续说："为什么在这个时机要集中回答一些重大问题呢？从根本上说，是党的事业发展的迫切要求。我深深感到，当今世界和我们所处的时代，同过去相比发生了很多深刻变化。无论从国际还是从国内看，我们都面临着许多新情况新问题，必须从理论上、实践上作出回答并加以解决，否则我们就不能更好地前进。我们必须与时俱进，继续丰富和发展马克思主义。如果因循守旧、停滞不前，我们就会落伍，我们党就有丧失先进性和领导资格的危险。"江泽民强调："七一讲话，贯穿了两个基本要求。一是必须坚持马克思主义的立场、观点、方法，坚持马克思主义的基本原理。这一点，要坚定不移，不能含糊。二是一定要贯彻解放思想、实事求是的思想路线，坚持勇于追求真理和探索真理的革命精神。这一点，也要坚定不移，不能含糊。我认为，这两个'坚定不移'、两个'不能含糊'，始终是检验我们是不是真正的马克思主义者的试金石。"①

2. 十五届六中全会确认"三个代表"重要思想

2001 年 9 月，中共十五届六中全会高度评价江泽民同志《在庆祝中国共产党成立八十周年大会上的讲话》。"一致认为，讲话全面回顾和系统总结了我们党八十年的光辉历程和基本经验，围绕在新的历史条件下建设一个什么样的党和怎样建设党这个基本问题，深刻阐述了'三个代表'重要思想的科学内涵，进一步阐明了党在新世纪的历史任务和奋斗目标，是一篇马克思主义的纲领性文献，对进一步做好党和国家的各项工作，具有重大而深远

---

① 《江泽民文选》第 3 卷，人民出版社 2006 年版，第 335 页。

的意义。"① 这标志着中央委员会思想的统一。这就是，既要坚持马克思主义的立场观点方法，坚持马克思主义的基本原理，又要坚持解放思想、实事求是的思想路线，与时俱进，进一步发展马克思主义，用发展着的马克思主义指导新的实践。

3. 发表"五三一讲话"

在中国共产党全国代表大会召开之前到中共中央党校发表重要讲话，已经成为以江泽民同志为核心的中央领导集体一种新的党代表大会的准备方式。中共十四大前的 1992 年 6 月 9 日的重要讲话和中共十五大前的 1997 年 5 月 29 日的重要讲话已经体现了这一点。

中共十六大前的 2002 年 5 月 31 日，江泽民再次来到中共中央党校发表重要讲话。这个讲话，从举什么旗、走什么路、实现什么目标、完成什么任务的高度强调：高举邓小平理论伟大旗帜，全面贯彻"三个代表"要求，与时俱进努力开创建设有中国特色社会主义事业新局面。他指出：贯彻"三个代表"的要求，关键在坚持与时俱进，核心在保持党的先进性，本质在坚持执政为民。他强调：我们党要承担起推动中国社会发展的历史使命，必须始终紧紧抓住发展这个执政兴国的第一要务。② 江泽民在讲话中还强调了党和国家在新世纪的奋斗目标，强调了实现推进现代化建设、完成祖国统一、维护世界和平与促进共同发展的历史任务和在建设有中国特色社会主义的道路上实现中华民族的伟大

① 《中国共产党第十五届中央委员会第六次全体会议公报》（2001 年 9 月 26 日中国共产党第十五届中央委员会第六次全体会议通过），《人民日报》2001 年 9 月 27 日。

② 《江泽民在中央党校省部级干部进修班毕业典礼上强调　高举邓小平理论伟大旗帜　全面贯彻"三个代表"要求　与时俱进努力开创建设有中国特色社会主义事业新局面》，《人民日报》2002 年 6 月 1 日。

复兴并同时强调进一步加强和改进党的建设。

中共中央政治局常委、中央党校校长胡锦涛在主持会议时强调指出："江泽民总书记的讲话十分重要。讲话高屋建瓴，内涵丰富，思想深刻，论述精辟，对于更好地团结和动员全党高举邓小平理论伟大旗帜，全面贯彻"三个代表"要求，为实现历史和时代赋予我们党的庄严使命而努力奋斗，具有十分重要的指导意义。希望同志们认真学习和深刻领会江泽民总书记的重要讲话精神，坚持讲大局、讲团结、讲稳定，扎扎实实地做好各项工作。"① 上午各省、自治区、直辖市和中央各部委主要领导，中央党校省部班学员听总书记讲话，下午他们就进行认真研讨，讨论意见上报。可以说，中共十六大的理论准备达到了一个新水平。

4. 编辑《江泽民论有中国特色社会主义》

2002 年 8 月 27 日，为了把全党对建设有中国特色社会主义理论和"三个代表"重要思想的学习不断引向深入，迎接中共十六大召开，由中共中央文献研究室编辑的《江泽民论有中国特色社会主义（专题摘编）》一书出版，在全国发行。该书内容十分丰富，涉及经济、政治、文化、军事、外交和党的建设等各个方面。全书分为 25 个专题，119 个小题，计 1300 多段论述，约 56 万字。这些重要论述，是从 1989 年 6 月党的十三届四中全会到 2002 年 6 月期间，江泽民同志所作的报告、讲话、文章、书信、批示等 370 多篇重要文献中摘录的。

这本专题摘编汇集了江泽民运用马克思主义基本原理，科学分析国际国内形势发生的重大变化，深刻总结我们党和人民在推

---

① 《江泽民在中央党校省部级干部进修班毕业典礼上强调　高举邓小平理论伟大旗帜全面贯彻"三个代表"要求　与时俱进努力开创建设有中国特色社会主义事业新局面》，《人民日报》2002 年 6 月 1 日。

进改革开放和现代化建设的实践中取得的丰富经验，集中全党全国人民的智慧，正确回答建设有中国特色社会主义实践中迫切需要解决的重大问题，提出并阐述的新思想、新观点、新论断，反映了我们党在建设有中国特色社会主义的新的实践中所形成的新的理论成果。这些新的理论成果，特别是"三个代表"重要思想，是同马克思列宁主义、毛泽东思想、邓小平理论一脉相承的，是对建设有中国特色社会主义理论的丰富和发展，对于中国在21世纪全面建设小康社会、加快推进社会主义现代化，在建设有中国特色社会主义道路上实现中华民族的伟大复兴，具有十分重要的指导意义。

总之，江泽民提出"三个代表"重要思想，是在科学观察当今世界和当代中国的发展趋势，深刻总结中国共产党和世界上一些政党历史经验的基础上，经过长时间的深思熟虑的结果，是全党集体智慧的结晶。正如江泽民所指出的："我们在加强和改进党的建设上已取得了一些新的经验。我感到，我们要坚持毛泽东同志、邓小平同志关于党的建设的理论和一系列重要思想，集中起来最重要的，就是要在思想上、行动上坚持做到这'三个代表'。这是我们党的立党之本、执政之基、力量之源。"①

可以说这一切，为在中共十六大把"三个代表"重要思想同马克思列宁主义、毛泽东思想、邓小平理论一起确定为中国共产党的指导思想做着充分的准备。

（三）中共十六大报告的起草工作②

理论上比较充分的准备过程，为起草中共十六大报告奠定了

---

① 《江泽民文选》第3卷，人民出版社2006年版，第44页。
② 参见《马克思主义的纲领性文献——党的十六大报告诞生记》，《人民日报》2002年11月21日。

基础。2001年10月下旬，中央政治局常委会决定成立十六大报告起草组，由中共中央政治局常委胡锦涛任组长。10月26日，起草组在中南海怀仁堂举行第一次会议。由此，历时一年多的十六大报告起草工作正式开始。根据江泽民的意见，早在2001年8月，中央就组织有关部门成立了14个课题组，围绕党的建设、中国基本国情、发展先进生产力和先进文化、收入分配等课题展开调研，历时半年。起草期间，胡锦涛主持会议，专题听取各课题组的汇报，并进行深入研讨。

2001年11月8日至22日，起草组分成8个调研组，分赴广东、江苏、上海、黑龙江、甘肃等16个省区市进行调研。为保证调研取得实效，起草组在出发前向16个省区市发出了详细的调研提纲。起草组的同志在这些地方共召开80场座谈会，有914人次参加。广泛深入的调查研究，为十六大报告的起草奠定了坚实的实践基础。12月，起草组全体会议听取了各调研小组的汇报，集中讨论各方面的意见和建议，讨论改革开放和现代化建设、党的建设面临的重大问题及其解决思路。会后，形成了综合调研报告，上报中央政治局常委会。

2001年11月到12月，江泽民主持召开4个半天的座谈会，就中国经济体制改革和经济发展问题，新阶段中国农业、农村、农民问题进行研究，广泛听取主管部门、研究部门和专家学者的意见。

2002年1月14日，经过深思熟虑，江泽民召集起草组全体会议，就中共十六大的主题、重要意义和主要任务，十六大报告需要阐述的重大问题及对起草工作的要求，作了重要谈话。江泽民在讲话中明确提出了十六大报告的主题，这就是：高举邓小平理论伟大旗帜，全面贯彻"三个代表"重要思想，继往开来，与时俱进，全面建设小康社会，加快推进社会主义现代化，为开创中国特色社会主义事业新局面而奋斗。他阐述说："第一，明确提出全面建设小康社会的目标，符合邓小平同志关于实现现代化的战略思想。……第二，明确提出全面建设小康社会的目标，与党的十五大对新世纪的展望、党的十五届五中全会提出的我国进入新的发展阶段的要求相一致。……第三，明确提出全面建设小康社会的目标，符合党心民意，也有利于我国进一步展示良好的国际形象。……第四，明确提出全面建设小康社会的目标，符合我国国情和现代化建设的实际，同我们实现社会全面发展和共同富裕的目标也是吻合的。我国人民生活总体上达到小康水平，这是中华民族发展史上一座新的里程碑。同时，也要看到，我国人均国内生产总值还比较低，同世界发达国家相比差距还很大，甚至同一些比较富裕的发展中国家相比也有较大差距。我们现在的小康，总的来说，还是低水平的、不全面的、发展很不平衡的小康。我国地域辽阔，发展很不平衡，中西部欠发达地区特别是贫困地区同东部沿海发达地区的发展差距还很大。即使在东部沿海省份，大城市和山区、农村之间，发展水平也还有不小差距。从全国来说，全面建设小康社会，使全体人民都过上比较宽裕的小康生活，仍需要长期艰苦努力。全面建设小康社会，就是要进一步巩固和发展我国初步建成的小康社会，使全体人民都能够更加充分、更加稳定地享受小康生活。全面建设小康社会，是一个经济、政治、文化全面发展的目标，与我们加快推进工业化和经济的社会化、市场化、信息化是统一的。全面建设小康社会，是就全国发展水平而言的，有条件的地方可以发展得快一些，率先基本实现现代化。从全国来看，实现全面建设小康社会的目标，时间大体定为二十年是适当的。……党的十六大明确提出全面建设小康社会的目标，并在科学论证的基础上加以阐述，对凝聚人心、鼓舞斗志，加快推进我国的现代化建设，具有十分重大的意义。"①

报告主题确立后，报告的起草也正式开始。1月15日，起草组着手拟定报告提纲。2月18日，江泽民审阅报告提纲后，致信胡锦涛，作出了8点重要批示。在批示中，江泽民对如何总结13年的基本经验、论述"三个代表"重要思想、准确把握国内外发展大势、经济建设和经济体制改革、国有资产管理和营运机制建设、政治建设和政治体制改革、反腐败斗争、党的建设等方面的问题提出重要意见。② 根据江泽民的批示，起草组对提纲进行了认真修改。2月26日，中央政治局常委会经过讨论，原则同意报告提纲，并提出了重要的修改意见。起草组根据这些意见，在报告提纲的基础上，开始起草报告。两个多月后，起草组经过反复修改，写出报告初稿，上报中央政治局常委会。5月16日、17日，中央政治局常委会连日审议了报告。常委们强调，对涉及群众切身利益的重大问题，报告一定要充分反映，尤其要加强对国有企业改革、收入分配、就业和再就业、保障困难群众的生产和生活等问题的论述，提出切实可行的措施。

2002年5月31日，江泽民在中共中央党校省部级干部进修班毕业典礼上发表了重要讲话，对十六大报告涉及的重大问题进行了阐述。全国各省、自治区、直辖市和计划单列市，新疆生产建设兵团，中央和国家机关有关部门，军队各大单位的主要负责同志，中共中央党校第32期省部级干部进修班学员出席了这次非同寻常的毕业典礼。

在120天的报告起草过程中，江泽民对报告每一稿都认真审阅，提出重要修改意见。江泽民先后2次向起草组作重要讲话，中央政治局常委会先后4次开会、中央政治局先后两次开会，就

---

① 《江泽民文选》第3卷，人民出版社2006年版，第414—416页。
② 《江泽民文选》第3卷，人民出版社2006年版，第439—440页。

报告进行研究讨论。

2002 年 8 月 26 日，根据中央政治局会议的决定，报告稿下发全国 178 个单位，在党内一定范围征求意见。参加讨论的有十五届中央委员会和中央纪律检查委员会的委员，十六大代表，中央党政军各部门、各人民团体的负责同志，各省区市和各大军区的党委负责人，党内部分老同志，共 3100 多人。

从 8 月 30 日到 9 月 17 日，江泽民用 8 个整天的时间，在中南海主持召开座谈会，先后直接听取各省、自治区、直辖市党政主要负责同志及军队各大单位主要负责同志对十六大报告稿的意见和建议，听取各民主党派中央负责人、全国工商联负责人和无党派人士的意见，同大家坦诚交流、交换看法。9 月 18 日，江泽民主持召开起草组全体会议，再次作重要讲话，强调：十六大报告是政治报告，不是具体的工作报告，要抓住重点，切中要害，讲大的方针政策和原则，不能面面俱到。[①] 并就 5 年来的成绩和 13 年的基本经验、"三个代表"重要思想、社会主义市场经济体制、国有资产管理体制改革、国防和军队现代化建设及增强忧患意识，居安思危，清醒地看到我们面临的困难和挑战，清醒地看到我们工作中存在的问题，清醒地看到激烈的国际竞争给我们带来的巨大压力等问题提出指导性意见。[②]

根据这些意见，起草组又对报告进行了重要修改和充实，在民族精神的表述中突出了爱国主义的核心作用，在提高人民生活水平的部分充实了内容，对反腐倡廉部分加大了分量等，共修改 600 多处。在增加了重要内容后，报告篇幅还压缩了 3000 多字。起草组还对党员、专家学者和普通群众来信进行了认真研究。

11 月 3 日至 5 日，中共十五届七中全会在北京召开。186 名

---

① 《江泽民文选》第 3 卷，人民出版社 2006 年版，第 514 页。

② 《江泽民文选》第 3 卷，人民出版社 2006 年版，第 514—517 页。

中央委员、139 名候补中央委员，对十六大报告进行了深入讨论并提出了修改意见。根据这些意见和建议，全会对报告作了 70 多处修改。全会通过了修改后的报告，决定提请中共十六大审议。在十六大会议期间，根据代表的意见和建议，大会又对报告进行了多处修改。例如，在加强和改进党的建设部分，有的代表针对当前领导干部工作作风存在的突出问题，提出应该写上正确开展批评与自我批评，特别是要防止和克服形式主义、官僚主义的内容；有的代表提出应增加完善科技服务体系的内容；有的代表提出应增加健全农产品质量安全体系的内容；等等。这些建设性意见，在大会闭幕前的 11 月 13 日，被吸收进报告最后的定稿之中。

三、中国共产党指导思想的与时俱进

作为第三代领导集体的核心，江泽民曾强调："我现在的责任，也可以说我的历史责任，就是要带头解放思想，勇于进行理论探索和创新。中央一再强调要进行理论创新，为什么？因为这是马克思主义唯物辩证法的根本要求。要使党和国家的发展不停顿，首先理论上不能停顿，否则一切新的发展都谈不上。说要从政治上看问题、考虑问题，这就是最重要的一个政治考虑。"[①]他还语重心长地说："我们必须与时俱进，继续丰富和发展马克思主义。如果因循守旧、停滞不前，我们就会落伍，我们党就有丧失先进性和领导资格的危险。"[②] 可以说，处于长期执政地位的中国共产党，要坚持把解放思想、理论创新作为自己最重要的

[①] 《江泽民文选》第 3 卷，人民出版社 2006 年版，第 336 页。
[②] 《江泽民文选》第 3 卷，人民出版社 2006 年版，第 335 页。

历史责任，要敢于突破前人，创立新的理论指导实践。中共十六大的主题是：高举邓小平理论伟大旗帜，全面贯彻"三个代表"重要思想，继往开来，与时俱进，全面建设小康社会，加快推进社会主义现代化，为开创中国特色社会主义事业新局面而奋斗。这次大会的标志性的重大决定之一，就是把"三个代表"重要思想确定为中国共产党的指导思想。

（一）"三个代表"重要思想的理论体系

"三个代表"重要思想，是在科学判断党的历史方位的基础上提出来的。中国共产党历经革命、建设和改革，已经从领导人民为夺取全国政权而奋斗的党，成为领导人民掌握全国政权并长期执政的党；已经从受到外部封锁和实行计划经济条件下领导国家建设的党，成为对外开放和发展社会主义市场经济条件下领导国家建设的党。我们必须从中国和世界的历史、现状和未来着眼，准确把握时代特点和党的任务，科学制定并正确执行党的路线方针政策，认真研究和解决推动中国社会进步和加强党的建设的问题，做到既不割断历史、又不迷失方向，既不落后于时代、又不超越阶段，使我们的事业不断从胜利走向胜利。

1. "三个代表"重要思想的基本内涵

"三个代表"重要思想的集中概括是：中国共产党必须始终代表中国先进生产力的发展要求，代表中国先进文化的前进方向，代表中国最广大人民的根本利益。

始终代表中国先进生产力的发展要求，就是党的理论、路线、纲领、方针、政策和各项工作，必须努力符合生产力发展的规律，体现不断推动社会生产力的解放和发展的要求，尤其要体现推动先进生产力发展的要求，通过发展生产力不断提高人民群众的生产水平。

始终代表中国先进文化的前进方向，就是党的理论、路线、纲领、方针、政策和各项工作，必须努力体现发展面向现代化、面向世界、面向未来的，民族的科学的大众的社会主义文化的要求，促进全民族思想道德素质和科学文化素质的不断提高，为中国经济发展和社会进步提供精神动力和智力支持。

始终代表中国最广大人民的根本利益，就是党的理论、路线、纲领、方针、政策和各项工作，必须坚持把人民的根本利益作为出发点和归宿，充分发挥人民群众的积极性、主动性、创造性，在社会不断发展进步的基础上，使人民群众不断获得切实的经济、政治、文化利益。

代表中国先进生产力的发展要求，代表中国先进文化的前进方向，代表中国最广大人民的根本利益，是统一的整体，互相联系、互相促进。发展先进生产力，是发展先进文化，实现最广大人民根本利益的基础条件，人民群众是先进生产力和先进文化的创造主体，也是实现自身利益的根本力量，不断发展先进生产力和先进文化，归根到底都是为了满足人民群众日益增长的物质文化需要，不断实现最广大人民群众的根本利益。

"三个代表"重要思想反映了中国最广大人民的共同意愿，体现了当今世界和当代中国发展的时代精神，显示了马克思主义科学理论的强大力量，是21世纪新阶段全党全国各族人民继往开来、与时俱进，实现全面建设小康社会宏伟目标的根本指针，是必须长期坚持的指导思想。

2. "三个代表"重要思想的基本体系

"三个代表"重要思想，在继承邓小平理论的基础上，进一步回答了什么是社会主义、怎样建设社会主义的问题，创造性地回答了建设什么样的党、怎样建设党的问题，集中起来就是深化了对中国特色社会主义的认识。"三个代表"重要思想，在改革发展稳定、内政外交国防、治党治国治军各个方面，提出了一系列紧密联系、互相贯通的新思想、新观点、新论断，构成了一个系统的科学理论。这个理论体系包括：

"一、大力弘扬与时俱进的精神——关于建设中国特色社会主义的思想路线；二、发展是党执政兴国的第一要务——关于中国特色社会主义的发展道路；三、全面建设小康社会——关于中国特色社会主义的发展阶段和发展战略；四、不断促进先进生产力的发展——关于中国特色社会主义的根本任务；五、推进社会主义的自我完善和发展——关于中国特色社会主义的改革；六、实施"引进来"和"走出去"相结合的对外开放战略；七、推动国民经济持续快速健康发展——关于中国特色社会主义的经济建设；八、建设社会主义政治文明——关于中国特色社会主义的政治建设；九、创造更加灿烂的先进文化——关于中国特色社会主义的文化建设；十、走中国特色的精兵之路——关于中国特色社会主义的国防和军队建设；十一、团结一切可以团结的力量——关于坚持和发展爱国统一战线；十二、完成祖国统一大业是中华民族的根本利益所在——关于推进祖国完全统一；十三、维护世界和平与促进共同发展——关于中国特色社会主义的外交和国际战略；十四、坚定地站在时代潮流的前头——关于中国特色社会主义的领导核心；十五、以改革的精神建设党——关于中国特色社会主义的执政党建设；十六、实现好维护好发展好最广大人民群众的根本利益——关于中国特色社会主义的根本目的。"①

（二）"三个代表"重要思想的历史地位

关于"三个代表"重要思想的历史地位，中共十六大通过的《中国共产党章程》规定："中国共产党以马克思列宁主义、毛泽

---

① 中共中央宣传部编：《"三个代表"重要思想学习纲要》，学习出版社 2003 年版。

东思想、邓小平理论和'三个代表'重要思想作为自己的行动指南。"党章还规定："三个代表"重要思想是对马克思列宁主义、毛泽东思想、邓小平理论的继承和发展，反映了当代世界和中国的发展变化对党和国家工作的新要求，是加强和改进党的建设、推进中国社会主义自我完善和发展的强大理论武器，是中国共产党集体智慧的结晶，是党必须长期坚持的指导思想。始终做到"三个代表"，是中国共产党的立党之本、执政之基、力量之源。

1. 一脉相承的理论体系

"三个代表"重要思想同马克思列宁主义、毛泽东思想和邓小平理论是一脉相承而又与时俱进的科学体系，是马克思主义在中国发展的最新成果。坚持以反映时代特征和实践要求的科学理论指导实践，并根据实践的新鲜经验不断推进理论创新，是马克思主义政党坚持先进性、不断推进事业发展的根本保证。中国共产党从诞生之日起就把马克思主义确立为自己的指导思想，并在长期奋斗中坚持把马克思主义基本原理同中国具体实际相结合，产生了毛泽东思想、邓小平理论和"三个代表"重要思想这三大理论成果。"三个代表"重要思想的形成，表明中国共产党对共产党执政规律、社会主义建设规律和人类社会发展规律的认识，达到了新的理论高度，开辟了马克思主义发展的新境界。

胡锦涛总书记的解读是："三个代表"重要思想的形成，不仅表明中国共产党在理论的自觉性和实践的主动性上达到了一个新的高度，而且在马克思主义和科学社会主义发展史上也是具有重大意义的事情。"三个代表"重要思想紧密结合新的时代条件，生动而具体地坚持和发展了马克思主义，赋予马克思主义新的鲜活力量，再一次有力地证明马克思主义基本原理仍然是中国共产党正确认识和运用人类社会发展规律的锐利思想武器。"三个代表"重要思想是坚持马克思主义的典范，又是发展马克思主义的典范。

胡锦涛对此进一步阐述说：

第一，"三个代表"重要思想坚持马克思主义的世界观和方法论，创造性地运用它们分析当今世界和中国的实际，为我们在新的时代条件下运用辩证唯物主义和历史唯物主义认识和把握社会发展规律、更好地推进中国社会主义事业作出了新的理论概括。辩证唯物主义和历史唯物主义的世界观和方法论，是马克思主义最根本的理论特征。马克思主义坚持从社会物质生产特别是生产力和生产关系的矛盾运动来解释世界，把生产力作为推动社会前进最活跃、最革命的力量，认为生产力的总和决定着社会状况。始终代表中国先进生产力的发展要求，是对马克思主义关于生产力和生产关系、经济基础和上层建筑的辩证关系这一基本原理的运用和阐发；始终代表中国先进文化的前进方向，是对马克思主义关于物质生活和精神生活、社会存在和社会意识的辩证关系这一基本原理的运用和阐发；始终代表中国最广大人民的根本利益，是对马克思主义关于人民群众是推动历史前进的动力这一基本原理的运用和阐发。"三个代表"重要思想所具有的基本点，马克思主义经典作家都有论述，但把发展先进生产力和先进文化、实现最广大人民的根本利益同坚持党的先进性联系在一起，上升到党的性质和宗旨的高度，上升到党的指导思想的高度，构成一个完整的体系，这是当代中国共产党人对辩证唯物主义和历史唯物主义的创造性运用和发展。"三个代表"重要思想既坚定不移地坚持了马克思主义的世界观和方法论，又赋予它们鲜明的时代精神和实践要求。

第二，"三个代表"重要思想坚持党的最高纲领和最低纲领的统一，为我们坚持马克思主义的最终奋斗目标、根据实际制定和实施推动中国社会主义发展的科学战略提供了新的理论基础。实现物质财富极大丰富、人民精神境界极大提高、每个人自由而全面发展的共产主义社会，是马克思主义最崇高的社会理想。"三个代表"重要思想强调树立共产主义的远大理想和坚定信念，同时强调共产主义只有在社会主义社会充分发展和高度发达的基础上才能实现，实现共产主义是一个非常漫长的历史过程，要立足中国正处于并将长期处于社会主义初级阶段这个实际，脚踏实地地为实现党在现阶段的基本纲领而不懈努力。在我国社会主义初级阶段，中国共产党作为执政党的根本任务就是发展生产力，发展是中国共产党执政兴国的第一要务。发展是以经济建设为中心、经济政治文化相协调的发展，是促进人与自然相和谐的可持续发展。中国共产党人要坚持以兴国为己任、以富民为目标，走适合中国国情的社会主义发展道路，经过长时期的努力，不断使经济更加发展、民主更加健全、科教更加进步、文化更加繁荣、社会更加和谐、人民生活更加殷实，不断促进人的全面发展，不断向党的最终目标前进。忘记远大理想而只顾眼前就会失去方向，离开现实工作而空谈远大理想就会脱离实际。"三个代表"重要思想既鲜明地坚持了马克思主义的社会理想，同时又为在锲而不舍的努力中不断朝着实现共产党人的远大理想和最终目标胜利前进指明了现实途径。

第三，"三个代表"重要思想坚持马克思主义关于无产阶级政党必须植根于人民的政治立场，注重从人民群众的实践中吸取养分，为我们坚持马克思主义的群众观点、不断实现最广大人民的根本利益提出了新的理论要求。马克思主义政党的一切理论和奋斗都应致力于实现最广大人民的根本利益，这是马克思主义最鲜明的政治立场。"三个代表"重要思想强调中国共产党是中国工人阶级的先锋队，同时是中国人民和中华民族的先锋队，是中国特色社会主义事业的领导核心。建设中国特色社会主义的根本目的是不断实现好、维护好、发展好最广大人民的根本利益，党的理论、路线、纲领、方针、政策和工作必须以符合最广大人民的根本利益为最高衡量标准。必须坚持实践第一的观点，以最广大人民的实践为理论创新的源泉，以实现最广大人民的根本利益为理论创新的目的。这些重要理论观点，适应中国共产党的历史地位和执政条件的发展变化，适应中国人民利益要求和社会结构的发展变化，为我们在新的时代条件下更好地坚持马克思主义的政治立场提出了全面要求。

第四，"三个代表"重要思想坚持马克思主义与时俱进的理论品质，体现了马克思主义理论创新的巨大勇气，为我们坚持马克思主义基本原理、不断在实践中推进理论创新打开了新的理论视野。坚持一切从实际出发，理论联系实际，实事求是，在实践中检验真理和发展真理，是马克思主义最重要的理论品质。这种与时俱进的理论品质，是150多年来马克思主义始终保持蓬勃生命力的关键所在。"三个代表"重要思想强调实践没有止境，创新也没有止境，党的全部理论和工作要体现时代性，把握规律性，富于创造性。"三个代表"重要思想创造性地运用马克思列宁主义、毛泽东思想特别是邓小平理论，紧密结合新的实践，提出了关于建立社会主义市场经济体制的思想，关于公有制为主体、多种所有制经济共同发展是中国社会主义初级阶段的基本经济制度的思想，关于按劳分配为主体、多种分配方式并存的思想，关于实行全方位对外开放战略的思想，关于社会主义物质文明、政治文明和精神文明协调发展的思想，关于正确处理改革发展稳定的思想，关于建设社会主义法治国家的思想，关于依法治国和以德治国相结合的思想，关于走中国特色的精兵之路的思想，关于巩固党的阶级基础和扩大党的群众基础的思想，等等。这些都是对马克思主义理论的重大贡献。"三个代表"重要思想既坚持马克思主义基本原理，又不从书本、概念和抽象的原则出发，而是一切从实际出发，深刻总结实践创造的新鲜经验并上升到理论，在推动马克思主义的发展中卓有成效地坚持了马克思主义。①

2. 继往开来、与时俱进的根本指针

"三个代表"重要思想是 21 世纪新阶段中国共产党和中国人民继往开来、与时俱进，实现全面建设小康社会宏伟目标的根本指针。中共十六大提出，我们要紧紧抓住 21 世纪头 20 年的重要战略机遇期，集中力量全面建设小康社会。这个宏伟目标令人振奋又十分艰巨。在实现这个目标的征程中，胡锦涛指出："我们将长期面对以下三个重大课题。一是要科学判断和全面把握国际形势的发展变化，正确应对世界多极化和经济全球化以及科技进步的发展趋势，妥善处理影响世界和平与发展的各种复杂和不确定因素，抓住和用好重要战略机遇期，在日益激烈的综合国力竞争中牢牢掌握加快我国发展的主动权。二是要科学判断和全面把握我国将长期处于社会主义初级阶段的基本国情，正确认识和妥善处理人民日益增长的物质文化需要同落后的社会生产这个社会主要矛盾，紧紧抓住经济建设这个中心不动摇，正确处理好改革发展稳定的关系，推动物质文明、政治文明和精神文明协调发展，不断增强综合国力，逐步实现全体人民的共同富裕。三是要科学判断和全面把握我们党所处的历史方位和肩负的历史使命，正确认识和妥善处理党在改革开放和发展社会主义市场经济条件下执政遇到的新情况新问题，以改革的精神加强和改进党的建设，不断提高党的领导水平和执政水平，增强拒腐防变和抵御风险能力，始终成为团结带领人民建设中国特色社会主义的领导核

---

① 胡锦涛：《在"三个代表"重要思想理论研讨会上的讲话》（2003 年 7 月 1 日），《人民日报》2003 年 7 月 2 日。

心。"① 能否始终解决好这三个重大课题，关系中国共产党和国家的前途命运，关系全面建设小康社会的成败。"三个代表"重要思想为中国共产党正确认识和处理这些重大课题提供了科学理论和科学方法，指明了方向。

3. 本质是立党为公、执政为民

"三个代表"重要思想的本质是立党为公、执政为民，贯彻"三个代表"重要思想必须以最广大人民的根本利益为根本出发点和落脚点。实现人民的愿望、满足人民的需要、维护人民的利益，是"三个代表"重要思想的根本出发点和落脚点。"三个代表"是相互联系、辩证统一的整体。只有不断解放和发展生产力，增强国家的经济实力，才能为建设中国特色社会主义文化和实现人民群众的根本利益提供雄厚的物质基础。只有不断发展和繁荣社会主义文化，才能不断满足人民群众日益增长的精神文化生活需要，才能为发展生产力提供强大的精神动力和智力支持。只有不断提高人民群众的物质文化生活水平，改革和建设才能具有坚实的群众基础，人民群众才能始终以饱满的热情投身到中国特色社会主义的伟大事业中来。发展先进生产力和先进文化是实现最广大人民根本利益的基础和前提，实现最广大人民根本利益则是发展先进生产力和先进文化的目的和归宿。人民群众既是先进生产力和先进文化的创造者，又是其成果的享有者。这不仅提出了坚持立党为公、执政为民的根本要求，而且指明了实现立党为公、执政为民的根本途径。

"三个代表"重要思想，以高度精练的语言，用一系列紧密联系、相互贯通的新思想、新观点、新论断，从根本上进一步回答了什么是社会主义、怎样建设社会主义的问题，创造性地回答

① 胡锦涛：《在"三个代表"重要思想理论研讨会上的讲话》（2003 年 7 月 1 日），《人民日报》2003 年 7 月 2 日。

了建设什么样的党、怎样建设党的问题。"三个代表"重要思想的形成，表明中国共产党对共产党执政规律、社会主义建设规律和人类社会发展规律的认识，达到了新的理论高度，开辟了马克思主义发展的新境界。也指明了中国在实现民族独立、国家统一、人民解放的这一伟大任务的基础上，进一步实现富强、民主、文明的目标，进而实现中华民族的伟大复兴，完成中国共产党和中国人民的双重历史使命，即实现现代化和社会主义，并向更伟大的目标前进的道路。

四、中共十六大与全面建设小康社会新阶段

到 20 世纪结束的时候，中国已经全面完成了经济发展"三步走"的前两步的战略任务，进入全面建设小康社会的新阶段。在这种情况下中国既面临着新的挑战，也面临着新的发展机遇。中共十六大郑重提出："我们要在本世纪头二十年，集中力量，全面建设惠及十几亿人口的更高水平的小康社会，使经济更加发展、民主更加健全、科教更加进步、文化更加繁荣、社会更加和谐、人民生活更加殷实。这是实现现代化建设第三步战略目标必经的承上启下的发展阶段，也是完善社会主义市场经济体制和扩大对外开放的关键阶段。经过这个阶段的建设，再继续奋斗几十年，到本世纪中叶基本实现现代化，把我国建成富强民主文明的社会主义国家。"[1] 这标志着中国共产党正式确定了全面建设小康社会的历史任务。

---

[1] 江泽民：《全面建设小康社会，开创中国特色社会主义事业新局面——在中国共产党第十六次全国代表大会上的报告》（2002 年 11 月 8 日），《人民日报》2002 年 11 月 18 日。

1. 中共十六大的召开

2000 年 10 月召开的中共十五届五中全会宣布中国已经完成"三步走"经济发展战略的前两步，会议宣布："从新世纪开始，我国将进入全面建设小康社会，加快推进社会主义现代化的新的发展阶段。"这个新的发展阶段，就是"开始实施第三步战略部署。这是中华民族发展史上的一个新的里程碑。"① 中共十五届五中全会通过的《中共中央关于制定国民经济和社会发展第十个五年计划的建议》，对全面建设小康社会的前 5 年改革发展提出了建议。2001 年召开的九届人大四次会议，表决通过了关于国民经济和社会发展第十个五年计划纲要及其报告的决议。可以说对全面建设小康社会进行了初步的安排。

2002 年 11 月 8 日至 14 日，中国共产党第十六次全国代表大会在北京召开。这次代表大会是一次新老交替、继往开来的重要会议。在这次新世纪召开的、由 2100 多名代表 6500 万党员参加的全国党的代表大会上，江泽民第三次代表中央委员会向大会作报告。报告的题目是《全面建设小康社会，开创中国特色社会主义事业新局面》。报告共分 10 个部分：（1）过去五年的工作和十三年的基本经验；（2）全面贯彻"三个代表"重要思想；（3）全面建设小康社会的奋斗目标；（4）经济建设和经济体制改革；（5）政治建设和政治体制改革；（6）文化建设和文化体制改革；（7）国防和军队建设；（8）"一国两制"和实现祖国的完全统一；（9）国际形势和对外工作；（10）加强和改进党的建设。报告指出大会的主题是：高举邓小平理论伟大旗帜，全面贯彻"三个代表"重要思想，继往开来，与时俱进，全面建设小康社会，

---

① 《中共中央关于制定国民经济和社会发展第十个五年计划的建议》（2000 年 10 月 11 日中国共产党第十五届中央委员会第五次全体会议通过），《人民日报》2000 年 10 月 19 日。

加快推进社会主义现代化，为开创中国特色社会主义事业新局面而奋斗。

与往次代表大会不同的是，江泽民在这次大会上只宣读了报告的要点，而没有宣读报告全文。但他在作报告的过程中，全场仍然多次响起热烈的掌声。

大会代表全面讨论并肯定了中共十三届四中全会至中共十六大共13年的伟大成就：国民经济持续快速健康发展，改革开放取得丰硕成果，社会主义民主政治和精神文明建设成效显著，国防和军队建设迈出新步伐，人民生活总体上达到小康水平，祖国统一大业取得新进展，对外工作开创新局面，党的建设全面加强。大会报告中指出："二○○一年，我国国内生产总值达到九万五千九百三十三亿元，比一九八九年增长近两倍，年均增长百分之九点三，经济总量已居世界第六位。人民生活总体上实现了由温饱到小康的历史性跨越。人们公认，这十三年是我国综合国力大幅度跃升、人民得到实惠最多的时期，是我国社会长期保持安定团结、政通人和的时期，是我国国际影响显著扩大、民族凝聚力极大增强的时期。我们党和我国人民作出的艰辛努力和取得的伟大成就举世瞩目，必将载入中华民族伟大复兴的光辉史册。"[1]

中共十六大的报告中郑重提出中国在21世纪前20年的发展任务，即"我们要在本世纪头二十年，集中力量，全面建设惠及十几亿人口的更高水平的小康社会，使经济更加发展、民主更加健全、科教更加进步、文化更加繁荣、社会更加和谐、人民生活

---

[1] 江泽民：《全面建设小康社会，开创中国特色社会主义事业新局面——在中国共产党第十六次全国代表大会上的报告》（2002年11月8日），《人民日报》2002年11月18日。

更加殷实。"①

在肯定成就总结经验的同时，代表大会还全面指出了改革开放和现代化建设和发展中出现的困难和问题。如：农民和城镇部分居民收入增长缓慢，失业人员增多，有些群众的生活还很困难；收入分配关系尚未理顺；市场经济秩序有待继续整顿和规范；有些地方社会治安状况不好；一些党员领导干部的形式主义、官僚主义作风和弄虚作假、铺张浪费行为相当严重，有些腐败现象仍然突出；党的领导方式和执政方式与新形势新任务的要求还不完全适应，有的党组织软弱涣散等。指出存在的问题，是为了解决这些问题。从中共十六大开始，中国共产党就进一步为解决这些问题进行全面部署。

大会有如下重大意义：一是将"三个代表"重要思想确定为党的指导思想写入党章；二是全面总结了中国共产党领导中国人民建设中国特色社会主义的基本经验；三是确定了全面建设小康社会的宏伟目标，并对如何建设小康社会进行了全面部署；四是确定按照"三个代表"重要思想的要求，加强党的建设，全面推进党的建设新的伟大工程；五是实现了新老交替，选举了新的中央委员会。

中共十六届一中全会选举了中央的领导机构，选举（按姓氏笔画为序）王乐泉、王兆国、回良玉（回族）、刘淇、刘云山、李长春、吴仪（女）、吴邦国、吴官正、张立昌、张德江、陈良宇、罗干、周永康、胡锦涛、俞正声、贺国强、贾庆林、郭伯雄、黄菊、曹刚川、曾庆红、曾培炎、温家宝为中央政治局委员；选举胡锦涛、吴邦国、温家宝、贾庆林、曾庆红、黄菊、吴

① 江泽民：《全面建设小康社会，开创中国特色社会主义事业新局面——在中国共产党第十六次全国代表大会上的报告》（2002 年 11 月 8 日），《人民日报》2002 年 11 月 18 日。

官正、李长春、罗干为中央政治局常务委员会委员；选举胡锦涛为中央委员会总书记；根据中央政治局常委的提名，通过了曾庆红等7人为中央书记处成员；决定江泽民为中央军事委员会主席，胡锦涛、郭伯雄、曹刚川为副主席，批准吴官正为中央纪律检查委员会书记。

2. 把全面建设小康社会确定为 21 世纪头 20 年的任务

21 世纪头 20 年，对中国来说，是一个必须紧紧抓住并且可以大有作为的重要战略机遇期。中国共产党提出了"在本世纪头二十年，集中力量，全面建设惠及十几亿人口的更高水平的小康社会"的目标，实现"使经济更加发展、民主更加健全、科教更加进步、文化更加繁荣、社会更加和谐、人民生活更加殷实。"① 这标志着中国共产党制定了全面建设小康社会的宏伟目标。

"全面建设小康社会"的提出有个过程。经过中国共产党和全国各族人民的积极探索和艰苦努力，1995 年，中国国民生产总值提前 5 年实现中共十三大提出的到 20 世纪末"翻两番"的任务。在这种情况下，中共十四届五中全会绘制了中国跨世纪发展的宏伟蓝图，强调下个世纪头 10 年，中国"还是处于小康阶段"，② 这是在中共中央文献中第一次表明，小康不只是第二步战略目标的终点，而且是以此为起点的社会历史发展阶段。

1997 年，中国人均国民生产总值又提前实现"翻两番"，中国现代化建设有望在 20 世纪结束时进入小康社会。中共中央又根据这种新的情况提出了"建设小康社会"的历史任务。这一年

① 江泽民：《全面建设小康社会，开创中国特色社会主义事业新局面——在中国共产党第十六次全国代表大会上的报告》（2002 年 11 月 8 日），《人民日报》2002 年 11 月 18 日。

② 《关于制定国民经济和社会发展"九五"计划和 2010 年远景目标建议的说明》（1995 年 9 月 25 日），《人民日报》1995 年 10 月 6 日。

召开的中共十五大指出："现在完全可以有把握地说，我们党在改革开放初期提出的本世纪末达到小康的目标，能够如期实现。在中国这样一个十多亿人口的国度里，进入和建设小康社会，是一件有伟大意义的事情。这将为国家长治久安打下新的基础，为更加有力地推进社会主义现代化创造新的起点。"① 这是中国共产党和国家的重要文件中第一次正式提出"建设小康社会"这一伟大的历史新任务。也就是说，中国在实现邓小平提出的"实现小康"的奋斗目标后，有了下一步的奋斗目标：全面建设小康社会。中共十五大还根据邓小平小康社会思想及其提出的第三步战略目标，第一次提出了下个世纪前半叶中国社会主义建设新的"三步走"战略部署。这是对建设小康社会战略的总体规划，可以说是对邓小平小康社会思想的丰富和发展。

2000 年是世纪之交的一年，建立小康社会、实现现代化建设的第二步战略目标已成定局。在这种情况下中共中央又郑重地提出了"全面建设小康社会"的历史任务。这一年 10 月召开的中共十五届五中全会指出："从新世纪开始，我国将进入全面建设小康社会，加快推进现代化的新的发展阶段。""开始实施第三步战略部署。这是中华民族发展史上的一个新的里程碑。"② 2001 年，在庆祝中国共产党成立 80 周年大会上的讲话中，江泽民再次指出："我国已经进入了全面建设小康社会、加快推进社会主

---

① 江泽民：《高举邓小平理论伟大旗帜，把建设有中国特色社会主义事业全面推向二十一世纪——在中国共产党第十五次全国代表大会上的报告》（1997 年 9 月 12 日），《人民日报》1997 年 9 月 22 日。

② 《中共中央关于制定国民经济和社会发展第十个五年计划的建议》（2000 年 10 月 11 日中国共产党第十五届中央委员会第五次全体会议通过），《人民日报》2000 年 10 月 19 日。

义现代化的新的发展阶段。"①

关于全面建设小康社会的历史发展阶段，中共十六大的报告指出，综观全局，21世纪头20年，对中国来说，是一个必须紧紧抓住并且可以大有作为的重要战略机遇期。根据十五大提出的到2010年、建党100年和新中国成立100年的发展目标，中国要在本世纪头20年，集中力量，全面建设惠及十几亿人口的更高水平的小康社会，使经济更加发展、民主更加健全、科教更加进步、文化更加繁荣、社会更加和谐、人民生活更加殷实。这是实现现代化建设第三步战略目标必经的承上启下的发展阶段，也是完善社会主义市场经济体制和扩大对外开放的关键阶段。经过这个阶段的建设，再继续奋斗几十年，到21世纪中叶基本实现现代化，把中国建成富强民主文明的社会主义国家。

3. 关于全面建设小康社会的奋斗目标

中共十六大作为进入新世纪新阶段的第一次党的全国代表大会，着眼于更加长远的发展前景，执政党提出了全面建设小康社会的奋斗目标，并作出具体的战略部署，形成了比较系统的关于全面建设小康社会的思想。包括面临的基本国情、主要矛盾、奋斗目标，经济建设和经济体制改革、政治建设和政治体制改革、文化建设和文化体制改革等重大问题，具有重要的理论价值和实践意义。

第一，小康社会的基本国情和主要矛盾。

关于全面建设小康社会的基本国情和主要矛盾，中共十六大的报告指出：必须看到，中国正处于并将长期处于社会主义初级阶段，现在达到的小康还是低水平的、不全面的、发展很不平衡的小康，人民日益增长的物质文化需要同落后的社会生产之间的

---

① 江泽民：《在中国共产党成立八十周年大会上的讲话》（2001年7月1日），《人民日报》2001年7月2日。

矛盾仍然是中国社会的主要矛盾。中国生产力和科技、教育还比较落后，实现工业化和现代化还有很长的路要走；城乡二元经济结构还没有改变，地区差距扩大的趋势尚未扭转，贫困人口还为数不少；人口总量继续增加，老龄人口比重上升，就业和社会保障压力增大；生态环境、自然资源和经济社会发展的矛盾日益突出；我们仍然面临发达国家在经济科技等方面占优势的压力；经济体制和其他方面的管理体制还不完善；民主法制建设和思想道德建设等方面还存在一些不容忽视的问题。巩固和提高目前达到的小康水平，还需要进行长时期的艰苦奋斗。这就明确了中国人民和中华民族只有经过一段时间解决上述问题，即 20 年左右的时间全面建设小康社会，中国才能进入新的发展阶段。

第二，全面建设小康社会的奋斗目标。

作为代表中国最广大人民利益的执政党，在其十六大的报告中明确提出了全面建设小康社会的奋斗目标。

"一，在优化结构和提高效益的基础上，国内生产总值到二〇二〇年力争比二〇〇〇年翻两番，综合国力和国际竞争力明显增强。基本实现工业化，建成完善的社会主义市场经济体制和更具活力、更加开放的经济体系。城镇人口的比重较大幅度提高，工农差别、城乡差别和地区差别扩大的趋势逐步扭转。社会保障体系比较健全，社会就业比较充分，家庭财产普遍增加，人民过上更加富足的生活。

一，社会主义民主更加完善，社会主义法制更加完备，依法治国基本方略得到全面落实，人民的政治、经济和文化权益得到切实尊重和保障。基层民主更加健全，社会秩序良好，人民安居乐业。

一，全民族的思想道德素质、科学文化素质和健康素质明显提高，形成比较完善的现代国民教育体系、科技和文化创新体系、全民健身和医疗卫生体系。人民享有接受良好教育的机会，基本普及高中阶段教育，消除文盲。形成全民学习、终身学习的学习型社会，促进人的全面发展。

一，可持续发展能力不断增强，生态环境得到改善，资源利用效率显著提高，促进人与自然的和谐，推动整个社会走上生产发展、生活富裕、生态良好的文明发展道路。①

这次大会确立的全面建设小康社会的目标，是中国特色社会主义经济、政治、文化全面发展的目标，是与加快推进现代化相统一的目标，符合中国国情和现代化建设的实际，符合人民的愿望，意义十分重大。为完成党在新世纪新阶段的这个奋斗目标，发展要有新思路，改革要有新突破，开放要有新局面，各项工作要有新举措。各地各部门都要从实际出发，采取切实有效的措施，努力实现这个目标。有条件的地方可以发展得更快一些，在全面建设小康社会的基础上，率先基本实现现代化。可以肯定，实现了全面建设小康社会的目标，我们的祖国必将更加繁荣富强，人民的生活必将更加幸福美好，中国特色社会主义必将进一步显示出巨大的优越性。

第三，全面建设小康社会的基本要求。

为完成全面建设小康社会的历史任务，中共十六大提出，最根本的是坚持以经济建设为中心，不断解放和发展社会生产力。根据世界经济科技发展新趋势和中国经济发展新阶段的要求，本世纪头20年经济建设和改革的主要任务是，完善社会主义市场经济体制，推动经济结构战略性调整，基本实现工业化，大力推进信息化，加快建设现代化，保持国民经济持续快速健康发展，不断提高人民生活水平。走新型工业化道路，大力实施科教兴国

---

① 江泽民：《全面建设小康社会，开创中国特色社会主义事业新局面——在中国共产党第十六次全国代表大会上的报告》（2002年11月8日），《人民日报》2002年11月18日。

战略和可持续发展战略。全面繁荣农村经济，加快城镇化进程。积极推进西部大开发，促进区域经济协调发展。坚持和完善基本经济制度，深化国有资产管理体制改革。健全现代市场体系，加强和完善宏观调控。深化分配制度改革，健全社会保障体系。坚持"引进来"和"走出去"相结合，全面提高对外开放水平。千方百计扩大就业，不断改善人民生活。

为完成全面建设小康社会的历史任务，必须在坚持四项基本原则的前提下，继续积极稳妥地推进政治体制改革，扩大社会主义民主，健全社会主义法制，建设社会主义法治国家，巩固和发展民主团结、生动活泼、安定和谐的政治局面。为完成全面建设小康社会的历史任务，必须大力发展社会主义文化，建设社会主义精神文明。当今世界，文化与经济和政治相互交融，在综合国力竞争中的地位和作用越来越突出。文化的力量，深深熔铸在民族的生命力、创造力和凝聚力之中。全党同志要深刻认识文化建设的战略意义，推动社会主义文化的发展繁荣。为完成全面建设小康社会的历史任务，必须加强国防和军队的现代化建设，建立巩固的国防是中国现代化建设的战略任务，是维护国家安全统一和全面建设小康社会的重要保障。坚持国防建设与经济建设协调发展的方针，在经济发展的基础上推进国防和军队现代化。为完成全面建设小康社会的历史任务，必须实现祖国的完全统一，这是海内外中华儿女的共同心愿，是中华民族的根本利益所在。中国成功解决了香港问题和澳门问题，正在为早日解决台湾问题、完成祖国统一大业而继续奋斗。为完成全面建设小康社会的历史任务，必须贯彻维护世界和平、促进共同发展的外交宗旨。和平与发展仍是当今时代的主题。维护和平，促进发展，事关各国人民的福祉，是各国人民的共同愿望，也是不可阻挡的历史潮流。世界多极化和经济全球化趋势的发展，给世界的和平与发展带来了机遇和有利条件。新的世界大战在可预见的时期内打不起来。

争取较长时期的和平国际环境和良好周边环境是可以实现的。为完成全面建设小康社会的历史任务，必须加强和改进中国共产党自身的建设。在中国这样一个多民族的发展中大国，要把全体人民的意志和力量凝聚起来，全面建设小康社会，加快推进社会主义现代化，必须毫不放松地加强和改善党的领导，全面推进党的建设新的伟大工程。

全面建设小康社会，开创中国特色社会主义事业新局面，就是要在中国共产党的坚强领导下，发展社会主义市场经济、社会主义民主政治和社会主义先进文化，实现经济、政治、文化、社会和生态建设全面发展，加强现代化的国防建设，不断促进社会主义物质文明、政治文明和精神文明的协调发展，推进中华民族的伟大复兴。

主要参考文献

1. 《毛泽东选集》第 1—4 卷，人民出版社 1991 年版。

2. 《毛泽东文集》第 6—8 卷，人民出版社 1993—1999 年版。

3. 《毛泽东著作选读》下册，人民出版社 1986 年版。

4. 《周恩来选集》下卷，人民出版社 1984 年版。

5. 《刘少奇选集》下卷，人民出版社 1985 年版。

6. 《邓小平文选》第 2 卷，人民出版社 1994 年版。

7. 《邓小平文选》第 3 卷，人民出版社 1993 年版。

8. 《陈云文选》第 3 卷，人民出版社 1995 年版。

9. 《江泽民文选》第 1—3 卷，人民出版社 2006 年版。

10. 《江泽民论有中国特色社会主义》（专题摘编），中央文献出版社 2002 年版。

11. 中共中央文献研究室编：《三中全会以来重要文献汇编》（上、下），人民出版社 1982 年版。

12. 中共中央文献研究室编：《十二大以来重要文献选编》（上、中、下），人民出版社 1986 年、1986 年、1988 年版。

13. 中共中央文献研究室编：《十三大以来重要文献选编》（上、中、下），人民出版社 1991 年、1991 年、1993 年版。

14. 中共中央文献研究室编：《十四大以来重要文献选编》（上、中、下），人民出版社 1996 年、1997 年、1999 年版。

15. 中共中央文献研究室编：《十五大以来重要文献选编》（上、中、下），人民出版社 2000 年、2001 年、2003 年版。

16. 中共中央文献研究室编：《十六大以来重要文献选编》（上），中央文献出版社 2005 年版。

17. 中共中央文献研究室编：《毛泽东传（1949—1976）》（上、下），中央文献出版社 2003 年版。

18. 中共中央文献研究室编：《邓小平年谱（1975—1997）》（上、下），中央文献出版社 2004 年版。

19. 中共中央文献研究室编，金冲及、陈群主编：《陈云传》（下），中央文献出版社 2005 年。

20. 中共中央文献研究室编：《陈云年谱（1905—1995）》下卷，中央文献出版社 2000 年版。

21. 中共中央党史研究室著：《中国共产党的九十年》，中共党史出版社、党建读物出版社 2016 年版。

22. 中共中央党史研究室：《中国共产党历史大事记（1919.5—2005.12）》，中共党史出版社 2006 年版。

23. 中共中央党史研究室：《中国共产党新时期历史大事记》（增订本）（1978.12—2002.5），中共党史出报社 2002 年版。

24. 中共中央党史研究室：《中华人民共和国大事记（1949—2009）》，人民出版社 2009 年版。

25. 军事科学院军事历史研究所编著：《中国人民解放军的八十年》，军事科学出版社 2007 年版。

26. 军事科学院军事历史研究所编著：《中国人民解放军八十年大事记（1927—2007）》，军事科学出版社 2007 年版。

27. 中央财经领导小组办公室编：《中国经济发展五十年大事记（1949.10—1999.10）》，人民出版社、中共中央党校出版社 1999 年版。

28. 中华人民共和国科学技术部编：《中国科技发展 60 年》，

科学技术发展出版社、科学出版社 2009 年版。

29. 欧阳淞、高永中主编：《改革开放口述史》，中国人民大学出版社 2014 年版。

30. 高永忠主编：《中国共产党口述史料丛书》第 2、3、5 卷，中共党史出版社 2013 年版。

31. 陈夕总主编：《中国共产党与西部大开发》，中共党史出版社 2014 年版。

32. 中共党史资料丛书：陈夕总主编：《中国共产党与三峡工程》，中共党史出版社 2014 年版。

33. 中共中央党史研究室第三研究部著：《中国改革开放史》，辽宁人民出版社 2002 年版。

34. 中共中央党史研究室科研局编：《再造中华辉煌——邓小平纪事》，中共党史出报社 1994 年版。

35. 中共中央组织部办公厅编：《改革开放 30 年组织工作大事资料摘编》，党建读物出版社 2009 年版。

36. 中共中央宣传部宣传教育局编：《回顾辉煌成就展望美好未来——党的十三届四中全会以来改革开放和现代化建设成就系列报告汇编》，学习出版社 2002 年版。

37. 李鹏著：《市场与调控——李鹏经济日记》（上、中、下），新华出版社、中国电力出版社 2007 年版。

38. 李岚清著：《李岚清教育访谈录》，人民出版社 2003 年版。

39. 曾培炎著：《西部大开发决策回顾》，中共党史出版社、新华出版社 2010 年版。

40. 钱其琛著：《外交十记》，世界知识出版社 2003 年版。

41. 唐家璇著：《劲雨煦风》，世界知识出版社 2009 年版。

42. 薛暮桥著：《薛暮桥回忆录》，天津人民出版社 1996 年版。

43. 陈锦华著：《国事忆述》，中共党史出版社 2005 年版。

44. 吴敬琏著：《吴敬琏自选集（1980—2003）》，山西经济出版社 2003 年版。

45. 金春明著：《中华人民共和国简史（1949—2007）》，中共党史出版社 2008 年增订版。

46. 何沁主编：《中华人民共和国史》（第二版），高等教育出版社 1999 年版。

47. 刘国光主编：《中国十个五年计划研究报告》，人民出版社 2006 年版。

48. 张卓元主编：《20 年经济改革：回顾与展望》，中国计划出版社 1998 年版。

49. 史为乐编著：《中华人民共和国地区沿革（1949—2002）》，人民出版社 2006 年版。

50. 钟之成著：《为了世界更美好——江泽民出访纪实》，世界知识出版社 2006 年版。

51. 中共中央统战部研究室编著：《新中国统一战线 50 年大事年表（1949—1999）》，华文出版社 2000 年版。

52.《中国 21 世纪议程——中国 21 世纪人口、环境与发展白皮书》，中国环境科学出版社 1994 年版。

53.《科技强国，永垂青史——"两弹一星"座谈会纪要》，《中共党史研究》2001 年第 1 期。

54. 魏礼群主编：《改革开放三十年见证与回顾》，中国言实出版社 2008 年版。

55. 宫力著：《峰谷间的震荡：1979 年以来的中美关系》，中国青年出版社 1996 年版。

56. 刘国新等主编：《中华人民共和国历史长编》（1949—1994），广西人民出版社 1994 年版。

57. 庞松、陈述著：《中华人民共和国简史》，上海人民出版社 1999 年版。

58. 陈君、洪南编:《江泽民与社会主义市场经济体制的提出——社会主义市场经济 20 年回顾》,中央文献出版社 2012 年版。

59. 陈述著:《中华人民共和国史》,人民出版社 2009 年版。

60. 陈述著:《改革开放重大事件和决策述实》,人民出版社 2008 年版。

61.《人民日报》(1992—2002)。

62.《光明日报》(1995—2002)。

63.《解放军报》(1992—2002)。

64.《新华月报》(1992—2002)。

65.《参考消息》(1992—2002)。